I0646941

ŒUVRES COMPLÈTES

DE

H. DE BALZAC

LA

COMÉDIE HUMAINE

PREMIER VOLUME.

PREMIÈRE PARTIE.

ÉTUDES DE MOEURS

PREMIER LIVRE

PARIS. — IMPRIMERIE DE PILLET FILS AINÉ
RUE DES GRANDS-AUGUSTINS, 5.

H. DE BALZAC.

SCÈNES

DE LA

VIE PRIVÉE

TOME I

—

PARIS

ALEXANDRE HOUSSIAUX, ÉDITEUR

RUE DU JARDINET SAINT-ANDRÉ DES ARTS, 3.

—

1855

HONORÉ DE BALZAC

Balzac naquit à Tours le 16 mai 1799, le jour de la fête de saint Honoré, dont on lui donna le nom, qui parut bien sonnant et de bon augure. Le petit Honoré ne fut pas un enfant prodige ; il n'annonça pas prématurément qu'il ferait la *Comédie humaine.* C'était un garçon frais, vermeil, bien portant, joueur, aux yeux brillants et doux, mais que rien ne distinguait des autres, du moins à des regards peu attentifs. A sept ans, au sortir d'un externat de Tours, on le mit au collège de Vendôme, tenu par des oratoriens, où il passa pour un élève très-médiocre.

La première partie de *Louis Lambert* contient sur ce temps de la vie de Balzac de curieux renseignements. Dédoublant sa personnalité, il s'y peint comme un ancien condisciple de Louis Lambert, tantôt en parlant en son nom, et tantôt prêtant ses propres sentiments à ce personnage imaginaire, mais pourtant très-réel, puisqu'il est une sorte d'objectif de l'âme même de l'écrivain.

Balzac souffrit prodigieusement dans ce collège de Vendôme, où sa nature rêveuse était meurtrie à chaque instant par une règle inflexible. Il négligeait de faire ses devoirs ; mais, favorisé par la complicité tacite d'un répétiteur de mathématiques, en même temps bibliothécaire et occupé de quelque ouvrage transcendental, il ne prenait pas sa leçon et emportait les livres qu'il voulait. Tout son temps se passait à lire en cachette. Aussi fut-il bientôt l'élève le plus puni de sa classe. Les pensums, les retenues absorbèrent bientôt le temps des récréations ; à certaines natures d'écoliers, les châtiments inspirent une sorte de rébellion stoïque.

et ils opposent aux professeurs exaspérés la même impassibilité dédaigneuse que les guerriers sauvages captifs aux ennemis qui les torturent. Ni le cachot, ni la privation d'aliments, ni la férule ne parviennent à leur arracher la moindre plainte ; ce sont alors, entre le maître et l'élève, des luttes horribles, inconnues des parents, où la constance des martyrs et l'habileté des bourreaux se trouvent égalées. Quelques professeurs nerveux ne peuvent supporter le regard de haine, de mépris et de menace par lequel un bambin de huit ou dix ans les brave.

Le résultat de ces travaux cachés, de ces méditations qui prenaient le temps des études, fut ce fameux *Traité de la volonté*, dont il est parlé plusieurs fois dans la *Comédie humaine*. Balzac regretta toujours la perte de cette première œuvre, qu'il esquisse sommairement dans *Louis Lambert*, il dut être moins sensible à la perte de son poëme épique sur les Incas, inspiration malencontreuse qui lui valut, tout le temps qu'il resta au collége, le sobriquet dérisoire de Poëte. Balzac, il faut l'avouer, n'eut jamais le don de poésie, de versification, du moins; sa pensée si complexe resta toujours rebelle au rhythme.

A propos de vers, consignons ici un petit renseignement qui pourra amuser les curieux littéraires. Les quelques sonnets que Lucien de Rubempré fait voir comme échantillon de son volume de vers au libraire Dauriat ne sont pas de Balzac, qui ne faisait pas de vers, et demandait à ses amis ceux dont il avait besoin. Le sonnet de la *Marguerite* est de Mme de Girardin; le sonnet sur le *Camellia*, de Lassailly ; celui sur la *Tulipe*, de votre serviteur.

Modeste Mignon renferme aussi une pièce de vers, mais nous en ignorons l'auteur.

Pas plus dans la famille qu'au collége l'intelligence de Balzac ne fut devinée ou comprise. Même, s'il lui échappait quelque chose d'ingénieux, sa mère, femme supérieure cependant, lui disait : « Sans doute, Honoré, tu ne comprends pas ce que tu dis là ! » Et Balzac de rire, sans s'expliquer davantage, de ce bon rire qu'il avait.

La famille de Balzac étant revenue à Paris, il fut mis en pension. Là, comme au collége de Vendôme, son génie ne se

décela point, et il resta confondu parmi le troupeau des écoliers ordinaires.

Ses classes finies, **Balzac** se donna cette seconde éducation
qui est la vraie ; il étudia, se perfectionna, suivit les cours
de la Sorbonne et fit son droit, tout en travaillant chez l'a-
voué et le notaire. Ce temps, perdu en apparence, puisque
Balzac ne fut ni avoué, ni notaire, ni avocat, ni juge, lui fit
connaître le personnel de la basoche et le mit à même d'écrire
plus tard, de façon à émerveiller les hommes du métier, ce
que nous pourrions appeler le contentieux de la *Comédie
humaine.*

Les examens passés, la grande question de la carrière à
prendre se présenta. On voulait faire de Balzac un notaire ;
mais le futur grand écrivain, qui, bien que personne ne crût
à son génie, en avait la conscience, refusa le plus respectueusement du monde, quoiqu'on lui eût ménagé une charge à
des conditions très-favorables. Son père lui accorda deux ans
pour faire ses preuves, et comme la famille retournait en province, madame Balzac installa Honoré dans une mansarde,
en lui allouant une pension suffisante à peine aux plus stricts
besoins, espérant qu'un peu de vache enragée le rendrait
plus sage.

Cette mansarde était perchée rue de Lesdiguières, n° 9,
près de l'Arsenal, dont la bibliothèque offrait ses ressources
au jeune travailleur. Sans doute passer d'une maison abondante et luxueuse à un misérable réduit serait une chose dure
à un tout autre âge qu'à vingt et un ans, âge qui était celui de
Balzac ; mais si le rêve de tout enfant est d'avoir des bottes,
celui de tout jeune homme est d'avoir une chambre, une
chambre bien à lui, dont il ait la clef dans sa poche, ne pût-il
tenir debout qu'au milieu : une chambre, c'est la robe virile,
c'est l'indépendance, la personnalité, l'amour !

Voilà donc maître Honoré juché près du ciel, assis devant
sa table, et s'essayant au chef-d'œuvre qui devait donner raison à l'indulgence de son père et démentir les horoscopes
défavorables de ses amis. — Chose singulière, Balzac débuta
par une tragédie, par un *Cromwell !* Vers ce temps-là, à peu
près, Victor Hugo mettait la dernière main à son *Cromwell,*
dont la préface fut le manifeste de la jeune école dramatique.

A cette époque Balzac n'avait pas encore conçu le plan de
l'œuvre qui devait l'immortaliser ; il se cherchait encore avec
inquiétude, anhélation et labeur, essayant tout et ne réus-
sissant à rien ; pourtant il possédait déjà cette opiniâtreté de
travail à laquelle Minerve, quelque revêche qu'elle soit, doit
un jour ou l'autre céder ; il ébauchait des opéras-comiques,
faisait des plans de comédies, de drames et de romans. Une
volonté moins robuste se fût découragée mille fois, mais par
bonheur Balzac avait une confiance inébranlable dans son
génie méconnu de tout le monde. Il voulait être un grand
homme et il le fut par d'incessantes projections de ce fluide
plus puissant que l'électricité, et dont il fait de si subtiles ana-
lyses dans *Louis Lambert*.

Contrairement aux écrivains de l'école romantique, qui
tous se distinguèrent par une hardiesse et une facilité d'exécution étonnantes, et produisirent leurs fruits presque en
même temps que leurs fleurs, dans une éclosion pour ainsi
dire involontaire, Balzac, l'égal de tous comme génie, ne
trouvait pas son moyen d'expression, ou ne le trouvait qu'a-
près des peines infinies.

Fondeur obstiné, il rejetait dix ou douze fois au creuset
e métal qui n'avait pas rempli exactement le moule ; comme
Bernard Palissy, il eût brûlé les meubles, le plancher et jusqu'aux poutres de sa maison pour entretenir le feu de son
fourneau et ne pas manquer l'expérience ; les nécessités les
plus dures ne lui firent jamais livrer une œuvre sur laquelle il n'eût pas mis le dernier effort, et il donna d'admirables exemples de conscience littéraire.

Sa manière de procéder était celle-ci : quand il avait long-
temps porté et vécu un sujet, d'une écriture rapide, heurtée,
pochée, presque hiéroglyphique, il traçait une espèce de scé-
nario en quelques pages, qu'il envoyait à l'imprimerie, d'où
elles revenaient en placards, c'est-à-dire en colonnes isolées
au milieu de larges feuilles. Il lisait attentivement ces placards, qui donnaient déjà à son embryon d'œuvre ce caractère impersonnel que n'a pas le manuscrit, et il appliquait à
cette ébauche la haute faculté critique qu'il possédait, comme
s'il se fût agi d'un autre. Il opérait sur quelque chose ; s'ap-
prouvant ou se désapprouvant, il maintenait ou corrigeait

mais surtout ajoutait. Des lignes partant du commencement du milieu ou de la fin des phrases, se dirigeaient vers les marges, à droite, à gauche, en haut, en bas, conduisant à des développements, à des intercalations, à des incises, à des épithètes, à des adverbes. Au bout de quelques heures de travail, on eût dit le bouquet d'un feu d'artifice dessiné par un enfant.

Six, sept et parfois dix épreuves revenaient raturées, remaniées, sans satisfaire le désir de perfection de l'auteur. Nous avons vu aux Jardies, sur les rayons d'une bibliothèque composée de ses œuvres seules, chaque épreuve différente du même ouvrage reliée en un volume séparé, depuis le premier jet jusqu'au livre définitif; la comparaison de la pensée de Balzac à ses divers états offrirait une étude bien curieuse et contiendrait de profitables leçons littéraires.

Balzac, comme Vichnou, le dieu indien, possédait le don d'*avatar*, c'est-à-dire celui de s'incarner dans des corps différents et d'y vivre le temps qu'il voulait; seulement le nombre des *avatars* de Vichnou est fixé à dix, ceux de Balzac ne se comptent pas, et de plus il pouvait les provoquer à volonté. — Quoique cela semble singulier en plein dix-neuvième siècle, Balzac fut un *voyant*. Son mérite d'observateur, sa perspicacité de physiologiste, son génie d'écrivain, ne suffisent pas pour expliquer l'infinie variété des deux ou trois mille types qui jouent un rôle plus ou moins important dans la *Comédie humaine*. Il ne les copiait pas, il les vivait idéalement, revêtait leurs habits, contractait leurs habitudes, s'entourait de leur milieu, était eux-mêmes tout le temps nécessaire. De là viennent ces personnages soutenus, logiques, ne se démentant et ne s'oubliant jamais, doués d'une existence intime et profonde, qui, pour nous servir d'une de ses expressions, font concurrence à l'état civil. Un véritable sang rouge circule dans leurs veines, au lieu de l'encre qu'infusent à leurs créations les auteurs ordinaires.

Cette faculté, Balzac ne la possédait d'ailleurs que pour le présent. Il pouvait transporter sa pensée dans un marquis, dans un financier, dans un bourgeois, dans un homme du peuple, dans une femme du monde, dans une courtisane; mais les ombres du passé n'obéissaient pas à son appel : il ne sut jamais, comme Goethe, évoquer du fond de l'antiquité

la belle Hélène et lui faire habiter le manoir gothique de
Faust. Sauf deux ou trois exceptions, toute son œuvre est
moderne; il s'était assimilé les vivants, il ne ressuscitait pas
les morts.

L'on a fait nombre de critiques sur Balzac et parlé de
lui de bien des façons, mais on n'a pas insisté sur un point
très-caractéristique à notre avis; — ce point est la modernité absolue de son génie. Balzac ne doit rien à l'antiquité;
— pour lui il n'y a ni Grecs ni Romains, et il n'a pas besoin
de crier qu'on l'en délivre. Balzac, comme Gavarni, a vu ses
contemporains; et dans l'art, la difficulté suprême c'est de
peindre ce qu'on a devant les yeux.

Cette profonde compréhension des choses modernes rendait, il faut le dire, Balzac peu sensible à la beauté plastique.
Il lisait d'un œil négligent les blanches strophes de marbre
où l'art grec chanta la perfection de la forme humaine. Dans
le musée des antiques, il regardait la Vénus de Milo sans
grande extase; mais la Parisienne arrêtée devant l'immor-
telle statue, drapée de son long cachemire filant sans un
pli de la nuque au talon, coiffée de son chapeau à voi-
lette de Chantilly, gantée de son étroit gant Jouvin, avançant sous l'ourlet de sa robe à volants le bout verni de sa
bottine claquée, faisait pétiller son œil de plaisir, Il en ana-
lysait les coquettes allures, il en dégustait longuement les
grâces savantes, tout en trouvant comme elle que la déesse
avait la taille bien lourde et ne ferait pas bonne figure chez
Mmes de Beauséant, de Listomère ou d'Espard, La beauté
idéale, avec ses lignes sereines et pures, était trop simple,
trop froide, trop une, pour ce génie compliqué, touffu et
divers. — Aussi dit-il quelque part : « Il faut être Raphaël
pour faire beaucoup de Vierges, » — Le *caractère* lui plaisait plus que le *style*, et il préférait la physionomie à la
beauté. Dans ses portraits de femme, il ne manque jamais
de mettre un signe, un pli, une ride, une plaque rose, un
coin attendr et fatigué, une veine trop apparente, quelque
détail indiquant les meurtrissures de la vie, qu'un poëte,
traçant la même image, eût à coup sûr supprimé, à tort sans
doute.

Avec son profond instinct de la réalité, Balzac comprit que

la vie moderne qu'il voulait peindre était dominée par un grand fait, — l'argent, — et dans *la Peau de chagrin*, il eut le courage de représenter un amant inquiet non-seulement de savoir s'il a touché le cœur de celle qu'il aime, mais encore s'il aura assez de monnaie pour payer le fiacre dans lequel il la reconduit. — Cette audace est peut-être une des plus grandes qu'on se soit permises en littérature, et seule elle suffirait pour immortaliser Balzac. La stupéfaction fut profonde, et les purs s'indignèrent de cette infraction aux lois du genre, mais tous les jeunes gens qui, allant en soirée chez quelque belle dame avec des gants blancs repassés à la gomme élastique, avaient traversé Paris en danseurs, sur la pointe de leurs escarpins, redoutant une mouche de boue plus qu'un coup de pistolet, compatirent, pour les avoir éprouvées, aux angoisses de Valentin, et s'intéressèrent vivement à ce chapeau qu'il ne peut renouveler et conserve avec des soins si minutieux. Aux moments de misère suprême, la trouvaille d'une des pièces de cent sous glissées entre les papiers du tiroir par la pudique commisération de Pauline produisait l'effet des coups de théâtre les plus romanesques ou de l'intervention d'une péri dans les contes arabes. Qui n'a pas découvert aux jours de détresse, oublié dans un pantalon ou dans un gilet, quelque glorieux écu apparaissant à propos et vous sauvant du malheur que la jeunesse redoute le plus : rester en affront devant une femme aimée pour une voiture, un bouquet, un petit banc, un programme de spectacle, une gratification à l'ouvreuse ou quelque vé ille de ce genre?

Balzac excelle d'ailleurs dans la peinture de la jeunesse pauvre, comme elle l'est presque toujours, s'essayant aux premières luttes de la vie, en proie aux tentations des plaisirs et du luxe, et supportant de profondes misères à l'aide de hautes espérances. Valentin, Rastignac, Bianchon, d'Arthez, Lucien de Rubempré, Lousteau, ont tous tiré à belles dents dans les durs biftocks de la vache enragée, nourriture fortifiante pour les estomacs robustes, indigeste pour les estomacs débiles; il ne les loge pas, tous ces beaux jeunes gens sans le sou, dans des mansardes de convention tendues de perse, à fenêtre festonnée de pois de senteur et donnant

sur des jardins; il ne leur fait pas manger « des mets simples,
apprêtés par les mains de la nature, » et ne les habille pas de
vêtements sans luxe, mais propres et commodes ; il les met
en pension bourgeoise chez la maman Vauquer, ou les ac-
croupit sous l'angle aigu d'un toit, les accoude aux tables
grasses des gargottes infimes, les affuble d'habits noirs aux
coutures grises, et ne craint pas de les envoyer au mont-de-
piété, s'ils ont encore, chose rare, la montre de leur père.

. O Corinne, toi qui laisses, au cap Mysène, pendre ton bras
de neige sur ta lyre d'ivoire, tandis que le fils d'Albion, drapé
d'un superbe manteau neuf et chaussé de bottes a cœur parfaitement cirées, te contemple et t'écoute dans une pose élégante ; Corinne, qu'aurais-tu dit de semblables héros? Ils ont
pourtant une petite qualité qui manquait à Oswald, — ils
vivent, et d'une vie si forte qu'il semble qu'on les ait rencontrés mille fois ; — aussi Pauline, Delphine de Nucingen, la
princesse de Cadignan, Mme de Bargeton, Coralie, Esther, en
sont-elles follement éprises.

De cette *modernité* sur laquelle nous appuyons à dessein
provenait, sans qu'il s'en doutât, la difficulté de travail
qu'éprouvait Balzac dans l'accomplissement de son œuvre :
la langue française épurée par les classiques du dix-septième
siècle n'est propre, lorsqu'on veut s'y conformer, qu'à
rendre des idées générales, et qu'à peindre des figures con-
ventionnelles dans un milieu vague. Pour exprimer cette
multiplicité de détails, de caractères, de types, d'architec-
tures, d'ameublements, Balzac fut obligé de se forger une
langue spéciale, composée de toutes les technologies, de tous
les argots de la science, de l'atelier, des coulisses, de l'am-
phithéâtre même. Chaque mot qui disait quelque chose était
le bienvenu, et la phrase, pour le recevoir, ouvrait une incise,
une parenthèse, et s'allongeait complaisamment. — C'est ce
qui a fait dire aux critiques superficiels que Balzac ne savait
pas écrire. — Il avait, bien qu'il ne le crût pas, un style et un
très-beau style, — le style nécessaire, fatal et mathématique
de son idée !

Nous glisserons légèrement sur le temps de sa vie où il
essaya de s'assurer l'indépendance par des spéculations de
librairie, auxquelles ne manquèrent que des capitaux pour

être heureuses. Ces tentatives l'endettèrent, engagèrent son avenir, et, malgré les secours dévoués, mais trop tardifs peut-être de la famille, lui imposèrent ce rocher de Sisyphe qu'il remonta tant de fois jusqu'au bord du plateau, et qui retombait toujours plus écrasant sur ses épaules d'Atlas, chargées en outre de tout un monde.

Cette dette qu'il se faisait un devoir sacré d'acquitter, car elle représentait la fortune d'êtres chers, fut la Nécessité au fouet armé de pointes, à la main pleine de clous de bronze, qui le harcela nuit et jour, sans trève ni pitié, lui faisant regarder comme un vol une heure de repos ou de distraction. Elle domina douloureusement toute sa vie, et la rendit souvent inexplicable pour qui n'en possédait pas le secret.

Après la mansarde de la rue de Lesdiguières, Balzac, qui commençait à devenir célèbre, alla habiter à Chaillot, rue des Batailles, une maison d'où l'on découvrait une vue admirable, le cours de la Seine, le champ de Mars, l'école militaire, le dôme des Invalides, une grande portion de Paris et plus loin les coteaux de Meudon. Il s'était arrangé un intérieur assez luxueux, car il savait qu'à Paris on ne croit guère au talent pauvre, et que *le paraître* y amène souvent l'*être*.

C'est à cette période que se rapportent ses velléités d'élégance et de dandysme, le fameux habit bleu à boutons d'or massif, la massue à pommeau de turquoises, les apparitions aux Bouffes et à l'Opéra, et les visites plus fréquentes dans le monde, où sa verve étincelante le faisait rechercher, visites utiles d'ailleurs, car il y rencontra plus d'un modèle. Il n'était pas facile de pénétrer dans cette maison, mieux gardée que le jardin des Hespérides. Deux ou trois mots de passe étaient exigés. Balzac, de peur qu'ils ne s'ébruitassent, les changeait souvent. Nous nous souvenons de ceux-ci : Au portier l'on disait : « La saison des prunes est arrivée, » et il vous laissait franchir le seuil ; au domestique accouru sur l'escalier au son de la cloche, il fallait murmurer : « J'apporte des dentelles de Belgique, » et si vous assuriez au valet de chambre que « madame Bertrand était en bonne santé, » on vous introduisait enfin.

Ces enfantillages amusaient beaucoup Balzac; ils étaient

peut-être nécessaires pour écarter les fâcheux et d'autres visiteurs plus désagréables encore.

Un des rêves de Balzac était l'amitié héroïque et dévouée, deux âmes, deux courages, deux intelligences fondues dans la même volonté.

Il voulut former une association dans le goût de celle qui réunissait Ferragus, Montriveau, Ronquerolles et leurs compagnons. Seulement il ne s'agissait pas de coups si hardis ; un certain nombre d'amis devaient se prêter aide et secours en toute occasion et travailler, selon leurs forces, au succès ou à la fortune de celui qui serait désigné, à charge de revanche, bien entendu. Fort infatué de son projet, Balzac recruta quelques affiliés qu'il ne mit en rapport les uns avec les autres qu'en prenant des précautions, comme s'il se fût agi d'une société politique ou d'une *vente* de carbonari.

L'association, qui comptait parmi ses membres, G. de C., L. G., L. D., J. S., Merle, qu'on appelait le beau Merle, nous et quelques autres qu'il est inutile de désigner, s'appelait *le Cheval rouge*. Lorsqu'il fallait concerter quelque projet, convenir de certaines démarches, Balzac, élu par acclamation grand maître de l'ordre, envoyait par un affidé à chaque *cheval* (c'était le nom argotique que prenaient les membres entre eux) une lettre dans laquelle était dessiné un petit cheval rouge avec ces mots ; « Écurie, tel jour, tel endroit ; » le lieu changeait chaque fois, de peur d'éveiller la curiosité ou le soupçon. Dans le monde, quoique nous nous connussions tous et de longue main pour la plupart, nous devions éviter de nous parler ou ne nous aborder que froidement, pour écarter toute idée de connivence.

Après quatre ou cinq réunions, *le Cheval rouge* cessa d'exister, la plupart des chevaux n'avaient pas de quoi payer leur avoine à la mangeoire symbolique ; et l'association qui devait s'emparer de tout fut dissoute, parce que ses membres manquaient souvent de quinze francs, prix de l'écot.

Désarçonné d'une chimère, Balzac en remontait bien vite une nouvelle, et il repartait pour un autre voyage dans le bleu, avec cette naïveté d'enfant qui chez lui s'alliait à la sagacité la plus profonde et à l'esprit le plus retors.

Les *Jardies* préoccupèrent beaucoup l'attention publique,

lorsque Balzac les acheta, dans l'intention honorable de constituer un gage à sa mère. En passant en wagon sur le chemin de fer qui longe Ville-d'Avray, chacun regardait avec curiosité cette petite maison, moitié cottage, moitié chalet, qui se dressait au milieu d'un terrain en pente et d'apparence glaiseuse.

Ce terrain, selon Balzac, était le meilleur du monde; autrefois, prétendait-il, un certain cru célèbre y poussait et les raisins, grâce à une exposition sans pareille, s'y cuisaient comme les grappes de Tokay sur les coteaux de Bohême. Le soleil, il est vrai, avait toute liberté de mûrir la vendange en ce lieu, où il n'existait qu'un seul arbre. Balzac essaya d'enclore cette propriété de murs, qui devinrent fameux par leur obstination à s'écrouler ou à glisser tout d'une pièce sur l'escarpement trop abrupt, et il rêvait pour cet endroit privilégié du ciel, les cultures les plus fabuleuses et les plus exotiques. Ici se place naturellement l'anecdote des ananas, qu'on a si souvent répétée que nous ne la redirions pas, si nous ne pouvions y ajouter un trait vraiment caractéristique. — Voici le projet : cent mille pieds d'ananas étaient plantés dans le clos des Jardies, métamorphosé en serres qui n'exigeraient qu'un médiocre chauffage, vu la torridité du site. Les ananas devaient être vendus cinq francs au lieu d'un louis qu'ils coûtent ordinairement, soit cinq cent mille francs; il fallait déduire de ce prix cent mille francs pour les frais de culture, de châssis, de charbon; restaient donc quatre cent mille francs nets, qui constituaient à l'heureux propriétaire une rente splendide, — « sans la moindre copie, » ajoutait-il. — Ceci n'est rien, Balzac eut mille projets de ce genre; mais le beau est que nous cherchâmes ensemble, sur le boulevard Montmartre, une boutique pour la vente des ananas encore en germe. La boutique devait être peinte en noir et rechampie de filets d'or, et porter sur son enseigne en lettres énormes : ANANAS DES JARDIES. Il se rendit pourtant à notre conseil, de ne louer sa boutique que l'année suivante, pour éviter des frais inutiles.

Les magnificences des Jardies n'existaient guère qu'à l'état de rêve. Tous les amis de Balzac se souviennent d'avoir vu écrit au charbon sur les murs nus plaqués de papier gris :

« boiseries de palissandre, — tapisserie des Gobelins, —
glaces de Venise, — tableaux de Raphaël. » Gérard de Ner-
val avait déjà décoré un appartement de cette manière, et
cela ne nous étonnait pas. Quant à Balzac, il se croyait litté-
ralement dans l'or, le marbre et la soie; mais, s'il n'acheva
pas les Jardies et s'il prêta à rire par ses chimères, il sut du
moins se bâtir une demeure éternelle, un monument « plus
durable que l'airain, » une cité immense, peuplée de ses
créations et dorée par les rayons de sa gloire.

Personne ne peut avoir la prétention de faire une biographie complète de Balzac; toute liaison avec lui étant nécessairement coupée de lacunes, d'absences, de disparitions. Le
travail commandait absolument la vie de Balzac, et si,
comme il le dit lui-même avec un accent de touchante sensibilité dans une lettre à sa sœur, il a sacrifié sans peine à
ce dieu jaloux les joies et les distractions de l'existence, il
lui en a coûté de renoncer à tout commerce un peu suivi
d'amitié. Répondre quelques mots à une longue missive
devenait pour lui, dans ses accablements de besogne, une
prodigalité qu'il pouvait rarement se permettre; il était l'esclave de son œuvre et l'esclave volontaire. Il avait, avec un
cœur très-bon et très-tendre, l'égoïsme du grand travailleur.
Et qui eût songé à lui en vouloir de négligences forcées et
d'oublis apparents, lorsqu'on voyait les résultats de ses fuites
ou de ses réclusions? Quand, l'œuvre parachevée, il reparaissait, on eût dit qu'il vous eût quitté la veille, et il reprenait
la conversation interrompue, comme si quelquefois six mois
et plus ne se fussent pas écoulés. Il faisait des voyages en
France pour étudier les localités où il plaçait ses *Scènes de
province*, et se retirait chez des amis, en Touraine, où dans
la Charente, trouvant là un calme que ses créanciers ne lui
laissaient pas toujours à Paris. Après quelque grand ouvrage,
il se permettait parfois une excursion plus longue, en Allemagne, dans la haute Italie ou en Suisse; mais ces courses
faites rapidement, avec des préoccupations d'échéances à
payer, de traites à remplir, et un viatique assez borné, le fa-
tiguaient peut-être plus qu'elles ne le reposaient.

Passons maintenant à quelques détails plus intimes. Le
grand Goethe avait trois choses en horreur : une de ces

choses était la fumée de tabac; on nous dispensera de dire les deux autres. Balzac, comme le Jupiter de l'Olympe poétique allemand, ne pouvait souffrir le tabac sous quelque forme que ce fût; il ne fuma jamais. Toutes les fois que Balzac est obligé, pour la vraisemblance du récit, de laisser un de ses personnages s'adonner à cette habitude horrible du tabac, sa phrase brève et dédaigneuse trahit un secret blâme : « Quant à de Marsay, dit-il, il était occupé à fumer ses cigares. » Et il faut qu'il aime bien ce condottiere du dandysme pour lui permettre de fumer dans son œuvre.

Une femme délicate et petite-maîtresse avait sans doute imposé cette aversion à Balzac. C'est un point que nous ne saurions résoudre. Toujours est-il qu'il ne fit pas gagner un sou à la régie. A propos de femmes, Balzac, qui les a si bien peintes, devait les connaître, et l'on sait le sens que la Bible attache à ce mot. Dans une des lettres qu'il écrit à madame de Surville, sa sœur, Balzac, tout jeune et complétement ignoré, pose l'idéal de sa vie en deux mots : « être célèbre et être aimé. » La première partie de ce programme, que se tracent du reste tous les artistes, a été réalisée de point en point. La seconde a-t-elle reçu son accomplissement? L'opinion des plus intimes amis de Balzac est qu'il pratiqua la chasteté qu'il recommandait aux autres, et n'eut que des amours platoniques; mais madame de Surville sourit à cette idée, avec un sourire d'une finesse féminine et tout plein de pudiques réticences. Elle prétend que son frère était d'une discrétion à toute épreuve, et que s'il eût voulu parler, il eût eu beaucoup de choses à dire. Cela doit être, et sans doute la cassette de Balzac contenait plus de petites lettres à l'écriture fine et penchée que la boîte en laque de Canalis. Il y a dans son œuvre comme une odeur de femme : *odor di femina* quand on y entre, on entend, derrière les portes qui se referment, sur les marches de l'escalier dérobé, des frou-frou de soie et des craquements de bottines. Le salon semi-circulaire et matelassé de la rue des Batailles, dont la description est placée par l'auteur dans *la Fille aux yeux d'or*, ne resta donc pas complétement virginal, comme plusieurs de nous le supposèrent. Dans le cours de notre intimité, qui dura de 1836 jusqu'à sa mort, une seule fois Balzac fit allusion, avec les

termes les plus respectueux et les plus attendris, à un attachement de sa première jeunesse, et encore ne nous livra-
t-il que le prénom de la personne dont, après tant d'années,
le souvenir lui faisait les yeux humides. Nous en eût-il dit
davantage, nous n'abuserions certes pas de ses confidences ;
le génie d'un grand écrivain appartient à tout le monde, mais
son cœur est à lui.

N'allez pas vous imaginer d'après cela que Balzac fût
austère et pudibond en paroles : l'auteur des *Contes drola-
tiques* était trop nourri de Rabelais et trop pantagruéliste
pour ne pas avoir le mot pour rire ; il savait de bonnes histoires et en inventait : ses grasses gaillardises entrelardées
de crudités gauloises eussent fait crier *shocking* au *cant* épouvanté ; mais ses lèvres rieuses et bavardes étaient scellées
comme le tombeau lorsqu'il s'agissait d'un sentiment sérieux.
A peine laissa-t-il deviner à ses plus chers son amour pour
une étrangère de distinction, amour dont on peut parler,
puisqu'il fut couronné par le mariage. C'est à cette passion
conçue depuis longtemps qu'il faut rapporter ses excursions
lointaines, dont le but resta jusqu'au dernier jour un mystère
pour ses amis.

Balzac avait quitté la rue des Batailles pour les Jardies ; il
alla ensuite demeurer à Passy. La maison qu'il habitait,
située sur une pente abrupte, offrait une disposition architecturale assez singulière. — On y entrait :

Un peu comme le vin entre dans les bouteilles.

Il fallait *descendre* trois étages pour arriver au premier.

Vers cette époque, Balzac commença à manifester du goût
pour les vieux meubles, les bahuts, les potiches ; le moindre
morceau de bois vermoulu qu'il achetait rue de Lappe avait
toujours une provenance illustre, et il faisait des généalogies
circonstanciées à ses moindres biblots. — Il les cachait çà et
là, toujours à cause de ces créanciers fantastiques dont nous
commencions à douter. Nous nous amusâmes même à répandre le bruit que Balzac était millionnaire.

Ce qui donnait quelque vraisemblance à notre plaisanterie,
c'était la nouvelle demeure qu'habitait Balzac, rue Fortunée,
dans le quartier Beaujon, moins peuplé alors qu'il ne l'est

aujourd'hui. Il occupait une petite maison mystérieuse qui avait abrité les fantaisies du fastueux financier. Du dehors on apercevait au-dessus du mur une sorte de coupole repoussée par le plafond cintré d'un boudoir, et la peinture fraîche des volets fermés.

Quand on pénétrait dans ce réduit, ce qui n'était pas facile, car le maître du logis se celait avec un soin extrême, on y découvrait mille détails de luxe et de confort en contradiction avec la pauvreté qu'il affectait. — Il nous reçut pourtant un jour, et nous pûmes voir une salle à manger revêtue de vieux chêne, avec une table, une cheminée, des buffets, des crédences et des chaises en bois sculpté à faire envie à Berruguette, à Cornejo Duque et à Verbruggen ; un salon de damas bouton d'or, à portes, à corniches, à plinthes et embrasures d'ébène ; une bibliothèque rangée dans des armoires incrustées d'écaille et de cuivre en style de Boule ; une salle de bain en brèche jaune, avec bas-reliefs de stuc ; un boudoir en dôme, dont les peintures anciennes avaient été restaurées par Edmond Hédouin ; une galerie éclairée de haut, que nous reconnûmes plus tard dans la collection du *Cousin Pons*.

« Vous avez donc vidé un des silos d'Aboulcasem ? dîmesnous en riant à Balzac en face de ces splendeurs ; vous voyez bien que nous avions raison en vous prétendant millionnaire.

— Je suis plus pauvre que jamais, répondait-il en prenant un air humble et papelard ; rien de tout cela n'est à moi. J'ai meublé la maison pour un ami qu'on attend. — Je ne suis que le gardien et le portier de l'hôtel ! »

Nous citons là ses paroles textuelles. Cette réponse, il la fit d'ailleurs à plusieurs personnes étonnées comme nous. Le mystère s'expliqua bientôt par le mariage de Balzac avec la femme qu'il aimait depuis longtemps.

Il y a un proverbe turc qui dit. « Quand la maison est finie, la mort entre. » C'est pour cela que les sultans ont toujours un palais en construction qu'ils se gardent bien d'achever. La vie semble ne vouloir rien de complet — que le malheur. Rien n'est redoutable comme un souhait réalisé.

Les fameuses dettes étaient enfin payées, l'union rêvée accomplie, le nid pour le bonheur ouaté et garni de duvet ;

comme s'ils eussent pressenti sa fin prochaine, les envieux de Balzac commençaient à le louer : les *Parents pauvres*, le *Cousin Pons*, où le génie de l'auteur brille de tout son éclat. ralliaient tous les suffrages. — C'était trop beau; il ne lui restait plus qu'à mourir.

Sa maladie fit de rapides progrès, mais personne ne croyait à un dénoûment fatal, tant on avait confiance dans l'athlétique organisation de Balzac. Nous pensions fermement qu'il nous enterrerait tous.

Huit ans déjà se sont écoulés depuis la mort de Balzac (1). La postérité a commencé pour lui; chaque jour il semble plus grand. Lorsqu'il était mêlé à ses contemporains, on l'appréciait mal, on ne le voyait que par fragments, sous des aspects parfois défavorables : maintenant l'édifice qu'il a bâti s'élève à mesure qu'on s'en éloigne, comme la cathédrale d'une ville que masquaient les maisons voisines, et qui à l'horizon se dessine immense au-dessus des toits aplatis. Le monument n'est pas achevé; mais tel qu'il est, il effraye par son énormité, et les générations surprises se demanderont quel est le géant qui a soulevé seul ces blocs formidables et monté si haut cette Babel où bourdonne toute une société.

Quoique mort, Balzac a pourtant encore des détracteurs; on jette à sa mémoire ce reproche banal d'immoralité, dernière injure de la médiocrité impuissante et jalouse, ou même de la pure bêtise. L'auteur de la *Comédie humaine*, non-seulement n'est pas immoral, mais c'est même un moraliste austère. Monarchique et catholique, il défend l'autorité, exalte la religion, prêche le devoir, morigène la passion, et n'admet le bonheur que dans le mariage et la famille.

THÉOPHILE GAUTIER.

_____

(1) 18 août 1850.

AVANT-PROPOS.

En donnant à une œuvre entreprise depuis bientôt treize ans, le titre de *La Comédie humaine*, il est nécessaire d'en dire la pensée, d'en raconter l'origine, d'en expliquer brièvement le plan, en essayant de parler de ces choses comme si je n'y étais pas intéressé. Ceci n'est pas aussi difficile que le public pourrait le penser. Peu d'œuvres donne beaucoup d'amour-propre, beaucoup de travail donne infiniment de modestie. Cette observation rend compte des examens que Corneille, Molière et autres grands auteurs faisaient de leurs ouvrages : s'il est impossible de les égaler dans leurs belles conceptions, on peut vouloir leur ressembler en ce sentiment.

L'idée première de *la Comédie humaine* fut d'abord chez moi comme un rêve, comme un de ces projets impossibles que l'on caresse et qu'on laisse s'envoler; une chimère qui sourit, qui montre son visage de femme et qui déploie aussitôt ses ailes en remontant dans un ciel fantastique. Mais la chimère, comme

beaucoup de chimères, se change **en réalité**, elle a ses comman-
dements et sa tyrannie auxquels il faut céder.

Cette idée vint d'une comparaison entre l'Humanité et l'Animalité.

Ce serait une erreur de croire que la grande querelle qui,
dans ces derniers temps, s'est émue entre Cuvier et Geoffroi
Saint-Hilaire, reposait sur une innovation scientifique. L'*unité
de composition* occupait déjà sous d'autres termes les plus
grands esprits des deux siècles précédents. En relisant les
œuvres si extraordinaires des écrivains mystiques qui se sont
occupés des sciences dans leurs relations avec l'infini, tels que
Swedenborg, Saint-Martin, etc., et les écrits des plus beaux génies en histoire naturelle, tels que Leibnitz, Buffon, Charles
Bonnet, etc., on trouve dans les monades de Leibnitz, dans les
molécules organiques de Buffon, dans la force végétatrice de
Needham, dans l'*emboîtement* des parties similaires de Charles
Bonnet, assez hardi pour écrire en 1760 : *L'animal végète
comme la plante;* on trouve, dis-je, les rudiments de la belle
loi du *soi pour soi* sur laquelle repose l'*unité de composition.*
Il n'y a qu'un animal. Le créateur ne s'est servi que d'un seul
et même patron pour tous les êtres organisés. L'animal est un
principe qui prend sa forme extérieure, ou, pour parler plus
exactement, les différences de sa forme, dans les milieux où il
est appelé à se développer. Les Espèces Zoologiques résultent
de ces différences. La proclamation et le soutien de ce systeme,
en harmonie d'ailleurs avec les idées que nous nous faisons de
la puissance divine, sera l'éternel honneur de Geoffroi Saint-
Hilaire, le vainqueur de Cuvier sur ce point de la haute science,
et dont le triomphe a été salué par le dernier article qu'écrivit
le grand Goethe.

Pénétré de ce système bien avant les débats auxquels il a
donné lieu, je vis que, sous ce rapport, la Société ressemblait à
la Nature. La Société ne fait-elle pas de l'homme, suivant les
milieux où son action se déploie, autant d'hommes différents

qu'il y a de variétés en zoologie? Les différences entre un soldat, un ouvrier, un administrateur, un avocat, un oisif, un savant, un homme d'état, un commerçant, un marin, un poëte, un pauvre, un prêtre, sont, quoique plus difficiles à saisir, aussi considérables que celles qui distinguent le loup, le lion, l'âne, le corbeau, le requin, le veau marin, la brebis, etc. Il a donc existé, il existera donc de tout temps des Espèces Sociales comme il y a des Espèces Zoologiques. Si Buffon a fait un magnifique ouvrage en essayant de représenter dans un livre l'ensemble de la zoologie, n'y avait-il pas une œuvre de ce genre à faire pour la société? Mais la Nature a posé, pour les variétés animales, des bornes entre lesquelles la Société ne devait pas se tenir. Quand Buffon peignait le lion, il achevait la lionne en quelques phrases; tandis que dans la Société la femme ne se trouve pas toujours être la femelle du mâle. Il peut y avoir deux êtres parfaitement dissemblables dans un ménage. La femme d'un marchand est quelquefois digne d'être celle d'un prince, et souvent celle d'un prince ne vaut pas celle d'un artiste. L'État Social a des hasards que ne se permet pas la Nature, car il est la Nature plus la Société. La description des Espèces Sociales était donc au moins double de celle des Espèces Animales, à ne considérer que les deux sexes. Enfin, entre les animaux, il y a peu de drames, la confusion ne s'y met guère; ils courent sus les uns aux autres, voilà tout. Les hommes courent bien aussi les uns sur les autres : mais leur plus ou moins d'intelligence rend le combat autrement compliqué. Si quelques savants n'admettent pas encore que l'Animalité se transborde dans l'Humanité par un immense courant de vie, l'épicier devient certainement pair de France, et le noble descend parfois au dernier rang social. Puis, Buffon a trouvé la vie excessivement simple chez les animaux. L'animal a peu de mobilier, il n'a ni arts ni sciences; tandis que l'homme, par une loi qui est à rechercher, tend à représenter ses mœurs, sa pensée et sa vie dans tout ce qu'il approprie à ses besoins. Quoique Leuwenhoëc, Swammerdam, Spallanzani, Réaumur,

Charles Bonnet, Muller, Haller et autres patients zoographes aient démontré combien les mœurs des animaux étaient intéressantes, les habitudes de chaque animal sont, à nos yeux du moins, constamment semblables en tout temps ; tandis que les habitudes, les vêtements, les paroles, les demeures d'un prince, d'un banquier, d'un artiste, d'un bourgeois, d'un prêtre et d'un pauvre sont entièrement dissemblables et changent au gré des civilisations.

Ainsi l'œuvre à faire devait avoir une triple forme : les hommes, les femmes et les choses, c'est-à-dire les personnes et la représentation matérielle qu'ils donnent de leur pensée ; enfin l'homme et la vie.

En lisant les sèches et rebutantes nomenclatures de faits appelées *histoires*, qui ne s'est aperçu que les écrivains ont oublié, dans tous les temps, en Égypte, en Perse, en Grèce, à Rome, de nous donner l'histoire des mœurs. Le morceau de Pétrone sur la vie privée des Romains irrite plutôt qu'il ne satisfait notre curiosité. Après avoir remarqué cette immense lacune dans le champ de l'histoire, l'abbé Barthélemy consacra sa vie à refaire les mœurs grecques dans Anacharsis.

Mais comment rendre intéressant le drame à trois ou quatre mille personnages que présente une Société ? comment plaire à la fois au poëte, au philosophe et aux masses qui veulent la poésie et la philosophie sous de saisissantes images ? Si je concevais l'importance et la poésie de cette histoire du cœur humain, je ne voyais aucun moyen d'exécution ; car, jusqu'à notre époque, les plus célèbres conteurs avaient dépensé leur talent à créer un ou deux personnages typiques, à peindre une face de la vie. Ce fut avec cette pensée que je lus les œuvres de Walter Scott. Walter Scott, ce trouveur (trouvère) moderne, imprimait alors une allure gigantesque à un genre de composition injustement appelé secondaire. N'est-il pas véritablement plus difficile de faire concurrence à l'État-Civil avec Daphnis et Chloë, Roland, Amadis, Panurge, Don Quichotte, Manon Lescaut, Clarisse,

Lovelace, Robinson Crusoë, Gilblas, Ossian, Julie d'Étanges, mon oncle Tobie, Werther, René, Corinne, Adolphe, Paul et Virginie, Jeanie Dean, Claverhouse, Ivanhoë, Manfred, Mignon, que de mettre en ordre les faits à peu près les mêmes chez toutes les nations, de rechercher l'esprit de lois tombées en désuétude, de rédiger des théories qui égarent les peuples, ou, comme certains métaphysiciens, d'expliquer ce qui est? D'abord, presque toujours ces personnages, dont l'existence devient plus longue, plus authentique que celle des générations au milieu desquelles on les fait naître, ne vivent qu'à la condition d'être une grande image du présent. Conçus dans les entrailles de leur siècle, tout le cœur humain se remue sous leur enveloppe, il s'y cache souvent toute une philosophie. Walter Scott élevait donc à la valeur philosophique de l'histoire le roman, cette littérature qui, de siècle en siècle, incruste d'immortels diamants la couronne poétique des pays où se cultivent les lettres. Il y mettait l'esprit des anciens temps, il y réunissait à la fois le drame, le dialogue, le portrait, le paysage, la description ; il y faisait entrer le merveilleux et le vrai, ces éléments de l'épopée, il y faisait coudoyer la poésie par la familiarité des plus humbles langages. Mais, ayant moins imaginé un système que trouvé sa manière dans le feu du travail ou par la logique de ce travail, il n'avait pas songé à relier ses compositions l'une à l'autre de manière à coordonner une histoire complète, dont chaque chapitre eût été un roman, et chaque roman une époque. En apercevant ce défaut de liaison, qui d'ailleurs ne rend pas l'Écossais moins grand, je vis à la fois le système favorable à l'exécution de mon ouvrage et la possibilité de l'exécuter. Quoique, pour ainsi dire, ébloui par la fécondité surprenante de Walter Scott, toujours semblable à lui-même et toujours original, je ne fus pas désespéré, car je trouvai la raison de ce talent dans l'infinie variété de la nature humaine. Le hasard est le plus grand romancier du monde : pour être fécond, il n'y a qu'à l'étudier. La Société française allait être l'historien, je ne devais être que le secrétaire. En dressant l'in-

ventaire des vices et des vertus, en rassemblant les principaux
faits des passions, en peignant les caractères, en choisissant les
événements principaux de la Société, en composant des types par
la réunion des traits de plusieurs caractères homogènes, peut-
être pouvais-je arriver à écrire l'histoire oubliée par tant d'historiens, celle des mœurs. Avec beaucoup de patience et de courage, je réaliserais, sur la France au dix-neuvième siècle, ce
livre que nous regrettons tous, que Rome, Athènes, Tyr, Mem-
phis, la Perse, l'Inde ne nous ont malheureusement pas laisse
sur leurs civilisations, et qu'à l'instar de l'abbé Barthélemy, le
courageux et patient Monteil avait essayé pour le Moyen-Age,
mais sous une forme peu attrayante.

Ce travail n'était rien encore. S'en tenant à cette reproduction
rigoureuse, un écrivain pouvait devenir un peintre plus ou moins
fidèle, plus ou moins heureux, patient ou courageux des types
humains, le conteur des drames de la vie intime, l'archéologue
du mobilier social, le nomenclateur des professions, l'enregis-
treur du bien et du mal; mais, pour mériter les éloges que doit
ambitionner tout artiste, ne devais-je pas étudier les raisons ou
la raison de ces effets sociaux, surprendre le sens caché dans cet
immense assemblage de figures, de passions et d'événements.
Enfin, après avoir cherché, je ne dis pas trouvé, cette raison, ce
moteur social, ne fallait-il pas méditer sur les principes naturels
et voir en quoi les Sociétés s'écartent ou se rapprochent de la
règle éternelle, du vrai, du beau? Malgré l'étendue des prémisses,
qui pouvaient être à elles seules un ouvrage, l'œuvre, pour être
entière, voulait une conclusion. Ainsi dépeinte, la Société devait
porter avec elle la raison de son mouvement.

La loi de l'écrivain, ce qui le fait tel, ce qui, je ne crains pas
de le dire, le rend égal et peut-être supérieur à l'homme d'état,
est une décision quelconque sur les choses humaines, un dévouement absolu à des principes. Machiavel, Hobbes, Bossuet,
Leibnitz, Kant, Montesquieu sont la science que les hommes
d'état appliquent. « Un écrivain doit avoir en morale et en poli-

» tique des opinions arrêtées, il doit se regarder comme un insti-
» tuteur des hommes ; car les hommes n'ont pas besoin de maî-
» tres pour douter, » a dit Bonald. J'ai pris de bonne heure pour
règle ces grandes paroles, qui sont la loi de l'écrivain monarchique aussi bien que celle de l'écrivain démocratique. Aussi,
quand on voudra m'opposer à moi-même, se trouvera-t-il qu'on
aura mal interprété quelque ironie, ou bien l'on retorquera mal
à propos contre moi le discours d'un de mes personnages, manœuvre particulière aux calomniateurs. Quant au sens intime, à
l'âme de cet ouvrage, voici les principes qui lui servent de base.

L'homme n'est ni bon ni méchant, il naît avec des instincts
et des aptitudes ; la Société, loin de le dépraver, comme l'a pré
tendu Rousseau, le perfectionne, le rend meilleur ; mais l'intérêt
développe aussi ses penchants mauvais. Le christianisme, et surtout le catholicisme, étant, comme je l'ai dit dans le Médecin de
Campagne, un système complet de répression des tendances dé-
pravées de l'homme, est le plus grand élément d'Ordre Social.

En lisant attentivement le tableau de la Société, moulée, pour
ainsi dire, sur le vif avec tout son bien et tout son mal, il en ré-
sulte cet enseignement que si la pensée, ou la passion, qui com-
prend la pensée et le sentiment, est l'élément social, elle en est
aussi l'élément destructeur. En ceci, la vie sociale ressemble à
la vie humaine. On ne donne aux peuples de longévité qu'en
modérant leur action vitale. L'enseignement, ou mieux, l'éducation par des Corps Religieux est donc le grand principe d'existence pour les peuples, le seul moyen de diminuer la somme du
mal et d'augmenter la somme du bien dans toute Société. La
pensée, principe des maux et des biens, ne peut être préparée,
domptée, dirigée que par la religion. L'unique religion possible
est le christianisme (voir la lettre écrite de Paris dans Louis
Lambert (1), où le jeune philosophe mystique explique, à propos de la doctrine de Swedenborg, comment il n'y a jamais eu

(1) Édition de la *Bibliothèque Charpentier.*

qu'une religion depuis l'origine du monde). Le Christianisme a
créé les peuples modernes, il les conservera. De là sans doute la
nécessité du principe monarchique. Le Catholicisme et la Royauté
sont deux principes jumeaux. Quant aux limites dans lesquelles
ces deux principes doivent être enfermés par des Institutions afin
de ne pas les laisser se développer absolument, chacun sentira
qu'une préface aussi succincte que doit l'être celle-ci, ne saurait
devenir un traité politique. Aussi ne dois-je entrer ni dans les
dissensions religieuses ni dans les dissensions politiques du moment. J'écris à la lueur de deux Vérités éternelles : la Religion,
la Monarchie, deux nécessités que les événements contemporains
proclament, et vers lesquelles tout écrivain de bon sens doit essayer de ramener notre pays. Sans être l'ennemi de l'Élection,
principe excellent pour constituer la loi, je repousse l'Élection
prise comme unique moyen social, et surtout aussi mal orga-
nisée qu'elle l'est aujourd'hui, car elle ne représente pas d'im-
posantes minorités aux idées, aux intérêts desquelles songerait
un gouvernement monarchique. L'Élection, étendue à tout, nous
donne le gouvernement par les masses, le seul qui ne soit point
responsable, et où la tyrannie est sans bornes, car elle s'appelle
la loi. Aussi regardé-je la Famille et non l'Individu comme le
véritable élément social. Sous ce rapport, au risque d'être regardé comme un esprit rétrograde, je me range du côté de Bossuet et de Bonald, au lieu d'aller avec les novateurs modernes.
Comme l'Élection est devenue l'unique moyen social, si j'y avais
recours pour moi-même, il ne faudrait pas inférer la moindre
contradiction entre mes actes et ma pensée. Un ingénieur annonce que tel pont est près de crouler, qu'il y a danger pour
tous à s'en servir, et il y passe lui-même quand ce pont est la
seule route pour arriver à la ville. Napoléon avait merveilleusement adapté l'Élection au génie de notre pays. Aussi les moindres députés de son Corps Législatif ont-ils été les plus célèbres
orateurs des Chambres sous la Restauration. Aucune Chambre
n'a valu le Corps Législatif en les comparant homme à homme.

Le système électif de l'Empire est donc incontestablement le meilleur.

Certaines personnes pourront trouver quelque chose de superbe et d'avantageux dans cette déclaration. On cherchera querelle au romancier de ce qu'il veut être historien, on lui demandera raison de sa politique. J'obéis ici à une obligation, voilà toute la réponse. L'ouvrage que j'ai entrepris aura la longueur d'une histoire, j'en devais la raison, encore cachée, les principes et la morale.

Nécessairement forcé de supprimer les préfaces publiées pour répondre à des critiques essentiellement passagères, je n'en veux conserver qu'une observation.

Les écrivains qui ont un but, fût-ce un retour aux principes qui se trouvent dans le passé par cela même qu'ils sont éternels, doivent toujours déblayer le terrain. Or, quiconque apporte sa pierre dans le domaine des idées, quiconque signale un abus, quiconque marque d'un signe le mauvais pour être retranché, celui-là passe toujours pour être immoral. Le reproche d'immoralité, qui n'a jamais failli à l'écrivain courageux, est d'ailleurs le dernier qui reste à faire quand on n'a plus rien à dire à un poëte. Si vous êtes vrai dans vos peintures ; si, à force de travaux diurnes et nocturnes, vous parvenez à écrire la langue la plus difficile du monde, on vous jette alors le mot immoral à la face. Socrate fut immoral, Jésus-Christ fut immoral ; tous deux ils furent poursuivis au nom des Sociétés qu'ils renversaient ou réformaient. Quand on veut tuer quelqu'un, on le taxe d'immoralité. Cette manœuvre, familière aux partis, est la honte de tous ceux qui l'emploient. Luther et Calvin savaient bien ce qu'ils faisaient en se servant des intérêts matériels blessés comme d'un bouclier ! Aussi ont-ils vécu toute leur vie.

En copiant toute la Société, la saisissant dans l'immensité de ses agitations, il arrive, il devait arriver que telle composition offrait plus de mal que de bien, que telle partie de la fresque représentait un groupe coupable, et la critique de crier à

l'immoralité, sans faire observer la moralité de telle autre partie destinée à former un contraste parfait. Comme la critique
ignorait le plan général, je lui pardonnais d'autant mieux qu'on
ne peut pas plus empêcher la critique qu'on ne peut empêcher
la vue, le langage et le jugement de s'exercer. Puis le temps
de l'impartialité n'est pas encore venu pour moi. D'ailleurs,
l'auteur qui ne sait pas se résoudre à essuyer le feu de la critique ne doit pas plus se mettre à écrire qu'un voyageur ne doit
se mettre en route en comptant sur un ciel toujours serein.
Sur ce point, il me reste à faire observer que les moralistes
les plus consciencieux doutent fort que la Société puisse offrir autant de bonnes que de mauvaises actions, et dans le
tableau que j'en fais, il se trouve plus de personnages vertueux que de personnages répréhensibles. Les actions blâma-
bles, les fautes, les crimes, depuis les plus légers jusqu'aux
plus graves, y trouvent toujours leur punition humaine ou
divine, éclatante ou secrète. J'ai mieux fait que l'historien,
je suis plus libre. Cromwell fut ici-bas, sans autre châtiment
que celui que lui infligeait le penseur. Encore y a-t-il eu discussion d'école à école. Bossuet lui-même a ménagé ce grand
régicide. Guillaume d'Orange l'usurpateur, Hugues Capet, cet
autre usurpateur, meurent pleins de jours, sans avoir eu plus
de défiances ni plus de craintes qu'Henri IV et que Charles Ier.
La vie de Catherine II et celle de Louis XIV, mises en regard,
concluraient contre toute espèce de morale, à les juger au point
de vue de la morale qui régit les particuliers; car pour les Rois,
pour les Hommes d'Etat, il y a, comme l'a dit Napoléon, une petite et une grande morale. Les *Scènes de la vie politique* sont ba-
sées sur cette belle réflexion. L'histoire n'a pas pour loi, comme le
roman, de tendre vers le beau idéal. L'histoire est ou devrait être
ce qu'elle fut; tandis que *le roman doit être le monde meilleur*, a dit madame Necker, un des esprits les plus distingués du
dernier siècle. Mais le roman ne serait rien si, dans cet auguste
mensonge, il n'était pas vrai dans les détails. Obligé de se con-

former aux idées d'un pays essentiellement hypocrite, Walter Scott a été faux, relativement à l'humanité, dans la peinture de la femme, parce que ses modèles étaient des schismatiques. La femme protestante n'a pas d'idéal. Elle peut être chaste, pure, vertueuse; mais son amour sans expansion sera toujours calme et rangé comme un devoir accompli. Il semblerait que la Vierge Marie ait refroidi le cœur des sophistes qui la bannissaient du ciel, elle et ses trésors de miséricorde. Dans le protestantisme, il n'y a plus rien de possible pour la femme après la faute; tandis que dans l'Eglise catholique, l'espoir du pardon la rend sublime. Aussi n'existe-t-il qu'une seule femme pour l'écrivain protestant, tandis que l'écrivain catholique trouve une femme nouvelle, dans chaque nouvelle situation. Si Walter Scott eût été catholique, s'il se fût donné pour tâche la description vraie des différentes Sociétés qui se sont succédé en Ecosse, peut-être le peintre d'Effie et d'Alice (les deux figures qu'il se reprocha dans ses vieux jours d'avoir dessinées) eût-il admis les passions avec leurs fautes et leurs châtiments, avec les vertus que le repentir leur indique. La passion est toute l'humanité. Sans elle, la religion, l'histoire, le roman, l'art seraient inutiles.

En me voyant amasser tant de faits et les peindre comme ils sont, avec la passion pour élément, quelques personnes ont imaginé, bien à tort, que j'appartenais à l'école sensualiste et matérialiste, deux faces du même fait, le panthéisme. Mais peut-être pouvait-on, devait-on s'y tromper. Je ne partage point la croyance à un progrès indéfini, quant aux Sociétés; je crois aux progrès de l'homme sur lui-même. Ceux qui veulent apercevoir chez moi une intention de considérer l'homme comme créature finie se trompent donc étrangement. SÉRAPHITA, la doctrine en action du Bouddha chrétien, me semble une réponse suffisante à cette accusation assez légère avancée ailleurs.

Dans certains fragments de ce long ouvrage, j'ai tenté de populariser les faits étonnants, je puis dire les prodiges de l'électricité qui se métamorphose chez l'homme en une puissance

incalculée ; mais en quoi les phénomènes cérébraux et nerveux
qui démontrent l'existence d'un nouveau monde moral déran-
gent-ils les rapports certains et nécessaires entre les mondes et
Dieu ? en quoi les dogmes catholiques en seraient-ils ébranlés ?
Si, par des faits incontestables, la pensée est rangée un jour
parmi les fluides qui ne se révèlent que par leurs effets et dont
la substance échappe à nos sens même agrandis par tant de
moyens mécaniques, il en sera de ceci comme de la sphéricité de
la terre observée par Christophe Colomb, comme de sa rotation
démontrée par Galilée. Notre avenir restera le même. Le ma-
gnétisme animal, aux miracles duquel je me suis familiarisé
depuis 1820 ; les belles recherches de Gall, le continuateur de
Lavater ; tous ceux qui, depuis cinquante ans, ont travaillé la
pensée comme les opticiens ont travaillé la lumière, deux choses
quasi semblables, concluent et pour les mystiques, ces disciples
de l'apôtre saint Jean, et pour tous les grands penseurs qui ont
établi le monde spirituel, cette sphère où se révèlent les rapports
entre l'homme et Dieu.

En saisissant bien le sens de cette composition, on reconnaîtra
que j'accorde aux faits constants, quotidiens, secrets ou patents,
aux actes de la vie individuelle, à leurs causes et à leurs principes autant d'importance que jusqu'alors les historiens en ont
attaché aux événements de la vie publique des nations. La bataille inconnue qui se livre dans une vallée de l'Indre entre *madame de Mortsauf* et la passion est peut-être aussi grande que
la plus illustre des batailles connues (LE LYS DANS LA VALLÉE).
Dans celle-ci, la gloire d'un conquérant est en jeu ; dans l'autre,
il s'agit du ciel. Les infortunes des *Birotteau*, le prêtre et le
parfumeur, sont pour moi celles de l'humanité. *La Fosseuse*
(MÉDECIN DE CAMPAGNE), et *madame Graslin* (CURÉ DE VILLAGE)
sont presque toute la femme. Nous souffrons tous les jours ainsi.
J'ai eu cent fois à faire ce que Richardson n'a fait qu'une seule
fois. Lovelace a mille formes, car la corruption sociale prend les
couleurs de tous les milieux où elle se développe. Au contraire,

Clarisse, cette belle image de la vertu passionnée, a des lignes d'une pureté désespérante. Pour créer beaucoup de vierges, il faut être Raphaël. La littérature est peut-être, sous ce rapport, au-dessous de la peinture. Aussi peut-il m'être permis de faire remarquer combien il se trouve de figures irréprochables (comme vertu) dans les portions publiées de cet ouvrage : Pierrette Lorrain, Ursule Mirouët, Constance Birotteau, la Fosseuse, Eugénie Grandet, Marguerite Claës, Pauline de Villenoix, madame Jules, madame de La Chanterie, Ève Chardon, mademoiselle d'Esgrignon, madame Firmiani, Agathe Rouget, Renée de Maucombe ; enfin bien des figures du second plan, qui pour être moins en relief que celles-ci, n'en offrent pas moins au lecteur la pratique des vertus domestiques. Joseph Lebas, Genestas, Benassis, le curé Bonnet, le médecin Minoret, Pillerault, David Séchard, les deux Birotteau, le curé Chaperon, le juge Popinot, Bourgeat, les Sauviat, les Tascheron, et bien d'autres ne résolvent-ils pas le difficile problème littéraire qui consiste à rendre intéressant un personnage vertueux.

Ce n'était pas une petite tâche que de peindre les deux ou trois mille figures saillantes d'une époque, car telle est, en définitive, la somme des types que présente chaque génération et que LA COMÉDIE HUMAINE comportera. Ce nombre de figures, de caractères, cette multitude d'existences exigeaient des cadres, et, qu'on me pardonne cette expression, des galeries. De là, les divisions si naturelles, déjà connues, de mon ouvrage en *Scènes de la vie privée, de province, parisienne, politique, militaire et de campagne.* Dans ces six livres sont classées toutes les *Études de mœurs* qui forment l'histoire générale de la Société, la collection de tous ses faits et gestes, eussent dit nos ancêtres. Ces six livres répondent d'ailleurs à des idées générales. Chacun d'eux a son sens, sa signification, et formule une époque de la vie humaine. Je répéterai là, mais succinctement, ce qu'écrivit, après s'être enquis de mon plan, Félix Davin, jeune talent ravi aux lettres par une mort prématurée. Les *Scènes de la vie*

privée représentent l'enfance, l'adolescence et leurs fautes,
comme les *Scènes de la vie de province* représentent l'âge des
passions, des calculs, des intérêts et de l'ambition. Puis les
Scènes de la vie parisienne offrent le tableau des goûts, des
vices et de toutes les choses effrénées qu'excitent les mœurs particulières aux capitales où se rencontrent à la fois l'extrême bien
et l'extrême mal. Chacune de ces trois parties a sa couleur locale : Paris et la province, cette antithèse sociale a fourni ses immenses ressources. Non-seulement les hommes, mais encore les
événements principaux de la vie, se formulent par des types. Il
y a des situations qui se représentent dans toutes les existences,
des phases typiques, et c'est là l'une des exactitudes que j'ai le
plus cherchées. J'ai tâché de donner une idée des différentes
contrées de notre beau pays. Mon ouvrage a sa géographie
comme il a sa généalogie et ses familles, ses lieux et ses choses,
ses personnes et ses faits ; comme il a son armorial, ses nobles
et ses bourgeois, ses artisans et ses paysans, ses politiques et ses
dandies, son armée, tout son monde enfin !

Après avoir peint dans ces trois livres la vie sociale, il restait
à montrer les existences d'exception qui résument les intérêts
de plusieurs ou de tous, qui sont en quelque sorte hors la loi
commune : de là les *Scènes de la vie politique.* Cette vaste
peinture de la société finie et achevée, ne fallait-il pas la montrer dans son état le plus violent ; se portant hors de chez elle,
soit pour la défense, soit pour la conquête ? De là les *Scènes de
la vie militaire,* la portion la moins complète encore de mon
ouvrage, mais dont la place sera laissée dans cette édition, afin
qu'elle en fasse partie quand je l'aurai terminée. Enfin, les
Scènes de la vie de campagne sont en quelque sorte le soir de
cette longue journée, s'il m'est permis de nommer ainsi le drame
social. Dans ce livre, se trouvent les plus purs caractères et
l'application des grands principes d'ordre, de politique, de
moralité.

Telle est l'assise pleine de figures, pleine de comédies et de tragédies sur laquelle s'élèvent les *Etudes philosophiques*, Seconde Partie de l'ouvrage, où le moyen social de tous les effets se trouve démontré, où les ravages de la pensée sont peints, sentiment à sentiment, et dont le premier ouvrage, LA PEAU DE CHAGRIN, relie en quelque sorte les *Etudes de mœurs* aux *Etudes philosophiques* par l'anneau d'une fantaisie presque orientale où la Vie elle-même est peinte aux prises avec le Désir, principe de toute Passion.

Au-dessus, se trouveront les *Etudes analytiques*, desquelles je ne dirai rien, car il n'en a été publié qu'une seule, LA PHYSIOLOGIE DU MARIAGE.

D'ici à quelque temps, je dois donner deux autres ouvrages de ce genre. D'abord la PATHOLOGIE DE LA VIE SOCIALE, puis l'ANATOMIE DES CORPS ENSEIGNANTS et la MONOGRAPHIE DE LA VERTU.

En voyant tout ce qui reste à faire, peut-être dira-t-on de moi ce qu'ont dit mes éditeurs : Que Dieu vous prête vie! Je souhaite seulement de n'être pas aussi tourmenté par les hommes et par les choses que je le suis depuis que j'ai entrepris cet effroyable labeur. J'ai eu ceci pour moi, dont je rends grâce à Dieu, que les plus grands talents de cette époque, que les plus beaux caractères, que de sincères amis, aussi grands dans la vie privée que ceux-ci le sont dans la vie publique, m'ont serré la main en me disant : — Courage! Et pourquoi n'avouerais-je pas que ces amitiés, que des témoignages donnés çà et là par des inconnus, m'ont soutenu dans la carrière et contre moi-même et contre d'injustes attaques, contre la calomnie qui m'a si souvent poursuivi, contre le découragement et contre cette trop vive espérance dont les paroles sont prises pour celles d'un amour-propre excessif? J'avais résolu d'opposer une impassibilité stoïque aux attaques et aux injures; mais, en deux occasions, de lâches calomnies ont rendu la défense nécessaire. Si les partisans du pardon des injures regrettent que j'aie montré mon savoir en fait d'escrime littéraire, plusieurs chrétiens

pensent que nous vivons dans un temps où il est bon de faire
voir que le silence a sa générosité.

A ce propos, je dois faire observer que je ne reconnais pour
mes ouvrages que ceux qui portent mon nom. En dehors de LA
COMÉDIE HUMAINE, il n'y a de moi que les *Cent contes drôla-
tiques*, deux pièces de théâtre et des articles isolés qui d'ailleurs
sont signés. J'use ici d'un droit incontestable. Mais ce désaveu,
quand même il atteindrait des ouvrages auxquels j'aurais colla-
boré, m'est commandé moins par l'amour-propre que par la vérité. Si l'on persistait à m'attribuer des livres que, littéraire-
ment parlant, je ne reconnais point pour miens, mais dont la
propriété me fut confiée, je laisserais dire, par la même raison
que je laisse le champ libre aux calomnies.

L'immensité d'un plan qui embrasse à la fois l'histoire et la
critique de la Société, l'analyse de ses maux et la discussion de
ses principes, m'autorise, je crois, à donner à mon ouvrage le
titre sous lequel il paraît aujourd'hui : *La Comédie humaine*.
Est-ce ambitieux? N'est-ce que juste? C'est ce que, l'ouvrage
terminé, le public décidera.

Paris, juillet 1842.

La figure de Monsieur GUILLAUME annonçait la patience, la sagesse commerciale, et l'espèce de cupidité rusée que réclament les affaires.

(LA MAISON DU CHAT QUI PELOTTE.)

PREMIER LIVRE,

SCÈNES DE LA VIE PRIVÉE.

LA MAISON DU CHAT-QUI-PELOTE.

DÉDIÉ A MADEMOISELLE MARIE DE MONTHEAU.

Au milieu de la rue Saint-Denis, presque au coin de la rue du Petit-Lion, existait naguère une de ces maisons précieuses qui donnent aux historiens la facilité de reconstruire par analogie l'ancien Paris. Les murs menaçants de cette bicoque semblaient avoir été bariolés d'hiéroglyphes. Quel autre nom le flâneur pouvait-il donner à l'X et aux V que traçaient sur la façade les pièces de bois transversales ou diagonales dessinées dans le badigeon par de petites lézardes parallèles? Évidemment, au passage de toutes les voitures, chacune de ces solives s'agitait dans sa mortaise. Ce vénérable édifice était surmonté d'un toit triangulaire dont aucun modèle ne se verra bientôt plus à Paris. Cette couverture, tordue par les intempéries du climat parisien, s'avançait de trois pieds sur la rue, autant pour garantir des eaux pluviales le seuil de la porte, que pour abriter le mur d'un grenier et sa lucarne sans appui. Ce dernier étage était construit en planches clouées l'une sur l'autre comme des ardoises, afin sans doute de ne pas charger cette frêle maison.

Par une matinée pluvieuse, au mois de mars, un jeune homme, soigneusement enveloppé dans son manteau, se tenait sous l'auvent de la boutique qui se trouvait en face de ce vieux logis, et paraissait l'examiner avec un enthousiasme d'archéologue. A la vérité, ce débris de la bourgeoisie du seizième siècle pouvait offrir à l'observateur plus d'un problème à résoudre. Chaque étage avait sa singularité. Au premier, quatre fenêtres longues, étroites, rapprochées l'une de l'autre, avaient des carreaux de bois dans leur partie inférieure, afin de produire ce jour douteux, à la faveur duquel un habile marchand prête aux étoffes la couleur souhaitée par ses chalands. Le jeune homme semblait plein de dédain pour cette partie essentielle de la maison, ses yeux ne s'y étaient pas encore arrêtés. Les fenêtres du second étage, dont les jalousies relevées laissaient voir, au travers de grands carreaux en verre de Bohême, de petits rideaux de mousseline rousse, ne l'intéressaient pas davantage. Son attention se portait particulièrement au troisième, sur d'humbles croisées dont le bois travaillé grossièrement aurait mérité d'être placé au Conservatoire des arts et métiers pour y indiquer les premiers efforts de la menuiserie française. Ces croisées avaient de petites vitres d'une couleur si verte, que, sans son excellente vue, le jeune homme n'aurait pu apercevoir les rideaux de toile à carreaux bleus qui cachaient les mystères de cet appartement aux yeux des profanes. Parfois, cet observateur, ennuyé de sa contemplation sans résultat, ou du silence dans lequel la maison était ensevelie, ainsi que tout le quartier, abaissait ses regards vers les régions inférieures. Un sourire involontaire se dessinait alors sur ses lèvres, quand il revoyait la boutique où se rencontraient en effet des choses assez risibles. Une formidable pièce de bois, horizontalement appuyée sur quatre piliers qui paraissaient courbés par le poids de cette maison décrépite, avait été rechampie d'autant de couches de diverses peintures que la joue d'une vieille duchesse en a reçu de rouge. Au milieu de cette large poutre mignardement sculptée se trouvait un antique tableau représentant un chat qui pelotait. Cette toile causait la gaieté du jeune homme. Mais il faut dire que le plus spirituel des peintres modernes n'inventerait pas de charge si comique. L'animal tenait dans une de ses pattes de devant une raquette aussi grande que lui, et se dressait sur ses pattes de derrière pour mirer une énorme balle que lui renvoyait un gentilhomme en habit brodé. Dessin, couleurs, accessoires, tout était traité de manière à faire croire que l'artiste avait voulu se moquer du marchand et des passants. En altérant cette peinture naïve, le temps l'avait rendue encore plus grotesque par quelques incertitudes qui devaient inquiéter de consciencieux flâneurs. Ainsi la queue mouchetée du chat était découpée de telle sorte qu'on pouvait la prendre pour un spectateur, tant la queue des chats de nos ancêtres était grosse, haute et fournie. A droite du tableau, sur un champ d'azur qui déguisait imparfaitement la pourriture du bois, les passants lisaient GUILLAUME; et à gauche, SUCCESSEUR DU SIEUR CHEVREL. Le soleil et la pluie avaient rongé la plus grande partie de l'or moulu parcimonieusement appliqué sur les lettres de cette inscription, dans laquelle les U remplaçaient les V, et réciproquement, selon les lois de notre ancienne orthographe. Afin de rabattre l'orgueil de ceux qui croient que le monde devient de jour en jour plus spirituel, et que le moderne charlatanisme surpasse tout, il convient de faire observer ici que ces enseignes, dont l'étymologie semble bizarre à plus d'un négociant parisien, sont les tableaux morts de vivants tableaux à l'aide desquels nos espiègles ancêtres avaient reussi à amener les chalands dans leurs maisons. Ainsi la Truie-qui-file, le Singe-vert, etc., furent des animaux en cage dont l'adresse émerveillait les passants, et dont l'éducation prouvait la patience de l'industriel au quinzième siècle. De semblables curiosités enrichissaient plus vite leurs heureux possesseurs que les Providence, les Bonne-foi, les Grâce-de-Dieu et les Décollation de saint Jean-Baptiste qui se voient encore rue Saint-Denis. Cependant l'inconnu ne restait certes pas là pour admirer ce chat, qu'un moment d'attention suffisait à graver dans la mémoire. Ce jeune homme avait aussi ses singularités. Son manteau, plissé dans le goût des draperies antiques, laissait voir une élégante chaussure, d'autant plus remarquable au milieu de la boue parisienne, qu'il portait des bas de soie blancs dont les mouchetures attestaient son impatience. Il sortait sans doute d'une noce ou d'un bal; car à cette heure matinale il tenait à la main des gants blancs; et les boucles de ses cheveux noirs défrisés, éparpillées sur ses épaules, indiquaient une coiffure à la Caracalla, mise à la mode autant par l'école de David que par cet engouement pour les formes grecques et romaines qui marqua les premières années de ce siècle. Malgré le bruit que faisaient quelques maraîchers attardés passant au galop pour se rendre à la grande halle, cette rue si agitée avait alors un calme dont la magie n'est connue que de ceux qui ont erré dans Paris désert, à ces heures où son tapage, un moment apaisé, renaît et s'entend dans le lointain comme la grande voix de la mer. Cet étrange jeune homme devait être aussi curieux pour

les commerçants du Chat-qui-pelotte, que le Chat-qui-pelotte l'était
pour lui. Une cravate éblouissante de blancheur rendait sa figure
tourmentée encore plus pâle qu'elle ne l'était réellement. Le feu
tour à tour sombre et pétillant que jetaient ses yeux noirs s'harmoniait avec les contours bizarres de son visage, avec sa bouche
large et sinueuse qui se contractait en souriant. Son front, ridé par
une contrariété violente, avait quelque chose de fatal. Le front
n'est-il pas ce qui se trouve de plus prophétique en l'homme?
Quand celui de l'inconnu exprimait la passion, les plis qui s'y formaient causaient une sorte d'effroi par la vigueur avec laquelle ils se
prononçaient; mais lorsqu'il reprenait son calme, si facile à troubler,
il y respirait une grâce lumineuse qui rendait attrayante cette physionomie où la joie, la douleur, l'amour, la colère, le dédain éclataient d'une manière si communicative que l'homme le plus froid
en devait être impressionné. Cet inconnu se dépitait si bien au moment où l'on ouvrit précipitamment la lucarne du grenier, qu'il
n'y vit pas apparaître trois joyeuses figures rondelettes, blanches,
roses, mais aussi communes que le sont les figures du Commerce
sculptées sur certains monuments. Ces trois faces, encadrées par
la lucarne, rappelaient les têtes d'anges bouffis semés dans les nuages qui accompagnent le Père éternel. Les apprentis respirèrent les
émanations de la rue avec une avidité qui démontrait combien l'atmosphère de leur grenier était chaude et méphitique. Après avoir
indiqué ce singulier factionnaire, le commis qui paraissait être le plus
jovial disparut et revint en tenant à la main un instrument dont le
métal inflexible a été récemment remplacé par un cuir souple; puis
tous prirent une expression malicieuse en regardant le badaud qu'ils
aspergèrent d'une pluie fine et blanchâtre dont le parfum prouvait
que les trois mentons venaient d'être rasés. Élevés sur la pointe de
leurs pieds et réfugiés au fond de leur grenier pour jouir de la colère
de leur victime, les commis cessèrent de rire en voyant l'insouciant
dédain avec lequel le jeune homme secoua son manteau, et le profond mépris que peignit sa figure quand il leva les yeux sur la lucarne vide. En ce moment, une main blanche et délicate fit remonter vers l'imposte la partie inférieure d'une des grossières croisées
du troisième étage, au moyen de ces coulisses dont le tourniquet
laisse souvent tomber à l'improviste le lourd vitrage qu'il doit retenir. Le passant fut alors récompensé de sa longue attente. La figure
d'une jeune fille, fraîche comme un de ces blancs calices qui fleu-

rissent au sein des eaux, se montra couronnée d'une ruche en
mousseline froissée qui donnait à sa tête un air d'innocence admirable. Quoique couverts d'une étoffe brune, son cou, ses épaules
s'apercevaient, grâce à de légers interstices ménagés par les mouvements du sommeil. Aucune expression de contrainte n'altérait ni
l'ingénuité de ce visage, ni le calme de ces yeux immortalisés par
avance dans les sublimes compositions de Raphaël : c'était la même
grâce, la même tranquillité de ces vierges devenues proverbiales. Il
existait un charmant contraste produit par la jeunesse des joues de
cette figure, sur laquelle le sommeil avait comme mis en relief une
surabondance de vie, et par la vieillesse de cette fenêtre massive
aux contours grossiers, dont l'appui était noir. Semblable à ces
fleurs de jour qui n'ont pas encore au matin déplié leur tunique
roulée par le froid des nuits, la jeune fille, à peine éveillée, laissa
errer ses yeux bleus sur les toits voisins et regarda le ciel ; puis,
par une sorte d'habitude, elle les baissa sur les sombres régions
de la rue, où ils rencontrèrent aussitôt ceux de son adorateur. La
coquetterie la fit sans doute souffrir d'être vue en déshabillé, elle
se retira vivement en arrière, le tourniquet tout usé tourna, la croisée redescendit avec cette rapidité qui, de nos jours, a valu un nom
odieux à cette naïve invention de nos ancêtres, et la vision disparut.
Il semblait à ce jeune homme que la plus brillante des étoiles du
matin avait été soudain cachée par un nuage.

Pendant ces petits événements, les lourds volets intérieurs qui
défendaient le léger vitrage de la boutique du Chat-qui-pelote
avaient été enlevés comme par magie. La vieille porte à heurtoir fut
repliée sur le mur intérieur de la maison par un serviteur vraisem-
blablement contemporain de l'enseigne, qui d'une main tremblante
y attacha le morceau de drap carré sur lequel était brodé en soie
jaune le nom de *Guillaume, successeur de Chevrel.* Il eût été
difficile à plus d'un passant de deviner le genre de commerce de
monsieur Guillaume. A travers les gros barreaux de fer qui proté-
geaient extérieurement sa boutique, à peine y apercevait-on des
paquets enveloppés de toile brune aussi nombreux que des harengs
quand ils traversent l'Océan. Malgré l'apparente simplicité de cette
gothique façade, monsieur Guillaume était, de tous les marchands
drapiers de Paris, celui dont les magasins se trouvaient toujours le
mieux fournis, dont les relations avaient le plus d'étendue, et dont
la probité commerciale était la plus exacte. Si quelques-uns de ses

confrères avaient conclu des marchés avec le gouvernement, sans
avoir la quantité de drap voulue, il était toujours prêt à la leur
livrer, quelque considérable que fût le nombre de pièces sou-
missionnées. Le rusé négociant connaissait mille manières de s'attribuer le plus fort bénéfice sans se trouver obligé, comme eux, de
courir chez des protecteurs, y faire des bassesses ou de riches
présents. Si les confrères ne pouvaient le payer qu'en excellentes
traites un peu longues, il indiquait son notaire comme un homme
accommodant, et savait encore tirer une seconde mouture du sac,
grâce à cet expédient qui faisait dire proverbialement aux négociants
de la rue Saint-Denis : — Dieu vous garde du notaire de monsieur Guillaume! pour désigner un escompte onéreux. Le vieux négociant se trouva debout comme par miracle, sur le seuil de sa
boutique, au moment où le domestique se retira. Monsieur Guillaume regarda la rue Saint-Denis, les boutiques voisines et le
temps, comme un homme qui débarque au Havre et revoit la
France après un long voyage. Bien convaincu que rien n'avait
changé pendant son sommeil, il aperçut alors le passant en faction, qui, de son côté, contemplait le patriarche de la draperie,
comme Humboldt dut examiner le premier gymnote électrique
qu'il vit en Amérique. Monsieur Guillaume portait de larges
culottes de velours noir, des bas chinés et des souliers carrés à boucles d'argent. Son habit à pans carrés, à basques carrées, à collet
carré, enveloppait son corps, légèrement voûté, d'un drap verdâtre
garni de grands boutons en métal blanc mais rougis par l'usage.
Ses cheveux gris étaient si exactement aplatis et peignés sur son
crâne jaune, qu'ils le faisaient ressembler à un champ sillonné.
Ses petits yeux verts, percés comme avec une vrille, flamboyaient
sous deux arcs marqués d'une faible rougeur à défaut de sourcils.
Les inquiétudes avaient tracé sur son front des rides horizontales
aussi nombreuses que les plis de son habit. Cette figure blême annonçait la patience, la sagesse commerciale, et l'espèce de cupidité rusée que réclament les affaires. A cette époque on voyait
moins rarement qu'aujourd'hui de ces vieilles familles où se conservaient, comme de précieuses traditions, les mœurs, les costumes
caractéristiques de leurs professions, et restées au milieu de la
civilisation nouvelle comme ces débris antédiluviens retrouvés par
Cuvier dans les carrières. Le chef de la famille Guillaume était un
de ces notables gardiens des anciens usages : on le surprenait à re-

gretter le Prévôt des Marchands, et jamais il ne parlait d'un jugement du tribunal de commerce sans le nommer la *sentence des
consuls*. C'était sans doute en vertu de ces coutumes que, levé le
premier de sa maison, il attendait de pied ferme l'arrivée de ses
trois commis, pour les gourmander en cas de retard. Ces jeunes
disciples de Mercure ne connaissaient rien de plus redoutable que
l'activité silencieuse avec laquelle le patron scrutait leurs visages et
leurs mouvements, le lundi matin, en y recherchant les preuves
ou les traces de leurs escapades. Mais, en ce moment, le vieux
drapier ne fit aucune attention à ses apprentis. Il était occupé
à chercher le motif de la sollicitude avec laquelle le jeune homme
en bas de soie et en manteau portait alternativement les yeux
sur son enseigne et sur les profondeurs de son magasin. Le jour,
devenu plus éclatant, permettait d'y apercevoir le bureau gril-
lagé, entouré de rideaux en vieille soie verte, où se tenaient les
livres immenses, oracles muets de la maison. Le trop curieux étranger semblait convoiter ce petit local, y prendre le plan d'une salle
à manger latérale, éclairée par un vitrage pratiqué dans le plafond,
et d'où la famille réunie devait facilement voir, pendant ses repas,
les plus légers accidents qui pouvaient arriver sur le seuil de la
boutique. Un si grand amour pour son logis paraissait suspect à un
négociant qui avait subi le régime de la Terreur. Monsieur Guillaume pensait donc assez naturellement que cette figure sinistre en
voulait à la caisse du Chat-qui-pelote. Après avoir discrètement joui
du duel muet qui avait lieu entre son patron et l'inconnu, le plus âgé
des commis hasarda de se placer sur la dalle où était monsieur
Guillaume, en voyant le jeune homme contempler à la dérobée les
croisées du troisième. Il fit deux pas dans la rue, leva la tête, et
crut avoir aperçu mademoiselle Augustine Guillaume qui se retirait avec précipitation. Mécontent de la perspicacité de son premier commis, le drapier lui lança un regard de travers; mais tout
à coup les craintes mutuelles que la présence de ce passant excitait dans l'âme du marchand et de l'amoureux commis se calmèrent.
L'inconnu héla un fiacre qui se rendait à une place voisine, et y
monta rapidement en affectant une trompeuse indifférence. Ce départ mit un certain baume dans le cœur des autres commis, assez
inquiets de retrouver la victime de leur plaisanterie.

— Hé bien, messieurs, qu'avez-vous donc à rester là, les bras
croisés? dit monsieur Guillaume à ses trois néophytes. Mais autre-

fois, sarpejeu ! quand j'étais chez le sieur Chevrel, j'avais déjà visité plus de deux pièces de drap.

— Il faisait donc jour de meilleure heure, dit le second commis que cette tâche concernait.

Le vieux négociant ne put s'empêcher de sourire. Quoique deux de ces trois jeunes gens, confiés à ses soins par leurs pères, riches manufacturiers de Louviers et Sedan, n'eussent qu'à demander cent mille francs pour les avoir, le jour où ils seraient en âge de s'établir, Guillaume croyait de son devoir de les tenir sous la férule d'un antique despotisme inconnu de nos jours dans les brillants magasins modernes dont les commis veulent être riches à trente ans : il les faisait travailler comme des nègres. A eux trois, ces commis suffisaient à une besogne qui aurait mis sur les dents dix de ces employés dont le sybaritisme enfle aujourd'hui les colonnes du budget. Aucun bruit ne troublait la paix de cette maison solennelle, où les gonds semblaient toujours huilés, et dont le moindre meuble avait cette propreté respectable qui annonce un ordre et une économie sévères. Souvent, le plus espiègle des commis s'était amusé à écrire sur le fromage de Gruyère qu'on leur abandonnait au déjeuner, et qu'ils se plaisaient à respecter, la date de sa réception primitive. Cette malice et quelques autres semblables faisaient parfois sourire la plus jeune des deux filles de Guillaume, la jolie vierge qui venait d'apparaître au passant enchanté. Quoique chacun des apprentis, et même le plus ancien, payât une forte pension, aucun d'eux n'eût été assez hardi pour rester à la table du patron au moment où le dessert y était servi. Lorsque madame Guillaume parlait d'accommoder la salade, ces pauvres jeunes gens tremblaient en songeant avec quelle parcimonie sa prudente main savait y épancher l'huile. Il ne fallait pas qu'ils s'avisassent de passer une nuit dehors, sans avoir donné longtemps à l'avance un motif plausible à cette irrégularité. Chaque dimanche, et à tour de rôle, deux commis accompagnaient la famille Guillaume à la messe de Saint-Leu et aux vêpres. Mesdemoiselles Virginie et Augustine, modestement vêtues d'indienne, prenaient chacune le bras d'un commis et marchaient en avant, sous les yeux perçants de leur mère, qui fermait ce petit cortége domestique avec son mari accoutumé par elle à porter deux gros paroissiens reliés en maroquin noir. Le second commis n'avait pas d'appointements. Quant à celui que douze ans de persévérance et de discrétion initiaient aux

secrets de la maison, il recevait huit cents francs en récompense
de ses labeurs. A certaines fêtes de famille, il était gratifié de
quelques cadeaux auxquels la main sèche et ridée de madame Guillaume donnait seule du prix : des bourses en filet, qu'elle avait soin
d'emplir de coton pour faire valoir leurs dessins à jour ; des bre-
telles fortement conditionnées, ou des paires de bas de soie bien
lourdes. Quelquefois, mais rarement, ce premier ministre était
admis à partager les plaisirs de la famille soit quand elle allait à la
campagne, soit quand après des mois d'attente elle se décidait
à user de son droit à demander, en louant une loge, une pièce à
laquelle Paris ne pensait plus. Quant aux deux autres commis, la
barrière de respect qui séparait jadis un maître drapier de ses apprentis était placée si fortement entre eux et le vieux négociant,
qu'il leur eût été plus facile de voler une pièce de drap que de déranger cette auguste étiquette. Cette réserve peut paraître ridicule
aujourd'hui. Néanmoins, ces vieilles maisons étaient des écoles de
mœurs et de probité. Les maîtres adoptaient leurs apprentis. Le
linge d'un jeune homme était soigné, réparé, quelquefois renouvelé
par la maîtresse de la maison. Un commis tombait-il malade, il
devenait l'objet de soins vraiment maternels. En cas de danger, le
patron prodiguait son argent pour appeler les plus célèbres docteurs ; car il ne répondait pas seulement des mœurs et du savoir de
ces jeunes gens à leurs parents. Si l'un d'eux, honorable par le
caractère, éprouvait quelque désastre, ces vieux négociants savaient
apprécier l'intelligence qu'ils avaient développée, et n'hésitaient
pas à confier le bonheur de leurs filles à celui auquel ils avaient
pendant longtemps confié leurs fortunes. Guillaume était un de
ces hommes antiques ; et s'il en avait les ridicules, il en avait
toutes les qualités. Aussi Joseph Lebas, son premier commis,
orphelin et sans fortune, était-il, dans son idée, le futur époux de
Virginie sa fille aînée. Mais Joseph ne partageait point les pensées
symétriques de son patron, qui, pour un empire, n'aurait pas
marié sa seconde fille avant la première. L'infortuné commis se
sentait le cœur entièrement pris pour mademoiselle Augustine la
cadette. Afin de justifier cette passion qui avait grandi secrètement, il est nécessaire de pénétrer plus avant dans les ressorts du
gouvernement absolu qui régissait la maison du vieux marchand
drapier.

Guillaume avait deux filles. L'aînée, mademoiselle Virginie, était tout le portrait de sa mère. Madame Guillaume, fille du sieur Chevrel, se tenait si droite sur la banquette de son comptoir, que plus d'une fois elle avait entendu des plaisants parier qu'elle y était empalée. Sa figure maigre et longue trahissait une dévotion outrée. Sans grâces et sans manières aimables, madame Guillaume ornait habituellement sa tête presque sexagénaire d'un bonnet dont la forme était invariable et garni de barbes comme celui d'une veuve. Tout le voisinage l'appelait la sœur tourière. Sa parole était brève, et ses gestes avaient quelque chose des mouvements saccadés d'un télégraphe. Son œil, clair comme celui d'un chat, semblait en vouloir à tout le monde de ce qu'elle était laide. Mademoiselle Virginie, élevée comme sa jeune sœur sous les lois despotiques de leur mère, avait atteint l'âge de vingt-huit ans. La jeunesse atténuait l'air disgracieux que sa ressemblance avec sa mère donnait parfois à sa figure ; mais la rigueur maternelle l'avait dotée de deux grandes qualités qui pouvaient tout contre-balancer : elle était douce et patiente. Mademoiselle Augustine, à peine âgée de dix-huit ans, ne ressemblait ni à son père ni à sa mère. Elle était de ces filles qui, par l'absence de tout lien physique avec leurs parents, font croire à ce dicton de prude : Dieu donne les enfants. Augustine était petite, ou, pour la mieux peindre, mignonne. Gracieuse et pleine de candeur, un homme du monde n'aurait pu reprocher à cette charmante créature que des gestes mesquins ou certaines attitudes communes, et parfois de la gêne. Sa figure silencieuse et immobile respirait cette mélancolie passagère qui s'empare de toutes les jeunes filles trop faibles pour oser résister aux volontés d'une mère. Toujours modement vêtues, les deux sœurs ne pouvaient satisfaire la coquetterie innée chez la femme que par un luxe de propreté qui leur allait à merveille et les mettait en harmonie avec ces comptoirs luisants, avec ces rayons sur lesquels le vieux domestique ne souffrait pas un grain de poussière, avec la simplicité antique de tout ce qui se voyait autour d'elles. Obligées par leur genre de vie à chercher des éléments de bonheur dans des travaux obstinés, Augustine et Virginie n'avait donné jusqu'alors que du contentement à leur mère, qui s'applaudissait secrètement de la perfection du caractère de ses deux filles. Il est facile d'imaginer les résultats de l'éducation qu'elles avaient reçue. Élevées pour le commerce, habituées à n'entendre que des raisonnements et des calculs tristement mercantiles, n'ayant étudié que la grammaire, la tenue des

livres, un peu d'histoire juive, l'histoire de France dans Le Ra-
gois, et ne lisant que les auteurs dont la lecture leur était permise
par leur mère, leurs idées n'avaient pas pris beaucoup d'étendue:
elles savaient parfaitement tenir un ménage, elles connaissaient le
prix des choses, elles appréciaient les difficultés que l'on éprouve à
amasser l'argent, elles étaient économes et portaient un grand respect aux qualités du négociant. Malgré la fortune de leur père,
elles étaient aussi habiles à faire des reprises qu'à festonner ; souvent leur mère parlait de leur apprendre la cuisine afin qu'elles
sussent bien ordonner un dîner, et pussent gronder une cuisinière
en connaissance de cause. Ignorant les plaisirs du monde et voyant
comment s'écoulait la vie exemplaire de leurs parents, elles ne jetaient que bien rarement leurs regards au delà de l'enceinte de cette
vieille maison patrimoniale qui, pour leur mère, était l'univers.
Les réunions occasionnées par les solennités de famille formaient
tout l'avenir de leurs joies terrestres. Quand le grand salon situé au
second étage devait recevoir madame Roguin, une demoiselle Chevrel, de quinze ans moins âgée que sa cousine et qui portait des
diamants ; le jeune Rabourdin, sous-chef aux Finances ; monsieur
César Birotteau, riche parfumeur, et sa femme appelée madame
César ; monsieur Camusot, le plus riche négociant en soieries de la
rue des Bourdonnais ; deux ou trois vieux banquiers, et des femmes
irréprochables ; les apprêts nécessités par la manière dont l'argenterie, les porcelaines de Saxe, les bougies, les cristaux étaient em-
paquetés faisaient une diversion à la vie monotone de ces trois femmes qui allaient et venaient, en se donnant autant de mouvement
que des religieuses pour la réception d'un évêque. Puis quand, le
soir, fatiguées toutes trois d'avoir essuyé, frotté, déballé, mis en place
les ornements de la fête, les deux jeunes filles aidaient leur mère à se
coucher, madame Guillaume leur disait : — Nous n'avons rien fait
aujourd'hui, mes enfants ! Lorsque, dans ces assemblées solen-
nelles, la sœur tourière permettait de danser en confinant les parties de boston, de wisk et de trictrac dans sa chambre à coucher,
cette concession était comptée parmi les félicités les plus inespé-
rées, et causait un bonheur égal à celui d'aller à deux ou trois
grands bals où Guillaume menait ses filles à l'époque du carnaval.
Enfin, une fois par an, l'honnête drapier donnait une fête pour
laquelle rien n'était épargné. Quelque riches et élégantes que fussent les personnes invitées, elles se gardaient bien d'y manquer ; car

les maisons les plus considérables de la place avaient recours à
l'immense crédit, à la fortune ou à la vieille expérience de monsieur Guillaume. Mais les deux filles de ce digne négociant ne pro-
fitaient pas autant qu'on pourrait le supposer des enseignements
que le monde offre à de jeunes âmes. Elles apportaient dans ces
réunions, inscrites d'ailleurs sur le carnet d'échéances de la maison, des parures dont la mesquinerie les faisait rougir. Leur manière de danser n'avait rien de· remarquable, et la surveillance
maternelle ne leur permettait pas de soutenir la conversation autrement que par Oui et Non avec leurs cavaliers. Puis la loi de la
vieille enseigne du Chat-qui-pelote leur ordonnait d'être rentrées à
onze heures, moment où les bals et les fêtes commencent à s'animer. Ainsi leurs plaisirs, en apparence assez conformes à la fortune de leur père, devenaient souvent insipides par des circonstances qui tenaient aux habitudes et aux principes de cette famille.
Quant à leur vie habituelle, une seule observation achèvera de la
peindre. Madame Guillaume exigeait que ses deux filles fussent
habillées de grand matin, qu'elles descendissent tous les jours à la
même heure, et soumettait leurs occupations à une régularité monastique. Cependant Augustine avait reçu du hasard une âme assez
élevée pour sentir le vide de cette existence. Parfois ses yeux bleus
se relevaient comme pour interroger les profondeurs de cet escalier
sombre et de ces magasins humides. Après avoir sondé ce silence
de cloître, elle semblait écouter de loin de confuses révélations
de cette vie passionnée qui met les sentiments à un plus haut prix
que les choses. En ces moments son visage se colorait, ses mains
inactives laissaient tomber la blanche mousseline sur le chêne poli
du comptoir, et bientôt sa mère lui disait d'une voix qui restait
toujours aigre même dans les tons les plus doux : — Augustine ! à
quoi pensez-vous donc, mon bijou? Peut-être *Hippolyte comte
de Douglas* et le *Comte de Comminges,* deux romans trouvés
par Augustine dans l'armoire d'une cuisinière récemment renvoyée
par madame Guillaume, contribuèrent-ils à développer les idées de
cette jeune fille qui les avait furtivement dévorés pendant les longues nuits de l'hiver précédent. Les expressions de désir vague, la
voix douce, la peau de jasmin et es yeux bleus d'Augustine
avaient donc allumé dans l'âme du pauvre Lebas un amour aussi
violent que respectueux. Par un caprice facile à comprendre, Augustine ne se sentait aucun goût pour l'orphelin : peut-être était-

ce parce qu'elle ne se savait pas aimée. En revanche, les longues jambes, les cheveux châtains, les grosses mains et l'encolure vigoureuse du premier commis avaient trouvé une secrète admiratrice dans mademoiselle Virginie, qui, malgré ses cinquante mille écus de dot, n'était demandée en mariage par personne. Rien de plus naturel que ces deux passions inverses nées dans le silence de ces comptoirs obscurs comme fleurissent des violettes dans la profondeur d'un bois. La muette et constante contemplation qui réunissait les yeux de ces jeunes gens par un besoin violent de distraction au milieu de travaux obstinés et d'une paix religieuse, devait tôt ou tard exciter des sentiments d'amour. L'habitude de voir une figure y fait découvrir insensiblement les qualités de l'âme, et finit par en effacer les défauts.

— Au train dont y va cet homme, nos filles ne tarderont pas à se mettre à genoux devant un prétendu ! se dit monsieur Guillaume en lisant le premier décret par lequel Napoléon anticipa sur les classes de conscrits.

Dès ce jour, désespéré de voir sa fille aîné se faner, le vieux marchand se souvint d'avoir épousé mademoiselle Chevrel à peu près dans la situation où se trouvaient Joseph Lebas et Virginie. Quelle belle affaire que de marier sa fille et d'acquitter une dette sacrée, en rendant à un orphelin le bienfait qu'il avait reçu jadis de son prédécesseur dans les mêmes circonstances ! Agé de trente-trois ans, Joseph Lebas pensait aux obstacles que quinze ans de différence mettaient entre Augustine et lui. Trop perspicace d'ailleurs pour ne pas deviner les desseins de monsieur Guillaume, il en connaissait assez les principes inexorables pour savoir que jamais la cadette ne se marierait avant l'aînée. Le pauvre commis, dont le cœur était aussi excellent que ses jambes étaient longues et son buste épais, souffrait donc en silence.

Tel était l'état des choses dans cette petite république, qui, au milieu de la rue Saint-Denis, ressemblait assez à une succursale de la Trappe. Mais pour rendre un compte exact des événements extérieurs comme des sentiments, il est nécessaire de remonter à quelques mois avant la scène par laquelle commence cette histoire. A la nuit tombante, un jeune homme passant devant l'obscure boutique du Chat-qui-pelote y était resté un momment en contemplation à l'aspect d'un tableau qui aurait arrêté tous les peintres du monde. Le magasin, n'étant pas encore éclairé, formait un plan

noir au fond duquel se voyait la salle à manger du marchand.
Une lampe astrale y répandait ce jour jaune qui donne tant de
grâce aux tableaux de l'école hollandaise. Le linge blanc, l'argenterie, les cristaux formaient de brillants accessoires qu'embellissaient
encore de vives oppositions entre l'ombre et la lumière. La figure
du père de famille et celle de sa femme, les visages des commis et
les formes pures d'Augustine, à deux pas de laquelle se tenait une
grosse fille joufflue, composaient un groupe si curieux ; ces têtes
étaient si originales, et chaque caractère avait une expression si
franche ; on devinait si bien la paix, le silence et la modeste vie
de cette famille, que, pour un artiste accoutumé à exprimer la nature, il y avait quelque chose de désespérant à vouloir rendre cette
scène fortuite. Ce passant était un jeune peintre, qui, sept ans auparavant, avait remporté le grand prix de peinture. Il revenait de
Rome. Son âme nourrie de poésie, ses yeux rassasiés de Raphaël
et de Michel-Ange, avaient soif de la nature vraie, après une longue habitation du pays pompeux où l'art a jeté partout son grandiose. Faux ou juste, tel était son sentiment personnel. Abandonné
longtemps à la fougue des passions italiennes, son cœur demandait une de ces vierges modestes et recueillies que, malheureusement, il n'avait su trouver qu'en peinture à Rome. De l'enthousiasme imprimé à son âme exaltée par le tableau naturel qu'il
contemplait, il passa naturellement à une profonde admiration
pour la figure principale : Augustine paraissait pensive et ne mangeait point ; par une disposition de la lampe dont la lumière tombait
entièrement sur son visage, son buste semblait se mouvoir dans un
cercle de feu qui détachait plus vivement les contours de sa tête et
l'illuminait d'une manière quasi surnaturelle. L'artiste la compara
involontairement à un ange exilé qui se souvient du ciel. Une sensation presque inconnue, un amour limpide et bouillonnant inonda
son cœur. Après être demeuré pendant un moment comme écrasé
sous le poids de ses idées, il s'arracha à son bonheur, rentra chez
lui, ne mangea pas, ne dormit point. Le lendemain, il entra dans
son atelier pour n'en sortir qu'après avoir déposé sur une toile la
magie de cette scène dont le souvenir l'avait en quelque sorte fana-
tisé. Sa félicité fut incomplète tant qu'il ne posséda pas un fidèle
portrait de son idole. Il passa plusieurs fois devant la maison du
Chat-qui-pelote ; il osa même y entrer une ou deux fois sous le
masque d'un déguisement, afin de voir de plus près la ravissante

créature que madame Guillaume couvrait de son aile. Pendant huit
mois entiers, adonné à son amour, à ses pinceaux, il resta invisible pour ses amis les plus intimes, oubliant le monde, la poésie,
le théâtre, la musique, et ses plus chères habitudes. Un matin,
Girodet força toutes ces consignes que les artistes connaissent et
savent éluder, parvint à lui, et le réveilla par cette demande :
— Que mettras-tu au Salon? L'artiste saisit la main de son ami,
l'entraîne à son atelier, découvre un petit tableau de chevalet et un
portrait. Après une lente et avide contemplation des deux chefs-
d'œuvre, Girodet saute au cou de son camarade et l'embrasse, sans
trouver de paroles. Ses émotions ne pouvaient se rendre que comme
il les sentait, d'âme à âme.

— Tu es amoureux? dit Girodet.

Tous deux savaient que les plus beaux portraits de Titien, de
Raphaël et de Léonard de Vinci sont dus à des sentiments exaltés,
qui, sous diverses conditions, engendrent d'ailleurs tous les chefs-
d'œuvre. Pour toute réponse, le jeune artiste inclina la tête.

— Es-tu heureux de pouvoir être amoureux ici, en revenant
d'Italie ! Je ne te conseille pas de mettre de telles œuvres au Salon,
ajouta le grand peintre. Vois-tu, ces deux tableaux n'y seraient pas
sentis. Ces couleurs vraies, ce travail prodigieux ne peuvent pas
encore être appréciés, le public n'est plus accoutumé à tant de profondeur. Les tableaux que nous peignons, mon bon ami, sont des
écrans, des paravents. Tiens, faisons plutôt des vers, et traduisons
les Anciens ! il y a plus de gloire à en attendre, que de nos malheureuses toiles.

Malgré cet avis charitable, les deux toiles furent exposées. La
scène d'intérieur fit une révolution dans la peinture. Elle donna
naissance à ces tableaux de genre dont la prodigieuse quantité im-
portée à toutes nos expositions, pourrait faire croire qu'ils s'obtiennent par des procédés purement mécaniques. Quant au portrait,
il est peu d'artistes qui ne gardent le souvenir de cette toile vivante
à laquelle le public, quelquefois juste en masse, laissa la couronne
que Girodet y plaça lui-même. Les deux tableaux furent entourés
d'une foule immense. On s'y tua, comme disent les femmes. Des
spéculateurs, des grands seigneurs couvrirent ces deux toiles de
doubles napoléons, l'artiste refusa obstinément de les vendre, et
refusa d'en faire des copies. On lui offrit une somme énorme pour
les laisser graver, les marchands ne furent pas plus heureux que

ne l'avaient été les amateurs. Quoique cette aventure fît du bruit
dans le monde, elle n'était pas de nature à parvenir au fond de
la petite Thébaïde de la rue Saint-Denis. Néanmoins, en venant
faire une visite à madame Guillaume, la femme du notaire parla de
l'exposition devant Augustine, qu'elle aimait beaucoup, et lui en
expliqua le but. Le babil de madame Roguin inspira naturellement
à Augustine le désir de voir les tableaux, et la hardiesse de demander
secrètement à sa cousine de l'accompagner au Louvre. La cousine
réussit dans la négociation qu'elle entama auprès de madame Guillaume, pour obtenir la permission d'arracher sa petite cousine à ses
tristes travaux pendant environ deux heures. La jeune fille pénétra
donc, à travers la foule, jusqu'au tableau couronné. Un frisson la fit
trembler comme une feuille de bouleau, quand elle se reconnut.
Elle eut peur et regarda autour d'elle pour rejoindre madame Roguin, de qui elle avait été séparée par un flot de monde. En ce moment ses yeux effrayés rencontrèrent la figure enflammée du jeune
peintre. Elle se rappela tout à coup la physionomie d'un promeneur
que, curieuse, elle avait souvent remarqué, en croyant que c'était
un nouveau voisin.

— Vous voyez ce que l'amour m'a fait faire, dit l'artiste à l'o-
reille de la timide créature qui resta tout épouvantée de ces paroles.

Elle trouva un courage surnaturel pour fendre la presse, et pour
rejoindre sa cousine encore occupée à percer la masse du monde qui
l'empêchait d'arriver jusqu'au tableau.

— Vous seriez étouffée, s'écria Augustine, partons!

Mais il se rencontre, au Salon, certains moments pendant lesquels deux femmes ne sont pas toujours libres de diriger leurs pas
dans les galeries. Mademoiselle Guillaume et sa cousine furent pous-
sées à quelques pas du second tableau, par suite des mouvements
irréguliers que la foule leur imprima. Le hasard voulut qu'elles
eussent la facilité d'approcher ensemble de la toile illustrée par la
mode, d'accord cette fois avec le talent. La femme du notaire fit
une exclamation de surprise perdue dans le brouhaha et les bour-
donnements de la foule; mais Augustine pleura involontairement
à l'aspect de cette merveilleuse scène. Puis, par un sentiment
presque inexplicable, elle mit un doigt sur ses lèvres en apercevant à deux pas d'elle la figure extatique du jeune artiste. L'inconnu répondit par un signe de tête et désigna madame Roguin,

comme un trouble-fête, afin de montrer à Augustine qu'elle
était comprise. Cette pantomime jeta comme un brasier dans le
corps de la pauvre fille qui se trouva criminelle, en se figurant
qu'il venait de se conclure un pacte entre elle et l'artiste. Une
chaleur étouffante, le continuel aspect des plus brillantes toilettes,
et l'étourdissement que produisait sur Augustine la vérité des
couleurs, la multitude des figures vivantes ou peintes, la profusion des cadres d'or, lui firent éprouver une espèce d'enivrement
qui redoubla ses craintes. Elle se serait peut-être évanouie, si,
malgré ce chaos de sensations, il ne s'était élevé au fond de son
cœur une jouissance inconnue qui vivifia tout son être. Néanmoins,
elle se crut sous l'empire de ce démon dont les terribles piéges lui
étaient prédits par la voix tonnante des prédicateurs. Ce moment fut
pour elle comme un moment de folie. Elle se vit accompagnée
jusqu'à la voiture de sa cousine par ce jeune homme resplendissant
de bonheur et d'amour. En proie à une irritation toute nouvelle, à
une ivresse qui la livrait en quelque sorte à la nature, Augustine
écouta la voix éloquente de son cœur, et regarda plusieurs fois le
jeune peintre en laissant paraître le trouble dont elle était saisie.
Jamais l'incarnat de ses joues n'avait formé de plus vigoureux
contrastes avec la blancheur de sa peau. L'artiste aperçut alors cette
beauté dans toute sa fleur, cette pudeur dans toute sa gloire.
Augustine éprouva une sorte de joie mêlée de terreur, en pensant
que sa présence causait la félicité de celui dont le nom était sur
toutes les lèvres, dont le talent donnait l'immortalité à de passagères images. Elle était aimée! il lui était impossible d'en douter.
Quand elle ne vit plus l'artiste, elle entendit encore retentir dans
son cœur ces paroles simples : — « Vous voyez ce que l'amour m'a
fait faire. » Et les palpitations devenues plus profondes lui semblèrent une douleur, tant son sang plus ardent réveilla dans son
corps de puissances inconnues. Elle feignit d'avoir un grand mal
de tête pour éviter de répondre aux questions de sa cousine relativement aux tableaux; mais, au retour, madame Roguin ne
put s'empêcher de parler à madame Guillaume de la célébrité
obtenue par le Chat-qui-pelote, et Augustine trembla de tous ses
membres en entendant dire à sa mère qu'elle irait au Salon pour y
voir sa maison. La jeune fille insista de nouveau sur sa souffrance,
et obtint la permission d'aller se coucher.

  — Voilà ce qu'on gagne à tous ces spectacles, s'écria monsieur

Guillaume, des maux de tête. Est-ce donc bien amusant de voir en peinture ce qu'on rencontre tous les jours dans notre rue! Ne me parlez pas de ces artistes qui sont, comme vos auteurs, des meurt-de-faim. Que diable ont-ils besoin de prendre ma maison pour la vilipender dans leurs tableaux?

— Cela pourra nous faire vendre quelques aunes de drap de plus, dit Joseph Lebas.

Cette observation n'empêcha pas que les arts et la pensée ne fussent condamnés encore une fois au tribunal du Négoce. Comme on doit bien le penser, ces discours ne donnèrent pas grand espoir à Augustine. Elle eut toute la nuit pour se livrer à la première méditation de l'amour. Les événements de cette journée furent comme un songe qu'elle se plut à reproduire dans sa pensée. Elle s'initia aux craintes, aux espérances, aux remords, à toutes ces ondulations de sentiment qui devaient bercer un cœur simple et timide comme le sien. Quel vide elle reconnut dans cette noire maison, et quel trésor elle trouva dans son âme! Être la femme d'un homme de talent, partager sa gloire! Quels ravages cette idée ne devait-elle pas faire au cœur d'une enfant élevée au sein de cette famille! Quelle espérance ne devait-elle pas éveiller chez une jeune personne qui, nourrie jusqu'alors de principes vulgaires, avait désiré une vie élégante! Un rayon de soleil était tombé dans cette prison. Augustine aima tout à coup. En elle tant de sentiments étaient flattés à la fois, qu'elle succomba sans rien calculer. A dix-huit ans, l'amour ne jette-t-il pas son prisme entre le monde et les yeux d'une jeune fille! Incapable de deviner les rudes chocs qui résultent de l'alliance d'une femme aimante avec un homme d'imagination, elle crut être appelée à faire le bonheur de celui-ci, sans apercevoir aucune disparate entre elle et lui. Pour elle le présent fut tout l'avenir. Quand le lendemain son père et sa mère revinrent du Salon, leurs figures attristées annoncèrent quelque désappointement. D'abord, les deux tableaux avaient été retirés par le peintre; puis madame Guillaume avait perdu son châle de cachemire. Apprendre que les tableaux venaient de disparaître après sa visite au Salon fut pour Augustine la révélation d'une délicatesse de sentiment que les femmes savent toujours apprécier, même instinctivement.

Le matin où, rentrant d'un bal, Théodore de Sommervieux, tel était le nom que la renommée avait apporté dans le cœur d'Augus-

tine, fut aspergé par les commis du Chat-qui-pelote pendant qu'il
attendait l'apparition de sa naïve amie, qui ne le savait certes pas
là, les deux amants se voyaient pour la quatrième fois seulement
depuis la scène du Salon. Les obstacles que le régime de la maison Guillaume opposait au caractère fougueux de l'artiste, donnaient à sa passion pour Augustine une violence facile à concevoir.
Comment aborder une jeune fille assise dans un comptoir entre
deux femmes telles que mademoiselle Virginie et madame Guillaume? Comment correspondre avec elle, quand sa mère ne la
quittait jamais? Habile, comme tous les amants, à se forger des
malheurs, Théodore se créait un rival dans l'un des commis, et
mettait les autres dans les intérêts de son rival. S'il échappait à
tant d'Argus, il se voyait échouant sous les yeux sévères du vieux
négociant ou de madame Guillaume. Partout des barrrières, partout
le désespoir! La violence même de sa passion empêchait le jeune
peintre de trouver ces expédients ingénieux qui, chez les prison-
niers comme chez les amants, semblent être le dernier effort de la
raison échauffée par un sauvage besoin de liberté ou par le feu
de l'amour. Théodore tournait alors dans le quartier avec l'activité d'un fou, comme si le mouvement pouvait lui suggérer des
ruses. Après s'être bien tourmenté l'imagination, il inventa de
gagner à prix d'or la servante joufflue. Quelques lettres furent donc
échangées de loin en loin pendant la quinzaine qui suivit la malencontreuse matinée où monsieur Guillaume et Théodore s'étaient
si bien examinés.

En ce moment, les deux jeunes gens étaient convenus de se voir
à une certaine heure du jour et le dimanche, à Saint-Leu, pendant
la messe et les vêpres. Augustine avait envoyé à son cher Théodore
la liste des parents et des amis de la famille, chez lesquels le jeune
peintre tâcha d'avoir accès afin d'intéresser à ses amoureuses pensées, s'il était possible, une de ces âmes occupées d'argent, de
commerce, et auxquelles une passion véritable devait sembler la
spéculation la plus monstrueuse, une spéculation inouïe. D'ailleurs, rien ne changea dans les habitudes du Chat-qui-pelote. Si
Augustine fut distraite, si, contre toute espèce d'obéissance aux
lois de la charte domestique, elle monta à sa chambre pour y
aller, grâce à un pot de fleurs, établir des signaux; si elle soupira,
si elle pensa enfin, personne, pas même sa mère, ne s'en aperçut.
Cette circonstance causera quelque surprise à ceux qui auront com-

pris l'esprit de cette maison, où une pensée entachée de poésie devait produire un contraste avec les êtres et les choses, où personne ne pouvait se permettre ni un geste, ni un regard qui ne fussent vus et analysés. Cependant rien de plus naturel : le vaisseau si tranquille qui naviguait sur la mer orageuse de la place de Paris, sous le pavillon du Chat-qui-pelote, était la proie d'une de ces tempêtes qu'on pourrait nommer équinoxiales à cause de leur retour périodique. Depuis quinze jours, les quatre hommes de l'équipage, madame Guillaume et mademoiselle Virginie s'adonnaient à ce travail excessif désigné sous le nom d'*inventaire*. On remuait tous les ballots et l'on vérifiait l'aunage des pièces pour s'assurer de la valeur exacte du coupon. On examinait soigneusement la carte appendue au paquet pour reconnaître en quel temps les draps avaient été achetés. On fixait le prix actuel. Toujours debout, son aune à la main, la plume derrière l'oreille, monsieur Guillaume ressemblait à un capitaine commandant la manœuvre. Sa voix aiguë, passant par un judas pour interroger la profondeur des écoutilles du magasin d'en bas, faisait entendre ces barbares locutions du commerce, qui ne s'exprime que par énigmes : — Combien d'H-N-Z ? — Enlevé. — Que reste-t-il de Q-X ? — Deux aunes. — Quel prix ? — Cinq-cinq-trois. — Portez à trois A tout J-J, tout M-P, et le reste de V-D-O. Mille autres phrases tout aussi intelligibles ronflaient à travers les comptoirs comme des vers de la poésie moderne que des romantiques se seraient cités afin d'entretenir leur enthousiasme pour un de leurs poëtes. Le soir, Guillaume, enfermé avec son commis et sa femme, soldait les comptes, portait à nouveau, écrivait aux retardataires, et dressait des factures. Tous trois préparaient ce travail immense dont le résultat tenait sur un carré de papier tellière, et prouvait à la maison Guillaume qu'il existait tant en argent, tant en marchandises, tant en traites et billets; qu'elle ne devait pas un sou, qu'il lui était dû cent ou deux cent mille francs; que le capital avait augmenté; que les fermes, les maisons, les rentes allaient être ou arrondies, ou réparées, ou doublées. De là résultait la nécessité de recommencer avec plus d'ardeur que jamais à ramasser de nouveaux écus, sans qu'il vînt en tête à ces courageuses fourmis de se demander : A quoi bon ?

A la faveur de ce tumulte annuel, l'heureuse Augustine échappait à l'investigation de ses Argus. Enfin, un samedi soir, la clô-

ture de l'inventaire eut lieu. Les chiffres du total actif offrirent
assez de zéros pour qu'en cette circonstance Guillaume levât la
consigne sévère qui régnait toute l'année au dessert. Le sournois
drapier se frotta les mains, et permit à ses commis de rester
à sa table. A peine chacun des hommes de l'équipage achevait-il
son petit verre d'une liqueur de ménage, on entendit le roulement d'une voiture. La famille alla voir Cendrillon aux Variétés,
tandis que les deux derniers commis reçurent chacun un écu de
six francs et la permission d'aller où bon leur semblerait, pourvu
qu'ils fussent rentrés à minuit. Malgré cette débauche, le dimanche
matin, le vieux marchand drapier fit sa barbe dès six heures, en-
dossa son habit marron dont les superbes reflets lui causaient toujours le même contentement, il attacha les boucles d'or aux oreilles
de son ample culotte de soie; puis, vers sept heures, au moment
où tout dormait encore dans la maison, il se dirigea vers le petit
cabinet attenant à son magasin du premier étage. Le jour y venait
d'une croisée armée de gros barreaux de fer, et qui donnait sur une
petite cour carrée formée de murs si noirs qu'elle ressemblait assez
à un puits. Le vieux négociant ouvrit lui-même ces volets garnis de
tôle qu'il connaissait si bien, et releva une moitié du vitrage en le
faisant glisser dans sa coulisse. L'air glacé de la cour vint rafraîchir
la chaude atmosphère de ce cabinet, qui exhalait l'odeur particulière aux bureaux. Le marchand resta debout, la main posée sur
le bras crasseux d'un fauteuil de canne doublé de maroquin dont
la couleur primitive était effacée, il semblait hésiter à s'y asseoir. Il
regarda d'un air attendri le bureau à double pupitre, où la place de sa
femme se trouvait ménagée, dans le côté opposé à la sienne, par une
petite arcade pratiquée dans le mur. Il contempla les cartons nu-
mérotés, les ficelles, les ustensiles, les fers à marquer le drap,
la caisse, objets d'une origine immémoriale, et crut se revoir
devant l'ombre évoquée du sieur Chevrel. Il avança le même tabouret sur lequel il s'était jadis assis en présence de son défunt
patron. Ce tabouret garni de cuir noir, et dont le crin s'échappait
depuis longtemps par les coins, mais sans se perdre, il le plaça
d'une main tremblante au même endroit où son prédécesseur l'a-
vait mis; puis, dans une agitation difficile à décrire, il tira la sonnette qui correspondait au chevet du lit de Joseph Lebas. Quand ce
coup décisif eut été frappé, le vieillard, pour qui ces souvenirs
furent sans doute trop lourds, prit trois ou quatre lettres de change

qui lui avaient été présentées, et les regarda sans les voir, quand Jeseph Lebas se montra soudain.

— Asseyez-vous là, lui dit Guillaume en lui désignant le tabouret.

Comme jamais le vieux maître-drapier n'avait fait asseoir son commis devant lui, Joseph Lebas tressaillit.

— Que pensez-vous de ces traites? demanda Guillaume.

— Elles ne seront pas payées.

— Comment?

— Mais j'ai su qu'avant-hier Étienne et compagnie ont fait leurs paiements en or.

— Oh! oh! s'écria le drapier, il faut être bien malade pour laisser voir sa bile. Parlons d'autre chose. Joseph, l'inventaire est fini.

— Oui, monsieur, et le dividende est un des plus beaux que vous ayez eus.

— Ne vous servez donc pas de ces nouveaux mots! Dites le produit, Joseph. Savez-vous, mon garçon, que c'est un peu à vous que nous devons ces résultats? aussi, ne veux-je plus que vous ayez d'appointements. Madame Guillaume m'a donné l'idée de vous offrir un intérêt. Hein, Joseph! Guillaume et Lebas, ces mots ne feraient-ils pas une belle raison sociale? On pourrait mettre *et compagnie* pour arrondir la signature.

Les larmes vinrent aux yeux de Joseph Lebas, qui s'efforça de les cacher. — Ah, monsieur Guillaume! comment ai-je pu mériter tant de bontés? Je ne fais que mon devoir. C'était déjà tant que de vous intéresser à un pauvre orph...

Il brossait le parement de sa manche gauche avec la manche droite, et n'osait regarder le vieillard qui souriait en pensant que ce modeste jeune homme avait sans doute besoin, comme lui autrefois, d'être encouragé pour rendre l'explication complète.

— Cependant, reprit le père de Virginie, vous ne méritez pas beaucoup cette faveur, Joseph! Vous ne mettez pas en moi autant de confiance que j'en mets en vous. (Le commis releva brusquement la tête.) — Vous avez le secret de la caisse. Depuis deux ans je vous ai dit presque toutes mes affaires. Je vous ai fait voyager en fabrique. Enfin, pour vous, je n'ai rien sur le cœur. Mais vous?... vous avez une inclination, et ne m'en avez pas touché un seul mot. (Joseph Lebas rougit.) — Ah! ah! s'écria Guillaume, vous pensiez donc tromper un vieux renard comme moi? Moi! à qui vous avez vu deviner la faillite Lecoq!

— Comment, monsieur? répondit Joseph Lebas en examinant son patron avec autant d'attention que son patron l'examinait, comment, vous sauriez qui j'aime?

— Je sais tout, vaurien, lui dit le respectable et rusé marchand en lui tordant le bout de l'oreille. Et je pardonne, j'ai fait de même.

— Et vous me l'accorderiez?

— Oui, avec cinquante mille écus, et je t'en laisserai autant, et nous marcherons sur nouveaux frais avec une nouvelle raison sociale. Nous brasserons encore des affaires, garçon, s'écria le vieux marchand en s'exaltant, se levant et agitant ses bras. Vois-tu, mon gendre, il n'y a que le commerce! Ceux qui se demandent quels plaisirs on y trouve sont des imbéciles. Être à la piste des affaires, savoir gouverner sur la place, attendre avec anxiété, comme au jeu, si les Étienne et compagnie font faillite, voir passer un régiment de la garde impériale habillé de notre drap, donner un croc en jambe au voisin, loyalement s'entend! fabriquer à meilleur marché que les autres; suivre une affaire qu'on ébauche, qui commence, grandit, chancelle et réussit, connaître comme un ministre de la police tous les ressorts des maisons de commerce pour ne pas faire fausse route; se tenir debout devant les naufrages; avoir des amis, par correspondance, dans toutes les villes manufacturières, n'est-ce pas un jeu perpétuel, Joseph? Mais c'est vivre, ça! Je mourrai dans ce tracas-là, comme le vieux Chevrel, n'en prenant cependant plus qu'à mon aise. Dans la chaleur de sa plus forte improvisation, le père Guillaume n'avait presque pas regardé son commis qui pleurait à chaudes larmes. — Eh bien! Joseph, mon pauvre garçon, qu'as-tu donc?

— Ah! je l'aime tant, tant, monsieur Guillaume, que le cœur me manque, je crois...

— Eh bien! garçon, dit le marchand attendri, tu es plus heureux que tu ne crois, sarpejeu, car elle t'aime. Je le sais, moi!

Et il cligna ses deux petits yeux verts en regardant son commis.

— Mademoiselle Augustine, mademoiselle Augustine! s'écria Joseph Lebas dans son enthousiasme.

Il allait s'élancer hors du cabinet, quand il se sentit arrêté par un bras de fer, et son patron stupéfait le ramena vigoureusement devant lui.

— Qu'est-ce que fait donc Augustine dans cette affaire-là? demanda Guillaume dont la voix glaça sur-le-champ le malheureux Joseph Lebas.

— N'est-ce pas elle... que... j'aime? dit le commis en balbutiant.

Déconcerté de son défaut de perspicacité, Guillaume se rassit et mit sa tête pointue dans ses deux mains pour réfléchir à la bizarre position dans laquelle il se trouvait. Joseph Lebas honteux et au désespoir resta debout.

— Joseph, reprit le négociant avec une dignité froide, je vous parlais de Virginie. L'amour ne se commande pas, je le sais. Je connais votre discrétion, nous oublierons cela. Je ne marierai jamais Augustine avant Virginie. Votre intérêt sera de dix pour cent.

Le commis, auquel l'amour donna je ne sais quel degré de courage et d'éloquence, joignit les mains, prit la parole, parla pendant un quart d'heure à Guillaume avec tant de chaleur et de sensibilité, que la situation changea. S'il s'était agi d'une affaire commerciale, le vieux négociant aurait eu des règles fixes pour prendre une résolution; mais, jeté à mille lieues du commerce, sur la mer des sentiments, et sans boussole, il flotta irrésolu devant un événement si original, se disait-il. Entraîné par sa bonté naturelle, il battit un peu la campagne.

—Et, diantre, Joseph, tu n'es pas sans savoir que j'ai eu mes deux enfants à dix ans de distance! Mademoiselle Chevrel n'était pas belle, elle n'a cependant pas à se plaindre de moi. Fais donc comme moi. Enfin, ne pleure pas, es-tu bête? Que veux-tu? cela s'arrangera peut-être, nous verrons. Il y a toujours moyen de se tirer d'affaire. Nous autres hommes nous ne sommes pas toujours comme des Céladons pour nos femmes. Tu m'entends? Madame Guillaume est dévote, et... Allons, sarpejeu, mon enfant, donne ce matin le bras à Augustine pour aller à la messe.

Telles furent les phrases jetées à l'aventure par Guillaume. La conclusion qui les terminait ravit l'amoureux commis : il songeait déjà pour mademoiselle Virginie à l'un de ses amis, quand il sortit du cabinet enfumé en serrant la main de son futur beau-père, après lui avoir dit, d'un petit air entendu, que tout s'arrangerait au mieux.

— Que va penser madame Guillaume? Cette idée tourmenta prodigieusement le brave négociant quand il fut seul.

Au déjeuner, madame Guillaume et Virginie, auxquelles le marchand-drapier avait laissé provisoirement ignorer son désappointe-

ment, regardèrent assez malicieusement Joseph Lebas qui resta
grandement embarrassé. La pudeur du commis lui concilia l'amitié
de sa belle-mère. La matrone redevint si gaie qu'elle regarda monsieur Guillaume en souriant, et se permit quelques petites plaisanteries d'un usage immémorial dans ces innocentes familles. Elle mit
en question la conformité de la taille de Virginie et de celle de Joseph,
pour leur demander de se mesurer. Ces niaiseries préparatoires attirèrent quelques nuages sur le front du chef de famille, et il afficha
même un tel amour pour le décorum, qu'il ordonna à Augustine de
prendre le bras du premier commis en allant à Saint-Leu. Madame
Guillaume, étonnée de cette délicatesse masculine, honora son
mari d'un signe de tête d'approbation. Le cortége partit donc de la
maison dans un ordre qui ne pouvait suggérer aucune interpréta-
tion malicieuse aux voisins.

— Ne trouvez-vous pas, mademoiselle Augustine, disait le commis en tremblant, que la femme d'un négociant qui a un bon crédit, comme monsieur Guillaume, par exemple, pourrait s'amuser
un peu plus que ne s'amuse madame votre mère, pourrait porter
des diamants, aller en voiture? Oh! moi, d'abord, si je me mariais, je voudrais avoir toute la peine, et voir ma femme heureuse.
Je ne la mettrais pas dans mon comptoir. Voyez-vous, dans la draperie, les femmes n'y sont plus aussi nécessaires qu'elles l'étaient
autrefois. Monsieur Guillaume a eu raison d'agir comme il a fait,
et d'ailleurs c'était le goût de son épouse. Mais qu'une femme sache
donner un coup de main à la comptabilité, à la correspondance,
au détail, aux commandes, à son ménage, afin de ne pas rester oisive,
c'est tout. A sept heures, quand la boutique serait fermée, moi je
m'amuserais, j'irais au spectacle et dans le monde. Mais vous ne
m'écoutez pas.

— Si fait, monsieur Joseph. Que dites-vous de la peinture?
C'est là un bel état.

— Oui, je connais un maître peintre en bâtiment, monsieur
Lourdois, qui a des écus.

En devisant ainsi, la famille atteignit l'église de Saint-Leu. Là,
madame Guillaume retrouva ses droits, et fit mettre, pour la
première fois, Augustine à côté d'elle. Virginie prit place sur la
quatrième chaise à côté de Lebas. Pendant le prône, tout alla bien
entre Augustine et Théodore qui, debout derrière un pilier,
priait sa madone avec ferveur; mais au lever-Dieu, madame Guil-

laume s'aperçut, un peu tard, que sa fille Augustine tenait son
livre de messe au rebours. Elle se disposait à la gourmander vigoureusement, quand, rabaissant son voile, elle interrompit sa
lecture et se mit à regarder dans la direction qu'affectionnaient les
yeux de sa fille. A l'aide de ses besicles, elle vit le jeune artiste
dont l'élégance mondaine annonçait plutôt quelque capitaine de cavalerie en congé, qu'un négociant du quartier. Il est difficile d'imaginer l'état violent dans lequel se trouva madame Guillaume, qui
se flattait d'avoir parfaitement élevé ses filles, en reconnaissant dans
le cœur d'Augustine un amour clandestin dont le danger lui fut
exagéré par sa pruderie et son ignorance. Elle crut sa fille gan-
grenée jusqu'au cœur.

—Tenez d'abord votre livre à l'endroit, mademoiselle, dit-elle
à voix basse mais en tremblant de colère. Elle arracha vivement
le Paroissien accusateur, et le remit de manière à ce que les lettres
fussent dans leur sens naturel. — N'ayez pas le malheur de lever
les yeux autre part que sur vos prières, ajouta-t-elle, autrement,
vous auriez affaire à moi. Après la messe, votre père et moi nous
aurons à vous parler.

Ces paroles furent comme un coup de foudre pour la pauvre
Augustine. Elle se sentit défaillir; mais combattue entre la douleur
qu'elle éprouvait et la crainte de faire un esclandre dans l'église,
elle eut le courage de cacher ses angoisses. Cependant, il était facile
de deviner l'état violent de son âme en voyant son Paroissien trembler et des larmes tomber sur chacune des pages qu'elle tournait.
Au regard enflammé que lui lança madame Guillaume, l'artiste vit
le péril où tombaient ses amours, et sortit, la rage dans le cœur,
décidé à tout oser.

— Allez dans votre chambre, mademoiselle! dit madame Guillaume à sa fille en rentrant au logis; nous vous ferons appeler; et
surtout, ne vous avisez pas d'en sortir.

La conférence que les deux époux eurent ensemble fut si secrète,
que rien n'en transpira d'abord. Cependant, Virginie, qui avait encouragé sa sœur par mille douces représentations, poussa la complaisance jusqu'à se glisser auprès de la porte de la chambre à coucher de sa mère, chez laquelle la discussion avait lieu, pour y
recueillir quelques phrases. Au premier voyage qu'elle fit du troisième au second étage, elle entendit son père qui s'écriait : —
Madame, vous voulez donc tuer votre fille?

— Ma pauvre enfant, dit Virginie à sa sœur éplorée, papa prend ta défense !

— Et que veulent-ils faire à Théodore ? demanda l'innocente créature.

La curieuse Virginie redescendit alors; mais cette fois elle resta plus longtemps : elle apprit que Lebas aimait Augustine. Il était écrit que, dans cette mémorable journée, une maison ordinairement si calme serait un enfer. Monsieur Guillaume désespéra Joseph Lebas en lui confiant l'amour d'Augustine pour un étranger. Lebas, qui avait averti son ami de demander mademoiselle Virginie en mariage, vit ses espérances renversées. Mademoiselle Virginie, accablée de savoir que Joseph l'avait en quelque sorte refusée, fut prise d'une migraine. La zizanie semée entre les deux époux par l'explication que monsieur et madame Guillaume avaient eue ensemble, et où, pour la troisième fois de leur vie, ils se trouvèrent d'opinions différentes, se manifesta d'une manière terrible. Enfin, à quatre heures après midi, Augustine, pâle, tremblante et les yeux rouges, comparut devant son père et sa mère. La pauvre enfant raconta naïvement la trop courte histoire de ses amours. Rassurée par l'allocution de son père, qui lui avait promis de l'écouter en silence, elle prit un certain courage en prononçant devant ses parents le nom de son cher Théodore de Sommervieux, et en fit malicieusement sonner la particule aristocratique. En se livrant au charme inconnu de parler de ses sentiments, elle trouva assez de hardiesse pour déclarer avec une innocente fermeté qu'elle aimait monsieur de Sommervieux, qu'elle le lui avait écrit, et ajouta, les larmes aux yeux : — Ce serait faire mon malheur que de me sacrifier à un autre.

— Mais, Augustine, vous ne savez donc pas ce que c'est qu'un peintre ? s'écria sa mère avec horreur.

— Madame Guillaume ! dit le vieux père en imposant silence à sa femme. — Augustine, dit-il, les artistes sont en général des meurt-de-faim. Ils sont trop dépensiers pour ne pas être toujours de mauvais sujets. J'ai fourni feu M. Joseph Vernet, feu M. Lekain et feu M. Noverre. Ah ! si tu savais combien ce M. Noverre, M. le chevalier de Saint-Georges, et surtout M. Philidor, ont joué de tours à ce pauvre père Chevrel ! Ce sont de drôles de corps, je le sais bien. Ça vous a tous un babil, des manières... Ah ! jamais ton monsieur Sumer... Somm...

— De Sommervieux, mon père!

— Eh bien! de Sommervieux, soit! jamais il n'aura été aussi
agréable avec toi que M. le chevalier de Saint-Georges le fut avec
moi, le jour où j'obtins une sentence des consuls contre lui. Aussi
était-ce des gens de qualité d'autrefois.

— Mais, mon père, monsieur Théodore est noble, et m'a écrit
qu'il était riche. Son père s'appelait le chevalier de Sommervieux
avant la révolution.

A ces paroles, monsieur Guillaume regarda sa terrible moitié,
qui, en femme contrariée, frappait le plancher du bout du pied et
gardait un morne silence. Elle évitait même de jeter ses yeux courroucés sur Augustine, et semblait laisser à monsieur Guillaume
toute la responsabilité d'une affaire si grave, puisque ses avis
n'étaient pas écoutés. Cependant, malgré son flegme apparent,
quand elle vit son mari prenant si doucement son parti sur une
catastrophe qui n'avait rien de commercial, elle s'écria : — En
vérité, monsieur, vous êtes d'une faiblesse avec vos filles... mais...

Le bruit d'une voiture qui s'arrêtait à la porte interrompit tout
à coup la mercuriale que le vieux négociant redoutait déjà. En un
moment, madame Roguin se trouva au milieu de la chambre, et,
regardant les trois acteurs de cette scène domestique : — Je sais
tout, ma cousine, dit-elle d'un air de protection.

Madame Roguin avait un défaut, celui de croire que la femme
d'un notaire de Paris pouvait jouer le rôle d'une petite maîtresse.

— Je sais tout, répéta-t-elle, et je viens dans l'arche de Noé,
comme la colombe, avec la branche d'olivier. J'ai lu cette allégorie
dans le *Génie du Christianisme*, dit-elle en se retournant vers
madame Guillaume, la comparaison doit vous plaire, ma cousine.
Savez-vous, ajouta-t-elle en souriant à Augustine, que ce monsieur
de Sommervieux est un homme charmant? Il m'a donné ce matin
mon portrait fait de main de maître. Cela vaut au moins six mille
francs.

A ces mots, elle frappa doucement sur les bras de monsieur
Guillaume. Le vieux négociant ne put s'empêcher de faire avec ses
lèvres une grosse moue qui lui était particulière.

— Je connais beaucoup monsieur de Sommervieux, reprit la
colombe. Depuis une quinzaine de jours il vient à mes soirées, il
en fait le charme. Il m'a conté toutes ses peines et m'a prise pour
avocat. Je sais de ce matin qu'il adore Augustine, et il l'aura. Ah!

cousine, n'agitez pas ainsi la tête en signe de refus. Apprenez qu'il sera créé baron, et qu'il vient d'être nommé chevalier de la Légion-d'Honneur par l'empereur lui-même, au Salon. Roguin est devenu son notaire et connaît ses affaires. Eh bien! monsieur de Sommervieux possède en bons biens au soleil douze mille livres de rente. Savez-vous que le beau-père d'un homme comme lui peut devenir quelque chose, maire de son arrondissement, par exemple! N'avez-vous pas vu monsieur Dupont être fait comte de l'empire et sénateur pour être venu, en sa qualité de maire, complimenter l'empereur sur son entrée à Vienne. Oh! ce mariage-là se fera. Je l'adore, moi, ce bon jeune homme. Sa conduite envers Augustine ne se voit que dans les romans. Va, ma petite, tu seras heureuse, et tout le monde voudrait être à ta place. J'ai chez moi, à mes soirées, madame la duchesse de Carigliano qui raffole de monsieur de Sommervieux. Quelques méchantes langues disent qu'elle ne vient chez moi que pour lui, comme si une duchesse d'hier était déplacée chez une Chevrel dont la famille a cent ans de bonne bourgeoisie.

— Augustine, reprit madame Roguin après une petite pause, j'ai vu le portrait. Dieu! qu'il est beau! Sais-tu que l'empereur a voulu le voir? Il a dit en riant au Vice-Connétable que s'il y avait beaucoup de femmes comme celle-là à sa cour pendant qu'il y venait tant de rois, il se faisait fort de maintenir toujours la paix en Europe. Est-ce flatteur?

Les orages par lesquels cette journée avait commencé devaient ressembler à ceux de la nature, en ramenant un temps calme et serein. Madame Roguin déploya tant de séductions dans ses discours, elle sut attaquer tant de cordes à la fois dans les cœurs secs de monsieur et de madame Guillaume, qu'elle finit par en trouver une dont elle tira parti. A cette singulière époque, le commerce et la finance avaient plus que jamais la folle manie de s'allier aux grands seigneurs, et les généraux de l'empire profitèrent assez bien de ces dispositions. Monsieur Guillaume s'élevait singulièrement contre cette déplorable passion. Ses axiomes favoris étaient que, pour trouver le bonheur, une femme devait épouser un homme de sa classe; on était toujours tôt ou tard puni d'avoir voulu monter trop haut; l'amour résistait si peu aux tracas du ménage, qu'il fallait trouver l'un chez l'autre des qualités bien solides pour être heureux; il ne fallait pas que l'un des deux époux en sût plus que l'autre, parce qu'on devait avant tout se comprendre; un mari qui parlait grec et la femme latin, risquaient de mourir de faim. Il avait inventé cette espèce de proverbe. Il comparait les mariages ainsi faits à ces anciennes étoffes de soie et de laine, dont la soie finissait toujours par couper la laine. Cependant, il se trouve tant de vanité au fond du cœur de l'homme, que la prudence du pilote qui gouvernait si bien le Chat-qui-pelote succomba sous l'agressive volubilité de madame Roguin. La sévère madame Guillaume, la première, trouva dans l'inclination de sa fille des motifs pour déroger à ces principes, et pour consentir à recevoir au logis monsieur de Sommervieux, qu'elle se promit de soumettre à un rigoureux examen.

Le vieux négociant alla trouver Joseph Lebas, et l'instruisit de l'état des choses. À six heures et demie, la salle à manger, illustrée par le peintre, réunit sous son toit de verre madame et monsieur Roguin, le jeune peintre et sa charmante Augustine, Joseph Lebas qui prenait son bonheur en patience, et mademoiselle Virginie dont la migraine avait cessé. Monsieur et Madame Guillaume virent en perspective leurs enfants établis et les destinées du Chat-qui-pelote remises en des mains habiles. Leur contentement fut au comble, quand, au dessert, Théodore leur fit présent de l'étonnant tableau qu'ils n'avaient pu voir, et qui représentait l'intérieur de cette vieille boutique, à laquelle était dû tant de bonheur.

— C'est-y gentil! s'écria Guillaume. Dire qu'on voulait donner trente mille francs de cela.

— Mais c'est qu'on y trouve mes barbes, reprit madame Guillaume.

— Et ces étoffes dépliées, ajouta Lebas, on les prendrait avec la main.

— Les draperies font toujours très-bien, répondit le peintre. Nous serions trop heureux, nous autres artistes modernes, d'atteindre à la perfection de la draperie antique.

— Vous aimez donc la draperie, s'écria le père Guillaume. Eh bien, sarpejeu! touchez là, mon jeune ami. Puisque vous estimez le commerce, nous nous entendrons. Eh! pourquoi le mépriserait-on? Le monde a commencé par là, puisque Adam a vendu le paradis pour une pomme. Ça n'a pas été une fameuse spéculation, par exemple!

Et le vieux négociant se mit à éclater d'un gros rire franc ex-

cité par le vin de Champagne qu'il faisait circuler généreusement. Le bandeau qui couvrait les yeux du jeune artiste fut
si épais qu'il trouva ses futurs parents aimables. Il ne dédaigna
pas de les égayer par quelques charges de bon goût. Aussi plut-
il généralement. Le soir, quand le salon meublé de choses très-
cossues, pour se servir de l'expression de Guillaume, fut désert:
pendant que madame Guillaume s'en allait de table en cheminée,
de candélabre en flambeau, soufflant avec précipitation les bougies,
le brave négociant, qui savait toujours voir clair aussitôt qu'il
s'agissait d'affaires ou d'argent, attira sa fille Augustine auprès de
lui; puis, après l'avoir prise sur ses genoux, il lui tint ce discours :

— Ma chère enfant, tu épouseras ton Sommervieux, puisque tu
le veux; permis à toi de risquer ton capital de bonheur. Mais je ne
me laisse pas prendre à ces trente mille francs que l'on gagne à gâter
de bonnes toiles. L'argent qui vient si vite s'en va de même. N'ai-je
pas entendu dire ce soir à ce jeune écervelé que si l'argent était
rond, c'était pour rouler! S'il est rond pour les gens prodigues,
il est plat pour les gens économes qui l'empilent et l'amassent.
Or, mon enfant, ce beau garçon-là parle de te donner des voitures, des diamants? Il a de l'argent, qu'il le dépense pour toi!
bene sit! Je n'ai rien à y voir. Mais quant à ce que je te donne,
je ne veux pas que des écus si péniblement ensachés s'en aillent en
carrosses ou en colifichets. Qui dépense trop n'est jamais riche.
Avec les cent mille écus de sa dot on n'achète pas encore tout Paris.
Tu as beau avoir à recueillir un jour quelques centaines de mille
francs, je te les ferai attendre, sarpejeu! le plus longtemps possible. J'ai donc attiré ton prétendu dans un coin, et un homme qui a
mené la faillite Lecoq n'a pas eu grande peine à faire consentir un
artiste à se marier séparé de biens avec sa femme. J'aurai l'œil au
contrat pour bien faire stipuler les donations qu'il se propose de
te constituer. Allons, mon enfant, j'espère être grand-père, sarpejeu! je veux m'occuper déjà de mes petits-enfants : jure-moi
donc ici de ne jamais rien signer en fait d'argent que par mon conseil; et si j'allais trouver trop tôt le père Chevrel, jure-moi de consulter le jeune Lebas, ton beau-frère. Promets-le-moi.

— Oui, mon père, je vous le jure.

À ces mots prononcés d'une voix douce, le vieillard baisa sa fille
sur les deux joues. Ce soir-là, tous les amants dormirent presque
aussi paisiblement que monsieur et madame Guillaume.

Quelques mois après ce mémorable dimanche, le maître-autel de
Saint-Leu fut témoin de deux mariages bien différents. Augustine
et Théodore s'y présentèrent dans tout l'éclat du bonheur, les
yeux pleins d'amour, parés de toilettes élégantes, attendus par
un brillant équipage. Venue dans un bon remise avec sa famille,
Virginie, donnant le bras à son père, suivait sa jeune sœur
humblement et dans de plus simples atours, comme une ombre
nécessaire aux harmonies de ce tableau. Monsieur Guillaume s'était
donné toutes les peines imaginables pour obtenir à l'église que Virginie fût mariée avant Augustine; mais il eut la douleur de voir le
haut et le bas clergé s'adresser en toute circonstance à la plus élégante des mariées. Il entendit quelques-uns de ses voisins approu-
ver singulièrement le bon sens de mademoiselle Virginie, qui faisait,
disaient-ils, le mariage le plus solide, et restait fidèle au quartier;
tandis qu'ils lancèrent quelques brocards suggérés par l'envie sur
Augustine qui épousait un artiste, un noble; ils ajoutèrent avec
une sorte d'effroi que, si les Guillaume avaient de l'ambition, la
draperie était perdue. Un vieux marchand d'éventails ayant dit que
ce mange-tout-là l'aurait bientôt mise sur la paille, le père Guillaume s'applaudit *in petto* de la prudence qu'il avait mise dans la
rédaction des conventions matrimoniales. Le soir, la famille se sé-
para après un bal somptueux, suivi d'un de ces soupers plantureux
dont le souvenir commence à se perdre dans la génération présente.
Monsieur et madame Guillaume restèrent dans leur hôtel de la rue du
Colombier où la noce avait eu lieu. Monsieur et madame Lebas retournèrent dans leur remise à la vieille maison de la rue Saint-
Denis, pour y diriger la nauf du Chat-qui-pelote. L'artiste, ivre
de bonheur, prit entre ses bras sa chère Augustine, l'enleva vivement quand leur coupé arriva rue des Trois-Frères, et la porta
dans son élégant appartement.

La fougue de passion qui possédait Théodore fit dévorer au jeune
ménage près d'une année entière sans que le moindre nuage vînt
altérer l'azur du ciel sous lequel ils vivaient. Pour eux, l'existence
n'eut rien de pesant. Théodore répandait sur chaque journée
d'incroyables *fioriture* de plaisirs. Il se plaisait à varier les em-
portements de la passion, par la molle langueur de ces repos
où les âmes sont lancées si haut dans l'extase qu'elles semblent y
oublier l'union corporelle. Incapable de réfléchir, l'heureuse Augustine se prêtait à l'allure onduleuse de son bonheur. Elle ne croyait

pas faire encore assez en se livrant toute à l'amour permis et
saint du mariage. Simple et naïve, elle ne connaissait ni la coquetterie des refus, ni l'empire qu'une jeune demoiselle du grand
monde se crée sur un mari par d'adroits caprices. Elle aimait trop
pour calculer l'avenir, et n'imaginait pas qu'une vie si délicieuse pût
jamais cesser. Heureuse d'être alors tous les plaisirs de son mari, elle
crut que cet inextinguible amour serait toujours pour elle la plus
belle de toutes les parures, comme son dévouement et son obéissance seraient un éternel attrait. Enfin, la félicité de l'amour l'a-
vait rendue si brillante, que sa beauté lui inspira de l'orgueil et lui
donna la conscience de pouvoir toujours régner sur un homme
aussi facile à enflammer que monsieur de Sommervieux. Ainsi son
état de femme ne lui apporta d'autres enseignements que ceux de
l'amour. Au sein de ce bonheur, elle resta l'ignorante petite fille
qui vivait obscurément rue Saint-Denis, et ne pensa point à
prendre les manières, l'instruction, le ton du monde dans lequel
elle devait vivre. Ses paroles étant des paroles d'amour, elle y déployait bien une sorte de souplesse d'esprit et une certaine délicatesse d'expression ; mais elle se servait du langage commun à
toutes les femmes quand elles se trouvent plongées dans une passion
qui semble être leur élément, Si, par hasard, une idée discordante
avec celles de Théodore était exprimée par Augustine, le jeune
artiste en riait comme on rit des premières fautes que fait un
étranger, mais qui finissent par fatiguer s'il ne se corrige pas.

Cependant, à l'expiration de cette année aussi charmante que rapide, Sommervieux sentit un matin la nécessité de reprendre ses
travaux et ses habitudes. Sa femme était enceinte. Il revit ses
amis. Pendant les longues souffrances de l'année où, pour la première fois, une jeune femme nourrit un enfant, il travailla sans
doute avec ardeur ; mais parfois il retourna chercher quelques distractions dans le grand monde. La maison où il allait le plus volontiers était celle de la duchesse de Carigliano qui avait fini par attirer
chez elle le célèbre artiste. Quand Augustine fut rétablie, quand
son fils ne réclama plus ces soins assidus qui interdisent à une mère
les plaisirs du monde, Théodore en était arrivé à vouloir éprouver
cette jouissance d'amour-propre que nous donne la société quand
nous y apparaissons avec une belle femme, objet d'envie et d'admiration. Parcourir les salons en s'y montrant avec l'éclat emprunté
de la gloire de son mari, se voir jalousée par toutes les femmes, fut

pour Augustine une nouvelle moisson de plaisirs ; mais ce fut le
dernier reflet que devait jeter son bonheur conjugal. Elle commença par offenser la vanité de son mari, quand, malgré de vains
efforts, elle laissa percer son ignorance, l'impropriété de son langage et l'étroitresse de ses idées. Le caractère de Sommervieux,
dompté pendant près de deux ans et demi par les premiers em-
portements de l'amour, reprit, avec la tranquillité d'une possession moins jeune, sa pente et ses habitudes un moment détournées
de leur cours. La poésie, la peinture et les exquises jouissances de
l'imagination possèdent sur les esprits élevés des droits imprescrip-
tibles. Ces besoins d'une âme forte n'avaient pas été trompés chez
Théodore pendant ces deux années, ils avaient trouvé seulement
une pâture nouvelle. Quand les champs de l'amour furent parcou-
rus, quand l'artiste eut, comme les enfants, cueilli des roses
et des bluets avec une telle avidité qu'il ne s'apercevait pas que ses
mains ne pouvaient plus les tenir, la scène changea. Si le peintre
montrait à sa femme les croquis de ses plus belles compositions, il
l'entendait s'écrier comme eût fait le père Guillaume : — C'est
bien joli ! son admiration sans chaleur ne provenait pas d'un
sentiment consciencieux, mais de la croyance sur parole de l'a-
mour. Augustine préférait un regard au plus beau tableau. Le
seul sublime qu'elle connût était celui du cœur. Enfin, Théodore
ne put se refuser à l'évidence d'une vérité cruelle : sa femme n'était
pas sensible à la poésie, elle n'habitait pas sa sphère, elle ne le suivait pas dans tous ses caprices, dans ses improvisations, dans ses
joies, dans ses douleurs ; elle marchait terre à terre dans le monde
réel, tandis qu'il avait la tête dans les cieux. Les esprits ordinaires
ne peuvent pas apprécier les souffrances renaissantes de l'être qui,
uni à un autre par le plus intime de tous les sentiments, est obligé
de refouler sans cesse les plus chères expansions de sa pensée, et de
faire rentrer dans le néant les images qu'une puissance magique le
force à créer. Pour lui, ce supplice est d'autant plus cruel, que le
sentiment qu'il porte à son compagnon ordonne, par sa première
loi, de ne jamais rien se dérober l'un à l'autre, et de confondre les
effusions de la pensée aussi bien que les épanchements de l'âme.
On ne trompe pas impunément les volontés de la nature : elle
est inexorable comme la Nécessité, qui, certes, est une sorte de
nature sociale. Sommervieux se réfugia dans le calme et le silence de son atelier, en espérant que l'habitude de vivre avec des

artistes pourrait former sa femme, et développerait en elle les germes de haute intelligence engourdis que quelques esprits supérieurs croient préexistants chez tous les êtres ; mais Augustine était trop sincèrement religieuse pour ne pas être effrayée du ton des artistes. Au premier dîner que donna Théodore, elle entendit un jeune peintre disant avec cette enfantine légèreté qu'elle ne sut pas reconnaître et qui absout une plaisanterie de toute irréligion : — Mais, madame, votre paradis n'est pas plus beau que la Transfiguration de Raphaël ? Eh ! bien, je me suis lassé de la regarder. Augustine apporta donc dans cette société spirituelle un esprit de défiance qui n'échappait à personne. Elle gêna. Les artistes gênés sont impitoyables : ils fuient ou se moquent. Madame Guillaume avait, entre autres ridicules, celui d'outrer la dignité qui lui semblait l'apanage d'une femme mariée ; et quoiqu'elle s'en fût souvent moquée, Augustine ne sut pas se défendre d'une légère imitation de la pruderie maternelle. Cette exagération de pudeur, que n'évitent pas toujours les femmes vertueuses, suggéra quelques épigrammes à coups de crayon dont l'innocent badinage était de trop bon goût pour que Sommervieux pût s'en fâcher. Ces plaisanteries eussent été même plus cruelles, elles n'étaient après tout que des représailles exercées sur lui par ses amis. Mais rien ne pouvait être léger pour une âme qui recevait aussi facilement que celle de Théodore des impressions étrangères. Aussi éprouva-t-il insensiblement une froideur qui ne pouvait aller qu'en croissant. Pour arriver au bonheur conjugal, il faut gravir une montagne dont l'étroit plateau est bien près d'un revers aussi rapide que glissant, et l'amour du peintre le descendait. Il jugea sa femme incapable d'apprécier les considérations morales qui justifiaient, à ses propres yeux, la singularité de ses manières envers elle, et se crut fort innocent en lui cachant des pensées qu'il ne comprenait pas et des écarts peu justiciables au tribunal d'une conscience bourgeoise. Augustine se renferma dans une douleur morne et silencieuse. Ces sentiments secrets mirent entre les deux époux un voile qui devait s'épaissir de jour en jour. Sans que son mari manquât d'égards envers elle, Augustine ne pouvait s'empêcher de trembler en le voyant réserver pour le monde les trésors d'esprit et de grâce qu'il venait jadis mettre à ses pieds. Bientôt, elle interpréta fatalement les discours spirituels qui se tiennent dans le monde sur l'inconstance des hommes. Elle ne se plaignit pas, mais son attitude équivalait à des reproches. Trois ans après son mariage, cette femme jeune et jolie qui passait si brillante dans son brillant équipage, qui vivait dans une sphère de gloire et de richesse enviée de tant de gens insouciants et incapables d'apprécier justement les situations de la vie, fut en proie à de violents chagrins. Ses couleurs pâlirent. Elle réfléchit, elle compara; puis, le malheur lui déroula les premiers textes de l'expérience. Elle résolut de rester courageusement dans le cercle de ses devoirs, en espérant que cette conduite généreuse lui ferait recouvrer tôt ou tard l'amour de son mari; mais il n'en fut pas ainsi. Quand Sommervieux, fatigué de travail, sortait de son atelier, Augustine ne cachait pas si promptement son ouvrage, que le peintre ne pût apercevoir sa femme raccommodant avec toute la minutie d'une bonne ménagère le linge de la maison et le sien. Elle fournissait, avec générosité, sans murmure, l'argent nécessaire aux prodigalités de son mari; mais, dans le désir de conserver la fortune de son cher Théodore, elle se montrait économe soit pour elle, soit dans certains détails de l'administration domestique. Cette conduite est incompatible avec le laisser-aller des artistes qui, sur la fin de leur carrière, ont tant joui de la vie, qu'ils ne se demandent jamais la raison de leur ruine. Il est inutile de marquer chacune des dégradations de couleur par lesquelles la teinte brillante de leur lune de miel atteignit à une profonde obscurité. Un soir, la triste Augustine, qui depuis longtemps entendait son mari parler avec enthousiasme de madame la duchesse de Carigliano, reçut d'une amie quelques avis méchamment charitables sur la nature de l'attachement qu'avait conçu Sommervieux pour cette célèbre coquette qui donnait le ton à la cour impériale. A vingt et un ans, dans tout l'éclat de la jeunesse et de la beauté, Augustine se vit trahie pour une femme de trente-six ans. En se sentant malheureuse au milieu du monde et de ses fêtes désertes pour elle, la pauvre petite ne comprit plus rien à l'admiration qu'elle y excitait, ni à l'envie qu'elle inspirait. Sa figure prit une nouvelle expression. La mélancolie versa dans ses traits la douceur de la résignation et la pâleur d'un amour dédaigné. Elle ne tarda pas à être courtisée par les hommes les plus séduisants; mais elle resta solitaire et vertueuse. Quelques paroles de dédain, échappées à son mari, lui donnèrent un incroyable désespoir. Une lueur fatale lui fit entrevoir les défauts de contact qui, par suite des mesquineries de son éducation, empêchaient l'union complète de son âme avec celle de

Théodore : elle eut assez d'amour pour l'absoudre et pour se condamner. Elle pleura des larmes de sang, et reconnut trop tard qu'il est des mésalliances d'esprits aussi bien que des mésalliances de mœurs et de rang. En songeant aux délices printanières de son union, elle comprit l'étendue du bonheur passé, et convint en elle-même qu'une si riche moisson d'amour était une vie entière qui ne pouvait se payer que par du malheur. Cependant elle aimait trop sincèrement pour perdre toute espérance. Aussi osa-t-elle entreprendre à vingt et un ans de s'instruire et de rendre son imagination au moins digne de celle qu'elle admirait.

— Si je ne suis pas poëte, se disait-elle, au moins je comprendrai la poésie.

Et déployant alors cette force de volonté, cette énergie que les femmes possèdent toutes quand elles aiment, madame de Sommervieux tenta de changer son caractère, ses mœurs et ses habitudes ; mais en dévorant des volumes, en apprenant avec courage, elle ne réussit qu'à devenir moins ignorante. La légèreté de l'esprit et les grâces de la conversation sont un don de la nature ou le fruit d'une éducation commencée au berceau. Elle pouvait apprécier la musique, en jouir, mais non chanter avec goût. Elle comprit la littérature et les beautés de la poésie, mais il était trop tard pour en orner sa rebelle mémoire. Elle entendait avec plaisir les entretiens du monde, mais elle n'y fournissait rien de brillant. Ses idées religieuses et ses préjugés d'enfance s'opposèrent à la complète émancipation de son intelligence. Enfin, il s'était glissé contre elle, dans l'âme de Théodore, une prévention qu'elle ne put vaincre. L'artiste se moquait de ceux qui lui vantaient sa femme, et ses plaisanteries étaient assez fondées : il imposait tellement à cette jeune et touchante créature, qu'en sa présence, ou en tête-à-tête, elle tremblait. Embarrassée par son trop grand désir de plaire, elle sentait son esprit et ses connaissances s'évanouir dans un seul sentiment. La fidélité d'Augustine déplut même à cet infidèle mari, qui semblait l'engager à commettre des fautes en taxant sa vertu d'insensibilité. Augustine s'efforça en vain d'abdiquer sa raison, de se plier aux caprices, aux fantaisies de son mari, et de se vouer à l'égoïsme de sa vanité ; elle ne recueillit pas le fruit de ses sacrifices. Peut-être avaient-ils tous deux laissé passer le moment où les âmes peuvent se comprendre. Un jour le cœur trop sensible de la jeune épouse reçut un de ces coups qui font si fortement plier les

liens du sentiment, qu'on peut les croire rompus. Elle s'isola.
Mais bientôt une fatale pensée lui suggéra d'aller chercher des consolations et des conseils au sein de sa famille.

Un matin donc, elle se dirigea vers la grotesque façade de l'humble et silencieuse maison où s'était écoulée son enfance. Elle soupira en revoyant cette croisée d'où, un jour, elle avait envoyé un premier baiser à celui qui répandait aujourd'hui sur sa vie autant de gloire que de malheur. Rien n'était changé dans l'antre où se rajeunissait cependant le commerce de la draperie. La sœur d'Augustine occupait au comptoir antique la place de sa mère. La jeune affligée rencontra son beau-frère la plume derrière l'oreille. Elle fut à peine écoutée, tant il avait l'air affairé. Les redoutables signaux d'un inventaire général se faisaient autour de lui. Aussi la quitta-t-il en la priant d'excuser. Elle fut reçue assez froidement par sa sœur, qui lui manifesta quelque rancune. En effet, Augustine, brillante et descendant d'un joli équipage, n'était jamais venue voir sa sœur qu'en passant. La femme du prudent Lebas s'imagina que l'argent était la cause première de cette visite matinale, elle essaya de se maintenir sur un ton de réserve qui fit sourire plus d'une fois Augustine. La femme du peintre vit que, sauf les barbes au bonnet, sa mère avait trouvé dans Virginie un successeur qui conservait l'antique honneur du Chat-qui-pelote. Au déjeuner, elle aperçut, dans le régime de la maison, certains changements qui faisaient honneur au bon sens de Joseph Lebas : les commis ne se levèrent pas au dessert, on leur laissait la faculté de parler, et l'abondance de la table annonçait une aisance sans luxe. La jeune élégante trouva les coupons d'une loge aux Français où elle se souvint d'avoir vu sa sœur de loin en loin. Madame Lebas avait sur les épaules un cachemire dont la magnificence attestait la générosité avec laquelle son mari s'occupait d'elle. Enfin, les deux époux marchaient avec leur siècle. Augustine fut bientôt pénétrée d'attendrissement, en reconnaissant, pendant les deux tiers de cette journée, le bonheur égal, sans exaltation, il est vrai, mais aussi sans orages, que goûtait ce couple convenablement assorti. Ils avaient accepté la vie comme une entreprise commerciale où il s'agissait de faire, avant tout, honneur à ses affaires. La femme, n'ayant pas rencontré dans son mari un amour excessif, s'était appliquée à le faire naître. Insensiblemen amené à estimer, à chérir Virginie, le temps que le bonheur mit à éclore, fut, pour Joseph

Lebas, et pour sa femme un gage de durée. Aussi, lorsque la plaintive Augustine exposa sa situation douloureuse, eut-elle à essuyer le déluge de lieux communs que la morale de la rue Saint-Denis fournissait à sa sœur.

— Le mal est fait, ma femme, dit Joseph Lebas, il faut chercher à donner de bons conseils à notre sœur. Puis, l'habile négociant analysa lourdement les ressources que les lois et les mœurs pouvaient offrir à Augustine pour sortir de cette crise ; il en numérota pour ainsi dire les considérations, les rangea par leur force dans des espèces de catégories, comme s'il se fût agi de marchandises de diverses qualités ; puis il les mit en balance, les pesa, et conclut en développant la nécessité où était sa belle-sœur de prendre un parti violent qui ne satisfît point l'amour qu'elle ressentait encore pour son mari. Aussi ce sentiment se réveilla-t-il dans toute sa force quand elle entendit Joseph Lebas parlant de voies judiciaires. Elle remercia ses deux amis, et revint chez elle encore plus indécise qu'elle ne l'était avant de les avoir consultés. Elle hasarda de se rendre alors à l'antique hôtel de la rue du Colombier, dans le dessein de confier ses malheurs à son père et à sa mère. La pauvre petite femme ressemblait à ces malades qui, arrivés à un état désespéré, essayent de toutes les recettes et se confient même aux remèdes de bonne femme. Les deux vieillards la reçurent avec une effusion de sentiment qui l'attendrit. Cette visite leur apportait une distraction qui, pour eux, valait un trésor. Depuis quatre ans, ils marchaient dans la vie comme des navigateurs sans but et sans boussole. Assis au coin de leur feu, ils se racontaient l'un à l'autre tous les désastres du Maximum, leurs anciennes acquisitions de draps, la manière dont ils avaient évité les banqueroutes, et surtout cette célèbre faillite Lecocq, la bataille de Marengo du père Guillaume. Puis, quand ils avaient épuisé les vieux procès, ils récapitulaient les additions de leurs inventaires les plus productifs, et se narraient encore les vieilles histoires du quartier Saint-Denis. A deux heures, le père Guillaume allait donner un coup d'œil à l'établissement du Chat-qui-pelote. En revenant il s'arrêtait à toutes les boutiques, autrefois ses rivales, et dont les jeunes propriétaires espéraient entraîner le vieux négociant dans quelque escompte aventureux, que, selon sa coutume, il ne refusait jamais positivement. Deux bons chevaux normands mouraient de gras-fondu dans l'écurie de l'hôtel ; madame Guillaume ne s'en

servait que pour se faire traîner tous les dimanches à la grand'messe
de sa paroisse. Trois fois par semaine ce respectable couple tenait
table ouverte. Grâce à l'influence de son gendre Sommervieux, le
père Guillaume avait été nommé membre du comité consultatif
pour l'habillement des troupes. Depuis que son mari s'était ainsi
trouvé placé haut dans l'administration, madame Guillaume avait
pris la détermination de représenter. Leurs appartements étaient
encombrés de tant d'ornements d'or et d'argent, et de meubles
sans goût mais de valeur certaine, que la pièce la plus simple y
ressemblait à une chapelle. L'économie et la prodigalité semblaient
se disputer dans chacun des accessoires de cet hôtel. L'on eût dit
que monsieur Guillaume avait eu en vue de faire un placement
d'argent jusque dans l'acquisition d'un flambeau. Au milieu de ce
bazar, dont la richesse accusait le désœuvrement des deux époux,
le célèbre tableau de Sommervieux avait obtenu la place d'honneur.
Il faisait la consolation de monsieur et de madame Guillaume qui
tournaient vingt fois par jour les yeux harnachés de bésicles vers
cette image de leur ancienne existence, pour eux si active et si
amusante. L'aspect de cet hôtel et de ces appartements où tout avait
une senteur de vieillesse et de médiocrité, le spectacle donné par
ces deux êtres qui semblaient échoués sur un rocher d'or loin du
monde et des idées qui font vivre, surprirent Augustine. Elle contemplait en ce moment la seconde partie du tableau dont le commencement l'avait frappée chez Joseph Lebas, celui d'une vie agitée
quoique sans mouvement, espèce d'existence mécanique et instinctive semblable à celle des castors. Elle eut alors je ne sais quel
orgueil de ses chagrins, en pensant qu'ils prenaient leur source
dans un bonheur de dix-huit mois qui valait à ses yeux mille existences comme celle dont le vide lui semblait horrible. Cependant
dant elle cacha ce sentiment peu charitable, et déploya pour ses
vieux parents, les grâces nouvelles de son esprit, les coquetteries
de tendresse que l'amour lui avait révélées, et les disposa favora-
blement à écouter ses doléances matrimoniales. Les vieilles gens
ont un faible pour ces sortes de confidences. Madame Guillaume
voulut être instruite des plus légers détails de cette vie étrange
qui, pour elle, avait quelque chose de fabuleux. Les voyages
du baron de La Houtan, qu'elle commençait toujours sans jamais
les achever, ne lui apprirent rien de plus inouï sur les sauvages du
Canada.

— Comment, mon enfant, ton mari s'enferme avec des femmes nues, et tu as la simplicité de croire qu'il les dessine?

A cette exclamation, la grand'mère posa ses lunettes sur une petite travailleuse, secoua ses jupons et plaça ses mains jointes sur ses genoux élevés par une chaufferette, son piédestal favori.

— Mais, ma mère, tous les peintres sont obligés d'avoir des modèles.

— Il s'est bien gardé de nous dire tout cela quand il t'a demandée en mariage. Si je l'avais su, je n'aurais pas donné ma fille à un homme qui fait un pareil métier. La religion défend ces horreurs-là, ça n'est pas moral. A quelle heure nous disais-tu donc qu'il rentre chez lui?

— Mais à une heure, deux heures...

Les deux époux se regardèrent dans un profond étonnement.

— Il joue donc? dit monsieur Guillaume. Il n'y avait que les joueurs qui, de mon temps, rentrassent si tard.

Augustine fit une petite moue qui repoussait cette accusation.

— Il doit te faire passer de cruelles nuits à l'attendre, reprit madame Guillaume. Mais, non, tu te couches, n'est-ce pas? Et quand il a perdu, le monstre te réveille.

. — Non, ma mère, il est au contraire quelquefois très-gai. Assez souvent même, quand il fait beau, il me propose de me lever pour aller dans les bois.

— Dans les bois, à ces heures-là? Tu as donc un bien petit appartement qu'il n'a pas assez de sa chambre, de ses salons, et qu'il lui faille ainsi courir pour... Mais c'est pour t'enrhumer, que le scélérat te propose ces parties-là. Il veut se débarrasser de toi. A-t-on jamais vu un homme établi, qui a un commerce tranquille, galoper comme un loup-garou?

— Mais, ma mère, vous ne comprenez donc pas que, pour développer son talent, il a besoin d'exaltation. Il aime beaucoup les scènes qui...

— Ah! je lui en ferais de belles, des scènes, moi, s'écria madame Guillaume en interrompant sa fille. Comment peux-tu garder des ménagements avec un homme pareil? D'abord, je n'aime pas qu'il ne boive que de l'eau. Ça n'est pas sain. Pourquoi montre-t-il de la répugnance à voir les femmes quand elles mangent? Quel singulier genre! Mais c'est un fou. Tout ce que tu nous en as dit n'est pas possible. Un homme ne peut pas partir de sa maison sans

souffler mot et ne revenir que dix jours après. Il te dit qu'il a été
à Dieppe pour peindre la mer. Est-ce qu'on peint la mer? Il te
fait des contes à dormir debout.

Augustine ouvrit la bouche pour défendre son mari; mais madame Guillaume lui imposa silence par un geste de main auquel un
reste d'habitude la fit obéir, et sa mère s'écria d'un ton sec : —
Tiens, ne me parle pas de cet homme-là! il n'a jamais mis le pied
dans une église que pour te voir et t'épouser. Les gens sans religion sont capables de tout. Est-ce que Guillaume s'est jamais avisé
de me cacher quelque chose, de rester des trois jours sans me dire
ouf, et de babiller ensuite comme une pie borgne?

— Ma chère mère, vous jugez trop sévèrement les gens supérieurs. S'ils avaient des idées semblables à celles des autres, ce ne
seraient plus des gens à talent.

— Eh bien! que les gens à talent restent chez eux et ne se marient pas. Comment! un homme à talent rendra sa femme malheureuse! et parce qu'il a du talent ce sera bien? Talent, talent!
Il n'y a pas tant de talent à dire comme lui blanc et noir à toute
minute, à couper la parole aux gens, à battre du tambour chez soi,
à ne jamais vous laisser savoir sur quel pied danser, à forcer une
femme de ne pas s'amuser avant que les idées de monsieur ne
soient gaies; d'être triste, dès qu'il est triste.

— Mais, ma mère, le propre de ces imaginations-là...

— Qu'est-ce que c'est que ces imaginations-là? reprit madame
Guillaume en interrompant encore sa fille. Il en a de belles, ma
foi! Qu'est-ce qu'un homme auquel il prend tout à coup, sans
consulter de médecin, la fantaisie de ne manger que des légumes?
Encore, si c'était par religion, sa diète lui servirait à quelque
chose; mais il n'en a pas plus qu'un huguenot. A-t-on jamais vu
un homme aimer, comme lui, les chevaux plus qu'il n'aime son
prochain, se faire friser les cheveux comme un païen, coucher des
statues sous de la mousseline, faire fermer ses fenêtres le jour
pour travailler à la lampe? Tiens, laisse-moi, s'il n'était pas si
grossièrement immoral, il serait bon à mettre aux Petites-Maisons.
Consulte monsieur Loraux, le vicaire de Saint-Sulpice, demande-
lui son avis sur tout cela, il te dira que ton mari ne se conduit pas
comme un chrétien...

— Oh! ma mère! pouvez-vous croire...

— Oui, je le crois! Tu l'as aimé, tu n'aperçois rien de ces

choses-là. Mais, moi, vers les premiers temps de son mariage, je
me souviens de l'avoir rencontré dans les Champs-Élysées. Il était
à cheval. Eh bien ! il galopait par moment ventre à terre, et puis
il s'arrêtait pour aller pas à pas. Je me suis dit alors : — Voilà un
homme qui n'a pas de jugement.

— Ah ! s'écria monsieur Guillaume en se frottant les mains,
comme j'ai bien fait de t'avoir mariée séparée de biens avec cet
original-là !

Quand Augustine eut l'imprudence de raconter les griefs véritables qu'elle avait à exposer contre son mari, les deux vieillards
restèrent muets d'indignation. Le mot de divorce fut bientôt
prononcé par madame Guillaume. Au mot de divorce, l'inactif négociant fut comme réveillé. Stimulé par l'amour qu'il avait pour
sa fille, et aussi par l'agitation qu'un procès allait donner à sa vie
sans événements, le père Guillaume prit la parole. Il se mit à la
tête de la demande en divorce, la dirigea, plaida presque, il offrit
à sa fille de se charger de tous les frais, de voir les juges, les
avoués, les avocats, de remuer ciel et terre. Madame de Sommervieux, effrayée, refusa les services de son père, dit qu'elle ne
voulait pas se séparer de son mari, dût-elle être dix fois plus malheureuse encore, et ne parla plus de ses chagrins. Après avoir
été accablée par ses parents de tous ces petits soins muets et
consolateurs par lesquels les deux vieillards essayèrent de la dédommager, mais en vain, de ses peines de-cœur, Augustine se
retira en sentant l'impossibilité de parvenir à faire bien juger
les hommes supérieurs par des esprits faibles. Elle apprit qu'une
femme devait cacher à tout le monde, même à ses parents, des
malheurs pour lesquels on rencontre si difficilement des sympathies. Les orages et les souffrances des sphères élevées ne peuvent
être appréciés que par les nobles esprits qui les habitent. En toute
chose, nous ne pouvons être jugés que par nos pairs.

La pauvre Augustine se retrouva donc dans la froide atmosphère
de son ménage, livrée à l'horreur de ses méditations. L'étude n'é-
tait plus rien pour elle, puisque l'étude ne lui avait pas rendu le cœur
de son mari. Initiée aux secrets de ces âmes de feu mais privée
de leurs ressources, elle participait avec force à leurs peines sans
partager leurs plaisirs. Elle s'était dégoûtée du monde, qui lui
semblait mesquin et petit devant les événements des passions. Enfin, sa vie était manquée. Un soir, elle fut frappée d'une pensée

qui vint illuminer ses ténébreux chagrins comme un rayon céleste. Cette idée ne pouvait sourire qu'à un cœur aussi pur, aussi vertueux que l'était le sien. Elle résolut d'aller chez la duchesse de Carigliano, non pas pour lui redemander le cœur de son mari, mais pour s'y instruire des artifices qui le lui avaient enlevé; mais pour intéresser à la mère des enfants de son ami cette orgueilleuse femme du monde; mais pour la fléchir et la rendre complice de son bonheur à venir comme elle était l'instrument de son malheur présent.

Un jour donc, la timide Augustine, armée d'un courage surnaturel, monta en voiture, à deux heures après midi, pour essayer de pénétrer jusqu'au boudoir de la célèbre coquette, qui n'était jamais visible avant cette heure-là. Madame de Sommervieux ne connaissait pas encore les antiques et somptueux hôtels du faubourg Saint-Germain. Quand elle parcourut ces vestibules majestueux, ces escaliers grandioses, ces salons immenses ornés de fleurs malgré les rigueurs de l'hiver, et décorés avec ce goût particulier aux femmes qui sont nées dans l'opulence ou avec les habitudes distinguées de l'aristocratie, Augustine eut un affreux serrement de cœur. Elle envia les secrets de cette élégance de laquelle elle n'avait jamais eu l'idée. Elle respira un air de grandeur qui lui expliqua l'attrait de cette maison pour son mari. Quand elle parvint aux petits appartements de la duchesse, elle éprouva de la jalousie et une sorte de désespoir, en y admirant la voluptueuse disposition des meubles, des draperies et des étoffes tendues. Là le désordre était une grâce, là le luxe affectait une espèce de dédain pour la richesse. Les parfums répandus dans cette douce atmosphère flattaient l'odorat sans l'offenser. Les accessoires de l'appartement s'harmoniaient avec une vue ménagée par des glaces sans tain sur les pelouses d'un jardin planté d'arbres verts. Tout était séduction, et le calcul ne s'y sentait point. Le génie de la maîtresse de ces appartements respirait tout entier dans le salon où attendait Augustine. Elle tâcha d'y deviner le caractère de sa rivale par l'aspect des objets épars; mais il y avait là quelque chose d'impénétrable dans le désordre comme dans la symétrie, et pour la simple Augustine ce fut lettres closes. Tout ce qu'elle y put voir, c'est que la duchesse était une femme supérieure en tant que femme. Elle eut alors une pensée douloureuse.

— Hélas! serait-il vrai, se dit-elle, qu'un cœur aimant et simple ne suffit pas à un artiste; et pour balancer le poids de ces âmes fortes, faut-il les unir à des âmes féminines dont la puissance soit pareille à la leur? Si j'avais été élevée comme cette sirène, au moins nos armes eussent été égales au moment de la lutte.

— Mais je n'y suis pas! Ces mots secs et brefs, quoique prononcés à voix basse dans le boudoir voisin, furent entendus par Augustine, dont le cœur palpita.

— Cette dame est là, répliqua la femme de chambre.

— Vous êtes folle, faites donc entrer! répondit la duchesse dont la voix devenue douce avait pris l'accent affectueux de la politesse. Évidemment, elle désirait alors être entendue.

Augustine s'avança timidement. Au fond de ce frais boudoir elle vit la duchesse voluptueusement couchée sur une ottomane en velours vert placée au centre d'une espèce de demi-cercle dessiné par les plis moelleux d'une mousseline tendue sur un fond jaune. Des ornements de bronze doré, disposés avec un goût exquis, rehaussaient encore cette espèce de dais sous lequel la duchesse était posée comme une statue antique. La couleur foncée du velours ne lui laissait perdre aucun moyen de séduction. Un demi-jour, ami de sa beauté, semblait être plutôt un reflet qu'une lumière. Quelques fleurs rares élevaient leurs têtes embaumées au-dessus des vases de Sèvres les plus riches. Au moment où ce tableau s'offrit aux yeux d'Augustine étonnée, elle avait marché si doucement, qu'elle put surprendre un regard de l'enchanteresse. Ce regard semblait dire à une personne que la femme du peintre n'aperçut pas d'abord : — Restez, vous allez voir une jolie femme, et vous me rendrez sa visite moins ennuyeuse.

A l'aspect d'Augustine, la duchesse se leva et la fit asseoir auprès d'elle.

— A quoi dois-je le bonheur de cette visite, madame? dit-elle avec un sourire plein de grâces.

— Pourquoi tant de fausseté? pensa Augustine qui ne répondit que par une inclination de tête.

Ce silence était commandé. La jeune femme voyait devant elle un témoin de trop à cette scène. Ce personnage était, de tous les colonels de l'armée, le plus jeune, le plus élégant et le mieux fait. Son costume demi-bourgeois faisait ressortir les grâces de sa personne. Sa figure pleine de vie, de jeunesse, et déjà fort expressive, était encore animée par de petites moustaches relevées en pointe et noires comme du jais, par une impériale bien fournie, par des favoris soigneusement peignés et par une forêt de cheveux noirs assez en désordre. Il badinait avec une cravache, en manifestant une aisance et une liberté qui séyaient à l'air satisfait de sa physionomie ainsi qu'à la recherche de sa toilette. Les rubans attachés à sa boutonnière étaient noués avec dédain, et il paraissait bien plus vain de sa jolie tournure que de son courage. Augustine regarda la duchesse de Carigliano en lui montrant le colonel par un coup d'œil dont toutes les prières furent comprises.

— Eh bien, adieu, monsieur d'Aiglemont, nous nous retrouverons au bois de Boulogne.

Ces mots furent prononcés par la sirène comme s'ils étaient le résultat d'une stipulation antérieure à l'arrivée d'Augustine; elle les accompagna d'un regard menaçant que l'officier méritait peut-être pour l'admiration qu'il témoignait en contemplant la modeste fleur qui contrastait si bien avec l'orgueilleuse duchesse. Le jeune fat s'inclina en silence, tourna sur les talons de ses bottes, et s'élança gracieusement hors du boudoir. En ce moment, Augustine, épiant sa rivale qui semblait suivre des yeux le brillant officier, surprit dans ce regard un sentiment dont les fugitives expressions sont connues de toutes les femmes. Elle songea avec la douleur la plus profonde que sa visite allait être inutile : cette artificieuse duchesse était trop avide d'hommages pour ne pas avoir le cœur sans pitié.

— Madame, dit Augustine d'une voix entrecoupée, la démarche que je fais en ce moment auprès de vous va vous sembler bien singulière; mais le désespoir a sa folie, et doit faire tout excuser. Je m'explique trop bien pourquoi Théodore préfère votre maison à toute autre, et pourquoi votre esprit exerce tant d'empire sur lui. Hélas! je n'ai qu'à rentrer en moi-même pour en trouver des raisons plus que suffisantes. Mais j'adore mon mari, madame. Deux ans de larmes n'ont point effacé son image de mon cœur, quoique j'aie perdu le sien. Dans ma folie, j'ai osé concevoir l'idée de lutter avec vous; et je viens à vous, vous demander par quels moyens je puis triompher de vous-même. Oh, madame! s'écria la jeune femme en saisissant avec ardeur la main de sa rivale, qui la lui laissa prendre, je ne prierai jamais Dieu pour mon propre bonheur avec autant de ferveur que je l'implorerais pour le vôtre, si vous m'aidiez à reconquérir, je ne dirai pas l'amour, mais la tendresse de Sommervieux. Je n'ai plus d'espoir qu'en vous. Ah! dites-moi comment vous avez pu lui plaire et lui faire oublier les premiers jours de...

A ces mots, Augustine, suffoquée par des sanglots mal contenus, fut obligée de s'arrêter. Honteuse de sa faiblesse, elle cacha son visage dans un mouchoir qu'elle inonda de ses larmes.

— Êtes-vous donc enfant, ma chère petite belle! dit la duchesse, qui, séduite par la nouveauté de cette scène et attendrie malgré elle en recevant l'hommage que lui rendait la plus parfaite vertu qui fût peut-être à Paris, prit le mouchoir de la jeune femme et se mit à lui essuyer elle-même les yeux en la flattant par quelques mono-syllabes murmurés avec une gracieuse pitié.

Après un moment de silence, la coquette, emprisonnant les jolies mains de la pauvre Augustine entre les siennes qui avaient un rare caractère de beauté noble et de puissance, lui dit d'une voix douce et affectueuse : — Pour premier avis, je vous conseillerai de ne pas pleurer ainsi, les larmes enlaidissent. Il faut savoir pren-dre son parti sur les chagrins; ils rendent malade, et l'amour ne reste pas longtemps sur un lit de douleur. La mélancolie donne bien d'abord une certaine grâce qui plaît, mais elle finit par allon-ger les traits et flétrir la plus ravissante de toutes les figures. En-suite, nos tyrans ont l'amour-propre de vouloir que leurs esclaves soient toujours gaies.

— Ah, madame! il ne dépend pas de moi de ne pas sentir! Comment peut-on, sans éprouver mille morts, voir terne, déco-lorée, indifférente, une figure qui jadis rayonnait d'amour et de joie? Ah! je ne sais pas commander à mon cœur.

— Tant pis, chère belle; mais je crois déjà savoir toute votre histoire. D'abord, imaginez-vous bien que si votre mari vous a été infidèle, je ne suis pas sa complice. Si j'ai tenu à l'avoir dans mon salon, c'est, je l'avouerai, par amour-propre : il était célèbre et n'allait nulle part. Je vous aime déjà trop pour vous dire toutes les folies qu'il a faites pour moi. Je ne vous en révèlerai qu'une seule, parce qu'elle nous servira peut-être à vous le ramener et à le punir de l'audace qu'il met dans ses procédés avec moi. Il finirait par me compromettre. Je connais trop le monde, ma chère, pour vouloir me mettre à la discrétion d'un homme trop supérieur. Sa-chez qu'il faut se laisser faire la cour par eux, mais les épouser;

c'est une faute. Nous autres femmes, nous devons admirer les hommes de génie, en jouir comme d'un spectacle, mais vivre avec eux! jamais. Fi donc! c'est vouloir prendre plaisir à regarder les machines de l'Opéra, au lieu de rester dans une loge, à y savourer ses brillantes illusions. Mais chez vous, ma pauvre enfant, le mal est arrivé, n'est-ce pas? Eh bien! il faut essayer de vous armer contre la tyrannie.

— Ah, madame! avant d'entrer ici, en vous y voyant, j'ai déjà reconnu quelques artifices que je ne soupçonnais pas.

— Eh bien, venez me voir quelquefois, et vous ne serez pas long-temps sans posséder la science de ces bagatelles, d'ailleurs assez importantes. Les choses extérieures sont, pour les sots, la moitié de la vie; et pour cela, plus d'un homme de talent se trouve un sot malgré tout son esprit. Mais je gage que vous n'avez jamais rien su refuser à Théodore?

— Le moyen, madame, de refuser quelque chose à celui qu'on aime!

— Pauvre innocente, je vous adorerais pour votre niaiserie. Sachez donc que plus nous aimons, moins nous devons laisser apercevoir à un homme, surtout à un mari, l'étendue de notre passion. C'est celui qui aime le plus qui est tyrannisé, et, qui pis est, délaissé tôt ou tard. Celui qui veut régner, doit...

— Comment, madame! faudra-t-il donc dissimuler, calculer, devenir fausse, se faire un caractère artificiel et pour toujours? Oh! comment peut-on vivre ainsi? Est-ce que vous pouvez...

Elle hésita, la duchesse sourit.

— Ma chère, reprit la grande dame d'une voix grave, le bonheur conjugal a été de tout temps une spéculation, une affaire qui demande une attention particulière. Si vous continuez à parler passion quand je vous parle mariage, nous ne nous entendrons bientôt plus. Écoutez-moi, continua-t-elle en prenant le ton d'une confidence. J'ai été à même de voir quelques-uns des hommes supérieurs de notre époque. Ceux qui se sont mariés ont, à quelques exceptions près, épousé des femmes nulles. Eh bien! ces femmes-là les gouvernaient, comme l'empereur nous gouverne, et étaient, sinon aimées, du moins respectées par eux. J'aime assez les secrets, surtout ceux qui nous concernent, pour m'être amusée à chercher le mot de cette énigme. Eh bien, mon ange! ces bonnes femmes avaient le talent d'analyser le caractère de leurs maris. Sans s'épou-

vanter comme vous de leurs supériorités, elles avaient adroitement
remarqué les qualités qui leur manquaient. Soit qu'elles possé-
dassent ces qualités, ou qu'elles feignissent de les avoir, elles trouvaient moyen d'en faire un si grand étalage aux yeux de leurs maris
qu'elles finissaient par leur imposer. Enfin, apprenez encore que
ces âmes qui paraissent si grandes ont toutes un petit grain de folie
que nous devons savoir exploiter. En prenant la ferme volonté de
les dominer, en ne s'écartant jamais de ce but, en y rapportant
toutes nos actions, nos idées, nos coquetteries, nous maîtrisons ces
esprits éminemment capricieux qui, par la mobilité même de leurs
pensées, nous donnent les moyens de les influencer.

— Oh ciel ! s'écria la jeune femme épouvantée, voilà donc la vie.
C'est un combat.....

— Où il faut toujours menacer, reprit la duchesse en riant.
Notre pouvoir est tout factice. Aussi ne faut-il jamais se laisser mé-
priser par un homme ; on ne se relève d'une pareille chute que
par des manœuvres odieuses. Venez, ajouta-t-elle, je vais vous
donner un moyen de mettre votre mari à la chaîne.

Elle se leva, pour guider en souriant la jeune et innocente ap-
prentie des ruses conjugales à travers le dédale de son petit palais.
Elles arrivèrent toutes deux à un escalier dérobé qui communiquait
aux appartements de réception. Quand la duchesse tourna le secret
de la porte, elle s'arrêta, regarda Augustine avec un air inimitable
de finesse et de grâce : — Tenez, le duc de Carigliano m'adore !
eh bien, il n'ose pas entrer par cette porte sans ma permission.
Et c'est un homme qui a l'habitude de commander à des milliers
de soldats. Il sait affronter les batteries, mais devant moi ! il a
peur.

Augustine soupira. Elles parvinrent à une somptueuse galerie où
la femme du peintre fut amenée par la duchesse devant le portrait
que Théodore avait fait de mademoiselle Guillaume. A cet aspect,
Augustine jeta un cri.

— Je savais bien qu'il n'était plus chez moi, dit-elle, mais... ici !

— Ma chère, je ne l'ai exigé que pour voir jusqu'à quel degré
de bêtise un homme de génie peut atteindre. Tôt ou tard, il vous
aurait été rendu par moi ; mais je ne m'attendais pas au plaisir de
voir ici l'original devant la copie. Pendant que nous allons achever
notre conversation, je le ferai porter dans votre voiture. Si, armée de ce talisman, vous n'êtes pas maîtresse de votre mari pen-

dant cent ans, vous n'êtes pas une femme, et vous m..riterez votre sort!

Augustine baisa la main de la duchesse, qui la pressa sur son cœur et l'embrassa avec une tendresse d'autant plus vive qu'elle devait être oubliée le lendemain. Cette scène aurait peut-être à jamais ruiné la candeur et la pureté d'une femme moins vertueuse qu'Augustine, à qui les secrets révélés par la duchesse pouvaient être également salutaires et funestes. La politique astucieuse des hautes sphères sociales ne convenait pas plus à Augustine que l'étroite raison de Joseph Lebas, ou que la niaise morale de madame Guillaume. Étrange effet des fausses positions où nous jettent les moindres contresens commis dans la vie! Augustine ressemblait alors à un pâtre des Alpes surpris par une avalanche : s'il hésite, ou s'il veut écouter les cris de ses compagnons, le plus souvent il périt. Dans ces grandes crises, le cœur se brise ou se bronze.

Madame de Sommervieux revint chez elle en proie à une agitation qu'il serait difficile de décrire. Sa conversation avec la duchesse de Carigliano éveillait une foule d'idées contradictoires dans son esprit. Elle était comme les moutons de la fable, pleine de courage en l'absence du loup. Elle se haranguait elle-même et se traçait d'admirables plans de conduite; elle concevait mille stratagèmes de coquetterie; elle parlait même à son mari, retrouvant, loin de lui, toutes les ressources de cette éloquence vraie qui n'abandonne jamais les femmes; puis, en songeant au regard fixe et clair de Théodore, elle tremblait déjà. Quand elle demanda si monsieur était chez lui, la voix lui manqua. En apprenant qu'il ne reviendrait pas dîner, elle éprouva un mouvement de joie inexplicable. Semblable au criminel qui se pourvoit en cassation contre son arrêt de mort, un délai, quelque court qu'il pût être, lui semblait une vie entière. Elle plaça le portrait dans sa chambre, et attendit son mari en se livrant à toutes les angoisses de l'espérance. Elle pressentait trop bien que cette tentative allait décider de tout son avenir, pour ne pas frissonner à toute espèce de bruit, même au murmure de sa pendule qui semblait appesantir ses terreurs en les lui mesurant. Elle tâcha de tromper le temps par mille artifices. Elle eut l'idée de faire une toilette qui la rendît semblable en tout point au portrait. Puis, connaissant le caractère inquiet de son mari, elle fit éclairer son appartement d'une manière inusitée, certaine qu'en rentrant la curiosité l'amènerait chez elle. Minuit sonna, quand, au cri du jockei, la porte de l'hôtel s'ouvrit. La voiture du peintre roula sur le pavé de la cour silencieuse.

— Que signifie cette illumination? demanda Théodore d'une voix joyeuse en entrant dans la chambre de sa femme.

Augustine saisit avec adresse un moment si favorable, elle s'élança au cou de son mari et lui montra le portrait. L'artiste resta immobile comme un rocher. Ses yeux se dirigèrent alternativement sur Augustine et sur la toilette accusatrice. La timide épouse, demi-morte, épiait le front changeant, le front terrible de son mari. Elle en vit par degrés les rides expressives s'amonceler comme des nuages; puis, elle crut sentir son sang se figer dans ses veines, quand, par un regard flamboyant et d'une voix profondément sourde, elle fut interrogée.

— Où avez-vous trouvé ce tableau?

— La duchesse de Carigliano me l'a rendu.

— Vous le lui avez demandé?

— Je ne savais pas qu'il fût chez elle.

La douceur ou plutôt la mélodie enchanteresse de la voix de cet ange eût attendri des Cannibales, mais non un artiste en proie aux tortures de la vanité blessée.

— Cela est digne d'elle, s'écria l'artiste d'une voix tonnante. Je me vengerai! dit-il en se promenant à grands pas. Elle en mourra de honte : je la peindrai! oui, je la représenterai sous les traits de Messaline sortant à la nuit du palais de Claude.

— Théodore! dit une voix mourante.

— Je la tuerai.

— Mon ami!

— Elle aime ce petit colonel de cavalerie, parce qu'il monte bien à cheval...

— Théodore!

— Eh! laissez-moi, dit le peintre à sa femme avec un son de voix qui ressemblait presque à un rugissement.

Il serait odieux de peindre toute cette scène à la fin de laquelle l'ivresse de la colère suggéra à l'artiste des paroles et des actes qu'une femme, moins jeune qu'Augustine, aurait attribués à la démence.

Sur les huit heures du matin, le lendemain, madame Guillaume surprit sa fille pâle, les yeux rouges, la coiffure en désordre, tenant à la main un mouchoir trempé de pleurs, contemplant sur le parquet les fragments épars d'une toilette déchirée et les morceaux d'un grand cadre doré mis en pièce. Augustine, que la douleur rendait presque insensible, montra ces débris par un geste empreint de désespoir.

— Et voilà peut-être une grande perte, s'écria la vieille régente du Chat-qui-pelote. Il était ressemblant, c'est vrai; mais j'ai appris qu'il y a sur le boulevard un homme qui fait des portraits charmants pour cinquante écus.

— Ah, ma mère!

— Pauvre petite, tu as bien raison! répondit madame Guillaume qui méconnut l'expression du regard que lui jeta sa fille. Va, mon enfant, l'on n'est jamais si tendrement aimé que par sa mère. Ma mignonne, je devine tout; mais viens me confier tes chagrins, je te consolerai. Ne t'ai-je pas déjà dit que cet homme-là était un fou! Ta femme de chambre m'a conté de belles choses... Mais c'est donc un véritable monstre!

Augustine mit un doigt sur ses lèvres pâlies, comme pour implorer de sa mère un moment de silence. Pendant cette terrible nuit, le malheur lui avait fait trouver cette patiente résignation qui, chez les mères et chez les femmes aimantes, surpasse, dans ses effets, l'énergie humaine et révèle peut-être dans le cœur des femmes l'existence de certaines cordes que Dieu a refusées à l'homme.

Une inscription gravée sur un cippe du cimetière Montmartre indiquait que madame de Sommervieux était morte à vingt-sept ans. Un poëte, ami de cette timide créature, voyait, dans les simples lignes de son épitaphe, la dernière scène d'un drame. Chaque année, au jour solennel du 2 novembre, il ne passait jamais devant ce jeune marbre sans se demander s'il ne fallait pas des femmes plus fortes que ne l'était Augustine pour les puissantes étreintes du génie.

— Les humbles et modestes fleurs, écloses dans les vallées, meurent peut-être, se disait-il, quand elles sont transplantées trop près des cieux, aux régions où se forment les orages, où le soleil est brûlant.

Maffliers; octobre 1829.

Invariable dans sa religion aristocratique, Monsieur DE FONTAINE
en avait aveuglément suivi les maximes.

(LE BAL DE SCEAUX.)

LE BAL DE SCEAUX.

A HENRI DE BALZAC,

Son frère

Honoré.

Le comte de Fontaine, chef de l'une des plus anciennes familles
du Poitou, avait servi la cause des Bourbons avec intelligence et
courage pendant la guerre que les Vendéens firent à la république.
Après avoir échappé à tous les dangers qui menacèrent les chefs
royalistes durant cette orageuse époque de l'histoire contemporaine,
il disait gaiement : — Je suis un de ceux qui se sont fait tuer sur
les marches du trône ! Cette plaisanterie n'était pas sans quelque
vérité pour un homme laissé parmi les morts à la sanglante journée
des Quatre-Chemins. Quoique ruiné par des confiscations, ce fidèle
Vendéen refusa constamment les places lucratives que lui fit offrir
l'empereur Napoléon. Invariable dans sa religion aristocratique, il
en avait aveuglément suivi les maximes quand il jugea convenable
de se choisir une compagne. Malgré les séductions d'un riche parvenu révolutionnaire qui mettait cette alliance à haut prix, il épousa
une demoiselle de Kergarouët sans fortune, mais dont la famille est
une des plus vieilles de la Bretagne.

La Restauration surprit monsieur de Fontaine chargé d'une nombreuse famille. Quoiqu'il n'entrât pas dans les idées du généreux
gentilhomme de solliciter des grâces, il céda néanmoins aux désirs
de sa femme, quitta son domaine, dont le revenu modique suffisait
à peine aux besoins de ses enfants et vint à Paris. Contristé de
l'avidité avec laquelle ses anciens camarades faisaient curée des

places et des dignités constitutionnelles, il allait retourner à sa terre, lorsqu'il reçut une lettre ministérielle, par laquelle une Excellence assez connue lui annonçait sa nomination au grade de maréchal-de-camp, en vertu de l'ordonnance qui permettait aux officiers des armées catholiques de compter les vingt premières années inédites du règne de Louis XVIII comme années de service. Quelques jours après, le Vendéen reçut encore, sans aucune sollicitation et d'office, la croix de l'ordre de la Légion-d'Honneur et celle de Saint-Louis. Ébranlé dans sa résolution par ces grâces successives qu'il crut devoir au souvenir du monarque, il ne se contenta plus de mener sa famille, comme il l'avait pieusement fait chaque dimanche, crier Vive le Roi dans la salle des Maréchaux aux Tuileries quand les princes se rendaient à la chapelle, il sollicita la faveur d'une entrevue particulière. Cette audience, très-promptement accordée, n'eut rien de particulier. Le salon royal était plein de vieux serviteurs dont les têtes poudrées, vues d'une certaine hauteur, ressemblaient à un tapis de neige. Là, le gentilhomme retrouva d'anciens compagnons qui le reçurent d'un air un peu froid; mais les princes lui parurent *adorables,* expression d'enthousiasme qui lui échappa, quand le plus gracieux de ses maîtres, de qui le comte ne se croyait connu que de nom, vint lui serrer la main et le proclama le plus pur des Vendéens. Malgré cette ovation, aucune de ces augustes personnes n'eut l'idée de lui demander le compte de ses pertes, ni celui de l'argent si généreusement versé dans les caisses de l'armée catholique. Il s'aperçut un peu tard, qu'il avait fait la guerre à ses dépens. Vers la fin de la soirée, il crut pouvoir hasarder une spirituelle allusion à l'état de ses affaires, semblable à celui de bien des gentilshommes. Sa Majesté se prit à rire d'assez bon cœur, toute parole marquée au coin de l'esprit avait le don de lui plaire; mais elle répliqua néanmoins par une de ces royales plaisanteries dont la douceur est plus à craindre que la colère d'une réprimande. Un des plus intimes confidents du roi ne tarda pas à s'approcher du Vendéen calculateur, auquel il fit entendre, par une phrase fine et polie, que le moment n'était pas encore venu de compter avec les maîtres : il se trouvait sur le tapis des mémoires beaucoup plus arriérés que le sien, et qui devaient sans doute servir à l'histoire de la Révolution. Le comte sortit prudemment du groupe vénérable qui décrivait un respectueux demi-cercle devant l'auguste famille. Puis, après avoir non sans peine, dégagé son épée parmi les jambes grêles où elle s'était engagée, il regagna pédestrement à travers la cour des Tuileries le fiacre qu'il avait laissé sur le quai. Avec cet esprit rétif qui distingue la noblesse de vieille roche chez laquelle le souvenir de la Ligue et des Barricades n'est pas encore éteint, il se plaignit dans son fiacre, à haute voix et de manière à se compromettre, sur le changement survenu à la cour. — Autrefois, se disait-il, chacun parlait librement au roi de ses petites affaires, les seigneurs pouvaient à leur aise lui demander des grâces et de l'argent, et aujourd'hui l'on n'obtiendra pas, sans scandale, le remboursement des sommes avancées pour son service? Morbleu! la croix de Saint-Louis et le grade de maréchal-de-camp ne valent pas trois cent mille livres que j'ai, bel et bien, dépensées pour la cause royale. Je veux reparler au roi, en face, et dans son cabinet.

Cette scène refroidit d'autant plus le zèle de monsieur de Fontaine, que ses demandes d'audience restèrent constamment sans réponse. Il vit d'ailleurs les intrus de l'empire arrivant à quelques-unes des charges réservées sous l'ancienne monarchie aux meilleures maisons.

— Tout est perdu, dit-il un matin. Décidément, le roi n'a jamais été qu'un révolutionnaire. Sans Monsieur, qui ne déroge pas et console ses fidèles serviteurs, je ne sais en quelles mains irait un jour la couronne de France, si ce régime continuait. Leur maudit système constitutionnel est le plus mauvais de tous les gouvernements, et ne pourra jamais convenir à la France. Louis XVIII et M. Beugnot nous ont tout gâté à Saint-Ouen.

Le comte désespéré se préparait à retourner à sa terre, en abandonnant avec noblesse ses prétentions à toute indemnité. En ce moment, les événements du Vingt Mars annoncèrent une nouvelle tempête qui menaçait d'engloutir le roi légitime et ses défenseurs. Semblable à ces gens généreux qui ne renvoient pas un serviteur par un temps de pluie, monsieur de Fontaine emprunta sur sa terre pour suivre la monarchie en déroute, sans savoir si cette complicité d'émigration lui serait plus propice que ne l'avait été son dévouement passé; mais après avoir observé que les compagnons de l'exil étaient plus en faveur que les braves qui, jadis, avaient protesté, les armes à la main, contre l'établissement de la république, peut-être espéra-t-il trouver dans ce voyage à l'étranger plus de profit que dans un service actif et périlleux à l'intérieur. Ses calculs de courtisan ne furent pas une de ces vaines spéculations qui promettent sur le papier des résultats superbes, et ruinent par leur exécution. Il fut donc, selon le mot du plus spirituel et du plus habile de nos diplomates, un des cinq cents fidèles serviteurs qui partagèrent l'exil de la cour à Gand, et l'un des cinquante mille qui en revinrent.

Pendant cette courte absence de la royauté, monsieur de Fontaine eut le bonheur d'être employé par Louis XVIII, et rencontra plus d'une occasion de donner au roi les preuves d'une grande probité politique et d'un attachement sincère. Un soir que le monarque n'avait rien de mieux à faire, il se souvint du bon mot dit par monsieur de Fontaine aux Tuileries. Le vieux Vendéen ne laissa pas échapper un tel à-propos, et raconta son histoire assez spirituellement pour que ce roi, qui n'oubliait rien, pût se la rappeler en temps utile. L'auguste littérateur remarqua la tournure fine donnée à quelques notes dont la rédaction avait été confiée au discret gentilhomme. Ce petit mérite inscrivit monsieur de Fontaine, dans la mémoire du roi, parmi les plus loyaux serviteurs de sa couronne. Au second retour, le comte fut un de ces envoyés extraordinaires qui parcoururent les départements, avec la mission de juger souverainement les fauteurs de la rébellion ; mais il usa modérément de son terrible pouvoir. Aussitôt que cette juridiction temporaire eut cessé, le grand-prévôt s'assit dans un des fauteuils du Conseil-d'État, devint député, parla peu, écouta beaucoup, et changea considérablement d'opinion. Quelques circonstances, inconnues aux biographes, le firent entrer assez avant dans l'intimité du prince, pour qu'un jour le malicieux monarque l'interpellât ainsi en le voyant entrer :

— Mon ami Fontaine, je ne m'aviserais pas de vous nommer directeur-général ni ministre! Ni vous ni moi, si nous étions *employés,* ne resterions en place, à cause de nos opinions. Le gouvernement représentatif a cela de bon qu'il nous ôte la peine que nous avions jadis, de renvoyer nous-mêmes nos secrétaires d'État. Notre conseil est une véritable hôtellerie, où l'opinion publique nous envoie souvent de singuliers voyageurs; mais enfin nous saurons toujours où placer nos fidèles serviteurs.

Cette ouverture moqueuse fut suivie d'une ordonnance qui donnait à monsieur de Fontaine une administration dans le domaine extraordinaire de la Couronne. Par suite de l'intelligente attention

avec laquelle il écoutait les sarcasmes de son royal ami, son nom se
trouva sur les lèvres de Sa Majesté, toutes les fois qu'il fallut créer
une commission dont les membres devaient être lucrativement ap-
pointés. Il eut le bon esprit de taire la faveur dont l'honorait le
monarque et sut l'entretenir par une manière piquante de narrer,
dans une de ces causeries familières auxquelles Louis XVIII se
plaisait autant qu'aux billets agréablement écrits, les anecdotes
politiques et, s'il est permis de se servir de cette expression,
les cancans diplomatiques ou parlementaires qui abondaient alors.
On sait que les détails de sa *gouvernementabilité,* mot adopté
par l'auguste railleur, l'amusaient infiniment. Grâce au bon sens,
à l'esprit et à l'adresse de monsieur le comte de Fontaine, chaque
membre de sa nombreuse famille, quelque jeune qu'il fût, finit,
ainsi qu'il le disait plaisamment à son maître, par se poser comme
un ver-à-soie sur les feuilles du budget. Ainsi, par les bontés
du roi, l'aîné de ses fils parvint à une place éminente dans la
magistrature inamovible. Le second, simple capitaine avant la
restauration, obtint une légion immédiatement après son retour
de Gand; puis, à la faveur des mouvements de 1815 pendant
lesquels on méconnut les règlements, il passa dans la garde
royale, repassa dans les gardes-du-corps, revint dans la ligne, et
se trouva lieutenant-général avec un commandement dans la garde,
après l'affaire du Trocadéro. Le dernier, nommé sous-préfet,
devint bientôt maître des requêtes et directeur d'une administration municipale de la Ville de Paris, où il se trouvait à l'abri
des tempêtes législatives. Ces grâces sans éclat, secrètes comme la
faveur du comte, pleuvaient inaperçues. Quoique le père et les
trois fils eussent chacun assez de sinécures pour jouir d'un revenu
budgétaire presque aussi considérable que celui d'un directeur-
général, leur fortune politique n'excita l'envie de personne. Dans
ces temps de premier établissement du système constitutionnel,
peu de personnes avaient des idées justes sur les régions paisibles
du budget, où d'adroits favoris surent trouver l'équivalent des
abbayes détruites. Monsieur le comte de Fontaine, qui naguère
encore se vantait de n'avoir pas lu la Charte et se montrait si
courroucé contre l'avidité des courtisans, ne tarda pas à prouver à
son auguste maître qu'il comprenait aussi bien que lui l'esprit et
les ressources du *représentatif.* Cependant, malgré la sécurité
des carrières ouvertes à ses trois fils, malgré les avantages pécu-

niaires qui résultaient du cumul de quatre places, monsieur de
Fontaine se trouvait à la tête d'une famille trop nombreuse pour
pouvoir promptement et facilement rétablir sa fortune. Ses trois
fils étaient riches d'avénir, de faveur et de talent; mais il avait
trois filles, et craignait de lasser la bonté du monarque. Il imagina
de ne jamais lui parler que d'une seule de ces vierges pressées
d'allumer leur flambeau. Le roi avait trop bon goût pour laisser
son œuvre imparfaite. Le mariage de la première avec un receveur-
général fut conclu par une de ces phrases royales qui ne coûtent
rien et valent des millions. Un soir où le monarque était maussade,
il sourit en apprenant l'existence d'une autre demoiselle de Fontaine qu'il fit épouser à un jeune magistrat d'extraction bourgeoise,
il est vrai, mais riche, plein de talent, et qu'il créa baron. Lorsque, l'année suivante, le Vendéen parla de Mademoiselle Émilie
de Fontaine, le roi lui répondit, de sa petite voix aigrelette : —
Amicus Plato, sed magis amica Natio. Puis, quelques jours
après, il régala son *ami Fontaine* d'un quatrain assez innocent
qu'il appelait une épigramme, et dans lequel il le plaisantait sur
ses trois filles si habilement produites sous la forme d'une trinité.
S'il faut en croire la chronique, le monarque avait été chercher
son bon mot dans l'unité des trois personnes divines.

— Si le roi daignait changer son épigramme en épithalame? dit
le comte en essayant de faire tourner cette boutade à son profit.

— Si j'en vois la rime, je n'en vois pas la raison, répondit durement le roi qui ne goûta point cette plaisanterie faite sur sa poésie
quelque douce qu'elle fût.

Dès ce jour, son commerce avec M. de Fontaine eut moins
d'aménité. Les rois aiment plus qu'on ne le croit la contradiction.
Comme presque tous les enfants venus les derniers, Émilie de Fontaine était un Benjamin gâté par tout le monde. Le refroidissement
du monarque causa donc d'autant plus de peine au comte, que
jamais mariage ne fut plus difficile à conclure que celui de cette fille
chérie. Pour concevoir tous ces obstacles, il faut pénétrer dans
l'enceinte du bel hôtel où l'administrateur était logé aux dépens
de la Liste-Civile. Émilie avait passé son enfance à la terre de Fontaine en y jouissant de cette abondance qui suffit aux premiers
plaisirs de la jeunesse. Ses moindres désirs y étaient des lois
pour ses sœurs, pour ses frères, pour sa mère, et même pour son
père. Tous ses parents raffolaient d'elle. Arrivée à l'âge de raison,

précisément au moment où sa famille fut comblée des faveurs de
la fortune, l'enchantement de sa vie continua. Le luxe de Paris
lui sembla tout aussi naturel que la richesse en fleurs ou en fruits,
et que cette opulence champêtre qui firent le bonheur de ses premières années. De même qu'elle n'avait éprouvé aucune contrariété dans son enfance quand elle voulait satisfaire de joyeux désirs, de même elle se vit encore obéie lorsqu'à l'âge de quatorze
ans elle se lança dans le tourbillon du monde. Accoutumée ainsi
par degrés aux jouissances de la fortune, les recherches de la toilette, l'élégance des salons dorés et des équipages lui devinrent
aussi nécessaires que les compliments vrais ou faux de la flatterie,
que les fêtes et les vanités de la cour. Tout lui souriait d'ailleurs :
elle aperçut pour elle de la bienveillance dans tous les yeux. Comme
la plupart des enfants gâtés, elle tyrannisa ceux qui l'aimaient,
et réserva ses coquetteries aux indifférents. Ses défauts ne firent
que grandir avec elle, et ses parents allaient bientôt recueillir
les fruits amers de cette éducation funeste. Arrivée à l'âge de dix-
neuf ans, Émilie de Fontaine n'avait pas encore voulu faire de
choix parmi les nombreux jeunes gens que la politique de monsieur de Fontaine assemblait dans ses fêtes. Quoique jeune encore,
elle jouissait dans le monde de toute la liberté d'esprit que peut
y avoir une femme. Sa beauté était si remarquable que, pour elle,
paraître dans un salon, c'était y régner. Semblable aux rois, elle
n'avait pas d'amis, et se voyait partout l'objet d'une complaisance à
laquelle un naturel meilleur que le sien n'eût peut-être pas résisté.
Aucun homme, fût-ce même un vieillard, n'avait la force de con-
tredire les opinions d'une jeune fille dont un seul regard ranimait
l'amour dans un cœur froid. Élevée avec des soins qui manquèrent à ses sœurs, elle peignait assez bien, parlait l'italien et l'anglais, jouait du piano d'une façon désespérante ; enfin sa voix, per-
fectionnée par les meilleurs maîtres, avait un timbre qui donnait à
son chant d'irrésistibles séductions. Spirituelle et nourrie de toutes
les littératures, elle aurait pu faire croire que, comme dit Mascarille,
les gens de qualité viennent au monde en sachant tout. Elle raisonnait
facilement sur la peinture italienne ou flamande, sur le Moyen-âge ou
la Renaissance ; jugeait à tort et à travers les livres anciens ou nouveaux, et faisait ressortir avec une cruelle grâce d'esprit les défauts
d'un ouvrage. La plus simple de ses phrases était reçue par la foule
idolâtre, comme par les Turcs un *fetfa* du sultan. Elle éblouissait

ainsi les gens superficiels; quant aux gens profonds, son tact naturel l'aidait à les reconnaître; et pour eux, elle déployait tant de coquetterie, qu'à la faveur de ses séductions, elle pouvait échapper à leur examen. Ce vernis séduisant couvrait un cœur insouciant, l'opinion commune à beaucoup de jeunes filles que personne n'habitait une sphère assez élevée pour pouvoir comprendre l'excellence de son âme, et un orgueil qui s'appuyait autant sur sa naissance que sur sa beauté. En l'absence du sentiment violent qui ravage tôt ou tard le cœur d'une femme, elle portait sa jeune ardeur dans un amour immodéré des distinctions, et témoignait le plus profond mépris pour les roturiers. Fort impertinente avec la nouvelle noblesse, elle faisait tous ses efforts pour que ses parents marchassent de pair au milieu des familles les plus illustres du faubourg Saint-Germain.

Ces sentiments n'avaient pas échappé à l'œil observateur de monsieur de Fontaine, qui plus d'une fois, lors du mariage de ses deux premières filles, eut à gémir des sarcasmes et des bons mots d'Émilie. Les gens logiques s'étonneront d'avoir vu le vieux Vendéen donnant sa première fille à un receveur-général qui possédait bien, à la vérité, quelques anciennes terres seigneuriales, mais dout le nom n'était pas précédé de cette particule à laquelle le trône dut tant de défenseurs, et la seconde à un magistrat trop récemment baronifié pour faire oublier que le père avait vendu des fagots. Ce notable changement dans les idées du noble, au moment où il atteignait sa soixantième année, époque à laquelle les hommes quittent rarement leurs croyances, n'était pas dû seulement à la déplorable habitation de la moderne Babylone où tous les gens de province finissent par perdre leurs rudesses; la nouvelle conscience politique du comte de Fontaine était encore le résultat des conseils et de l'amitié du roi. Ce prince philosophe avait pris plaisir à convertir le Vendéen aux idées qu'exigeaient la marche du dix-neuvième siècle et la rénovation de la monarchie. Louis XVIII voulait fondre les partis, comme Napoléon avait fondu les choses et les hommes. Le roi légitime, peut-être aussi spirituel que son rival, agissait en sens contraire. Le dernier chef de la maison de Bourbon était aussi empressé à satisfaire le tiers-état et les gens de l'empire, en contenant le clergé, que le premier des Napoléon fut jaloux d'attirer auprès de lui les grands seigneurs ou de doter l'église. Confident des royales pensées, le Conseiller d'État était insensiblement devenu

l'un des chefs les plus influents et les plus sages de ce parti modéré
qui désirait vivement, au nom de l'intérêt national, la fusion des
opinions. Il prêchait les coûteux principes du gouvernement constitutionnel et secondait de toute sa puissance les jeux de la bascule
politique qui permettait à son maître de gouverner la France au
milieu des agitations. Peut-être monsieur de Fontaine se flattait-il
d'arriver à la pairie par un de ces coups de vent législatifs dont
les effets si bizarres surprenaient alors les plus vieux politiques. Un
de ses principes les plus fixes consistait à ne plus reconnaître en
France d'autre noblesse que la pairie, dont les familles étaient les
seules qui eussent des priviléges.

— Une noblesse sans priviléges, disait-il, est un manche sans
outil.

Aussi éloigné du parti de Lafayette que du parti de La Bour-
donnaye, il entreprenait avec ardeur la réconciliation générale d'où
devaient sortir une ère nouvelle et de brillantes destinées pour la
France. Il cherchait à convaincre les familles chez lesquelles il avait
accès, du peu de chances favorables qu'offraient désormais la carrière militaire et l'administration. Il engageait les mères à lancer
leurs enfants dans les professions indépendantes et industrielles,
en leur donnant à entendre que les emplois militaires et les hautes
fonctions du gouvernement finiraient par appartenir très-constitu-
tionnellement aux cadets des familles nobles de la pairie. Selon lui,
la nation avait conquis une part assez large dans l'administration
par son assemblée élective, par les places de la magistrature et par
celles de la finance qui, disait-il, seraient toujours comme autrefois l'apanage des notabilités du tiers-état. Les nouvelles idées du
chef de la famille de Fontaine, et les sages alliances qui en résul-
tèrent pour ses deux premières filles, avaient rencontré de fortes
résistances au sein de son ménage. La comtesse de Fontaine rest
fidèle aux vieilles croyances que ne devait pas renier une femme
qui appartenait aux Rohan par sa mère. Quoiqu'elle se fût opposée pendant un moment au bonheur et à la fortune qui attendaient ses deux filles aînées, elle se rendit à ces considérations
secrètes que les époux se confient le soir quand leurs têtes repo-
sent sur le même oreiller. Monsieur de Fontaine démontra froidement à sa femme, par d'exacts calculs, que le séjour de Paris,
l'obligation d'y représenter, la splendeur de sa maison qui les dédommageait des privations si courageusement partagées au fond de

la Vendée, les dépenses faites pour leurs fils absorbaient la plus grande partie de leur revenu budgétaire. Il fallait donc saisir, comme une faveur céleste, l'occasion qui se présentait pour eux d'établir si richement leurs filles. Ne devaient-elles pas jouir un jour de soixante ou quatre-vingt mille livres de rente? Des mariages si avantageux ne se rencontraient pas tous les jours pour des filles sans dot. Enfin, il était temps de penser à économiser pour augmenter la terre de Fontaine et reconstruire l'antique fortune territoriale de la famille. La comtesse céda, comme toutes les mères l'eussent fait à sa place, quoique de meilleure grâce peut-être, à des arguments si persuasifs. Mais elle déclara qu'au moins sa fille Émilie serait mariée de manière à satisfaire l'orgueil qu'elle avait contribué malheureusement à développer dans cette jeune âme.

Ainsi les événements qui auraient dû répandre la joie dans cette famille y introduisirent un léger levain de discorde. Le receveur-général et le jeune magistrat furent en butte aux froideurs d'un cérémonial que surent créer la comtesse et sa fille Émilie. Leur étiquette trouva bien plus amplement lieu d'exercer ses tyrannies domestiques : le lieutenant-général épousa la fille unique d'un banquier; le président se maria sensément avec une demoiselle dont le père, deux ou trois fois millionnaire, avait fait le commerce des toiles peintes; enfin le troisième frère se montra fidèle à ses doctrines roturières en prenant sa femme dans la famille d'un riche notaire de Paris. Les trois belles-sœurs, les deux beaux-frères trouvaient tant de charmes et d'avantages personnels, à rester dans la haute sphère des puissances politiques et à hanter les salons du faubourg Saint-Germain, qu'ils s'accordèrent tous pour former une petite cour à la hautaine Émilie. Ce pacte d'intérêt et d'orgueil ne fut cependant pas tellement bien cimenté que la jeune souveraine n'excitât souvent des révolutions dans son petit État. Des scènes, que le bon ton n'eût pas désavouées, entretenaient entre tous les membres de cette puissante famille une humeur moqueuse qui, sans altérer sensiblement l'amitié affichée en public, dégénérait quelquefois dans l'intérieur en sentiments peu charitables. Ainsi la femme du lieutenant-général, devenue baronne, se croyait tout aussi noble qu'une Kergarouët, et prétendait que cent bonnes mille livres de rente lui donnaient le droit d'être aussi impertinente que sa belle-sœur Émilie à laquelle elle souhaitait parfois avec ironie un mariage heureux, en annonçant que la fille de tel pair

venait d'épouser monsieur un tel , tout court. La femme du vicomte
de Fontaine s'amusait à éclipser Émilie par le bon goût et par la richesse qui se faisaient remarquer dans ses toilettes, dans ses ameublements et ses équipages. L'air moqueur avec lequel les belles-sœurs
et les deux beaux-frères accueillirent quelquefois les prétentions
avouées par mademoiselle de Fontaine excitait chez elle un courroux à peine calmé par une grêle d'épigrammes. Lorsque le chef
de la famille éprouva quelque refroidissement dans la tacite et
précaire amitié du monarque , il trembla d'autant plus , que , par
suite des défis railleurs de ses sœurs, jamais sa fille chérie n'avait
jeté ses vues si haut.

Au milieu de ces circonstances et au moment où cette petite lutte domestique était devenue fort grave, le monarque, auprès duquel monsieur de Fontaine croyait rentrer en grâce, fut
attaqué de la maladie dont il devait périr. Le grand politique qui
sut si bien conduire sa nauf au sein des orages ne tarda pas à succomber. Certain de la faveur à venir, le comte de Fontaine fit
donc les plus grands efforts pour rassembler autour de sa dernière
fille l'élite des jeunes gens à marier. Ceux qui ont tâché de résoudre
le problème difficile que présente l'établissement d'une fille orgueilleuse et fantasque comprendront peut-être les peines que se donna
le pauvre Vendéen. Achevée au gré de son enfant chéri, cette dernière entreprise eût couronné dignement la carrière que le comte
parcourait depuis dix ans à Paris. Par la manière dont sa famille
envahissait les traitements de tous les ministères , elle pouvait se
comparer à la maison d'Autriche , qui , par ses alliances , menace
d'envahir l'Europe. Aussi le vieux Vendéen ne se rebutait-il pas
dans ses présentations de prétendus, tant il avait à cœur le bonheur de sa fille ; mais rien n'était plus plaisant que la façon dont
l'impertinente créature prononçait ses arrêts et jugeait le mérite de
ses adorateurs. On eût dit que, semblable à l'une de ces princesses
des Mille et un Jours, Émilie fût assez riche, assez belle pour avoir
le droit de choisir parmi tous les princes du monde; ses objections
étaient plus bouffonnes les unes que les autres : l'un avait les jambes
trop grosses ou les genoux cagneux , l'autre était myope; celui-ci
s'appelait Durand, celui-là boitait ; presque tous lui semblaient trop
gras. Plus vive, plus charmante, plus gaie que jamais après avoir rejeté deux ou trois prétendus, elle s'élançait dans les fêtes de l'hiver
et courait aux bals où ses yeux perçants examinaient les célébrités du

jour ; où souvent, à l'aide de son ravissant babil, elle parvenait à deviner les secrets du cœur le plus mystérieux, où elle se plaisait à tourmenter tous les jeunes gens, à exciter avec une coquetterie instinctive des demandes qu'elle rejetait toujours.

La nature lui avait donné en profusion les avantages nécessaires au rôle qu'elle jouait. Grande et svelte, Émilie de Fontaine possédait une démarche imposante ou folâtre, à son gré. Son col un peu long lui permettait de prendre de charmantes attitudes de dédain et d'impertinence. Elle s'était fait un fécond répertoire de ces airs de tête et de ces gestes féminins qui expliquent si cruellement ou si heureusement les demi-mots et les sourires. De beaux cheveux noirs, des sourcils très-fournis et fortement arqués prêtaient à sa physionomie une expression de fierté que la coquetterie autant que son miroir lui avaient appris à rendre terrible ou à tempérer par la fixité ou par la douceur de son regard, par l'immobilité ou par les légères inflexions de ses lèvres, par la froideur ou la grâce de son sourire. Quand Émilie voulait s'emparer d'un cœur, sa voix pure ne manquait pas de mélodie ; mais elle pouvait aussi lui imprimer une sorte de clarté brève quand elle entreprenait de paralyser la langue indiscrète d'un cavalier. Sa figure blanche et son front de marbre étaient semblables à la surface limpide d'un lac qui tour à tour se ride sous l'effort d'une brise ou reprend sa sérénité joyeuse quand l'air se calme. Plus d'un jeune homme en proie à ses dédains l'accusait de jouer la comédie ; mais tant de feux éclataient, tant de promesses jaillissaient de ses yeux noirs, qu'elle se justifiait en faisant bondir le cœur de ses élégants danseurs sous leurs fracs noirs. Parmi les jeunes filles à la mode, nulle mieux qu'elle ne savait prendre un air de hauteur en recevant le salut d'un homme qui n'avait que du talent, ou déployer cette politesse insultante pour les personnes qu'elle regardait comme ses inférieures, et déverser son impertinence sur tous ceux qui essayaient de marcher au pair avec elle. Elle semblait, partout où elle se trouvait, recevoir plutôt des hommages que des compliments ; et même chez une princesse, sa tournure et ses airs eussent converti le fauteuil sur lequel elle se serait assise, en un trône impérial.

Monsieur de Fontaine découvrit trop tard combien l'éducation de la fille qu'il aimait le plus avait été faussée par la tendresse de toute la famille. L'admiration que le monde témoigne d'abord à une jeune personne, mais de laquelle il ne tarde pas à se venger,

avait encore exalté l'orgueil d'Émilie et accrû sa confiance en elle.
Une complaisance générale avait développé chez elle l'égoïsme naturel aux enfants gâtés qui, semblables à des rois, s'amusent de
tout ce qui les approche. En ce moment, la grâce de la jeunesse
et le charme des talents cachaient à tous les yeux ces défauts, d'autant plus odieux chez une femme qu'elle ne peut plaire que par
le dévouement et par l'abnégation; mais rien n'échappe à l'œil
d'un bon père : monsieur de Fontaine essaya souvent d'expliquer
à sa fille les principales pages du livre énigmatique de la vie. Vaine
entreprise! Il eut trop souvent à gémir sur l'indocilité capricieuse
et sur la sagesse ironique de sa fille pour persévérer dans une tâche aussi difficile que celle de corriger un si pernicieux naturel. Il
se contenta de donner de temps en temps des conseils pleins de
douceur et de bonté; mais il avait la douleur de voir ses plus tendres paroles glissant sur le cœur de sa fille comme s'il eût été de
marbre. Les yeux d'un père se dessillent si tard, qu'il fallut au
vieux Vendéen plus d'une épreuve pour s'apercevoir de l'air de condescendance avec laquelle sa fille lui accordait de rares caresses.
Elle ressemblait à ces jeunes enfants qui paraissent dire à leur mère :
— Dépêche-toi de m'embrasser pour que j'aille jouer. Enfin, Émilie daignait avoir de la tendresse pour ses parents. Mais souvent,
par des caprices soudains qui semblent inexplicables chez les jeunes filles, elle s'isolait et ne se montrait plus que rarement; elle
se plaignait d'avoir à partager avec trop de monde le cœur de son
père et de sa mère, elle devenait jalouse de tout, même de ses frères et de ses sœurs. Puis, après avoir pris bien de la peine à créer
un désert autour d'elle, cette fille bizarre accusait la nature entière
de sa solitude factice et de ses peines volontaires. Armée de son expérience de vingt ans, elle condamnait le sort parce que, ne sachant
pas que le premier principe du bonheur est en nous, elle demandait
aux choses de la vie de le lui donner. Elle aurait fui au bout du globe
pour éviter des mariages semblables à ceux de ses deux sœurs; et
néanmoins elle avait dans le cœur une affreuse jalousie de les voir
mariées, riches et heureuses. Enfin, quelquefois elle donnait à penser
à sa mère, victime de ses procédés tout autant que monsieur de
Fontaine, qu'elle avait un grain de folie. Cette aberration était
assez explicable : rien n'est plus commun que cette secrète fierté
née au cœur des jeunes personnes qui appartiennent à des familles haut placées sur l'échelle sociale, et que la nature a douées

d'une grande beauté. Presque toutes sont persuadées que leurs mères, arrivées à l'âge de quarante ou cinquante ans, ne peuvent plus ni sympathiser avec leurs jeunes âmes, ni en concevoir les fantaisies. Elles s'imaginent que la plupart des mères, jalouses de leurs filles, veulent les habiller à leur mode dans le dessein prémédité de les éclipser ou de leur ravir des hommages. De là, souvent, des larmes secrètes ou de sourdes révoltes contre la prétendue tyrannie maternelle. Au milieu de ces chagrins qui deviennent réels, quoique assis sur une base imaginaire, elles ont encore la manie de composer un thème pour leur existence, et se tirent à elles-mêmes un brillant horoscope. Leur magie consiste à prendre leurs rêves pour des réalités. Elles résolvent secrètement, dans leurs longues méditations, de n'accorder leur cœur et leur main qu'à l'homme qui possédera tel ou tel avantage. Elles dessinent dans leur imagination un type auquel il faut, bon gré mal gré, que leur futur ressemble. Après avoir expérimenté la vie et fait les réflexions sérieuses qu'amènent les années, à force de voir le monde et son train prosaïque, à force d'exemples malheureux, les belles couleurs de leur figure idéale s'abolissent; puis, elles se trouvent un beau jour, dans le courant de la vie, tout étonnées d'être heureuses sans la nuptiale poésie de leurs rêves. Suivant cette poétique, mademoiselle Émilie de Fontaine avait arrêté, dans sa fragile sagesse, un programme auquel devait se conformer son prétendu pour être accepté. De là ses dédains et ses sarcasmes.

— Quoique jeune et de noblesse ancienne, s'était-elle dit, il sera pair de France ou fils aîné d'un pair! Il me serait insupportable de ne pas voir mes armes peintes sur les panneaux de ma voiture au milieu des plis flottants d'un manteau d'azur, et de ne pas courir comme les princes dans la grande allée des Champs-Élysées, les jours de Longchamp. D'ailleurs, mon père prétend que ce sera un jour la plus belle dignité de France. Je le veux militaire en me réservant de lui faire donner sa démission, et je le veux décoré pour qu'on nous porte les armes.

Ces rares qualités ne servaient à rien, si cet être de raison ne possédait pas encore une grande amabilité, une jolie tournure, de l'esprit, et s'il n'était pas svelte. La maigreur, cette grâce du corps, quelque fugitive qu'elle pût être, surtout dans un gouvernement représentatif, était une clause de rigueur. Mademoiselle de Fontaine avait une certaine mesure idéale qui lui servait de modèle. Le jeune homme qui, au premier coup d'œil, ne remplissait pas les conditions voulues; n'obtenait même pas un second regard.

— Oh, mon Dieu! voyez combien ce monsieur est gras! était chez elle la plus haute expression du mépris.

A l'entendre, les gens d'une honnête corpulence étaient incapables de sentiments, mauvais maris et indignes d'entrer dans une société civilisée. Quoique ce fût une beauté recherchée en Orient, l'embonpoint lui semblait un malheur chez les femmes; mais chez un homme, c'était un crime. Ces opinions paradoxales amusaient, grâce à une certaine gaieté d'élocution. Néanmoins le comte sentit que plus tard les prétentions de sa fille, dont le ridicule allait être visible pour certaines femmes aussi clairvoyantes que peu charitables, deviendraient un fatal sujet de raillerie. Il craignit que les idées bizarres de sa fille ne se changeassent en mauvais ton. Il tremblait que le monde impitoyable ne se moquât déjà d'une personne qui restait si longtemps en scène sans donner un dénoûment à la comédie qu'elle y jouait. Plus d'un acteur, mécontent d'un refus, paraissait attendre le moindre incident malheureux pour se venger. Les indifférents, les oisifs commençaient à se lasser : l'admiration est toujours une fatigue pour l'espèce humaine. Le vieux Vendéen savait mieux que personne que s'il faut choisir avec art le moment d'entrer sur les tréteaux du monde, sur ceux de la cour, dans un salon ou sur la scène, il est encore plus difficile d'en sortir à propos. Aussi, pendant le premier hiver qui suivit l'avénement de Charles X au trône, redoubla-t-il d'efforts, conjointement avec ses trois fils et ses gendres, pour réunir dans les salons de son hôtel les meilleurs partis que Paris et les différentes députations des départements pouvaient présenter. L'éclat de ses fêtes, le luxe de sa salle à manger et ses dîners parfumés de truffes rivalisaient avec les célèbres repas par lesquels les ministres du temps s'assuraient le vote de leurs soldats parlementaires.

L'honorable Vendéen fut alors signalé comme un des plus puissants corrupteurs de la probité législative de cette illustre chambre qui sembla mourir d'indigestion. Chose bizarre! ses tentatives pour marier sa fille le maintinrent dans une éclatante faveur. Peut-être trouva-t-il quelque avantage secret à vendre deux fois ses truffes. Cette accusation due à certains libéraux railleurs qui compensaient, par l'abondance de leurs paroles, la rareté de leurs adhérents

dans la chambre, n'eut aucun succès. La conduite du gentilhomme
poitevin était en général si noble et si honorable, qu'il ne reçut
pas une seule de ces épigrammes par lesquelles les malins journaux
de cette époque assaillirent les trois cents votants du centre, les
ministres, les cuisiniers, les directeurs généraux, les princes de la
fourchette et les défenseurs d'office qui soutenaient l'administra-
tion-Villèle. A la fin de cette campagne, pendant laquelle monsieur
de Fontaine avait, à plusieurs reprises, fait donner toutes ses troupes, il crut que son assemblée de prétendus ne serait pas, cette
fois, une fantasmagorie pour sa fille, et qu'il était temps de la consulter. Il avait une certaine satisfaction intérieure d'avoir bien rempli son devoir de père. Puis ayant fait flèche de tout bois, il espérait que, parmi tant de cœurs offerts à la capricieuse Émilie, il
pouvait s'en rencontrer au moins un qu'elle eût distingué. Incapable de renouveler cet effort, et d'ailleurs lassé de la conduite de sa
fille, vers la fin du carême, un matin que la séance de la chambre
ne réclamait pas trop impérieusement son vote, il résolut de faire
un coup d'autorité. Pendant qu'un valet de chambre dessinait artistement sur son crâne jaune le delta de poudre qui complétait,
avec des ailes de pigeon pendantes, sa coiffure vénérable, le père
d'Émilie ordonna, non sans une secrète émotion, à son vieux valet
de chambre d'aller avertir l'orgueilleuse demoiselle de comparaî-
tre immédiatement devant le chef de la famille.

— Joseph, lui dit-il au moment où il eut achevé sa coiffure,
ôtez cette serviette, tirez ces rideaux, mettez ces fauteuils en place,
secouez le tapis de la cheminée, essuyez partout. Allons! Donnez
un peu d'air à mon cabinet en ouvrant la fenêtre.

Le comte multipliait ses ordres, essoufflait Joseph, qui, devinant
les intentions de son maître, restitua quelque fraîcheur à cette
pièce naturellement la plus négligée de toute la maison, et réussit
à imprimer une sorte d'harmonie à des monceaux de comptes, aux
cartons, aux livres, aux meubles de ce sanctuaire où se débattaient
les intérêts du domaine royal. Quand Joseph eut achevé de mettre
un peu d'ordre dans ce chaos et de placer en évidence, comme
dans un magasin de nouveautés, les choses qui pouvaient être les
plus agréables à voir, ou produire par leurs couleurs une sorte de
poésie bureaucratique, il s'arrêta au milieu du dédale des pape-
rasses étalées en quelques endroits jusque sur le tapis, il s'admira
lui-même un moment, hocha la tête et sortit.

Le pauvre sinécuriste ne partagea pas la bonne opinion de son serviteur. Avant de s'asseoir dans son immense fauteuil à oreilles, il jeta un regard de méfiance autour de lui, examina d'un air hostile sa robe de chambre, en chassa quelques grains de tabac, s'essuya soigneusement le nez, rangea les pelles et les pincettes, attisa le feu, releva les quartiers de ses pantoufles, rejeta en arrière sa petite queue horizontalement logée entre le col de son gilet et celui de sa robe de chambre, et lui fit reprendre sa position perpendiculaire; puis, il donna un coup de balai aux cendres d'un foyer qui attestait l'obstination de son catarrhe. Enfin le vieux Vendéen ne s'assit qu'après avoir repassé une dernière fois en revue son cabinet, en espérant que rien n'y pourrait donner lieu aux remarques aussi plaisantes qu'impertinentes par lesquelles sa fille avait coutume de répondre à ses sages avis. En cette occurrence, il ne voulait pas compromettre sa dignité paternelle. Il prit délicatement une prise de tabac, et toussa deux ou trois fois comme s'il se disposait à demander l'appel nominal : il entendait le pas léger de sa fille, qui entra en fredonnant un air d'*il Barbiere*.

— Bonjour, mon père. Que me voulez-vous donc si matin?

Après ces paroles jetées comme la ritournelle de l'air qu'elle chantait, elle embrassa le comte, non pas avec cette tendresse familière qui rend le sentiment filial chose si douce, mais avec l'insouciante légèreté d'une maîtresse sûre de toujours plaire quoi qu'elle fasse.

— Ma chère enfant, dit gravement monsieur de Fontaine, je t'ai fait venir pour causer très-sérieusement avec toi, sur ton avenir. La nécessité où tu es en ce moment de choisir un mari de manière à rendre ton bonheur durable...

— Mon bon père, répondit Émilie en employant les sons les plus caressants de sa voix pour l'interrompre, il me semble que l'armistice que nous avons conclu relativement à mes prétendus n'est pas encore expiré.

— Émilie, cessons aujourd'hui de badiner sur un sujet si important. Depuis quelque temps les efforts de ceux qui t'aiment véritablement, ma chère enfant, se réunissent pour te procurer un établissement convenable, et ce serait être coupable d'ingratitude que d'accueillir légèrement les marques d'intérêt que je ne suis pas seul à te prodiguer.

En entendant ces paroles et après avoir lancé un regard malicieusement investigateur sur les meubles du cabinet paternel, la jeune fille alla prendre celui des fauteuils qui paraissait avoir le moins servi aux solliciteurs, l'apporta elle-même de l'autre côté de la cheminée, de manière à se placer en face de son père, prit une attitude si grave qu'il était impossible de n'y pas voir les traces d'une moque- rie, et se croisa les bras sur la riche garniture d'une pèlerine *à la neige* dont les nombreuses ruches de tulle furent impitoyablement froissées. Après avoir regardé de côté, et en riant, la figure sou- cieuse de son vieux père, elle rompit le silence.

— Je ne vous ai jamais entendu dire, mon cher père, que le gouvernement fît ses communications en robe de chambre. Mais, ajouta-t-elle en souriant, n'importe, le peuple ne doit pas être dif- ficile. Voyons donc vos projets de lois et vos présentations officielles.

— Je n'aurai pas toujours la facilité de vous en faire, jeune folle! Écoute, Émilie. Mon intention n'est pas de compromettre plus long- temps mon caractère, qui est une partie de la fortune de mes en- fants, à recruter ce régiment de danseurs que tu mets en déroute à chaque printemps. Déjà tu as été la cause innocente de bien des brouilleries dangereuses avec certaines familles. J'espère que tu comprendras mieux aujourd'hui les difficultés de ta position et de la nôtre. Tu as vingt ans, ma fille, et voici près de trois ans que tu devrais être mariée. Tes frères, tes deux sœurs sont tous établis richement et heureusement. Mais, mon enfant, les dépenses que nous ont suscitées ces mariages, et le train de maison que tu fais tenir à ta mère, ont absorbé tellement nos revenus, qu'à peine pourrai-je te donner cent mille francs de dot. Dès aujourd'hui je veux m'occuper du sort à venir de ta mère, qui ne doit pas être sacrifiée à ses enfants. Émilie, si je venais à manquer à ma famille, madame de Fontaine ne saurait être à la merci de personne, et doit continuer à jouir de l'aisance par laquelle j'ai récompensé trop tard son dévouement à mes malheurs. Tu vois, mon enfant, que la faiblesse de ta dot ne saurait être en harmonie avec tes idées de grandeur. Encore sera-ce un sacrifice que je n'ai fait pour aucun autre de mes enfants ; mais ils se sont généreusement accordés à ne pas se prévaloir un jour de l'avantage que nous ferons à un enfant trop chéri.

— Dans leur position! dit Émilie en agitant la tête avec ironie.

— Ma fille, ne dépréciez jamais ainsi ceux qui vous aiment. Sa- chez qu'il n'y a que les pauvres de généreux! Les riches ont tou-

jours d'excellentes raisons pour ne pas abandonner vingt mille francs
à un parent. Eh bien! ne boude pas, mon enfant, et parlons raisonnablement. Parmi les jeunes gens à marier, n'as-tu pas remarqué monsieur de Manerville?

— Oh! il dit *zeu* au lieu de jeu, il regarde toujours son pied
parce qu'il le croit petit, et il se mire! D'ailleurs, il est blond, je
n'aime pas les blonds.

— Eh bien! monsieur de Beaudenord?

— Il n'est pas noble. Il est mal fait et gros. A la vérité, il est
brun. Il faudrait que ces deux messieurs s'entendissent pour réunir
leurs fortunes, et que le premier donnât son corps et son nom au
second qui garderait ses cheveux, et alors... peut-être...

— Qu'as-tu à dire contre monsieur de Rastignac?

— Il est devenu presque banquier, dit-elle malicieusement.

— Et le vicomte de Portenduère, notre parent?

— Un enfant qui danse mal, et d'ailleurs sans fortune. Enfin,
mon père, ces gens-là n'ont pas de titre. Je veux être au moins
comtesse comme l'est ma mère.

— Tu n'as donc vu personne cet hiver qui...

— Non, mon père.

— Que veux-tu donc?

— Le fils d'un pair de France.

— Ma fille, vous êtes folle! dit monsieur de Fontaine en se
levant.

Mais tout à coup il leva les yeux au ciel, sembla puiser une nouvelle dose de résignation dans une pensée religieuse ; puis, jetant
un regard de pitié paternelle sur son enfant, qui devint émue, il lui
prit la main, la serra, et lui dit avec attendrissement : — Dieu
m'en est témoin, pauvre créature égarée! j'ai consciencieusement
rempli mes devoirs de père envers toi, que dis-je, consciencieusement? avec amour, mon Émilie. Oui, Dieu le sait, cet hiver
j'ai amené près de toi plus d'un honnête homme dont les qualités,
les mœurs, le caractère m'étaient connus, et tous ont paru dignes
de toi. Mon enfant, ma tâche est remplie. D'aujourd'hui je te rends
l'arbitre de ton sort, me trouvant heureux et malheureux tout ensemble de me voir déchargé de la plus lourde des obligations paternelles. Je ne sais pas si longtemps encore tu entendras une voix
qui, par malheur, n'a jamais été sévère ; mais souviens-toi que le
bonheur conjugal ne se fonde pas tant sur des qualités brillantes et

sur la fortune, que sur une estime réciproque. Cette félicité est, de sa nature, modeste et sans éclat. Va, ma fille, mon aveu est acquis à celui que tu me présenteras pour gendre; mais si tu devenais malheureuse, songe que tu n'auras pas le droit d'accuser ton père. Je ne me refuserai pas à faire des démarches et à t'aider; seulement, que ton choix soit sérieux, définitif! je ne compromettrai pas deux fois le respect dû à mes cheveux blancs.

L'affection que lui témoignait son père et l'accent solennel qu'il mit à son onctueuse allocution touchèrent vivement mademoiselle de Fontaine; mais elle dissimula son attendrissement, sauta sur les genoux du comte qui s'était assis tout tremblant encore, lui fit les caresses les plus douces, et le câlina avec tant de grâce que le front du vieillard se dérida. Quand Émilie jugea que son père était remis de sa pénible émotion, elle lui dit à voix basse : — Je vous remercie bien de votre gracieuse attention, mon cher père. Vous avez arrangé votre appartement pour recevoir votre fille chérie. Vous ne saviez peut-être pas la trouver si folle et si rebelle. Mais, mon père, est-il donc bien difficile d'épouser un pair de France? vous prétendiez qu'on en faisait par douzaines. Ah! du moins vous ne me refuserez pas des conseils.

— Non, pauvre enfant, non, et je te crierai plus d'une fois : Prends garde! Songe donc que la pairie est un ressort trop nouveau dans notre gouvernementabilité, comme disait le feu roi, pour que les pairs puissent posséder de grandes fortunes. Ceux qui sont riches veulent le devenir encore plus. Le plus opulent de tous les membres de notre pairie n'a pas la moitié du revenu que possède le moins riche lord de la chambre haute en Angleterre. Or les pairs de France chercheront tous de riches héritières pour leurs fils, n'importe où elles se trouveront. La nécessité où ils sont tous de faire des mariages d'argent durera plus de deux siècles. Il est possible qu'en attendant l'heureux hasard que tu désires, recherche qui peut te coûter tes plus belles années, tes charmes (car on s'épouse considérablement par amour dans notre siècle), tes charmes, dis-je, opèrent un prodige. Lorsque l'expérience se cache sous un visage aussi frais que le tien, l'on peut en espérer des merveilles. N'as-tu pas d'abord la facilité de reconnaître les vertus dans le plus ou le moins de volume que prennent les corps? ce n'est pas un petit mérite. Aussi n'ai-je pas besoin de prévenir une personne aussi sage que toi de toutes les difficultés de l'entreprise. Je suis certain que tu ne supposeras jamais à un inconnu du bon sens en lui voyant une figure flatteuse, ou des vertus en lui trouvant une jolie tournure. Enfin je suis parfaitement de ton avis sur l'obligation dans laquelle sont, tous les fils de pair d'avoir un air à eux et des manières tout à fait distinctives. Quoique aujourd'hui rien ne marque le haut rang, ces jeunes gens-là auront pour toi peut-être un *je ne sais quoi* qui te les révélera. D'ailleurs, tu tiens ton cœur en bride comme un bon cavalier certain de ne pas laisser broncher son coursier. Ma fille, bonne chance.

— Tu te moques de moi, mon père. Eh bien ! je te déclare que j'irai plutôt mourir au couvent de mademoiselle de Condé, que de ne pas être la femme d'un pair de France.

Elle s'échappa des bras de son père, et, fière d'être sa maîtresse, elle s'en alla en chantant l'air de *Cara non dubitare* du *Matrimonio secreto*. Par hasard la famille fêtait ce jour-là l'anniversaire d'une fête domestique. Au dessert, madame Planat, la femme du receveur-général et l'aînée d'Émilie, parla assez hautement d'un jeune Américain, possesseur d'une immense fortune, qui, devenu passionnément épris de sa sœur, lui avait fait des propositions extrêmement brillantes.

— C'est un banquier, je crois, dit négligemment Émilie. Je n'aime pas les gens de finance.

— Mais, Émilie, répondit le baron de Villaine, le mari de la seconde sœur de mademoiselle de Fontaine, vous n'aimez pas non plus la magistrature, de manière que je ne vois pas trop, si vous repoussez les propriétaires non titrés, dans quelle classe vous choisirez un mari.

— Surtout, Emilie, avec ton système de maigreur, ajouta le lieutenant-général.

— Je sais, répondit la jeune fille, ce qu'il me faut.

— Ma sœur veut un grand nom, dit la baronne de Fontaine, et cent mille livres de rente, monsieur de Marsay par exemple !

— Je sais, ma chère sœur, reprit Émilie, que je ne ferai pas un sot mariage comme j'en ai tant vu faire. D'ailleurs, pour éviter ces discussions nuptiales, je déclare que je regarderai comme les ennemis de mon repos ceux qui me parleront de mariage.

Un oncle d'Émilie, un vice-amiral, dont la fortune venait de s'augmenter d'une vingtaine de mille livres de rente par suite de la loi d'indemnité, vieillard septuagénaire en possession de dire de dures vérités à sa petite-nièce de laquelle il raffolait, s'écria pour dissiper l'aigreur de cette conversation : — Ne tourmentez donc pas ma pauvre Émilie! ne voyez-vous pas qu'elle attend la majorité du duc de Bordeaux!

Un rire universel accueillit la plaisanterie du vieillard.

— Prenez garde que je ne vous épouse, vieux fou! repartit la jeune fille, dont les dernières paroles furent heureusement étouffées par le bruit.

— Mes enfants, dit madame de Fontaine pour adoucir cette impertinence, Émilie, de même que vous tous, ne prendra conseil que de sa mère.

— Oh! mon Dieu! je n'écouterai que moi dans une affaire qui ne regarde que moi, dit fort distinctement mademoiselle de Fontaine.

Tous les regards se portèrent alors sur le chef de la famille. Chacun semblait être curieux de voir comment il allait s'y prendre pour maintenir sa dignité. Non-seulement le vénérable Vendéen jouissait d'une grande considération dans le monde; mais encore, plus heureux que bien des pères, il était apprécié par sa famille, dont tous les membres avaient su reconnaître les qualités solides qui lui servaient à faire la fortune des siens. Aussi était-il entouré de ce profond respect que témoignent les familles anglaises et quelques maisons aristocratiques du continent au représentant de l'arbre généalogique. Il s'établit un profond silence, et les yeux des convives se portèrent alternativement sur la figure boudeuse et altière de l'enfant gâté et sur les visages sévères de monsieur et de madame de Fontaine.

— J'ai laissé ma fille Émilie maîtresse de son sort, fut la réponse que laissa tomber le comte d'un son de voix profond.

Les parents et les convives regardèrent alors mademoiselle de Fontaine avec une curiosité mêlée de pitié. Cette parole semblait annoncer que la bonté paternelle s'était lassée de lutter contre un caractère que la famille savait être incorrigible. Les gendres murmurèrent, et les frères lancèrent à leurs femmes des sourires moqueurs. Dès ce moment, chacun cessa de s'intéresser au mariage de l'orgueilleuse fille. Son vieil oncle fut le seul qui, en sa qualité d'ancien marin, osât courir des bordées avec elle et essuyer ses boutades, sans être jamais embarrassé de lui rendre feu pour feu.

Quand la belle saison fut venue après le vote du budget, cette famille, véritable modèle des familles parlementaires de l'autre bord de la Manche, qui ont un pied dans toutes les administrations et dix voix aux Communes, s'envola, comme une nichée d'oiseaux, vers les beaux sites d'Aulnay, d'Antony et de Châtenay. L'opulent receveur-général avait récemment acheté dans ces parages une maison de campagne pour sa femme, qui ne restait à Paris que pendant les sessions. Quoique la belle Émilie méprisât la roture, ce sentiment n'allait pas jusqu'à dédaigner les avantages de la fortune amassée par les bourgeois. Elle accompagna donc sa sœur à sa *villa* somptueuse, moins par amitié pour les personnes de sa famille qui s'y réfugièrent, que parce que le bon ton ordonne impérieusement à toute femme qui se respecte d'abandonner Paris pendant l'été. Les vertes campagnes de Sceaux remplissaient admirablement bien les conditions exigées par le bon ton et le devoir des charges publiques. Comme il est un peu douteux que la réputation du bal champêtre de Sceaux ait jamais dépassé l'enceinte du département de la Seine, il est nécessaire de donner quelques détails sur cette fête hebdomadaire qui, par son importance, menaçait alors de devenir une institution. Les environs de la petite ville de Sceaux jouissent d'une renommée due à des sites qui passent pour être ravissants. Peut-être sont-ils fort ordinaires et ne doivent-ils leur célébrité qu'à la stupidité des bourgeois de Paris, qui, au sortir des abîmes de moellon où ils sont ensevelis, seraient disposés à admirer les plaines de la Beauce. Cependant les poétiques ombrages d'Aulnay, les collines d'Antony et la vallée de Bièvre étant habités par quelques artistes qui ont voyagé, par des étrangers, gens fort difficiles, et par nombre de jolies femmes qui ne manquent pas de goût, il est à croire que les Parisiens ont raison. Mais Sceaux possède un autre attrait non moins puissant sur le Parisien. Au milieu d'un jardin d'où se découvrent de délicieux aspects, se trouve une immense rotonde ouverte de toutes parts dont le dôme aussi léger que vaste est soutenu par d'élégants piliers. Ce dais champêtre protége une salle de danse. Il est rare que les propriétaires les plus collets-montés du voisinage n'émigrent pas une fois ou deux pendant la saison, vers ce palais de la Terpsichore villageoise, soit en cavalcades brillantes, soit dans ces élégantes et légères voitures qui saupoudrent de poussière les piétons philosophes. L'espoir de rencontrer là quelques femmes du beau monde et d'être vus par elles,

l'espoir moins souvent trompé d'y voir de jeunes paysannes aussi
rusées que des juges, fait accourir le dimanche, au bal de Sceaux,
de nombreux essaims de clercs d'avoué, de disciples d'Esculape et
de jeunes gens dont le teint blanc et la fraîcheur sont entretenus
par l'air humide des arrière-boutiques parisiennes. Aussi bon nombre de mariages bourgeois se sont-ils ébauchés aux sons de l'orchestre qui occupe le centre de cette salle circulaire. Si le toit pouvait parler, que d'amours ne raconterait-il pas ! Cette intéressante
mêlée rend le bal de Sceaux plus piquant que ne le sont deux ou
trois autres bals des environs de Paris, sur lesquels sa rotonde, la
beauté du site et les agréments de son jardin lui donnent d'incontestables avantages. Émilie, la première, manifesta le désir d'aller
faire peuple à ce joyeux bal de l'arrondissement, en se promettant
un énorme plaisir à se trouver au milieu de cette assemblée. On
s'étonna de son désir d'errer au sein d'une telle cohue ; mais l'incognito n'est-il pas pour les grands une très-vive jouissance ! Mademoiselle de Fontaine se plaisait à se figurer toutes ces tournures
citadines, elle se voyait laissant dans plus d'un cœur bourgeois le
souvenir d'un regard et d'un sourire enchanteurs, riait déjà des
danseuses à prétentions, et taillait ses crayons pour les scènes avec
lesquelles elle comptait enrichir les pages de son album satirique.
Le dimanche n'arriva jamais assez tôt au gré de son impatience.
La société du pavillon Planat se mit en route à pied, afin de ne
pas commettre d'indiscrétion sur le rang des personnages qui voulaient honorer le bal de leur présence. On avait dîné de bonne
heure. Enfin, le mois de mai favorisa cette escapade aristocratique
par la plus belle de ses soirées. Mademoiselle de Fontaine fut toute
surprise de trouver, sous la rotonde, quelques quadrilles compo-
sés de personnes qui paraissaient appartenir à la bonne compagnie. Elle vit bien, çà et là, quelques jeunes gens qui semblaient
avoir employé les économies d'un mois pour briller pendant une
journée, et reconnut plusieurs couples dont la joie trop franche
n'accusait rien de conjugal ; mais elle n'eut qu'à glaner au lieu
de récolter. Elle s'étonna de voir le plaisir habillé de percale ressembler si fort au plaisir vêtu de satin, et la bourgeoise danser
avec autant de grâce et quelquefois mieux que ne dansait la noblesse. La plupart des toilettes étaient simples et bien portées.
Ceux qui, dans cette assemblée, représentaient les suzerains
du territoire, c'est-à-dire les paysans, se tenaient dans leur

coin avec une incroyable politesse. Il fallut même à mademoiselle
Émilie une certaine étude des divers éléments qui composaient
cette réunion avant de pouvoir y trouver un sujet de plaisanterie.
Mais elle n'eut ni le temps de se livrer à ses malicieuses critiques,
ni le loisir d'entendre beaucoup de ces propos saillants que les
caricaturistes recueillent avec joie. L'orgueilleuse créature rencontra subitement dans ce vaste champ une fleur, la métaphore est de
saison, dont l'éclat et les couleurs agirent sur son imagination
avec les prestiges d'une nouveauté. Il nous arrive souvent de regarder une robe, une tenture, un papier blanc avec assez de distraction pour n'y pas apercevoir sur-le-champ une tache ou quelque point brillant qui plus tard frappent tout à coup notre œil
comme s'ils y survenaient à l'instant seulement où nous les voyons;
par une espèce de phénomène moral assez semblable à celui-là,
mademoiselle de Fontaine reconnut dans un jeune homme le type
des perfections extérieures qu'elle rêvait depuis si longtemps.

Assise sur une de ces chaises grossières qui décrivaient l'enceinte
obligée de la salle, elle s'était placée à l'extrémité du groupe formé
par sa famille, afin de pouvoir se lever ou s'avancer suivant ses
fantaisies, en se comportant avec les vivants tableaux et les groupes
offerts par cette salle, comme à l'exposition du Musée. Elle braquait impertinemment son lorgnon sur une personne qui se trouvait
à deux pas d'elle, et faisait ses réflexions comme si elle eût cri-
tiqué ou loué une tête d'étude, une scène de genre. Ses regards,
après avoir erré sur cette vaste toile animée, furent tout à coup
saisis par cette figure qui semblait avoir été mise exprès dans un
coin du tableau, sous le plus beau jour, comme un personnage
hors de toute proportion avec le reste. L'inconnu, rêveur et solitaire, légèrement appuyé sur une des colonnes qui supportent le
toit, avait les bras croisés et se tenait penché comme s'il se fût
placé là pour permettre à un peintre de faire son portrait. Quoique
pleine d'élégance et de fierté, cette attitude était exempte d'affectation. Aucun geste ne démontrait qu'il eût mis sa face de trois
quarts et faiblement incliné sa tête à droite, comme Alexandre
comme lord Byron, et quelques autres grands hommes, dans le
seul but d'attirer sur lui l'attention. Son regard fixe suivait les mou
vements d'une danseuse, en trahissant quelque sentiment profond.
Sa taille svelte et dégagée rappelait les belles proportions de l'Apollon. De beaux cheveux noirs se bouclaient naturellement sur son

front élevé. D'un seul coup d'œil mademoiselle de Fontaine remarqua la finesse de son linge, la fraîcheur de ses gants de chevreau évidemment pris chez le bon faiseur, et la petitesse d'un pied bien chaussé dans une botte de peau d'Irlande. Il ne portait aucun de ces ignobles brimborions dont se chargent les anciens petits-maîtres de la garde nationale, ou les Adonis de comptoir. Seulement un ruban noir auquel était suspendu son lorgnon flottait sur un gilet d'une coupe distinguée. Jamais la difficile Émilie n'avait vu les yeux d'un homme ombragés par des cils si longs et si recourbés. La mélancolie et la passion respiraient dans cette figure caractérisée par un teint olivâtre et mâle. Sa bouche semblait toujours prête à sourire et à relever les coins de deux lèvres éloquentes; mais cette disposition, loin de tenir à la gaieté, révélait plutôt une sorte de grâce triste. Il y avait trop d'avenir dans cette tête, trop de distinction dans la personne, pour qu'on pût dire : — Voilà un bel homme ou un joli homme! on désirait le connaître. En voyant l'inconnu, l'observateur le plus perspicace n'aurait pu s'empêcher de le prendre pour un homme de talent attiré par quelque intérêt puissant à cette fête de village.

Cette masse d'observations ne coûta guère à Émilie qu'un moment d'attention, pendant lequel cet homme privilégié, soumis à une analyse sévère, devint l'objet d'une secrète admiration. Elle ne se dit pas; — Il faut qu'il soit pair de France! mais — Oh! s'il est noble, et il doit l'être... Sans achever sa pensée, elle se leva tout à coup, alla, suivie de son frère le lieutenant-général, vers cette colonne en paraissant regarder les joyeux quadrilles; mais par un artifice d'optique familier aux femmes, elle ne perdait pas un seul des mouvements du jeune homme, de qui elle s'approcha. L'inconnu s'éloigna poliment pour céder la place aux deux survenants, et s'appuya sur une autre colonne. Émilie, aussi piquée de la politesse de l'étranger qu'elle l'eût été d'une impertinence, se mit à causer avec son frère en élevant la voix beaucoup plus que le bon ton ne le voulait; elle prit des airs de tête, multiplia ses gestes et rit sans trop en avoir sujet, moins pour amuser son frère que pour attirer l'attention de l'imperturbable inconnu. Aucun de ces petits artifices ne réussit. Mademoiselle de Fontaine suivit alors la direction que prenaient les regards du jeune homme, et aperçut la cause de cette insouciance.

Au milieu du quadrille qui se trouvait devant elle, dansait

une jeune personne pâle, et semblable à ces déités écossaises
que Girodet a placées dans son immense composition des guerriers français reçus par Ossian. Émilie crut reconnaître en elle
une illustre lady qui était venue habiter depuis peu de temps une
campagne voisine. Elle avait pour cavalier un jeune homme de
quinze ans, aux mains rouges, en pantalon de nankin, en habit
bleu, en souliers blancs, qui prouvait que son amour pour la danse
ne la rendait pas difficile sur le choix de ses partners. Ses mouvements ne se ressentaient pas de son apparente faiblesse; mais une
rougeur légère colorait déjà ses joues blanches, et son teint commençait à s'animer. Mademoiselle de Fontaine s'approcha du quadrille pour pouvoir examiner l'étrangère au moment où elle reviendrait à sa place, pendant que les vis-à-vis répéteraient la figure
qu'elle exécutait. Mais l'inconnu s'avança, se pencha vers la jolie
danseuse, et la curieuse Émilie put entendre distinctement ces paroles, quoique prononcées d'une voix à la fois impérieuse et douce :

— Clara, mon enfant, ne dansez plus.

Clara fit une petite moue boudeuse, inclina la tête en signe
d'obéissance et finit par sourire. Après la contredanse, le jeune
homme eut les précautions d'un amant en mettant sur les épaules
de la jeune fille un châle de cachemire, et la fit asseoir de manière à ce qu'elle fût à l'abri du vent. Puis bientôt mademoiselle
de Fontaine, qui les vit se lever et se promener autour de l'enceinte comme des gens disposés à partir, trouva le moyen de les suivre sous prétexte d'admirer les points de vue du jardin. Son frère
se prêta avec une malicieuse bonhomie aux caprices de cette marche assez vagabonde. Émilie aperçut alors ce joli couple montant
dans un élégant tilbury que gardait un domestique à cheval et en
livrée. Au moment où le jeune homme fut assis et tâcha de rendre
les guides égales, elle obtint d'abord de lui un de ces regards que
l'on jette sans but sur les grandes foules; mais elle eut la faible satisfaction de lui voir retourner la tête à deux reprises différentes,
et la jeune inconnue l'imita. Était-ce jalousie ?

— Je présume que tu as maintenant assez observé le jardin, lui
dit son frère, nous pouvons retourner à la danse.

— Je le veux bien, répondit-elle. Croyez-vous que ce soit lady
Dudley ?

— Elle ne sortirait pas sans Félix de Vandenesse, lui dit son frère
en souriant.

— Lady Dudley ne peut-elle pas avoir chez elle des parents...

— Un jeune homme, oui, reprit le baron de Fontaine; mais une jeune personne, non !

Le lendemain, mademoiselle de Fontaine manifesta le désir de faire une promenade à cheval. Insensiblement elle accoutuma son vieil oncle et ses frères à l'accompagner dans certaines courses matinales, très-salutaires, disait-elle, pour sa santé. Elle affectionnait singulièrement les alentours du village habité par lady Dudley. Malgré ses manœuvres de cavalerie, elle ne revit pas l'étranger aussi promptement que la joyeuse recherche à laquelle elle se livrait pouvait le lui faire espérer. Elle retourna plusieurs fois au bal de Sceaux, sans pouvoir y trouver le jeune Anglais tombé du ciel pour dominer ses rêves et les embellir. Quoique rien n'aiguillonne plus le naissant amour d'une jeune fille qu'un obstacle, il y eut cependant un moment où mademoiselle Emilie de Fontaine fut sur le point d'abandonner son étrange et secrète poursuite, en désespérant presque du succès d'une entreprise dont la singularité peut donner une idée de la hardiesse de son caractère. Elle aurait pu en effet tourner longtemps autour du village de Châtenay sans revoir son inconnu. La jeune Clara, puisque tel est le nom que mademoiselle de Fontaine avait entendu, n'était pas Anglaise, et le prétendu étranger n'habitait pas les bosquets fleuris et embaumés de Châtenay.

Un soir, Émilie sortie à cheval avec son oncle, qui depuis les beaux jours avait obtenu de sa goutte une assez longue cessation d'hostilités, rencontra lady Dudley. L'illustre étrangère avait auprès d'elle dans sa calèche monsieur Vandenesse. Émilie reconnut le couple, et ses suppositions furent en un moment dissipées comme se dissipent les rêves. Dépitée comme toute femme frustrée dans son attente, elle tourna bride si rapidement, que son oncle eut toutes les peines du monde à les suivre, tant elle avait lancé son poney.

— Je suis apparemment devenu trop vieux pour comprendre ces esprits de vingt ans, se dit le marin en mettant son cheval au galop, ou peut-être la jeunesse d'aujourd'hui ne ressemble-t-elle plus à celle d'autrefois. Mais qu'a donc ma nièce? La voilà maintenant qui marche à petits pas comme un gendarme en patrouille dans les rues de Paris. Ne dirait-on pas qu'elle veut cerner ce brave bourgeois qui m'a l'air d'être un auteur rêvassant à ses poésies, car

il a, je crois, un *album* à la main. Par ma foi, je suis un grand
sot ! Ne serait-ce pas le jeune homme en quête de qui nous
sommes ?

A cette pensée le vieux marin fit marcher tout doucement son
cheval sur le sable, de manière à pouvoir arriver sans bruit auprès
de sa nièce. Le vice-amiral avait fait trop de noirceurs dans les
années 1771 et suivantes, époques de nos annales où la galanterie
était en honneur, pour ne pas deviner sur-le-champ qu'Émilie
avait par le plus grand hasard rencontré l'inconnu du bal de
Sceaux. Malgré le voile que l'âge répandait sur ses yeux gris, le
comte de Kergarouët sut reconnaître les indices d'une agitation
extraordinaire chez sa nièce, en dépit de l'immobilité qu'elle essayait
d'imprimer à son visage. Les yeux perçants de la jeune fille étaient
fixés avec une sorte de stupeur sur l'étranger qui marchait paisiblement devant elle.

— C'est bien ça ! se dit le marin, elle va le suivre comme un
vaisseau marchand suit un corsaire. Puis, quand elle l'aura vu s'é-
loigner, elle sera au désespoir de ne pas savoir qui elle aime, et
d'ignorer si c'est un marquis ou un bourgeois. Vraiment les jeunes
têtes devraient toujours avoir auprès d'elles une vieille perruque
comme moi...

Il poussa tout à coup son cheval à l'improviste de manière à
faire partir celui de sa nièce, et passa si vite entre elle et le jeune
promeneur, qu'il le força de se jeter sur le talus de verdure qui
encaissait le chemin. Arrêtant aussitôt son cheval, le comte s'écria :

— Ne pouviez-vous pas vous ranger ?

— Ah ! pardon, monsieur, répondit l'inconnu. J'ignorais que
ce fût à moi de vous faire des excuses de ce que vous avez failli me
renverser.

— Eh ! l'ami, finissons, reprit aigrement le marin en prenant
un son de voix dont le ricanement avait quelque chose d'insultant.

En même temps le comte leva sa cravache comme pour fouetter
son cheval, et toucha l'épaule de son interlocuteur en disant : —
Le bourgeois libéral est raisonneur, tout raisonneur doit être
sage.

Le jeune homme gravit le talus de la route en entendant ce sarcasme ; il se croisa les bras et répondit d'un ton fort ému : — Monsieur, je ne puis croire, en voyant vos cheveux blancs, que vous
vous amusiez encore à chercher des duels.

— Cheveux blancs? s'écria le marin en l'interrompant, tu en as menti par ta gorge, ils ne sont que gris.

Une dispute ainsi commencée devint en quelques secondes si chaude, que le jeune adversaire oublia le ton de modération qu'il s'était efforcé de conserver. Au moment où le comte de Kergarouët vit sa nièce arrivant à eux avec toutes les marques d'une vive inquiétude, il donnait son nom à son antagoniste en lui disant de garder le silence devant la jeune personne confiée à ses soins. L'inconnu ne put s'empêcher de sourire et remit une carte au vieux marin en lui faisant observer qu'il habitait une maison de campagne à Chevreuse, et s'éloigna rapidement après la lui avoir indiquée.

— Vous avez manqué blesser ce pauvre pékin, ma nièce, dit le comte en s'empressant d'aller au-devant d'Émilie. Vous ne savez donc plus tenir votre cheval en bride. Vous me laissez là compromettre ma dignité pour couvrir vos folies; tandis que si vous étiez restée, un seul de vos regards ou une de vos paroles polies, une de celles que vous dites si joliment quand vous n'êtes pas impertinente, aurait tout raccommodé, lui eussiez-vous cassé le bras.

— Eh! mon cher oncle, c'est votre cheval, et non le mien, qui est la cause de cet accident. Je crois, en vérité, que vous ne pouvez plus monter à cheval, vous n'êtes déjà plus si bon cavalier que vous l'étiez l'année dernière. Mais au lieu de dire des riens...

— Diantre! des riens. Ce n'est donc rien que de faire une impertinence à votre oncle?

— Ne devrions-nous pas aller savoir si ce jeune homme est blessé? Il boite, mon oncle, voyez donc.

— Non, il court. Ah! je l'ai rudement morigéné.

— Ah! mon oncle, je vous reconnais là.

— Halte-là, ma nièce, dit le comte en arrêtant le cheval d'Émilie par la bride. Je ne vois pas la nécessité de faire des avances à quelque boutiquier trop heureux d'avoir été jeté à terre par une charmante jeune fille ou par le commandant de la *Belle-Poule*.

— Pourquoi croyez-vous que ce soit un roturier, mon cher oncle? Il me semble qu'il a des manières fort distinguées.

— Tout le monde a des manières aujourd'hui, ma nièce.

— Non, mon oncle, tout le monde n'a pas l'air et la tournure que donne l'habitude des salons, et je parierais avec vous volontiers que ce jeune homme est noble.

— Vous n'avez pas trop eu le temps de l'examiner.

— Mais ce n'est pas la première fois que je le vois.

— Et ce n'est pas non plus la première fois que vous le cherchez, lui répliqua l'amiral en riant.

Émilie rougit, son oncle se plut à la laisser quelque temps dans l'embarras; puis il lui dit : — Émilie, vous savez que je vous aime comme mon enfant, précisément parce que vous êtes la seule de la famille qui ayez cet orgueil légitime que donne une haute naissance. Diantre! ma petite-nièce, qui aurait cru que les bons principes deviendraient si rares? Eh bien, je veux être votre confident. Ma chère petite, je vois que ce jeune gentilhomme ne vous est pas indifférent. Chut! Ils se moqueraient de nous dans la famille si nous nous embarquions sous un méchant pavillon. Vous savez ce que cela veut dire. Ainsi laissez-moi vous aider, ma nièce. Gardons-nous tous deux le secret, et je vous promets de l'amener au milieu du salon.

— Et quand, mon oncle?

— Demain.

— Mais, mon cher oncle, je ne serai obligée à rien?

— A rien du tout, et vous pourrez le bombarder, l'incendier, et le laisser là comme une vieille caraque si cela vous plaît. Ce ne sera pas le premier, n'est-ce pas?

— Êtes-vous bon, mon oncle!

Aussitôt que le comte fut rentré, il mit ses besicles, tira secrètement la carte de sa poche et lut : MAXIMILIEN LONGUEVILLE, RUE DU SENTIER.

— Soyez tranquille, ma chère nièce, dit-il à Émilie, vous pouvez le harponner en toute sécurité de conscience, il appartient à l'une de nos familles historiques; et s'il n'est pas pair de France, il le sera infailliblement.

— D'où savez-vous tant de choses?

— C'est mon secret.

— Vous connaissez donc son nom?

Le comte inclina en silence sa tête grise qui ressemblait assez à un vieux tronc de chêne autour duquel auraient voltigé quelques feuilles roulées par le froid d'automne; à ce signe, sa nièce vint essayer sur lui le pouvoir toujours neuf de ses coquetteries. Instruite dans l'art de cajoler le vieux marin, elle lui prodigua les caresses les plus enfantines, les paroles les plus tendres; elle alla même jusqu'à l'embrasser, afin d'obtenir de lui la révélation d'un secret si important. Le vieillard, qui passait sa vie à faire jouer à sa nièce ces sortes de scènes, et qui les payait souvent par le prix d'une parure ou par l'abandon de sa loge aux Italiens, se complut cette fois à se laisser prier et surtout caresser. Mais, comme il faisait durer ses plaisirs trop longtemps, Émilie se fâcha, passa des caresses aux sarcasmes et bouda, puis elle revint dominée par la curiosité. Le marin diplomate obtint solennellement de sa nièce une promesse d'être à l'avenir plus réservée, plus douce, moins volontaire, de dépenser moins d'argent, et surtout de lui tout dire. Le traité conclu et signé par un baiser qu'il déposa sur le front blanc d'É-milie, il l'amena dans un coin du salon, l'assit sur ses genoux, plaça la carte sous ses deux pouces de manière à la cacher, dé-couvrit lettre à lettre le nom de Longueville, et refusa fort obsti-nément d'en laisser voir davantage. Cet événement rendit le senti-ment secret de mademoiselle de Fontaine plus intense. Elle déroula pendant une grande partie de la nuit les tableaux les plus brillants des rêves par lesquels elle avait nourri ses espérances. Enfin, grâce à ce hasard imploré si souvent, elle voyait maintenant tout autre chose qu'une chimère à la source des richesses imaginaires avec lesquelles elle dorait sa vie conjugale. Comme toutes les jeunes personnes, ignorant les dangers de l'amour et du ma-riage, elle se passionna pour les dehors trompeurs du mariage et de l'amour. N'est-ce pas dire que son sentiment naquit comme naissent presque tous ces caprices du premier âge, douces et cruelles erreurs qui exercent une si fatale influence sur l'existence des jeunes filles assez inexpérimentées pour ne s'en remettre qu'à elles-mêmes du soin de leur bonheur à venir? Le lendemain matin, avant qu'Émilie fût réveillée, son oncle avait couru à Chevreuse. En reconnaissant dans la cour d'un élégant pavillon le jeune homme qu'il avait si résolument insulté la veille, il alla vers lui avec cette affectueuse politesse des vieillards de l'ancienne cour.

—Eh! mon cher monsieur, qui aurait dit que je me ferais une affaire, à l'âge de soixante-treize ans, avec le fils ou le petit-fils d'un de mes meilleurs amis? Je suis vice-amiral, monsieur. N'est-ce pas vous dire que je m'embarrasse aussi peu d'un duel que de fumer un cigare. Dans mon temps, deux jeunes gens ne pouvaient devenir intimes qu'après avoir vu la couleur de leur sang. Mais, ventre-de-biche! hier, j'avais, en ma qualité de marin, embarqué un peu trop de rhum à bord, et j'ai sombré sur vous. Touchez là! j'aimerais mieux recevoir cent rebuffades d'un Longueville que de causer la moindre peine à sa famille. .

Quelque froideur que le jeune homme s'efforçât de marquer au comte de Kergarouët, il ne put longtemps tenir à la franche bonté de ses manières, et se laissa serrer la main.

— Vous alliez monter à cheval, dit le comte, ne vous gênez pas. Mais à moins que vous n'ayez des projets, venez avec moi, je vous invite à dîner aujourd'hui au pavillon Planat. Mon neveu, le comte de Fontaine, est un homme essentiel à connaître. Ah! je prétends, morbleu, vous dédommager de ma brusquerie en vous présentant à cinq des plus jolies femmes de Paris. Hé! hé! jeune homme, votre front se déride. J'aime les jeunes gens, et j'aime à les voir heureux. Leur bonheur me rappelle les bienfaisantes années de ma jeunesse où les aventures ne manquaient pas plus que les duels. On était gai, alors! Aujourd'hui, vous raisonnez, et l'on s'inquiète de tout, comme s'il n'y avait eu ni quinzième ni seizième siècles.

— Mais, monsieur, n'avons-nous pas raison! Le seizième siècle n'a donné que la liberté religieuse à l'Europe, et le dix-neuvième lui donnera la liberté pol...

— Ah! ne parlons pas politique. Je suis une *ganache* d'ultrà, voyez-vous. Mais je n'empêche pas les jeunes gens d'être révolutionnaires, pourvu qu'ils laissent au Roi la liberté de dissiper leurs attroupements.

A quelques pas de là, lorsque le comte et son jeune compagnon furent au milieu des bois, le marin avisa un jeune bouleau assez mince, arrêta son cheval, prit un de ses pistolets, et la balle alla se loger au milieu de l'arbre à quinze pas de distance.

— Vous voyez, mon cher, que je ne crains pas un duel, dit-il avec une gravité comique en regardant monsieur Longueville.

— Ni moi non plus, répliqua ce dernier qui arma promptement son pistolet, visa le trou fait par la balle du comte, et plaça la sienne près de ce but.

— Voilà ce qui s'appelle un jeune homme bien élevé, s'écria le marin avec une sorte d'enthousiasme.

Pendant la promenade qu'il fit avec celui qu'il regardait déjà comme son neveu, il trouva mille occasions de l'interroger sur toutes les bagatelles dont la parfaite connaissance constituait, selon son code particulier, un gentilhomme accompli.

— Avez-vous des dettes? demanda-t-il enfin à son compagnon après bien des questions.

— Non, monsieur.

— Comment ! vous payez tout ce qui vous est fourni ?

— Exactement, monsieur ; autrement, nous perdrions tout crédit et toute espèce de considération.

— Mais au moins vous avez plus d'une maîtresse ? Ah ! vous rougissez, mon camarade ?... les mœurs ont bien changé. Avec ces idées d'ordre légal, de kantisme et de liberté, la jeunesse s'est gâtée. Vous n'avez ni Guimard, ni Duthé, ni créanciers, et vous ne savez pas le blason ; mais, mon jeune ami, vous n'êtes pas *élevé!* Sachez que celui qui ne fait pas ses folies au printemps les fait en hiver. Si j'ai quatre-vingt mille livres de rente à soixante-dix ans, c'est que j'en ai mangé le capital à trente ans... Oh! avec ma femme, en tout bien tout honneur. Néanmoins, vos imperfections ne m'empêcheront pas de vous annoncer au pavillon Planat. Songez que vous m'avez promis d'y venir, et je vous y attends.

— Quel singulier petit vieillard, se dit le jeune Longueville, il est vert et gaillard; mais quoiqu'il veuille paraître bon homme, je ne m'y fierai pas.

Le lendemain, vers quatre heures, au moment où la compagnie était éparse dans les salons ou au billard, un domestique annonça aux habitants du pavillon Planat : Monsieur *de* Longueville. Au nom du favori du vieux comte de Kergarouët, tout le monde, jusqu'au joueur qui allait manquer une bille, accourut, autant pour observer la contenance de mademoiselle de Fontaine que pour juger le phénix humain qui avait mérité une mention honorable au détriment de tant de rivaux. Une mise aussi élégante que simple, des manières pleines d'aisance, des formes polies, une voix douce et d'un timbre qui faisait vibrer les cordes du cœur, concilièrent à monsieur Longueville la bienveillance de toute la famille. Il ne sembla pas étranger au luxe de la demeure du fastueux receveur-général. Quoique sa conversation fût celle d'un homme du monde, chacun put facilement deviner qu'il avait reçu la plus brillante éducation et que ses connaissances étaient aussi solides qu'étendues. Il trouva si bien le mot propre dans une discussion assez légère suscitée par le vieux marin sur les constructions navales, qu'une des femmes fit observer qu'il semblait être sorti de l'École Polytechnique.

— Je crois, madame, répondit-il, qu'on peut regarder comme un titre de gloire d'y être entré.

Malgré toutes les instances qui lui furent faites, il se refusa avec politesse, mais avec fermeté, au désir qu'on lui témoigna de le garder à dîner, et arrêta les observations des dames en disant qu'il était l'Hippocrate d'une jeune sœur dont la santé délicate exigeait beaucoup de soins.

— Monsieur est sans doute médecin? demanda avec ironie une des belles-sœurs d'Émilie.

— Monsieur est sorti de l'École Polytechnique, répondit avec bonté mademoiselle de Fontaine dont la figure s'anima des teintes les plus riches au moment où elle apprit que la jeune fille du bal était la sœur de monsieur Longueville.

— Mais, ma chère, on peut être médecin et avoir été à l'École Polytechnique, n'est-ce pas, monsieur?

— Madame, rien ne s'y oppose, répondit le jeune homme.

Tous les yeux se portèrent sur Émilie qui regardait alors avec une sorte de curiosité inquiète le séduisant inconnu. Elle respira plus librement quand il ajouta, non sans un sourire : — Je n'ai pas l'honneur d'être médecin, madame, et j'ai même renoncé à entrer dans le service des ponts-et-chaussées afin de conserver mon indépendance.

— Et vous avez bien fait, dit le comte. Mais comment pouvez-vous regarder comme un honneur d'être médecin? ajouta le noble Breton. Ah! mon jeune ami, pour un homme comme vous...

— Monsieur le comte, je respecte infiniment toutes les professions qui ont un but d'utilité.

— Eh! nous sommes d'accord : vous respectez ces professions-là, j'imagine, comme un jeune homme respecte une douairière.

La visite de monsieur Longueville ne fut ni trop longue, ni trop courte. Il se retira au moment où il s'aperçut qu'il avait plu à tout le monde, et que la curiosité de chacun s'était éveillée sur son compte.

— C'est un rusé compère, dit le comte en rentrant au salon après l'avoir reconduit.

Mademoiselle de Fontaine, qui seule était dans le secret de cette visite, avait fait une toilette assez recherchée pour attirer les regards du jeune homme; mais elle eut le petit chagrin de voir qu'il ne lui accorda pas autant d'attention qu'elle croyait en mériter. La famille fut assez surprise du silence dans lequel elle s'était renfermée. Émilie déployait ordinairement pour les nouveaux venus sa coquetterie, son babil spirituel, et l'inépuisable éloquence de ses regards et de ses attitudes. Soit que la voix mélodieuse du jeune homme et l'attrait de ses manières l'eussent charmée, qu'elle aimât sérieusement, et que ce sentiment eût opéré en elle un changement, son maintien perdit toute affectation. Devenue simple et naturelle, elle dut sans doute paraître plus belle. Quelques-unes de ses sœurs et une vieille dame, amie de la famille, virent un raffinement de coquetterie dans cette conduite. Elles supposèrent que, jugeant le jeune homme digne d'elle, Émilie se proposait peut-être de ne montrer que lentement ses avantages, afin de l'éblouir tout à coup, au moment où elle lui aurait plu. Toutes les personnes de la famille étaient curieuses de savoir ce que cette capricieuse fille pensait de cet étranger; mais lorsque, pendant le dîner, chacun prit plaisir à doter monsieur Longueville d'une qualité nouvelle, en prétendant l'avoir seul découverte, mademoiselle de Fontaine resta muette pendant quelque temps. Un léger sarcasme de son oncle la réveilla tout à coup de son apathie; elle dit d'une manière assez épigrammatique que cette perfection céleste devait couvrir quelque grand défaut, et qu'elle se garderait bien de juger à la première vue un homme qui paraissait être si habile. Elle ajouta que ceux qui plaisaient ainsi à tout le monde ne plaisaient à personne, et que le pire de tous les défauts était de n'en avoir aucun. Comme toutes les jeunes filles qui aiment, elle caressait l'espérance de pouvoir cacher son sentiment au fond de son cœur en donnant le change aux Argus qui l'entouraient; mais, au bout d'une quinzaine de jours, il n'y eut pas un des membres de cette nombreuse famille qui ne fût initié dans ce petit secret domestique. A la troisième visite que fit monsieur Longueville, Émilie crut y être pour beaucoup. Cette découverte lui causa un plaisir si enivrant, qu'elle l'étonna quand elle put réfléchir. Il y avait là quelque chose de pénible pour son orgueil. Habituée à se faire le centre du monde, elle était obligée de reconnaître une force qui l'attirait hors d'elle-même. Elle essaya de se révolter, mais elle ne put chasser de son cœur la séduisante image du jeune homme. Puis vinrent bientôt des inquiétudes. En effet, deux qualités de monsieur Longueville très-contraires à la curiosité générale, et surtout à celle

de mademoiselle de Fontaine, étaient une discrétion et une modestie inattendues. Il ne parlait jamais ni de lui, ni de ses occupations, ni de sa famille. Les finesses qu'Émilie semait dans sa conversation et les piéges qu'elle y tendait pour arracher à ce jeune homme
des détails sur lui-même, il savait les déconcerter avec l'adresse
d'un diplomate qui veut cacher des secrets. Parlait-elle peinture,
monsieur Longueville répondait en connaisseur. Faisait-elle de la
musique, le jeune homme prouvait sans fatuité qu'il était assez
fort sur le piano. Un soir, il enchanta toute la compagnie, en
mariant sa voix délicieuse à celle d'Émilie dans un des plus beaux
duos de Cimarosa ; mais quand on essaya de s'informer s'il était
artiste, il plaisanta avec tant de grâce, qu'il ne laissa pas à ces
femmes si exercées dans l'art de deviner les sentiments, la possibilité de découvrir à quelle sphère sociale il appartenait. Avec
quelque courage que le vieil oncle jetât le grappin sur ce bâtiment, Longueville s'esquivait avec souplesse afin de se conserver
le charme du mystère ; et il lui fut d'autant plus facile de rester
le *bel inconnu* au pavillon Planat, que la curiosité n'y excédait
pas les bornes de la politesse. Émilie, tourmentée de cette réserve,
espéra tirer meilleur parti de la sœur que du frère pour ces sortes
de confidences. Secondée par son oncle, qui s'entendait aussi bien
à cette manœuvre qu'à celle d'un bâtiment, elle essaya de mettre en
scène le personnage jusqu'alors muet de mademoiselle Clara Longueville. La société du pavillon manifesta bientôt le plus grand
désir de connaître une si aimable personne, et de lui procurer
quelque distraction. Un bal sans cérémonie fut proposé et accepté.
Les dames ne désespérèrent pas complétement de faire parler une
jeune fille de seize ans.

Malgré ces petits nuages amoncelés par le soupçon et créés
par la curiosité, une vive lumière pénétrait l'âme de mademoiselle de Fontaine qui jouissait délicieusement de l'existence en la
rapportant à un autre qu'à elle. Elle commençait à concevoir
les rapports sociaux. Soit que le bonheur nous rende meilleurs,
soit qu'elle fût trop occupée pour tourmenter les autres, elle
devint moins caustique, plus indulgente, plus douce. Le changement de son caractère enchanta sa famille étonnée. Peut-être,
après tout, son égoïsme se métamorphosait-il en amour. Attendre l'arrivée de son timide et secret adorateur était une joie profonde. Sans qu'un seul mot de passion eût été prononcé entre eux,

elle se savait aimée, et avec quel art ne se plaisait-elle pas à faire déployer au jeune inconnu les trésors d'une instruction qui se montra variée! Elle s'aperçut qu'elle aussi était observée avec soin, et alors elle essaya de vaincre tous les défauts que son éducation avait laissés croître en elle. N'était-ce pas un premier hommage rendu à l'amour, et un reproche cruel qu'elle s'adressait à elle-même? Elle voulait plaire, elle enchanta; elle aimait, elle fut idolâtrée. Sa famille, sachant qu'elle était gardée par son orgueil, lui donnait assez de liberté pour qu'elle pût savourer ces petites félicités enfantines qui donnent tant de charme et de violence aux premières amours. Plus d'une fois, le jeune homme et mademoiselle de Fontaine se promenèrent seuls dans les allées de ce parc où la nature était parée comme une femme qui va au bal. Plus d'une fois, ils eurent de ces entretiens sans but ni physionomie dont les phrases les plus vides de sens sont celles qui cachent le plus de sentiments. Ils admirèrent souvent ensemble le soleil couchant et ses riches couleurs. Ils cueillirent des marguerites pour les effeuiller, et chantèrent des duos les plus passionnés en se servant des notes trouvées par Pergolèse ou par Rossini, comme de truchements fidèles pour exprimer leurs secrets.

Le jour du bal arriva. Clara Longueville et son frère, que les valets s'obstinaient à décorer de la noble particule, en furent les héros. Pour la première fois de sa vie, mademoiselle de Fontaine vit le triomphe d'une jeune fille avec plaisir. Elle prodigua sincèrement à Clara ces caresses gracieuses et ces petits soins que les femmes ne se rendent ordinairement entre elles que pour exciter la jalousie des hommes. Mais Émilie avait un but, elle voulait surprendre des secrets. La réserve de mademoiselle Longueville fut au moins égale à celle de son frère; mais, en sa qualité de fille, peut-être montra-t-elle plus de finesse et d'esprit que lui, car elle n'eut pas même l'air d'être discrète et sut tenir la conversation sur des sujets étrangers aux intérêts matériels, tout en y jetant un si grand charme que mademoiselle de Fontaine en conçut une sorte d'envie, et surnomma Clara *la sirène*. Quoique Émilie eût formé le dessein de faire causer Clara, ce fut Clara qui interrogea Émilie; elle voulait la juger, et fut jugée par elle. Elle se dépita souvent d'avoir laissé percer son caractère dans quelques réponses que lui arracha malicieusement Clara dont l'air modeste et candide éloignait tout soupçon de perfidie. Il y eut un moment où mademoiselle de Fontaine .

parut fâchée d'avoir fait contre les roturiers une imprudente sortie provoquée par Clara.

— Mademoiselle, lui dit cette charmante créature, j'ai tant entendu parler de vous par Maximilien, que j'avais le plus vif désir de vous connaître par attachement pour lui ; mais vouloir vous connaître, n'est-ce pas vouloir vous aimer ?

— Ma chère Clara, j'avais peur de vous déplaire en parlant ainsi de ceux qui ne sont pas nobles.

— Oh ! rassurez-vous. Aujourd'hui, ces sortes de discussions sont sans objet. Quant à moi, elles ne m'atteignent pas : je suis en dehors de la question.

Quelque ambitieuse que fût cette réponse, mademoiselle de Fontaine en ressentit une joie profonde ; car, semblable à tous les gens passionnés, elle s'expliqua comme s'expliquent les oracles, dans le sens qui s'accordait avec ses désirs, et revint à la danse plus joyeuse que jamais en regardant Longueville dont les formes, dont l'élégance surpassaient peut-être celles de son type imaginaire. Elle ressentit une satisfaction de plus en songeant qu'il était noble, ses yeux noirs scintillèrent, elle dansa avec tout le plaisir qu'on y trouve en présence de celui qu'on aime. Jamais les deux amants ne s'entendirent mieux qu'en ce moment ; et plus d'une fois ils sentirent le bout de leurs doigts frémir et trembler lorsque les lois de la contredanse les mariaient.

Ce joli couple atteignit le commencement de l'automne au milieu des fêtes et des plaisirs de la campagne, en se laissant doucement abandonner au courant du sentiment le plus doux de la vie, en le fortifiant par mille petits accidents que chacun peut imaginer : les amours se ressemblent toujours en quelques points. L'un et l'autre, ils s'étudiaient, autant que l'on peut s'étudier quand on aime.

— Enfin, jamais amourette n'a si promptement tourné en mariage d'inclination, disait le vieil oncle qui suivait les deux jeunes gens de l'œil comme un naturaliste examine un insecte au microscope.

Ce mot effraya monsieur et madame de Fontaine. Le vieux Vendéen cessa d'être aussi indifférent au mariage de sa fille qu'il avait naguère promis de l'être. Il alla chercher à Paris des renseignements et n'en trouva pas. Inquiet de ce mystère, et ne sachant pas encore quel serait le résultat de l'enquête qu'il avait prié un administrateur parisien de lui faire sur la famille Longueville, il crut devoir avertir sa fille de se conduire prudemment. L'observation paternelle fut reçue avec une feinte obéissance pleine d'ironie.

— Au moins ma chère Émilie, si vous l'aimez, ne le lui avouez pas !

— Mon père, il est vrai que je l'aime, mais j'attendrai pour le lui dire que vous me le permettiez.

— Cependant, Émilie, songez que vous ignorez encore quelle est sa famille, son état.

— Si je l'ignore, je le veux bien. Mais, mon père, vous avez souhaité me voir mariée, vous m'avez donné la liberté de faire un choix, le mien est fait irrévocablement, que faut-il de plus ?

— Il faut savoir, ma chère enfant, si celui que tu as choisi est fils d'un pair de France, répondit ironiquement le vénérable gentilhomme.

Émilie resta un moment silencieuse. Elle releva bientôt la tête, regarda son père, et lui dit avec une sorte d'inquiétude : — Est-ce que les Longueville ?...

— Sont éteints en la personne du vieux duc de Rostein-Limbourg, qui a péri sur l'échafaud en 1793. Il était le dernier rejeton de la dernière branche cadette.

— Mais, mon père, il y a de fort bonnes maisons issues de bâtards. L'histoire de France fourmille de princes qui mettaient des barres à leur écu.

— Tes idées ont bien changé, dit le vieux gentilhomme en son riant.

Le lendemain était le dernier jour que la famille Fontaine dût passer au pavillon Planat. Émilie, que l'avis de son père avait fortement inquiétée, attendit avec une vive impatience l'heure à laquelle le jeune Longueville avait l'habitude de venir, afin d'obtenir de lui une explication. Elle sortit après le dîner et alla se promener seule dans le parc en se dirigeant vers le bosquet aux confidences où elle savait que l'empressé jeune homme la chercherait ; et tout en courant, elle songeait à la meilleure manière de surprendre, sans se compromettre, un secret si important : chose assez difficile ! Jusqu'à présent, aucun aveu direct n'avait sanctionné le sentiment qui l'unissait à cet inconnu. Elle avait secrètement joui, comme Maximilien, de la douceur d'un premier amour ; mais aussi fiers l'un que l'autre, il semblait que chacun d'eux craignît d'avouer qu'il aimât.

Maximilien Longueville, à qui Clara avait inspiré sur le caractère d'Émilie des soupçons assez fondés, se trouvait tour à tour
emporté par la violence d'une passion de jeune homme, et retenu
par le désir de connaître et d'éprouver la femme à laquelle il devait confier son bonheur. Son amour ne l'avait pas empêché de
reconnaître en Émilie les préjugés qui gâtaient ce jeune caractère;
mais il désirait savoir s'il était aimé d'elle avant de les combattre, car
il ne voulait pas plus hasarder le sort de son amour que celui de sa
vie. Il s'était donc constamment tenu dans un silence que ses regards, son attitude et ses moindres actions démentaient. De l'autre
côté, la fierté naturelle à une jeune fille, encore augmentée chez
mademoiselle de Fontaine par la sotte vanité que lui donnaient sa
naissance et sa beauté, l'empêchait d'aller au-devant d'une déclaration qu'une passion croissante lui persuadait quelquefois de solliciter. Aussi les deux amants avaient-ils instinctivement compris
leur situation sans s'expliquer leurs secrets motifs. Il est des moments de la vie où le vague plaît à de jeunes âmes. Par cela même
que l'un et l'autre avaient trop tardé de parler, ils semblaient tous
deux se faire un jeu cruel de leur attente. L'un cherchait à découvrir s'il était aimé par l'effort que coûterait un aveu à son orgueilleuse maîtresse, l'autre espérait voir rompre à tout moment un
trop respectueux silence.

Assise sur un banc rustique, Émilie songeait aux événements qui
venaient de se passer pendant ces trois mois pleins d'enchantements.
Les soupçons de son père étaient les dernières craintes qui pouvaient
l'atteindre, elle en fit même justice par deux ou trois de ces réflexions
de jeune fille inexpérimentée qui lui semblèrent victorieuses. Avant
tout, elle convint avec elle-même qu'il était impossible qu'elle se
trompât. Durant toute la saison, elle n'avait pu apercevoir en
Maximilien, ni un seul geste, ni une seule parole qui indiquassent
une origine ou des occupations communes; bien mieux, sa manière de discuter décelait un homme occupé des hauts intérêts du
pays. — D'ailleurs, se dit-elle, un homme de bureau, un financier ou un commerçant n'aurait pas eu le loisir de rester une saison entière à me faire la cour au milieu des champs et des bois,
en dispensant son temps aussi libéralement qu'un noble qui a devant lui toute une vie libre de soins. Elle s'abandonnait au cours
d'une méditation beaucoup plus intéressante pour elle que ces
pensées préliminaires, quand un léger bruissement du feuillage lui

annonça que depuis un moment Maximilien la contemplait sans
doute avec admiration.

— Savez-vous que cela est fort mal de surprendre ainsi les jeunes filles? lui dit-elle en souriant.

— Surtout lorsqu'elles sont occupées de leurs secrets, répondit
finement Maximilien.

— Pourquoi n'aurais-je pas les miens? vous avez bien les
vôtres!

— Vous pensiez donc réellement à vos secrets? reprit-il en
riant.

— Non, je songeais aux vôtres. Les miens, je les connais.

— Mais, s'écria doucement le jeune homme en saisissant le bras
de mademoiselle de Fontaine et le mettant sous le sien, peut-être
mes secrets sont-ils les vôtres, et vos secrets les miens.

Après avoir fait quelques pas, ils se trouvèrent sous un massif d'arbres que les couleurs du couchant enveloppaient comme d'un nuage
rouge et brun. Cette magie naturelle imprima une sorte de solennité à ce moment. L'action vive et libre du jeune homme, et surtout l'agitation de son cœur bouillant dont les pulsations précipitées
parlaient au bras d'Émilie, la jetèrent dans une exaltation d'autant plus pénétrante qu'elle ne fut excitée que par les accidents les
plus simples et les plus innocents. La réserve dans laquelle vivent
les jeunes filles du grand monde donne une force incroyable aux
explosions de leurs sentiments, et c'est un des plus grands dangers
qui puissent les atteindre quand elles rencontrent un amant passionné. Jamais les yeux d'Émilie et de Maximilien n'avaient dit
tant de ces choses qu'on n'ose pas dire. En proie à cette ivresse, ils
oublièrent aisément les petites stipulations de l'orgueil et les froides
considérations de la défiance. Ils ne purent même s'exprimer d'a-
bord que par un serrement de mains qui servit d'interprète à leurs
joyeuses pensées.

— Monsieur, j'ai une question à vous faire, dit en tremblant et
d'une voix émue mademoiselle de Fontaine après un long silence et
après avoir fait quelques pas avec une certaine lenteur. Mais songez, de grâce, qu'elle m'est en quelque sorte commandée par
la situation assez étrange où je me trouve vis-à-vis de ma famille.

Une pause effrayante pour Émilie succéda à ces phrases qu'elle
avait presque bégayées. Pendant le moment que dura le silence,

cette jeune fille si fière n'osa soutenir le regard éclatant de celui qu'elle aimait, car elle avait un secret sentiment de la bassesse des mots suivants qu'elle ajouta : — Êtes-vous noble ?

Quand ces dernières paroles furent prononcées, elle aurait voulu être au fond d'un lac.

— Mademoiselle, reprit gravement Longueville dont la figure altérée contracta une sorte de dignité sévère, je vous promets de répondre sans détour à cette demande quand vous aurez répondu avec sincérité à celle que je vais vous faire. Il quitta le bras de la jeune fille, qui tout à coup se crut seule dans la vie et lui dit : — Dans quelle intention me questionnez-vous sur ma naissance ? Elle demeura immobile, froide et muette. — Mademoiselle, reprit Maximilien, n'allons pas plus loin si nous ne nous comprenons pas. — Je vous aime, ajouta-t-il d'un son de voix profond et attendri. Eh bien ! reprit-il d'un air joyeux après avoir entendu l'exclamation de bonheur que ne put retenir la jeune fille, pourquoi me demander si je suis noble ?

— Parlerait-il ainsi s'il ne l'était pas ? s'écria une voix intérieure qu'Émilie crut sortie du fond de son cœur. Elle releva gracieusement la tête, sembla puiser une nouvelle vie dans le regard du jeune homme et lui tendit le bras comme pour faire une nouvelle alliance.

— Vous avez cru que je tenais beaucoup à des dignités, demanda-t-elle avec une finesse malicieuse.

— Je n'ai pas de titres à offrir à ma femme, répondit-il d'un air moitié gai, moitié sérieux. Mais si je la prends dans un haut rang et parmi celles que la fortune paternelle habitue au luxe et aux plaisirs de l'opulence, je sais à quoi ce choix m'oblige. L'amour donne tout, ajouta-t-il avec gaieté, mais aux amants seulement. Quant aux époux, il leur faut un peu plus que le dôme du ciel et le tapis des prairies.

— Il est riche, pensa-t-elle. Quant aux titres, peut-être veut-il m'éprouver ! On lui aura dit que j'étais entichée de nobleese, et que je ne voulais épouser qu'un pair de France. Mes bégueules de sœurs m'auront joué ce tour-là. — Je vous assure, monsieur, dit-elle à haute voix, que j'ai eu des idées bien exagérées sur la vie et le monde ; mais aujourd'hui, reprit-elle avec intention en le regardant d'une manière à le rendre fou, je sais où sont pour une femme les véritables richesses.

— J'ai besoin de croire que vous parlez à cœur ouvert, répondit-il avec une gravité douce. Mais cet hiver, ma chère Émilie, dans moins de deux mois peut-être, je serai fier de ce que je pourrai vous offrir, si vous tenez aux jouissances de la fortune. Ce sera le seul secret que je garderai là, dit-il en montrant son cœur ; car de sa réussite dépend mon bonheur, je n'ose dire le nôtre...

— Oh dites, dites !

Ce fut au milieu des plus doux propos qu'ils revinrent à pas lents rejoindre la compagnie au salon. Jamais mademoiselle de Fontaine ne trouva son prétendu plus aimable, ni plus spirituel : ses formes sveltes, ses manières engageantes lui semblèrent plus charmantes encore depuis une conversation qui venait en quelque sorte de lui confirmer la possession d'un cœur digne d'être envié par toutes les femmes. Ils chantèrent un duo italien avec tant d'expression, que l'assemblée les applaudit avec enthousiasme. Leur adieu prit un accent de convention sous lequel ils cachèrent leur bonheur. Enfin, cette journée devint pour la jeune fille comme une chaîne qui la lia plus étroitement encore à la destinée de l'inconnu. La force et la dignité qu'il venait de déployer dans la scène où ils s'étaient révélé leurs sentiments avaient peut-être imposé à mademoiselle de Fontaine ce respect sans lequel il n'existe pas de véritable amour. Lorsqu'elle resta seule avec son père dans le salon, le vénérable Vendéen s'avança vers elle, lui prit affectueusement les mains, et lui demanda si elle avait acquis quelque lumière sur la fortune et sur la famille de monsieur Longueville.

— Oui, mon cher père, répondit-elle, je suis plus heureuse que je ne pouvais le désirer. Enfin monsieur de Longueville est le seul homme que je veuille épouser.

— C'est bien, Émilie, reprit le comte, je sais ce qu'il me reste à faire.

— Connaîtriez-vous quelque obstacle ? demanda-t-elle avec une véritable anxiété.

— Ma chère enfant, ce jeune homme est absolument inconnu ; mais, à moins que ce ne soit un malhonnête homme, du moment où tu l'aimes, il m'est aussi cher qu'un fils.

— Un malhonnête homme ? reprit Émilie, je suis bien tranquille. Mon oncle, qui nous l'a présenté, peut vous répondre de lui. Dites, cher oncle, a-t-il été flibustier, forban, corsaire ?

— Je savais bien que j'allais me trouver là, s'écria le vieux marin en se réveillant.

Il regarda dans le salon, mais sa nièce avait disparu comme un feu Saint-Elme, pour se servir de son expression habituelle.

— Eh bien mon oncle ! reprit monsieur de Fontaine, comment avez-vous pu nous cacher tout ce que vous saviez sur ce jeune homme ? Vous avez cependant dû vous apercevoir de nos inquiétudes. Monsieur de Longueville est-il de bonne famille ?

— Je ne le connais ni d'Ève ni d'Adam, s'écria le comte de Kergarouët. Me fiant au tact de cette petite folle, je lui ai amené son Saint-Preux par un moyen à moi connu. Je sais que ce garçon tire le pistolet admirablement, chasse très-bien, joue merveilleusement au billard, aux échecs et au trictrac; il fait des armes et monte à cheval comme feu le chevalier de Saint-Georges. Il a une érudition corsée relativement à nos vignobles. Il calcule comme Barême, dessine, danse et chante bien. Eh ! diantre, qu'avez-vous donc, vous autres? Si ce n'est pas là un gentilhomme parfait, montrez-moi un bourgeois qui sache tout cela, trouvez-moi un homme qui vive aussi noblement que lui? Fait-il quelque chose? Compromet-il sa dignité à aller dans des bureaux, à se courber devant des parvenus que vous appelez des directeurs-généraux? Il marche droit. C'est un homme. Mais, au surplus, je viens de retrouver dans la poche de mon gilet la carte qu'il m'a donnée quand il croyait que je voulais lui couper la gorge, pauvre innocent ! La jeunesse d'aujourd'hui n'est guère rusée. Tenez, voici.

— Rue du Sentier, n° 5, dit monsieur de Fontaine en cherchant à se rappeler parmi tous les renseignements qu'il avait obtenus celui qui pouvait concerner le jeune inconnu. Que diable cela signifie-t-il? Messieurs Palma, Werbrust et compagnie, dont le principal commerce est celui des mousselines, calicots et toiles peintes en gros, demeurent là. Bon, j'y suis ! Longueville, le député, a un intérêt dans leur maison. Oui; mais je ne connais à Longueville qu'un fils de trente-deux ans, qui ne ressemble pas du tout au nôtre et auquel il donne cinquante mille livres de rente en mariage afin de lui faire épouser la fille d'un ministre; il a envie d'être fait pair tout comme un autre. Jamais je ne lui ai entendu parler de ce Maximilien. A-t-il une fille? Qu'est-ce que cette Clara? Au surplus, permis à plus d'un intrigant de s'appeler Longueville. Mais la maison Palma, Werbrust et compagnie n'est-elle pas à moitié ruinée par une spéculation au Mexique ou aux Indes ? J'éclaircirai tout cela.

— Tu parles tout seul comme si tu étais sur un théâtre, et tu parais me compter pour zéro, dit tout à coup le vieux marin. Tu ne sais donc pas que s'il est gentilhomme, j'ai plus d'un sac dans mes écoutilles pour parer à son défaut de fortune ?

— Quant à cela, s'il est fils de Longueville, il n'a besoin de rien ; mais, dit monsieur de Fontaine en agitant la tête de droite à gauche, son père n'a pas même acheté de savonnette à vilain. Avant la révolution, il était procureur ; et le *de* qu'il a pris depuis la restauration lui appartient tout autant que la moitié de sa fortune.

— Bah ! bah ! heureux ceux dont les pères ont été pendus, s'écria gaiement le marin.

Trois ou quatre jours après cette mémorable journée, et dans une de ces belles matinées du mois de novembre qui font voir aux Parisiens leurs boulevards nettoyés soudain par le froid piquant d'une première gelée, mademoiselle de Fontaine, parée d'une fourrure nouvelle qu'elle voulait mettre à la mode, était sortie avec deux de ses belles-sœurs sur lesquelles elle avait jadis décoché le plus d'épigrammes. Ces trois femmes étaient bien moins invitées à cette promenade parisienne par l'envie d'essayer une voiture très-élégante et des robes qui devaient donner le ton aux modes de l'hiver que par le désir de voir une pèlerine qu'une de leurs amies avait remarquée dans un riche magasin de lingerie situé au coin de la rue de la Paix. Quand les trois dames furent entrées dans la boutique, madame la baronne de Fontaine tira Émilie par la manche et lui montra Maximilien Longueville assis dans le comptoir et occupé à rendre avec une grâce mercantile la monnaie d'une pièce d'or à la lingère avec laquelle il semblait en conférence. Le *bel inconnu* tenait à la main quelques échantillons qui ne laissaient aucun doute sur son honorable profession. Sans qu'on pût s'en apercevoir, Émilie fut saisie d'un frisson glacial. Cependant, grâce au savoir-vivre de la bonne compagnie, elle dissimula parfaitement la rage qu'elle avait dans le cœur, et répondit à sa sœur un : — Je le savais ! dont la richesse d'intonation et l'accent inimitable eussent fait envie à la plus célèbre actrice de ce temps. Elle s'avança vers le comptoir. Longueville leva la tête, mit les échantillons dans sa poche avec grâce et avec un sang-froid désespérant, salua mademoiselle de Fontaine et s'approcha d'elle en lui jetant un regard pénétrant.

— Mademoiselle, dit-il à la lingère qui l'avait suivi d'un air très-inquiet, j'enverrai régler ce compte; ma maison le veut ainsi. Mais, tenez, ajouta-t-il à l'oreille de la jeune femme en lui remettant un billet de mille francs, prenez : ce sera une affaire entre nous.

— Vous me pardonnerez, j'espère, mademoiselle, dit-il en se retournant vers Émilie. Vous aurez la bonté d'excuser la tyrannie qu'exercent les affaires.

— Mais il me semble, monsieur, que cela m'est fort indifférent, répondit mademoiselle de Fontaine en le regardant avec une assurance et un air d'insouciance moqueuse qui pouvaient faire croire qu'elle le voyait pour la première fois.

— Parlez-vous sérieusement ? demanda Maximilien d'une voix entrecoupée.

Émilie lui avait tourné le dos avec une incroyable impertinence. Ce peu de mots, prononcés à voix basse, avaient échappé à la curiosité des deux belles-sœurs. Quand, après avoir pris la pèlerine, les trois dames furent remontées en voiture, Émilie, qui se trouvait assise sur le devant, ne put s'empêcher d'embrasser par son dernier regard la profondeur de cette odieuse boutique où elle vit Maximilien debout et les bras croisés, dans l'attitude d'un homme supérieur au malheur qui l'atteignait si subitement. Leurs yeux se rencontrèrent et se lancèrent deux regards implacables. Chacun d'eux espéra qu'il blessait cruellement le cœur qu'il aimait. En un moment tous deux se trouvèrent aussi loin l'un de l'autre que s'ils eussent été, l'un à la Chine et l'autre au Groënland. La vanité n'a-t-elle pas un souffle qui dessèche tout ? En proie au plus violent combat qui puisse agiter le cœur d'une jeune fille, mademoiselle de Fontaine recueillit la plus ample moisson de douleurs que jamais les préjugés et les petitesses aient semée dans une âme humaine. Son visage, frais et velouté naguère, était sillonné de tons jaunes, de taches rouges, et parfois les teintes blanches de ses joues verdissaient soudain. Dans l'espoir de dérober son trouble à ses sœurs, elle leur montrait en riant ou un passant ou une toilette ridicule; mais ce rire était convulsif. Elle se sentait plus vivement blessée de la compassion silencieuse de ses sœurs que des épigrammes par lesquelles elles auraient pu se venger. Elle employa tout son esprit à les entraîner dans une conversation où elle essaya d'exhaler sa colère par des paradoxes insensés, en accablant les négociants des injures les plus piquantes et d'épigrammes de mauvais ton. En rentrant, elle fut saisie d'une

fièvre dont le caractère eut d'abord quelque chose de dangereux.
Au bout d'un mois, les soins des parents, ceux du médecin,
la rendirent aux vœux de sa famille. Chacun espéra que cette leçon pourrait servir à dompter le caractère d'Émilie, qui reprit insensiblement ses anciennes habitudes et s'élança de nouveau dans
le monde. Elle prétendit qu'il n'y avait pas de honte à se tromper.
Si, comme son père, elle avait quelque influence à la chambre,
disait-elle, elle provoquerait une loi pour obtenir que les commerçants, surtout les marchands de calicot, fussent marqués au front
comme les moutons du Berri, jusqu'à la troisième génération.
Elle voulait que les nobles eussent seuls le droit de porter ces anciens habits français qui allaient si bien aux courtisans de Louis XV.
C'était peut-être, à l'entendre, un malheur pour la monarchie
qu'il n'y eût aucune différence entre un marchand et un pair de
France. Mille autres plaisanteries, faciles à deviner, se succédaient
rapidement quand un accident imprévu la mettait sur ce sujet.
Mais ceux qui aimaient Émilie remarquaient à travers ses railleries
une teinte de mélancolie qui leur fit croire que Maximilien Longueville régnait toujours au fond de ce cœur inexplicable. Parfois
elle devenait douce comme pendant la saison fugitive qui vit naître
son amour, et parfois aussi elle se montrait plus insupportable
qu'elle ne l'avait jamais été. Chacun excusait en silence les inégalités d'une humeur qui prenait sa source dans une souffrance à la
fois secrète et connue. Le comte de Kergarouët obtint un peu d'empire sur elle, grâce à un surcroît de prodigalités, genre de consolation qui manque rarement son effet sur les jeunes Parisiennes.
La première fois que mademoiselle de Fontaine alla au bal, ce fut
chez l'ambassadeur de Naples. Au moment où elle prit place au
plus brillant des quadrilles, elle aperçut à quelques pas d'elle
Longueville qui fit un léger signe de tête à son danseur.

— Ce jeune homme est un de vos amis? demanda-t-elle à son
cavalier d'un air de dédain.

— C'est mon frère, répondit-il.

Émilie ne put s'empêcher de tressaillir.

— Ah! reprit-il d'un ton d'enthousiasme, c'est bien la plus belle
âme qui soit au monde...

— Savez-vous mon nom? lui demanda Émilie en l'interrompant
avec vivacité.

— Non, mademoiselle. C'est un crime, je l'avoue, de ne pas

avoir retenu un nom qui est sur toutes les lèvres, je devrais dire
dans tous les cœurs ; mais j'ai une excuse valable : j'arrive d'Allemagne. Mon ambassadeur, qui est à Paris en congé, m'a envoyé
ce soir ici pour servir de chaperon à son aimable femme, que vous
pouvez voir là-bas dans un coin.

— Un vrai masque tragique, dit Émilie après avoir examiné
l'ambassadrice.

— Voilà cependant sa figure de bal, reprit en riant le jeune
homme. Il faudra bien que je la fasse danser ! Aussi ai-je voulu
avoir une compensation.

Mademoiselle de Fontaine s'inclina.

— J'ai été bien surpris, dit le babillard secrétaire d'ambassade
en continuant, de trouver mon frère ici. En arrivant de Vienne,
j'ai appris que le pauvre garçon était malade et au lit. Je comptais
bien le voir avant d'aller au bal ; mais la politique ne nous laisse
pas toujours le loisir d'avoir des affections de famille. La *padrona
della casa* ne m'a pas permis de monter chez mon pauvre Maximilien.

— Monsieur votre frère n'est pas comme vous dans la diplomatie ? dit Émilie.

— Non, dit le secrétaire en soupirant, le pauvre garçon s'est
sacrifié pour moi ! Lui et ma sœur Clara ont renoncé à la fortune
de mon père, afin qu'il pût réunir sur ma tête un majorat. Mon
père rêve la pairie comme tous ceux qui votent pour le ministère.
Il a la promesse d'être nommé, ajouta-t-il à voix basse. Après avoir
réuni quelques capitaux, mon frère s'est alors associé à une maison de banque ; et je sais qu'il vient de faire avec le Brésil une
spéculation qui peut le rendre millionnaire. Vous me voyez tout
joyeux d'avoir contribué par mes relations diplomatiques au succès. J'attends même avec impatience une dépêche de la légation
brésilienne qui sera de nature à lui dérider le front. Comment le
trouvez-vous ?

— Mais la figure de monsieur votre frère ne me semble pas être
celle d'un homme occupé d'argent.

Le jeune diplomate scruta par un seul regard la figure en apparence calme de sa danseuse.

— Comment ! dit-il en souriant, les demoiselles devinent donc
aussi les pensées d'amour à travers les fronts muets ?

— Monsieur votre frère est amoureux ? demanda-t-elle en laissant échapper un geste de curiosité.

— Oui. Ma sœur Clara, pour laquelle il a des soins maternels, m'a écrit qu'il s'était amouraché, cet été, d'une fort jolie personne ; mais depuis je n'ai pas eu de nouvelles de ses amours. Croiriez-vous que le pauvre garçon se levait à cinq heures du matin, et allait expédier ses affaires afin de pouvoir se trouver à quatre heures à la campagne de la belle ? Aussi a-t-il abîmé un charmant cheval de race que je lui avais envoyé. Pardonnez-moi mon babil, mademoiselle : j'arrive d'Allemagne. Depuis un an je n'ai pas entendu parler correctement le français, je suis sevré de visages français et rassasié d'allemands, si bien que dans ma rage patriotique je parlerais, je crois, aux chimères d'un candélabre parisien. Puis, si je cause avec un abandon peu convenable chez un diplomate, la faute en est à vous, mademoiselle. N'est-ce pas vous qui m'avez montré mon frère ? Quand il est question de lui, je suis intarissable. Je voudrais pouvoir dire à la terre tout entière combien il est bon et généreux. Il ne s'agissait de rien moins que de cent mille livres de rente que rapporte la terre de Longueville.

Si mademoiselle de Fontaine obtint ces révélations importantes, elle les dut en partie à l'adresse avec laquelle elle sut interroger son confiant cavalier, du moment où elle apprit qu'il était le frère de son amant dédaigné.

— Est-ce que vous avez pu, sans quelque peine, voir monsieur votre frère vendant des mousselines et des calicots ? demanda Émilie après avoir accompli la troisième figure de la contredanse.

— D'où savez-vous cela ? lui demanda le diplomate. Dieu merci ! tout en débitant un flux de paroles, j'ai déjà l'art de ne dire que ce que je veux, ainsi que tous les apprentis-diplomates de ma connaissance.

— Vous me l'avez dit, je vous assure.

Monsieur de Longueville regarda mademoiselle de Fontaine avec un étonnement plein de perspicacité. Un soupçon entra dans son âme. Il interrogea successivement les yeux de son frère et de sa danseuse, il devina tout, pressa ses mains l'une contre l'autre, leva les yeux au plafond, se mit à rire et dit : — Je ne suis qu'un sot ! Vous êtes la plus belle personne du bal, mon frère vous regarde à la dérobée, il danse malgré la fièvre, et vous feignez de ne pas le voir. Faites son bonheur, dit-il en la reconduisant auprès de son vieil oncle, je n'en serai pas jaloux ; mais je tressaillerai toujours un peu en vous nommant ma sœur...

Cependant les deux amants devaient être aussi inexorables l'un que l'autre pour eux-mêmes. Vers les deux heures du matin, l'on servit un ambigu dans une immense galerie où, pour laisser les personnes d'une même coterie libres de se réunir, les tables avaient été disposées comme elles le sont chez les restaurateurs. Par un de ces hasards qui arrivent toujours aux amants, mademoiselle de Fontaine se trouva placée à une table voisine de celle autour de laquelle se mirent les personnes les plus distinguées. Maximilien faisait partie de ce groupe. Émilie, qui prêta une oreille attentive aux discours tenus par ses voisins, put entendre une de ces conversations qui s'établissent si facilement entre les jeunes femmes et les jeunes gens qui ont les grâces et la tournure de Maximilien Longueville. L'interlocutrice du jeune banquier était une duchesse napolitaine dont les yeux lançaient des éclairs, dont la peau blanche avait l'éclat du satin. L'intimité que le jeune Longueville affectait d'avoir avec elle blessa d'autant plus mademoiselle de Fontaine qu'elle venait de rendre à son amant vingt fois plus de tendresse qu'elle ne lui en portait jadis.

— Oui, monsieur, dans mon pays, le véritable amour sait faire toute espèce de sacrifices, disait la duchesse en minaudant.

— Vous êtes plus passionnées que ne le sont les Françaises, dit Maximilien dont le regard enflammé tomba sur Émilie. Elles sont tout vanité.

— Monsieur, reprit vivement la jeune fille, n'est-ce pas une mauvaise action que de calomnier sa patrie ? Le dévouement est de tous les pays.

— Croyez-vous, mademoiselle, reprit l'Italienne avec un sourire sardonique, qu'une Parisienne soit capable de suivre son amant partout ?

— Ah ! entendons-nous, madame. On va dans un désert y habiter une tente, on ne va pas s'asseoir dans une boutique.

Elle acheva sa pensée en laissant échapper un geste de dédain. Ainsi l'influence exercée sur Émilie par sa funeste éducation tua deux fois son bonheur naissant, et lui fit manquer son existence. La froideur apparente de Maximilien et le sourire d'une femme lui arrachèrent un de ces sarcasmes dont les perfides jouissances la séduisaient toujours.

— Mademoiselle, lui dit à voix basse Longueville à la faveur du bruit que firent les femmes en se levant de table, personne ne formera pour votre bonheur des vœux plus ardents que ne le seront les miens : permettez-moi de vous donner cette assurance en prenant congé de vous. Dans quelques jours, je partirai pour l'Italie.

— Avec une duchesse, sans doute ?

— Non, mademoiselle, mais avec une maladie mortelle peut-être.

— N'est-ce pas une chimère ? demanda Émilie en lui lançant un regard inquiet.

— Non, dit-il, il est des blessures qui ne se cicatrisent jamais.

— Vous ne partirez pas, dit l'impérieuse jeune fille en souriant.

— Je partirai, reprit gravement Maximilien.

— Vous me trouverez mariée au retour, je vous en préviens, dit-elle avec coquetterie.

— Je le souhaite.

— L'impertinent ! s'écria-t-elle, se venge-t-il assez cruellement !

Quinze jours après, Maximilien Longueville partit avec sa sœur Clara pour les chaudes et poétiques contrées de la belle Italie, laissant mademoiselle de Fontaine en proie aux plus violents regrets. Le jeune secrétaire d'ambassade épousa la querelle de son frère, et sut tirer une vengeance éclatante des dédains d'Émilie en publiant les motifs de la rupture des deux amants. Il rendit avec usure à sa danseuse les sarcasmes qu'elle avait jadis lancés sur Maximilien, et fit souvent sourire plus d'une Excellence en peignant la belle ennemie des comptoirs, l'amazone qui prêchait une croisade contre les banquiers, la jeune fille dont l'amour s'était évaporé devant un demi-tiers de mousseline. Le comte de Fontaine fut obligé d'user de son crédit pour faire obtenir à Auguste Longueville une mission en Russie, afin de soustraire sa fille au ridicule que ce jeune et dangereux persécuteur versait sur elle à pleines mains. Bientôt le ministère, obligé de lever une conscription de pairs pour soutenir les opinions aristocratiques qui chancelaient dans la noble chambre à la voix d'un illustre écrivain, nomma monsieur *Guiraudin* de Longueville pair de France et vicomte. Monsieur de Fontaine obtint aussi la pairie, récompense due autant à sa fidélité pendant les mauvais jours qu'à son nom qui manquait à la chambre héréditaire.

Vers cette époque, Émilie devenue majeure fit sans doute de
sérieuses réflexions sur la vie ; car elle changea sensiblement de
ton et de manières : au lieu de s'exercer à dire des méchancetés à
son oncle, elle lui prodigua les soins les plus affectueux, elle lui
apportait sa béquille avec une persévérance de tendresse qui faisait rire les plaisants ; elle lui offrait le bras, allait dans sa voiture,
et l'accompagnait dans toutes ses promenades ; elle lui persuada
même qu'elle n'était point incommodée par l'odeur de la pipe, et
lui lisait sa chère *Quotidienne* au milieu des bouffées de tabac que
le malicieux marin lui envoyait à dessein ; elle apprit le piquet
pour faire la partie du vieux comte ; enfin cette jeune personne si
fantasque écoutait avec attention les récits que son oncle recom-
mençait périodiquement du combat de *la Belle-Poule*, des manœuvres de *la Ville-de-Paris*, de la première expédition de monsieur de Suffren, ou de la bataille d'Aboukir. Quoique le vieux
marin eût souvent dit qu'il connaissait trop sa longitude et sa latitude pour se laisser capturer par une jeune corvette, un beau
matin les salons de Paris apprirent que mademoiselle de Fontaine
avait épousé le comte de Kergarouët. La jeune comtesse donna des
fêtes splendides pour s'étourdir ; mais elle trouva sans doute le
néant au fond de ce tourbillon. Le luxe cachait imparfaitement le
vide et le malheur de son ame souffrante. La plupart du temps,
malgré les éclats d'une gaieté feinte, sa belle figure exprimait une
sourde mélancolie. Émilie paraissait d'ailleurs pleine d'attentions
et d'égards pour son vieux mari, qui souvent, en s'en allant dans
son appartement le soir au bruit d'un joyeux orchestre, disait qu'il
ne se reconnaissait plus, et qu'il ne croyait pas qu'à l'âge de
soixante-douze ans il dût s'embarquer comme pilote sur LA BELLE
ÉMILIE, après avoir déjà fait vingt ans de galères conjugales.

La conduite de la comtesse était empreinte d'une telle sévérité,
que la critique la plus clairvoyante n'avait rien à y reprendre. Les
observateurs pensaient que le vice-amiral s'était réservé le droit de
disposer de sa fortune pour enchaîner plus fortement sa femme.
Cette supposition faisait injure à l'oncle et à la nièce. L'attitude des
deux époux fut d'ailleurs si savamment calculée, qu'il devint presque impossible aux jeunes gens intéressés à deviner le secret de ce
ménage, de savoir si le vieux comte traitait sa femme en époux ou
en père. On lui entendait dire souvent qu'il avait recueilli sa nièce
comme une naufragée, et que, jadis, il n'avait jamais abusé de

l'hospitalité quand il lui arrivait de sauver un ennemi de la fureur des orages. Quoique la comtesse aspirât à régner sur Paris et qu'elle essayât de marcher de pair avec mesdames les duchesses de Maufrigneuse, de Chaulieu, les marquises d'Espard et d'Aiglemont, les comtesses Féraud, de Montcornet, de Restaud, madame de Camps et mademoiselle Des Touches, elle ne céda point à l'amour du jeune vicomte de Portenduère qui fit d'elle son idole.

Deux ans après son mariage, dans un des antiques salons du faubourg Saint-Germain où l'on admirait son caractère digne des anciens temps, Émilie entendit annoncer monsieur le vicomte de Longueville; et dans le coin du salon où elle faisait le piquet de l'évêque de Persépolis, son émotion ne put être remarquée de personne : en tournant la tête, elle avait vu entrer son ancien prétendu dans tout l'éclat de la jeunesse. La mort de son père et celle de son frère tué par l'inclémence du climat de Pétersbourg, avaient posé sur la tête de Maximilien les plumes héréditaires du chapeau de la pairie; sa fortune égalait ses connaissances et son mérite : la veille même, sa jeune et bouillante éloquence avait éclairé l'assemblée. En ce moment, il apparaissait à la triste comtesse, libre et paré de tous les dons qu'elle avait rêvés pour son idole. Toutes les mères qui avaient des filles à marier faisaient de coquettes avances à un jeune homme doué des vertus qu'on lui supposait en admirant sa grâce; mais mieux que toute autre, Émilie savait qu'il possédait cette fermeté de caractère dans laquelle les femmes prudentes voient un gage de bonheur. Elle jeta les yeux sur l'amiral, qui selon son expression familière paraissait devoir tenir encore long-temps sur son bord, et maudit les erreurs de son enfance.

En ce moment, monsieur de Persépolis lui dit avec sa grâce épiscopale : — Ma belle dame, vous avez écarté le roi de cœur, j'ai gagné. Mais ne regrettez pas votre argent, je le réserve pour mes petits séminaires.

Paris, décembre 1829.

LA BOURSE.

A SOFKA.

N'avez-vous pas remarqué, Mademoiselle, qu'en mettant deux figures en adoration aux côtés d'une belle sainte, les peintres ou les sculpteurs ne manquaient jamais de leur imprimer une ressemblance filiale? En voyant votre nom parmi ceux qui me sont chers et sous la protection desquels je place mes œuvres, souvenez-vous de cette touchante harmonie, et vous trouverez ici moins un hommage que l'expression de l'affection fraternelle que vous a vouée

Votre serviteur,

DE BALZAC.

Il est pour les âmes faciles à s'épanouir une heure délicieuse qui survient au moment où la nuit n'est pas encore et où le jour n'est plus. La lueur crépusculaire jette alors ses teintes molles ou ses reflets bizarres sur tous les objets, et favorise une rêverie qui se marie vaguement aux jeux de la lumière et de l'ombre. Le silence qui règne presque toujours en cet instant le rend plus particulièrement cher aux artistes qui se recueillent, se mettent à quelques pas de leurs œuvres auxquelles ils ne peuvent plus travailler, et ils les jugent en s'enivrant du sujet dont le sens intime éclate alors aux yeux intérieurs du génie. Celui qui n'est pas demeuré pensif près d'un ami pendant ce moment de songes poétiques, en comprendra difficilement les indicibles bénéfices. A la faveur du clair-obscur, les ruses matérielles employées par l'art pour faire croire à des réalités disparaissent entièrement. S'il s'agit d'un tableau, les personnages qu'il représente semblent et parler et marcher : l'ombre devient ombre, le jour est jour, la chair est vivante, les yeux remuent, le sang coule dans les veines, et les étoffes chatoient. L'imagination aide au naturel de chaque détail et ne voit plus que les beautés de l'œuvre. A cette heure, l'illusion règne despotiquement : peut-être se lève-t-elle avec la nuit ! l'illusion n'est-elle pas pour la pensée une espèce de nuit que nous meublons de songes ? L'illusion déploie alors ses ailes, elle emporte l'âme dans le monde des fantaisies, monde fertile en voluptueux caprices et où l'artiste oublie le monde positif, la veille et le lendemain, l'avenir, tout jusqu'à ses misères, les bonnes comme les mauvaises. A cette heure de magie, un jeune peintre, homme de talent, et qui dans l'art ne voyait que l'art même, était monté sur la double échelle qui lui servait à peindre une grande, une haute toile presque terminée. Là, se critiquant, s'admirant avec bonne foi, nageant au cours de ses pensées, il s'abîmait dans une de ces méditations qui ravissent l'âme et la grandissent, la caressent et la consolent. Sa rêverie dura longtemps sans doute. La nuit vint. Soit qu'il voulût descendre de son échelle, soit qu'il eût fait un mouvement imprudent en se croyant sur le plancher, l'événement ne lui permit pas d'avoir un souvenir exact des causes de son accident, il tomba, sa tête porta sur un tabouret, il perdit connaissance et resta sans mouvement pendant un laps de temps dont la durée lui fut inconnue. Une douce voix le tira de l'espèce d'engourdissement dans lequel il était plongé. Lorsqu'il ouvrit les yeux, la vue d'une vive lumière les lui fit refermer promptement; mais à travers le voile qui enveloppait ses sens, il entendit le chuchotement de deux femmes, et sentit deux jeunes, deux timides mains entre lesquelles reposait sa tête. Il reprit bientôt connaissance et put apercevoir, à la lueur d'une de ces vieilles lampes dites *à double courant d'air*, la plus délicieuse tête de jeune fille qu'il eût jamais vue, une de ces têtes qui souvent passent pour un caprice du pinceau, mais qui tout à coup réalisa pour lui les théories de ce beau idéal que se crée chaque artiste et d'où procède son talent. Le visage de l'inconnue appartenait, pour ainsi

dire, au type fin et délicat de l'école de Prudhon, et possédait
aussi cette poésie que Girodet donnait à ses figures fantastiques. La
fraîcheur des tempes, la régularité des sourcils, la pureté des lignes, la virginité fortement empreinte dans tous les traits de cette
physionomie faisaient de la jeune fille une création accomplie.
La taille était souple et mince, les formes étaient frêles. Ses vêtements, quoique simples et propres, n'annonçaient ni fortune ni
misère. En reprenant possession de lui-même, le peintre exprima
son admiration par un regard de surprise, et balbutia de confus
remercîments. Il trouva son front pressé par un mouchoir, et reconnut, malgré l'odeur particulière aux ateliers, la senteur forte
de l'éther, sans doute employé pour le tirer de son évanouissement. Puis, il finit par voir une vieille femme, qui ressemblait aux
marquises de l'ancien régime, et qui tenait la lampe en donnant des
conseils à la jeune inconnue.

— Monsieur, répondit la jeune fille à l'une des demandes faites
par le peintre pendant le moment où il était encore en proie à tout
le vague que la chute avait produit dans ses idées, ma mère et moi,
nous avons entendu le bruit de votre corps sur le plancher, nous
avons cru distinguer un gémissement. Le silence qui a succédé à la
chute nous a effrayées, et nous nous sommes empressées de monter. En trouvant la clef sur la porte, nous nous sommes heureusement permis d'entrer, et nous vous avons aperçu étendu par terre,
sans mouvement. Ma mère a été chercher tout ce qu'il fallait pour
faire une compresse et vous ranimer. Vous êtes blessé au front, là,
sentez-vous!

— Oui, maintenant, dit-il.

— Oh! cela ne sera rien, reprit la vieille mère. Votre tête a,
par bonheur, porté sur ce mannequin.

— Je me sens infiniment mieux, répondit le peintre, je n'ai plus
besoin que d'une voiture pour retourner chez moi. La portière ira
m'en chercher une.

Il voulut réitérer ses remercîments aux deux inconnues; mais,
à chaque phrase, la vieille dame l'interrompait en disant : — Demain, monsieur, ayez bien soin de mettre des sangsues ou de vous
faire saigner, buvez quelques tasses de vulnéraire, soignez-vous,
les chutes sont dangereuses.

La jeune fille regardait à la dérobée le peintre et les tableaux de
l'atelier. Sa contenance et ses regards révélaient une décence par-

faite; sa curiosité ressemblait à de la distraction, et ses yeux paraissaient exprimer cet intérêt que les femmes portent, avec une
spontanéité pleine de grâce, à tout ce qui est malheur en nous. Les
deux inconnues semblaient oublier les œuvres du peintre en présence du peintre souffrant. Lorsqu'il les eut rassurées sur sa situation, elles sortirent en l'examinant avec une sollicitude également
dénuée d'emphase et de familiarité, sans lui faire de questions in-
discrètes, ni sans chercher à lui inspirer le désir de les connaître.
Leurs actions furent marquées au coin d'un naturel exquis et du
bon goût. Leurs manières nobles et simples produisirent d'abord
peu d'effet sur le peintre; mais plus tard, lorsqu'il se souvint de
toutes les circonstances de cet événement, il en fut vivement frappé.
En arrivant à l'étage au-dessus duquel était situé l'atelier du peintre, la vieille femme s'écria doucement : — Adélaïde, tu as laissé
la porte ouverte.

— C'était pour me secourir, répondit le peintre avec un sourire
de reconnaissance.

— Ma mère, vous êtes descendue tout à l'heure, répliqua la
jeune fille en rougissant.

— Voulez-vous que nous vous accompagnions jusqu'en bas! dit
la mère au peintre. L'escalier est sombre.

— Je vous remercie, madame, je suis bien mieux.

— Tenez bien la rampe !

Les deux femmes restèrent sur le palier pour éclairer le jeune
homme en écoutant le bruit de ses pas.

Afin de faire comprendre tout ce que cette scène pouvait avoir
de piquant et d'inattendu pour le peintre, il faut ajouter que depuis quelques jours seulement il avait installé son atelier dans les
combles de cette maison, sise à l'endroit le plus obscur, partant
le plus boueux de la rue de Suresne, presque devant l'église de la
Madeleine, à deux pas de son appartement qui se trouvait rue
des Champs-Élysées. La célébrité que son talent lui avait acquise
ayant fait de lui l'un des artistes les plus chers à la France, il commençait à ne plus connaître le besoin, et jouissait, selon son expression, de ses dernières misères. Au lieu d'aller travailler dans un de
ces ateliers situés près des barrières et dont le loyer modique était
jadis en rapport avec la modestie de ses gains, il avait satisfait à
un désir qui renaissait tous les jours, en s'évitant une longue
course et la perte d'un temps devenu pour lui plus précieux que

jamais. Personne au monde n'eût inspiré autant d'intérêt qu'Hippolyte Schinner s'il eût consenti à se faire connaître; mais il ne confiait pas légèrement les secrets de sa vie. Il était l'idole d'une mère pauvre qui l'avait élevé au prix des plus dures privations. Mademoiselle Schinner, fille d'un fermier alsacien, n'avait jamais été mariée. Son âme tendre fut jadis cruellement froissée par un homme riche qui ne se piquait pas d'une grande délicatesse en amour. Le jour où, jeune fille et dans tout l'éclat de sa beauté, dans toute la gloire de sa vie, elle subit, aux dépens de son cœur et de ses belles illusions, ce désenchantement qui nous atteint si lentement et si vite, car nous voulons croire le plus tard possible au mal et il nous semble toujours venu trop promptement, ce jour fut tout un siècle de réflexions, et ce fut aussi le jour des pensées religieuses et de la résignation. Elle refusa les aumônes de celui qui l'avait trompée, renonça au monde, et se fit une gloire de sa faute. Elle se donna toute à l'amour maternel en lui demandant, pour les jouissances sociales auxquelles elle disait adieu, toutes ses délices. Elle vécut de son travail, en accumulant un trésor dans son fils. Aussi plus tard, un jour, une heure lui paya-t-elle les longs et lents sacrifices de son indigence. A la dernière exposition, son fils avait reçu la croix de la Légion d'honneur. Les journaux, unanimes en faveur d'un talent ignoré, retentissaient encore de louanges sincères. Les artistes eux-mêmes reconnaissaient Schinner pour un maître, et les marchands couvraient d'or ses tableaux. A vingt-cinq ans, Hippolyte Schinner, auquel sa mère avait transmis son âme de femme, avait, mieux que jamais, compris sa situation dans le monde. Voulant rendre à sa mère les jouissances dont la société l'avait privée pendant si longtemps, il vivait pour elle, espérant à force de gloire et de fortune la voir un jour heureuse, riche, considérée, entourée d'hommes célèbres. Schinner avait donc choisi ses amis parmi les hommes les plus honorables et les plus distingués. Difficile dans le choix de ses relations, il voulait encore élever sa position que son talent faisait déjà si haute. En le forçant à demeurer dans la solitude, cette mère des grandes pensées, le travail auquel il s'était voué dès sa jeunesse l'avait laissé dans les belles croyances qui décorent les premiers jours de la vie. Son âme adolescente ne méconnaissait aucune des mille pudeurs qui font du jeune homme un être à part dont le cœur abonde en félicités, en poésies, en espérances vierges, faibles aux yeux des gens blasés, mais profondes parce qu'elles sont simples. Il avait été doué de ces manières douces et polies qui vont si bien à l'âme et séduisent ceux mêmes par qui elles ne sont pas comprises. Il était bien fait. Sa voix, qui partait du cœur, y remuait chez les autres des sentiments nobles, et témoignait d'une modestie vraie par une certaine candeur dans l'accent. En le voyant, on se sentait porté vers lui par une de ces attractions morales que les savants ne savent heureusement pas encore analyser, ils y trouveraient quelque phénomène de galvanisme ou le jeu de je ne sais quel fluide, et formuleraient nos sentiments par des proportions d'oxygène et d'électricité. Ces détails feront peut-être comprendre aux gens hardis par caractère et aux hommes bien cravatés pourquoi, pendant l'absence du portier, qu'il avait envoyé chercher une voiture au bout de la rue de la Madeleine, Hippolyte Schinner ne fit à la portière aucune question sur les deux personnes dont le bon cœur s'était dévoilé pour lui. Mais quoiqu'il répondît par oui et non aux demandes, naturelles en semblable occurrence, qui lui furent faites par cette femme sur son accident et sur l'intervention officieuse des locataires qui occupaient le quatrième étage, il ne put l'empêcher d'obéir à l'instinct des portiers : elle lui parla des deux inconnues selon les intérêts de sa politique et d'après les jugements souterrains de la loge.

— Ah! dit-elle, c'est sans doute mademoiselle Leseigneur et sa mère! Elles demeurent ici depuis quatre ans, et nous ne savons pas encore ce qu'elles font. Le matin, jusqu'à midi seulement, une vieille femme de ménage à moitié sourde, et qui ne parle pas plus qu'un mur, vient les servir. Le soir, deux ou trois vieux messieurs, décorés comme vous, monsieur, dont l'un a équipage, des domestiques, et auquel on donne aux environs de cinquante mille livres de rente, arrivent chez elles, et restent souvent très-tard. C'est d'ailleurs des locataires bien tranquilles, comme vous, monsieur. Et puis, c'est économe, ça vit de rien. Aussitôt qu'il arrive une lettre, elles la paient. C'est drôle, monsieur, la mère se nomme autrement que sa fille. Ah! quand elles vont aux Tuileries, mademoiselle est bien flambante, et ne sort pas de fois qu'elle ne soit suivie de jeunes gens auxquels elle ferme la porte au nez, et elle fait bien. Le propriétaire ne souffrirait pas...

La voiture était arrivée, Hippolyte n'en entendit pas davantage et revint chez lui. Sa mère, à laquelle il raconta son aventure, pansa de nouveau sa blessure, et ne lui permit pas de retourner le lendemain à son atelier. Consultation faite, diverses prescriptions furent ordonnées, et Hippolyte resta trois jours au logis. Pendant cette réclusion, son imagination inoccupée lui rappela vivement, et comme par fragments, les détails de la scène qu'il avait eue sous les yeux après son évanouissement. Le profil de la jeune fille tranchait fortement sur les ténèbres de sa vision intérieure : il revoyait le visage flétri de la mère ou sentait encore les mains d'Adélaïde, il retrouvait un geste qui l'avait peu frappé d'abord mais dont les grâces exquises étaient mises en relief par le souvenir ; puis une attitude ou les sons d'une voix mélodieuse embellis par le lointain de la mémoire reparaissaient tout à coup, comme ces objets qui plongés au fond des eaux reviennent à la surface. Aussi, le jour où il lui fut permis de reprendre ses travaux, retourna-t-il de bonne heure à son atelier ; mais la visite qu'il avait incontestablement le droit de faire à ses voisines était la véritable cause de son empressement, il oubliait déjà ses tableaux commencés. Au moment où une passion brise ses langes, il se rencontre des plaisirs inexplicables que comprennent ceux qui ont aimé. Ainsi quelques personnes sauront pourquoi le peintre monta lentement les marches du quatrième étage, et seront dans le secret des pulsations qui se succédèrent rapidement dans son cœur au moment où il vit la porte brune du modeste appartement qu'habitait mademoiselle Leseigneur. Cette fille, qui ne portait pas le nom de sa mère, avait éveillé mille sympathies chez le jeune peintre ; il voulait voir entre eux quelques similitudes de position, et la dotait des malheurs de sa propre origine. Tout en travaillant, Hippolyte se livra fort complaisamment à des pensées d'amour, et, dans un but qui ne s'expliquait pas trop, il fit beaucoup de bruit pour obliger les deux dames à s'occuper de lui comme il s'occupait d'elles. Il resta très-tard à son atelier, il y dîna ; puis, vers sept heures, descendit chez ses voisines.

Aucun peintre de mœurs n'a osé nous initier, par pudeur peut-être, aux intérieurs vraiment curieux de certaines existences parisiennes, au secret de ces habitations d'où sortent de si fraîches, de si élégantes toilettes, des femmes si brillantes qui, riches au dehors, laissent voir partout chez elles les signes d'une fortune équivoque. Si la peinture est ici trop franchement dessinée, si vous y trouvez des longueurs, n'en accusez pas la description qui fait, pour ainsi dire, corps avec l'histoire ;

car l'aspect de l'appartement habité par ses deux voisines influa
beaucoup sur les sentiments et sur les espérances d'Hippolyte
Schinner.

La maison appartenait à l'un de ces propriétaires chez lesquels préexiste une horreur profonde pour les réparations et pour
les embellissements, un de ces hommes qui considèrent leur position
de propriétaire parisien comme un état. Dans la grande chaîne des
espèces morales, ces gens tiennent le milieu entre l'avare et l'usurier. Optimistes par calcul, ils sont tous fidèles au *statu quo* de
l'Autriche. Si vous parlez de déranger un placard ou une porte, de
pratiquer la plus nécessaire des ventouses, leurs yeux brillent,
leur bile s'émeut, ils se cabrent comme des chevaux effrayés.
Quand le vent a renversé quelques faîteaux de leurs cheminées,
ils sont malades et se privent d'aller au Gymnase ou à la Porte-
Saint-Martin pour cause de réparations. Hippolyte, qui, à propos
de certains embellissements à faire dans son atelier, avait eu *gratis*
la représentation d'une scène comique avec le sieur Molineux,
ne s'étonna pas des tons noirs et gras, des teintes huileuses, des
taches et autres accessoires assez désagréables qui décoraient les
boiseries. Ces stigmates de misère ne sont point d'ailleurs sans poésie
aux yeux d'un artiste.

Mademoiselle Leseigneur vint elle-même ouvrir la porte. En
voyant le jeune peintre, elle le salua ; puis, en même temps, avec
cette dextérité parisienne et cette présence d'esprit que la fierté
donne, elle se retourna pour fermer la porte d'une cloison vitrée
à travers laquelle Hippolyte aurait pu voir quelques linges étendus
sur des cordes au-dessus des fourneaux économiques, un vieux lit
de sangles, la braise, le charbon, les fers à repasser, la fontaine
filtrante, la vaisselle et tous les ustensiles particuliers aux petits
ménages. Des rideaux de mousseline assez propres cachaient soigneusement ce *capharnaüm*, mot en usage pour désigner familièrement ces espèces de laboratoires, mal éclairé d'ailleurs par
des jours de souffrance pris sur une cour voisine. Avec le rapide
coup d'œil des artistes, Hippolyte vit la destination, les meubles,
l'ensemble et l'état de cette première pièce coupée en deux. La
partie honorable, qui servait à la fois d'antichambre et de salle à
manger, était tendue d'un vieux papier de couleur aurore, à bordure veloutée, sans doute fabriqué par Réveillon, et dont les trous
ou les taches avaient été soigneusement dissimulés sous des pains à

cacheter. Des estampes représentant les batailles d'Alexandre par Lebrun, mais à cadres dédorés, garnissaient symétriquement les murs. Au milieu de cette pièce était une table d'acajou massif, vieille de formes et à bords usés. Un petit poêle, dont le tuyau droit et sans coude s'apercevait à peine, se trouvait devant la cheminée, dont l'âtre contenait une armoire. Par un contraste bizarre, les chaises offraient quelques vestiges d'une splendeur passée, elles étaient en acajou sculpté ; mais le maroquin rouge du siége, les clous dorés et les cannetilles montraient des cicatrices aussi nombreuses que celles des vieux sergents de la garde impériale. Cette pièce servait de musée à certaines choses qui ne se rencontrent que dans ces sortes de ménages amphibies, objets innommés participant à la fois du luxe et de la misère. Entre autres curiosités, Hippolyte vit une longue-vue magnifiquement ornée, suspendue au-dessus de la petite glace verdâtre qui décorait la cheminée. Pour appareiller cet étrange mobilier, il y avait entre la cheminée et la cloison un mauvais buffet peint en acajou, celui de tous les bois qu'on réussit le moins à simuler. Mais le carreau rouge et glissant, mais les méchants petits tapis placés devant les chaises, mais les meubles, tout reluisait de cette propreté frotteuse qui prête un faux lustre aux vieilleries en accusant encore mieux leurs défectuosités, leur âge et leurs longs services. Il régnait dans cette pièce une senteur indéfinissable résultant des exhalaisons du capharnaüm mêlées aux vapeurs de la salle à manger et à celles de l'escalier, quoique la fenêtre fût entr'ouverte et que l'air de la rue agitât les rideaux de percale soigneusement étendus, de manière à cacher l'embrasure où les précédents locataires avaient signé leur présence par diverses incrustations, espèces de fresques domestiques. Adélaïde ouvrit promptement la porte de l'autre chambre, où elle introduisit le peintre avec un certain plaisir. Hippolyte, qui jadis avait vu chez sa mère les mêmes signes d'indigence, les remarqua avec la singulière vivacité d'impression qui caractérise les premières acquisitions de notre mémoire, et entra mieux que tout autre ne l'aurait fait dans les détails de cette existence. En reconnaissant les choses de sa vie d'enfance, ce bon jeune homme n'eut ni mépris de ce malheur caché, ni orgueil du luxe qu'il venait de conquérir pour sa mère.

— Eh bien, monsieur ! j'espère que vous ne vous sentez plus de votre chute ? lui dit la vieille mère en se levant d'une antique bergère placée au coin de la cheminée et en lui présentant un fauteuil.

— Non, madame. Je viens vous remercier des bons soins que vous m'avez donnés, et surtout mademoiselle qui m'a entendu tomber.

En disant cette phrase, empreinte de l'adorable stupidité que donnent à l'âme les premiers troubles de l'amour vrai, Hippolyte regardait la jeune fille. Adélaïde allumait la lampe à double courant d'air, afin de faire disparaître une chandelle contenue dans un grand martinet de cuivre et ornée de quelques cannelures saillantes par un coulage extraordinaire. Elle salua légèrement, alla mettre le martinet dans l'antichambre, revint placer la lampe sur la cheminée et s'assit près de sa mère, un peu en arrière du peintre, afin de pouvoir le regarder à son aise en paraissant très-occupée du début de la lampe dont la lumière, saisie par l'humidité d'un verre terni, pétillait en se débattant avec une mèche noire et mal coupée. En voyant la grande glace qui ornait la cheminée, Hippolyte y jeta promptement les yeux pour admirer Adélaïde. La petite ruse de la jeune fille ne servit donc qu'à les embarrasser tous deux. En causant avec madame Leseigneur, car Hippolyte lui donna ce nom à tout hasard, il examina le salon, mais décemment et à la dérobée. Le foyer était si plein de cendres que l'on voyait à peine les figures égyptiennes des chenets en fer. Deux tisons essayaient de se rejoindre devant une bûche de terre, enterrée aussi soigneusement que peut l'être le trésor d'un avare. Un vieux tapis d'Aubusson, bien raccommodé, bien passé, usé comme l'habit d'un invalide, ne couvrait pas tout le carreau dont la froideur était à peine amortie. Les murs avaient pour ornement un papier rougeâtre, figurant une étoffe en lampasse à dessins jaunes. Au milieu de la paroi opposée à celle où se trouvaient les fenêtres, le peintre vit une fente et les plis faits dans le papier par les deux portes d'une alcôve où madame Leseigneur couchait sans doute. Un canapé placé devant cette ouverture secrète la déguisait imparfaitement. En face de la cheminée, il y avait une très-belle commode en acajou dont les ornements ne manquaient ni de richesse ni de goût. Un portrait accroché au-dessus représentait un militaire de haut grade; mais le peu de lumière ne permit pas au peintre de distinguer à quelle arme il appartenait. Cette effroyable croûte paraissait d'ailleurs avoir été plutôt faite en Chine qu'à Paris. Aux fenêtres, des rideaux en soie rouge étaient décolorés comme le meuble en tapisserie jaune et rouge qui garnissait ce salon à deux fins. Sur le marbre de la commode, un précieux plateau de malachite supportait une douzaine de tasses à café, magnifiques de peintu e, et sans doute faites à Sèvres. Sur la cheminée s'élevait l'éternelle pendule de l'empire, un guerrier guidant les quatre chevaux d'un char dont la roue porte à chaque raie le chiffre d'une heure. Les bougies des flambeaux étaient jaunies par la fumée, et à chaque coin du chambranle on voyait un vase en porcelaine dans lequel se trouvait un bouquet de fleurs artificielles plein de poussière et garni de mousse. Au milieu de la pièce, Hippolyte remarqua une table de jeu dressée et des cartes neuves. Pour un observateur, il y avait je ne sais quoi de désolant dans le spectacle de cette misère fardée comme une vieille femme qui veut faire mentir son visage. A ce spectacle, tout homme de bon sens se serait proposé secrètement et tout d'abord cette espèce de dilemme : ou ces deux femmes sont la probité même, ou elles vivent d'intrigues et de jeu. Mais en voyant Adélaïde, un jeune homme aussi pur que l'était Schinner devait croire à l'innocence la plus parfaite, et prêter aux incohérences de ce mobilier les plus honorables causes.

— Ma fille, dit la vieille dame à la jeune personne, j'ai froid, faites-nous un peu de feu, et donnez-moi mon châle.

Adélaïde alla dans une chambre contiguë au salon où sans doute elle couchait, et revint en apportant à sa mère un châle de cachemire qui neuf dut avoir un grand prix, les dessins étaient indiens; mais vieux, sans fraîcheur et plein de reprises, il s'harmoniait avec les meubles. Madame Leseigneur s'en enveloppa très-artistement et avec l'adresse d'une vieille femme qui voulait faire croire à la vérité de ses paroles. La jeune fille courut lestement au capharnaüm; et reparut avec une poignée de menu bois qu'elle jeta bravement dans le feu pour le rallumer.

Il serait assez difficile de traduire la conversation qui eut lieu entre ces trois personnes. Guidé par le tact que donnent presque toujours les malheurs éprouvés dès l'enfance, Hippolyte n'osait se permettre la moindre observation relative à la position de ses voisines, en voyant autour de lui les symptômes d'une gêne si mal déguisée. La plus simple question eût été indiscrète et ne devait être faite que par une amitié déjà vieille. Néanmoins le peintre était profondément préoccupé de cette misère cachée, son âme généreuse en souffrait ; mais sachant ce que toute espèce de pitié, même la plus amie, peut avoir d'offensif, il se trouvait mal à l'aise du désaccord qui existait entre ses pensées et ses paroles. Les deux dames parlèrent d'abord de peinture, car les femmes devinent très-bien les secrets embarras que cause une première visite ; elles les éprouvent peut-être, et la nature de leur esprit leur fournit mille ressources pour les faire cesser. En interrogeant le jeune homme sur les procédés matériels de son art, sur ses études, Adélaïde et sa mère surent l'enhardir à causer. Les riens indéfinissables de leur conversation animée de bienveillance amenèrent tout naturellement Hippolyte à lancer des remarques ou des réflexions qui peignirent la nature de ses mœurs et de son âme. Les chagrins avaient prématurément flétri le visage de la vieille dame, sans doute belle autrefois ; mais il ne lui restait plus que les traits saillants, les contours, en un mot le squelette d'une physionomie dont l'ensemble indiquait une grande finesse, beaucoup de grâce dans le jeu des yeux où se retrouvait l'expression particulière aux femmes de l'ancienne cour et que rien ne saurait définir. Ces traits si fins, si déliés pouvaient tout aussi bien dénoter des sentiments mauvais, faire supposer l'astuce et la ruse féminines à un haut degré de perversité que révéler les délicatesses d'une belle âme. En effet, le visage de la femme a cela d'embarrassant pour les observateurs vulgaires, que la différence entre la franchise et la duplicité, entre le génie de l'intrigue et le génie du cœur, y est imperceptible. L'homme doué d'une vue pénétrante devine ces nuances insaisissables que produisent une ligne plus ou moins courbe, une fossette plus ou moins creuse, une saillie plus ou moins bombée ou proéminente. L'appréciation de ces diagnostics est tout entière dans le domaine de l'intuition, qui peut seule faire découvrir ce que chacun est intéressé à cacher. Il en était du visage de cette vieille dame comme de l'appartement qu'elle habitait : il semblait aussi difficile de savoir si cette misère couvrait des vices ou une haute probité, que de reconnaître si la mère d'Adélaïde était une ancienne coquette habituée à tout peser, à tout calculer, à tout vendre, ou une femme aimante, pleine de noblesse et d'aimables qualités. Mais à l'âge de Schinner, le premier mouvement du cœur est de croire au bien. Aussi en contemplant le front noble et presque dédaigneux d'Adélaïde, en regardant ses

yeux pleins d'âme et de pensées, respira-t-il, pour ainsi dire, les
suaves et modestes parfums de la vertu. Au milieu de la conversation, il saisit l'occasion de parler des portraits en général, pour
avoir le droit d'examiner l'effroyable pastel dont toutes les teintes
avaient pâli, et dont la poussière était en grande partie tombée.

— Vous tenez sans doute à cette peinture en faveur de la ressemblance, mesdames, car le dessin en est horrible? dit-il en regardant Adélaïde.

— Elle a été faite à Calcutta, en grande hâte, répondit la mère
d'une voix émue.

Elle contempla l'esquisse informe avec cet abandon profond que
donnent les souvenirs de bonheur quand ils se réveillent et tombent sur le cœur, comme une bienfaisante rosée aux fraîches impressions de laquelle on aime à s'abandonner; mais il y eut aussi
dans l'expression du visage de la vieille dame les vestiges d'un deuil
éternel. Le peintre voulut du moins interpréter ainsi l'attitude et
la physionomie de sa voisine, près de laquelle il vint alors s'asseoir.

— Madame, dit-il, encore un peu de temps, et les couleurs
de ce pastel auront disparu. Le portrait n'existera plus que dans
votre mémoire. Là où vous verrez une figure qui vous est chère,
les autres ne pourront plus rien apercevoir. Voulez-vous me permettre de transporter cette ressemblance sur la toile? elle y sera
plus solidement fixée qu'elle ne l'est sur ce papier. Accordez-moi,
en faveur de notre voisinage, le plaisir de vous rendre ce service.
Il se rencontre des heures pendant lesquelles un artiste aime à se
délasser de ses grandes compositions par des travaux d'une portée
moins élevée, ce sera donc pour moi une distraction que de refaire
cette tête.

La vieille dame tressaillit en entendant ces paroles, et Adélaïde
jeta sur le peintre un de ces regards recueillis qui semblent être
un jet de l'âme. Hippolyte voulait appartenir à ses deux voisines
par quelque lien, et conquérir le droit de se mêler à leur vie. Son
offre, en s'adressant aux plus vives affections du cœur, était la
seule qu'il lui fût possible de faire : elle contentait sa fierté d'artiste, et n'avait rien de blessant pour les deux dames. Madame
Leseigneur accepta sans empressement ni regret, mais avec cette
conscience des grandes âmes qui savent l'étendue des liens que
nouent de semblables obligations et qui en font un magnifique
éloge, une preuve d'estime.

— Il me semble, dit le peintre, que cet uniforme est celui d'un officier de marine?

— Oui, dit-elle, c'est celui des capitaines de vaisseau. Monsieur de Rouville, mon mari, est mort à Batavia des suites d'une blessure reçue dans un combat contre un vaisseau anglais qui le rencontra sur les côtes d'Asie. Il montait une frégate de cinquante-six canons, et le *Revenge* était un vaisseau de quatre-vingt-seize La lutte fut très-inégale; mais il se défendit si courageusement qu'il la maintint jusqu'à la nuit et put échapper. Quand je revins en France, Bonaparte n'avait pas encore le pouvoir, et l'on me refusa une pension. Lorsque, dernièrement, je la sollicitai de nouveau, le ministre me dit avec dureté que si le baron de Rouville eût émigré, je l'aurais conservé; qu'il serait sans doute aujourd'hui contre-amiral; enfin, son excellence finit par m'opposer je ne sais quelle loi sur les déchéances. Je n'ai fait cette démarche à laquelle des amis m'avaient poussée, que pour ma pauvre Adélaïde. J'ai toujours eu de la répugnance à tendre la main au nom d'une douleur qui ôte à une femme sa voix et ses forces. Je n'aime pas cette évaluation pécuniaire d'un sang irréparablement versé...

— Ma mère, ce sujet de conversation vous fait toujours mal.

Sur ce mot d'Adélaïde, la baronne Leseigneur de Rouville inclina la tête et garda le silence.

— Monsieur, dit la jeune fille à Hippolyte, je croyais que les travaux des peintres étaient en général peu bruyants!

A cette question, Schinner se prit à rougir en se souvenant du tapage qu'il avait fait. Adélaïde n'acheva pas et lui sauva quelque mensonge en se levant tout à coup au bruit d'une voiture qui s'arrêtait à la porte, elle alla dans sa chambre d'où elle revint aussitôt en tenant deux flambeaux dorés garnis de bougies entamées qu'elle alluma promptement; et sans attendre le tintement de la sonnette, elle ouvrit la porte de la première pièce où elle laissa la lampe. Le bruit d'un baiser reçu et donné retentit jusque dans le cœur d'Hippolyte. L'impatience que le jeune homme eut de voir celui qui traitait si familièrement Adélaïde ne fut pas promptement satisfaite. Les arrivants eurent avec la jeune fille une conversation à voix basse qu'il trouva bien longue. Enfin, mademoiselle de Rouville reparut suivie de deux hommes dont le costume, la physionomie et l'aspect étaient toute une histoire. Agé d'environ soixante ans, le premier portait un de ces habits in-

ventés, je crois, pour Louis XVIII alors régnant, et dans lesquels le problème vestimental le plus difficile avait été résolu par
un tailleur qui devrait être immortel. Cet artiste connaissait, à
coup sûr, l'art des transitions qui fut tout le génie de ce temps
si politiquement mobile. N'est-ce pas un bien rare mérite que de
savoir juger son époque? Cet habit, que les jeunes gens d'aujour-
d'hui peuvent prendre pour une fable, n'était ni civil ni militaire
et pouvait passer tour à tour pour militaire et pour civil. Des fleurs
de lis brodées ornaient les retroussis des deux pans de derrière. Les
boutons dorés étaient également fleurdelisés. Sur les épaules, deux
attentes vides demandaient des épaulettes inutiles. Ces deux symptômes de milice étaient là comme une pétition sans apostille. Chez le
vieillard, la boutonnière de cet habit en drap bleu de roi était fleu-
rie de plusieurs rubans. Il tenait sans doute toujours à la main son
tricorne garni d'une ganse d'or, car les ailes neigeuses de ses cheveux poudrés n'offraient pas trace de la pression du chapeau. Il semblait ne pas avoir plus de cinquante ans, et paraissait jouir d'une
santé robuste. Tout en accusant le caractère loyal et franc des vieux
émigrés, sa physionomie dénotait aussi les mœurs libertines et faciles,
les passions gaies et l'insouciance de ces mousquetaires, jadis si célèbres dans les fastes de la galanterie. Ses gestes, son allure, ses
manières annonçaient qu'il ne voulait se corriger ni de son royalisme,
ni de sa religion, ni de ses amours.

Une figure vraiment fantastique suivait ce prétentieux *voltigeur
de Louis XIV* (tel fut le sobriquet donné par les bonapartistes à ces
nobles restes de la monarchie); mais pour la bien peindre il faudrait
en faire l'objet principal du tableau où elle n'est qu'un accessoire.
Figurez-vous un personnage sec et maigre, vêtu comme l'était le
premier, mais n'en étant pour ainsi dire que le reflet, ou l'ombre,
si vous voulez? L'habit, neuf chez l'un, se trouvait vieux et flétri
chez l'autre. La poudre des cheveux semblait moins blanche chez le
second, l'or des fleurs de lis moins éclatant, les attentes de l'épaulette plus désespérées et plus recroquevillées, l'intelligence plus faible, la vie plus avancée vers le terme fatal que chez le premier.
Enfin, il réalisait ce mot de Rivarol sur Champcenetz : « C'est
mon clair de lune. » Il n'était que le double de l'autre, le
double pâle et pauvre, car il se trouvait entre eux toute la différence qui existe entre la première et la dernière épreuve d'une li-
thographie. Ce vieillard muet fut un mystère pour le peintre, et

resta constamment un mystère. Le chevalier, il était chevalier, ne parla pas, et personne ne lui parla. Était-ce un ami, un parent pauvre, un homme qui restait près du vieux galant comme une demoiselle de compagnie près d'une vieille femme? Tenait-il le milieu entre le chien, le perroquet et l'ami? Avait-il sauvé la fortune ou seulement la vie de son bienfaiteur? Était-ce le *Trim* d'un autre capitaine Tobie? Ailleurs, comme chez la baronne de Rouville, il excitait toujours la curiosité sans jamais la satisfaire. Qui pouvait, sous la Restauration, se rappeler l'attachement qui liait avant la Révolution ce chevalier à la femme de son ami, morte depuis vingt ans?

Le personnage qui paraissait être le plus neuf de ces deux débris s'avança galamment vers la baronne de Rouville, lui baisa la main, et s'assit auprès d'elle. L'autre salua et se mit près de son type, à une distance représentée par deux chaises. Adélaïde vint appuyer ses coudes sur le dossier du fauteuil occupé par le vieux gentilhomme en imitant, sans le savoir, la pose que Guérin a donnée à la sœur de Didon dans son célèbre tableau. Quoique la familiarité du gentilhomme fût celle d'un père, pour le moment ses libertés parurent déplaire à la jeune fille.

— Eh bien! tu me boudes? dit-il en jetant sur Schinner de ces regards obliques pleins de finesse et de ruse, regards diplomatiques dont l'expression trahissait la prudente inquiétude, la curiosité polie des gens bien élevés qui semblent demander en voyant un inconnu : — Est-il des nôtres?

— Vous voyez notre voisin, lui dit la vieille dame en lui montrant Hippolyte, Monsieur est un peintre célèbre dont le nom doit être connu de vous malgré votre insouciance pour les arts.

Le gentilhomme reconnut la malice de sa vieille amie dans l'omission qu'elle faisait du nom, et salua le jeune homme.

— Certes, dit-il, j'ai beaucoup entendu parler de ses tableaux au dernier Salon. Le talent a de beaux priviléges, monsieur, ajouta-t-il en regardant le ruban rouge de l'artiste. Cette distinction, qu'il nous faut acquérir au prix de notre sang et de longs services, vous l'obtenez jeunes; mais toutes les gloires sont frères, ajouta-t-il en portant les mains à sa croix de Saint-Louis.

Hippolyte balbutia quelques paroles de remercîment, et rentra dans son silence, se contentant d'admirer avec un enthousiasme croissant la belle tête de jeune fille par laquelle il était charmé. Bientôt il s'oublia dans cette contemplation, sans plus songer à la misère

profonde du logis. Pour lui, le visage d'Adélaïde se détachait sur
une atmosphère lumineuse. Il répondit brièvement aux questions
qui lui furent adressées et qu'il entendit heureusement, grâce à
une singulière faculté de notre âme dont la pensée peut en quelque sorte se dédoubler parfois. A qui n'est-il pas arrivé de rester
plongé dans une méditation voluptueuse ou triste, d'en écouter la
voix en soi-même, et d'assister à une conversation ou à une lecture? Admirable dualisme qui souvent aide à prendre les ennuyeux en patience! Féconde et riante, l'espérance lui versa mille
pensées de bonheur, et il ne voulut plus rien observer autour de
lui. Enfant plein de confiance, il lui parut honteux d'analyser un
plaisir. Après un certain laps de temps, il s'aperçut que la vieille
dame et sa fille jouaient avec le vieux gentilhomme. Quant au satel-
lite de celui-ci, fidèle à son état d'ombre, il se tenait debout derrière son ami dont le jeu le préoccupait, répondant aux muettes questions que lui faisait le joueur par de petites grimaces approbatives
qui répétaient les mouvements interrogateurs de l'autre physionomie.

— Du Halga, je perds toujours, disait le gentilhomme.

— Vous écartez mal, répondait la baronne de Rouville.

— Voilà trois mois que je n'ai pas pu vous gagner une seule
partie, reprit-il.

— Monsieur le comte a-t-il les as? demanda la vieille dame.

— Oui. Encore un marqué, dit-il.

— Voulez-vous que je vous conseille? disait Adélaïde.

— Non, non, reste devant moi. Ventre-de-biche! ce serait trop
perdre que de ne pas t'avoir en face.

Enfin la partie finit. Le gentilhomme tira sa bourse, et jetant
deux louis sur le tapis, non sans humeur : — Quarante francs,
juste comme de l'or, dit-il. Et diantre! il est onze heures.

— Il est onze heures, répéta le personnage muet en regardant
le peintre.

Le jeune homme, entendant cette parole un peu plus distinctement que toutes les autres, pensa qu'il était temps de se retirer.
Rentrant alors dans le monde des idées vulgaires, il trouva quelques lieux communs pour prendre la parole, salua la baronne, sa
fille, les deux inconnus, et sortit en proie aux premières félicités
de l'amour vrai, sans chercher à s'analyser les petits événements
de cette soirée.

Le lendemain, le jeune peintre éprouva le désir le plus violent de revoir Adélaïde. S'il avait écouté sa passion, il serait entré chez ses voisines dès six heures du matin, en arrivant à son atelier. Il eut cependant encore assez de raison pour attendre jusqu'à l'après-midi. Mais, aussitôt qu'il crut pouvoir se présenter chez madame de Rouville, il descendit, sonna, non sans quelques larges battements de cœur; et, rougissant comme une jeune fille, il demanda timidement le portrait du baron de Rouville à mademoiselle Leseigneur qui était venue lui ouvrir.

— Mais entrez, lui dit Adélaïde qui l'avait sans doute entendu descendre de son atelier.

Le peintre la suivit, honteux, décontenancé, ne sachant rien dire, tant le bonheur le rendait stupide. Voir Adélaïde, écouter le frissonnement de sa robe, après avoir désiré pendant toute une matinée d'être près d'elle, après s'être levé cent fois en disant : — Je descends! et n'être pas descendu; c'était, pour lui, vivre si richement que de telles sensations trop prolongées lui auraient usé l'âme. Le cœur a la singulière puissance de donner un prix extraordinaire à des riens. Quelle joie n'est-ce pas pour un voyageur de recueillir un brin d'herbe, une feuille inconnue, s'il a risqué sa vie dans cette recherche! Les riens de l'amour sont ainsi. La vieille dame n'était pas dans le salon. Quand la jeune fille s'y trouva seule avec le peintre, elle apporta une chaise pour avoir le portrait; mais, en s'apercevant qu'elle ne pouvait pas le décrocher sans mettre le pied sur la commode, elle se tourna vers Hippolyte et lui dit en rougissant : — Je ne suis pas assez grande. Voulez-vous le prendre?

Un sentiment de pudeur, dont témoignaient l'expression de sa physionomie et l'accent de sa voix, était le véritable motif de sa demande; et le jeune homme, la comprenant ainsi, lui jeta un de ces regards intelligents qui sont le plus doux langage de l'amour. Adélaïde, voyant que le peintre l'avait devinée, baissa les yeux par un mouvement de fierté dont le secret appartient aux vierges. Ne trouvant pas un mot à dire, et presque intimidé, le peintre prit alors le tableau, l'examina gravement en le mettant au jour près de la fenêtre, et s'en alla sans dire autre chose à mademoiselle Leseigneur que : « Je vous le rendrai bientôt. » Tous deux avaient, pendant ce rapide instant, ressenti une de ces commotions vives dont les effets dans l'âme peuvent se comparer à ceux que produit une pierre jetée au fond d'un lac. Les réflexions les plus douces naissent et se succèdent, indéfinissables, multipliées, sans but,

agitant le cœur comme les rides circulaires qui plissent longtemps
l'onde en partant du point où la pierre est tombée. Hippolyte revint dans son atelier armé de ce portrait. Déjà son chevalet avait
été garni d'une toile, une palette chargée de couleurs ; les pinceaux
étaient nettoyés, la place et le jour choisi. Aussi, jusqu'à l'heure
du dîner, travailla-t-il au portrait avec cette ardeur que les artistes mettent à leurs caprices. Il revint le soir même chez la baronne de Rouville, et y resta depuis neuf heures jusqu'à onze.
Hormis les différents sujets de conversation, cette soirée ressembla
fort exactement à la précédente. Les deux vieillards arrivèrent à la
même heure, la même partie de piquet eut lieu, les mêmes phrases
furent dites par les joueurs, la somme perdue par l'ami d'Adélaïde
fut aussi considérable que celle perdue la veille ; seulement Hippolyte, un peu plus hardi, osa causer avec la jeune fille.

Huit jours se passèrent ainsi, pendant lesquels les sentiments du
peintre et ceux d'Adélaïde subirent ces délicieuses et lentes trans-
formations qui amènent les âmes à une parfaite entente. Aussi, de
jour en jour, le regard par lequel Adélaïde accueillait son ami
était-il devenu plus intime, plus confiant, plus gai, plus franc ;
sa voix, ses manières eurent quelque chose de plus onctueux,
de plus familier. Tous deux riaient, causaient, se communiquaient
leurs pensées, parlaient d'eux-mêmes avec la naïveté de deux enfants qui, dans l'espace d'une journée, ont fait connaissance,
comme s'ils s'étaient vus depuis trois ans. Schinner jouait au piquet. Ignorant et novice, il faisait naturellement école sur école ;
et, comme le vieillard, il perdait presque toutes les parties. Sans
s'être encore confié leur amour, les deux amants savaient qu'ils
s'appartenaient l'un à l'autre. Hippolyte avait exercé son pouvoir
avec bonheur sur sa timide amie. Bien des concessions lui avaient
été faites par Adélaïde qui, craintive et dévouée, était la dupe
de ces fausses bouderies que l'amant le moins habile ou la
jeune fille la plus naïve inventent et dont ils se servent sans
cesse, comme les enfants gâtés abusent de la puissance que leur
donne l'amour de leur mère. Toute familiarité avait cessé entre
le vieux comte et Adélaïde. La jeune fille avait naturellement compris les tristesses du peintre et les pensées cachées dans les plis de
son front, dans l'accent brusque du peu de mots qu'il prononçait
lorsque le vieillard baisait sans façon les mains ou le cou d'Adélaïde.
De son côté, mademoiselle Leseigneur demandait à son amant un

compte sévère de ses moindres actions. Elle était si malheureuse, si inquiète quand Hippolyte ne venait pas; elle savait si bien le gronder de ses absences que le peintre cessa de voir ses amis et d'aller dans le monde. Adélaïde laissa percer la jalousie naturelle aux femmes en apprenant que parfois, en sortant de chez madame de Rouville, à onze heures, le peintre faisait encore des visites et parcourait les salons les plus brillants de Paris. D'abord elle prétendit que ce genre de vie était mauvais pour la santé; puis elle trouva moyen de lui dire, avec cette conviction profonde à laquelle l'accent, le geste et le regard d'une personne aimée donnent tant de pouvoir : « qu'un homme obligé de prodiguer à plusieurs femmes à la fois son temps et les grâces de son esprit ne pouvait pas être l'objet d'une affection bien vive. » Le peintre fut donc amené, autant par le despotisme de la passion que par les exigences d'une jeune fille aimante, à ne vivre que dans ce petit appartement où tout lui plaisait. Enfin, jamais amour ne fut ni plus pur ni plus ardent. De part et d'autre, la même foi, la même délicatesse firent croître cette passion sans le secours de ces sacrifices par lesquels beaucoup de gens cherchent à se prouver leur amour. Entre eux il existait un échange continuel de sensations douces, et ils ne savaient qui donnait et qui recevait le plus. Un penchant involontaire rendait l'union de leurs âmes toujours étroite. Le progrès de ce sentiment vrai fut si rapide que, deux mois après l'accident auquel le peintre avait dû le bonheur de connaître Adélaïde, leur vie était devenue une même vie. Dès le matin, la jeune fille, entendant le pas de son amant, pouvait se dire : — Il est là ! Quand Hippolyte retournait chez sa mère à l'heure du dîner, il ne manquait jamais de venir saluer ses voisines; et le soir il accourait, à l'heure accoutumée, avec une ponctualité d'amoureux. Ainsi, la femme la plus tyrannique et la plus ambitieuse en amour n'aurait pu faire le plus léger reproche au jeune peintre. Aussi Adélaïde savourait-elle un bonheur sans mélange et sans bornes en voyant se réaliser dans toute son étendue l'idéal qu'il est si naturel de rêver à son âge. Le vieux gentilhomme venait moins souvent, le jaloux Hippolyte l'avait remplacé le soir, au tapis vert, dans son malheur constant au jeu. Cependant, au milieu de son bonheur, en songeant à la désastreuse situation de madame de Rouville, car il avait acquis plus d'une preuve de sa détresse, il ne pouvait chasser une pensée importune. Déjà plusieurs fois il

s'était dit en rentrant chez lui : — Comment! vingt francs tous les
soirs? Et il n'osait s'avouer à lui-même d'odieux soupçons. Il employa deux mois à faire le portrait, et quand il fut fini, verni,
encadré, il le regarda comme un de ses meilleurs ouvrages.
Madame la baronne de Rouville ne lui en avait plus parlé. Était-ce
insouciance ou fierté? Le peintre ne voulut pas s'expliquer ce
silence.

Il complota joyeusement avec Adélaïde de mettre le portrait en
place pendant une absence de madame de Rouville. Un jour
donc, durant la promenade que sa mère faisait ordinairement
aux Tuileries, Adélaïde monta seule, pour la première fois,
à l'atelier d'Hippolyte, sous prétexte de voir le portrait dans le jour
favorable sous lequel il avait été peint. Elle demeura muette et
immobile en proie à une contemplation délicieuse où se fondaient
en un seul tous les sentiments de la femme. Ne se résument-ils pas
tous dans une juste admiration pour l'homme aimé? Lorsque le
peintre, inquiet de ce silence, se pencha pour voir la jeune fille,
elle lui tendit la main, sans pouvoir dire un mot; mais deux larmes
étaient tombées de ses yeux. Hippolyte prit cette main, la couvrit
de baisers, et, pendant un moment, ils se regardèrent en silence,
voulant tous deux s'avouer leur amour, et ne l'osant pas. Le peintre,
ayant gardé la main d'Adélaïde dans les siennes, une même chaleur et
un même mouvement leur apprirent que leurs cœurs battaient aussi
fort l'un que l'autre. Trop émue, la jeune fille s'éloigna doucement
d'Hippolyte, et dit, en lui jetant un regard plein de naïveté : —
Vous allez rendre ma mère bien heureuse !

— Quoi! votre mère seulement? demanda-t-il.

— Oh! moi, je le suis trop.

Le peintre baissa la tête et resta silencieux, effrayé de la violence
des sentiments que l'accent de cette phrase réveilla dans son cœur.
Comprenant alors tous deux le danger de cette situation, ils descendirent et mirent le portrait à sa place. Hippolyte dîna pour la première fois avec la baronne et sa fille. Il fut fêté, complimenté par
madame de Rouville avec une bonhomie rare. Dans son attendrissement et tout en pleurs, la vieille dame voulut l'embrasser. Le soir,
le vieil émigré, ancien camarade du baron de Rouville, avec lequel
il avait vécu fraternellement, fit à ses deux amies une visite pour
leur apprendre qu'il venait d'être nommé vice-amiral. Ses navi-
gations terrestres à travers l'Allemagne et la Russie lui avaient été

comptées comme des campagnes navales. A l'aspect du portrait, il
serra cordialement la main du peintre, et s'écria : — Ma foi! quoique ma vieille carcasse ne vaille pas la peine d'être conservée, je
donnerais bien cinq cents pistoles pour me voir aussi ressemblant
que l'est mon vieux Rouville.

A cette proposition, la baronne regarda son ami, et sourit en laissant éclater sur son visage les marques d'une soudaine reconnaissance. Hippolyte crut deviner que le vieil amiral voulait lui offrir
le prix des deux portraits en payant le sien. Sa fierté d'artiste,
tout autant que sa jalousie peut-être, s'offensa de cette pensée, et il
répondit : — Monsieur, si je peignais le portrait, je n'aurais pas
fait celui-ci.

L'amiral se mordit les lèvres et se mit à jouer. Le peintre resta
près d'Adélaïde qui lui proposa de faire une partie, il accepta. Tout
en jouant, il observa chez madame de Rouville une ardeur pour le
jeu qui le surprit. Jamais cette vieille baronne n'avait encore manifesté un désir si ardent pour le gain, ni un plaisir si vif en pal-
pant les pièces d'or du gentilhomme. Pendant la soirée, de mauvais soupçons vinrent troubler le bonheur d'Hippolyte, et lui donnèrent de la défiance. Madame de Rouville vivrait-elle donc du jeu?
Ne jouait-elle pas en ce moment pour acquitter quelque dette, ou
poussée par quelque nécessité? Peut-être n'avait-elle pas payé son
loyer. Ce vieillard paraissait être assez fin pour ne pas se laisser
impunément prendre son argent. Quel pouvait donc être l'intérêt
qui l'attirait dans cette maison pauvre, lui riche? Pourquoi jadis
était-il si familier près d'Adélaïde, et pourquoi soudain avait-il renoncé à des privautés acquises et dues peut-être? Ces réflexions lui
vinrent involontairement, et l'excitèrent à examiner avec une nouvelle attention le vieillard et la baronne. Il fut mécontent de leurs
airs d'intelligence et des regards obliques qu'ils jetaient sur Adélaïde et sur lui. « Me tromperait-on? » fut pour Hippolyte une dernière idée, horrible, flétrissante, et à laquelle il crut précisément
assez pour en être torturé. Il voulut rester après le départ des
deux vieillards pour confirmer ses soupçons ou pour les dissiper.
Il avait tiré sa bourse afin de payer Adélaïde; mais emporté par
ses pensées poignantes, il mit sa bourse sur la table, tomba dans
une rêverie qui dura peu; puis, honteux de son silence, il se
leva, répondit à une interrogation banale que lui faisait madame
de Rouville, et vint près d'elle pour, tout en causant, mieux scruter

ce vieux visage. Il sortit en proie à mille incertitudes. A peine avait-il descendu quelques marches, il se souvint d'avoir oublié son argent sur la table, et rentra.

— Je vous ai laissé ma bourse, dit-il à la jeune fille.

— Non, répondit-elle en rougissant.

— Je la croyais là, reprit-il en montrant la table de jeu; mais, tout honteux pour Adélaïde et pour la baronne de ne pas l'y voir. il les regarda d'un air hébété qui les fit rire, pâlit et reprit en tâtant son gilet : « Je me suis trompé, je l'ai sans doute. » Il salua, et sortit. Dans l'un des côtés de cette bourse, il y avait quinze louis, et, de l'autre, quelque menue monnaie. Le vol était si flagrant, si effrontément nié, qu'Hippolyte ne pouvait plus conserver de doute sur la moralité de ses voisines. Il s'arrêta dans l'escalier, le descendit avec peine : ses jambes tremblaient, il avait des vertiges, il suait, il grelottait, et se trouvait hors d'état de marcher, aux prises avec l'atroce commotion causée par le renversement de toutes ses espérances. Dès ce moment, il retrouve dans sa mémoire une foule d'observations légères en apparence, mais qui corroboraient les affreux soupçons auxquels il avait été en proie, et qui, en lui prouvant la réalité du dernier fait, lui ouvraient les yeux sur le caractère et la vie de ces deux femmes. Avaient-elles donc attendu que le portrait fût donné, pour voler cette bourse? Combiné, le vol était encore plus odieux. Le peintre se souvint, pour son malheur, que, depuis deux ou trois soirées, Adélaïde, en paraissant examiner avec une curiosité de jeune fille le travail particulier du réseau de soie usé, vérifiait probablement l'argent contenu dans la bourse en faisant des plaisanteries innocentes en apparence, mais qui sans doute avaient pour but d'épier le moment où la somme serait assez forte pour être dérobée. — Le vieil amiral a peut-être d'excellentes raisons pour ne pas épouser Adélaïde, et alors la baronne aura tâché de me... A cette supposition, il s'arrêta, n'achevant pas même sa pensée qui fut détruite par une réflexion bien juste : — Si la baronne, pensa-t-il, espère me marier avec sa fille, elles ne m'auraient pas volé. Puis il essaya, pour ne point renoncer à ses illusions, à son amour déjà si fortement enraciné, de chercher quelque justification dans le hasard. — Ma bourse sera tombée à terre, se dit-il, elle sera restée sur mon fauteuil. Je l'ai peut-être, je suis si distrait ! Il se fouilla par des mouvements rapides et ne retrouva pas la maudite bourse. Sa mémoire

cruelle lui retraçait par instants la fatale vérité. Il voyait distinctement sa bourse étalée sur le tapis ; mais ne doutant plus du vol, il
excusait alors Adélaïde en se disant que l'on ne devait pas juger si
promptement les malheureux. Il y avait sans doute un secret
dans cette action en apparence si dégradante. Il ne voulait pas que
cette fière et noble figure fût un mensonge. Cependant cet appartement si misérable lui apparut dénué des poésies de l'amour qui embellit tout : il le vit sale et flétri , le considéra comme la représentation d'une vie intérieure sans noblesse, inoccupée, vicieuse. Nos
sentiments ne sont-ils pas, pour ainsi dire, écrits sur les choses qui
nous entourent ? Le lendemain matin, il se leva sans avoir dormi. La
douleur du cœur, cette grave maladie morale, avait fait en lui d'é-
normes progrès. Perdre un bonheur rêvé, renoncer à tout un avenir, est une souffrance plus aiguë que celle causée par la ruine d'une
félicité ressentie, quelque complète qu'elle ait été : l'espérance
n'est-elle pas meilleure que le souvenir ? Les méditations dans lesquelles tombe tout à coup notre âme sont alors comme une mer
sans rivage au sein de laquelle nous pouvons nager pendant un
moment, mais où il faut que notre amour se noie et périsse. Et c'est
une affreuse mort. Les sentiments ne sont-ils pas la partie la plus
brillante de votre vie ? De cette mort partielle viennent, chez certaines organisations délicates ou fortes, les grands ravages produits
par les désenchantements, par les espérances et les passions trompées. Il en fut ainsi du jeune peintre. Il sortit de grand matin, alla
se promener sous les frais ombrages des Tuileries, absorbé par ses
idées, oubliant tout dans le monde. Là, par un hasard qui n'avait
rien d'extraordinaire, il rencontra un de ses amis les plus intimes,
un camarade de collège et d'atelier, avec lequel il avait vécu mieux
qu'on ne vit avec un frère.

— Eh bien, Hippolyte, qu'as-tu donc ? lui dit François Souchet, jeune sculpteur qui venait de remporter le grand prix et
devait bientôt partir pour l'Italie.

— Je suis très-malheureux, répondit gravement Hippolyte.

— Il n'y a qu'une affaire de cœur qui puisse te chagriner. Argent,
gloire, considération, rien ne te manque.

Insensiblement, les confidences commencèrent, et le peintre
avoua son amour. Au moment où il parla de la rue de Suresne et
d'une jeune personne logée à un quatrième étage : — Halte-là !
s'écria gaiement Souchet. C'est une petite fille que je viens voir tous

les matins à l'Assomption, et à laquelle je fais la cour. Mais, mon
cher, nous la connaissons tous. Sa mère est une baronne ! Est-ce
que tu crois aux baronnes logées au quatrième ? Brrr. Ah ! bien, tu
es un homme de l'âge d'or. Nous voyons ici, dans cette allée, la
vieille mère tous les jours ; mais elle a une figure, une tournure qui
disent tout. Comment ! tu n'as pas deviné ce qu'elle est à la manière
dont elle tient son sac ?

Les deux amis se promenèrent long-temps, et plusieurs jeunes
gens qui connaissaient Souchet ou Schinner se joignirent à eux.
L'aventure du peintre, jugée comme de peu d'importance, leur
fut racontée par le sculpteur.

— Et lui aussi, disait-il, a vu cette petite !

Ce fut des observations, des rires, des moqueries, faites inno-
cemment et avec toute la gaieté des artistes ; mais desquelles Hippolyte souffrit horriblement. Une certaine pudeur d'âme le mettait mal
à l'aise en voyant le secret de son cœur traité si légèrement, sa passion déchirée, mise en lambeaux, une jeune fille inconnue et dont la
vie paraissait si modeste, sujette à des jugements vrais ou faux, portés
avec tant d'insouciance. Il affecta d'être mû par un esprit de contradiction, il demanda sérieusement à chacun les preuves de ses
assertions, et les plaisanteries recommencèrent.

— Mais, mon cher ami, as-tu vu le châle de la baronne ? disait
Souchet.

— As-tu suivi la petite quand elle trotte le matin à l'Assomption ? disait Joseph Bridau, jeune rapin de l'atelier de Gros.

— Ah ! la mère a, entre autres vertus, une certaine robe grise que
je regarde comme un type, dit Bixiou, le faiseur de caricatures.

— Écoute, Hippolyte, reprit le sculpteur, viens ici vers quatre
heures, et analyse un peu la marche de la mère et de la fille. Si,
après, tu as des doutes ! hé bien, l'on ne fera jamais rien de toi :
tu seras capable d'épouser la fille de ta portière.

En proie aux sentiments les plus contraires, le peintre quitta ses
amis. Adélaïde et sa mère lui semblaient devoir être au-dessus de
ces accusations, et il éprouvait, au fond de son cœur, le remords
d'avoir soupçonné la pureté de cette jeune fille, si belle et si simple.
Il vint à son atelier, passa devant la porte de l'appartement où était
Adélaïde, et sentit en lui-même une douleur de cœur à laquelle nul
homme ne se trompe. Il aimait mademoiselle de Rouville si passionnément que, malgré le vol de la bourse, il l'adorait encore. Son

amour était celui du chevalier des Grieux admirant et purifiant sa
maîtresse jusque sur la charrette qui mène en prison les femmes
perdues. — Pourquoi mon amour ne la rendrait-il pas la plus pure
de toutes les femmes? Pourquoi l'abandonner au mal et au vice,
sans lui tendre une main amie ? Cette mission lui plut. L'amour fait
son profit de tout. Rien ne séduit plus un jeune homme que de
jouer le rôle d'un bon génie auprès d'une femme. Il y a je ne sais
quoi de romanesque dans cette entreprise, qui sied aux âmes exaltées. N'est-ce pas le dévouement le plus étendu sous la forme la
plus élevée, la plus gracieuse ? N'y a-t-il pas quelque grandeur à
savoir que l'on aime assez pour aimer encore là où l'amour des autres s'éteint et meurt? Hippolyte s'assit dans son atelier, contempla
son tableau sans y rien faire, n'en voyant les figures qu'à travers
quelques larmes qui lui roulaient dans les yeux, tenant toujours sa
brosse à la main, s'avançant vers la toile comme pour adoucir une
teinte, et n'y touchant pas. La nuit le surprit dans cette attitude.
Réveillé de sa rêverie par l'obscurité, il descendit, rencontra le
vieil amiral dans l'escalier, lui jeta un regard sombre en le saluant,
et s'enfuit. Il avait eu l'intention d'entrer chez ses voisines, mais
l'aspect du protecteur d'Adélaïde lui glaça le cœur et fit évanouir sa
résolution. Il se demanda pour la centième fois quel intérêt pouvait
amener ce vieil homme à bonnes fortunes, riche de quatre-vingt mille
livres de rentes, dans ce quatrième étage où il perdait environ quarante francs tous les soirs; et cet intérêt, il crut le deviner. Le lendemain et les jours suivants, Hippolyte se jeta dans le travail pour
tâcher de combattre sa passion par l'entraînement des idées et par
la fougue de la conception. Il réussit à demi. L'étude le consola
sans parvenir cependant à étouffer les souvenirs de tant d'heures
caressantes passées auprès d'Adélaïde. Un soir, en quittant son atelier, il trouva la porte de l'appartement des deux dames entr'ouverte. Une personne y était debout, dans l'embrasure de la fenêtre.
La disposition de la porte et de l'escalier ne permettait pas au peintre de passer sans voir Adélaïde, il la salua froidement en lui lançant un regard plein d'indifférence ; mais, jugeant des souffrances
de cette jeune fille par les siennes, il eut un tressaillement intérieur en songeant à l'amertume que ce regard et cette froideur
devaient jeter dans un cœur aimant. Couronner les plus douces
fêtes qui aient jamais réjoui deux âmes pures par un dédain de
huit jours, et par le mépris le plus profond, le plus entier ?... affreux

dénouement! Peut-être la bourse était-elle retrouvée, et peut-être chaque soir Adélaïde avait-elle attendu son ami? Cette pensée si simple, si naturelle fit éprouver de nouveaux remords à l'amant; il se demanda si les preuves d'attachement que la jeune fille lui avait données, si les ravissantes causeries empreintes d'un amour qui l'avait charmé, ne méritaient pas au moins une enquête, ne valaient pas une justification. Honteux d'avoir résisté pendant une semaine aux vœux de son cœur, et se trouvant presque criminel de ce combat, il vint le soir même chez madame de Rouville. Tous ses soupçons, toutes ses pensées mauvaises s'évanouirent à l'aspect de la jeune fille pâle et maigrie.

— Eh, bon Dieu! qu'avez-vous donc? lui dit-il après avoir salué la baronne.

Adélaïde ne lui répondit rien, mais elle lui jeta un regard plein de mélancolie, un regard triste, découragé qui lui fit mal.

— Vous avez sans doute beaucoup travaillé, dit la vieille dame, vous êtes changé. Nous sommes la cause de votre réclusion. Ce portrait aura retardé quelques tableaux importants pour votre réputation.

Hippolyte fut heureux de trouver une si bonne excuse à son impolitesse.

— Oui, dit-il, j'ai été fort occupé, mais j'ai souffert...

A ces mots, Adélaïde leva la tête, regarda son amant, et ses yeux inquiets ne lui reprochèrent plus rien.

— Vous nous avez donc supposées bien indifférentes à ce qui peut vous arriver d'heureux ou de malheureux? dit la vieille dame.

— J'ai eu tort, reprit-il. Cependant il est de ces peines que l'on ne saurait confier à qui que ce soit, même à un sentiment moins jeune que ne l'est celui dont vous m'honorez...

— La sincérité, la force de l'amitié ne doivent pas se mesurer d'après le temps. J'ai vu de vieux amis ne pas se donner une larme dans le malheur, dit la baronne en hochant la tête.

— Mais qu'avez-vous donc? demanda le jeune homme à Adélaïde.

— Oh! rien, répondit la baronne. Adélaïde a passé quelques nuits pour achever un ouvrage de femme, et n'a pas voulu m'écouter lorsque je lui disais qu'un jour de plus ou de moins importait peu...

Hippolyte n'écoutait pas. En voyant ces deux figures si nobles, si calmes, il rougissait de ses soupçons, et attribuait la perte de sa bourse à quelque hasard inconnu. Cette soirée fut délicieuse pour

lui, et peut-être aussi pour elle. Il y a de ces secrets que les âmes
jeunes entendent si bien ! Adélaïde devinait les pensées d'Hippolyte.
Sans vouloir avouer ses torts, le peintre les reconnaissait, il revenait à sa maîtresse plus aimant, plus affectueux, en essayant ainsi
d'acheter un pardon tacite. Adélaïde savourait des joies si parfaites,
si douces qu'elles ne lui semblaient pas trop payées par tout le
malheur qui avait si cruellement froissé son âme. L'accord si vrai
de leurs cœurs, cette entente pleine de magie, fut néanmoins troublée par un mot de la baronne de Rouville.

— Faisons-nous notre petite partie ? dit-elle, car mon vieux
Kergarouët me tient rigueur.

Cette phrase réveilla toutes les craintes du jeune peintre, qui
rougit en regardant la mère d'Adélaïde ; mais il ne vit sur ce visage
que l'expression d'une bonhomie sans fausseté : nulle arrière-pensée
n'en détruisait le charme, la finesse n'en était point perfide ; la malice en semblait douce, et nul remords n'en altérait le calme. Il se
mit alors à la table de jeu. Adélaïde voulut partager le sort du peintre, en prétendant qu'il ne connaissait pas le piquet, et avait besoin
d'un partner. Madame de Rouville et sa fille se firent, pendant la
partie, des signes d'intelligence qui inquiétèrent d'autant plus Hippolyte qu'il gagnait ; mais à la fin, un dernier coup rendit les deux
amants débiteurs de la baronne. En voulant chercher de la monnaie
dans son gousset, le peintre retira ses mains de dessus la table, et
vit alors devant lui une bourse qu'Adélaïde y avait glissée sans qu'il
s'en aperçût ; la pauvre enfant tenait l'ancienne, et s'occupait par
contenance à y chercher de l'argent pour payer sa mère. Tout le
sang d'Hippolyte afflua si vivement à son cœur qu'il faillit perdre
connaissance. La bourse neuve substituée à la sienne, et qui contenait ses quinze louis, était brodée en perles d'or. Les coulants, les
glands, tout attestait le bon goût d'Adélaïde, qui sans doute avait
épuisé son pécule aux ornements de ce charmant ouvrage. Il était
impossible de dire avec plus de finesse que le don du peintre ne
pouvait être récompensé que par un témoignage de tendresse.
Quand Hippolyte, accablé de bonheur, tourna les yeux sur Adélaïde et sur la baronne, il les vit tremblantes de plaisir et heureuses de cette aimable supercherie. Il se trouva petit, mesquin,
niais ; il aurait voulu pouvoir se punir : se déchirer le cœur. Quelques larmes lui vinrent aux yeux, il se leva par un mouvement irrésistible, prit Adélaïde dans ses bras, la serra contre son cœur,

lui ravit un baiser; puis, avec une bonne foi d'artiste : — Je vous la demande pour femme, s'écria-t-il en regardant la baronne

Adélaïde jetait sur le peintre des yeux à demi courroucés, et madame de Rouville un peu étonnée cherchait une réponse, quand cette scène fut interrompue par le bruit de la sonnette. Le vieux vice-amiral apparut suivi de son ombre et de madame Schinner. Après avoir deviné la cause des chagrins que son fils essayait vainement de lui cacher, la mère d'Hippolyte avait pris des renseignements auprès de quelques-uns de ses amis sur Adélaïde. Justement alarmée des calomnies qui pesaient sur cette jeune fille à l'insu du comte de Kergarouët dont le nom lui fut dit par la portière, elle avait été les conter au vice-amiral, qui dans sa colère « voulait aller, disait-il, couper les oreilles à ces bélîtres. » Animé par son courroux, il avait appris à madame Schinner le secret des pertes volontaires qu'il faisait au jeu, puisque la fierté de la baronne ne lui laissait que cet ingénieux moyen de la secourir.

Lorsque madame Schinner eut salué madame de Rouville, celle-ci regarda le comte de Kergarouët, le chevalier du Halga, l'ancien ami de la feue comtesse de Kergarouët, Hippolyte, Adélaïde, et dit avec la grâce du cœur : — Il paraît que nous sommes en famille ce soir.

Paris, mai 1832.

LA VENDETTA.

DÉDIÉ A PUTTINATI,

SCULPTEUR MILANAIS.

En 1800, vers la fin du mois d'octobre, un étranger, suivi
d'une femme et d'une petite fille, arriva devant les Tuileries à
Paris, et se tint assez long-temps auprès des décombres d'une maison récemment démolie, à l'endroit où s'élève aujourd'hui l'aile commencée qui devait unir le château de Catherine de Médicis au Louvre
des Valois. Il resta là, debout, les bras croisés, la tête inclinée et la
relevait parfois pour regarder alternativement le palais consulaire.
et sa femme assise auprès de lui sur une pierre. Quoique l'inconnue parût ne s'occuper que de la petite fille âgée de neuf à dix
ans dont les longs cheveux noirs étaient comme un amusement entre
ses mains, elle ne perdait aucun des regards que lui adressait son
compagnon. Un même sentiment, autre que l'amour, unissait ces
deux êtres, et animait d'une même inquiétude leurs mouvements et
leurs pensées. La misère est peut-être le plus puissant de tous les
liens. Cette petite fille semblait être le dernier fruit de leur union.
L'étranger avait une de ces têtes abondantes en cheveux, larges et
graves, qui se sont souvent offertes au pinceau des Carraches. Ces
cheveux si noirs étaient mélangés d'une grande quantité de cheveux
blancs. Quoique nobles et fiers, ses traits avaient un ton de dureté
qui les gâtait. Malgré sa force et sa taille droite, il paraissait avoir
plus de soixante ans. Ses vêtements délabrés annonçaient qu'il venait d'un pays étranger. Quoique la figure jadis belle et alors flétrie de la femme trahît une tristesse profonde, quand son mari
la regardait elle s'efforçait de sourire en affectant une contenance calme. La petite fille restait debout, malgré la fatigue dont

GINEVRA DI PIOMBO.

Elle prit une feuille de papier et se mit à croquer à la sépia
la tête du pauvre reclus.

(LA VENDETTA.

les marques frappaient son jeune visage hâlé par le soleil. Elle avait une tournure italienne, de grands yeux noirs sous des sourcils bien arqués; une noblesse native, une grâce vraie. Plus d'un passant se sentait ému au seul aspect de ce groupe dont les personnages ne faisaient aucun effort pour cacher un désespoir aussi profond que l'expression en était simple; mais la source de cette fugitive obligeance qui distingue les Parisiens se tarissait promptement. Aussitôt que l'inconnu se croyait l'objet de l'attention de quelque oisif, il le regardait d'un air si farouche, que le flâneur le plus intrépide hâtait le pas comme s'il eût marché sur un serpent. Après être demeuré long-temps indécis, tout à coup le grand étranger passa la main sur son front, il en chassa, pour ainsi dire, les pensées qui l'avaient sillonné de rides, et prit sans doute un parti désespéré. Après avoir jeté un regard perçant sur sa femme et sur sa fille, il tira de sa veste un long poignard, le tendit à sa compagne, et lui dit en italien : — Je vais voir si les Bonaparte se souviennent de nous. Et il marcha d'un pas lent et assuré vers l'entrée du palais, où il fut naturellement arrêté par un soldat de la garde consulaire avec lequel il ne put long-temps discuter. En s'apercevant de l'obstination de l'inconnu, la sentinelle lui présenta sa baïonnette en manière d'*ultimatum*. Le hasard voulut que l'on vînt en ce moment relever le soldat de sa faction, et le caporal indiqua fort obligeamment à l'étranger l'endroit où se tenait le commandant du poste.

— Faites savoir à Bonaparte que Bartholoméo di Piombo voudrait lui parler, dit l'Italien au capitaine de service.

Cet officier eut beau représenter à Bartholoméo qu'on ne voyait pas le premier consul sans lui avoir préalablement demandé par écrit une audience, l'étranger voulut absolument que le militaire allât prévenir Bonaparte. L'officier objecta les lois de la consigne, et refusa formellement d'obtempérer à l'ordre de ce singulier solliciteur. Bartholoméo fronça le sourcil, jeta sur le commandant un regard terrible, et sembla le rendre responsable des malheurs que ce refus pouvait occasionner; puis, il garda le silence, se croisa fortement les bras sur la poitrine, et alla se placer sous le portique qui sert de communication entre la cour et le jardin des Tuileries. Les gens qui veulent fortement une chose sont presque toujours bien servis par le hasard. Au moment où Bartholoméo di Piombo s'asseyait sur une des bornes qui sont auprès de l'entrée des Tuileries, il arriva une voiture d'où descendit Lucien Bonaparte, alors ministre de l'intérieur.

— Ah ! Loucian, il est bien heureux pour moi de te rencontrer, s'écria l'étranger.

Ces mots, prononcés en patois corse, arrêtèrent Lucien au moment où il s'élançait sous la voûte, il regarda son compatriote et le reconnut. Au premier mot que Bartholoméo lui dit à l'oreille, il emmena le Corse avec lui chez Bonaparte. Murat, Lannes, Rapp se trouvaient dans le cabinet du premier consul. En voyant entrer Lucien, suivi d'un homme aussi singulier que l'était Piombo, la conversation cessa, Lucien prit Napoléon par la main et le conduisit dans l'embrasure de la croisée. Après avoir échangé quelques paroles avec son frère, le premier consul fit un geste de main auquel obéirent Murat et Lannes en s'en allant. Rapp feignit de n'avoir rien vu, afin de pouvoir rester. Bonaparte l'ayant interpellé vivement, l'aide-de-camp sortit en rechignant. Le premier consul, qui entendit le bruit des pas de Rapp dans le salon voisin, sortit brusquement et le vit près du mur qui séparait le cabinet du salon.

— Tu ne veux donc pas me comprendre ? dit le premier consul. J'ai besoin d'être seul avec mon compatriote.

— Un Corse, répondit l'aide-de-camp. Je me défie trop de ces gens-là pour ne pas...

Le premier consul ne put s'empêcher de sourire, et poussa légèrement son fidèle officier par les épaules.

— Eh bien, que viens-tu faire ici, mon pauvre Bartholoméo ? dit le premier consul à Piombo.

— Te demander asile et protection, si tu es un vrai Corse, répondit Bartholoméo d'un ton brusque.

— Quel malheur a pu te chasser du pays ? tu en étais le plus riche, le plus...

— J'ai tué tous les Porta, répliqua le Corse d'un son de voix profond en fronçant les sourcils.

Le premier consul fit deux pas en arrière comme un homme surpris.

Vas-tu me trahir ? s'écria Bartholoméo en jetant un regard sombre à Bonaparte. Sais-tu que nous sommes encore quatre Piombo en Corse ?

Lucien prit le bras de son compatriote, et le secoua.

— Viens-tu donc ici pour menacer le sauveur de la France ? lui dit-il vivement.

Bonaparte fit un signe à Lucien, qui se tut. Puis il regarda Piombo, et lui dit : — Pourquoi donc as-tu tué les Porta ?

— Nous avions fait amitié, répondit-il, les Barbanti nous avaient réconciliés. Le lendemain du jour où nous trinquâmes pour noyer nos querelles, je les quittai parce que j'avais affaire à Bastia. Ils restèrent chez moi, et mirent le feu à ma vigne de Longone. Ils ont tué mon fils Grégorio. Ma fille Ginevra et ma femme leur ont échappé ; elles avaient communié le matin, la Vierge les a protégées. Quand je revins, je ne trouvai plus ma maison, je la cherchais les pieds dans ses cendres. Tout à coup je heurtai le corps de Grégorio, que je reconnus à la lueur de la lune. — Oh ! les Porta ont fait le coup ! me dis-je. J'allai sur-le-champ dans les *mâquis*, j'y rassemblai quelques hommes auxquels j'avais rendu service, entends-tu, Bonaparte ? et nous marchâmes sur la vigne des Porta. Nous sommes arrivés à cinq heures du matin, à sept ils étaient tous devant Dieu. Giacomo prétend qu'Élisa Vanni a sauvé un enfant, le petit Luigi ; mais je l'avais attaché moi-même dans son lit avant de mettre le feu à la maison. J'ai quitté l'île avec ma femme et ma fille, sans avoir pu vérifier s'il était vrai que Luigi Porta vécût encore.

Bonaparte regardait Bartholoméo avec curiosité, mais sans étonnement.

— Combien étaient-ils ? demanda Lucien.

— Sept, répondit Piombo. Ils ont été vos persécuteurs dans les temps, leur dit-il. Ces mots ne réveillèrent aucune expression de haine chez les deux frères. — Ah ! vous n'êtes plus Corses, s'écria Bartholoméo avec une sorte de désespoir. Adieu. Autrefois je vous ai protégés, ajouta-t-il d'un ton de reproche. Sans moi, ta mère ne serait pas arrivée à Marseille, dit-il en s'adressant à Bonaparte qui restait pensif le coude appuyé sur le manteau de la cheminée.

— En conscience, Piombo, répondit Napoléon, je ne puis pas te prendre sous mon aile. Je suis devenu le chef d'une grande nation, je commande la république, et dois faire exécuter les lois.

— Ah ! ah ! dit Bartholoméo.

— Mais je puis fermer les yeux, reprit Bonaparte. Le préjugé de la *Vendetta* empêchera long-temps le règne des lois en Corse, ajouta-t-il en se parlant à lui-même. Il faut cependant le détruire à tout prix.

Bonaparte resta un moment silencieux, et Lucien fit signe à Piombo de ne rien dire. Le Corse agitait déjà la tête de droite et de gauche d'un air improbateur.

— Demeure ici, reprit le consul en s'adressant à Bartholoméo, nous n'en saurons rien. Je ferai acheter tes propriétés afin de te donner d'abord les moyens de vivre. Puis, dans quelque temps, plus tard, nous penserons à toi. Mais plus de *Vendetta !* Il n'y a pas de mâquis ici. Si tu y joues du poignard, il n'y aurait pas de grâce à espérer. Ici la loi protège tous les citoyens, et l'on ne se fait pas justice soi-même.

— Il s'est fait chef d'un singulier pays, répondit Bartholoméo en prenant la main de Lucien et la serrant. Mais vous me reconnaissez dans le malheur, ce sera maintenant entre nous à la vie à la mort, et vous pouvez disposer de tous les Piombo.

A ces mots, le front du Corse se dérida, et il regarda autour de lui avec satisfaction.

— Vous n'êtes pas mal ici, dit-il en souriant, comme s'il voulait y loger. Et tu es habillé tout en rouge comme un cardinal.

— Il ne tiendra qu'à toi de parvenir et d'avoir un palais à Paris, dit Bonaparte qui toisait son compatriote. Il m'arrivera plus d'une fois de regarder autour de moi pour chercher un ami dévoué auquel je puisse me confier.

Un soupir de joie sortit de la vaste poitrine de Piombo qui tendit la main au premier consul en lui disant : — Il y a encore du Corse en toi !

Bonaparte sourit. Il regarda silencieusement cet homme, qui lui apportait en quelque sorte l'air de sa patrie, de cette île où naguère il avait été sauvé si miraculeusement de la haine du *parti anglais*, et qu'il ne devait plus revoir. Il fit un signe à son frère, qui emmena Bartholoméo di Piombo. Lucien s'enquit avec intérêt de la situation financière de l'ancien protecteur de leur famille. Piombo amena le ministre de l'intérieur auprès d'une fenêtre, et lui montra sa femme et Ginevra, assises toutes deux sur un tas de pierres.

— Nous sommes venus de Fontainebleau ici à pied, et nous n'avons pas une obole, lui dit-il.

Lucien donna sa bourse à son compatriote et lui recommanda de venir le trouver le lendemain afin d'aviser aux moyens d'assurer le sort de sa famille. La valeur de tous les biens que Piombo possédait en Corse ne pouvait guère le faire vivre honorablement à Paris.

Quinze ans s'écoulèrent entre l'arrivée de la famille Piombo à Paris, et l'aventure suivante, qui, sans le récit de ces événements, eût été moins intelligible.

Servin, l'un de nos artistes les plus distingués, conçut le premier l'idée d'ouvrir un atelier pour les jeunes personnes qui veulent prendre des leçons de peinture. Agé d'une quarantaine d'années, de mœurs pures et entièrement livré à son art, il avait épousé par inclination la fille d'un général sans fortune. Les mères conduisirent d'abord elles-mêmes leurs filles chez le professeur; puis elles finirent par les y envoyer quand elles eurent bien connu ses principes et apprécié le soin qu'il mettait à mériter la confiance. Il était entré dans le plan du peintre de n'accepter pour écolières que des demoiselles appartenant à des familles riches ou considérées afin de n'avoir pas de reproches à subir sur la composition de son atelier; il se refusait même à prendre les jeunes filles qui voulaient devenir artistes et auxquelles il aurait fallu donner certains enseignements sans lesquels il n'est pas de talent possible en peinture. Insensiblement sa prudence, la supériorité avec lesquelles il initiait ses élèves aux secrets de l'art, la certitude où les mères étaient de savoir leurs filles en compagnie de jeunes personnes bien élevées et la sécurité qu'inspiraient le caractère, les mœurs, le mariage de l'artiste, lui valurent dans les salons une excellente renommée. Quand une jeune fille manifestait le désir d'apprendre à peindre ou à dessiner, et que sa mère demandait conseil : — Envoyez-la chez Servin! était la réponse de chacun. Servin devint donc pour la peinture féminine une spécialité, comme Herbault pour les chapeaux, Leroy pour les modes et Chevet pour les comestibles. Il était reconnu qu'une jeune femme qui avait pris des leçons chez Servin pouvait juger en dernier ressort les tableaux du Musée, faire supérieurement un portrait, copier une toile et peindre son tableau de genre. Cet artiste suffisait ainsi à tous les besoins de l'aristocratie. Malgré les rapports qu'il avait avec les meilleures maisons de Paris, il était indépendant, patriote, et conservait avec tout le monde ce ton léger, spirituel, parfois ironique, cette liberté de jugement qui distinguent les peintres. Il avait poussé le scrupule de ses précautions jusque dans l'ordonnance du local où étudiaient ses écolières. L'entrée du grenier qui régnait au-dessus de ses appartements avait été murée. Pour parvenir à cette retraite, aussi sacrée qu'un harem, il fallait monter par un escalier pratiqué dans l'intérieur de son logement. L'atelier, qui occupait tout le comble de la maison, offrait ces proportions énormes qui surprennent toujours les curieux quand, arrivés à soixante pieds du sol, ils s'attendent à voir les artistes logés dans une gouttière. Cette espèce de galerie était profusément éclairée par d'immenses châssis vitrés et garnis de ces grandes toiles vertes à l'aide desquelles les peintres disposent de la lumière. Une foule de caricatures, de têtes faites au trait, avec de la couleur ou la pointe d'un couteau, sur les murailles peintes en gris foncé, prouvaient, sauf la différence de l'expression, que les filles les plus distinguées ont dans l'esprit autant de folie que les hommes peuvent en avoir. Un petit poêle et ses grands tuyaux, qui décrivaient un effroyable zigzag avant d'atteindre les hautes régions du toit, étaient l'infaillible ornement de cet atelier. Une planche régnait autour des murs et soutenait des modèles en plâtre qui gisaient confusément placés, la plupart couverts d'une blonde poussière. Au-dessous de ce rayon, çà et là, une tête de Niobé pendue à un clou montrait sa pose de douleur, une Vénus souriait, une main se présentait brusquement aux yeux comme celle d'un pauvre demandant l'aumône, puis quelques *écorchés* jaunis par la fumée avaient l'air de membres arrachés la veille à des cercueils; enfin des tableaux, des dessins, des mannequins, des cadres sans toiles et des toiles sans cadres achevaient de donner à cette pièce irrégulière la physionomie d'un atelier que distingue un singulier mélange d'ornement et de nudité, de misère et de richesse, de soin et d'incurie. Cet immense vaisseau, où tout paraît petit même l'homme, sent la coulisse d'opéra; il s'y trouve de vieux linges, des armures dorées, des lambeaux d'étoffe, des machines; mais il y a je ne sais quoi de grand comme la pensée : le génie et la mort sont là; la Diane ou l'Apollon auprès d'un crâne ou d'un squelette, le beau et le désordre, la poésie et la réalité, de riches couleurs dans l'ombre, et souvent tout un drame immobile et silencieux. Quel symbole d'une tête d'artiste !

Au moment où commence cette histoire, le brillant soleil du mois de juillet illuminait l'atelier, et deux rayons le traversaient dans sa profondeur en y traçant de larges bandes d'or diaphanes où brillaient des grains de poussière. Une douzaine de chevalets élevaient leurs flèches aiguës, semblables à des mâts de vaisseau dans un port. Plusieurs jeunes filles animaient cette scène par la variété de leurs physionomies, de leurs attitudes, et par la différence de leurs toilettes. Les fortes ombres que jetaient les serges vertes, placées suivant les besoins de chaque chevalet, produisaient une multitude de contrastes, de piquants effets de clair-obscur. Ce groupe formait le plus beau de tous les tableaux de l'atelier. Une jeune fille blonde et mise simplement se tenait loin de ses compagnes, travaillait avec courage en paraissant prévoir le malheur; nulle ne la regardait, ne lui adressait la parole : elle était la plus jolie, la plus modeste et la moins riche. Deux groupes principaux, séparés l'un de l'autre par une faible distance, indiquaient deux sociétés, deux esprits jusque dans cet atelier où les rangs et la fortune auraient dû s'oublier. Assises ou debout, ces jeunes filles, entourées de leurs boîtes à couleurs, jouant avec leurs pinceaux ou les préparant, maniant leurs éclatantes palettes, peignant, parlant, riant, chantant, abandonnées à leur naturel, laissant voir leur caractère, composaient un spectacle inconnu aux hommes : celle-ci, fière, hautaine, capricieuse, aux cheveux noirs, aux belles mains, lançait au hasard la flamme de ses regards; celle-là, insouciante et gaie, le sourire sur les lèvres, les cheveux châtains, les mains blanches et délicates, vierge française, légère, sans arrière-pensée, vivant de sa vie actuelle ; une autre, rêveuse, mélancolique, pâle, penchant la tête comme une fleur qui tombe ; sa voisine, au contraire, grande, indolente, aux habitudes musulmanes, l'œil long, noir, humide ; parlant peu, mais songeant et regardant à la dérobée la tête d'Antinoüs. Au milieu d'elles, comme le *jocoso* d'une pièce espagnole, pleine d'esprit et de saillies épigrammatiques, une fille les espionnait toutes d'un seul coup d'œil, les faisait rire et levait sans cesse sa figure trop vive pour n'être pas jolie ; elle commandait au premier groupe des écolières qui comprenait les filles de banquier, de notaire et de négociant; toutes riches, mais essuyant toutes les dédains imperceptibles quoique poignants que leur prodiguaient les autres jeunes personnes appartenant à l'aristocratie. Celles-ci étaient gouvernées par la fille d'un huissier du cabinet du roi, petite créature aussi sotte que vaine, et fière d'avoir pour père un homme *ayant une charge* à la Cour ; elle voulait toujours paraître avoir

compris du premier coup les observations du maître et semblait
travailler par grâce ; elle se servait d'un lorgnon, ne venait que très.
parée, tard, et suppliait ses compagnes de parler bas. Dans ce second groupe, on eût remarqué des tailles délicieuses, des figures
distinguées ; mais les regards de ces jeunes filles offraient peu de
naïveté. Si leurs attitudes étaient élégantes et leurs mouvements
gracieux, les figures manquaient de franchise, et l'on devinait facilement qu'elles appartenaient à un monde où la politesse façonne
de bonne heure les caractères, où l'abus des jouissances sociales
tue les sentiments et développe l'égoïsme. Lorsque cette réunion
était complète, il se trouvait dans le nombre de ces jeunes filles
des têtes enfantines, des vierges d'une pureté ravissante, des visages dont la bouche légèrement entr'ouverte laissait voir des dents
vierges, et sur laquelle errait un sourire de vierge. L'atelier ne
ressemblait pas alors à un sérail, mais à un groupe d'anges assis
sur un nuage dans le ciel.

Il était environ midi, Servin n'avait pas encore paru, ses écolières savaient qu'il achevait un tableau pour l'exposition. Depuis
quelques jours, la plupart du temps il restait à un atelier qu'il
avait ailleurs. Tout à coup, mademoiselle Amélie Thirion, chef du
parti aristocratique de cette petite assemblée, parla long-temps à sa
voisine, et il se fit un grand silence dans le groupe des patriciennes.
Le parti de la banque, étonné, se tut également, et tâcha de deviner
le sujet d'une semblable conférence. Le secret des jeunes *ultrà*
fut bientôt connu. Amélie se leva, prit à quelques pas d'elle un
chevalet qu'elle alla placer à une assez grande distance du noble
groupe, près d'une cloison grossière qui séparait l'atelier d'un cabinet
obscur où l'on jetait les plâtres brisés, les toiles condamnées par le
professeur, et où se mettait la provision de bois en hiver. L'action
d'Amélie devait être bien hardie, car elle excita un murmure de
surprise. La jeune élégante n'en tint compte, et acheva d'opérer
le déménagement de sa compagne absente en roulant vivement près
du chevalet la boîte à couleur et le tabouret, enfin tout, jusqu'à un tableau de Prudhon que copiait l'élève en retard. Ce
coup d'état excita une stupéfaction générale. Si le côté droit
se mit à travailler silencieusement, le côté gauche pérora longuement.

— Que va dire mademoiselle Piombo, demanda une jeune fille à
mademoiselle Matilde Roguin, l'oracle malicieux du premier groupe.

— Elle n'est pas fille à parler, répondit-elle ; mais dans cinquante ans elle se souviendra de cette injure comme si elle l'avait reçue la veille, et saura s'en venger cruellement. C'est une personne avec laquelle je ne voudrais pas être en guerre.

— La proscription dont la frappent ces demoiselles est d'autant plus injuste, dit une autre jeune fille, qu'avant-hier mademoiselle Ginevra était fort triste ; son père venait, dit-on, de donner sa démission. Ce serait donc ajouter à son malheur, tandis qu'elle a été fort bonne pour ces demoiselles pendant les Cent-Jours. Leur a-t-elle jamais dit une parole qui pût les blesser. Elle évitait au contraire de parler politique. Mais nos Ultras paraissent agir plutôt par jalousie que par esprit de parti.

— J'ai envie d'aller chercher le chevalet de mademoiselle Piombo, et de le mettre auprès du mien, dit Mathilde Roguin. Elle se leva, mais une réflexion la fit rasseoir : — Avec un caractère comme celui de mademoiselle Ginevra, dit-elle, on ne peut pas savoir de quelle manière elle prendrait notre politesse, attendons l'événement.

— *Eccola*, dit languissamment la jeune fille aux yeux noirs.

En effet, le bruit des pas d'une personne qui montait l'escalier retentit dans la salle. Ce mot : — « La voici ! » passa de bouche en bouche, et le plus profond silence régna dans l'atelier.

Pour comprendre l'importance de l'ostracisme exercé par Amélie Thirion, il est nécessaire d'ajouter que cette scène avait lieu vers la fin du mois de juillet 1815. Le second retour des Bourbons venait de troubler bien des amitiés qui avaient résisté au mouvement de la première restauration. En ce moment les familles étaient presque toutes divisées d'opinion, et le fanatisme politique renouvelait plusieurs de ces déplorables scènes qui, aux époques de guerre civile ou religieuse, souillent l'histoire de tous les pays. Les enfants, les jeunes filles, les vieillards partageaient la fièvre monarchique à laquelle le gouvernement était en proie. La discorde se glissait sous tous les toits, et la défiance teignait de ses sombres couleurs les actions et les discours les plus intimes. Ginevra Piombo aimait Napoléon avec idolâtrie, et comment aurait-elle pu le haïr ? l'Empereur était son compatriote et le bienfaiteur de son père. Le baron de Piombo était un des serviteurs de Napoléon qui avaient coopéré le plus efficacement au retour de l'île d'Elbe. Incapable de renier sa foi politique, jaloux même de la confesser, le vieux baron de Piombo restait à Paris au milieu de ses ennemis. Ginevra Piombo pouvait donc être d'autant mieux mise au nombre des personnes suspectes, qu'elle ne faisait pas mystère du chagrin que la seconde restauration causait à sa famille. Les seules larmes qu'elle eût peut-être versées dans sa vie lui furent arrachées par la double nouvelle de la captivité de Bonaparte sur *le Bellérophon* et de l'arrestation de Labédoyère.

Les jeunes personnes qui composaient le groupe des nobles appartenaient aux familles royalistes les plus exaltées de Paris. Il serait difficile de donner une idée des exagérations de cette époque et de l'horreur que causaient les bonapartistes. Quelque insignifiante et petite que puisse paraître aujourd'hui l'action d'Amélie Thirion, elle était alors une expression de haine fort naturelle. Ginevra Piombo, l'une des premières écolières de Servin, occupait la place dont on voulait la priver depuis le jour où elle était venue à l'atelier ; le groupe aristocratique l'avait insensiblement entourée : la chasser d'une place qui lui appartenait en quelque sorte était non-seulement lui faire injure, mais lui causer une espèce de peine ; car les artistes ont tous une place de prédilection pour leur travail. Mais l'animadversion politique entrait peut-être pour peu de chose dans la conduite de ce petit Côté Droit de l'atelier. Ginevra Piombo, la plus forte des élèves de Servin, était l'objet d'une profonde jalousie : le maître professait autant d'admiration pour les talents que pour le caractère de cette élève favorite qui servait de terme à toutes ses comparaisons ; enfin, sans qu'on s'expliquât l'ascendant que cette jeune personne obtenait sur tout ce qui l'entourait, elle exerçait sur ce petit monde un prestige presque semblable à celui de Bonaparte sur ses soldats. L'aristocratie de l'atelier avait résolu depuis plusieurs jours la chute de cette reine ; mais, personne n'ayant encore osé s'éloigner de la bonapartiste, mademoiselle Thirion venait de frapper un coup décisif, afin de rendre ses compagnes complices de sa haine. Quoique Ginevra fût sincèrement aimée par deux ou trois des Royalistes, presque toutes chapitrées au logis paternel relativement à la politique, elles jugèrent, avec ce tact particulier aux femmes, qu'elles devaient rester indifférentes à la querelle. A son arrivée, Ginevra fut donc accueillie par un profond silence. De toutes les jeunes filles venues jusqu'alors dans l'atelier de Servin, elle était la plus belle, la plus grande et la mieux faite. Sa démarche possédait un caractère de noblesse et de grâce qui commandait le respect. Sa figure empreinte d'intelligence semblait rayonner, tant y respirait cette animation particulière aux Corses et qui n'exclut point le calme. Ses longs cheveux, ses yeux et ses cils noirs exprimaient la passion. Quoique les coins de sa bouche se dessinassent mollement et que ses lèvres fussent un peu trop fortes , il s'y peignait cette bonté que donne aux êtres forts la conscience de leur force. Par un singulier caprice de la nature, le charme de son visage se trouvait en quelque sorte démenti par un front de marbre où se peignait une fierté presque sauvage, où respiraient les mœurs de la Corse. Là était le seul lien qu'il y eût entre elle et son pays natal : dans tout le reste de sa personne, la simplicité, l'abandon des beautés lombardes séduisaient si bien qu'il fallait ne pas la voir pour lui causer la moindre peine. Elle inspirait un si vif attrait que, par prudence, son vieux père la faisait accompagner jusqu'à l'atelier. Le seul défaut de cette créature véritablement poétique venait de la puissance même d'une beauté si largement développée : elle avait l'air d'être femme. Elle s'était refusée au mariage, par amour pour son père et sa mère, en se sentant nécessaire à leurs vieux jours. Son goût pour la peinture avait remplacé les passions qui agitent ordinairement les femmes.

— Vous êtes bien silencieuses aujourd'hui, mesdemoiselles, dit-elle après avoir fait deux ou trois pas au milieu de ses compagnes. — Bonjour, ma petite Laure, ajouta-t elle d'un ton doux et caressant en s'approchant de la jeune fille qui peignait loin des autres. Cette tête est fort bien ! Les chairs sont un peu trop roses, mais tout en est dessiné à merveille.

Laure leva la tête, regarda Ginevra d'un air attendri, et leurs figures s'épanouirent en exprimant une même affection. Un faible sourire anima les lèvres de l'Italienne qui paraissait songeuse, et qui se dirigea lentement vers sa place en regardant avec nonchalance les dessins ou les tableaux , en disant bonjour à chacune des jeunes filles du premier groupe, sans s'apercevoir de la curiosité insolite qu'excitait sa présence. On eût dit d'une reine dans sa cour. Elle ne donna aucune attention au profond silence qui régnait parmi les patriciennes, et passa devant leur camp sans prononcer un seul mot. Sa préoccupation fut si grande qu'elle se mit à son chevalet, ouvrit sa boîte à couleurs, prit ses brosses, revêtit ses manches brunes, ajusta son tablier, regarda son tableau, examina sa palette, sans penser, pour ainsi dire, à ce qu'elle faisait. Toutes les têtes du groupe des bourgeoises étaient tournées vers elle. Si les jeunes personnes du camp Thirion ne mettaient pas tant de franchise que leurs compagnes dans leur impatience, leurs œillades n'en étaient pas moins dirigées sur Ginevra.

— Elle ne s'aperçoit de rien, dit mademoiselle Roguin.

En ce moment Ginevra quitta l'attitude méditative dans laquelle elle avait contemplé sa toile, et tourna la tête vers le groupe aristocratique. Elle mesura d'un seul coup d'œil la distance qui l'en séparait, et garda le silence.

— Elle ne croit pas qu'on ait eu la pensée de l'insulter, dit Mathilde, elle n'a ni pâli ni rougi. Comme ces demoiselles vont être vexées si elle se trouve mieux à sa nouvelle place qu'à l'ancienne ! —Vous êtes là hors ligne, mademoiselle, ajouta-t-elle alors à haute voix en s'adressant à Ginevra.

L'Italienne feignit de ne pas entendre, ou peut-être n'entendit-elle pas ; elle se leva brusquement, longea avec une certaine lenteur la cloison qui séparait le cabinet noir de l'atelier, et parut examiner le châssis d'où venait le jour en y donnant tant d'importance qu'elle monta sur une chaise pour attacher beaucoup plus haut la serge verte qui interceptait la lumière. Arrivée à cette hauteur, elle atteignit à une crevasse assez légère dans la cloison, le véritable but de ses efforts, car le regard qu'elle y jeta ne peut se comparer qu'à celui d'un avare découvrant les trésors d'Aladin ; elle descendit vivement, revint à sa place, ajusta son tableau, feignit d'être mécontente du jour, approcha de la cloison une table sur laquelle elle mit une chaise, grimpa lestement sur cet échafaudage, et regarda de nouveau par la crevasse. Elle ne jeta qu'un regard dans le cabinet alors éclairé par un jour de souffrance qu'on avait ouvert, et ce qu'elle y aperçut produisit sur elle une sensation si vive qu'elle tressaillit.

— Vous allez tomber, mademoiselle Ginevra, s'écria Laure.

Toutes les jeunes filles regardèrent l'imprudente qui chancelait. La peur de voir arriver ses compagnes auprès d'elle lui donna du courage, elle retrouva ses forces et son équilibre, se tourna vers Laure en se dandinant sur sa chaise, et dit d'une voix émue : — Bah ! c'est encore un peu plus solide qu'un trône ! Elle se hâta d'arracher la serge, descendit, repoussa la table et la chaise bien loin de la cloison, revint à son chevalet, et fit encore quelques essais en ayant l'air de chercher une masse de lumière qui lui convînt. Son tableau ne l'occupait guère, son but était de s'approcher du cabinet noir auprès duquel elle se plaça, comme elle le désirait, à côté de la porte. Puis elle se mit à préparer sa palette en gardant le plus profond silence. A cette place, elle entendit bientôt plus distinctement le léger bruit qui, la veille, avait si fortement excité sa curiosité et fait parcourir à sa jeune imagination le vaste champ des conjectures. Elle reconnut facilement la respiration forte et régulière de l'homme endormi qu'elle venait de voir. Sa curiosité était satisfaite au delà de ses souhaits, mais elle se trouvait chargée d'une immense responsabilité. A travers la crevasse, elle avait entrevu l'aigle impériale, et, sur un lit de sangles faiblement éclairé, la figure d'un officier de la Garde. Elle devina tout : Servin cachait un proscrit. Maintenant elle tremblait qu'une de ses compagnes ne vînt examiner son tableau, et n'entendît ou la respiration de ce malheureux ou quelque aspiration trop forte, comme celle qui était arrivée à son oreille pendant la dern:ère leçon. Elle résolut de rester auprès de cette porte, en se fiant à son adresse pour déjouer les chances du sort.

— Il vaut mieux que je sois là, pensait-elle, pour prévenir un accident sinistre, que de laisser le pauvre prisonnier à la merci d'une étourderie. Tel était le secret de l'indifférence apparente que Ginevra avait manifestée en trouvant son chevet dérangé; elle en fut intérieurement enchantée, puisqu'elle avait pu satisfaire assez naturellement sa curiosité : puis, en ce moment, elle était trop vivement préoccupée pour chercher la raison de son déménagement. Rien n'est plus mortifiant pour des jeunes filles, comme pour tout le monde, que de voir une méchanceté, une insulte ou un bon mot manquant leur effet par suite du dédain qu'en témoigne la victime. Il semble que la haine envers un ennemi s'accroisse de toute la hauteur à laquelle il s'élève au-dessus de nous. La conduite de Ginevra devint une énigme pour toutes ses compagnes. Ses amies comme ses ennemies furent également surprises; car on lui accordait toutes les qualités possibles, hormis le pardon des injures. Quoique les occasions de déployer ce vice de caractère eussent été rarement offertes à Ginevra dans les événements de la vie d'atelier, les exemples qu'elle avait pu donner de ses dispositions vindicatives et de sa fermeté n'en avaient pas moins laissé des impressions profondes dans l'esprit de ses compagnes. Après bien des conjectures, mademoiselle Roguin finit par trouver dans le silence de l'Italienne une grandeur d'âme au-dessus de tout éloge; et son cercle, inspiré par elle, forma le projet d'humilier l'aristocratie de l'atelier.

Elles parvinrent à leur but par un feu de sarcasmes qui abattit l'orgueil du Côté Droit. L'arrivée de madame Servin mit fin à cette lutte d'amour-propre. Avec cette finesse qui accompagne toujours la méchanceté, Amélie avait remarqué, analysé, commenté la prodigieuse préoccupation qui empêchait Ginevra d'entendre la dispute aigrement polie dont elle était l'objet. La vengeance que mademoiselle Roguin et ses compagnes tiraient de mademoiselle Thirion et de son groupe eut alors le fatal effet de faire rechercher par les jeunes Ultras la cause du silence que gardait Ginevra di Piombo. La belle Italienne devint donc le centre de tous les regards, et fut épiée par ses amies comme par ses ennemies. Il est bien difficile de cacher la plus petite émotion, le plus léger sentiment, à quinze jeunes filles curieuses, inoccupées, dont la malice et l'esprit ne demandent que des secrets à deviner, des intrigues à créer, à déjouer, et qui savent trouver trop d'interprétations différentes à un geste, à une œillade, à une parole, pour ne pas en découvrir la véritable signification. Aussi le secret de Ginevra di Piombo fut-il bientôt en grand péril d'être connu. En ce moment la présence de madame Servin produisit un entr'acte dans le drame qui se jouait sourdement au fond de ces jeunes cœurs, et dont les sentiments, les pensées, les progrès étaient exprimés par des phrases presque allégoriques, par de malicieux coups d'œil, par des gestes, et par le silence même, souvent plus intelligible que la parole. Aussitôt que madame Servin entra dans l'atelier, ses yeux se portèrent sur la porte auprès de laquelle était Ginevra. Dans les circonstances présentes, ce regard ne fut pas perdu. Si d'abord aucune des écolières n'y fit attention, plus tard mademoiselle Thirion s'en souvint, et s'expliqua la défiance, la crainte et le mystère qui donnèrent alors quelque chose de fauve aux yeux de madame Servin.

— Mesdemoiselles, dit-elle, monsieur Servin ne pourra pas venir aujourd'hui. Puis elle complimenta chaque jeune personne, en recevant de toutes une foule de ces caresses féminines qui sont autant dans la voix et dans les regards que dans les gestes. Elle arriva promptement auprès de Ginevra dominée par une inquiétude qu'elle déguisait en vain. L'Italienne et la femme du peintre se firent un signe de tête amical, et restèrent toutes deux silencieuses, l'une peignant, l'autre regardant peindre. La respiration du militaire s'entendait facilement, mais madame Servin ne parut pas s'en apercevoir; et sa dissimulation était si grande, que Ginevra fut

tentée de l'accuser d'une surdité volontaire. Cependant l'inconnu
se remua dans son lit. L'Italienne regarda fixement madame Servin, qui lui dit alors, sans que son visage éprouvât la plus légère
altération : — Votre copie est aussi belle que l'original. S'il me
fallait choisir, je serais fort embarrassée.

— Monsieur Servin n'a pas mis sa femme dans la confidence
de ce mystère, pensa Ginevra, qui, après avoir répondu à la jeune
femme par un doux sourire d'incrédulité, fredonna une *can-
zonetta* de son pays pour couvrir le bruit que pourrait faire le prisonnier.

C'était quelque chose de si insolite que d'entendre la studieuse
Italienne chanter, que toutes les jeunes filles surprises la regardèrent. Plus tard cette circonstance servit de preuve aux charitables
suppositions de la haine. Madame Servin s'en alla bientôt, et la
séance s'acheva sans autres événements. Ginevra laissa partir ses
compagnes et parut vouloir travailler longtemps encore ; mais elle
trahissait à son insu son désir de rester seule, car à mesure que
les écolières se préparaient à sortir, elle leur jetait des regards
d'impatience mal déguisée. Mademoiselle Thirion, devenue en peu
d'heures une cruelle ennemie pour celle qui la primait en tout,
devina par un instinct de haine que la fausse application de sa rivale cachait un mystère. Elle avait été frappée plus d'une fois de
l'air attentif avec lequel Ginevra s'était mise à écouter un bruit que
personne n'entendait. L'expression qu'elle surprit en dernier lieu
dans les yeux de l'Italienne fut pour elle un trait de lumière. Elle
s'en alla la dernière de toutes les écolières et descendit chez madame
Servin, avec laquelle elle causa un instant ; puis elle feignit d'avoir
oublié son sac, remonta tout doucement à l'atelier, et aperçut Ginevra grimpée sur un échafaudage fait à la hâte, et si absorbée dans la
contemplation du militaire inconnu qu'elle n'entendit pas le léger
bruit que produisaient les pas de sa compagne. Il est vrai que, suivant une expression de Walter Scott, Amélie marchait comme sur
des œufs ; elle regagna promptement la porte de l'atelier et toussa.
Ginevra tressaillit, tourna la tête, vit son ennemie, rougit, s'empressa de détacher la serge pour donner le change sur ses intentions, et descendit après avoir rangé sa boîte à couleurs. Elle quitta
l'atelier en emportant gravé dans son souvenir l'image d'une tête
d'homme aussi gracieuse que celle de l'Endymion, chef-d'œuvre
de Girodet qu'elle avait copié quelques jours auparavant.

— Proscrire un homme si jeune! Qui donc peut-il être? car ce n'est pas le maréchal Ney.

Ces deux phrases sont l'expression la plus simple de toutes les idées que Ginevra commenta pendant deux jours. Le surlendemain, malgré sa diligence pour arriver la première à l'atelier, elle y trouva mademoiselle Thirion qui s'y était fait conduire en voiture. Gine-vra et son ennemie s'observèrent longtemps; mais elles se com-posèrent des visages impénétrables l'une pour l'autre. Amélie avait vu la tête ravissante de l'inconnu; mais, heureusement et mal-heureusement tout à la fois, les aigles et l'uniforme n'étaient pas placés dans l'espace que la fente lui avait permis d'apercevoir. Elle se perdit alors en conjectures. Tout à coup Servin arriva beau-coup plus tôt qu'à l'ordinaire.

— Mademoiselle Ginevra, dit-il après avoir jeté un coup d'œil sur l'atelier, pourquoi vous êtes-vous mise là? Le jour est mauvais. Approchez-vous donc de ces demoiselles, et descendez un peu votre rideau.

Puis il s'assit auprès de Laure, dont le travail méritait ses plus complaisantes corrections.

— Comment donc! s'écria-t-il, voici une tête supérieurement faite. Vous serez une seconde Ginevra.

Le maître alla de chevalet en chevalet, grondant, flattant, plai-santant, et faisant, comme toujours, craindre plutôt ses plaisante-ries que ses réprimandes. L'Italienne n'avait pas obéi aux observa-tions du professeur, et restait à son poste avec la ferme intention de ne pas s'en écarter. Elle prit une feuille de papier et se mit à *croquer* à la sépia la tête du pauvre reclus. Une œuvre conçue avec passion porte toujours un cachet particulier. La faculté d'im-primer aux traductions de la nature ou de la pensée des couleurs vraies constitue le génie, et souvent la passion en tient lieu. Aussi, dans la circonstance où se trouvait Ginevra, l'intuition qu'elle devait à sa mémoire vivement frappée, ou la nécessité peut-être, cette mère des grandes choses, lui prêta-t-elle un talent surna-turel. La tête de l'officier fut jetée sur le papier au milieu d'un tressaillement intérieur qu'elle attribuait à la crainte, et dans lequel un physiologiste aurait reconnu la fièvre de l'inspiration. Elle glissait de temps en temps un regard furtif sur ses compagnes, afin de pouvoir cacher le lavis en cas d'indiscrétion de leur part. Malgré son active surveillance, il y eut un moment où elle n'aperçut pas le lorgnon que son impitoyable ennemie braquait sur le mystérieux dessin, en s'abritant derrière un grand portefeuille. Mademoiselle Thirion, qui reconnut la figure du proscrit, leva brusquement la tête, et Ginevra serra la feuille de papier.

— Pourquoi êtes-vous donc restée là malgré mon avis, mademoiselle? demanda gravement le professeur à Ginevra.

L'écolière tourna vivement son chevalet de manière que personne ne pût voir son lavis, et dit d'une voix émue en le montrant à son maître : — Ne trouvez-vous pas comme moi que ce jour est plus favorable? ne dois-je pas rester là?

Servin pâlit. Comme rien n'échappe aux yeux perçants de la haine, mademoiselle Thirion se mit, pour ainsi dire, en tiers dans les émotions qui agitèrent le maître et l'écolière.

— Vous avez raison, dit Servin. Mais vous en saurez bientôt plus que moi, ajouta-t-il en riant forcément. Il y eut une pause pendant laquelle le professeur contempla la tête de l'officier. —Ceci est un chef-d'œuvre digne de Salvator Rosa, s'écria-t-il avec une énergie d'artiste.

A cette exclamation, toutes les jeunes personnes se levèrent, et mademoiselle Thirion accourut avec la vélocité du tigre qui se jette sur sa proie. En ce moment le proscrit éveillé par le bruit se remua. Ginevra fit tomber son tabouret, prononça des phrases assez incohérentes et se mit à rire; mais elle avait plié le portrait et l'avait jeté dans son portefeuille avant que sa redoutable ennemie eût pu l'apercevoir. Le chevalet fut entouré, Servin détailla à haute voix les beautés de la copie que faisait en ce moment son élève favorite, et tout le monde fut dupe de ce stratagème, moins Amélie qui, se plaçant en arrière de ses compagnes, essaya d'ouvrir le portefeuille où elle avait vu mettre le lavis. Ginevra saisit le carton et le plaça devant elle sans mot dire. Les deux jeunes filles s'examinèrent alors en silence.

Allons, mesdemoiselles, à vos places, dit Servin. Si vous voulez en savoir autant que mademoiselle de Piombo, il ne faut pas toujours parler modes ou bals et baguenauder comme vous faites.

Quand toutes les jeunes personnes eurent regagné leurs chevalets, Servin s'assit auprès de Ginevra.

— Ne valait-il pas mieux que ce mystère fût découvert par moi que par une autre? dit l'Italienne en parlant à voix basse.

— Oui, répondit le peintre. Vous êtes patriote; mais, ne le fussiez-vous pas, ce serait encore vous à qui je l'aurais confié.

— Le maître et l'écolière se comprirent, et Ginevra ne craignit plus de demander : — Qui est-ce?

— L'ami intime de Labédoyère, celui qui, après l'infortuné colonel, a contribué le plus à la réunion du septième avec les grenadiers de l'île d'Elbe. Il était chef d'escadron dans la Garde, et revient de Waterloo.

— Comment n'avez-vous pas brûlé son uniforme, son shako, et ne lui avez-vous pas donné des habits bourgeois? dit vivement Ginevra.

— On doit m'en apporter ce soir.

— Vous auriez dû fermer notre atelier pendant quelques jours.

— Il va partir.

— Il veut donc mourir? dit la jeune fille. Laissez-le chez vous pendant le premier moment de la tourmente. Paris est encore le seul endroit de la France où l'on puisse cacher sûrement un homme. Il est votre ami? demanda-t-elle.

Non, il n'a pas d'autres titres à ma recommandation que son malheur. Voici comment il m'est tombé sur les bras : mon beau-père, qui avait repris du service pendant cette campagne, a rencontré ce pauvre jeune homme, et l'a très-subtilement sauvé des griffes de ceux qui ont arrêté Labédoyère. Il voulait le défendre, l'insensé!

— C'est vous qui le nommez ainsi! s'écria Ginevra en lançant un regard de surprise au peintre, qui garda le silence un moment.

— Mon beau-père est trop espionné pour pouvoir garder quelqu'un chez lui, reprit-il. Il me l'a donc nuitamment amené la semaine dernière. J'avais espéré le dérober à tous les yeux en le mettant dans ce coin, le seul endroit de la maison où il puisse être en sûreté.

— Si je puis vous être utile, employez-moi, dit Ginevra, je connais le maréchal Feltre.

— Eh bien! nous verrons, répondit le peintre.

Cette conversation dura trop longtemps pour ne pas être remarquée de toutes les jeunes filles. Servin quitta Ginevra, revint encore à chaque chevalet, et donna de si longues leçons qu'il était encore sur l'escalier quand sonna l'heure à laquelle ses écolières avaient l'habitude de partir.

— Vous oubliez votre sac, mademoiselle Thirion, s'écria le professeur en courant après la jeune fille, qui descendait jusqu'au métier d'espion pour satisfaire sa haine.

La curieuse élève vint chercher son sac en manifestant un peu de surprise de son étourderie, mais le soin de Servin fut pour elle une nouvelle preuve de l'existence d'un mystère dont la gravité n'était pas douteuse; elle avait déjà inventé tout ce qui devait être, et pouvait dire comme l'abbé Vertot : *Mon siége est fait.* Elle descendit bruyamment l'escalier et tira violemment la porte qui donnait dans l'appartement de Servin, afin de faire croire qu'elle sortait ; mais elle remonta doucement, et se tint derrière la porte de l'atelier. Quand le peintre et Ginevra se crurent seuls, il frappa d'une certaine manière à la porte de la mansarde, qui tourna aussitôt sur ses gonds rouillés et criards. L'Italienne vit paraître un jeune homme grand et bien fait dont l'uniforme impérial lui fit battre le cœur. L'officier avait le bras en écharpe, et la pâleur de son teint accusait de vives souffrances. En apercevant une inconnue, il tressaillit. Amélie, qui ne pouvait rien voir, trembla de rester plus longtemps ; mais il lui suffisait d'avoir entendu le grincement de la porte, elle s'en alla sans bruit.

— Ne craignez rien, dit le peintre à l'officier ; mademoiselle est la fille du plus fidèle ami de l'Empereur, le baron de Piombo.

Le jeune militaire ne conserva plus de doute sur le patriotisme de Ginevra, après l'avoir vue.

— Vous êtes blessé ? dit-elle.

— Oh ! ce n'est rien, mademoiselle, la plaie se referme.

En ce moment, les voix criardes et perçantes des colporteurs arrivèrent jusqu'à l'atelier : « Voici le jugement qui condamne à mort... » Tous trois tressaillirent. Le soldat entendit, le premier, un nom qui le fit pâlir.

— Labédoyère ! dit-il en tombant sur le tabouret.

Ils se regardèrent en silence. Des gouttes de sueur se formèrent sur le front livide du jeune homme, il saisit d'une main et par un geste de désespoir les touffes noires de sa chevelure, et appuya son coude sur le bord du chevalet de Ginevra.

— Après tout, dit-il en se levant brusquement, Labédoyère et moi nous savions ce que nous faisions. Nous connaissions le sort qui nous attendait après le triomphe comme après la chute. Il meurt pour sa cause, et moi je me cache...

Il alla précipitamment vers la porte de l'atelier; mais plus leste que lui, Ginevra s'était élancée et lui en barrait le chemin.

— Rétablirez-vous l'Empereur? dit-elle. Croyez-vous pouvoir relever ce géant quand lui-même n'a pas su rester debout?

— Que voulez-vous que je devienne? dit alors le proscrit en s'adressant aux deux amis que lui avait envoyés le hasard. Je n'ai pas un seul parent dans le monde, Labédoyère était mon protecteur et mon ami, je suis seul; demain je serai peut-être proscrit ou condamné, je n'ai jamais eu que ma paye pour fortune, j'ai mangé mon dernier écu pour venir arracher Labédoyère à son sort et tâcher de l'emmener; la mort est donc une nécessité pour moi. Quand on est décidé à mourir, il faut savoir vendre sa tête au bourreau. Je pensais tout à l'heure que la vie d'un honnête homme vaut bien celle de deux traîtres, et qu'un coup de poignard bien placé peut donner l'immortalité.

Cet accès de désespoir effraya le peintre et Ginevra elle-même, qui comprit bien le jeune homme. L'Italienne admira cette belle tête et cette voix délicieuse dont la douceur était à peine altérée par des accents de fureur; puis elle jeta tout à coup du baume sur toutes les plaies de l'infortuné.

— Monsieur, dit-elle, quant à votre détresse pécuniaire, permettez-moi de vous offrir l'or de mes économies. Mon père est riche, je suis son seul enfant, il m'aime, et je suis bien sûre qu'il ne me blâmera pas. Ne vous faites pas scrupule d'accepter : nos biens viennent de l'Empereur, nous n'avons pas un centime qui ne soit un effet de sa munificence. N'est-ce pas être reconnaissants que d'obliger un de ses fidèles soldats? Prenez donc cette somme avec aussi peu de façons que j'en mets à vous l'offrir. Ce n'est que de l'argent, ajouta-t-elle d'un ton de mépris. Maintenant, quant à des amis, vous en trouverez! Là, elle leva fièrement la tête, et ses yeux brillèrent d'un éclat inusité. — La tête qui tombera demain devant une douzaine de fusils sauve la vôtre, reprit-elle. Attendez que cet orage passe, et vous pourrez aller chercher du service à l'étranger si l'on ne vous oublie pas, ou dans l'armée française si l'on vous oublie.

Il existe dans les consolations que donne une femme une délicatesse qui a toujours quelque chose de maternel, de prévoyant, de complet. Mais quand, à ces paroles de paix et d'espérance, se joignent la grâce des gestes, cette éloquence de ton qui vient du

cœur, et que surtout la bienfaitrice est belle, il est difficile à un
jeune homme de résister. Le colonel aspira l'amour par tous les
sens. Une légère teinte rose nuança ses joues blanches, ses yeux
perdirent un peu de la mélancolie qui les ternissait, et il dit d'un
son de voix particulier : — Vous êtes un ange de bonté ! Mais Labédoyère, ajouta-t-il, Labédoyère !

A ce cri, ils se regardèrent tous les trois en silence, et ils se comprirent. Ce n'était plus des amis de vingt minutes, mais de vingt
ans.

— Mon cher, reprit Servin, pouvez-vous le sauver ?

— Je puis le venger.

Ginevra tressaillit : quoique l'inconnu fût beau, son aspect n'a-
vait point ému la jeune fille ; la douce pitié que les femmes trouvent dans leur cœur pour les misères qui n'ont rien d'ignoble avait
étouffé chez Ginevra toute autre affection : mais entendre un cri de
vengeance, rencontrer dans ce proscrit une âme italienne, du dévouement pour Napoléon, de la générosité à la corse?.... c'en était
trop pour elle ; elle contempla donc l'officier avec une émotion res-
pectueuse qui lui agita fortement le cœur. Pour la première fois,
un homme lui faisait éprouver un sentiment si vif. Comme toutes
les femmes, elle se plut à mettre l'âme de l'inconnu en harmonie
avec la beauté distinguée de ses traits, avec les heureuses proportions de sa taille qu'elle admirait en artiste. Menée par le hasard
de la curiosité à la pitié, de la pitié à un intérêt puissant, elle arrivait de cet intérêt à des sensations si profondes, qu'elle crut dangereux de rester là plus longtemps.

— A demain, dit-elle en laissant à l'officier le plus doux de ses
sourires pour consolation.

En voyant ce sourire, qui jetait comme un nouveau jour sur la
figure de Ginevra, l'inconnu oublia tout pendant un instant.

— Demain, répondit-il avec tristesse, demain, Labédoyère...

Ginevra se retourna, mit un doigt sur ses lèvres, et le regarda
comme si elle lui disait : — Calmez-vous, soyez prudent.

Alors le jeune homme s'écria : — *O Dio ! che non vorrei vivere
dopo averla veduta !* (O Dieu, qui ne voudrait vivre après l'avoir
vue !)

L'accent particulier avec lequel il prononça cette phrase fit tressaillir Ginevra.

— Vous êtes Corse? s'écria-t-elle en revenant à lui le cœur palpitant d'aise.

— Je suis né en Corse, répondit-il; mais j'ai été amené très-jeune à Gênes; et, aussitôt que j'eus atteint l'âge auquel on entre au service militaire, je me suis engagé.

La beauté de l'inconnu, l'attrait surnaturel que lui prêtaient ses opinions bonapartistes, sa blessure, son malheur, son danger même, tout disparut aux yeux de Ginevra, ou plutôt tout se fondit dans un seul sentiment, nouveau, délicieux. Ce proscrit était un enfant de la Corse, il en parlait le langage chéri ! La jeune fille resta pendant un moment immobile, retenue par une sensation magique. Elle avait en effet sous les yeux un tableau vivant auquel tous les sentiments humains réunis et le hasard donnaient de vives couleurs. Sur l'invitation de Servin, l'officier s'était assis sur un divan. Le peintre avait dénoué l'écharpe qui retenait le bras de son hôte, et s'occupait à en défaire l'appareil afin de panser la blessure. Ginevra frissonna en voyant la longue et large plaie que la lame d'un sabre avait faite sur l'avant-bras du jeune homme, et laissa échapper une plainte. L'inconnu leva la tête vers elle et se mit à sou rire. Il y avait quelque chose de touchant et qui allait à l'âme dans l'attention avec laquelle Servin enlevait la charpie et tâtait les chairs meurtries ; tandis que la figure du blessé, quoique pâle et maladive, exprimait, à l'aspect de la jeune fille, plus de plaisir que de souffrance. Une artiste devait admirer involontairement cette opposition de sentiments, et les contrastes que produisaient la blancheur des linges, la nudité du bras, avec l'uniforme bleu et rouge de l'officier. En ce moment, une obscurité douce enveloppait l'atelier; mais un dernier rayon de soleil vint éclairer la place où se trouvait le proscrit, en sorte que sa noble et blanche figure, ses cheveux noirs, ses vêtements, tout fut inondé par le jour. Cet effet si simple, la superstitieuse Italienne le prit pour un heureux présage. L'inconnu ressemblait ainsi à un céleste messager qui lui faisait entendre le langage de la patrie, et la mettait sous le charme des souvenirs de son enfance, pendant que dans son cœur naissait un sentiment aussi frais, aussi pur que son premier âge d'innocence. Pendant un moment bien court, elle demeura songeuse et comme plongée dans une pensée infinie; puis elle rougit de laisser voir sa préoccupation, échangea un doux et rapide regard avec le proscrit, et s'enfuit en le voyant toujours.

Le lendemain n'était pas un jour de leçon, Ginevra vint à l'atelier et le prisonnier put rester auprès de sa compatriote; Servin, qui avait une exquisse à terminer, permit au reclus d'y demeurer en servant de mentor aux deux jeunes gens, qui s'entretinrent souvent en corse. Le pauvre soldat raconta ses souffrances pendant la déroute de Moscou, car il s'était trouvé, à l'âge de dix-neuf ans, au passage de la Bérézina, seul de son régiment après avoir perdu dans ses camarades les seuls hommes qui pussent s'intéresser à un orphelin. Il peignit en traits de feu le grand désastre de Waterloo. Sa voix fut une musique pour l'Italienne. Élevée à la corse, Ginevra était en quelque sorte la fille de la nature, elle ignorait le mensonge et se livrait sans détour à ses impressions, elle les avouait, ou plutôt les laissait deviner sans le manége de la petite et calculatrice coquetterie des jeunes filles de Paris.

Pendant cette journée, elle resta plus d'une fois, sa palette d'une main, son pinceau de l'autre, sans que le pinceau s'abreuvât des couleurs de la palette : les yeux attachés sur l'officier et la bouche légèrement entr'ouverte, elle écoutait, se tenant toujours prête à donner un coup de pinceau qu'elle ne donnait jamais. Elle ne s'étonnait pas de trouver tant de douceur dans les yeux du jeune homme, car elle sentait les siens devenir doux malgré sa volonté de les tenir sévères ou calmes. Puis, elle peignait ensuite avec une attention particulière et pendant des heures entières, sans lever la tête, parce qu'il était là, près d'elle, la regardant travailler. La première fois qu'il vint s'asseoir pour la contempler en silence, elle lui dit d'un son de voix ému, et après une longue pause : — Cela vous amuse donc, de voir peindre?

Ce jour-là, elle apprit qu'il se nommait Luigi. Avant de se séparer, ils convinrent que, les jours d'atelier, s'il arrivait quelque événement politique important, Ginevra l'en instruirait en chantant à voix basse certains airs italiens.

Le lendemain, mademoiselle Thirion apprit sous le secret à toutes ses compagnes que Ginevra di Piombo était aimée d'un jeune homme qui venait, pendant les heures consacrées aux leçons, s'établir dans le cabinet noir de l'atelier.

— Vous qui prenez son parti, dit-elle à mademoiselle Roguin, examinez-la bien, et vous verrez à quoi elle passera son temps.

Ginevra fut donc observée avec une attention diabolique. On écouta ses chansons, on épia ses regards. Au moment où elle ne

croyait être vue de personne, une douzaine d'yeux étaient incessamment arrêtés sur elle. Ainsi prévenues, ces jeunes filles inter-
prétèrent dans leur sens vrai les agitations qui passèrent sur la
brillante figure de l'Italienne, et ses gestes, et l'accent particulier de
ses fredonnements, et l'air attentif avec lequel elle écoutait des sons
indistincts qu'elle seule entendait à travers la cloison. Au bout d'une
huitaine de jours, une seule des quinze élèves de Servin s'était refusée à voir Louis par la crevasse de la cloison. Cette jeune fille était
Laure, la jolie personne pauvre et assidue qui, par un instinct de
faiblesse, aimait véritablement la belle Corse et la défendait encore.
Mademoiselle Roguin voulut faire rester Laure sur l'escalier à l'heure
du départ, afin de lui prouver l'intimité de Ginevra et du beau jeune
homme en les surprenant ensemble. Laure refusa de descendre à
un espionnage que la curiosité ne justifiait pas, et devint l'objet
d'une réprobation universelle.

Bientôt la fille de l'huissier du cabinet du roi trouva qu'il n'était
pas convenable pour elle de venir à l'atelier d'un peintre dont les
opinions avaient une teinte de patriotisme ou de bonapartisme, ce
qui, à cette époque, semblait une seule et même chose ; elle ne revint
donc plus chez Servin, qui refusa poliment d'aller chez elle. Si Amélie
oublia Ginevra, le mal qu'elle avait semé porta ses fruits. Insensiblement, par hasard, par caquetage ou par pruderie, toutes les
autres jeunes personnes instruisirent leurs mères de l'étrange
aventure qui se passait à l'atelier. Un jour Mathilde Roguin ne
vint pas, la leçon suivante ce fut une autre jeune fille ; enfin trois
ou quatre demoiselles, qui étaient restées les dernières, ne revinrent plus. Ginevra et mademoiselle Laure, sa petite amie, furent
pendant deux ou trois jours les seules habitantes de l'atelier désert.
L'Italienne ne s'apercevait point de l'abandon dans lequel elle se
trouvait, et ne recherchait même pas la cause de l'absence de ses
compagnes. Ayant inventé depuis peu les moyens de correspondre
mystérieusement avec Louis, elle vivait à l'atelier comme dans une
délicieuse retraite, seule au milieu d'un monde, ne pensant qu'à
l'officier et aux dangers qui le menaçaient. Cette jeune fille, quoique sincèrement admiratrice des nobles caractères qui ne veulent
pas trahir leur foi politique, pressait Louis de se soumettre promptement à l'autorité royale, afin de le garder en France. Louis ne voulait pas sortir de sa cachette. Si les passions ne naissent et ne grandissent que sous l'influence d'événements extraordinaires et roma-

nesques, on peut dire que jamais tant de circonstances ne concou-
rurent à lier deux êtres par un même sentiment. L'amitié de Ginevra
pour Louis et de Louis pour elle fit plus de progrès en un mois qu'une
amitié du monde n'en fait en dix ans dans un salon. L'adversité n'est-
elle pas la pierre de touche des caractères? Ginevra put donc apprécier facilement Louis, le connaître, et ils ressentirent bientôt une
estime réciproque l'un pour l'autre. Plus âgée que Louis, Ginevra
trouvait une douceur extrême à être courtisée par un jeune homme
déjà si grand, si éprouvé par le sort, et qui joignait à l'expérience
d'un homme toutes les grâces de l'adolescence. De son côté,
Louis ressentait un indicible plaisir à se laisser protéger en apparence
par une jeune fille de vingt-cinq ans. Il y avait dans ce sentiment un
certain orgueil inexplicable. Peut-être était-ce une preuve d'amour.
L'union de la douceur et de la fierté, de la force et de la faiblesse
avait en Ginevra d'irrésistibles attraits, et Louis était entièrement
subjugué par elle. Ils s'aimaient si profondément déjà, qu'ils n'a-
vaient eu besoin ni de se le nier, ni de se le dire.

Un jour, vers le soir, Ginevra entendit le signal convenu, Louis
frappait avec une épingle sur la boiserie de manière à ne pas produire plus de bruit qu'une araignée qui attache son fil, et demandait
ainsi à sortir de sa retraite. L'Italienne jeta un coup d'œil dans l'a-
telier, ne vit pas la petite Laure, et répondit au signal. Louis
ouvrit la porte, aperçut l'écolière, et rentra précipitamment.
Étonnée, Ginevra regarde autour d'elle, trouve Laure, et lui dit en
allant à son chevalet : — Vous restez bien tard, ma chère. Cette
tête me paraît pourtant achevée, il n'y a plus qu'un reflet à indiquer sur le haut de cette tresse de cheveux.

— Vous seriez bien bonne, dit Laure d'une voix émue, si vous
vouliez me corriger cette copie, je pourrais conserver quelque chose
de vous....

— Je veux bien, répondit Ginevra sûre de pouvoir ainsi la congédier. Je croyais, reprit-elle en donnant de légers coups de pinceau, que vous aviez beaucoup de chemin à faire de chez vous à
l'atelier.

— Oh! Ginevra, je vais m'en aller et pour toujours, s'écria la
jeune fille d'un air triste.

L'Italienne ne fut pas autant affectée de ces paroles pleines de
mélancolie qu'elle l'aurait été un mois auparavant.

— Vous quittez monsieur Servin? demanda-t-elle.

— Vous ne vous apercevez donc pas, Ginevra, que depuis quelque temps il n'y a plus ici que vous et moi?

— C'est vrai, répondit Ginevra frappée tout à coup comme par un souvenir. Ces demoiselles seraient-elles malades, se marieraient-elles, ou leurs pères seraient-ils tous de service au château?

— Toutes ont quitté monsieur Servin, répondit Laure.

— Et pourquoi?

— A cause de vous, Ginevra.

— De moi! répéta la fille corse en se levant, le front menaçant, l'œil fier et les yeux étincelants.

— Oh! ne vous fâchez pas, ma bonne Ginevra, s'écria douloureusement Laure. Mais ma mère aussi veut que je quitte l'atelier. Toutes ces demoiselles ont dit que vous aviez une intrigue, que monsieur Servin se prêtait à ce qu'un jeune homme qui vous aime demeurât dans le cabinet noir; je n'ai jamais cru ces calomnies et n'en ai rien dit à ma mère. Hier au soir, madame Roguin a rencontré ma mère dans un bal et lui a demandé si elle m'envoyait toujours ici. Sur la réponse affirmative de ma mère, elle lui a répété les mensonges de ces demoiselles. Maman m'a bien grondée, elle a prétendu que je devais savoir tout cela, que j'avais manqué à la confiance qui règne entre une mère et sa fille en ne lui en parlant pas. O ma chère Ginevra! moi qui vous prenais pour modèle, combien je suis fâchée de ne plus pouvoir rester votre compagne...

— Nous nous retrouverons dans la vie : les jeunes filles se marient... dit Ginevra.

— Quand elles sont riches, répondit Laure.

— Viens me voir, mon père a de la fortune...

— Ginevra, reprit Laure attendrie, madame Roguin et ma mère doivent venir demain chez monsieur Servin pour lui faire des reproches, au moins qu'il en soit prévenu.

La foudre tombée à deux pas de Ginevra l'aurait moins étonnée que cette révélation.

— Qu'est-ce que cela leur faisait? dit-elle naïvement.

— Tout le monde trouve cela fort mal. Maman dit que c'est contraire aux mœurs...

— Et vous, Laure, qu'en pensez-vous?

La jeune fille regarda Ginevra, leurs pensées se confondirent. Laure ne retint plus ses larmes, se jeta au cou de son amie et l'embrassa. En ce moment, Servin arriva.

— Mademoiselle Ginevra, dit-il avec enthousiasme, j'ai fini mon tableau, on le vernit. Qu'avez-vous donc? Il paraît que toutes ces demoiselles prennent des vacances, ou sont à la campagne.

Laure sécha ses larmes, salua Servin, et se retira.

— L'atelier est désert depuis plusieurs jours, dit Ginevra, et ces demoiselles ne reviendront plus.

— Bah?...

— Oh! ne riez pas, reprit Ginevra, écoutez-moi : je suis la cause involontaire de la perte de votre réputation.

L'artiste se mit à sourire, et dit en interrompant son écolière : — Ma réputation?... mais, dans quelques jours, mon tableau sera exposé.

— Il ne s'agit pas de votre talent, dit l'Italienne; mais de votre moralité. Ces demoiselles ont publié que Louis était renfermé ici, que vous vous prêtiez... à... notre amour...

— Il y a du vrai là-dedans, mademoiselle, répondit le professeur. Les mères de ces demoiselles sont des bégueules, reprit-il. Si elles étaient venues me trouver, tout se serait expliqué. Mais que je prenne du souci de tout cela? la vie est trop courte!

Et le peintre fit craquer ses doigts par-dessus sa tête. Louis, qui avait entendu une partie de cette conversation, accourut aussitôt.

— Vous allez perdre toutes vos écolières, s'écria-t-il, et je vous aurai ruiné.

L'artiste prit la main de Louis et celle de Ginevra, les joignit. — Vous vous marierez, mes enfants? leur demanda-t-il avec une touchante bonhomie. Ils baissèrent tous deux les yeux, et leur silence fut le premier aveu qu'ils se firent. — Eh bien! reprit Servin, vous serez heureux, n'est-ce pas? Y a-t-il quelque chose qui puisse payer le bonheur de deux êtres tels que vous!

— Je suis riche, dit Ginevra, et vous me permettrez de vous indemniser...

— Indemniser!... s'écria Servin. Quand on saura que j'ai été victime des calomnies de quelques sottes, et que je cachais un proscrit; mais tous les libéraux de Paris m'enverront leurs filles! Je serai peut-être alors votre débiteur...

Louis serrait la main de son protecteur sans pouvoir prononcer une parole; mais enfin il lui dit d'une voix attendrie : — C'est donc à vous que je devrai toute ma félicité.

— Soyez heureux, je vous unis! dit le peintre avec une onction comique et en imposant les mains sur la tête des deux amants.

Cette plaisanterie d'artiste mit fin à leur attendrissement. Ils se regardèrent tous trois en riant. L'Italienne serra la main de Louis par une violente étreinte et avec une simplicité d'action digne des mœurs de sa patrie.

— Ah çà, mes chers enfants, reprit Servin, vous croyez que tout ça va maintenant à merveille? Eh bien, vous vous trompez.

Les deux amants l'examinèrent avec étonnement.

— Rassurez-vous, je suis le seul que votre espiéglerie embarrasse! Madame Servin est un peu *collet-monté,* et je ne sais en vérité pas comment nous nous arrangerons avec elle.

— Dieu! j'oubliais! s'écria Ginevra. Demain, madame Roguin et la mère de Laure doivent venir vous...

— J'entends! dit le peintre en interrompant.

— Mais vous pouvez vous justifier, reprit la jeune fille en laissant échapper un geste de tête plein d'orgueil. Monsieur Louis, dit-elle en se tournant vers lui et le regardant avec finesse, ne doit plus avoir d'antipathie pour le gouvernement royal? — Eh bien, reprit-elle après l'avoir vu souriant, demain matin j'enverrai une pétition à l'un des personnages les plus influents du ministère de la guerre, à un homme qui ne peut rien refuser à la fille du baron de Piombo. Nous obtiendrons un pardon tacite pour le commandant Louis, car *ils* ne voudront pas vous reconnaître le grade de colonel. Et vous pourrez, ajouta-t-elle en s'adressant à Servin, confondre les mères de mes charitables compagnes en leur disant la vérité.

— Vous êtes un ange! s'écria Servin.

Pendant que cette scène se passait à l'atelier, le père et la mère de Ginevra s'impatientaient de ne pas la voir revenir.

— Il est six heures, et Ginevra n'est pas encore de retour, s'écria Bartholoméo.

— Elle n'est jamais rentrée si tard, répondit la femme de Piombo.

Les deux vieillards se regardèrent avec toutes les marques d'une anxiété peu ordinaire. Trop agité pour rester en place, Bartholoméo se leva et fit deux fois le tour de son salon assez lestement pour un homme de soixante-dix-sept ans. Grâce à sa constitution robuste, il avait subi peu de changements depuis le jour de son arrivée à Paris, et malgré sa haute taille, il se tenait encore droit. Ses cheveux devenus blancs et rares laissaient à découvert un crâne large et protubérant qui donnait une haute idée de son caractère et de sa fermeté. Sa figure marquée de rides profondes avait pris un très-grand développement et gardait ce teint pâle qui inspire la vénération. La fougue des passions régnait encore dans le feu surnaturel de ses yeux dont les sourcils n'avaient pas entièrement blanchi, et qui conservaient leur terrible mobilité. L'aspect de cette tête était sévère, mais on voyait que Bartholoméo avait le droit d'être ainsi. Sa bonté, sa douceur n'étaient guère connues que de sa femme et de sa fille. Dans ses fonctions ou devant un étranger, il ne déposait jamais la majesté que le temps imprimait à sa personne, et l'habitude de froncer ses gros sourcils, de contracter les rides de son visage, de donner à son regard une fixité napoléonienne, rendait son abord glacial. Pendant le cours de sa vie politique, il avait été si généralement craint, qu'il passait pour peu sociable ; mais il n'est pas difficile d'expliquer les causes de cette réputation. La vie, les mœurs et la fidélité de Piombo faisaient la censure de la plupart des courtisans. Malgré les missions délicates confiées à sa discrétion, et qui pour tout autre eussent été lucratives, il ne possédait pas plus d'une trentaine de mille livres de rente en inscriptions sur le grand-livre. Si l'on vient à songer au bon marché des rentes sous l'empire, à la libéralité de Napoléon envers ceux de ses fidèles serviteurs qui savaient parler, il est facile de voir que le baron de Piombo était un homme d'une probité sévère ; il ne devait son plumage de baron qu'à la nécessité dans laquelle Napoléon s'était trouvé de lui donner un titre en l'envoyant dans une cour étrangère. Bartholoméo avait toujours professé une haine implacable pour les traîtres dont s'entoura Napoléon en croyant les conquérir à force de victoires. Ce fut lui qui, dit-on, fit trois pas vers la porte du cabinet de l'empereur, après lui avoir donné le conseil de se débarrasser de trois hommes en France, la veille du jour où il partit pour sa célèbre et admirable campagne de 1814. Depuis le second retour des Bourbons, Bartholoméo ne portait plus la décoration de la Légion-d'Honneur. Jamais homme n'offrit une plus belle image de ces vieux républicains, amis incorruptibles de l'Empire, qui restaient comme les vivants débris des deux gouvernements les plus énergiques que le monde ait connus. Si le baron de Piombo déplaisait à quelques courtisans, il avait les Daru, les Drouot, les Carnot pour amis. Aussi, quant au reste des hommes politiques, depuis Waterloo, s'en souciait-il autant que des bouffées de fumée qu'il tirait de son cigare.

Bartholoméo di Piombo avait acquis, moyennant la somme assez modique que *Madame,* mère de l'empereur, lui avait donnée de ses propriétés en Corse, l'ancien hôtel de Portenduère, dans lequel il ne fit aucun changement. Presque toujours logé aux frais du gouvernement, il n'habitait cette maison que depuis la catastrophe de Fontainebleau. Suivant l'habitude des gens simples et de haute vertu, le baron et sa femme ne donnaient rien au faste extérieur : leurs meubles provenaient de l'ancien ameublement de l'hôtel. Les grands appartements hauts d'étage, sombres et nus de cette demeure, les larges glaces encadrées dans de vieilles bordures dorées presque noires, et ce mobilier du temps de Louis XIV, étaient en rapport avec Bartholoméo et sa femme, personnages dignes de l'antiquité. Sous l'Empire et pendant les Cent-Jours, en exerçant des fonctions largement rétribuées, le vieux Corse avait eu un grand train de maison, plutôt dans le but de faire honneur à sa place que dans le dessein de briller. Sa vie et celle de sa femme étaient si frugales, si tranquilles, que leur modeste fortune suffisait à leurs besoins. Pour eux, leur fille Ginevra valait toutes les richesses du monde. Aussi, quand, en mai 1814, le baron de Piombo quitta sa place, congédia ses gens et ferma la porte de son écurie, Ginevra, simple et sans faste comme ses parents, n'eut-elle aucun regret : à l'exemple des grandes âmes, elle mettait son luxe dans la force des sentiments, comme elle plaçait sa félicité dans la solitude et le travail. Puis, ces trois êtres s'aimaient trop pour que les dehors de l'existence eussent quelque prix à leurs yeux. Souvent, et surtout depuis la seconde et effroyable chute de Napoléon, Bartholoméo et sa femme passaient des soirées délicieuses à entendre Ginevra toucher du piano ou chanter. Il y avait pour eux un immense secret de plaisir dans la présence, dans la moindre parole de leur fille, ils la suivaient des yeux avec une tendre inquiétude, ils entendaient son pas dans la cour, quelque léger qu'il pût être. Semblable à des amants, ils savaient rester des heures entières silencieux tous trois, entendant mieux ainsi que par des paroles l'éloquence de leurs âmes. Ce sentiment profond, la vie même des deux vieillards, animait toutes leurs pensées. Ce n'était pas trois existences, mais une seule, qui, semblable à la flamme d'un foyer, se divisait en trois langues de feu. Si quelquefois le souvenir des bienfaits et du malheur de Napoléon, si la politique du moment triomphaient de la constante sollicitude des deux vieillards, ils pouvaient en parler sans rompre la communauté de leurs pensées : Ginevra ne partageait-elle pas leurs passions politiques? Quoi de plus naturel que l'ardeur avec laquelle ils se réfugiaient dans le cœur de leur unique enfant? Jusqu'alors, les occupations d'une vie publique avaient absorbé l'énergie du baron de Piombo; mais en quittant ses emplois, le Corse eut besoin de rejeter son énergie dans le dernier sentiment qui lui restât; puis, à part les liens qui unissent un père et une mère à leur fille, il y avait peut-être, à l'insu de ces trois âmes despotiques, une puissante raison au fanatisme de leur passion réciproque : ils s'aimaient sans partage, le cœur tout entier de Ginevra appartenait à son père, comme à elle celui de Piombo; enfin, s'il est vrai que nous nous attachions les uns aux autres plus par nos défauts que par nos qualités, Ginevra répondait merveilleusement bien à toutes les passions de son père. De là procédait la seule imperfection de cette triple vie. Ginevra était entière dans ses volontés, vindicative, emportée comme Bartholoméo l'avait été pendant sa jeunesse. Le Corse se complut à développer ces sentiments sauvages dans le cœur de sa fille, absolument comme un lion apprend à ses lionceaux à fondre sur leur proie. Mais cet apprentissage de vengeance ne pouvant en quelque sorte se faire qu'au logis paternel, Ginevra ne pardonnait rien à son père, et il fallait qu'il lui cédât. Piombo ne voyait que des enfantillages dans ces querelles factices; mais l'enfant y contracta l'habitude de dominer ses parents. Au milieu de ces tempêtes que Bartholoméo aimait à exciter, un mot de tendresse, un regard suffisaient pour apaiser leurs âmes courroucées, et ils n'étaient jamais si près d'un baiser que quand ils se menaçaient. Cependant, depuis cinq années environ, Ginevra, devenue plus sage que son père, évitait constamment ces sortes de scènes. Sa fidélité, son dévouement, l'amour qui triomphait dans toutes ses pensées et son admirable bon sens avaient fait justice de ses colères; mais il n'en était pas moins résulté un bien grand mal : Ginevra vivait avec son père et sa mère sur le pied d'une égalité toujours funeste. Pour achever de faire connaître tous les changements survenus chez ces trois personnages depuis leur arrivée à Paris, Piombo et sa femme, gens sans instruction, avaient laissé Ginevra étudier à sa fantaisie. Au gré de ses caprices de jeune fille, elle avait tout appris et tout quitté, reprenant et laissant chaque pensée tour à tour, jusqu'à ce que la peinture fût devenue sa passion dominante, elle eût été parfaite, si sa mère avait été capable de diriger ses études, de l'éclairer et de mettre en harmonie les dons de la nature : ses défauts provenaient de la funeste éducation que le vieux Corse avait pris plaisir à lui donner.

Après avoir pendant long-temps fait crier sous ses pas les feuilles du parquet, le vieillard sonna. Un domestique parut.

— Allez au-devant de mademoiselle Ginevra, dit-il.

— J'ai toujours regretté de ne plus avoir de voiture pour elle, observa la baronne.

— Elle n'en a pas voulu, répondit Piombo en regardant sa femme qui, accoutumée depuis quarante ans à son rôle d'obéissance, baissa les yeux.

Déjà septuagénaire, grande, sèche, pâle et ridée, la baronne ressemblait parfaitement à ces vieilles femmes que Schnetz met dans les scènes italiennes de ses tableaux de genre ; elle restait si habituellement silencieuse, qu'on l'eût prise pour une nouvelle madame Shandy ; mais un mot, un regard, un geste annonçaient que ses sentiments avaient gardé la vigueur et la fraîcheur de la jeunesse. Sa toilette, dépouillée de coquetterie, manquait souvent de goût. Elle demeurait ordinairement passive, plongée dans une bergère, comme une sultane *Validé*, attendant ou admirant sa Ginevra, son orgueil et sa vie. La beauté, la toilette, la grâce de sa fille, semblaient être devenues siennes. Tout pour elle était bien quand Ginevra se trouvait heureuse. Ses cheveux avaient blanchi, et quelques mèches se voyaient au-dessus de son front blanc et ridé, ou le long de ses joues creuses.

— Voilà quinze jours environ, dit-elle, que Ginevra rentre un peu plus tard.

— Jean n'ira pas assez vite, s'écria l'impatient vieillard qui croisa les basques de son habit bleu, saisit son chapeau, l'enfonça sur sa tête, prit sa canne et partit.

— Tu n'iras pas loin, lui cria sa femme.

En effet, la porte cochère s'était ouverte et fermée, et la vieille mère entendait le pas de Ginevra dans la cour. Bartholoméo reparut tout à coup portant en triomphe sa fille, qui se débattait dans ses bras.

— La voici, la Ginevra, la Ginevrettina, la Ginevrina, la Ginevrola, la Ginevretta, la Ginevra bella !

— Mon père, vous me faites mal.

Aussitôt Ginevra fut posée à terre avec une sorte de respect. Elle agita la tête par un gracieux mouvement pour rassurer sa mère qui déjà s'effrayait, et pour lui dire que c'était une ruse. Le visage terne et pâle de la baronne reprit alors ses couleurs et une espèce de gaieté. Piombo se frotta les mains avec une force extrême, symptôme le plus certain de sa joie; il avait pris cette habitude à la cour en voyant Napoléon se mettre en colère contre ceux de ses généraux ou de ses ministres qui le servaient mal ou qui avaient commis quelque faute. Les muscles de sa figure une fois détendus, la moindre ride de son front exprimait la bienveillance. Ces deux vieillards offraient en ce moment une image exacte de ces plantes souffrantes auxquelles un peu d'eau rend la vie après une longue sécheresse.

— A table, à table! s'écria le baron en présentant sa large main à Ginevra qu'il nomma Signora Piombellina, autre symptôme de gaieté auquel sa fille répondit par un sourire.

— Ah çà, dit Piombo en sortant de table, sais-tu que ta mère m'a fait observer que depuis un mois tu restes beaucoup plus long-temps que de coutume à ton atelier? Il paraît que la peinture passe avant nous.

— O mon père!

— Ginevra nous prépare sans doute quelque surprise, dit la mère

— Tu m'apporterais un tableau de toi?... s'écria le Corse en frappant dans ses mains.

— Oui, je suis très-occupée à l'atelier, répondit-elle.

— Qu'as-tu donc, Ginevra? Tu pâlis! lui dit sa mère.

— Non! s'écria la jeune fille en laissant échapper un geste de résolution, non, il ne sera pas dit que Ginevra Piombo aura menti une fois dans sa vie.

En entendant cette singulière exclamation, Piombo et sa femme regardèrent leur fille d'un air étonné.

— J'aime un jeune homme, ajouta-t-elle d'une voix émue.

Puis, sans oser regarder ses parents, elle abaissa ses larges paupières, comme pour voiler le feu de ses yeux.

— Est-ce un prince? lui demanda ironiquement son père en prenant un son de voix qui fit trembler la mère et la fille.

— Non, mon père, répondit-elle avec modestie, c'est un jeune homme sans fortune....

— Il est donc bien beau?

— Il est malheureux.

— Que fait-il?

— Compagnon de Labédoyère; il était proscrit, sans asile, Servin l'a caché, et...

— Servin est un honnête garçon qui s'est bien comporté, s'écria Piombo; mais vous faites mal, vous, ma fille, d'aimer un autre homme que votre père...

— Il ne dépend pas de moi de ne pas aimer, répondit doucement Ginevra.

— Je me flattais, reprit son père, que ma Ginevra me serait fidèle jusqu'à ma mort, que mes soins et ceux de sa mère seraient les seuls qu'elle aurait reçus, que notre tendresse n'aurait pas rencontré dans son âme de tendresse rivale, et que...

— Vous ai-je reproché votre fanatisme pour Napoléon? dit Ginevra. N'avez-vous aimé que moi? n'avez-vous pas été des mois entiers en ambassade? n'ai-je pas supporté courageusement vos absences? La vie a des nécessités qu'il faut savoir subir.

— Ginevra!

— Non, vous ne m'aimez pas pour moi, et vos reproches trahissent un insupportable égoïsme.

— Tu accuses l'amour de ton père, s'écria Piombo les yeux flamboyants.

— Mon père, je ne vous accuserai jamais, répondit Ginevra avec plus de douceur que sa mère tremblante n'en attendait. Vous avez raison dans votre égoïsme, comme j'ai raison dans mon amour. Le ciel m'est témoin que jamais fille n'a mieux rempli ses devoirs auprès de ses parents. Je n'ai jamais eu que bonheur et amour là où d'autres voient souvent des obligations. Voici quinze ans que je ne me suis pas écartée de dessous votre aile protectrice, et ce fut un bien doux plaisir pour moi que de charmer vos jours. Mais serais-je donc ingrate en me livrant au charme d'aimer, en désirant un époux qui me protège après vous?

— Ah! tu comptes avec ton père, Ginevra, reprit le vieillard d'un ton sinistre.

Il se fit une pause effrayante pendant laquelle personne n'osa parler. Enfin, Bartoloméo rompit le silence en s'écriant d'une voix déchirante:—Oh! reste avec nous, reste auprès de ton vieux père! Je ne saurais te voir aimant un homme. Ginevra, tu n'attendras pas longtemps ta liberté...

—Mais, mon père, songez donc que nous ne vous quitterons

pas, que nous serons deux à vous aimer, que vous connaîtrez l'homme aux soins duquel vous me laisserez ! Vous serez doublement chéri par moi et par lui : par lui qui est encore moi, et par moi qui suis tout lui-même.

— O Ginevra ! Ginevra ! s'écria le Corse en serrant les poings, pourquoi ne t'es-tu pas mariée quand Napoléon m'avait accoutumé à cette idée, et qu'il te présentait des ducs et des comtes ?

— Ils m'aimaient par ordre, dit la jeune fille. D'ailleurs, je ne voulais pas vous quitter, et ils m'auraient emmenée avec eux.

— Tu ne veux pas nous laisser seuls, dit Piombo; mais te marier, c'est nous isoler ! Je te connais, ma fille, tu ne nous aimeras plus.

— Élisa, ajouta-t-il en regardant sa femme qui restait immobile et comme stupide, nous n'avons plus de fille, elle veut se marier.

Le vieillard s'assit après avoir levé les mains en l'air comme pour invoquer Dieu; puis il resta courbé comme accablé sous sa peine. Ginevra vit l'agitation de son père, et la modération de sa colère lui brisa le cœur; elle s'attendait à une crise, à des fureurs, elle n'avait pas armé son âme contre la douceur paternelle.

— Mon père, dit-elle d'une voix touchante, non, vous ne serez jamais abandonné par votre Ginevra. Mais aimez-la aussi un peu pour elle. Si vous saviez comme *il* m'aime ! Ah ! ce ne serait pas lui qui me ferait de la peine !

— Déjà des comparaisons, s'écria Piombo avec un accent terrible. Non, je ne puis supporter cette idée, reprit-il. S'il t'aimait comme tu mérites de l'être, il me tuerait; et s'il ne t'aimait pas, je le poignarderais.

Les mains de Piombo tremblaient, ses lèvres tremblaient, son corps tremblait et ses yeux lançaient des éclairs; Ginevra seule pouvait soutenir son regard, car alors elle allumait ses yeux, et la fille était digne du père.

— Oh ! t'aimer ! Quel est l'homme digne de cette vie? reprit-il. T'aimer comme un père, n'est-ce pas déjà vivre dans le paradis; qui donc sera digne d'être ton époux ?

— Lui, dit Ginevra, lui de qui je me sens indigne.

— Lui? répéta machinalement Piombo. Qui, *lui* ?

— Celui que j'aime.

— Est-ce qu'il peut te connaître encore assez pour t'adorer ?

— Mais, mon père, reprit Ginevra éprouvant un mouvemen}

d'impatience, quand il ne m'aimerait pas, du moment où je l'aime....

— Tu l'aimes donc? s'écria Piombo. Ginevra inclina doucement la tête. — Tu l'aimes alors plus que nous ?

— Ces deux sentiments ne peuvent se comparer, répondit-elle.

— L'un est plus fort que l'autre, reprit Piombo.

— Je crois que oui, dit Ginevra.

— Tu ne l'épouseras pas, cria le Corse dont la voix fit résonner les vitres du salon.

— Je l'épouserai, répliqua tranquillement Ginevra.

— Mon Dieu ! mon Dieu ! s'écria la mère, comment finira cette querelle? *Santa Virgina!* mettez-vous entre eux.

Le baron, qui se promenait à grands pas, vint s'asseoir ; une sévérité glacée rembrunissait son visage, il regarda fixement sa fille, et lui dit d'une voix douce et affaiblie : — Eh bien! Ginevra ! non, tu ne l'épouseras pas. Oh ! ne me dis pas oui ce soir?... laisse-moi croire le contraire. Veux-tu voir ton père à genoux et ses cheveux blancs prosternés devant toi ? je vais te supplier...

— Ginevra Piombo n'a pas été habituée à promettre et à ne pas tenir, répondit-elle. Je suis votre fille.

— Elle a raison, dit la baronne, nous sommes mises au monde pour nous marier.

— Ainsi, vous l'encouragez dans sa désobéissance, dit le baron à sa femme qui, frappée de ce mot, se changea en statue.

— Ce n'est pas désobéir que de se refuser à un ordre injuste, répondit Ginevra.

— Il ne peut pas être injuste quand il émane de la bouche de votre père, ma fille ! Pourquoi me jugez-vous ? La répugnance que j'éprouve n'est-elle pas un conseil d'en haut ? Je vous préserve peut-être d'un malheur.

— Le malheur serait qu'il ne m'aimât pas.

— Toujours lui !

— Oui, toujours, reprit-elle. Il est ma vie, mon bien, ma pensée. Même en vous obéissant, il serait toujours dans mon cœur. Me défendre de l'épouser, n'est-ce pas vous haïr ?

— Tu ne nous aimes plus, s'écria Piombo.

— Oh ! dit Ginevra en agitant la tête.

— Eh bien ! oublie-le, reste-nous fidèle. Après nous... tu comprends.

— Mon père, voulez-vous me faire désirer votre mort ? s'écria Ginevra.

— Je vivrai plus long-temps que toi ! Les enfants qui n'honorent pas leurs parents meurent promptement, s'écria son père parvenu au dernier degré de l'exaspération.

— Raison de plus pour me marier promptement et être heureuse ! dit-elle.

Ce sang-froid, cette puissance de raisonnement achevèrent de troubler Piombo, le sang lui porta violemment à la tête, son visage devint pourpre. Ginevra frissonna, elle s'élança comme un oiseau sur les genoux de son père, lui passa ses bras autour du cou, lui caressa les cheveux, et s'écria tout attendrie : — Oh ! oui, que je meure la première ! Je ne te survivrais pas, mon père, mon bon père !

— O ma Ginevra, ma folle, ma Ginevrina, répondit Piombo dont toute la colère se fondit à cette caresse comme une glace sous les rayons du soleil.

— Il était temps que vous finissiez, dit la baronne d'une voix émue.

— Pauvre mère !

— Ah ! Ginevretta ! ma Ginevra bella !

Et le père jouait avec sa fille comme avec un enfant de six ans, il s'amusait à défaire les tresses ondoyantes de ses cheveux, à la faire sauter ; il y avait de la folie dans l'expression de sa tendresse. Bientôt sa fille le gronda en l'embrassant, et tenta d'obtenir en plaisantant l'entrée de son Louis au logis. Mais, tout en plaisantant aussi, le père refusait. Elle bouda, revint, bouda encore ; puis, à la fin de la soirée, elle se trouva contente d'avoir gravé dans le cœur de son père et son amour pour Louis et l'idée d'un mariage prochain. Le lendemain elle ne parla plus de son amour, elle alla plus tard à l'atelier, elle en revint de bonne heure ; elle devint plus caressante pour son père qu'elle ne l'avait jamais été, et se montra pleine de reconnaissance, comme pour le remercier du consentement qu'il semblait donner à son mariage par son silence. Le soir elle faisait long-temps de la musique, et souvent elle s'écriait : — Il faudrait une voix d'homme pour ce nocturne ! Elle était Italienne, c'est tout dire. Au bout de huit jours sa mère lui fit un signe, elle vint ; puis à l'oreille et à voix basse : — J'ai amené ton père à le recevoir, lui dit-elle.

— O ma mère ! vous me faites bien heureuse !

Ce jour-là Ginevra eut donc le bonheur de revenir à l'hôtel de son père en donnant le bras à Louis. Pour la seconde fois, le pauvre officier sortait de sa cachette. Les actives sollicitations que Ginevra faisait auprès du duc de Feltre, alors ministre de la guerre, avaient été couronnées d'un plein succès. Louis venait d'être réintégré sur le contrôle des officiers en disponibilité. C'était un bien grand pas vers un meilleur avenir. Instruit par son amie de toutes les difficultés qui l'attendaient auprès du baron, le jeune chef de bataillon n'osait avouer la crainte qu'il avait de ne pas lui plaire. Cet homme si courageux contre l'adversité, si brave sur un champ de bataille, tremblait en pensant à son entrée dans le salon des Piombo. Ginevra le sentit tressaillant, et cette émotion, dont le principe était leur bonheur, fut pour elle une nouvelle preuve d'amour.

— Comme vous êtes pâle ! lui dit-elle quand ils arrivèrent à la porte de l'hôtel.

— O Ginevra ! s'il ne s'agissait que de ma vie.

Quoique Bartholoméo fût prévenu par sa femme de la présentation officielle de celui que Ginevra aimait, il n'alla pas à sa rencontre, resta dans le fauteuil où il avait l'habitude d'être assis, et la sévérité de son front fut glaciale.

— Mon père, dit Ginevra, je vous amène une personne que vous aurez sans doute plaisir à voir : monsieur Louis, un soldat qui combattait à quatre pas de l'empereur à Mont-Saint-Jean...

Le baron de Piombo se leva, jeta un regard furtif sur Louis, et lui dit d'une voix sardonique : — Monsieur n'est pas décoré ?

— Je ne porte plus la Légion-d'Honneur, répondit timidement Louis qui restait humblement debout.

Ginevra, blessée de l'impolitesse de son père, avança une chaise. La réponse de l'officier satisfit le vieux serviteur de Napoléon. Madame Piombo, s'apercevant que les sourcils de son mari reprenaient leur position naturelle, dit pour ranimer la conversation : — La ressemblance de monsieur avec Nina Porta est étonnante. Ne trouvez-vous pas que monsieur a toute la physionomie des Porta ?

— Rien de plus naturel, répondit le jeune homme sur qui les yeux flamboyants de Piombo s'arrêtèrent, Nina était ma sœur...

— Tu es Luigi Porta ? demanda le vieillard.

— Oui.

Bartholoméo di Piombo se leva, chancela, fut obligé de s'appuyer sur une chaise et regarda sa femme. Élisa Piombo vint à lui ; puis les deux vieillards silencieux se donnèrent le bras et sortirent du salon en abandonnant leur fille avec une sorte d'horreur. Luigi Porta stupéfait regarda Ginevra, qui devint aussi blanche qu'une statue de marbre et resta les yeux fixés sur la porte vers laquelle son père et sa mère avaient disparu : ce silence et cette retraite eurent quelque chose de si solennel que, pour la première fois peut-être, le sentiment de la crainte entra dans son cœur. Elle joignit ses mains l'une contre l'autre avec force , et dit d'une voix si émue qu'elle ne pouvait guère être entendue que par un amant:
— Combien de malheur dans un mot !

— Au nom de notre amour, qu'ai-je donc dit, demanda Luigi Porta.

— Mon père , répondit-elle, ne m'a jamais parlé de notre dé-plorable histoire, et j'étais trop jeune quand j'ai quitté la Corse pour la savoir.

— Nous serions en *vendetta* , demanda Luigi en tremblant.

— Oui. En questionnant ma mère, j'ai appris que les Porta avaient tué mes frères et brûlé notre maison. Mon père a massacré toute votre famille. Comment avez-vous survécu, vous qu'il croyait avoir attaché aux colonnes d'un lit avant de mettre le feu à la maison ?

— Je ne sais, répondit Luigi. A six ans j'ai été amené à Gênes, chez un vieillard nommé Colonna. Aucun détail sur ma famille ne m'a été donné. Je savais seulement que j'étais orphelin et sans for-tune. Ce Colonna me servait de père, et j'ai porté son nom jusqu'au jour où je suis entré au service. Comme il m'a fallu des actes pour prouver qui j'étais, le vieux Colonna m'a dit alors que moi, faible et presque enfant encore, j'avais des ennemis. Il m'a engagé à ne prendre que le nom de Luigi pour leur échapper.

— Partez, partez, Luigi, s'écria Ginevra; mais non, je dois vous accompagner. Tant que vous êtes dans la maison de mon père, vous n'avez rien à craindre ; aussitôt que vous en sortirez, prenez bien garde à vous ! vous marcherez de danger en danger. Mon père a deux Corses à son service, et si ce n'est pas lui qui menacera vos jours, c'est eux.

— Ginevra, dit-il, cette haine existera-t-elle donc entre nous ?

La jeune fille sourit tristement et baissa la tête. Elle la releva

bientôt avec une sorte de fierté, et dit : — O Luigi, il faut que nos
sentiments soient bien purs et bien sincères pour que j'aie la force
de marcher dans la voie où je vais entrer. Mais il s'agit d'un bonheur qui doit durer toute la vie, n'est-ce pas?

Luigi ne répondit que par un sourire, et pressa la main de Ginevra. La jeune fille comprit qu'un véritable amour pouvait seul
dédaigner en ce moment les protestations vulgaires. L'expression
calme et consciencieuse des sentiments de Luigi annonçait en
quelque sorte leur force et leur durée. La destinée de ces deux
époux fut alors accomplie. Ginevra entrevit de bien cruels combats
à soutenir ; mais l'idée d'abandonner Louis, idée qui peut-être
avait flotté dans son âme, s'évanouit complètement. A lui pour
toujours, elle l'entraîna tout à coup avec une sorte d'énergie hors
de l'hôtel, et ne le quitta qu'au moment où il atteignit la maison
dans laquelle Servin lui avait loué un modeste logement. Quand
elle revint chez son père, elle avait pris cette espèce de sérénité
que donne une résolution forte : aucune altération dans ses manières
ne peignit d'inquiétude. Elle leva sur son père et sa mère, qu'elle
trouva prêts à se mettre à table, des yeux dénués de hardiesse et
pleins de douceur; elle vit que sa vieille mère avait pleuré, la
rougeur de ces paupières flétries ébranla un moment son cœur ;
mais elle cacha son émotion. Piombo semblait être en proie à une
douleur trop violente, trop concentrée pour qu'il pût la trahir par
des expressions ordinaires. Les gens servirent le dîner auquel personne ne toucha. L'horreur de la nourriture est un des symptômes
qui trahissent les grandes crises de l'âme. Tous trois se levèrent
sans qu'aucun d'eux se fût adressé la parole. Quand Ginevra fut
placée entre son père et sa mère dans leur grand salon sombre et
solennel, Piombo voulut parler, mais il ne trouva pas de voix ; il
essaya de marcher, et ne trouva pas de force, il revint s'asseoir et
sonna.

— Jean, dit-il enfin au domestique, allumez du feu, j'ai froid.

Ginevra tressaillit et regarda son père avec anxiété. Le combat
qu'il se livrait devait être horrible, sa figure était bouleversée. Ginevra connaissait l'étendue du péril qui la menaçait, mais elle ne
tremblait pas; tandis que les regards furtifs que Bartholoméo jetait
sur sa fille semblaient annoncer qu'il craignait en ce moment
le caractère dont la violence était son propre ouvrage. Entre
eux, tout devait être extrême. Aussi la certitude du change-

ment qui pouvait s'opérer dans les sentiments du père et de la fille animait-elle le visage de la baronne d'une expression de terreur.

— Ginevra, vous aimez l'ennemi de votre famille, dit enfin Piombo sans oser regarder sa fille.

— Cela est vrai, répondit-elle.

— Il faut choisir entre lui et nous. Notre *vendetta* fait partie de nous-mêmes. Qui n'épouse pas ma vengeance, n'est pas de ma famille.

— Mon choix est fait, répondit Ginevra d'une voix calme.

La tranquillité de sa fille trompa Bartholoméo.

— O ma chère fille ! s'écria le vieillard qui montra ses paupières humectées par des larmes, les premières et les seules qu'il répandit dans sa vie.

— Je serai sa femme, dit brusquement Ginevra.

Bartholoméo eut comme un éblouissement ; mais il recouvra son sang-froid et répliqua : — Ce mariage ne se fera pas de mon vivant, je n'y consentirai jamais. Ginevra garda le silence. — Mais, dit le baron en continuant, songes-tu que Luigi est le fils de celui qui a tué tes frères ?

— Il avait six ans au moment où le crime a été commis, il doit en être innocent, répondit-elle.

— Un Porta ? s'écria Bartholoméo.

— Mais ai-je jamais pu partager cette haine ? dit vivement la jeune fille. M'avez-vous élevée dans cette croyance qu'un Porta était un monstre ? Pouvais-je penser qu'il restât un seul de ceux que vous aviez tués ? N'est-il pas naturel que vous fassiez céder votre *vendetta* à mes sentiments ?

— Un Porta ? dit Piombo. Si son père t'avait jadis trouvée dans ton lit, tu ne vivrais pas, il t'aurait donné cent fois la mort.

— Cela se peut, répondit-elle, mais son fils m'a donné plus que la vie. Voir Luigi, c'est un bonheur sans lequel je ne saurais vivre. Luigi m'a révélé le monde des sentiments. J'ai peut-être aperçu des figures plus belles encore que la sienne, mais aucune ne m'a autant charmée ; j'ai peut-être entendu des voix... non, non, jamais de plus mélodieuses. Luigi m'aime, il sera mon mari.

— Jamais, dit Piombo. J'aimerais mieux te voir dans ton cercueil, Ginevra. Le vieux Corse se leva, se mit à parcourir à grands pas le salon et laissa échapper ces paroles après des pauses qui peignaient toute son agitation : — Vous croyez peut-être faire plier ma volonté? détrompez-vous : je ne veux pas qu'un Porta soit mon gendre. Telle est ma sentence. Qu'il ne soit plus question de ceci entre nous. Je suis Bartholoméo di Piombo, entendez-vous, Ginevra?

— Attachez-vous quelque sens mystérieux à ces paroles? demanda-t-elle froidement.

— Elles signifient que j'ai un poignard, et que je ne crains pas la justice des hommes. Nous autres Corses, nous allons nous expliquer avec Dieu.

— Eh bien! dit la fille en se levant, je suis Ginevra di Piombo, et je déclare que dans six mois je serai la femme de Luigi Porta. — Vous êtes un tyran, mon père, ajouta-t-elle après une pause effrayante.

Bartholoméo serra ses poings et frappa sur le marbre de la cheminée : Ah! nous sommes à Paris, dit-il en murmurant.

Il se tut, se croisa les bras, pencha la tête sur sa poitrine et ne prononça plus une seule parole pendant toute la soirée. Après avoir exprimé sa volonté, la jeune fille affecta un sang-froid incroyable, elle se mit au piano, chanta, joua des morceaux ravissants avec une grâce et un sentiment qui annonçaient une parfaite liberté d'esprit, triomphant ainsi de son père dont le front ne paraissait pas s'adoucir. Le vieillard ressentit cruellement cette tacite injure, et recueillit en ce moment un des fruits amers de l'éducation qu'il avait donnée à sa fille. Le respect est une barrière qui protége autant un père et une mère que les enfants, en évitant à ceux-là des chagrins, à ceux-ci des remords. Le lendemain Ginevra, qui voulut sortir à l'heure où elle avait coutume de se rendre à l'atelier, trouva la porte de l'hôtel fermée pour elle; mais elle eut bientôt inventé un moyen d'instruire Luigi Porta des sévérités paternelles. Une femme de chambre qui ne savait pas lire fit parvenir au jeune officier la lettre que lui écrivit Ginevra. Pendant cinq jours les deux amants surent correspondre, grâce à ces ruses qu'on sait toujours machiner à vingt ans. Le père et la fille se parlèrent rarement. Tous deux gardaient au fond du cœur un principe de haine, ils souffraient, mais orgueilleusement et en silence. En reconnaissant combien étaient forts les liens d'amour qui les attachaient l'un à l'autre, ils essayaient de les briser, sans pouvoir y parvenir. Nulle pensée douce ne venait plus comme autrefois égayer les traits sévères de Bartholoméo quand il contemplait sa

Ginevra. La jeune fille avait quelque chose de farouche en regardant son père, et le reproche siégeait sur son front d'innocence ; elle se livrait bien à d'heureuses pensées, mais parfois des remords semblaient ternir ses yeux. Il n'était même pas difficile de deviner qu'elle ne pourrait jamais jouir tranquillement d'une félicité qui faisait le malheur de ses parents. Chez Bartholoméo comme chez sa fille, toutes les irrésolutions causées par la bonté native de leurs âmes devaient néanmoins échouer devant leur fierté, devant la rancune particulière aux Corses. Ils s'encourageaient l'un et l'autre dans leur colère et fermaient les yeux sur l'avenir. Peut-être aussi se flattaient-ils mutuellement que l'un céderait à l'autre.

Le jour de la naissance de Ginevra, sa mère, désespérée de cette désunion qui prenait un caractère grave, médita de réconcilier le père et la fille, grâce aux souvenirs de cet anniversaire. Ils étaient réunis tous trois dans la chambre de Bartholoméo. Ginevra devina l'intention de sa mère à l'hésitation peinte sur son visage et sourit tristement. En ce moment un domestique annonça deux notaires accompagnés de plusieurs témoins qui entrèrent. Bartholoméo regarda fixement ces hommes, dont les figures froidement compassées avaient quelque chose de blessant pour des âmes aussi passionnées que l'étaient celles des trois principaux acteurs de cette scène. Le vieillard se tourna vers sa fille d'un air inquiet, il vit sur son visage un sourire de triomphe qui lui fit soupçonner quelque catastrophe ; mais il affecta de garder, à la manière des sauvages, une immobilité mensongère en regardant les deux notaires avec une sorte de curiosité calme. Les étrangers s'assirent après y avoir été invités par un geste du vieillard.

— Monsieur est sans doute monsieur le baron de Piombo, demanda le plus âgé des notaires.

Bartholoméo s'inclina. Le notaire fit un léger mouvement de tête, regarda la jeune fille avec la sournoise expression d'un garde du commerce qui surprend un débiteur ; et il tira sa tabatière, l'ouvrit, y prit une pincée de tabac, se mit à la humer à petits coups en cherchant les premières phrases de son discours ; puis en les prononçant, il fit des repos continuels (manœuvre oratoire que ce signe — représentera très-imparfaitement).

— Monsieur, dit-il, je suis monsieur Roguin, notaire de mademoiselle votre fille, et nous venons, — mon collègue et moi, — pour accomplir le vœu de la loi et — mettre un terme aux divisions qui — paraîtraient — s'être introduites — entre vous et mademoiselle votre fille, — au sujet — de — son — mariage avec monsieur Luigi Porta.

Cette phrase, assez pédantesquement débitée, parut probablement trop belle à maître Roguin pour qu'on pût la comprendre d'un seul coup, il s'arrêta en regardant Bartholoméo avec une expression particulière aux gens d'affaires et qui tient le milieu entre la servilité et la familiarité. Habitués à feindre beaucoup d'intérêt pour les personnes auxquelles ils parlent, les notaires finissent par faire contracter à leur figure une grimace qu'ils revêtent et quittent comme leur *pallium* officiel. Ce masque de bienveillance, dont le mécanisme est si facile à saisir, irrita tellement Bartholoméo qu'il lui fallut rappeler toute sa raison pour ne pas jeter monsieur Roguin par les fenêtres ; une expression de colère se glissa dans ses rides, et en la voyant le notaire se dit en lui-même : — Je produis de l'effet.

— Mais, reprit-il d'une voix mielleuse, monsieur le baron, dans ces sortes d'occasions, notre ministère commence toujours par être essentiellement conciliateur. — Daignez donc avoir la bonté de m'entendre. — Il est évident que mademoiselle Ginevra Piombo — atteint aujourd'hui même — l'âge auquel il suffit de faire des actes respectueux pour qu'il soit passé outre à la célébration d'un mariage — malgré le défaut de consentement des parents. Or, — il est d'usage dans les familles — qui jouissent d'une certaine considération, — qui appartiennent à la société, — qui conservent quelque dignité, — auxquelles il importe enfin de ne pas donner au public le secret de leurs divisions, — et qui d'ailleurs ne veulent pas se nuire à elles-mêmes en frappant de réprobation l'avenir de deux jeunes époux (car — c'est se nuire à soi-même !) — il est d'usage, — dis-je, — parmi ces familles honorables — de ne pas laisser subsister des actes semblables, — qui restent, qui — sont des monuments d'une division qui — finit — par cesser. — Du moment, monsieur, où une jeune personne a recours aux actes respectueux, elle annonce une intention trop décidée pour qu'un père et — une mère, ajouta-t-il en se tournant vers la baronne, puissent espérer de lui voir suivre leurs avis. — La résistance paternelle étant alors nulle — par ce fait — d'abord, — puis étant infirmée par la loi, il est constant que tout homme sage, après avoir fait une dernière remontrance à son enfant, lui donne la liberté de...

Monsieur Roguin s'arrêta en s'apercevant qu'il pouvait parler deux heures ainsi, sans obtenir de réponse, et il éprouva d'ailleurs une émotion particulière à l'aspect de l'homme qu'il essayait de convertir. Il s'était fait une révolution extraordinaire sur le visage de Bartholoméo : toutes ses rides contractées lui donnaient un air de cruauté indéfinissable, et il jetait sur le notaire un regard de tigre. La baronne demeurait muette et passive. Ginevra, calme et résolue, attendait, elle savait que la voix du notaire était plus puissante que la sienne, et alors elle semblait s'être décidée à garder le silence. Au moment où Roguin se tut, cette scène devint si effrayante que les témoins étrangers tremblèrent : jamais peut-être ils n'avaient été frappés par un semblable silence. Les notaires se regardèrent comme pour se consulter, se levèrent et allèrent ensemble à la croisée.

— As-tu jamais rencontré des clients fabriqués comme ceux-là ? demanda Roguin à son confrère.

— Il n'y a rien à en tirer, répondit le plus jeune. A ta place, moi, je m'en tiendrais à la lecture de mon acte. Le vieux ne me paraît pas amusant, il est colère, et tu ne gagneras rien à vouloir *discuter* avec lui...

Monsieur Roguin lut un papier timbré contenant un procès-verbal rédigé à l'avance et demanda froidement à Bartholoméo quelle était sa réponse.

— Il y a donc en France des lois qui détruisent le pouvoir paternel ? demanda le Corse.

— Monsieur... dit Roguin de sa voix mielleuse.

— Qui arrachent une fille à son père ?

— Monsieur...

— Qui privent un vieillard de sa dernière consolation ?

— Monsieur, votre fille ne vous appartient que...

— Qui le tuent ?

— Monsieur, permettez !

Rien n'est plus affreux que le sang-froid et les raisonnements exacts d'un notaire au milieu des scènes passionnées où ils ont coutume d'intervenir. Les figures que Piombo voyait lui semblèrent échappées de l'enfer, sa rage froide et concentrée ne connut plus de bornes au moment où la voix calme et presque flûtée de son petit antagoniste prononça ce fatal : « *permettez ?* » Il sauta sur un long poignard suspendu par un clou au-dessus de sa cheminée et s'élança sur sa fille. Le plus jeune des deux notaires et l'un des témoins se jetèrent entre lui et Ginevra ; mais Bartholoméo renversa brutalement les deux conciliateurs en leur montrant une figure en feu et des yeux flamboyants qui paraissaient plus terribles que ne l'était la clarté du poignard. Quand Ginevra se vit en présence de son père, elle le regarda fixement d'un air de triomphe, s'avança lentement vers lui et s'agenouilla.

— Non ! non ! je ne saurais, dit-il en lançant si violemment son arme qu'elle alla s'enfoncer dans la boiserie.

— Eh ! bien, grâce ! grâce, dit-elle. Vous hésitez à me donner la mort, et vous me refusez la vie. O mon père, jamais je ne vous ai tant aimé, accordez-moi Luigi ! Je vous demande votre consentement à genoux : une fille peut s'humilier devant son père ; mon Luigi, ou je meurs.

L'irritation violente qui la suffoquait l'empêcha de continuer, elle ne trouvait plus de voix ; ses efforts convulsifs disaient assez qu'elle était entre la vie et la mort. Bartholoméo repoussa durement sa fille.

— Fuis, dit-il. La Luigi Porta ne saurait être une Piombo. Je n'ai plus de fille ! Je n'ai pas la force de te maudire ; mais je t'abandonne, et tu n'as plus de père. Ma Ginevra Piombo est enterrée là, s'écria-t-il d'un son de voix profond, en se pressant fortement le cœur. — Sors donc, malheureuse, ajouta-t-il après un moment de silence, sors, et ne reparais plus devant moi. Puis, il prit Ginevra par le bras, et la conduisit silencieusement hors de la maison.

Luigi, s'écria Ginevra en entrant dans le modeste appartement où était l'officier, mon Luigi, nous n'avons d'autre fortune que notre amour.

— Nous sommes plus riches que tous les rois de la terre, répondit-il.

— Mon père et ma mère m'ont abandonnée, dit-elle avec une profonde mélancolie.

— Je t'aimerai pour eux.

— Nous serons donc bien heureux ? s'écria-t-elle avec une gaieté qui eut quelque chose d'effrayant.

— Et toujours, répondit-il en la serrant sur son cœur.

Le lendemain du jour où Ginevra quitta la maison de son père, elle alla prier madame Servin de lui accorder un asile et sa protection jusqu'à l'époque fixée par la loi pour son mariage avec Luigi Porta. Là, commença pour elle l'apprentissage des chagrins que le monde sème autour de ceux qui ne suivent pas ses usages. Très-affligée du tort que l'aventure de Ginevra faisait à son mari, madame Servin reçut froidement la fugitive, et lui apprit par des paroles poliment circonspectes qu'elle ne devait pas compter sur son appui. Trop fière pour insister, mais étonnée d'un égoïsme auquel elle n'était pas habituée, la jeune Corse alla se loger dans l'hôtel garni le plus voisin de la maison où demeurait Luigi. Le fils des Porta vint passer toutes ses journées aux pieds de sa future ; son jeune amour, la pureté de ses paroles, dissipaient les nuages que la réprobation paternelle amassait sur le front de la fille bannie, et il lui peignait l'avenir si beau qu'elle finissait par sourire, sans néanmoins oublier la rigueur de ses parents.

Un matin, la servante de l'hôtel remit à Ginevra plusieurs malles qui contenaient des étoffes, du linge, et une foule de choses nécessaires à une jeune femme qui se met en ménage ; elle reconnut dans cet envoi la prévoyante bonté d'une mère, car en visitant ces présents, elle trouva une bourse où la baronne avait mis la somme qui appartenait à sa fille, en y joignant le fruit de ses économies. L'argent était accompagné d'une lettre où la mère conjurait la fille d'abandonner son funeste projet de mariage, s'il en était encore temps ; il lui avait fallu, disait-elle, des précautions inouïes pour faire parvenir ces faibles secours à Ginevra ; elle la suppliait de ne pas l'accuser de dureté, si par la suite elle la laissait dans l'abandon, elle craignait de ne pouvoir plus l'assister, elle la bénissait, lui souhaitait de trouver le bonheur dans ce fatal mariage, si elle persistait, en lui assurant qu'elle ne pensait qu'à sa fille chérie. En cet endroit, des larmes avaient effacé plusieurs mots de la lettre.

— O ma mère ! s'écria Ginevra tout attendrie. Elle éprouvait le besoin de se jeter à ses genoux, de la voir, et de respirer l'air bienfaisant de la maison paternelle ; elle s'élançait déjà, quand Luigi entra ; elle le regarda, et sa tendresse filiale s'évanouit, ses larmes se séchèrent, elle ne se sentit pas la force d'abandonner cet enfant si malheureux et si aimant. Être le seul espoir d'une noble créature, l'aimer et l'abandonner... ce sacrifice est une trahison dont sont incapables ce jeunes âmes. Ginevra eut la générosité d'ensevelir sa douleur au fond de son âme.

Enfin, le jour du mariage arriva. Ginevra ne vit personne autour

d'elle. Luigi avait profité du moment où elle s'habillait pour aller
chercher les témoins nécessaires à la signature de leur acte de mariage. Ces témoins étaient de braves gens. L'un, ancien maréchal-
des-logis de hussards, avait contracté, à l'armée, envers Luigi, de
ces obligations qui ne s'effacent jamais du cœur d'un honnête
homme; il s'était mis loueur de voitures et possédait quelques
fiacres. L'autre, entrepreneur de maçonnerie, était le propriétaire
de la maison où les nouveaux époux devaient demeurer. Chacun
d'eux se fit accompagner par un ami, puis tous quatre vinrent avec
Luigi prendre la mariée. Peu accoutumés aux grimaces sociales, et
ne voyant rien que de très-simple dans le service qu'ils rendaient
à Luigi, ces gens s'étaient habillés proprement, mais sans luxe, et
rien n'annonçait le joyeux cortége d'une noce. Ginevra, elle-
même, se mit très-simplement afin de se conformer à sa fortune;
néanmoins sa beauté avait quelque chose de si noble et de si imposant, qu'à son aspect la parole expira sur les lèvres des témoins qui
se crurent obligés de lui adresser un compliment; ils la saluèrent
avec respect, elle s'inclina; ils la regardèrent en silence et ne surent
plus que l'admirer. Cette réserve jeta du froid entre eux. La joie
ne peut éclater que parmi des gens qui se sentent égaux. Le hasard
voulut donc que tout fût sombre et grave autour des deux fiancés,
rien ne réfléta leur félicité. L'église et la mairie n'étaient pas très-
éloignées de l'hôtel. Les deux Corses, suivis des quatre témoins
que leur imposait la loi, voulurent y aller à pied, dans une simplicité qui dépouilla de tout appareil cette grande scène de la vie
sociale. Ils trouvèrent dans la cour de la mairie une foule d'équipages qui annonçaient nombreuse compagnie, ils montèrent et arrivèrent à une grande salle où les mariés, dont le bonheur était
indiqué pour ce jour-là, attendaient assez impatiemment le maire
du quartier. Ginevra s'assit près de Luigi au bout d'un grand banc,
et leurs témoins restèrent debout, faute de siéges. Deux mariées
pompeusement habillées de blanc, chargées de rubans, de dentelles,
de perles, et couronnées de bouquets de fleurs d'oranger dont les
boutons satinés tremblaient sous leur voile, étaient entourées de
leurs familles joyeuses, et accompagnées de leurs mères, qu'elles
regardaient d'un air à la fois satisfait et craintif; tous les yeux
réfléchissaient leur bonheur, et chaque figure semblait leur prodiguer des bénédictions. Les pères, les témoins, les frères, les sœurs
allaient et venaient, comme un essaim se jouant dans un rayon

de soleil qui va disparaître. Chacun semblait comprendre la valeur de ce moment fugitif où, dans la vie, le cœur se trouve entre deux espérances : les souhaits du passé, les promesses de l'avenir. A cet aspect, Ginevra sentit son cœur se gonfler, et pressa le bras de Luigi qui lui lança un regard. Une larme roula dans les yeux du jeune Corse, il ne comprit jamais mieux qu'alors tout ce que sa Ginevra lui sacrifiait. Cette larme précieuse fit oublier à la jeune fille l'abandon dans lequel elle se trouvait. L'amour versa des trésors de lumière entre les deux amants qui ne virent plus qu'eux au milieu de ce tumulte : ils étaient là, seuls, dans cette foule, tels qu'ils devaient être dans la vie. Leurs témoins indifférents à la cérémonie, causaient tranquillement de leurs affaires.

— L'avoine est bien chère, disait le maréchal-des-logis au maçon.

— Elle n'est pas encore si renchérie que le plâtre, proportion gardée, répondit l'entrepreneur.

Et ils firent un tour dans la salle.

— Comme on perd du temps ici ! s'écria le maçon en remettant dans sa poche une grosse montre d'argent.

Luigi et Ginevra, serrés l'un contre l'autre, semblaient ne faire qu'une même personne. Certes, un poëte aurait admiré ces deux têtes unies par un même sentiment, également colorées, mélancoliques et silencieuses en présence de deux noces bourdonnant, devant quatre familles tumultueuses, étincelant de diamants, de fleurs, et dont la gaieté avait quelque chose de passager. Tout ce que ces groupes bruyants et splendides mettaient de joie en dehors, Luigi et Ginevra l'ensevelissaient au fond de leurs cœurs. D'un côté, le grossier fracas du plaisir ; de l'autre, le délicat silence des âmes joyeuses : la terre et le ciel. Mais la tremblante Ginevra ne sut pas entièrement dépouiller les faiblesses de la femme. Superstitieuse comme une Italienne, elle voulut voir un présage dans ce contraste, et garda au fond de son cœur un sentiment d'effroi, invincible autant que son amour.

Tout à coup, un garçon de bureau à la livrée de la ville ouvrit une porte à deux battants, l'on fit silence, et sa voix retentit comme un glapissement en appelant monsieur Luigi da Porta et mademoiselle Ginevra di Piombo. Ce moment causa quelque embarras aux deux fiancés. La célébrité du nom de Piombo attira l'attention, les spectateurs cherchèrent une noce qui semblait devoir être somptueuse. Ginevra se leva, ses regards foudroyants d'orgueil imposèrent à toute la foule, elle donna le bras à Luigi, et marcha d'un pas ferme suivie de ses témoins. Un murmure d'étonnement qui alla croissant, un chuchotement général vint rappeler à Ginevra que le monde lui demandait compte de l'absence de ses parents : la malédiction paternelle semblait la poursuivre.

— Attendez les familles, dit le maire à l'employé qui lisait promptement les actes.

— Le père et la mère protestent, répondit flegmatiquement le secrétaire.

— Des deux côtés ? reprit le maire.

— L'époux est orphelin.

— Où sont les témoins ?

— Les voici, répondit encore le secrétaire en montrant les quatre hommes immobiles et muets qui, les bras croisés, ressemblaient à des statues.

— Mais, s'il y a protestation ? dit le maire.

— Les actes respectueux ont été légalement faits, répliqua l'employé en se levant pour transmettre au fonctionnaire les pièces annexées à l'acte de mariage.

Ce débat bureaucratique eut quelque chose de flétrissant et contenait en peu de mots toute une histoire. La haine des Porta et des Piombo, de terribles passions furent inscrites sur une page de l'État Civil, comme sur la pierre d'un tombeau sont gravées en quelques lignes les annales d'un peuple, et souvent même en un mot : Robespierre ou Napoléon. Ginevra tremblait. Semblable à la colombe qui, traversant les mers, n'avait que l'arche pour poser ses pieds, elle ne pouvait réfugier son regard que dans les yeux de Luigi, car tout était triste et froid autour d'elle. Le maire avait un air improbateur et sévère, et son commis regardait les deux époux avec une curiosité malveillante. Rien n'eut jamais moins l'air d'une fête. Comme toutes les choses de la vie humaine quand elles sont dépouillées de leurs accessoires, ce fut un fait simple en lui-même, immense par la pensée. Après quelques interrogations auxquelles les époux répondirent, après quelques paroles marmottées par le maire, et après l'apposition de leurs signatures sur le registre, Luigi et Ginevra furent unis. Les deux jeunes Corses, dont l'alliance offrait toute la poésie consacrée par le génie dans celle de Roméo et Juliette, traversèrent deux haies de parents joyeux auxquels ils n'appartenaient pas, et qui s'impatientaient près de du retard

que leur causait ce mariage si triste en apparence. Quand la jeune
fille se trouva dans la cour de la mairie et sous le ciel, un soupir
s'échappa de son sein.

— Oh! toute une vie de soins et d'amour suffira-t-elle pour
reconnaître le courage et la tendresse de ma Ginevra? lui dit
Luigi.

A ces mots accompagnés par des larmes de bonheur, la mariée oublia toutes ses souffrances; car elle avait souffert de se présenter devant le monde, en réclamant un bonheur que sa famille
refusait de sanctionner.

— Pourquoi les hommes se mettent-ils donc entre nous? dit-elle
avec une naïveté de sentiment qui ravit Luigi.

Le plaisir rendit les deux époux plus légers. Ils ne virent ni
ciel, ni terre, ni maisons, et volèrent comme avec des ailes vers
l'église. Enfin, ils arrivèrent à une petite chapelle obscure et devant
un autel sans pompe où un vieux prêtre célébra leur union. Là,
comme à la mairie, ils furent entourés par les deux noces qui les
persécutaient de leur éclat. L'église, pleine d'amis et de parents,
retentissait du bruit que faisaient les carrosses, les bedeaux, les suisses, les prêtres. Des autels brillaient de tout le luxe ecclésiastique,
les couronnes de fleurs d'oranger qui paraient les statues de la
Vierge semblaient être neuves. On ne voyait que fleurs, que parfums, que cierges étincelants, que coussins de velours brodés d'or.
Dieu paraissait être complice de cette joie d'un jour. Quand il
fallut tenir au-dessus des têtes de Luigi et de Ginevra ce symbole
d'union éternelle, ce joug de satin blanc, doux, brillant, léger pour
les uns, et de plomb pour le plus grand nombre, le prêtre chercha,
mais en vain, les jeunes garçons qui remplissent ce joyeux office:
deux des témoins les remplacèrent. L'ecclésiastique fit à la hâte une
instruction aux époux sur les périls de la vie, sur les devoirs qu'ils
enseigneraient un jour à leurs enfants; et, à ce sujet, il glissa un
reproche indirect sur l'absence des parents de Ginevra; puis, après
les avoir unis devant Dieu, comme le maire les avait unis devant la
Loi, il acheva sa messe et les quitta.

— Dieu les bénisse! dit Vergniaud au maçon sous le porche de
l'église. Jamais deux créatures ne furent mieux faites l'une pour
l'autre. Les parents de cette fille-là sont des infirmes. Je ne connais
pas de soldat plus brave que le colonel Louis! Si tout le monde
s'était comporté comme lui, *l'autre* y serait encore.

La bénédiction du soldat, la seule qui, dans ce jour, leur eût été donnée, répandit comme un baume sur le cœur de Ginevra.

Ils se séparèrent en se serrant la main, et Luigi remercia cordialement son propriétaire.

— Adieu, mon brave, dit Luigi au maréchal, je te remercie.

— Tout à votre service, mon colonel. Ame, individu, chevaux et voitures, chez moi tout est à vous.

— Comme il t'aime ! dit Ginevra.

Luigi entraîna vivement sa mariée à la maison qu'ils devaient habiter, ils atteignirent bientôt leur modeste appartement ; et, là, quand la porte fut refermée, Luigi prit sa femme dans ses bras en s'écriant : — O ma Ginevra ! car maintenant tu es à moi, ici est la véritable fête. Ici, reprit-il, tout nous sourira.

Ils parcoururent ensemble les trois chambres qui composaient leur logement. La pièce d'entrée servait de salon et de salle à manger. A droite se trouvait une chambre à coucher, à gauche un grand cabinet que Luigi avait fait arranger pour sa chère femme et où elle trouva les chevalets, la boîte à couleurs, les plâtres, les modèles, les mannequins, les tableaux, les portefeuilles, enfin tout le mobilier de l'artiste.

— Je travaillerai donc là, dit-elle avec une expression enfantine. Elle regarda longtemps la tenture, les meubles, et toujours elle se retournait vers Luigi pour le remercier, car il y avait une sorte de magnificence dans ce petit réduit : une bibliothèque contenait les livres favoris de Ginevra, au fond était un piano. Elle s'assit sur un divan, attira Luigi près d'elle, et lui serrant la main : — Tu as bon goût, dit-elle d'une voix caressante.

— Tes paroles me font bien heureux, dit-il.

— Mais voyons donc tout, demanda Ginevra, à qui Luigi avait fait un mystère des ornements de cette retraite.

Ils allèrent alors vers une chambre nuptiale, fraîche et blanche comme une vierge.

— Oh ! sortons, dit Luigi en riant.

— Mais je veux tout voir. Et l'impérieuse Ginevra visita l'ameublement avec le soin curieux d'un antiquaire examinant une médaille, elle toucha les soieries et passa tout en revue avec le contentement naïf d'une jeune mariée qui déploie les richesses de sa corbeille. Nous commençons par nous ruiner, dit-elle d'un air moitié joyeux, moitié chagrin.

— C'est vrai! tout l'arriéré de ma solde est là, répondit Luigi.
Je l'ai vendu à un brave homme nommé Gigonnet.

— Pourquoi? reprit-elle d'un ton de reproche où perçait une satisfaction secrète. Crois-tu que je serais moins heureuse sous un
toit? Mais, reprit-elle, tout cela est bien joli, et c'est à nous.
Luigi la contemplait avec tant d'enthousiasme qu'elle baissa les
yeux et lui dit : — Allons voir le reste.

Au-dessus de ces trois chambres, sous les toits, il y avait un
cabinet pour Luigi, une cuisine et une chambre de domestique.
Ginevra fut satisfaite de son petit domaine, quoique la vue s'y
trouvât bornée par le large mur d'une maison voisine, et que la cour
d'où venait le jour fût sombre. Mais les deux amants avaient le cœur
si joyeux, mais l'espérance leur embellissait si bien l'avenir, qu'ils ne
voulurent apercevoir que de charmantes images dans leur mystérieux asile. Ils étaient au fond de cette vaste maison et perdus dans
l'immensité de Paris comme deux perles dans leur nacre, au sein
des profondes mers : pour tout autre c'eût été une prison, pour eux
ce fut un paradis. Les premiers jours de leur union appartinrent à
l'amour. Il leur fut trop difficile de se vouer tout à coup au travail,
et ils ne surent pas résister au charme de leur propre passion. Luigi
restait des heures entières couché aux pieds de sa femme, admirant
la couleur de ses cheveux, la coupe de son front, le ravissant enca-
drement de ses yeux, la pureté, la blancheur des deux arcs sous
lesquels ils glissaient lentement en exprimant le bonheur d'un amour
satisfait. Ginevra caressait la chevelure de son Luigi sans se lasser de
contempler, suivant une de ses expressions, la *beltà folgorante*
de ce jeune homme, la finesse de ses traits; toujours séduite par
la noblesse de ses manières, comme elle le séduisait toujours par la
grâce des siennes. Ils jouaient comme des enfants avec des riens,
ces riens les ramenaient toujours à leur passion, et ils ne cessaient
leurs jeux que pour tomber dans la rêverie du *far niente*. Un
air chanté par Ginevra leur reproduisait encore les nuances délicieuses de leur amour. Puis, unissant leurs pas comme ils avaient
uni leurs âmes, ils parcouraient les campagnes en y retrouvant
leur amour partout, dans les fleurs, sur les cieux, au sein des
teintes ardentes du soleil couchant; ils le lisaient jusque sur les
nuées capricieuses qui se combattaient dans les airs. Une journée
ne ressemblait jamais à la précédente, leur amour allait croissant
parce qu'il était vrai. Ils s'étaient éprouvés en peu de jours, et

avaient instinctivement reconnu que leurs âmes étaient de celles dont les richesses inépuisables semblent toujours promettre de nouvelles jouissances pour l'avenir. C'était l'amour dans toute sa naïveté, avec ses interminables causeries, ses phrases inachevées, ses longs silences, son repos oriental et sa fougue. Luigi et Ginevra avaient tout compris de l'amour. L'amour n'est-il pas comme la mer qui, vue superficiellement ou à la hâte, est accusée de monotonie par les âmes vulgaires, tandis que certains êtres privilégiés peuvent passer leur vie à l'admirer en y trouvant sans cesse de changeants phénomènes qui les ravissent?

Cependant, un jour, la prévoyance vint tirer les jeunes époux de leur Éden, il était devenu nécessaire de travailler pour vivre. Ginevra qui possédait un talent particulier pour imiter les vieux tableaux, se mit à faire des copies et se forma une clientèle parmi les brocanteurs. De son côté, Luigi chercha très-activement de l'occupation; mais il était fort difficile à un jeune officier, dont tous les talents se bornaient à bien connaître la stratégie, de trouver de l'emploi à Paris. Enfin, un jour que, lassé de ses vains efforts, il avait le désespoir dans l'âme en voyant que le fardeau de leur existence tombait tout entier sur Ginevra, il songea à tirer parti de son écriture, qui était fort belle. Avec une constance dont sa femme lui donnait l'exemple, il alla solliciter les avoués, les notaires, les avocats de Paris. La franchise de ses manières, sa situation intéressèrent vivement en sa faveur, et il obtint assez d'expéditions pour être obligé de se faire aider par des jeunes gens. Insensiblement il entreprit les écritures en grand. Le produit de ce bureau, le prix des tableaux de Ginevra, finirent par mettre le jeune ménage dans une aisance qui le rendit fier, car elle provenait de son industrie. Ce fut pour eux le plus beau moment de leur vie. Les journées s'écoulaient rapidement entre les occupations et les joies de l'amour. Le soir, après avoir bien travaillé, ils se retrouvaient avec bonheur dans la cellule de Ginevra. La musique les consolait de leurs fatigues. Jamais une expression de mélancolie ne vint obscurcir les traits de la jeune femme, et jamais elle ne se permit une plainte. Elle savait toujours apparaître à son Luigi le sourire sur les lèvres et les yeux rayonnants. Tous deux caressaient une pensée dominante qui leur eût fait trouver du plaisir aux travaux les plus rudes : Ginevra se disait qu'elle travaillait pour Luigi, et Luigi pour Ginevra. Parfois, en l'absence de son mari la jeune femme songeait au bonheur parfait qu'elle aurait eu si cette vie d'amour s'était écoulée en présence de son père et de sa mère, elle tombait alors dans une mélancolie profonde en éprouvant la puissance des remords ; de sombres tableaux passaient comme des ombres dans son imagination : elle voyait son vieux père seul ou sa mère pleurant le soir et dérobant ses larmes à l'inexorable Piombo ; ces deux têtes blanches et graves se dressaient soudain devant elle, il lui semblait qu'elle ne devait plus les contempler qu'à la lueur fantastique du souvenir. Cette idée la poursuivait comme un pressentiment. Elle célébra l'anniversaire de son mariage en donnant à son mari un portrait qu'il avait souvent désiré, celui de sa Ginevra. Jamais la jeune artiste n'avait rien composé de si remarquable. A part une ressemblance parfaite, l'éclat de sa beauté, la pureté de ses sentiments, le bonheur de l'amour, y étaient rendus avec une sorte de magie. Le chef-d'œuvre fut inauguré. Ils passèrent encore une autre année au sein de l'aisance. L'histoire de leur vie peut se faire alors en trois mots : *Ils étaient heureux.* Il ne leur arriva donc aucun événement qui mérite d'être rapporté.

Au commencement de l'hiver de l'année 1819, les marchands de tableaux conseillèrent à Ginevra de leur donner autre chose que des copies ; ils ne pouvaient plus les vendre avantageusement par suite de la concurrence. Madame Porta reconnut le tort qu'elle avait eu de ne pas s'exercer à peindre des tableaux de genre qui lui auraient acquis un nom, elle entreprit de faire des portraits ; mais elle eut à lutter contre une foule d'artistes encore moins riches qu'elle ne l'était. Cependant, comme Luigi et Ginevra avaient amassé quelque argent, ils ne désespérèrent pas de l'avenir. A la fin de l'hiver de cette même année, Luigi travailla sans relâche. Lui aussi luttait contre des concurrents : le prix des écritures avait tellement baissé, qu'il ne pouvait plus employer personne, et se trouvait dans la nécessité de consacrer plus de temps qu'autrefois à son labeur pour en retirer la même somme. Sa femme avait fini plusieurs tableaux qui n'étaient pas sans mérite ; mais les marchands achetaient à peine ceux des artistes en réputation. Ginevra les offrit à vil prix sans pouvoir les vendre. La situation de ce ménage eut quelque chose d'épouvantable ; les âmes des deux époux nageaient dans le bonheur, l'amour les accablait de ses trésors, la pauvreté se levait comme un squelette au milieu de cette moisson du plaisir, et ils se cachaient l'un à l'autre leurs inquiétudes. Au moment où Ginevra se sentait près de pleurer en voyant son Luigi souffrant, elle le comblait de caresses. De même Luigi gardait un noir chagrin au fond de son cœur en exprimant à Ginevra le plus tendre amour. Ils cherchaient une compensation à leurs maux dans l'exaltation de leurs sentiments, et leurs paroles, leurs joies, leurs jeux s'empreignaient d'une espèce de frénésie. Ils avaient peur de l'avenir. Quel est le sentiment dont la force puisse se comparer à celle d'une passion qui doit cesser le lendemain, tuée par la mort ou par la nécessité? Quand ils se parlaient de leur indigence, ils éprouvaient le besoin de se tromper l'un et l'autre, et saisissaient avec une égale ardeur le plus léger espoir. Une nuit, Ginevra chercha vainement Luigi auprès d'elle, et se leva tout effrayée. Une faible lueur qui se dessinait sur le mur noir de la petite cour lui fit deviner que son mari travaillait pendant la nuit. Luigi attendait que sa femme fût endormie avant de monter à son cabinet. Quatre heures sonnèrent, le jour commençait à poindre, Ginevra se recoucha et feignit de dormir. Luigi revint accablé de fatigue et de sommeil, et Ginevra regarda douloureusement cette belle figure sur laquelle les travaux et les soucis imprimaient déjà quelques rides. Des larmes roulèrent dans les yeux de la jeune femme.

— C'est pour moi qu'il passe les nuits à écrire, dit-elle.

Une pensée sécha ses larmes. Elle songeait à imiter Luigi. Le jour même, elle alla chez un riche marchand d'estampes, et à l'aide d'une lettre de recommandation qu'elle se fit donner pour le négociant par Élie Magus, un de ses marchands de tableaux, elle obtint une entreprise de coloriages. Le jour, elle peignait et s'occupait des soins du ménage ; puis quand la nuit arrivait, elle coloriait des gravures. Ainsi, ces deux jeunes gens, épris d'amour, n'entraient au lit nuptial que pour en sortir ; ils feignaient tous deux de dormir, et par dévouement se quittaient aussitôt que l'un avait trompé l'autre. Une nuit, Luigi succombant à l'espèce de fièvre que lui causait un travail sous le poids duquel il commençait à plier, se leva pour ouvrir la lucarne de son cabinet ; il respirait l'air pur du matin, et semblait oublier ses douleurs à l'aspect du ciel, quand en abaissant ses regards il aperçut une forte lueur sur le mur qui faisait face aux fenêtres de l'appartement de Ginevra ; le malheureux, qui devina tout, descendit, marcha doucement et surprit sa femme au milieu de son atelier enluminant des gravures.

— Oh! Ginevra! s'écria-t-il.

Elle fit un saut convulsif sur sa chaise et rougit.

— Pouvais-je dormir tandis que tu t'épuisais de fatigue ? dit-elle.

— Mais c'est à moi seul qu'appartient le droit de travailler ainsi.

— Puis-je rester oisive, répondit la jeune femme dont les yeux se mouillèrent de larmes, quand je sais que chaque morceau de pain nous coûte presque une goutte de ton sang ? Je mourrais si je ne joignais pas mes efforts aux tiens. Tout ne doit-il pas être commun entre nous, plaisirs et peines ?

— Elle a froid, s'écria Luigi avec désespoir. Ferme donc mieux ton châle sur ta poitrine, ma Ginevra, la nuit est humide et fraîche.

Ils vinrent devant la fenêtre, la jeune femme appuya sa tête sur le sein de son bien-aimé qui la tenait par la taille, et tous deux ensevelis dans un silence profond, regardèrent le ciel que l'aube éclairait lentement. Des nuages d'une teinte grise se succédèrent rapidement, et l'orient devint de plus en plus lumineux.

— Vois-tu, dit Ginevra, c'est un présage : nous serons heureux.

— Oui, au ciel, répondit Luigi avec un sourire amer. O Ginevra ! toi qui méritais tous les trésors de la terre...

— J'ai ton cœur, dit-elle avec un accent de joie.

— Ah ! je ne me plains pas, reprit-il en la serrant fortement contre lui. Et il couvrit de baisers ce visage délicat qui commençait à perdre la fraîcheur de la jeunesse, mais dont l'expression était si tendre et si douce, qu'il ne pouvait jamais le voir sans être consolé.

— Quel silence ! dit Ginevra. Mon ami, je trouve un grand plaisir à veiller. La majesté de la nuit est vraiment contagieuse, elle impose, elle inspire ; il y a je ne sais quelle puissance dans cette idée : tout dort et je veille.

— O ! ma Ginevra, ce n'est pas d'aujourd'hui que je sens combien ton âme est délicatement gracieuse ! Mais voici l'aurore, viens dormir.

— Oui, répondit-elle, si je ne dors pas seule. J'ai bien souffert la nuit où je me suis aperçue que mon Luigi veillait sans moi !

Le courage avec lequel ces deux jeunes gens combattaient le malheur reçut pendant quelque temps sa récompense ; mais l'événement qui met presque toujours le comble à la félicité des ménages devait leur être funeste : Ginevra eut un fils qui, pour se servir d'une expression populaire, fut *beau comme le jour*. Le sentiment de la maternité doubla les forces de la jeune femme. Luigi emprunta pour subvenir aux dépenses des couches de Ginevra. Dans les premiers moments, elle ne sentit donc pas tout le malaise de sa situation, et les deux époux se livrèrent au bonheur d'élever un enfant. Ce fut leur dernière félicité. Comme deux nageurs qui unissent leurs efforts pour rompre un courant, les deux Corses luttèrent d'abord courageusement; mais parfois ils s'abandonnaient à une apathie semblable à ces sommeils qui précèdent la mort, et bientôt ils se virent obligés de vendre leurs bijoux. La Pauvreté se montra tout à coup, non pas hideuse, mais vêtue simplement, et presque douce à supporter; sa voix n'avait rien d'effrayant, elle ne traînait après elle ni désespoir, ni spectres, ni haillons; mais elle faisait perdre le souvenir et les habitudes de l'aisance; elle usait les ressorts de l'orgueil. Puis, vint la Misère dans toute son horreur, insouciante de ses guenilles et foulant aux pieds tous les sentiments humains. Sept ou huit mois après la naissance du petit Bartholoméo, l'on aurait eu de la peine à reconnaître dans la mère qui allaitait cet enfant malingre l'original de l'admirable portrait, le seul ornement d'une chambre nue. Sans feu par un rude hiver, Ginevra vit les gracieux contours de sa figure se détruire lentement, ses joues devinrent blanches comme de la porcelaine. On eût dit que ses yeux avaient pâli. Elle regardait en pleurant son enfant amaigri, décoloré, et ne souffrait que de cette jeune misère. Luigi, debout et silencieux, n'avait plus le courage de sourire à son fils.

— J'ai couru tout Paris, disait-il d'une voix sourde, je n'y connais personne, et comment oser demander à des indifférents? Vergniaud, le nourrisseur, mon vieil Égyptien, est impliqué dans une conspiration, il a été mis en prison, et d'ailleurs, il m'a prêté tout ce dont il pouvait disposer. Quant à notre propriétaire, il ne nous a rien demandé depuis un an.

— Mais nous n'avons besoin de rien, répondit doucement Ginevra en affectant un air calme.

— Chaque jour qui arrive amène une difficulté de plus, reprit Luigi avec terreur.

La faim était à leur porte. Luigi prit tous les tableaux de Ginevra, le portrait, plusieurs meubles desquels le ménage pouvait encore se passer, il vendit tout à vil prix, et la somme qu'il en obtint prolongea l'agonie du ménage pendant quelques moments. Dans ces jours de malheur, Ginevra montra la sublimité de son caractère et l'étendue de sa résignation, elle supporta stoïquement les atteintes de la douleur; son âme énergique la soutenait contre tous les maux, elle travaillait d'une main défaillante auprès de son fils mourant, expédiait les soins du ménage avec une activité miraculeuse, et suffisait à tout. Elle était même heureuse encore quand elle voyait sur les lèvres de Luigi un sourire d'étonnement à l'aspect de la propreté qu'elle faisait régner dans l'unique chambre où ils s'étaient réfugiés.

— Mon ami, je t'ai gardé ce morceau de pain, lui dit-elle un soir qu'il rentrait fatigué.

— Et toi?

— Moi, j'ai dîné, cher Luigi, je n'ai besoin de rien.

Et la douce expression de son visage le pressait encore plus que sa parole d'accepter une nourriture de laquelle elle se privait, Luigi l'embrassa par un de ces baisers de désespoir qui se donnaient en 1793 entre amis à l'heure où ils montaient ensemble à l'échafaud. En ces moments suprêmes, deux êtres se voient cœur à cœur. Aussi, le malheureux Luigi comprenant tout à coup que sa femme était à jeun, partagea-t-il la fièvre qui la dévorait, il frissonna, sortit en prétextant une affaire pressante, car il aurait mieux aimé prendre le poison le plus subtil, plutôt que d'éviter la mort en mangeant le dernier morceau de pain qui se trouvait chez lui. Il se mit à errer dans Paris au milieu des voitures les plus brillantes, au sein de ce luxe insultant qui éclate partout; il passa promptement devant les boutiques des changeurs où l'or étincelle ; enfin, il résolut de se vendre, de s'offrir comme remplaçant pour le service militaire en espérant que ce sacrifice sauverait Ginevra, et que, pendant son absence, elle pourrait rentrer en grâce auprès de Bartholoméo. Il alla donc trouver un de ces hommes qui font la traite des blancs, et il éprouva une sorte de bonheur à reconnaître en lui un ancien officier de la garde impériale.

— Il y a deux jours que je n'ai mangé, lui dit-il d'une voix lente et faible, ma femme meurt de faim, et ne m'adresse pas une plainte, elle expirerait en souriant, je crois. De grâce, mon camarade, ajouta-t-il avec un sourire amer, achète-moi d'avance, je suis robuste, je ne suis plus au service, et je...

L'officier donna une somme à Luigi en à-compte sur celle qu'il s'engageait à lui procurer. L'infortuné poussa un rire convulsif quand il tint une poignée de pièces d'or, il courut de toute sa force vers sa maison, haletant, et criant parfois : — O ma Ginevra !

Ginevra! Il commençait à faire nuit quand il arriva chez lui. Il entra tout doucement, craignant de donner une trop forte émotion à sa femme, qu'il avait laissée faible. Les derniers rayons du soleil pénétrant par la lucarne venaient mourir sur le visage de Ginevra qui dormait assise sur une chaise en tenant son enfant sur son sein.

— Réveille-toi, ma chère Ginevra, dit-il sans s'apercevoir de la pose de son enfant qui en ce moment conservait un éclat surnaturel.

En entendant cette voix, la pauvre mère ouvrit les yeux, rencontra le regard de Luigi, et sourit; mais Luigi jeta un cri d'épouvante : Ginevra était tout à fait changée, à peine la reconnaissait-il, il lui montra par un geste d'une sauvage énergie l'or qu'il avait à la main.

La jeune femme se mit à rire machinalement, et tout à coup elle s'écria d'une voix affreuse : — Louis! l'enfant est froid.

Elle regarda son fils et s'évanouit, car le petit Barthélemy était mort. Luigi prit sa femme dans ses bras sans lui ôter l'enfant qu'elle serrait avec une force incompréhensible; et après l'avoir posée sur le lit, il sortit pour appeler au secours.

— O mon Dieu! dit-il à son propriétaire qu'il rencontra sur l'escalier, j'ai de l'or, et mon enfant est mort de faim, sa mère se meurt, aidez-nous!

Il revint comme un désespéré vers Ginevra, et laissa l'honnête maçon occupé, ainsi que plusieurs voisins, de rassembler tout ce qui pouvait soulager une misère inconnue jusqu'alors, tant les deux Corses l'avaient soigneusement cachée par un sentiment d'orgueil. Luigi avait jeté son or sur le plancher, et s'était agenouillé au chevet du lit où gisait sa femme.

— Mon père! s'écriait Ginevra dans son délire, prenez soin de mon fils qui porte votre nom.

— O mon ange! calme-toi, lui disait Luigi en l'embrassant, de beaux jours nous attendent.

Cette voix et cette caresse lui rendirent quelque tranquillité.

— O mon Louis! reprit-elle en le regardant avec une attention extraordinaire, écoute-moi bien. Je sens que je meurs. Ma mort est naturelle, je souffrais trop, et puis un bonheur aussi grand que le mien devait se payer. Oui, mon Luigi, console-toi. J'ai été si heureuse, que si je recommençais à vivre, j'accepterais encore notre destinée. Je suis une mauvaise mère : je te regrette encore plus

que je ne regrette mon enfant. — Mon enfant, ajouta-t-elle d'un
son de voix profond. Deux larmes se détachèrent de ses yeux mourants, et soudain elle pressa le cadavre qu'elle n'avait pu réchauffer.
— Donne ma chevelure à mon père, en souvenir de sa Ginevra,
reprit-elle. Dis-lui bien que je ne l'ai jamais accusé... Sa tête
tomba sur le bras de son époux.

— Non, tu ne peux pas mourir, s'écria Luigi, le médecin va
venir. Nous avons du pain. Ton père va te recevoir en grâce. La
prospérité s'est levée pour nous. Reste avec nous, ange de beauté!

Mais ce cœur fidèle et plein d'amour devenait froid, Ginevra
tournait instinctivement les yeux vers celui qu'elle adorait, quoiqu'elle ne fût plus sensible à rien : des images confuses s'offraient à
son esprit, près de perdre tout souvenir de la terre. Elle savait que
Luigi était là, car elle serrait toujours plus fortement sa main glacée, et semblait vouloir se retenir au-dessus d'un précipice où elle
croyait tomber.

— Mon ami, dit-elle enfin, tu as froid, je vais te réchauffer.

Elle voulut mettre la main de son mari sur son cœur, mais elle
expira. Deux médecins, un prêtre, des voisins entrèrent en ce moment en apportant tout ce qui était nécessaire pour sauver les deux
époux et calmer leur désespoir. Ces étrangers firent beaucoup de
bruit d'abord; mais quand ils furent entrés, un affreux silence régna dans cette chambre.

Pendant que cette scène avait lieu, Bartholoméo et sa femme
étaient assis dans leurs fauteuils antiques, chacun à un coin de la
vaste cheminée dont l'ardent brasier réchauffait à peine l'immense
salon de leur hôtel. La pendule marquait minuit. Depuis long-
temps le vieux couple avait perdu le sommeil. En ce moment, ils
étaient silencieux comme deux vieillards tombés en enfance et qui
regardent tout sans rien voir. Leur salon désert, mais plein de souvenirs pour eux, était faiblement éclairé par une seule lampe près
de mourir. Sans les flammes pétillantes du foyer, ils eussent été
dans une obscurité complète. Un de leurs amis venait de les quitter, et la chaise sur laquelle il s'était assis pendant sa visite se trouvait entre les deux Corses. Piombo avait déjà jeté plus d'un regard
sur cette chaise, et ces regards pleins d'idées se succédaient comme
des remords, car la chaise vide était celle de Ginevra. Élisa Piombo
épiait les expressions qui passaient sur la blanche figure de son
mari. Quoiqu'elle fût habituée à deviner les sentiments du Corse,

d'après les changeantes révolutions de ses traits, ils étaient tour à tour si menaçants et si mélancoliques, qu'elle ne pouvait plus lire dans cette âme incompréhensible.

Bartholoméo succombait-il sous les puissants souvenirs que réveillait cette chaise? était-il choqué de voir qu'elle venait de servir pour la première fois à un étranger depuis le départ de sa fille? l'heure de sa clémence, cette heure si vainement attendue jusqu'alors, avait-elle sonné?

Ces réflexions agitèrent successivement le cœur d'Élisa Piombo. Pendant un instant la physionomie de son mari devint si terrible, qu'elle trembla d'avoir osé employer une ruse si simple pour faire naître l'occasion de parler de Ginevra. En ce moment, la bise chassa si violemment les flocons de neige sur les persiennes, que les deux vieillards purent en entendre le léger bruissement. La mère de Ginevra baissa la tête pour dérober ses larmes à son mari. Tout à coup un soupir sortit de la poitrine du vieillard, sa femme le regarda, il était abattu; elle hasarda pour la seconde fois, depuis trois ans, à lui parler de sa fille.

— Si Ginevra avait froid, s'écria-t-elle doucement. Piombo tressaillit. — Elle a peut-être faim, dit-elle en continuant. Le Corse laissa échapper une larme. — Elle a un enfant, et ne peut pas le nourrir, son lait s'est tari, reprit vivement la mère avec l'accent du désespoir.

— Qu'elle vienne! qu'elle vienne, s'écria Piombo. O mon enfant chéri! tu m'as vaincu.

La mère se leva comme pour aller chercher sa fille. En ce moment, la porte s'ouvrit avec fracas, et un homme dont le visage n'avait plus rien d'humain surgit tout à coup devant eux.

— *Morte!* Nos deux familles devaient s'exterminer l'une par l'autre, car voilà tout ce qui reste d'elle, dit-il en posant sur une table la longue chevelure noire de Ginevra.

Les deux vieillards frissonnèrent comme s'ils eussent reçu une commotion de la foudre, et ne virent plus Luigi.

— Il nous épargne un coup de feu, car il est mort, s'écria lentement Bartholoméo en regardant à terre.

Paris, janvier 1830.

MADAME FIRMIANI.

CHER ALEXANDRE DE BERNY.

Son vieil ami,

DE BALZAC.

Beaucoup de récits, riches de situations ou rendus dramatiques
par les innombrables jets du hasard, emportent avec eux leurs
propres artifices et peuvent être racontés artistement ou simplement par toutes les lèvres, sans que le sujet y perde la plus légère
de ses beautés ; mais il est quelques aventures de la vie humaine
auxquelles les accents du cœur seuls rendent la vie, il est certains détails pour ainsi dire anatomiques dont les fibres déliées ne
reparaissent dans une action éteinte que sous les infusions les plus
habiles de la pensée ; puis, il est des portraits qui veulent une âme
et ne sont rien sans les traits les plus délicats de leur physionomie mobile ; enfin, il se rencontre de ces choses que nous ne
savons dire ou faire sans je ne sais quelles harmonies inconnues
auxquelles président un jour, une heure, une conjonction heureuse dans les signes célestes ou de secrètes prédispositions morales. Ces sortes de révélations mystérieuses étaient impérieusement
exigées pour dire cette histoire simple à laquelle on voudrait
pouvoir intéresser quelques-unes de ces âmes naturellement mélancoliques et songeuses qui se nourrissent d'émotions douces. Si
l'écrivain, semblable à un chirurgien près d'un ami mourant, s'est

pénétré d'une espèce de respect pour le sujet qu'il maniait, pourquoi le lecteur ne partagerait-il pas ce sentiment inexplicable ? Est-ce une chose difficile que de s'initier à cette vague et nerveuse tristesse qui, n'ayant point d'aliment, répand des teintes grises autour de nous, demi-maladie dont les molles souffrances plaisent parfois ? Si vous pensez par hasard aux personnes chères que vous avez perdues ; si vous êtes seul, s'il est nuit ou si le jour tombe, poursuivez la lecture de cette histoire ; autrement, vous jetteriez le livre, ici. Si vous n'avez pas enseveli déjà quelque bonne tante infirme ou sans fortune, vous ne comprendrez point ces pages. Aux uns, elles sembleront imprégnées de musc ; aux autres, elles paraîtront aussi décolorées, aussi vertueuses que peuvent l'être celles de Florian. Pour tout dire, le lecteur doit avoir connu la volupté des larmes, avoir senti la douleur muette d'un souvenir qui passe légèrement, chargé d'une ombre chère, mais d'une ombre lointaine ; il doit posséder quelques-uns de ces souvenirs qui font tout à la fois regretter ce que vous a dévoré la terre, et sourire d'un bonheur évanoui. Maintenant, croyez que, pour les richesses de l'Angleterre, l'auteur ne voudrait pas extorquer à la poésie un seul de ses mensonges pour embellir sa narration. Ceci est une histoire vraie et pour laquelle vous pouvez dépenser les trésors de votre sensibilité, si vous en avez.

Aujourd'hui, notre langue a autant d'idiomes qu'il existe de Variétés d'hommes dans la grande famille française. Aussi est-ce vraiment chose curieuse et agréable que d'écouter les différentes acceptions ou versions données sur une même chose ou sur un même événement par chacune des Espèces qui composent la monographie du Parisien, le Parisien étant pris pour généraliser la thèse.

Ainsi, vous eussiez demandé à un sujet appartenant au genre des Positifs : — Connaissez-vous madame Firmiani ? cet homme vous eût traduit madame Firmiani par l'inventaire suivant : — Un grand hôtel situé rue du Bac, des salons bien meublés, de beaux tableaux, cent bonnes mille livres de rente, et un mari, jadis receveur-général dans le département de Montenotte. Ayant dit, le Positif, homme gros et rond, presque toujours vêtu de noir, fait une petite grimace de satisfaction, relève sa lèvre inférieure en la fronçant de manière à couvrir la supérieure, et hoche la tête comme s'il ajoutait : Voilà des gens solides et sur lesquels il n'y a rien à dire. Ne lui demandez rien de plus ! Les Positifs expliquent tout par des chiffres, par des rentes ou par les biens au soleil, un mot de leur lexique.

Tournez à droite, allez interroger cet autre qui appartient au genre des Flâneurs, répétez-lui votre question : — Madame Firmiani ? dit-il, oui, oui, je la connais bien, je vais à ses soirées. Elle reçoit le mercredi ; c'est une maison fort honorable. Déjà, madame Firmiani se métamorphose en maison. Cette maison n'est plus un amas de pierres superposées architectoniquement ; non, ce mot est, dans la langue des Flâneurs, un idiotisme intraduisible. Ici, le Flâneur homme sec, à sourire agréable, disant de jolis riens, ayant toujours plus d'esprit acquis que d'esprit naturel, se penche à votre oreille, et d'un air fin, vous dit : — Je n'ai jamais vu monsieur Firmiani. Sa position sociale consiste à gérer des biens en Italie ; mais madame Firmiani est Française, et dépense ses revenus en Parisienne. Elle a d'excellent thé ! C'est une des maisons aujourd'hui si rares où l'on s'amuse et où ce que l'on vous donne est exquis. Il est d'ailleurs fort difficile d'être admis chez elle. Aussi la meilleure société se trouve-t-elle dans ses salons ! Puis, le Flâneur commente ce dernier mot par une prise de tabac saisie gravement ; il se garnit le nez à petits coups, et semble vous dire : — Je vais dans cette maison, mais ne comptez pas sur moi pour vous y présenter.

Madame Firmiani tient pour les Flâneurs une espèce d'auberge sans enseigne.

— Que veux-tu donc aller faire chez madame Firmiani ? mais l'on s'y ennuie autant qu'à la cour. A quoi sert d'avoir de l'esprit, si ce n'est à éviter des salons où, par la poésie qui court, on lit la plus petite ballade fraîchement éclose ?

Vous avez questionné l'un de vos amis classé parmi les Personnels, gens qui voudraient tenir l'univers sous clef et n'y rien laisser faire sans leur permission. Ils sont malheureux de tout le bonheur des autres, ne pardonnent qu'aux vices, aux chutes, aux infirmités, et ne veulent que des protégés. Aristocrates par inclination, ils se font républicains par dépit, uniquement pour trouver beaucoup d'inférieurs parmi leurs égaux.

— Oh ! madame Firmiani, mon cher, est une de ces femmes adorables qui servent d'excuse à la nature pour toutes les laides qu'elle a créées par erreur ; elle est ravissante ! elle est bonne ! Je ne voudrais être au pouvoir, devenir roi, posséder des millions, que pour (*ici trois mots dits à l'oreille*). Veux-tu que je t'y présente ?...

Ce jeune homme est du genre Lycéen connu pour sa grande hardiesse entre hommes et sa grande timidité à huis-clos.

— Madame Firmiani ? s'écrie un autre en faisant tourner sa canne sur elle-même, je vais te dire ce que j'en pense : c'est une femme entre trente et trente-cinq ans, figure passée, beaux yeux, taille plate, voix de contr'alto usée, beaucoup de toilette, un peu de rouge, charmantes manières ; enfin, mon cher, les restes d'une jolie femme qui néanmoins valent encore la peine d'une passion.

Cette sentence est due à un sujet du genre Fat qui vient de déjeuner, ne pèse plus ses paroles et va monter à cheval. En ces moments, les Fats sont impitoyables.

— Il y a chez elle une galerie de tableaux magnifiques, allez la voir ! vous répond un autre. Rien n'est si beau !

Vous vous êtes adressé au genre Amateur. L'individu vous quitte pour aller chez Pérignon ou chez Tripet. Pour lui, madame Firmiani est une collection de toiles peintes.

UNE FEMME. — Madame Firmiani ? Je ne veux pas que vous alliez chez elle.

Cette phrase est la plus riche des traductions. Madame Firmiani ! femme dangereuse ! une sirène ! elle se met bien, elle a du goût, elle cause des insomnies à toutes les femmes. L'interlocutrice appartient au genre des Tracassiers.

UN ATTACHÉ D'AMBASSADE. — Madame Firmiani ! N'est-elle pas d'Anvers ? J'ai vu cette femme-là bien belle il y a dix ans. Elle était alors à Rome. Les sujets appartenant à la classe des Attachés ont la manie de dire des mots à la Talleyrand, leur esprit est souvent si fin, que leurs aperçus sont imperceptibles ; ils ressemblent à ces joueurs de billard qui évitent les billes avec une adresse infinie. Ces individus sont généralement peu parleurs ; mais quand ils parlent, ils ne s'occupent que de l'Espagne, de Vienne, de l'Italie ou de Pétersbourg. Les noms de pays sont chez eux comme des ressorts ; pressez-les, la sonnerie vous dira tous ses airs.

— Cette madame Firmiani ne voit-elle pas beaucoup le faubourg Saint-Germain ? Ceci est dit par une personne qui veut appartenir au genre Distingué. Elle donne le *de* à tout le monde, à monsieur Dupin l'aîné, à monsieur Lafayette ; elle le jette à tort et à travers, elle en déshonore les gens. Elle passe sa vie à s'inquiéter de ce qui est *bien* ; mais, pour son supplice, elle demeure au Marais, et son mari a été avoué, mais avoué à la Cour royale.

— Madame Firmiani, monsieur? je ne la connais pas. Cet homme appartient au genre des Ducs. Il n'avoue que les femmes présentées. Excusez-le, il a été fait duc par Napoléon.

— Madame Firmiani? N'est-ce pas une ancienne actrice des Italiens? Homme du genre Niais. Les individus de cette classe veulent avoir réponse à tout. Ils calomnient plutôt que de se taire.

DEUX VIEILLES DAMES (*femmes d'anciens magistrats*). LA PREMIÈRE. (Elle a un bonnet à coques, sa figure est ridée, son nez est pointu, elle tient un Paroissien, voix dure.) — Qu'est-elle en son nom, cette madame Firmiani? LA SECONDE. (Petite figure rouge ressemblant à une vieille pomme d'api, voix douce.) — Une Cadignan, ma chère, nièce du vieux prince de Cadignan et cousine par conséquent du duc de Maufrigneuse.

Madame Firmiani est une Cadignan. Elle n'aurait ni vertus, ni fortune, ni jeunesse, ce serait toujours une Cadignan. Une Cadignan, c'est comme un préjugé, toujours riche et vivant.

UN ORIGINAL. — Mon cher, je n'ai jamais vu de socques dans son antichambre, tu peux aller chez elle sans te compromettre et y jouer sans crainte, parce que, s'il y a des fripons, ils sont gens de qualité; partant, on ne s'y querelle pas.

VIEILLARD APPARTENANT AU GENRE DES OBSERVATEURS. — Vous irez chez madame Firmiani, vous trouverez, mon cher, une belle femme nonchalamment assise au coin de sa cheminée. A peine se lèvera-t-elle de son fauteuil, elle ne le quitte que pour les femmes ou les ambassadeurs, les ducs, les gens considérables. Elle est fort gracieuse, elle charme, elle cause bien et veut causer de tout. Il y a chez elle tous les indices de la passion, mais on lui donne trop d'adorateurs pour qu'elle ait un favori. Si les soupçons ne planaient que sur deux ou trois de ses intimes, nous saurions quel est son cavalier servant; mais c'est une femme tout mystère : elle est mariée, et jamais nous n'avons vu son mari; monsieur Firmiani est un personnage tout à fait fantastique, il ressemble à ce troisième cheval que l'on paie toujours en courant la poste et qu'on n'aperçoit jamais; madame, à entendre les artistes, est le premier contr'alto d'Europe et n'a pas chanté trois fois depuis qu'elle est à Paris; elle reçoit beaucoup de monde et ne va chez personne.

L'Observateur parle en prophète. Il faut accepter ses paroles, ses anecdoctes, ses citations comme des vérités, sous peine de passer pour un homme sans instruction, sans moyens. Il vous calomniera gaiement dans vingt salons où il est essentiel comme une première pièce sur l'affiche, ces pièces si souvent jouées pour les banquettes et qui ont eu du succès autrefois. L'Observateur a quarante ans, ne dine jamais chez lui, se dit peu dangereux près des femmes; il est poudré, porte un habit marron, a toujours une place dans plusieurs loges aux Bouffons; il est quelquefois confondu parmi les Parasites, mais il a rempli de trop hautes fonctions pour être soupçonné d'être un pique-assiette et possède d'ailleurs une terre dans un département dont le nom ne lui est jamais échappé.

— Madame Firmiani? Mais, mon cher, c'est une ancienne maîtresse de Murat! Celui-ci est dans la classe des Contradicteurs. Ces sortes de gens font les *errata* de tous les mémoires, rectifient tous les faits, parient toujours cent contre un, sont sûrs de tout. Vous les surprenez dans la même soirée en flagrant délit d'ubiquité : ils disent avoir été arrêtés à Paris lors de la conspiration Mallet, en oubliant qu'ils venaient, une demi-heure auparavant, de passer la Bérésina. Presque tous les Contradicteurs sont chevaliers de la Légion-d'Honneur, parlent très-haut, ont un front fuyant et jouent gros jeu.

— Madame Firmiani, cent mille livres de rente?... êtes-vous fou! Vraiment, il y a des gens qui vous donnent des cent mille livres de rente avec la libéralité des auteurs auxquels cela ne coûte rien quand ils dotent leurs héroïnes. Mais madame Firmiani est une coquette qui dernièrement a ruiné un jeune homme et l'a empêché de faire un très-beau mariage. Si elle n'était pas belle, elle serait sans un sou.

Oh! celui-ci, vous le reconnaissez, il est du genre des Envieux, et nous n'en dessinerons pas le moindre trait. L'espèce est aussi connue que peut l'être celle des *felis* domestiques. Comment expliquer la perpétuité de l'Envie? un vice qui ne rapporte rien!

Les *gens* du monde, les *gens* de lettres, les honnêtes *gens*, et les *gens* de tout genre répandaient, au mois de janvier 1824, tant d'opinions différentes sur madame Firmiani qu'il serait fastidieux de les consigner toutes ici. Nous avons seulement voulu constater qu'un homme intéressé à la connaître, sans vouloir ou pouvoir aller chez elle, aurait eu raison de la croire également veuve ou mariée, sotte ou spirituelle, vertueuse ou sans mœurs, riche ou

pauvre, sensible ou sans âme, belle ou laide ; il y avait enfin autant
de madames Firmiani que de classes dans la société, que de sectes
dans le catholicisme. Effrayante pensée ! nous sommes tous comme
des planches lithographiques dont une infinité de copies se tire
par la médisance. Ces épreuves ressemblent au modèle ou en dif-
fèrent par des nuances tellement imperceptibles que la réputation
dépend, sauf les calomnies de nos amis et les bons mots d'un journal, de la balance faite par chacun entre le Vrai qui va boitant et
le Mensonge à qui l'esprit parisien donne des ailes.

Madame Firmiani, semblable à beaucoup de femmes pleines de
noblesse et de fierté qui se font de leur cœur un sanctuaire et dé-
daignent le monde, aurait pu être très-mal jugée par monsieur de
Bourbonne, vieux propriétaire occupé d'elle pendant l'hiver de
cette année. Par hasard ce propriétaire appartenait à la classe des
Planteurs de province, gens habitués à se rendre compte de tout
et à faire des marchés avec les paysans. A ce métier, un homme
devient perspicace malgré lui, comme un soldat contracte à la
longue un courage de routine. Ce curieux, venu de Touraine, et
que les idiomes parisiens ne satisfaisaient guère, était un gentilhomme très-honorable qui jouissait, pour seul et unique héritier,
d'un neveu pour lequel il plantait ses peupliers. Cette amitié ultra-
naturelle motivait bien des médisances, que les sujets appartenant
aux diverses espèces du **Tourangeau** formulaient très-spirituelle-
ment ; mais il est inutile de les rapporter, elles pâliraient auprès des
médisances parisiennes. Quand un homme peut penser sans déplaisir à son héritier en voyant tous les jours de belles rangées de peupliers s'embellir, l'affection s'accroît de chaque coup de bêche qu'il
donne au pied de ses arbres. Quoique ce phénomène de sensibilité
soit peu commun, il se rencontre encore en Touraine.

Ce neveu chéri, qui se nommait Octave de Camps, descendait du fameux abbé de Camps, si connu des bibliophiles ou
des savants, ce qui n'est pas la même chose. Les gens de province
ont la mauvaise habitude de frapper d'une espèce de réprobation
décente les jeunes gens qui vendent leurs héritages. Ce gothique
préjugé nuit à l'agiotage que jusqu'à présent le gouvernement en-
courage par nécessité. Sans consulter son oncle, Octave avait à l'improviste disposé d'une terre en faveur de la bande noire. Le château
de Villaines eût été démoli sans les propositions que le vieil oncle
avait faites aux représentants de la compagnie du Marteau. Pour

augmenter la colère du testateur, un ami d'Octave, parent éloigné, un de ces cousins à petite fortune et à grande habileté qui font dire d'eux par les gens prudents de leur province : — Je ne voudrais pas avoir de procès avec lui! était venu par hasard chez monsieur de Bourbonne et lui avait appris la ruine de son neveu. Monsieur Octave de Camps, après avoir dissipé sa fortune pour une certaine madame Firmiani, était réduit à se faire répétiteur de mathématiques, en attendant l'héritage de son oncle, auquel il n'osait venir avouer ses fautes. Cet arrière-cousin, espèce de Charles Moor, n'avait pas eu honte de donner ces fatales nouvelles au vieux campagnard au moment où il digérait, devant son large foyer, un copieux dîner de province. Mais les héritiers ne viennent pas à bout d'un oncle aussi facilement qu'ils le voudraient. Grâce à son entêtement, celui-ci qui refusait de croire en l'arrière-cousin, sortit vainqueur de l'indigestion causée par la biographie de son neveu. Certains coups portent sur le cœur, d'autres sur la tête : le coup porté par l'arrière-cousin tomba sur les entrailles et produisit peu d'effet, parce que le bonhomme avait un excellent estomac. En vrai disciple de saint Thomas, monsieur de Bourbonne vint à Paris à l'insu d'Octave, et voulut prendre des renseignements sur la déconfiture de son héritier. Le vieux gentilhomme, qui avait des relations dans le faubourg Saint-Germain par les Listomère, les Lenoncourt et les Vandenesse, entendit tant de médisances, de vérités, de faussetés sur madame Firmiani qu'il résolut de se faire présenter chez elle sous le nom de monsieur de Rouxellay, nom de sa terre. Le prudent vieillard avait eu soin de choisir, pour venir étudier la prétendue maîtresse d'Octave, une soirée pendant laquelle il le savait occupé d'achever un travail chèrement payé; car l'ami de madame Firmiani était toujours reçu chez elle, circonstance que personne ne pouvait expliquer. Quant à la ruine d'Octave, ce n'était malheureusement pas une fable.

Monsieur de Rouxellay ne ressemblait point à un oncle du Gymnase. Ancien mousquetaire, homme de haute compagnie qui avait eu jadis des bonnes fortunes, il savait se présenter courtoisement, se souvenait des manières polies d'autrefois, disait des mots gracieux et comprenait presque toute la Charte. Quoiqu'il aimât les Bourbons avec une noble franchise, qu'il crût en Dieu comme y croient les gentilshommes et qu'il ne lût que *la Quotidienne*, il n'était pas aussi ridicule que les libéraux de son département le souhaitaient. Il pouvait tenir sa place près des gens de cour, pourvu qu'on ne lui parlât point de *Mosè*, ni de drame, ni de romantisme, ni de couleur locale, ni de chemins de fer. Il en était resté à monsieur de Voltaire, à monsieur le comte de Buffon, à Peyronnet et au chevalier Gluck, le musicien du coin de la reine.

— Madame, dit-il à la marquise de Listomère à laquelle il donnait le bras en entrant chez madame Firmiani, si cette femme est la maîtresse de mon neveu, je le plains. Comment peut-elle vivre au sein du luxe en le sachant dans un grenier? Elle n'a donc pas d'âme? Octave est un fou d'avoir placé le prix de la terre de Villaines dans le cœur d'une...

Monsieur de Bourbonne appartenait au genre Fossile, et ne connaissait que le langage du vieux temps.

— Mais s'il l'avait perdue au jeu?

— Eh, madame, au moins il aurait eu le plaisir de jouer.

— Vous croyez donc qu'il n'a pas eu de plaisir? Tenez, voyez madame Firmiani.

Les plus beaux souvenirs du vieil oncle pâlirent à l'aspect de la prétendue maîtresse de son neveu. Sa colère expira dans une phrase gracieuse qui lui fut arrachée à l'aspect de madame Firmiani. Par un de ces hasards qui n'arrivent qu'aux jolies femmes, elle était dans un moment où toutes ses beautés brillaient d'un éclat particulier, dû peut-être à la lueur des bougies, à une toilette admirablement simple, à je ne sais quel reflet de l'élégance au sein de laquelle elle vivait. Il faut avoir étudié les petites révolutions d'une soirée dans un salon de Paris pour apprécier les nuances imperceptibles qui peuvent colorer un visage de femme et le changer. Il est un moment où, contente de sa parure, où se trouvant spirituelle, heureuse d'être admirée en se voyant la reine d'un salon plein d'hommes remarquables qui lui sourient, une Parisienne a la conscience de sa beauté, de sa grâce; elle s'embellit alors de tous les regards qu'elle recueille et qui l'animent, mais dont les muets hommages sont reportés par de fins regards au bien-aimé. En ce moment, une femme est comme investie d'un pouvoir surnaturel et devient magicienne, coquette à son insu, elle inspire involontairement l'amour qui l'enivre en secret, elle a des sourires et des regards qui fascinent. Si cet état, venu de l'âme, donne de l'attrait même aux laides, de quelle splendeur ne revêt-il pas une femme nativement élégante, aux formes distinguées, blanche, fraîche, aux yeux vifs, et surtout mise avec un goût avoué des artistes et de ses plus cruelles rivales !

Avez-vous, pour votre bonheur, rencontré quelque personne dont la voix harmonieuse imprime à la parole un charme également répandu dans ses manières, qui sait et parler et se taire, qui s'occupe de vous avec délicatesse, dont les mots sont heureusement choisis, ou dont le langage est pur? Sa raillerie caresse et sa critique ne blesse point. Elle ne disserte pas plus qu'elle ne dispute, mais elle se plaît à conduire une discussion, et l'arrête à propos. Son air est affable et riant, sa politesse n'a rien de forcé, son empressement n'est pas servile ; elle réduit le respect à n'être plus qu'une ombre douce ; elle ne vous fatigue jamais, et vous laisse satisfait d'elle et de vous. Sa bonne grâce, vous la retrouvez empreinte dans les choses desquelles elle s'environne. Chez elle, tout flatte la vue, et vous y respirez comme l'air d'une patrie. Cette femme est naturelle. En elle, jamais d'effort, elle n'affiche rien, ses sentiments sont simplement rendus, parce qu'ils sont vrais. Franche, elle sait n'offenser aucun amour-propre ; elle accepte les hommes comme Dieu les a faits, plaignant les gens vicieux, pardonnant aux défauts et aux ridicules, concevant tous les âges, et ne s'irritant de rien, parce qu'elle a le tact de tout prévoir. A la fois tendre et gaie, elle oblige avant de consoler. Vous l'aimez tant, que si cet ange fait une faute, vous vous sentez prêt à la justifier. Telle était madame Firmiani.

Lorsque le vieux Bourbonne eut causé pendant un quart d'heure avec cette femme, assis près d'elle, son neveu fut absous. Il comprit que, fausses ou vraies, les liaisons d'Octave et de madame Firmiani cachaient sans doute quelque mystère. Revenant aux illusions qui dorent les premiers jours de notre jeunesse, et jugeant du cœur de madame Firmiani par sa beauté, le vieux gentilhomme pensa qu'une femme aussi pénétrée de sa dignité qu'elle paraissait l'être était incapable d'une mauvaise action. Ses yeux noirs annonçaient tant de calme intérieur, les lignes de son visage étaient si nobles, les contours si purs, et la passion dont on l'accusait semblait lui peser si peu sur le cœur, que le vieillard se dit en admirant toutes les promesses faites à l'amour et à la vertu par cette adorable physionomie : — Mon neveu aura commis quelque sottise.

Madame Firmiani avouait vingt-cinq ans. Mais les Positifs prouvaient que, mariée en 1813, à l'âge de seize ans, elle devait avoir au moins vingt-huit ans en 1825. Néanmoins, les mêmes gens assuraient aussi qu'à aucune époque de sa vie elle n'avait été si désirable, ni si complétement femme. Elle était sans enfants, et n'en avait point eu ; le problématique Firmiani, quadragénaire très-respectable en 1813, n'avait pu, disait-on, lui offrir que son nom et sa fortune. Madame Firmiani atteignait donc à l'âge où la Parisienne conçoit le mieux une passion, et la désire peut-être in nocemment à ses heures perdues ; elle avait acquis tout ce que le monde vend, tout ce qu'il prête, tout ce qu'il donne ; les Attachés d'ambassade prétendaient qu'elle n'ignorait rien, les Contradic- teurs prétendaient qu'elle pouvait encore apprendre beaucoup de choses, les Observateurs lui trouvaient les mains bien blanches, le pied bien mignon, les mouvements un peu trop onduleux ; mais les individus de tous les Genres enviaient ou contestaient le bon- heur d'Octave en convenant qu'elle était la femme le plus aristo- cratiquement belle de tout Paris. Jeune encore, riche, musicienne parfaite, spirituelle, délicate, reçue, en souvenir des Cadignan aux- quels elle appartenait par sa mère, chez madame la princesse de Blamont-Chauvry, l'oracle du noble faubourg, aimée de ses rivales la duchesse de Maufrigneuse sa cousine, la marquise d'Espard, et madame de Macumer, elle flattait toutes les vanités qui alimentent ou qui excitent l'amour. Aussi était-elle désirée par trop de gens pour n'être pas victime de l'élégante médisance parisienne et des ravissantes calomnies qui se débitent si spirituellement sous l'é- ventail ou dans les *à parte*. Les observations par lesquelles cette histoire commence étoient donc nécessaires pour faire connaître la Firmiani du monde. Si quelques femmes lui pardonnaient son bonheur, d'autres ne lui faisaient pas grâce de sa décence ; or, rien n'est terrible, surtout à Paris, comme des soupçons sans fon- dement : il est impossible de les détruire. Cette exquisse d'une figure admirable de naturel n'en donnera jamais qu'une faible idée ; il faudrait le pinceau des Ingres pour rendre la fierté du front, la profusion des cheveux, la majesté du regard, toutes les pensées que faisaient supposer les couleurs particulières du teint. Il y avait tout dans cette femme : les poëtes pouvaient en faire à la fois Jeanne d'Arc ou Agnès Sorel ; mais il s'y trouvait aussi la femme inconnue, l'âme cachée sous cette enveloppe décevante, l'âme d'Ève, les richesses du mal et les trésors du bien, la faute et la résignation, le crime et le dévouement, Dona Julia et Haïdée du *Don Juan* de lord Byron.

L'ancien mousquetaire demeura fort impertinemment le dernier
dans le salon de madame Firmiani, qui le trouva tranquillement
assis dans un fauteuil, et restant devant elle avec l'importunité
d'une mouche qu'il faut tuer pour s'en débarrasser. La pendule
marquait deux heures après minuit.

— Madame, dit le vieux gentilhomme au moment où madame
Firmiani se leva en espérant faire comprendre à son hôte que son
bon plaisir était qu'il partît, madame, je suis l'oncle de monsieur
Octave de Camps.

Madame Firmiani s'assit promptement et laissa voir son émotion.
Malgré sa perspicacité, le planteur de peupliers ne devina pas si elle
pâlissait et rougissait de honte ou de plaisir. Il est des plaisirs qui ne
vont pas sans un peu de pudeur effarouchée, délicieuses émotions
que le cœur le plus chaste voudrait toujours voiler. Plus une femme
est délicate, plus elle veut cacher les joies de son âme. Beaucoup
de femmes, inconcevables dans leurs divins caprices, souhaitent
souvent entendre prononcer par tout le monde un nom que parfois elles désireraient ensevelir dans leur cœur. Le vieux Bourbonne n'interpréta pas tout à fait ainsi le trouble de madame Firmiani ; mais pardonnez-lui, le campagnard était défiant.

— Eh bien, monsieur ? lui dit madame Firmiani en lui jetant
un de ces regards lucides et clairs où nous autres hommes nous
ne pouvons jamais rien voir parce qu'ils nous interrogent un peu
trop.

— Eh ! bien, madame, reprit le gentilhomme, savez-vous ce
qu'on est venu me dire, à moi, au fond de ma province ? Mon neveu
se serait ruiné pour vous, et le malheureux est dans un grenier
tandis que vous vivez ici dans l'or et la soie. Vous me pardonnerez ma rustique franchise, car il est peut-être très-utile que vous
soyez instruite des calomnies...

— Arrêtez, monsieur, dit madame Firmiani en interrompant le
gentilhomme par un geste impératif, je sais tout cela. Vous êtes
trop poli pour laisser la conversation sur ce sujet lorsque je vous
aurai prié de quitter. Vous êtes trop galant (dans l'ancienne acception du mot, ajouta-t-elle en donnant un léger accent d'ironie à
ses paroles) pour ne pas reconnaître que vous n'avez aucun droit
à me questionner. Enfin, il est ridicule à moi de me justifier. J'espère que vous aurez une assez bonne opinion de mon caractère
pour croire au profond mépris que l'argent m'inspire, quoique j'aie

été mariée sans aucune espèce de fortune à un homme qui avait une
immense fortune. J'ignore si monsieur votre neveu est riche ou
pauvre ; si je l'ai reçu, si je le reçois, je le regarde comme digne
d'être au milieu de mes amis. Tous mes amis, monsieur, ont du
respect les uns pour les autres : ils savent que je n'ai pas la philosophie de voir les gens quand je ne les estime point ; peut-être est-ce
manquer de charité ; mais mon ange gardien m'a maintenue jusqu'aujourd'hui dans une aversion profonde et des caquets et de l'improbité.

Quoique le timbre de la voix fût légèrement altéré pendant les
premières phrases de cette réplique, les derniers mots en furent
dits par madame Firmiani avec l'aplomb de Célimène raillant le
Misanthrope.

— Madame, reprit le comte d'une voix émue, je suis un vieillard, je suis presque le père d'Octave, je vous demande donc, par
avance, le plus humble des pardons pour la seule question que je
vais avoir la hardiesse de vous adresser, et je vous donne ma parole de loyal gentilhomme que votre réponse mourra là, dit-il en
mettant la main sur son cœur avec un mouvement véritablement
religieux. La médisance a-t-elle raison, aimez-vous Octave ?

— Monsieur, dit-elle, à tout autre je ne répondrais que par un regard ; mais à vous, et parce que vous êtes presque le père de monsieur
de Camps, je vous demanderai ce que vous penseriez d'une femme
si, à votre question, elle disait : *oui*. Avouer son amour à celui que
nous aimons, quand il nous aime... là... bien ; quand nous sommes certaines d'être toujours aimées, croyez-moi, monsieur, c'est
un effort, une récompense, un bonheur ; mais à un autre !...

Madame Firmiani n'acheva pas, elle se leva, salua le bonhomme
et disparut dans ses appartements, dont toutes les portes successivement ouvertes et fermées eurent un langage pour les oreilles du
planteur de peupliers.

— Ah ! peste, se dit le vieillard, quelle femme ! c'est ou une
rusée commère ou un ange. Et il gagna sa voiture de remise, dont
les chevaux donnaient de temps en temps des coups de pied au
pavé de la cour silencieuse. Le cocher dormait, après avoir cent
fois maudit sa pratique.

Le lendemain matin, vers huit heures, le vieux gentilhomme
montait l'escalier d'une maison située rue de l'Observance où demeurait Octave de Camps. S'il y eut au monde un homme étonné,
ce fut certes le jeune professeur en voyant son oncle : la clef

était sur la porte, la lampe d'Octave brûlait encore, il avait passé la nuit.

— Monsieur le drôle, dit monsieur de Bourbonne en s'asseyant sur un fauteuil, depuis quand se rit-on (style chaste) des oncles qui ont vingt-six mille livres de rente en bonnes terres de Touraine, lorsqu'on est leur seul héritier ? Savez-vous que jadis nous respections ces parents-là ? Voyons, as-tu quelques reproches à m'adresser ? ai-je mal fait mon métier d'oncle, t'ai-je demandé du respect, t'ai-je refusé de l'argent, t'ai-je fermé la porte au nez en prétendant que tu venais voir comment je me portais ; n'as-tu pas l'oncle le plus commode, le moins assujettissant qu'il y ait en France ? je ne dis pas en Europe, ce serait trop prétentieux. Tu m'écris ou tu ne m'écris pas, je vis sur l'affection jurée, et t'arrange la plus jolie terre du pays, un bien qui fait l'envie de tout le département ; mais je ne veux te la laisser néanmoins que le plus tard possible. Cette velléité n'est-elle pas excessivement excusable ? Et monsieur vend son bien, se loge comme un laquais, et n'a plus ni gens ni train...

— Mon oncle...

— Il ne s'agit pas de l'oncle, mais du neveu. J'ai droit à ta confiance : ainsi confesse-toi promptement, c'est plus facile, je sais cela par expérience. As-tu joué, as-tu perdu à la Bourse ? Allons, dis-moi : « Mon oncle, je suis un misérable ! » et je t'embrasse. Mais si tu me fais un mensonge plus gros que ceux que j'ai faits à ton âge, je vends mon bien, je le mets en viager, et reprendrai mes mauvaises habitudes de jeunesse, si c'est encore possible.

— Mon oncle...

— J'ai vu hier ta madame Firmiani, dit l'oncle en baisant le bout de ses doigts qu'il ramassa en faisceau. Elle est charmante, ajouta-t-il. Tu as l'approbation et le privilége du roi, et l'agrément de ton oncle, si cela peut te faire plaisir. Quant à la sanction de l'Église, elle est inutile, je crois, les sacrements sont sans doute trop chers ! Allons, parle, est-ce pour elle que tu t'es ruiné ?

— Oui, mon oncle.

— Ah ! la coquine, je l'aurais parié. De mon temps, les femmes de la cour étaient plus habiles à ruiner un homme que ne peuvent l'être vos courtisanes d'aujourd'hui. J'ai reconnu, en elle, le siècle passé rajeuni.

— Mon oncle, reprit Octave d'un air tout à la fois triste et doux,

vous vous méprenez : madame Firmiani mérite votre estime et toutes les adorations de ses admirateurs.

— La pauvre jeunesse sera donc toujours la même, dit monsieur
de Bourbonne. Allons; va ton train, rabâche-moi de vieilles histoires. Cependant tu dois savoir que je ne suis pas d'hier dans la
galanterie.

— Mon bon oncle, voici une lettre qui vous dira tout, répondit
Octave en tirant un élégant portefeuille, donné sans doute par *elle;*
quand vous l'aurez lue, j'achèverai de vous instruire, et vous connaîtrez une madame Firmiani inconnue au monde.

— Je n'ai pas mes lunettes, dit l'oncle, lis-la moi.

Octave commença ainsi : « Mon ami chéri...

— Tu es donc bien lié avec cette femme-là'

— Mais, oui, mon oncle.

— Et vous n'êtes pas brouillés?

— Brouillés!... répéta Octave tout étonné. Nous sommes mariés
à Greatna-Green.

— Hé bien, reprit monsieur de Bourbonne, pourquoi dînes-tu
donc à quarante sous?

— Laissez-moi continuer.

— C'est juste, j'écoute.

Octave reprit la lettre, et n'en lut pas certains passages sans de
profondes émotions.

« Mon époux aimé, tu m'as demandé raison de ma tristesse; a-t-
elle donc passé de mon âme sur mon visage, ou l'as-tu seulement
devinée? et pourquoi n'en serait-il pas ainsi? nous sommes si bien
unis de cœur! Dailleurs, je ne sais pas mentir, et peut-être est-ce
un malheur? Une des conditions de la femme aimée est d'être toujours caressante et gaie. Peut-être devrais-je te tromper; mais je
ne le voudrais pas, quand même il s'agirait d'augmenter ou de conserver le bonheur que tu me donnes, que tu me prodigues, dont tu
m'accables. Oh! cher, combien de reconnaissance comporte mon
amour! Aussi veux-je t'aimer toujours, sans bornes. Oui, je veux
toujours être fière de toi. Notre gloire, à nous, est toute dans celui
que nous aimons. Estime, considération, honneur, tout n'est-il
pas à celui qui a tout pris! Eh bien! mon ange a failli. Oui, cher,
ta dernière confidence a terni ma félicité passée. Depuis ce moment, je me trouve humiliée en toi; en toi que je regardais
comme le plus pur des hommes, comme tu en es le plus aimant et

le plus tendre. Il faut avoir bien confiance en ton cœur, encore enfant, pour te faire un aveu qui me coûte horriblement. Comment, pauvre ange, ton père a dérobé sa fortune, tu le sais, et tu la gardes ! Et tu m'as conté ce haut fait de procureur dans une chambre pleine de muets témoins de notre amour, et tu es gentilhomme, et tu te crois noble, et tu me possèdes, et tu as vingt-deux ans ! Combien de monstruosités ! Je t'ai cherché des excuses. J'ai attribué ton insouciance à ta jeunesse étourdie. Je sais qu'il y a beaucoup de l'enfant en toi. Peut-être n'as-tu pas encore pensé bien sérieusement à ce qui est fortune et probité. Oh ! combien ton rire m'a fait de mal ! Songe donc qu'il existe une famille ruinée, toujours en larmes, des jeunes personnes qui peut-être te maudissent tous les jours, un vieillard qui chaque soir se dit : Je ne serais pas sans pain si le père de monsieur de Camps n'avait pas été un malhonnête homme ! »

— Comment, s'écria monsieur de Bourbonne en interrompant, tu as eu la niaiserie de raconter à cette femme l'affaire de ton père avec les Bourgneuf?... Les femmes s'entendent bien plus à manger une fortune qu'à la faire...

— Elles s'entendent en probité. Laissez-moi continuer, mon oncle.

« Octave, aucune puissance au monde n'a l'autorité de changer le langage de l'honneur. Retire-toi dans ta conscience, et demande-lui par quel mot nommer l'action à laquelle tu dois ton or. »

Et le neveu regarda l'oncle qui baissa la tête.

« Je ne te dirai pas toutes les pensées qui m'assiègent, elles peuvent se réduire toutes à une seule, et la voici : je ne puis pas estimer un homme qui se salit sciemment pour une somme d'argent quelle qu'elle soit. Cent sous volés au jeu, ou six fois cent mille francs dus à une tromperie légale, déshonorent également un homme. Je veux tout te dire : je me regarde comme entachée par un amour qui naguère faisait tout mon bonheur. Il s'élève au fond de mon âme une voix que ma tendresse ne peut pas étouffer. Ah ! j'ai pleuré d'avoir plus de conscience que d'amour. Tu pourrais commettre un crime, je te cacherais à la justice humaine dans mon sein, si je le pouvais ; mais mon dévouement n'irait que jusque-là. L'amour, mon ange, est, chez une femme, la confiance la plus illimitée, unie à je ne sais quel besoin de vénérer, d'adorer l'être auquel elle appartient. Je n'ai jamais conçu l'amour que comme un feu auquel s'épuraient encore les plus nobles sentiments, un feu qui les développait tous. Je n'ai plus qu'une seule chose à te dire : viens à moi pauvre, mon amour redoublera si cela se peut ; sinon, renonce à moi. Si je ne te vois plus, je sais ce qui me reste à faire. Maintenant, je ne veux pas, entends-moi bien, que tu restitues parce que je te le conseille. Consulte bien ta conscience. Il ne faut pas que cet acte de justice soit un sacrifice fait à l'amour. Je suis ta femme, et non ta maîtresse ; il s'agit moins de me plaire que de m'inspirer pour toi la plus profonde estime. Si je me trompe, si tu m'as mal expliqué l'action de ton père ; enfin, pour peu que tu croies ta fortune légitime (oh ! je voudrais me persuader que tu ne mérites aucun blâme !), décide en écoutant la voix de ta conscience, agis bien par toi-même. Un homme qui aime sincèrement, comme tu m'aimes, respecte trop tout ce que sa femme met en lui de sainteté pour être improbe. Je me reproche maintenant tout ce que je viens d'écrire. Un mot suffisait peut-être, et mon instinct de prêcheuse m'a emportée. Aussi voudrais-je être grondée, pas trop fort, mais un peu. Cher, entre nous deux, n'es-tu pas le pouvoir ? tu dois seul apercevoir tes fautes. Eh ! bien, mon maître, diriez-vous que je ne comprends rien aux discussions politiques ? »

— Eh ! bien, mon oncle, dit Octave dont les yeux étaient pleins de larmes.

— Mais je vois encore de l'écriture, achève donc.

— Oh ! maintenant, il n'y a plus que de ces choses qui ne doivent être lues que par un amant.

— Bien, dit le vieillard, bien, mon enfant. J'ai eu beaucoup de bonnes fortunes ; mais je te prie de croire que j'ai aussi aimé, *et ego in Arcadiâ.* Seulement, je ne conçois pas pourquoi tu donnes des leçons de mathématiques.

— Mon cher oncle, je suis votre neveu ; n'est-ce pas vous dire, en deux mots, que j'avais bien un peu entamé le capital laissé par mon père ? Après avoir lu cette lettre, il s'est fait en moi toute une révolution, et j'ai payé en un moment l'arriéré de mes remords. Je ne pourrai jamais vous peindre l'état dans lequel j'étais. En conduisant mon cabriolet au bois, une voix me criait : « Ce cheval est-il à toi ? » En mangeant, je me disais : « N'est-ce pas un dîner volé ? » J'avais honte de moi-même. Plus jeune était ma probité, plus elle était ardente. D'abord j'ai couru chez madame Firmiani.

O Dieu ! mon oncle, ce jour-là j'ai eu des plaisirs de cœur, des voluptés d'âme qui valaient des millions. J'ai fait avec elle le compte
de ce que je devais à la famille Bourgneuf, et je me suis condamné
moi-même à lui payer trois pour cent d'intérêt contre l'avis de madame Firmiani; mais toute ma fortune ne pouvait suffire à solder la
somme. Nous étions alors l'un et l'autre assez amants, assez époux,
elle pour offrir, moi pour accepter ses économies...

— Comment, outre ses vertus, cette femme adorable fait des
économies? s'écria l'oncle.

— Ne vous moquez pas d'elle, mon oncle. Sa position l'oblige à
bien des ménagements. Son mari partit en 1820 pour la Grèce, où
il est mort depuis trois ans; jusqu'à ce jour, il a été impossible
d'avoir la preuve légale de sa mort, et de se procurer le testament
qu'il a dû faire en faveur de sa femme, pièce importante qui a été
prise, perdue ou égarée dans un pays où les actes de l'état civil ne
sont pas tenus comme en France, et où il n'y a pas de consul. Ignorant si un jour elle ne sera pas forcée de compter avec des héritiers
malveillants, elle est obligée d'avoir un ordre extrême, car elle veut
pouvoir laisser son opulence comme Châteaubriand vient de quitter
le ministère. Or, je veux acquérir une fortune qui soit *mienne*, afin
de rendre son opulence à ma femme, si elle était ruinée.

— Et tu ne m'as pas dit cela, et n'es pas venu à moi?... Oh!
mon neveu, songe donc que je t'aime assez pour te payer de bonnes
dettes, des dettes de gentilhomme. Je suis un oncle à dénoûment,
je me vengerai.

— Mon oncle, je connais vos vengeances, mais laissez-moi m'enrichir par ma propre industrie. Si vous voulez m'obliger, faites-moi
seulement mille écus de pension jusqu'à ce que j'aie besoin de capitaux pour quelque entreprise. Tenez, en ce moment je suis tellement heureux, que ma seule affaire est de vivre. Je donne des leçons
pour n'être à la charge de personne. Ah ! si vous saviez avec quel
plaisir j'ai fait ma restitution ! Après quelques démarches, j'ai fini
par trouver les Bourgneuf malheureux et privés de tout. Cette famille était à Saint-Germain dans une misérable maison. Le vieux
père gérait un bureau de loterie, ses deux filles faisaient le ménage
et tenaient les écritures. La mère était presque toujours malade.
Les deux filles sont ravissantes, mais elles ont durement appris le
peu de valeur que le monde accorde à la beauté sans fortune. Quel
tableau ai-je été chercher là ! Si je suis entré le complice d'un

crime, je suis sorti honnête homme, et j'ai lavé la mémoire de mon père. Oh ! mon oncle, je ne le juge point, il y a dans les procès un entraînement, une passion qui peuvent parfois abuser le plus honnête homme du monde. Les avocats savent légitimer les prétentions les plus absurdes, et les lois ont des syllogismes complaisants aux erreurs de la conscience. Mon aventure fut un vrai drame. Avoir été la Providence, avoir réalisé un de ces souhaits inutiles : « S'il nous tombait du ciel vingt mille livres de rente ! » ce vœu que nous formons tous en riant ; faire succéder à un regard plein d'imprécations un regard sublime de reconnaissance, d'étonnement, d'admiration ; jeter l'opulence au milieu d'une famille réunie le soir à la lueur d'une mauvaise lampe, devant un feu de tourbe... Non, la parole est au-dessous d'une telle scène. Mon extrême justice leur semblait injuste. Enfin, s'il y a un paradis, mon père doit y être heureux maintenant. Quant à moi, je suis aimé comme aucun homme ne l'a été. Madame Firmiani m'a donné plus que le bonheur, elle m'a doué d'une délicatesse qui me manquait peut-être. Aussi, la nommé-je *ma chère conscience,* un de ces mots d'amour qui répondent à certaines harmonies secrètes du cœur. La probité porte profit, j'ai l'espoir d'être bientôt riche par moi-même, je cherche en ce moment à résoudre un problème d'industrie, et si je réussis, je gagnerai des millions.

— O mon enfant, tu as l'âme de ta mère, dit le vieillard en retenant à peine les larmes qui humectaient ses yeux en pensant à sa sœur.

En ce moment, malgré la distance qu'il y avait entre le sol et l'appartement d'Octave de Camps, le jeune homme et son oncle entendirent le bruit fait par l'arrivée d'une voiture.

— C'est elle, dit-il, je reconnais ses chevaux à la manière dont ils arrêtent.

En effet, madame de Firmiani ne tarda pas à se montrer.

— Ah ! dit-elle en faisant un mouvement de dépit à l'aspect de monsieur de Bourbonne. — Mais notre oncle n'est pas de trop, reprit-elle en laissant échapper un sourire. Je voulais m'agenouiller humblement devant mon époux en le suppliant d'accepter ma fortune. L'ambassade d'Autriche vient de m'envoyer un acte qui constate le décès de Firmiani. La pièce, dressée par les soins de l'internonce d'Autriche à Constantinople, est bien en règle, et le testament que gardait le valet de chambre pour me le rendre y est joint.

Octave, vous pouvez tout accepter. — Va, tu es plus riche que moi, tu as là des trésors auxquels Dieu seul saurait ajouter, reprit-elle en frappant sur le cœur de son mari. Puis, ne pouvant soutenir son bonheur, elle se cacha la tête dans le sein d'Octave.

— Ma nièce, autrefois nous faisions l'amour, aujourd'hui vous aimez, dit l'oncle. Vous êtes tout ce qu'il y a de bon et de beau dans l'humanité ; car vous n'êtes jamais coupables de vos fautes, elles viennent toujours de nous.

Paris, février 1831.

A toute heure du jour les passants apercevaient cette jeune
ouvrière.....

Sa mère, Madame CROCHARD.....

(UNE DOUBLE FAMILLE.)

UNE DOUBLE FAMILLE.

A MADAME LA COMTESSE LOUISE DE TÜRHEIM,

*Comme une marque du souvenir et de l'affectueux respect
de son humble serviteur.*

DE BALZAC.

La rue du Tourniquet-Saint-Jean, naguère une des rues les
plus tortueuses et les plus obscures du vieux quartier qui entoure
l'Hôtel-de-Ville, serpentait le long des petits jardins de la Préfecture de Paris et venait aboutir dans la rue du Martroi, précisément à
l'angle d'un vieux mur maintenant abattu. En cet endroit se voyait
le tourniquet auquel cette rue a dû son nom, et qui ne fut détruit
qu'en 1823, lorsque la ville de Paris fit construire, sur l'emplace-
ment d'un jardinet dépendant de l'Hôtel-de-Ville, une salle de bal
pour la fête donnée au duc d'Angoulême à son retour d'Espagne.
La partie la plus large de la rue du Tourniquet était à son débou·

ché dans la rue de la Tixeranderie, où elle n'avait que cinq pieds
de largeur. Aussi, par les temps pluvieux, des eaux noirâtres bai-
gnaient-elles promptement le pied des vieilles maisons qui bordaient cette rue, en entraînant les ordures déposées par chaque
ménage au coin des bornes. Les tombereaux ne pouvant point passer
par là, les habitants comptaient sur les orages pour nettoyer leur rue
toujours boueuse; et comment aurait-elle été propre? lorsqu'en été
le soleil dardait en aplomb ses rayons sur Paris, une nappe d'or,
aussi tranchante que la lame d'un sabre, illuminait momentané-
ment les ténèbres de cette rue sans pouvoir sécher l'humidité per-
manente que régnait depuis le rez-de-chaussée jusqu'au premier
étage de ces maisons noires et silencieuses. Les habitants, qui au
mois de juin allumaient leurs lampes à cinq heures du soir, ne les
éteignaient jamais en hiver. Encore aujourd'hui, si quelque courageux piéton veut aller du Marais sur les quais, en prenant, au
bout de la rue du Chaume, les rues de l'Homme-Armé, des Bil-
lettes et des Deux-Portes qui mènent à celle du Tourniquet-Saint-
Jean, il croira n'avoir marché que sous des caves. Presque
toutes les rues de l'ancien Paris, dont les chroniques ont tant vanté
la splendeur, ressemblaient à ce dédale humide et sombre où les
antiquaires peuvent encore admirer quelques singularités historiques. Ainsi, quand la maison qui occupait le coin formé par les
rues du Tourniquet et de la Tixeranderie subsistait, les observateurs y remarquaient les vestiges de deux gros anneaux de fer scel-
lés dans le mur, un reste de ces chaînes que le quartenier faisait
jadis tendre tous les soirs pour la sûreté publique. Cette maison,
remarquable par son antiquité, avait été bâtie avec des précautions
qui attestaient l'insalubrité de ces anciens logis, car pour assainir
le rez-de-chaussée, on avait élevé les berceaux de la cave à deux
pieds environ au-dessus du sol, ce qui obligeait à monter trois
marches pour entrer dans la maison. Le chambranle de la porte
bâtarde décrivait un cintre plein, dont la clef était ornée d'une tête
de femme et d'arabesques rongées par le temps. Trois fenêtres, dont
les appuis se trouvaient à hauteur d'homme, appartenaient à un
petit appartement situé dans la partie de ce rez-de-chaussée qui
donnait sur la rue du Tourniquet d'où il tirait son jour. Ces croisées dégradées étaient défendues par de gros barreaux en fer
très-espacés et finissant par une saillie ronde semblable à celle
qui termine les grilles des boulangers. Si pendant la journée

quelque passant curieux jetait les yeux sur les deux chambres
dont se composait cet appartement, il lui était impossible d'y
rien voir, car pour découvrir dans la seconde chambre deux lits
en serge verte réunis sous la boiserie d'une vieille alcôve, il fallait
le soleil du mois de juillet; mais le soir, vers les trois heures, une
fois la chandelle allumée, on pouvait apercevoir, à travers la fenêtre
de la première pièce, une vieille femme assise sur une escabelle au
coin d'une cheminée où elle attisait un réchaud sur lequel mijo-
tait un de ces ragoûts semblables à ceux que savent faire les portières. Quelques rares ustensiles de cuisine ou de ménage accrochés
au fond de cette salle se dessinaient dans le clair-obscur. A cette
heure, une vieille table, posée sur une X, mais dénuée de linge,
était garnie de quelques couverts d'étain et du plat cuisiné par
la vieille. Trois méchantes chaises meublaient cette pièce, qui
servait à la fois de cuisine et de salle à manger. Au-dessus de la
cheminée s'élevaient un fragment de miroir, un briquet, trois verres,
des allumettes et un grand pot blanc tout ébréché. Le carreau de
la chambre, les ustensiles, la cheminée, tout plaisait néanmoins
par l'esprit d'ordre et d'économie que respirait cet asile sombre et
froid. Le visage pâle et ridé de la vieille femme était en harmonie
avec l'obscurité de la rue et la rouille de la maison. A la voir au
repos, sur sa chaise, on eût dit qu'elle tenait à cette maison comme
un colimaçon tient à sa coquille brune; sa figure, où je ne sais
quelle vague expression de malice perçait à travers une bonhomie
affectée, était couronnée par un bonnet de tulle rond et plat qui
cachait assez mal des cheveux blancs; ses grands yeux gris étaient
aussi calmes que la rue, et les rides nombreuses de son visage
pouvaient se comparer aux crevasses des murs. Soit qu'elle fût née
dans la misère, soit qu'elle fût déchue d'une splendeur passée, elle
paraissait résignée depuis longtemps à sa triste existence. Depuis le
lever du soleil jusqu'au soir, excepté les moments où elle préparait les
repas et ceux où chargée d'un panier elle s'absentait pour aller
chercher les provisions, cette vieille femme demeurait dans l'autre
chambre devant la dernière croisée, en face d'une jeune fille. A
toute heure du jour les passants apercevaient cette jeune ouvrière,
assise dans un vieux fauteuil de velours rouge, le cou penché sur
un métier à broder, travaillant avec ardeur. Sa mère avait un tambour vert sur les genoux et s'occupait à faire du tulle; mais ses
doigts remuaient péniblement les bobines; sa vue était affaiblie,

car son nez sexagénaire portait une paire de ces antiques lunettes qui tiennent sur le bout des narines par la force avec laquelle elles les compriment. Quand venait le soir, ces deux laborieuses créatures plaçaient entre elles une lampe dont la lumière, passant à travers deux globes de verre remplis d'eau, jetait sur leur ouvrage une forte lueur qui permettait à l'une de voir les fils les plus déliés fournis par les bobines de son tambour, et à l'autre les dessins les plus délicats tracés sur l'étoffe qu'elle brodait. La courbure des barreaux avait permis à la jeune fille de mettre sur l'appui de la fenêtre une longue caisse en bois pleine de terre où végétaient des pois de senteur, des capucines, un petit chèvrefeuille malingre et des volubilis dont les tiges débiles grimpaient autour des barreaux. Ces plantes presque étiolées produisaient de pâles fleurs, harmonie de plus qui mêlait je ne sais quoi de triste et de doux dans le tableau présenté par cette croisée, dont la baie encadrait bien ces deux figures. A l'aspect fortuit de cet intérieur, le passant le plus égoïste emportait une image complète de la vie que mène à Paris la classe ouvrière, car la brodeuse ne paraissait vivre que de son aiguille. Bien des gens n'atteignaient pas le tourniquet sans s'être demandé comment une jeune fille pouvait conserver des couleurs en vivant dans cette cave. Un étudiant passait-il par là pour gagner le pays latin, sa vive imagination lui faisait déplorer cette vie obscure et végétative, semblable à celle du lierre qui tapisse de froides murailles, ou à celle de ces paysans voués au travail, et qui naissent, labourent, meurent ignorés du monde qu'ils ont nourri. Un rentier se disait après avoir examiné la maison avec l'œil d'un propriétaire : — Que deviendront ces deux femmes si la broderie vient à n'être plus de mode? Parmi les gens qu'une place à l'Hôtel-de-Ville ou au Palais forçait à passer par cette rue à des heures fixes, soit pour se rendre à leurs affaires, soit pour retourner dans leurs quartiers respectifs, peut-être se trouvait-il quelque cœur charitable. Peut-être un homme veuf ou un Adonis de quarante ans, à force de sonder les replis de cette vie malheureuse, comptait-il sur la détresse de la mère et de la fille pour posséder à bon marché l'innocente ouvrière dont les mains agiles et potelées, le cou frais et la peau blanche, attrait dû sans doute à l'habitation de cette rue sans soleil, excitaient son admiration. Peut-être aussi quelque honnête employé à douze cents francs d'appointements, témoin journalier de l'ardeur que cette jeune fille por-

tait au travail, estimateur de ses mœurs pures, attendait-il de l'a-
vancement pour unir une vie obscure à une vie obscure, un labeur
obstiné à un autre, apportant au moins et un bras d'homme pour
soutenir cette existence, et un paisible amour, décoloré comme
les fleurs de sa croisée. De vagues espérances animaient les yeux
ternes et gris de la vieille mère. Le matin, après le plus modeste
de tous les déjeuners, elle revenait prendre son tambour plutôt
par maintien que par obligation, car elle posait ses lunettes sur une
petite travailleuse de bois rougi, aussi vieille qu'elle, et passait en
revue, de huit heures et demie à dix heures environ, les gens habitués à traverser la rue ; elle recueillait leurs regards, faisait des
observations sur leurs démarches, sur leurs toilettes, sur leurs
physionomies, et semblait leur marchander sa fille, tant ses yeux
babillards essayaient d'établir entre eux de sympathiques affections,
par un manége digne des coulisses. On devinait facilement que cette
revue était pour elle un spectacle, et peut-être son seul plaisir. La
fille levait rarement la tête, la pudeur, ou peut-être le sentiment pénible de sa détresse, semblait retenir sa figure attachée sur
le métier ; aussi, pour qu'elle montrât aux passants sa mine chif-
fonnée, sa mère devait-elle avoir poussé quelque exclamation de
surprise. L'employé vêtu d'une redingote neuve, ou l'habitué qui
se produisait avec une femme à son bras, pouvaient alors voir le
nez légèrement retroussé de l'ouvrière, sa petite bouche rose, et ses
yeux gris toujours pétillants de vie, malgré ses accablantes fatigues ; ses laborieuses insomnies ne se trahissaient guère que par
un cercle plus ou moins blanc dessiné sous chacun de ses yeux,
sur la peau fraîche de ses pommettes. La pauvre enfant semblait être née pour l'amour et la gaieté, pour l'amour qui avait
peint au-dessus de ses paupières bridées deux arcs parfaits,
et qui lui avait donné une si ample forêt de cheveux châtains
qu'elle aurait pu se trouver sous sa chevelure comme sous un
pavillon impénétrable à l'œil d'un amant ; pour la gaieté qui agitait ses deux narines mobiles, qui formait deux fossettes dans ses
joues fraîches et lui faisait si vite oublier ses peines ; pour la gaieté,
cette fleur de l'espérance, qui lui prêtait la force d'apercevoir sans
frémir l'aride chemin de sa vie. La tête de la jeune fille était toujours soigneusement peignée. Suivant l'habitude des ouvrières de
Paris, sa toilette lui semblait finie quand elle avait lissé ses cheveux
et retroussé en deux arcs le petit bouquet qui se jouait de chaque

côté des tempes et tranchait sur la blancheur de sa peau. La naissance de sa chevelure avait tant de grâce, la ligne de bistre nettement dessinée sur son cou donnait une si charmante idée de sa
jeunesse et de ses attraits, que l'observateur, en la voyant penchée
sur son ouvrage, sans que le bruit lui fît relever la tête, devait
l'accuser de coquetterie. De si séduisantes promesses excitaient la
curiosité de plus d'un jeune homme qui se retournait en vain dans
l'espérance de voir ce modeste visage.

— Caroline, nous avons un habitué de plus, et aucun de nos
anciens ne le vaut.

Ces paroles, prononcées à voix basse par la mère, dans une matinée du mois d'août 1815, avaient vaincu l'indifférence de la jeune
ouvrière, qui regarda vainement dans la rue : l'inconnu était déjà loin.

— Par où s'est-il envolé ? demanda-t-elle.

— Il reviendra sans doute à quatre heures, je le verrai venir, et
t'avertirai en te poussant le pied. Je suis sûre qu'il repassera,
voici trois jours qu'il prend par notre rue ; mais il est inexact dans
ses heures : le premier jour il est arrivé à six heures, avant-hier à
quatre, et hier à trois. Je me souviens de l'avoir vu autrefois de
temps à autre. C'est quelque employé de la Préfecture qui aura
changé d'appartement dans le Marais. — Tiens, ajouta-t-elle, après
avoir jeté un coup d'œil dans la rue, notre monsieur à l'habit marron
a pris perruque ; comme cela le change !

Le monsieur à l'habit marron devait être celui des habitués
qui fermait la procession quotidienne, car la vieille mère remit
ses lunettes, reprit son ouvrage en poussant un soupir et jeta
sur sa fille un si singulier regard, qu'il eût été difficile à Lavater
lui-même de l'analyser. L'admiration, la reconnaissance, une
sorte d'espérance pour un meilleur avenir, se mêlaient à l'orgueil de posséder une fille si jolie. Le soir, sur les quatre heures,
la vieille poussa le pied de Caroline, qui leva le nez assez à temps
pour voir le nouvel acteur dont le passage périodique allait animer la scène. Grand, mince, pâle et vêtu de noir, cet homme paraissait avoir quarante ans environ, et sa démarche avait quelque
chose de solennel ; quand son œil fauve et perçant rencontra le regard terni de la vieille, il la fit trembler ; elle crut s'apercevoir
qu'il savait lire au fond des cœurs. L'inconnu se tenait très-droit,
et son abord devait être aussi glacial que l'était l'air de cette rue ; le
teint terreux et verdâtre de son visage était-il le résultat de travaux

excessifs, ou produit par une santé frêle et maladive? Ce problème fut résolu par la vieille mère de vingt manières différentes matin et soir. Caroline seule devina tout d'abord sur ce visage abattu les traces d'une longue souffrance d'âme : ce front facile à se rider, ces joues légèrement creusées gardaient l'empreinte du sceau avec lequel le malheur marque ses sujets, comme pour leur laisser la consolation de se reconnaître d'un œil fraternel et de s'unir pour lui résister. Si le regard de la jeune fille s'anima d'abord d'une curiosité tout innocente, il prit une douce expression de sympathie à mesure que l'inconnu s'éloignait, semblable au dernier parent qui ferme un convoi. La chaleur était en ce moment si forte, et la distraction du passant si grande, qu'il n'avait pas remis son chapeau en traversant cette rue malsaine, Caroline put alors remarquer, pendant le moment où elle l'observa, l'apparence de sévérité que ses cheveux relevés en brosse au-dessus de son front large répandaient sur sa figure. L'impression vive, mais sans charme, ressentie par Caroline à l'aspect de cet homme, ne ressemblait à aucune des sensations que les autres habitués lui avaient fait éprouver ; pour la première fois, sa compassion s'exerçait sur un autre que sur elle-même et sur sa mère, elle ne répondit rien aux conjectures bizarres qui fournirent un aliment à l'agaçante loquacité de sa vieille mère, et tira silencieusement sa longue aiguille dessus et dessous le tulle tendu ; elle regrettait de ne pas avoir assez vu l'étranger, et attendit au lendemain pour porter sur lui un jugement définitif. Pour la première fois aussi, l'un des habitués de la rue lui suggérait autant de réflexions. Ordinairement, elle n'opposait qu'un sourire triste aux suppositions de sa mère qui voulait voir dans chaque passant un protecteur pour sa fille. Si de semblables idées, imprudemment présentées par cette mère à sa fille, n'éveillaient point de mauvaises pensées, il fallait attribuer l'insouciance de Caroline à ce travail obstiné, malheureusement nécessaire, qui consumait les forces de sa précieuse jeunesse, et devait infailliblement altérer un jour la limpidité de ses yeux, ou ravir à ses joues blanches les tendres couleurs qui les nuançaient encore. Pendant deux grands mois environ, la nouvelle connaissance eut une allure très-capricieuse. L'inconnu ne passait pas toujours par la rue du Tourniquet, car la vieille le voyait souvent le soir sans l'avoir aperçu le matin ; il ne revenait pas à des heures aussi fixes que les autres employés qui servaient de pendule à madame Crochard ; enfin, excepté

la première rencontre où son regard avait inspiré une sorte de
crainte à la vieille mère, jamais ses yeux ne parurent faire attention
au tableau pittoresque que présentaient ces deux gnômes femelles.
A l'exception de deux grandes portes et de la boutique obscure d'un
ferrailleur, il n'existait à cette époque, dans la rue du Tourniquet,
que des fenêtres grillées qui éclairaient par des jours de souffrance
les escaliers de quelques maisons voisines ; le peu de curiosité du
passant ne pouvait donc pas se justifier par de dangereuses rivalités ; aussi, madame Crochard était-elle piquée de voir son *monsieur noir*, tel fut le nom qu'elle lui donna, toujours gravement
préoccupé, tenir les yeux baissés vers la terre ou levés en avant,
comme s'il eût voulu lire l'avenir dans le brouillard du Tourniquet.
Néanmoins, un matin, vers la fin du mois de septembre, la tête lu-
tine de Caroline Crochard se détachait si brillamment sur le fond
obscur de sa chambre, et se montrait si fraîche au milieu des fleurs
tardives et des feuillages flétris entrelacés autour des barreaux de la
fenêtre ; enfin la scène journalière présentait alors des oppositions
d'ombre et de lumière, de blanc et de rose, si bien mariées à la
mousseline que festonnait la gentille ouvrière, avec les tons bruns
et rouges des fauteuils, que l'inconnu contempla fort attentivement
les effets de ce vivant tableau. Fatiguée de l'indifférence de son monsieur noir, la vieille mère avait, à la vérité, pris le parti de faire un
tel cliquetis avec ses bobines, que le passant morne et soucieux fut
peut-être contraint par ce bruit insolite à regarder chez elle. L'é-
tranger échangea seulement avec Caroline un regard, rapide il est
vrai, mais par lequel leurs âmes eurent un léger contact, et ils con-
çurent tous deux le pressentiment qu'ils penseraient l'un à l'autre.
Quand le soir, à quatre heures, l'inconnu revint, Caroline distingua
le bruit de ses pas sur le pavé criard, et quand ils s'examinèrent,
il y eut de part et d'autre une sorte de préméditation : les yeux du
passant furent animés d'un sentiment de bienveillance qui le fit sourire, et Caroline rougit : la vieille mère les observa tous deux d'un
air satisfait. A compter de cette mémorable matinée, le monsieur
noir traversa deux fois par jour la rue du Tourniquet, à quelques
exceptions près, que les deux femmes surent remarquer ; elles jugèrent, d'après l'irrégularité de ses heures de retour, qu'il n'était
ni aussi promptement libre, ni aussi strictement exact qu'un employé subalterne. Pendant les trois premiers mois de l'hiver, deux
fois par jour, Caroline et le passant se virent ainsi pendant le temps

qu'il mettait à franchir l'espace de chaussée occupé par la porte et par les trois fenêtres de la maison. De jour en jour cette rapide entrevue eut un caractère d'intimité bienveillante qui finit par contracter quelque chose de fraternel. Caroline et l'inconnu parurent d'abord se comprendre ; puis, à force d'examiner l'un et l'autre leurs visages, ils en prirent une connaissance approfondie. Ce fut bientôt comme une visite que le passant faisait à Caroline ; si, par hasard, son monsieur noir passait sans lui apporter le sourire à demi formé par sa bouche éloquente ou le regard ami de ses yeux bruns, il lui manquait quelque chose : sa journée était incomplète. Elle ressemblait à ces vieillards pour lesquels la lecture de leur journal est devenue un tel plaisir, que, le lendemain d'une fête solennelle, ils s'en vont tout déroutés demandant, autant par mégarde que par impatience, la feuille à l'aide de laquelle ils trompent un moment le vide de leur existence. Mais ces fugitives apparitions avaient, autant pour l'inconnu que pour Caroline, l'intérêt d'une causerie familière entre deux amis. La jeune fille ne pouvait pas plus dérober à l'œil intelligent de son silencieux ami une tristesse, une inquiétude, un malaise que celui-ci ne pouvait cacher à Caroline une préoccupation. — « Il a eu du chagrin hier ! » était une pensée qui naissait souvent au cœur de l'ouvrière quand elle contemplait la figure altérée du monsieur noir. — « Oh ! il a beaucoup travaillé ! » était une exclamation due à d'autres nuances que Caroline savait distinguer. L'inconnu devinait aussi que la jeune fille avait passé son dimanche à finir la robe au dessin de laquelle il s'était intéressé ; il voyait, aux approches des termes de loyer, cette jolie figure assombrie par l'inquiétude, et il devinait quand Caroline avait veillé ; mais il avait surtout remarqué comment les pensées tristes qui défloraient les traits gais et délicats de cette jeune tête s'étaient graduellement dissipées à mesure que leur connaissance avait vieilli. Lorsque l'hiver vint sécher les tiges, les fleurs et les feuillages du jardin parisien qui décorait la fenêtre, et que la fenêtre se ferma, l'inconnu ne vit pas, sans un sourire doucement malicieux, la clarté extraordinaire du carreau qui se trouvait à la hauteur de la tête de Caroline ; la parcimonie du feu, quelques traces d'une rougeur qui couperosait la figure des deux femmes lui dénoncèrent l'indigence du petit ménage ; mais si quelque douloureuse compassion se peignait alors dans ses yeux, Caroline lui opposait une gaieté fière. Cependant les sentiments éclos au fond de leurs cœurs y restaient ensevelis, sans qu'aucun événement leur en apprît l'un à l'autre la force et l'étendue, ils ne connaissaient même pas le son de leurs voix. Ces deux amis muets se gardaient, comme d'un malheur, de s'engager dans une plus intime union. Chacun d'eux semblait craindre d'apporter à l'autre une infortune plus pesante que celle qu'il voulait partager. Était-ce cette pudeur d'amitié qui les arrêtait ainsi? Était-ce cette appréhension de l'égoïsme ou cette méfiance atroce qui séparent tous les habitants réunis dans les murs d'une nombreuse cité? La voix secrète de leur conscience les avertissait-elle d'un péril prochain? Il serait impossible d'expliquer le sentiment qui les rendait aussi ennemis qu'amis, aussi indifférents l'un à l'autre qu'ils étaient attachés, aussi unis par l'instinct que séparés · par le fait. Peut-être chacun d'eux voulait-il conserver ses illusions. On eût dit parfois que l'inconnu craignait d'entendre sortir quelques paroles grossières de ces lèvres aussi fraîches, aussi pures qu'une fleur, et que Caroline ne se croyait pas digne de cet être mystérieux en qui tout révélait le pouvoir et la fortune. Quant à madame Crochard, cette tendre mère, presque mécontente de l'indécision dans laquelle restait sa fille, montrait une mine boudeuse à son monsieur noir à qui elle avait jusque-là toujours souri d'un air aussi complaisant que servile. Jamais elle ne s'était plainte aussi amèrement à sa fille d'être encore à son âge obligée de faire la cuisine; à aucune époque ses rhumatismes et son catarrhe ne lui avaient arraché autant de gémissements; enfin, elle ne sut pas faire, pendant cet hiver, le nombre d'aunes de tulle sur lequel Caroline avait compté jusqu'alors. Dans ces circonstances et vers la fin du mois de décembre, à l'époque où le pain était le plus cher, et où l'on ressentait déjà le commencement de cette cherté des grains qui rendit l'année 1816 si cruelle aux pauvres gens, le passant remarqua sur le visage de la jeune fille dont le nom lui était inconnu, les traces affreuses d'une pensée secrète que ses sourires bienveillants ne dissipèrent pas. Bientôt il reconnut, dans les yeux de Caroline, les flétrissants indices d'un travail nocturne. Dans une des dernières nuits de ce mois, le passant revint, contrairement à ses habitudes, vers une heure du matin par la rue du Tourniquet-Saint-Jean. Le silence de la nuit lui permit d'entendre de loin, avant d'arriver à la maison de Caroline, la voix pleurarde de la vieille mère et celle plus douloureuse de la jeune ouvrière.

dont les éclats retentissaient mêlés aux sifflements d'une pluie de
neige ; il tâcha d'arriver à pas lents ; puis, au risque de se faire
arrêter, il se tapit devant la croisée pour écouter la mère et la
fille en les examinant par le plus grand des trous qui découpaient
les rideaux de mousseline jaunie, et les rendaient semblables à ces
grandes feuilles de chou mangées en rond par des chenilles. Le curieux passant vit un papier timbré sur la table qui séparait les
deux métiers et sur laquelle était posée la lampe entre les deux
globes pleins d'eau. Il reconnut facilement une assignation. Madame
Crochard pleurait, et la voix de Caroline avait un son guttural qui
en altérait le timbre doux et caressant.

— Pourquoi tant te désoler, ma mère? Monsieur Molineux ne
vendra pas nos meubles et ne nous chassera pas avant que j'aie terminé cette robe; encore deux nuits, et j'irai la porter chez madame Roguin.

— Et si elle te fait attendre comme toujours? mais le prix de ta
robe paiera-t-il aussi le boulanger?

Le spectateur de cette scène possédait une telle habitude de lire
sur les visages, qu'il crut entrevoir autant de fausseté dans la douleur de la mère que de vérité dans le chagrin de la fille ; il disparut
aussitôt, et revint quelques instants après. Quand il regarda par le
trou de la mousseline, la mère était couchée; penchée sur son
métier, la jeune ouvrière travaillait avec une infatigable activité;
sur la table, à côté de l'assignation, se trouvait un morceau de
pain triangulairement coupé, posé sans doute là pour la nourrir
pendant la nuit, tout en lui rappelant la récompense de son courage. L'inconnu frissonna d'attendrissement et de douleur, il jeta
sa bourse à travers une vitre fêlée de manière à la faire tomber aux pieds de la jeune fille ; puis, sans jouir de sa surprise,
il s'évada le cœur palpitant, les joues en feu. Le lendemain, le
triste et sauvage étranger passa en affectant un air préoccupé, mais
il ne put échapper à la reconnaissance de Caroline qui avait ouvert la fenêtre et s'amusait à bêcher avec un couteau la caisse
carrée couverte de neige, prétexte dont la maladresse ingénieuse
annonçait à son bienfaiteur qu'elle ne voulait pas, cette fois, le voir
à travers les vitres. La brodeuse fit, les yeux pleins de larmes, un
signe de tête à son protecteur comme pour lui dire : — Je ne puis
vous payer qu'avec le cœur. Mais l'inconnu parut ne rien comprendre à l'expression de cette reconnaissance vraie. Le soir, quand il re-

passa, Caroline, qui s'occupait à recoller une feuille de papier sur
la vitre brisée, put lui sourire en montrant comme une promesse
l'émail de ses dents brillantes. Le monsieur noir prit dès lors un
autre chemin et ne se montra plus dans la rue du Tourniquet.

Dans les premiers jours du mois de mai suivant, un samedi
matin que Caroline apercevait, entre les deux lignes noires des
maisons, une faible portion d'un ciel sans nuages, et pendant
qu'elle arrosait avec un verre d'eau le pied de son chèvrefeuille,
elle dit à sa mère : « Maman, il faut aller demain nous promener
à Montmorency ! A peine cette phrase était-elle prononcée d'un air
joyeux, que le monsieur noir vint à passer, plus triste et plus accablé que jamais ; le chaste et caressant regard que Caroline lui
jeta pouvait passer pour une invitation. Aussi, le lendemain, quand
madame Crochard, vêtue d'une redingote de mérinos brun rouge,
d'un chapeau de soie et d'un châle à grandes raies imitant le cachemire, se présenta pour choisir un coucou au coin de la rue du
Faubourg-Saint-Denis et de la rue d'Enghien, y trouva-t-elle son
inconnu, planté sur ses pieds comme un homme qui attend sa
femme. Un sourire de plaisir dérida la figure de l'étranger quand
il aperçut Caroline dont le petit pied était chaussé de guêtres en
prunelle couleur puce, dont la robe blanche, emportée par un vent
perfide pour les femmes mal faites, dessinait des formes attrayantes,
et dont la figure, ombragée par un chapeau de paille de riz dou-
blée en satin rose, était comme illuminée d'un reflet céleste ; sa
large ceinture de couleur puce faisait valoir une taille à tenir entre
les deux mains ; ses cheveux, partagés en deux bandeaux de bistre
sur un front blanc comme de la neige, lui donnaient un air de
candeur que rien ne démentait. Le plaisir semblait rendre Caroline
aussi légère que la paille de son chapeau, mais il y eut en elle une
espérance qui éclipsa tout à coup sa parure et sa beauté quand elle
vit le monsieur noir. Celui-ci, qui semblait irrésolu, fut peut-être
décidé à servir de compagnon de voyage à l'ouvrière par la subite
révélation du bonheur que causait sa présence. Il loua, pour aller
à Saint-Leu-Taverny, un cabriolet dont le cheval paraissait assez
bon ; il offrit à madame Crochard et à sa fille d'y prendre place, et
la mère accepta sans se faire prier ; mais au moment où la voiture
se trouva sur la route de Saint-Denis, elle s'avisa d'avoir des scru
pules et de hasarder quelques civilités sur la gêne que deux femmes
allaient causer à leur compagnon.

— Monsieur voulait peut-être se rendre seul à Saint-Leu ? dit-elle avec une fausse bonhomie. Mais elle ne tarda pas à se plaindre de la chaleur, et surtout de son catarrhe, qui, disait-elle, ne lui avait pas permis de fermer l'œil une seule fois pendant la nuit; aussi, à peine la voiture eut-elle atteint Saint-Denis, que madame Crochard parut endormie; quelques-uns de ses ronflements semblèrent suspects à l'inconnu, qui fronça les sourcils en regardant la vieille femme d'un air singulièrement soupçonneux.

— Oh! elle dort, dit naïvement Caroline, elle n'a pas cessé de tousser depuis hier soir. Elle doit être bien fatiguée.

Pour toute réponse, le compagnon de voyage jeta sur la jeune fille un rusé sourire comme pour lui dire : — Innocente créature, tu ne connais pas ta mère ! Cependant, malgré sa défiance, et quand la voiture roula sur la terre dans cette longue avenue de peupliers qui conduit à Eaubonne, le monsieur noir crut madame Crochard réellement endormie; peut-être aussi ne voulait-il plus examiner jusqu'à quel point ce sommeil était feint ou véritable. Soit que la beauté du ciel, l'air pur de la campagne et ces parfums enivrants répandus par les premières pousses des peupliers, par les fleurs du saule, et par celles des épines blanches, eussent disposé son cœur à s'épanouir, comme s'épanouissait la nature; soit qu'une plus longue contrainte lui devînt importune, ou que les yeux pétillants de Caroline eussent répondu à l'inquiétude des siens, l'inconnu entreprit avec sa jeune compagne une conversation aussi vague que les balancements des arbres sous l'effort de la brise, aussi vagabonde que les détours du papillon dans l'air bleu, aussi peu raisonnée que la voix doucement mélodieuse des champs, mais empreinte comme elle d'un mystérieux amour. A cette époque, la campagne n'est-elle pas frémissante comme une fiancée qui a revêtu sa robe d'hyménée, et ne convie-t-elle pas au plaisir les âmes les plus froides ? Quitter les rues ténébreuses du Marais, pour la première fois depuis le dernier automne, et se trouver au sein de l'harmonieuse et pittoresque vallée de Montmorency; la traverser au matin, en ayant devant les yeux l'infini de ses horizons, et pouvoir reporter, de là, son regard sur des yeux qui peignent aussi l'infini en exprimant l'amour, quels cœurs resteraient glacés, quelles lèvres garderaient un secret? L'inconnu trouva Caroline plus gaie que spirituelle, plus aimante qu'instruite; mais, si son rire accusait de la folâtrerie, ses paroles promettaient un sentiment vrai. Quand, aux interrogations sagaces de son compagnon, la jeune fille répondait par une effusion de cœur que les classes inférieures prodiguent sans y mettre de réticences comme les gens du grand monde, la figure du monsieur noir s'animait et semblait renaître ; sa physionomie perdait par degrés la tristesse qui en contractait les traits ; puis, de teinte en teinte, elle prit un air de jeunesse et un caractère de beauté qui rendirent Caroline heureuse et fière. La jolie brodeuse devina que son protecteur était un être sevré depuis long-temps de tendresse et d'amour, de plaisir et de caresses, ou que peut-être il ne croyait plus au dévouement d'une femme. Enfin, une saillie inattendue du léger babil de Caroline enleva le dernier voile qui ôtait à la figure de l'inconnu sa jeunesse réelle et son caractère primitif ; il sembla faire un éternel divorce avec des idées importunes, et déploya la vivacité d'âme que décelait sa figure. La causerie devint insensiblement si familière, qu'au moment où la voiture s'arrêta aux premières maisons du long village de Saint-Leu, Caroline nommait l'inconnu monsieur Roger. Pour la première fois seulement, la vieille mère se réveilla.

— Caroline, elle aura tout entendu, dit Roger d'une voix soupçonneuse à l'oreille de la jeune fille.

Caroline répondit par un ravissant sourire d'incrédulité qui dissipa le nuage sombre que la crainte d'un calcul chez la mère avait répandue sur le front de cet homme défiant. Sans s'étonner de rien, madame Crochard approuva tout, suivit sa fille et monsieur Roger dans le parc de Saint-Leu, où les deux jeunes gens étaient convenus d'aller pour visiter les riantes prairies et les bosquets embaumés que le goût de la reine Hortense a rendus si célèbres.

— Mon Dieu, combien cela est beau ! s'écria Caroline lorsque, montée sur la croupe verte où commence la forêt de Montmorency, elle aperçut à ses pieds l'immense vallée qui déroulait ses sinuosités semées de villages, les horizons bleuâtres de ses collines, ses clochers, ses prairies, ses champs, et dont le murmure vint expirer à l'oreille de la jeune fille comme un bruissement de la mer. Les trois voyageurs côtoyèrent les bords d'une rivière factice, et arrivèrent à cette vallée suisse dont le chalet reçut plus d'une fois la reine Hortense et Napoléon. Quand Caroline se fut assise avec un saint respect sur le banc de bois moussu où s'étaient reposés des rois, des princesses et l'empereur, madame Crochard manifesta le désir de voir de plus près un pont suspendu entre deux rochers qui s'apercevait au loin, et se dirigea vers cette curiosité champêtre en laissant son enfant sous la garde de monsieur Roger, mais en lui disant qu'elle ne les perdrait pas de vue.

— Eh ! quoi, pauvre petite, s'écria Roger, vous n'avez jamais désiré la fortune et les jouissances du luxe ? Vous ne souhaitez pas quelquefois de porter les belles robes que vous brodez ?

— Je vous mentirais, monsieur Roger, si je vous disais que je ne pense pas au bonheur dont jouissent les riches. Ah ! oui, je songe souvent, quand je m'endors surtout, au plaisir que j'aurais de voir ma pauvre mère ne pas être obligée d'aller par le mauvais temps chercher nos petites provisions, à son âge. Je voudrais que le matin une femme de ménage lui apportât, pendant qu'elle est encore au lit, son café bien sucré avec du sucre blanc. Elle aime à lire des romans, la pauvre bonne femme, eh ! bien, je préférerais lui voir user ses yeux à sa lecture favorite, plutôt qu'à remuer des bobines depuis le matin jusqu'au soir. Il lui faudrait aussi un peu de bon vin. Enfin je voudrais la savoir heureuse, elle est si bonne !

— Elle vous a donc bien prouvé sa bonté ?

— Oh ! oui, répliqua la jeune fille d'un son de voix profond. Puis après un assez court moment de silence pendant lequel les deux jeunes gens regardèrent madame Crochard qui, parvenue au milieu du pont rustique, les menaçait du doigt, Caroline reprit : — Oh ! oui, elle me l'a prouvé. Combien ne m'a-t-elle pas soignée quand j'étais petite ! Elle a vendu ses derniers couverts d'argent pour me mettre en apprentissage chez la vieille fille qui m'a appris à broder. Et mon pauvre père ! combien de mal n'a-t-elle pas eu pour lui faire passer heureusement ses derniers moments ! A cette idée la jeune fille tressaillit et se fit un voile de ses deux mains. — Ah ! bah, ne pensons jamais aux malheurs passés, dit-elle en essayant de reprendre un air enjoué. Elle rougit en s'apercevant que Roger s'était attendri, mais elle n'osa le regarder.

— Que faisait donc votre père, demanda-t-il.

— Mon père était danseur à l'Opéra avant la révolution, dit-elle de l'air le plus naturel du monde, et ma mère chantait dans les chœurs. Mon père, qui commandait les évolutions sur le théâtre, se trouva par hasard à la prise de la Bastille. Il fut reconnu par quelques-uns des assaillants qui lui demandèrent s'il ne dirigerait pas bien une attaque réelle, lui qui en commandait de feintes au théâtre. Mon père était brave, il accepta, conduisit les insurgés, et fut récompensé par le grade de capitaine dans l'armée de Sambre-et-Meuse, où il se comporta de manière à monter rapidement en grade, il devint colonel; mais il fut si grièvement blessé à Lutzen qu'il est revenu mourir à Paris, après un an de maladie. Les Bourbons sont arrivés, ma mère n'a pu obtenir de pension, et nous sommes retombées dans une si grande misère, qu'il a fallu travailler pour vivre. Depuis quelque temps la bonne femme est devenue maladive; aussi jamais ne l'ai-je vue si peu résignée; elle se plaint; et je le conçois, elle a goûté les douceurs d'une vie heureuse. Quant à moi, qui ne saurais regretter des délices que je n'ai pas connues, je ne demande qu'une seule chose au ciel...

— Quoi? dit vivement Roger qui semblait rêveur.

— Que les femmes portent toujours des tulles brodés pour que l'ouvrage ne manque jamais.

La franchise de ces aveux intéressa le jeune homme, qui regarda d'un œil moins hostile madame Crochard quand elle revint vers eux d'un pas lent.

— Hé bien, mes enfants, avez-vous bien jasé? leur demanda-t-elle d'un air tout à la fois indulgent et railleur. Quand on pense, monsieur Roger, que le *petit caporal* s'est assis là où vous êtes! reprit-elle après un moment de silence. — Pauvre homme! ajouta-t-elle, mon mari l'aimait-il! Ah! Crochard a aussi bien fait de mourir, car il n'aurait pas enduré de le savoir là où *ils* l'ont mis.

Roger posa un doigt sur ses lèvres, et la bonne vieille, hochant la tête, dit d'un air sérieux: — Suffit, on aura la bouche close et la langue morte. Mais, ajouta-t-elle en ouvrant les bords de son corsage et montrant une croix et son ruban rouge suspendus à son cou par une faveur noire, *ils* ne m'empêcheront pas de porter ce que l'*autre* a donné à mon pauvre Crochard, et je me ferai certes enterrer avec...

En entendant des paroles qui passaient alors pour séditieuses, Roger interrompit la vieille mère en se levant brusquement, et ils retournèrent au village à travers les allées du parc. Le jeune homme s'absenta pendant quelques instants pour aller commander un repas chez le meilleur traiteur de Taverny; puis il revint chercher les deux femmes, et les y conduisit en les faisant passer par les sentiers de la forêt. Le dîner fut gai. Roger n'était déjà plus cette ombre sinistre qui passait naguère rue du Tourniquet, il ressemblait moins

au *monsieur noir* qu'à un jeune homme confiant, prêt à s'a-
bandonner au courant de la vie, comme ces deux femmes insou-
ciantes et laborieuses qui, le lendemain peut-être, manqueraient
de pain ; il paraissait être sous l'influence des joies du premier âge
son sourire avait quelque chose de caressant et d'enfantin. Quand,
sur les cinq heures, le joyeux dîner fut terminé par quelques
verres de vin de Champagne, Roger proposa le premier d'aller sous les châtaigniers au bal du village, où Caroline et lui
dansèrent ensemble : leurs mains se pressèrent avec intelligence,
leurs cœurs battirent animés d'une même espérance ; et sous le
ciel bleu, aux rayons obliques et rouges du couchant, leurs regards
arrivèrent à un éclat qui pour eux faisait pâlir celui du ciel.
Étrange puissance d'une idée et d'un désir ! Rien ne semblait impossible à ces deux êtres. Dans ces moments magiques où le plaisir jette
ses reflets jusque sur l'avenir, l'âme ne prévoit que du bonheur.
Cette jolie journée avait déjà créé pour tous deux des souvenirs
auxquels ils ne pouvaient rien comparer dans le passé de leur existence. La source serait-elle donc plus gracieuse que le fleuve, le
désir serait-il plus ravissant que la jouissance, et ce qu'on espère plus attrayant que tout ce qu'on possède ?

— Voilà donc la journée déjà finie ! Cette exclamation échappait à
l'inconnu au moment où cessait la danse, et Caroline le regarda d'un
air compatissant en lui voyant reprendre une légère teinte de tristesse.

— Pourquoi ne seriez-vous pas aussi content à Paris qu'ici ?
dit-elle. Le bonheur n'est-il qu'à Saint-Leu ? Il me semble maintenant que je ne puis être malheureuse nulle part.

L'inconnu tressaillit à ces paroles dictées par ce doux abandon
qui entraîne toujours les femmes plus loin qu'elles ne veulent
aller, de même que la pruderie leur donne souvent plus de cruauté
qu'elles n'en ont. Pour la première fois, depuis le regard qui avait
en quelque sorte commencé leur amitié, Caroline et Roger eurent
une même pensée ; s'ils ne l'exprimèrent pas, ils la sentirent au
même moment par une mutuelle impression, semblable à celle d'un
bienfaisant foyer qui les aurait consolés des atteintes de l'hiver ; puis,
comme s'ils eussent craint leur silence, ils se rendirent alors à
l'endroit où leur modeste voiture les attendait ; mais avant d'y monter, ils se prirent fraternellement par la main, et coururent dans
une allée sombre devant madame Crovisard. Quand ils ne virent
plus le blanc bonnet de tulle qui leur indiquait la vieille mère comme

un point à travers les feuilles : — Caroline! dit Roger d'une voix
troublée et le cœur palpitant. La jeune fille confuse recula de quelques pas en comprenant les désirs que cette interrogation révélait;
néanmoins, elle tendit sa main qui fut baisée avec ardeur et
qu'elle retira vivement, car en se levant sur la pointe des pieds
elle avait aperçu sa mère. Madame Crochard fit semblant de ne
rien voir, comme si, par un souvenir de ses anciens rôles, elle eût
dû ne figurer là qu'en *a parte*.

L'aventure de ces deux jeunes gens ne se continua pas long-temps
dans la rue du Tourniquet. Pour retrouver Caroline et Roger, il
est nécessaire de se transporter au milieu du Paris moderne, où il
existe, dans les maisons nouvellement bâties, de ces appartements
qui semblent faits exprès pour que de nouveaux mariés y passent
leur lune de miel : les peintures et les papiers y sont jeunes comme
les époux, et la décoration en est dans sa fleur comme leur amour;
tout y est en harmonie avec de jeunes idées, avec de bouillants
désirs. Au milieu de la rue Taitbout, dans une maison dont la
pierre de taille était encore blanche, dont les colonnes du vestibule
et de la porte n'avaient encore aucune souillure, et dont les murs
reluisaient de cette peinture d'un blanc de plomb que nos premières
relations avec l'Angleterre mettaient à la mode, se trouvait, au
second étage, un petit appartement arrangé par l'architecte comme
s'il en avait deviné la destination. Une simple et fraîche antichambre, revêtue en stuc à hauteur d'appui, donnait entrée
dans un salon et dans une petite salle à manger. Le salon communiquait à une jolie chambre à coucher à laquelle attenait une
salle de bain. Les cheminées y étaient toutes garnies de hautes
glaces encadrées avec recherche. Les portes avaient pour ornements des arabesques de bon goût, et les corniches étaient d'un
style pur. Un amateur aurait reconnu là, mieux qu'ailleurs, cette
science de distribution et de décor qui distingue les œuvres de nos
architectes modernes. Cet appartement était habité depuis un mois
environ par Caroline pour qui l'un de ces tapissiers qui ne travail-
lent que guidés par les artistes, l'avait meublé soigneusement. La
description succincte de la pièce la plus importante suffira pour
donner une idée des merveilles que cet appartement avait présentées à celle qui vint s'y installer, amenée par Roger. Des tentures
en étoffe grise, égayées par des agréments en soie verte, décoraient
les murs de sa chambre à coucher. Les meubles, couverts en ca-

simir clair, avaient les formes gracieuses et légères ordonnées par
le dernier caprice de la mode : une commode en bois indigène, in-
crustée de filets bruns, gardait les trésors de la parure ; un secrétaire pareil servait à écrire de doux billets sur un papier parfumé ; le lit, drapé à l'antique, ne pouvait inspirer que des
idées de volupté par la mollesse de ses mousselines élégamment
jetées ; les rideaux, de soie grise à franges vertes, étaient toujours
étendus de manière à intercepter le jour ; une pendule de bronze
représentait l'Amour couronnant Psyché ; enfin, un tapis à dessins
gothiques imprimés sur un fond rougeâtre faisait ressortir les accessoires de ce lieu plein de délices. En face d'une psyché se trouvait une petite toilette, devant laquelle l'ex-brodeuse s'impatientait
de la science de Plaisir, un illustre coiffeur.

— Espérez-vous finir ma coiffure aujourd'hui ? dit-elle.

— Madame a les cheveux si longs et si épais, répondit Plaisir.

Caroline ne put s'empêcher de sourire. La flatterie de l'artiste
avait sans doute réveillé dans son cœur le souvenir des louanges
passionnées que lui adressait son ami sur la beauté d'une
chevelure qu'il idolâtrait. Le coiffeur parti, la femme de chambre vint tenir conseil avec elle sur la toilette qui plairait le
plus à Roger. On était alors au commencement de septembre
1816, il faisait froid : une robe de grenadine verte garnie en
chinchilla fut choisie. Aussitôt sa toilette terminée, Caroline s'é-
lança vers le salon, y ouvrit une croisée qui donnait sur l'élégant
balcon dont la façade de la maison était décorée et se croisa les bras
en s'appuyant sur une rampe en fer bronzé ; elle resta là dans
une attitude charmante, non pour s'offrir à l'admiration des passants et leur voir tourner la tête vers elle, mais pour regarder la
petite portion de boulevard qu'elle pouvait apercevoir au bout de la
rue Taitbout. Cette échappée de vue, que l'on comparerait volontiers au trou pratiqué pour les acteurs dans un rideau de théâtre,
lui permettait de distinguer une multitude de voitures élégantes et
une foule de monde emportées avec la rapidité des ombres chinoises.
Ignorant si Roger viendrait à pied ou en voiture, l'ancienne ouvrière
de la rue du Tourniquet examinait tour à tour les piétons et les til-
burys, voitures légères récemment importées en France par les Anglais. Des expressions de mutinerie et d'amour passaient sur sa jeune
figure quand, après un quart d'heure d'attente, son œil perçant ou
son cœur ne lui avaient pas encore fait reconnaître celui qu'elle sa-

vait devoir venir. Quel mépris, quelle insouciance se peignaient sur
son beau visage pour toutes les créatures qui s'agitaient comme des
fourmis sous ses pieds! ses yeux gris, pétillants de malice, étince-
laient. Elle était là pour elle-même, sans se douter que tous les jeunes
gens emportaient milles confus désirs à l'aspect de ses formes attrayantes. Elle évitait leurs hommages avec autant de soin que les plus fières
en mettent à les recueillir pendant leurs promenades à Paris, et ne
s'inquiétait certes guère si le souvenir de sa blanche figure penchée ou de son petit pied qui dépassait le balcon, si la piquante
image de ses yeux animés et de son nez voluptueusement retroussé,
s'effaceraient ou non le lendemain du cœur des passants qui l'a-
vaient admirée : elle ne voyait qu'une figure et n'avait qu'une idée.
Quand la tête mouchetée d'un certain cheval bai-brun vint à dé-
passer la haute ligne tracée dans l'espace par les maisons, Caroline
tressaillit et se haussa sur la pointe des pieds pour tâcher de reconnaître les guides blanches et la couleur du tilbury. C'était *lui*!
Roger tourne l'angle de la rue, voit le balcon, fouette son cheval qui s'élance et arrive à cette porte bronzée à laquelle il est
aussi habitué que son maître. La porte de l'appartement fut ouverte d'avance par la femme de chambre, qui avait entendu le cri
de joie jeté par sa maîtresse; Roger se précipita vers le salon,
pressa Caroline dans ses bras, et l'embrassa avec cette effusion de
sentiment que provoquent toujours les réunions peu fréquentes de
deux êtres qui s'aiment; il l'entraîna, ou plutôt ils marchèrent par
une volonté unanime, quoique enlacés dans les bras l'un de l'autre,
vers cette chambre discrète et embaumée; une causeuse les reçut
devant le foyer, et ils se contemplèrent un moment en silence,
en n'exprimant leur bonheur que par les vives étreintes de leurs
mains, en se communiquant leurs pensées par un long regard.

— Oui, c'est lui, dit-elle enfin; oui, c'est toi. Sais-tu que voici
trois grands jours que je ne t'ai vu, un siècle! Mais qu'as-tu? tu
as du chagrin.

— Ma pauvre Caroline...

— Oh! voilà, ma pauvre Caroline...

— Non, ne ris pas, mon ange; nous ne pouvons pas aller ce
soir à Feydeau.

Caroline fit une petite mine boudeuse, mais qui se dissipa tout
à coup.

— Je suis une sotte! Comment puis-je penser au spectacle quand

je te vois? Te voir, n'est-ce pas le seul spectacle que j'aime? s'é-
cria-t-elle en passant ses doigts dans les cheveux de Roger.

— Je suis obligé d'aller chez le procureur-général, car nous
avons en ce moment une affaire épineuse. Il m'a rencontré dans la
grande salle; et comme c'est moi qui porte la parole, il m'a engagé
à venir dîner avec lui; mais, ma chérie, tu peux aller à Feydeau
avec ta mère, je vous y rejoindrai si la conférence finit de bonne
heure.

— Aller au spectacle sans toi, s'écria-t-elle avec une expression
d'étonnement, ressentir un plaisir que tu ne partagerais pas!...
Oh! mon Roger, vous mériteriez de ne pas être embrassé,
ajouta-t-elle en lui sautant au cou par un mouvement aussi naïf
que voluptueux.

— Caroline, il faut que je rentre m'habiller. Le Marais est loin,
et j'ai encore quelques affaires à terminer.

— Monsieur, reprit Caroline en l'interrompant, prenez garde à
ce que vous dites là! Ma mère m'a averti que, quand les hommes
commencent à nous parler de leurs affaires, ils ne nous aiment
plus.

— Caroline, ne suis-je pas venu? n'ai-je pas dérobé cette heure
à mon impitoyable...?

— Chut, dit-elle en mettant un doigt sur la bouche de Roger,
chut, ne vois-tu pas que je me moque!

En ce moment ils étaient revenus tous les deux dans le salon,
Roger y aperçut un meuble apporté le matin même par l'ébéniste:
le vieux métier en bois de rose dont le produit nourrissait Caroline et sa mère quand elles habitaient la rue du Tourniquet-
Saint-Jean, avait été remis à neuf, et une robe de tulle d'un riche
dessin y était déjà tendue.

— Eh bien, mon bon ami, ce soir je travaillerai. En brodant,
je me croirai encore à ces premiers jours où tu passais devant moi
sans mot dire, mais non sans me regarder; à ces jours où le souvenir de tes regards me tenait éveillée pendant la nuit. O mon
cher métier, le plus beau meuble de mon salon, quoiqu'il ne me
vienne pas de toi! — Tu ne sais pas, dit-elle en s'asseyant sur les
genoux de Roger qui ne pouvant résister à ses émotions était
tombé dans un fauteuil... Écoute-moi donc? je veux donner aux
pauvres tout ce que je gagnerai avec ma broderie. Tu m'as faite si
riche! Combien j'aime cette jolie terre de Bellefeuille, moins pour

ce qu'elle est que parce que c'est toi qui me l'as donnée. Mais, dis-moi, mon Roger, je voudrais m'appeler Caroline de Bellefeuille, le puis-je? tu dois le savoir : est-ce légal ou toléré?

Il fit une petite moue d'affirmation qui lui était suggérée par sa haine pour le nom de Crochard, et Caroline sauta légèrement en frappant ses mains l'une contre l'autre.

— Il me semble, s'écria-t-elle, que je t'appartiendrai bien mieux ainsi. Ordinairement une fille renonce à son nom et prend celui de son mari..... Une idée importune qu'elle chassa aussitôt la fit rougir, elle prit Roger par la main, et le mena devant un piano ouvert. — Écoute, dit-elle. Je sais maintenant ma sonate comme un ange. Et ses doigts couraient déjà sur les touches d'ivoire, quand elle se sentit saisie et enlevée par la taille.

— Caroline, je devrais être loin.

— Tu veux partir? eh! bien, va-t'en, dit-elle en boudant; mais elle sourit après avoir regardé la pendule, et s'écria joyeusement : — Je t'aurai toujours gardé un quart d'heure de plus.

— Adieu, mademoiselle de Bellefeuille, dit-il avec la douce ironie de l'amour.

Après avoir pris un baiser, elle reconduisit son Roger jusque sur le seuil de la porte. Quand le bruit de ses pas ne retentit plus dans l'escalier, elle accourut sur le balcon pour le voir montant dans le tilbury, pour lui voir en prendre les guides, pour recueillir un dernier regard, entendre le coup de fouet, le roulement des roues sur le pavé, et pour suivre des yeux le brillant cheval, le chapeau du maître, le galon d'or qui garnissait celui du jockey, pour regarder même long-temps encore après que l'angle noir de la rue lui eut dérobé cette vision.

Cinq ans après l'installation de mademoiselle Caroline de Belle-feuille dans la jolie maison de la rue Taitbout, il s'y passa, pour la seconde fois, une de ces scènes domestiques qui resserrent encore les liens d'affection entre deux êtres qui s'aiment. Au milieu du salon bleu, devant la fenêtre qui s'ouvrait sur le balcon, un petit garçon de quatre ans et demi faisait un tapage infernal en fouettant le cheval de carton sur lequel il était monté, et dont les deux arcs recourbés qui en soutenaient les pieds n'allaient pas assez vite au gré du tapageur; sa jolie petite tête à cheveux blonds, qui retom-baient en mille boucles sur une colerette brodée, sourit comme une figure d'ange à sa mère quand, du fond d'une bergère, elle

lui dit : — Pas tant de bruit, Charles, tu vas réveiller ta petite
sœur. Le curieux enfant descendit alors brusquement de cheval,
arriva sur la pointe des pieds comme s'il eût craint le bruit de
ses pas sur le tapis, mit un doigt entre ses petites dents, demeura dans une de ces attitudes enfantines qui n'ont tant de grâce
que parce que tout en est naturel, et leva le voile de mousseline
blanche qui cachait le frais visage d'une petite fille endormie sur
les genoux de sa mère.

— Elle dort donc, Eugénie? dit-il tout étonné. Pourquoi donc
qu'elle dort quand nous sommes éveillés? ajouta-t-il en ouvrant de
grands yeux noirs qui flottaient dans un fluide abondant.

— Dieu seul sait cela, répondit Caroline en souriant.

La mère et l'enfant contemplèrent cette petite fille, baptisée le
matin même. Caroline, alors âgée d'environ vingt-quatre ans, offrait tous les développements d'une beauté qu'un bonheur sans
nuages et des plaisirs constants avaient fait épanouir. En elle la
femme était accomplie. Charmée d'obéir aux désirs de son cher
Roger, elle avait acquis les connaissances qui lui manquaient,
elle touchait assez bien du piano et chantait agréablement. Ignorant les usages d'une société qui l'eût repoussée et où elle ne
serait point allée quand même on l'y aurait accueillie, car la
femme heureuse ne va pas dans le monde, elle n'avait su ni
prendre cette élégance de manières, ni apprendre cette conversation pleine de mots et vide de pensées qui a cours dans les salons;
mais, en revanche, elle conquit laborieusement les connaissances
indispensables à une mère dont toute l'ambition consiste à bien élever ses enfants. Ne pas quitter son fils, lui donner dès le berceau
ces leçons de tous les moments qui gravent en de jeunes âmes le
goût du beau et du bon, le préserver de toute influence mauvaise,
remplir à la fois les pénibles fonctions de la bonne et les douces
obligations d'une mère, tels furent ses uniques plaisirs.

Dès le premier jour, cette discrète et douce créature se résigna
si bien à ne point faire un pas hors de la sphère enchantée où
pour elle se trouvaient toutes ses joies, qu'après six ans de l'union
la plus tendre, elle ne connaissait encore à son ami que le nom
de Roger. Placée dans sa chambre à coucher, la gravure du
tableau de Psyché arrivant avec sa lampe pour voir l'Amour malgré sa défense, lui rappelait les conditions de son bonheur. Pendant ces six années, ses modestes plaisirs ne fatiguèrent jamais

par une ambition mal placée le cœur de Roger, vrai trésor de
bonté. Jamais elle ne souhaita ni diamants ni parures, et refusa
le luxe d'une voiture vingt fois offerte à sa vanité. Attendre sur
le balcon la voiture de Roger, aller avec lui au spectacle ou se promener ensemble pendant les beaux jours dans les environs de Paris, l'espérer, le voir, et l'espérer encore, étaient l'histoire de sa vie,
pauvre d'événements, mais pleine d'amour.

En berçant sur ses genoux par une chanson la fille venue quelques
mois avant cette journée, elle se plut à évoquer les souvenirs du
temps passé. Elle s'arrêta plus volontiers sur les mois de septembre,
époque à laquelle chaque année son Roger l'emmenait à Bellefeuille
y passer ces beaux jours qui semblent appartenir à toutes les sai-
sons. La nature est alors aussi prodigue de fleurs que de fruits, les
soirées sont tièdes, les matinées sont douces, et l'éclat de l'été suc-
cède souvent à la mélancolie de l'automne. Pendant les premiers
temps de son amour, elle avait attribué l'égalité d'âme et la douceur
de caractère, dont tant de preuves lui furent données par Roger, à la rareté de leurs entrevues toujours désirées et à leur manière de vivre qui ne les mettait pas sans cesse en présence l'un de
l'autre, comme le sont deux époux. Elle se souvint alors avec délices que, tourmentée de vaines craintes, elle l'avait épié en tremblant pendant leur premier séjour à cette petite terre du Gatinais.
Inutile espionnage d'amour! chacun de ces mois de bonheur
passa comme un songe, au sein d'une félicité qui ne se démentit
jamais. Elle avait toujours vu à ce bon être un tendre sourire
sur les lèvres, sourire qui semblait être l'écho du sien. A ces
tableaux trop vivement évoqués, ses yeux se mouillèrent de larmes, elle crut ne pas aimer assez et fut tentée de voir, dans
le malheur de sa situation équivoque, une espèce d'impôt mis
par le sort sur son amour. Enfin, une invincible curiosité lui
fit chercher pour la millième fois les événements qui pouvaient
amener un homme aussi aimant que Roger à ne jouir que d'un
bonheur clandestin, illégal. Elle forgea mille romans, précisément
pour se dispenser d'admettre la véritable raison, depuis long-
temps devinée, mais à laquelle elle essaya de ne pas croire.
Elle se leva, tout en gardant son enfant endormi dans ses bras pour
aller présider, dans la salle à manger, à tous les préparatifs du dîner.
Ce jour était le 6 mai 1822, anniversaire de la promenade au
parc de Saint-Leu, pendant laquelle sa vie fut décidée; aussi cha-

que année, ce jour ramenait-il une fête de cœur. Caroline désigna le
linge qui devait servir au repas et dirigea l'arrangement du dessert.
Après avoir pris avec bonheur les soins qui touchaient Roger, elle
déposa la petite fille dans sa jolie barcelonnette, vint se placer
sur le balcon et ne tarda pas à voir paraître le cabriolet par lequel
son ami, parvenu à la maturité de l'homme, avait remplacé l'élégant tilbury des premiers jours. Après avoir essuyé le premier feu
des caresses de Caroline et du petit espiègle qui l'appelait papa,
Roger alla au berceau, contempla le sommeil de sa fille, la baisa
sur le front, et tira de la poche de son habit un long papier barioló
de lignes noires.

— Caroline, dit-il, voici la dot de mademoiselle Eugénie de
Bellefeuille.

La mère prit avec reconnaissance le titre dotal, une inscription
au grand-livre de la dette publique.

— Pourquoi trois mille francs de rente à Eugénie, quand tu n'as
donné que quinze cents francs à Charles ?

— Charles, mon ange, sera un homme, répondit-il. Quinze
cents francs lui suffiront. Avec ce revenu, un homme courageux
est au-dessus de la misère. Si, par hasard, ton fils est un homme
nul, je ne veux pas qu'il puisse faire des folies. S'il a de l'ambition,
cette modicité de fortune lui inspirera le goût du travail. Eugénie
est femme, il lui faut une dot.

Le père se mit à jouer avec Charles dont les caressantes démon-
strations annonçaient l'indépendance et la liberté de son éducation. Aucune crainte établie entre le père et l'enfant ne détruisait ce charme qui récompense la paternité de ses obligations, et la
gaieté de cette petite famille était aussi douce que vraie. Le soir, une
lanterne magique étala sur une toile blanche ses piéges et ses
mystérieux tableaux, à la grande surprise de Charles. Plus d'une
fois les joies célestes de cette innocente créature excitèrent des fous
rires sur les lèvres de Caroline et de Roger. Quand, plus tard, le
petit garçon fut couché, la petite fille s'éveilla demandant sa limpide
nourriture. A la clarté d'une lampe, au coin du foyer, dans cette
chambre de paix et de plaisir, Roger s'abandonna donc au bonheur
de contempler le tableau suave que lui présentait cet enfant suspendu au sein de Caroline blanche, fraîche comme un lis nouvellement éclos et dont les cheveux retombaient en milliers de boucles
brunes qui laissaient à peine voir son cou. La lueur faisait ressortir

toutes les grâces de cette jeune mère en multipliant sur elle, autour
d'elle, sur ses vêtements et sur l'enfant ces effets pittoresques produits par les combinaisons de l'ombre et de la lumière. Le visage de
cette femme calme et silencieuse parut mille fois plus doux que jamais
à Roger, qui regarda tendrement ces lèvres chiffonnées et vermeil-
les d'où jamais encore aucune parole discordante n'était sortie. La
même pensée brilla dans les yeux de Caroline qui examina Roger du coin de l'œil, soit pour jouir de l'effet qu'elle produisait
sur lui, soit pour deviner l'avenir de la soirée.

L'inconnu, qui comprit la coquetterie de ce regard fin, dit avec
une feinte tristesse : — Il faut que je parte. J'ai une affaire très-
grave à terminer, et l'on m'attend chez moi. Le devoir avant tout,
n'est-ce pas, ma chérie ?

Caroline l'espionna d'un air à la fois triste et doux, mais avec
cette résignation qui ne laisse ignorer aucune des douleurs d'un
sacrifice : — Adieu, dit-elle. Va-t'en ! Si tu restais une heure de
plus, je ne te donnerais pas facilement ta liberté.

— Mon ange, répondit-il alors en souriant, j'ai trois jours de
congé, et suis censé à vingt lieues de Paris.

Quelques jours après l'anniversaire de ce 6 mai, mademoiselle
de Bellefeuille accourut un matin dans la rue Saint-Louis, au Marais, en souhaitant ne pas arriver trop tard dans une maison où
elle se rendait ordinairement tous les huit jours. Un exprès venait de lui apprendre que sa mère, madame Crochard, succombait à une complication de douleurs produites chez elle par
ses catarrhes et par ses rhumatismes. Pendant que le cocher
de fiacre fouettait ses chevaux d'après une invitation pressante
que Caroline fortifia par la promesse d'un ample pour-boire,
les vieilles femmes timorées desquelles la veuve Crochard s'était
fait une société pendant ses derniers jours, introduisaient un
prêtre dans l'appartement commode et propre occupé par la
vieille comparse au second étage de la maison. La servante de
madame Crochard ignorait que la jolie demoiselle chez laquelle sa maîtresse allait souvent dîner fût sa propre fille ; et,
l'une des premières, elle sollicita l'intervention d'un confesseur, en espérant que cet ecclésiastique lui serait au moins
aussi utile qu'à la malade. Entre deux bostons, ou en se promenant au jardin Turc, les vieilles femmes avec lesquelles la veuve
Crochard caquetait tous les jours, avaient réussi à réveiller dans le

cœur glacé de leur amie quelques scrupules sur sa vie passée, quelques idées d'avenir, quelques craintes relatives à l'enfer, et certaines espérances de pardon fondées sur un sincère retour à la religion. Dans cette solennelle matinée, trois vieilles femmes de la rue Saint-François et de la Vieille-Rue-du-Temple étaient donc venues s'établir dans le salon où madame Crochard les recevait tous les mardis. A tour de rôle, l'une d'elles quittait son fauteuil pour aller au chevet du lit tenir compagnie à la pauvre vieille, et lui donner de ces faux espoirs avec lesquels on berce les mourants. Cependant, quand la crise leur parut prochaine, lorsque le médecin appelé la veille ne répondit plus de la veuve, les trois dames se consultèrent pour décider s'il fallait avertir mademoiselle de Bellefeuille. Françoise préalablement entendue, il fut arrêté qu'un commissionnaire partirait pour la rue Taitbout prévenir la jeune parente dont l'influence paraissait si redoutable aux quatre femmes; mais elles espérèrent que l'Auvergnat ramènerait trop tard cette personne dotée d'une si grande part dans l'affection de madame Crochard. Cette veuve, évidemment riche d'un millier d'écus de rente, ne fut si bien choyée par le trio femelle que parce qu'aucune de ces bonnes amies, ni même Françoise, ne lui connaissaient d'héritier. L'opulence dont jouissait mademoiselle de Bellefeuille, à qui madame Crochard s'interdisait de donner le doux nom de fille par suite des *us* de l'ancien Opéra, légitimait presque le plan formé par ces quatres femmes de se partager la succession de la mourante.

Bientôt celle des trois sibylles qui tenait la malade en arrêt vint montrer une tête branlante au couple inquiet, et dit : — Il est temps d'envoyer chercher monsieur l'abbé Fontanon. Encore deux heures, elle n'aura ni sa tête, ni la force d'écrire un mot.

La vieille servante édentée partit donc, et revint avec un homme vêtu d'une redingote noire. Un front étroit annonçait un petit esprit chez ce prêtre, déjà doué d'une figure commune ; ses joues larges et pendantes, son menton doublé témoignaient d'un bien-être égoïste ; ses cheveux poudrés lui donnaient un air doucereux tant qu'il ne levait pas des yeux bruns, petits, à fleur de tête, et qui n'eussent pas été mal placés sous les sourcils d'un Tartare.

— Monsieur l'abbé, lui disait Françoise, je vous remercie bien de vos avis ; mais aussi, comptez que j'ai eu un fier soin de cette chère femme-là.

La domestique au pas traînant et à la figure en deuil se tut en voyant que la porte de l'appartement était ouverte, et que la plus insinuante des trois douairières stationnait sur le palier pour être la première à parler au confesseur. Quand l'ecclésiastique eut complaisamment essuyé la triple bordée des discours mielleux et dévots des amies de la veuve, il alla s'asseoir au chevet du lit de madame Crochard. La décence et une certaine retenue forcèrent les trois dames et la vieille Françoise de demeurer toutes quatre dans le salon à se faire des mines de douleur qu'il n'appartenait qu'à ces faces ridées de jouer avec autant de perfection.

— Ah ! c'est-y malheureux ! s'écria Françoise en poussant un soupir. Voilà pourtant la quatrième maîtresse que j'aurai le chagrin d'enterrer. La première m'a laissé cent francs de viager, la seconde cinquante écus, et la troisième mille écus de comptant. Après trente ans de service, voilà tout ce que je possède !

La servante usa de son droit d'aller et venir pour se rendre dans un petit cabinet d'où elle pouvait entendre le prêtre.

— Je vois avec plaisir, disait Fontanon, que vous avez, ma fille, des sentiments de piété ; vous portez sur vous une sainte relique...

Madame Crochard fit un mouvement vague qui n'annonçait pas qu'elle eût tout son bon sens, car elle montra la croix impériale de la Légion-d'Honneur. L'ecclésiastique recula d'un pas en voyant la figure de l'empereur ; puis il se rapprocha bientôt de sa pénitente, qui s'entretint avec lui d'un **ton** si bas que pendant quelque temps Françoise n'entendit rien.

— Malédiction sur moi ! s'écria tout à coup la vieille, ne m'abandonnez pas. Comment, monsieur l'abbé, vous croyez que j'aurai à répondre de l'âme de ma fille ?

L'ecclésiastique parlait trop bas et la cloison était trop épaisse pour que Françoise pût tout entendre.

— Hélas ! s'écria la veuve en pleurant, le scélérat ne m'a rien laissé dont je pusse disposer. En prenant ma pauvre Caroline, il m'a séparée d'elle et ne m'a constitué que trois mille livres de rente dont le fonds appartient à ma fille.

— Madame a une fille et n'a que du viager, cria Françoise en accourant au salon.

Les trois vieilles se regardèrent avec un étonnement profond. Celle d'entre elles dont le nez et le menton prêts à se joindre tra-

lissaient une sorte de supériorité d'hypocrisie et de finesse, cligna
des yeux, et dès que Françoise eut tourné le dos, elle fit à ses
deux amies un signe qui voulait dire : — Cette fille est une fine
mouche, elle a déjà été couchée sur trois testaments. Les trois
vieilles femmes restèrent donc; mais l'abbé reparut bientôt et
quand il eut dit un mot, les sorcières dégringolèrent de compagnie
les escaliers après lui, laissant Françoise seule avec sa maîtresse.
Madame Crochard, dont les souffrances redoublèrent cruellement,
eut beau sonner en ce moment sa servante, celle-ci se contentait
de crier : — Eh! on y va! Tout à l'heure! Les portes des armoires
et des commodes allaient et venaient comme si Françoise eût cherché quelque billet de loterie égaré. A l'instant où cette crise atteignait à son dernier période, mademoiselle de Bellefeuille arriva auprès du lit de sa mère pour lui prodiguer de douces paroles.

— Oh! ma pauvre mère, combien je suis criminelle! Tu souf-
fres, et je ne le savais pas, mon cœur ne me le disait pas! Mais
me voici...

— Caroline...

— Quoi?

— Elles m'ont amené un prêtre.

— Mais un médecin donc, reprit mademoiselle de Bellefeuille.
Françoise, un médecin! Comment ces dames n'ont-elles pas envoyé
chercher le docteur?

— Elles m'ont amené un prêtre, reprit la vieille en poussant un
soupir.

— Comme elle souffre! et pas une potion calmante, rien sur sa
table.

La mère fit un signe indistinct, mais que l'œil pénétrant de Ca
roline devina, car elle se tut pour la laisser parler.

— Elles m'ont amené un prêtre... soi-disant pour me confesser.

— Prends garde à toi, Caroline, lui cria péniblement la vieille comparse par un dernier effort, le prêtre m'a arraché le nom de ton
bienfaiteur.

— Et qui a pu te le dire, ma pauvre mère?

La vieille expira en essayant de prendre un air malicieux. Si mademoiselle de Bellefeuille avait pu observer le visage de sa mère,
elle eût vu ce que personne ne verra, rire la Mort.

Pour comprendre l'intérêt que cache l'introduction de cette
scène, il faut en oublier un moment les personnages, pour se pré-

ter au récit d'événements antérieurs, mais dont le dernier se rattache à la mort de madame Crochard. Ces deux parties formeront alors une même histoire qui, par une loi particulière à la vie parisienne, avait produit deux actions distinctes.

Vers la fin du mois de mars 1806, un jeune avocat, âgé d'environ vingt-six ans, descendait vers trois heures du matin le grand escalier de l'hôtel où demeurait l'Archi-Chancelier de l'Empire. Arrivé dans la cour, en costume de bal, par une fine gelée, il ne put s'empêcher de jeter une douloureuse exclamation où perçait néanmoins cette gaieté qui abandonne rarement un Français, car il n'aperçut pas de fiacre à travers les grilles de l'hôtel, et n'entendit dans le lointain aucun de ces bruits produits par les sabots ou par la voix enrouée des cochers parisiens. Quelques coups de pied frappés de temps en temps par les chevaux du Grand-Juge que le jeune homme venait de laisser à la bouillotte de Cambacérès retentissaient dans la cour de l'hôtel à peine éclairée par les lanternes de la voiture. Tout à coup le jeune homme, amicalement frappé sur l'épaule, se retourna, reconnut le Grand-Juge et le salua. Au moment où le laquais dépliait le marche-pied du carrosse, l'ancien législateur de la Convention devina l'embarras de l'avocat.

— La nuit tous les chats sont gris, lui dit-il gaiement. Le Grand-Juge ne se compromettra pas en mettant un avocat dans son chemin ! Surtout, ajouta-t-il, si cet avocat est le neveu d'un ancien collègue, l'une des lumières de ce grand Conseil-d'État qui a donné le Code Napoléon à la France.

Le piéton monta dans la voiture sur un geste du chef suprême de la justice impériale.

— Où demeurez-vous? demanda le ministre à l'avocat avant que la portière ne fût refermée par le valet de pied qui attendait l'ordre.

— Quai des Augustins, monseigneur.

Les chevaux partirent, et le jeune homme se vit en tête-à-tête avec un ministre auquel il avait tenté vainement d'adresser la parole avant et après le somptueux dîner de Cambacérès, car le Grand-Juge l'avait visiblement évité pendant toute la soirée.

— Eh! bien, monsieur de Grandville, vous êtes en assez beau chemin !

— Mais, tant que je serai à côté de Votre Excellence.....

— Je ne plaisante pas, dit le ministre. Votre stage est terminé depuis deux ans, et vos défenses dans le procès Ximeuse et d'Hauteserre vous ont placé bien haut.

— J'ai cru jusqu'aujourd'hui que mon dévouement à ces malheureux émigrés me nuisait.

— Vous êtes bien jeune, dit le ministre d'un ton grave. Mais, reprit-il après une pause, vous avez beaucoup plu ce soir à l'Archi-Chancelier. Entrez dans la magistrature du parquet, nous manquons de sujets. Le neveu d'un homme à qui Cambacérès et moi nous portons le plus vif intérêt ne doit pas rester avocat faute de protection. Votre oncle nous a aidés à traverser des temps bien orageux, et ces sortes de services ne s'oublient pas.

Le ministre se tut pendant un moment.

— Avant peu, reprit-il, j'aurai trois places vacantes au tribunal de première instance et à la cour impériale de Paris, venez alors me voir, et choisissez celle qui vous conviendra. Jusque-là travaillez, mais ne vous présentez point à mes audiences. D'abord, je suis accablé de travail; puis vos concurrents devineraient vos intentions et pourraient vous nuire auprès du patron. Cambacérès et moi en ne vous disant pas un mot ce soir, nous vous avons garanti des dangers de la faveur.

Au moment où le ministre acheva ces derniers mots, la voiture s'arrêtait sur le quai des Augustins, le jeune avocat remercia son généreux protecteur avec une effusion de cœur assez vive des deux places qu'il lui avait accordées, et se mit à frapper rudement à la porte, car la bise sifflait avec rigueur sur ses mollets. Enfin un vieux portier tira le cordon, et quand l'avocat passa devant la loge : — Monsieur Granville, il y a une lettre pour vous, cria-t-il d'une voix enrouée.

Le jeune homme prit la lettre, et tâcha, malgré le froid, d'en lire l'écriture à la lueur d'un pâle réverbère dont la mèche était sur le point d'expirer.

— C'est de mon père ! s'écria-t-il en prenant son bougeoir que le portier finit par allumer. Et il monta rapidement dans son appartement pour y lire la lettre suivante :

« Prends le courrier, et si tu peux arriver promptement ici, ta fortune est faite. Mademoiselle Angélique Bontems a perdu sa sœur, la voilà fille unique, et nous savons qu'elle ne te hait pas. Maintenant, madame Bontems peut lui laisser à peu près quarante mille francs de rentes, outre ce qu'elle lui donnera en dot. J'ai préparé les voies. Nos amis s'étonneront de voir d'anciens nobles s'allier à la famille Bontems. Le père Bontems a été un bonnet rouge foncé qui possédait force biens nationaux achetés à vil prix. Mais d'abord il n'a eu que des prés de moines qui ne reviendront jamais ; puis, si tu as déjà dérogé en te faisant avocat, je ne vois pas pourquoi nous reculerions devant une autre concession aux idées actuelles. La petite aura trois cent mille francs, je t'en donne cent, le bien de ta mère doit valoir cinquante mille écus ou à peu près, je te vois donc en position, mon cher fils, si tu veux te jeter dans la magistrature, de devenir sénateur tout comme un autre. Mon beau-frère le Conseiller d'État ne te donnera pas un coup de main pour cela, par exemple ; mais, comme il n'est pas marié, sa succession te reviendra un jour : si tu n'étais pas sénateur de ton chef, tu aurais donc sa survivance. De là tu seras juché assez haut pour voir venir les événements. Adieu, je t'embrasse.

« F. comte de Granville. »

Le jeune de Granville se coucha donc en faisant mille projets plus beaux les uns que les autres. Puissamment protégé par l'Archi-Chancelier, par le Grand-Juge et par son oncle maternel, l'un des rédacteurs du Code, il allait débuter dans un poste envié, devant la première Cour de l'Empire, et se voyait membre de ce parquet où Napoléon choisissait les hauts fonctionnaires de son Empire. Il se présentait de plus une fortune assez brillante pour l'aider à soutenir son rang, auquel n'aurait pas suffi le chétif revenu de cinq mille francs que lui donnait une terre recueillie par lui dans la succession de sa mère.

Pour compléter ses rêves d'ambition par le bonheur, il évoqua la figure naïve de mademoiselle Angélique Bontems, la compagne des jeux de son enfance. Tant qu'il n'eut pas l'âge de raison, son père et sa mère ne s'opposèrent point à son intimité avec la jolie fille de leur voisin de campagne ; mais quand, pendant les courtes apparitions que les vacances lui laissaient faire à Bayeux, ses parents, entichés de noblesse, s'aperçurent de son amitié pour la jeune fille, ils lui défendirent de penser à elle. Depuis dix ans, Granville n'avait donc pu voir que par moments celle qu'il nommait sa *petite femme*. Dans ces moments, dérobés à l'active surveillance de leurs familles, à peine échangèrent-ils de vagues paroles en passant l'un devant l'autre dans l'église ou dans la rue. Leurs plus beaux

jours furent ceux où, réunis par l'une de ces fêtes champêtres
nommées en Normandie des *assemblées*, ils s'examinèrent furtivement et en perspective. Pendant ses dernières vacances, Granville vit deux fois Angélique, et le regard baissé, l'attitude triste
de sa petite femme lui firent juger qu'elle était courbée sous
quelque despotisme inconnu.

Arrivé dès sept heures du matin au bureau des Messageries
de la rue Notre-Dame-des-Victoires, le jeune avocat trouva
heureusement une place dans la voiture qui partait à cette heure
pour la ville de Caen. L'avocat stagiaire ne revit pas sans une
émotion profonde les clochers de la cathédrale de Bayeux. Aucune espérance de sa vie n'ayant encore été trompée, son cœur
s'ouvrait aux beaux sentiments qui agitent de jeunes âmes. Après
le trop long banquet d'allégresse pour lequel il était attendu par son
père et par quelques amis, l'impatient jeune homme fut conduit
vers une certaine maison située rue Teinture, et bien connue de
lui. Le cœur lui battit avec force quand son père, que l'on continuait d'appeler à Bayeux le comte de Granville, frappa rudement à
une porte cochère dont la peinture verte tombait par écailles. Il
était environ quatre heures du soir. Une jeune servante, coiffée
d'un bonnet de coton, salua les deux messieurs par une courte
révérence, et répondit que ces dames allaient bientôt revenir de
vêpres.

Le comte et son fils entrèrent dans une salle basse servant de salon,
et semblable au parloir d'un couvent. Des lambris en noyer poli
assombrissaient cette pièce, autour de laquelle quelques chaises en
tapisserie et d'antiques fauteuils étaient symétriquement rangés.
La cheminée en pierre n'avait pour tout ornement qu'une glace
verdâtre, de chaque côté de laquelle sortaient les branches contournées de ces anciens candélabres fabriqués à l'époque de la paix
d'Utrecht. Sur la boiserie en face de cette cheminée, le jeune
Granville aperçut un énorme crucifix d'ébène et d'ivoire entouré
de buis bénit. Quoiqu'éclairée par trois croisées qui tiraient leur
jour d'un jardin de province dont les carrés symétriques étaient
dessinés par de longues raies de buis, la pièce en recevait si
peu de jour, qu'à peine voyait-on sur la muraille parallèle à ces
croisées trois tableaux d'église dus à quelque savant pinceau, et
achetés sans doute pendant la révolution par le vieux Bontems, qui,
en sa qualité de chef du district, n'oublia jamais ses intérêts. Depuis

le plancher, soigneusement ciré, jusqu'aux rideaux de toile à carreaux verts, tout brillait d'une propreté monastique. Involontairement le cœur du jeune homme se serra dans cette silencieuse retraite où vivait Angélique. La continuelle habitation des brillants salons de Paris et le tourbillon des fêtes avaient facilement effacé les existences sombres et paisibles de la province dans le souvenir de Granville, aussi le contraste fut-il pour lui si subit, qu'il éprouva une sorte de frémissement intérieur. Sortir d'une assemblée chez Cambacérès où la vie se montrait si ample, où les esprits avaient de l'étendue, où la gloire impériale se réfiétait vivement, et tomber tout à coup dans un cercle d'idées mesquines, n'était-ce pas être transporté de l'Italie au Groënland ?

— Vivre ici, ce n'est pas vivre, se dit-il en examinant ce salon de méthodiste.

Le vieux comte, qui s'aperçut de l'étonnement de son fils, alla le prendre par la main, l'entraîna devant une croisée d'où venait encore un peu de jour, et pendant que la servante allumait les vieilles bougies des flambeaux, il essaya de dissiper les nuages que cet aspect amassait sur son front.

— Écoute, mon enfant, lui dit-il, la veuve du père Bontems est furieusement dévote. Quand le diable devint vieux... tu sais! Je vois que l'air du bureau te fait faire la grimace. Eh bien, voici la vérité. La vieille femme est assiégée par les prêtres, ils lui ont persuadé qu'il était toujours temps de gagner le ciel, et pour être plus sûre d'avoir saint Pierre et ses clefs, elle les achète. Elle va à la messe tous les jours, entend tous les offices, communie tous les dimanches que Dieu fait, et s'amuse à restaurer les chapelles. Elle a donné à la cathédrale tant d'ornements, d'aubes, de chapes ; elle a chamarré le dais de tant de plumes, qu'à la procession de la dernière Fête-Dieu il y avait une foule comme à une pendaison pour voir les prêtres magnifiquement habillés et leurs ustensiles dorés à neuf. Aussi, cette maison est-elle une vraie terre-sainte. C'est moi qui ai empêché la vieille folle de donner ces trois tableaux à l'église, un Dominiquin, un Corrége et un André del Sarto qui valent beaucoup d'argent.

— Mais Angélique, demanda vivement le jeune homme

— Si tu ne l'épouses pas, Angélique est perdue, dit le comte. Nos bons apôtres lui ont conseillé de vivre vierge et martyre. J'ai eu toutes les peines du monde à réveiller son petit cœur en lui parlant de toi, quand je l'ai vue fille unique ; mais tu comprends aisément qu'une fois mariée, tu l'emmèneras à Paris. Là, les fêtes, le mariage, la comédie et l'entraînement de la vie parisienne lui feront facilement oublier les confessionnaux, les jeûnes, les cilices et les messes dont se nourrissent exclusivement ces créatures.

— Mais les cinquante mille livres de rentes provenues des biens ecclésiastiques ne retourneront-elles pas...

— Nous y voilà, s'écria le comte d'un air fin. En considération du mariage, car la vanité de madame Bontems n'a pas été peu chatouillée par l'idée d'enter les Bontemps sur l'arbre généalogique des Granville, la susdite mère donne sa fortune en toute propriété à la petite, en ne s'en réservant que l'usufruit. Aussi le sacerdoce s'oppose-t-il à ton mariage ; mais j'ai fait publier les bans, tout est prêt, et en huit jours tu seras hors des griffes de la mère ou de ses abbés. Tu posséderas la plus jolie fille de Bayeux, une petite commère qui ne te donnera pas de chagrin, parce que ça aura des principes. Elle a été mortifiée, comme ils disent dans leur jargon, par les jeûnes, par les prières, et ajouta-t-il à voix basse, par sa mère.

Un coup frappé discrètement à la porte imposa silence au comte, qui crut voir entrer les deux dames. Un petit domestique à l'air affairé se montra ; mais, intimidé par l'aspect des deux personnages, il fit un signe à la bonne qui vint près de lui. Vêtu d'un gilet de drap bleu à petites basques qui flottaient sur ses hanches, et d'un pantalon rayé bleu et blanc, ce garçon avait les cheveux coupés en rond : sa figure ressemblait à celle d'un enfant de chœur, tant elle peignait cette componction forcée que contractent tous les habitants d'une maison dévote.

— Mademoiselle Gatienne, savez-vous où sont les livres pour l'office de la Vierge ? Les dames de la congrégation du Sacré-Cœur font ce soir une procession dans l'église.

Gatienne alla chercher les livres.

— Y en a-t-il encore pour long-temps, mon petit milicien, demanda le comte.

— Oh ! pour une demi-heure au plus.

— Allons voir ça, il y a de jolies femmes, dit le père à son fils. D'ailleurs, une visite à la cathédrale ne peut pas nous nuire.

Le jeune avocat suivit son père d'un air irrésolu.

— Qu'as-tu donc ? lui demanda le comte.

— J'ai, mon père, j'ai... que j'ai raison.

— Tu n'as encore rien dit.

— Oui, mais j'ai pensé que vous avez conservé dix mille livres de rente de votre ancienne fortune, vous me les laisserez le plus tard possible, je le désire ; mais si vous me donnez cent mille francs pour faire un sot mariage, vous me permettrez de ne vous en demander que cinquante mille pour éviter un malheur et jouir, tout en restant garçon, d'une fortune égale à celle que pourrait m'apporter votre demoiselle Bontems.

— Es-tu fou ?

— Non, mon père. Voici le fait : le Grand-Juge m'a promis avant-hier une place au parquet de Paris. Cinquante mille francs, joints à ce que je possède et aux appointements de ma place, me feront un revenu de douze mille francs. J'aurai, certes alors, des chances de fortune mille fois préférables à celles d'une alliance aussi pauvre de bonheur qu'elle est riche en biens.

— On voit bien, répondit le père en souriant, que tu n'as pas vécu dans l'ancien régime. Est-ce que nous sommes jamais embarrassés d'une femme, nous autres !...

— Mais, mon père, aujourd'hui le mariage est devenu...

— Ah çà ! dit le comte en interrompant son fils, tout ce que mes vieux camarades d'émigration me chantent est donc bien vrai ? La révolution nous a donc légué des mœurs sans gaieté, elle a donc empesté les jeunes gens de principes équivoques ? Tout comme mon beau-frère le jacobin, tu vas me parler de nation, de morale publique, de désintéressement. O mon Dieu ! sans les sœurs de l'empereur, que deviendrions-nous ?

Ce vieillard encore vert, que les paysans de ses terres appelaient toujours le seigneur de Granville, acheva ces paroles en entrant sous les voûtes de la cathédrale. Nonobstant la sainteté des lieux, il fredonna, tout en prenant de l'eau bénite, un air de l'opéra de *Rose et Colas*, et guida son fils le long des galeries latérales de la nef, en s'arrêtant à chaque pilier pour examiner dans l'église les rangées de têtes qui s'y trouvaient alignées comme le sont des soldats à la parade. L'office particulier du Sacré-Cœur allait commencer. Les dames affiliées à cette congrégation étant placées près du chœur, le comte et son fils se dirigèrent vers cette portion de la nef, et s'adossèrent à l'un des piliers les plus obscurs, d'où ils purent apercevoir la masse entière de ces têtes qui ressemblaient à une prairie émaillée de fleurs. Tout à coup, à deux pas du jeune Granville, une voix plus douce qu'il ne semblait possible à créature humaine de la posséder, détonna comme le premier rossignol qui chante après l'hiver. Quoiqu'accompagnée de mille voix de femmes et par les sons de l'orgue, cette voix remua ses nerfs comme s'ils eussent été attaqués par les notes trop riches et trop vives de l'harmonica. Le Parisien se retourna, vit une jeune personne dont la figure était, par suite de l'inclination de sa tête, entièrement ensevelie sous un large chapeau d'étoffe blanche, et pensa que d'elle seule venait cette claire mélodie; il crut reconnaître Angélique, malgré la pelisse de mérinos brun qui l'enveloppait, et poussa le bras de son père.

— Oui, c'est elle, dit le comte après avoir regardé dans la direction que lui indiquait son fils.

Le vieux seigneur montra par un geste le visage pâle d'une vieille femme dont les yeux fortement bordés d'un cercle noir avaient déjà vu les étrangers sans que son regard faux eût paru quitter le livre de prières qu'elle tenait.

Angélique leva la tête vers l'autel, comme pour aspirer les parfums pénétrants de l'encens dont les nuages arrivaient jusqu'aux deux femmes. A la lueur mystérieuse répandue dans ce sombre vaisseau par les cierges, la lampe de la nef et quelques bougies allumées aux piliers, le jeune homme aperçut alors une figure qui ébranla ses résolutions. Un chapeau de moire blanche encadrait exactement un visage d'une admirable régularité, par l'ovale que décrivait le ruban de satin noué sous un petit menton à fossette. Sur un front étroit, mais très-mignon, des cheveux couleur d'or pâle se séparaient en deux bandeaux et retombaient autour des joues comme l'ombre d'un feuillage sur une touffe de fleurs. Les deux arcs des sourcils étaient dessinés avec cette correction que l'on admire dans les belles figures chinoises. Le nez, presque aquilin, possédait une fermeté rare dans ses contours, et les deux lèvres ressemblaient à deux lignes roses tracées avec amour par un pinceau délicat. Les yeux, d'un bleu pâle, exprimaient la candeur. Si Granville remarqua dans ce visage une sorte de rigidité silencieuse, il put l'attribuer aux sentiments de dévotion qui animaient alors Angélique. Les saintes paroles de la prière passaient entre deux rangées de perles d'où le froid permettait de voir sortir comme un nuage de parfums. Involontairement le jeune homme essaya de se pencher pour respirer cette haleine divine. Ce mouvement attira l'attention de la jeune fille, et son regard fixe élevé vers l'autel se tourna sur Granville, que l'obscurité ne lui laissa voir qu'indistinctement, mais en qui elle reconnut le compagnon de son enfance : un souvenir plus puissant que la prière vint donner un éclat surnaturel à son visage, elle rougit. L'avocat tressaillit de joie en voyant les espérances de l'autre vie vaincues par les espérances de l'amour, et la gloire du sanctuaire éclipsée par des souvenirs terrestres; mais son triomphe dura peu : Angélique abaissa son voile, prit une contenance calme, et se remit à chanter sans que le timbre de sa voix accusât la plus légère émotion. Granville se trouva sous la tyrannie d'un seul désir et toutes ses idées de prudence s'évanouirent. Quand l'office fut terminé, son impatience était déjà devenue si grande, que, sans laisser les deux dames retourner seules chez elles, il vint aussitôt saluer sa petite femme. Une reconnaissance timide de part et d'autre se fit sous le porche de la cathédrale, en présence des fidèles. Madame Bontems trembla d'orgueil en prenant le bras du comte de Granville, qui, forcé de le lui offrir devant tant de monde, sut fort mauvais gré à son fils d'une impatience si peu décente.

Pendant environ quinze jours qui s'écoulèrent entre la présentation officielle du jeune vicomte de Granville comme prétendu de mademoiselle Bontemps, et le jour solennel de son mariage, il vint assidûment trouver son ami dans le sombre parloir, auquel il s'accoutuma. Ses longues visites eurent pour but d'épier le caractère d'Angélique, car sa prudence s'était heureusement réveillée le lendemain de son entrevue. Il surprit presque toujours sa future assise devant une petite table en bois de Sainte-Lucie, et occupée à marquer elle-même le linge qui devait composer son trousseau. Angélique ne parla jamais la première de religion. Si le jeune avocat se plaisait à jouer avec le riche chapelet contenu dans un petit sac en velours vert, s'il contemplait en riant la relique qui accompagne toujours cet instrument de dévotion, Angélique lui prenait doucement le chapelet des mains en lui jetant un regard suppliant, et, sans mot dire, le remettait dans le sac qu'elle serrait aussitôt. Si parfois Granville se hasardait malicieusement à déclamer contre certaines pratiques de la religion, la jolie Normande l'écoutait en lui opposant le sourire de la conviction.

— Il ne faut rien croire, ou croire tout ce que l'Église ensei-

gne, répondit-elle. Voudriez-vous pour la mère de vos enfants,
d'une fille sans religion? non. Quel homme oserait être juge entre
les incrédules et Dieu? Eh! bien, comment puis-je blâmer ce que
l'Église admet?

Angélique semblait animée par une si onctueuse charité, le
jeune avocat lui voyait tourner sur lui des regards si pénétrés,
qu'il fut parfois tenté d'embrasser la religion de sa prétendue; la
conviction profonde où elle était de marcher dans le vrai sentier réveilla dans le cœur du futur magistrat des doutes qu'elle
essayait d'exploiter. Granville commit alors l'énorme faute de prendre les prestiges du désir pour ceux de l'amour. Angélique fut
si heureuse de concilier la voix de son cœur et celle du devoir
en s'abandonnant à une inclination conçue dès son enfance, que
l'avocat trompé ne put savoir laquelle de ces deux voix était la plus
forte. Les jeunes gens ne sont-ils pas tous disposés à se fier aux
promesses d'un joli visage, à conclure de la beauté de l'âme par
celle des traits? un sentiment indéfinissable les porte à croire que
la perfection morale concorde toujours à la perfection physique.
Si la religion n'eût pas permis à Angélique de se livrer à ses sentiments, ils· se seraient bientôt séchés dans son cœur comme une
plante arrosée d'un acide mortel. Un amoureux aimé pouvait-il reconnaître un fanatisme si bien caché? Telle fut l'histoire des sentiments du jeune Granville pendant cette quinzaine dévorée comme
un livre dont le dénouement intéresse. Angélique attentivement
épiée lui parut être la plus douce de toutes les femmes, et il se
surprit même à rendre grâce à madame Bontems, qui, en lui in-
culquant si fortement des principes religieux, l'avait en quelque
sorte façonnée aux peines de la vie.

Au jour choisi pour la signature du fatal contrat, madame Bontems fit solennellement jurer à son gendre de respecter les pratiques religieuses de sa fille, de lui donner une entière liberté de
conscience, de la laisser communier, aller à l'église, à confesse,
autant qu'elle le voudrait, et de ne jamais la contrarier dans le
choix de ses directeurs. En ce moment solennel, Angélique contempla son futur d'un air si pur et si candide, que Granville n'hésita pas à prêter le serment demandé. Un sourire effleura les lèvres
de l'abbé Fontanon, homme pâle qui dirigeait les consciences de
la maison. Par un léger mouvement de tête, mademoiselle Bontems
promit à son ami de ne jamais abuser de cette liberté de conscience.

Quant au vieux comte, il siffla tout bas l'air de : *Va-t'en voir s'ils viennent !*

Après quelques jours accordés aux *retours de noce* si fameux en province, Granville et sa femme revinrent à Paris où le jeune avocat fut appelé par sa nomination aux fonctions d'Avocat-Général près la cour impériale de la Seine. Quand les deux époux y cherchèrent un appartement, Angélique employa l'influence que la lune de miel prête à toutes les femmes pour déterminer Granville à prendre un grand appartement situé au rez-de-chaussée d'un hôtel qui faisait le coin de la Vieille-Rue-du-Temple et de la rue Neuve-Saint-François. La principale raison de son choix fut que cette maison se trouvait à deux pas de la rue d'Orléans où il y avait une église, et voisine d'une petite chapelle, sise rue Saint-Louis.

— Il est d'une bonne ménagère de faire des provisions, lui répondit son mari en riant.

Angélique lui fit observer avec justesse que le quartier du Marais avoisine le Palais de Justice, et que les magistrats qu'ils venaient de visiter y demeuraient. Un jardin assez vaste donnait, pour un jeune ménage, du prix à l'appartement : les enfants, *si le Ciel leur en envoyait,* pourraient y prendre l'air, la cour était spacieuse, les écuries étaient belles. L'Avocat-Général désirait habiter un hôtel de la Chaussée-d'Antin où tout est jeune et vivant, où les modes apparaissent dans leur nouveauté, où la population des boulevards est élégante, d'où il y a moins de chemin à faire pour gagner les spectacles et rencontrer des distractions; mais il fut obligé de céder aux patelineries d'une jeune femme qui réclamait une première grâce, et pour lui complaire il s'enterra dans le Marais. Les fonctions de Granville nécessitèrent un travail d'autant plus assidu qu'il fut nouveau pour lui, il s'occupa donc avant tout de l'ameublement de son cabinet et de l'emménagement de sa bibliothèque; il s'installa promptement dans une pièce bientôt encombrée de dossiers, et laissa sa jeune femme diriger la décoration de la maison. Il jeta d'autant plus volontiers Angélique dans l'embarras des premières acquisitions de ménage, source de tant de plaisirs et de souvenirs pour les jeunes femmes, qu'il fut honteux de la priver de sa présence plus souvent que ne le voulaient les lois de la lune de miel.

Une fois au fait de son travail, l'Avocat-Général permit à sa femme de le prendre par le bras, de le tirer hors de son cabinet, et de l'emmener pour lui montrer l'effet des ameublements et des décorations qu'il n'avait encore vus qu'en détail ou par parties. S'il est vrai, d'après un adage, qu'on puisse juger une femme en voyant la porte de sa maison, les appartements doivent traduire son esprit avec encore plus de fidélité. Soit que madame de Granville eût accordé sa confiance à des tapissiers sans goût, soit qu'elle eût inscrit son propre caractère dans un monde de choses ordonné par elle, le jeune magistrat fut surpris de la sécheresse et de la froide solennité qui régnaient dans ses appartements : il n'y aperçut rien de gracieux, tout y était discord, rien ne récréait les yeux. L'esprit de rectitude et de petitesse empreint dans le parloir de Bayeux revivait dans son hôtel, sous de larges lambris circulairement creusés et ornés de ces arabesques dont les longs filets contournés sont de si mauvais goût. Dans le désir d'excuser sa femme, le jeune homme revint sur ses pas, examina de nouveau la longue antichambre haute d'étage par laquelle on entrait dans l'appartement : la couleur des boiseries demandée au peintre par sa femme était trop sombre, et le velours d'un vert très-foncé qui couvrait les banquettes ajoutait au sérieux de cette pièce, peu importante il est vrai, mais qui donne toujours l'idée d'une maison, de même qu'on juge l'esprit d'un homme sur sa première phrase. Une antichambre est une espèce de préface qui doit tout annoncer, mais ne rien promettre. Le jeune substitut se demanda si sa femme avait pu choisir la lampe à lanterne antique qui se trouvait au milieu de cette salle nue, pavée d'un marbre blanc et noir, décorée d'un papier où étaient simulées des assises de pierres sillonnées çà et là de mousse verte. Un riche mais vieux baromètre était accroché au milieu d'une des parois, comme pour en mieux faire sentir le vide. A cet aspect, le jeune homme regarda sa femme, il la vit si contente des galons rouges qui bordaient les rideaux de percale, si contente du baromètre et de la statue décente, ornement d'un grand poêle gothique, qu'il n'eut pas le barbare courage de détruire de si fortes illusions. Au lieu de condamner sa femme, Granville se condamna lui-même, il s'accusa d'avoir manqué à son premier devoir, qui lui commandait de guider à Paris les premiers pas d'une jeune fille élevée à Bayeux.

Sur cet échantillon, qui ne devinerait pas la décoration des autres pièces ? Que pouvait-on attendre d'une jeune femme qui prenait l'alarme en voyant les jambes nues d'une caria-

tide, qui repoussait avec vivacité un candélabre, un flambeau,
un meuble, dès qu'elle y apercevait la nudité d'un torse égyptien ?
A cette époque l'école de David arrivait à l'apogée de sa gloire, tout
se ressentait en France de la correction de son dessin et de son
amour pour les formes antiques qui fit en quelque sorte de sa
peinture une sculpture coloriée. Aucune de toutes les inventions
du luxe impérial n'obtint droit de bourgeoisie chez madame de
Granville. L'immense salon carré de son hôtel conserva le blanc et
l'or fanés qui l'ornaient au temps de Louis XV, et où l'architecte
avait prodigué les grilles en losanges et ces insupportables festons
dus à la stérile fécondité des crayons de cette époque. Si l'harmonie eût régné du moins, si les meubles eussent fait affecter à l'acajou moderne les formes contournées mises à la mode par le goût
corrompu de Boucher, la maison d'Angélique n'aurait offert que
le plaisant contraste de jeunes gens vivant au dix-neuvième siècle
comme s'ils eussent appartenu au dix-huitième ; mais une foule de
choses y produisaient des antithèses ridicules pour les yeux. Les
consoles, les pendules, les flambeaux représentaient ces attributs
guerriers que les triomphes de l'Empire rendirent si chers à Paris.
Ces casques grecs, ces épées romaines croisées, les boucliers dus à
l'enthousiasme militaire et qui décoraient les meubles les plus paci-
fiques, ne s'accordaient guère avec les délicates et prolixes arabesques, délices de madame de Pompadour. La dévotion porte à je ne
sais quelle humilité fatigante qui n'exclut pas l'orgueil. Soit modestie, soit penchant, madame de Granville semblait avoir horreur des
couleurs douces et claires. Peut-être aussi pensa-t-elle que la pourpre et le brun convenaient à la dignité du magistrat. Mais,
comment une jeune fille accoutumée à une vie austère aurait-elle
pu concevoir ces voluptueux divans qui inspirent de mauvaises
pensées, ces boudoirs élégants et perfides où s'ébauchent les péchés ?
Le pauvre magistrat fut désolé. Au ton d'approbation par lequel
il souscrivit aux éloges que sa femme se donnait elle-même, elle
s'aperçut que rien ne plaisait à son mari. Elle manifesta tant de
chagrin de n'avoir pas réussi, que l'amoureux Granville vit une
preuve d'amour dans cette peine profonde, au lieu d'y voir une
blessure faite à l'amour-propre. Une jeune fille subitement arrachée à la médiocrité des idées de province, inhabile aux coquetteries, à l'élégance de la vie parisienne, pouvait-elle donc mieux faire ?
Le magistrat préféra croire que les choix de sa femme avaient été

dominés par les fournisseurs, plutôt que de s'avouer la vérité. Moins amoureux, il eût senti que les marchands, prompts à deviner l'esprit de leurs chalands, avaient béni le Ciel de leur avoir envoyé une jeune dévote sans goût, pour les aider à se débarrasser des choses passées de mode. Il consola donc sa jolie Normande.

— Le bonheur, ma chère Angélique, ne nous vient pas d'un meuble plus ou moins élégant, il dépend de la douceur, de la complaisance et de l'amour d'une femme.

— Mais c'est mon devoir de vous aimer, et jamais devoir ne me plaira tant à accomplir, reprit doucement Angélique.

La nature a mis dans le cœur de la femme un tel désir de plaire, un tel besoin d'amour, que, même chez une jeune dévote, les idées d'avenir et de salut doivent succomber sous les premières joies de l'hyménée. Aussi, depuis le mois d'avril, époque à laquelle ils s'étaient mariés, jusqu'au commencement de l'hiver, les deux époux vécurent-ils dans une parfaite union. L'amour et le travail ont la vertu de rendre un homme assez indifférent aux choses extérieures. Obligé de passer au Palais la moitié de la journée, appelé à débattre les graves intérêts de la vie ou de la fortune des hommes, Granville put moins qu'un autre apercevoir certaines choses dans l'intérieur de son ménage. Si, le vendredi, sa table se trouva servie en maigre, si par hasard il demanda sans l'obtenir un plat de viande, sa femme, à qui l'Évangile interdisait tout mensonge, sut néanmoins par de petites ruses permises dans l'intérêt de la religion, rejeter son dessein prémédité sur son étourderie ou sur le dénûment des marchés ; elle se justifia souvent aux dépens du cuisinier et alla quelquefois jusqu'à le gronder. A cette époque les jeunes magistrats n'observaient pas comme aujourd'hui les jeûnes, les quatre-temps et les veilles de fêtes, ainsi Granville ne remarqua point d'abord la périodicité de ces repas maigres que sa femme eut d'ailleurs le soin perfide de rendre très-délicats au moyen de sarcelles, de poules d'eau, de pâtés au poisson dont les chairs amphibies ou l'assaisonnement trompaient le goût. Le magistrat vécut donc très-orthodoxement sans le savoir et fit son salut incognito. Les jours ordinaires, il ignorait si sa femme allait ou non à la messe ; les dimanches, par une condescendance assez naturelle il l'accompagnait à l'église, comme pour lui tenir compte de ce qu'elle lui sacrifiait quelquefois les vêpres. Les spectacles étant insupportables en été à cause des chaleurs, Granville n'eut pas même l'occasion d'une pièce à succès pour proposer à sa femme de la mener à la comédie. Ainsi la grave question du théâtre ne fut pas agitée. Enfin, dans les premiers moments d'un mariage auquel un homme a été déterminé par la beauté d'une jeune fille, il lui est difficile de se montrer exigeant dans ses plaisirs. La jeunesse est plus gourmande que friande, et d'ailleurs la possession seule est un charme. Comment reconnaîtrait-on la froideur, la dignité ou la réserve d'une femme quand on lui prête l'exaltation que l'on sent, quand elle se colore du feu dont on est animé? Il faut arriver à une certaine tranquillité conjugale pour voir qu'une dévote attend l'amour les bras croisés. Granville se crut donc assez heureux jusqu'au moment où un événement funeste vint influer sur les destinées de son mariage.

Au mois de novembre 1807, le chanoine de la cathédrale de Bayeux, qui jadis dirigeait les consciences de madame Bontems et de sa fille, vint à Paris, amené par l'ambition de parvenir à l'une des cures de la capitale, poste qu'il envisageait peut-être comme le marche-pied d'un évêché. En ressaisissant son ancien empire sur son ouaille, il frémit de la trouver déjà si changée par l'air de Paris et voulut la ramener dans son froid bercail. Effrayée par les remontrances de l'ex-chanoine, homme de trente-huit ans environ, qui apportait au milieu du clergé de Paris, si tolérant et si éclairé, cette âpreté du catholicisme provincial, cette inflexible bigoterie dont les exigences multipliées sont autant de liens pour les âmes timorées, madame de Granville fit pénitence et revint à son jansénisme.

Il serait fatigant de peindre avec exactitude les incidents qui amenèrent insensiblement le malheur au sein de ce ménage, il suffira peut-être de raconter les principaux faits sans les ranger scrupuleusement par époque et par ordre. Cependant, la première mésintelligence de ces jeunes époux fut assez frappante. Quand Granville conduisit sa femme dans le monde, elle ne fit aucune difficulté d'aller aux réunions graves, aux dîners, aux concerts, aux assemblées des magistrats placés au-dessus de son mari par la hiérarchie judiciaire; mais elle sut, pendant quelque temps, prétexter des migraines toutes les fois qu'il s'agissait d'un bal. Un jour, Granville, impatienté de ces indispositions de commande, supprima la lettre qui annonçait un bal chez un Conseiller d'État, il trompa sa femme par une invitation verbale, et dans une soirée où sa santé n'avait rien d'équivoque, il la produisit au milieu d'une fête magnifique.

— Ma chère, lui dit-il au retour en lui voyant un air triste qui l'offensa, votre condition de femme, le rang que vous occupez dans le monde et la fortune dont vous jouissez vous imposent des obligations qu'aucune loi divine ne saurait abroger. N'êtes-vous pas la gloire de votre mari? Vous devez donc venir au bal quand j'y vais, et y paraître convenablement.

— Mais, mon ami, qu'avait donc ma toilette de si malheureux?

— Il s'agit de votre air, ma chère. Quand un jeune homme vous parle et vous aborde, vous devenez si sérieuse, qu'un plaisant pourrait croire à la fragilité de votre vertu. Vous semblez craindre qu'un sourire ne vous compromette. Vous aviez vraiment l'air de demander à Dieu le pardon des péchés qui pouvaient se commettre autour de vous. Le monde, mon cher ange, n'est pas un couvent. Mais puisque tu parles de toilette, je t'avouerai que c'est aussi un devoir pour toi de suivre les modes et les usages du monde.

— Voudriez-vous que je montrasse mes formes comme ces femmes effrontées qui se décollètent de manière à laisser plonger des regards impudiques sur leurs épaules nues, sur...

— Il y a de la différence, ma chère, dit le substitut en l'interrompant, entre découvrir tout le buste et donner de la grâce à son corsage. Vous avez un triple rang de ruches de tulle qui vous enveloppent le cou jusqu'au menton. Il semble que vous ayez sollicité votre couturière d'ôter toute forme gracieuse à vos épaules et aux contours de votre sein, avec autant de soin qu'une coquette en met à obtenir de la sienne des robes qui dessinent les formes les plus secrètes. Votre buste est enseveli sous des plis si nombreux, que tout le monde se moquait de votre réserve affectée. Vous souffririez si je vous répétais les discours saugrenus que l'on a tenus sur vous.

— Ceux à qui ces obscénités plaisent ne seront pas chargés du poids de nos fautes, répondit sèchement la jeune femme.

— Vous n'avez pas dansé, demanda Granville.

— Je ne danserai jamais, répliqua-t-elle.

— Si je vous disais que vous devez danser, reprit vivement le magistrat. Oui, vous devez suivre les modes, porter des fleurs dans vos cheveux, mettre des diamants. Songez donc, ma belle, que les gens riches, et nous le sommes, sont obligés d'entretenir le luxe dans un état! Ne vaut-il pas mieux faire prospérer les manufactures que de répandre son argent en aumônes par les mains du clergé ?

— Vous parlez en homme d'état, dit Angélique.

— Et vous en homme d'église, répondit-il vivement.

La discussion devint très-aigre. Madame Granville mit dans ses réponses, toujours douces et prononcées d'un son de voix aussi clair que celui d'une sonnette d'église, un entêtement qui trahissait une influence sacerdotale. Quand, en réclamant les droits que lui constituait la promesse de Granville, elle dit que son confesseur lui défendait spécialement d'aller au bal, le magistrat essaya de lui prouver que ce prêtre outrepassait les règlements de l'Église. Cette dispute odieuse, théologique, fut renouvelée avec beaucoup plus de violence et d'aigreur de part et d'autre quand Granville voulut mener sa femme au spectacle. Enfin, le magistrat, dans le seul but de battre en brèche la pernicieuse influence exercée sur sa femme par l'ex-chanoine, engagea la querelle de manière à ce que madame de Granville, mise au défi, écrivit en cour de Rome sur la question de savoir si une femme pouvait, sans compromettre son salut, se décolleter, aller au bal et au spectacle pour complaire à son mari. La réponse du vénérable Pie VII ne tarda pas, elle condamnait hautement la résistance de la femme, et blâmait le confesseur. Cette lettre, véritable catéchisme conjugal, semblait avoir été dictée par la voix tendre de Fénelon dont la grâce et la douceur y respiraient.

« Une femme est bien partout où la conduit son époux. Si elle commet des péchés par son ordre, ce ne sera pas à elle à en répondre un jour. »

Ces deux passages de l'homélie du pape le firent accuser d'irréligion par madame de Granville et par son confesseur. Mais avant que le bref n'arrivât, le substitut s'aperçut de la stricte observance des lois ecclésiastiques que sa femme lui imposait les jours maigres, et il ordonna à ses gens de lui servir du gras pendant toute l'année. Quelque déplaisir que cet ordre causât à sa femme, Granville, qui du gras et du maigre se souciait fort peu, le maintint avec une fermeté virile. La plus faible créature vivante et pensante n'est-elle pas blessée dans ce qu'elle a de plus cher quand elle accomplit, par l'instigation d'une autre volonté que la sienne, une chose qu'elle eût naturellement faite. De toutes les tyrannies, la plus odieuse est celle qui ôte perpétuellement à l'âme le mérite de ses actions et de ses pensées : on abdique

sans avoir régné. La parole la plus douce à prononcer, le sentiment
le plus doux à exprimer, expirent quand nous les croyons comman-
dés. Bientôt le jeune magistrat en arriva à renoncer à recevoir ses
amis, à donner une fête ou un dîner : sa maison semblait s'être
couverte d'un crêpe. Une maison dont la maîtresse est dévote prend
un aspect tout particulier. Les domestiques, toujours placés sous la
surveillance de la femme, ne sont choisis que parmi ces personnes
soi-disant pieuses qui ont des figures à elles. De même que le garçon le plus jovial entré dans la gendarmerie aura le visage gendarme, de même les gens qui s'adonnent aux pratiques de la dévotion contractent un caractère de physionomie uniforme ; l'habitude
de baisser les yeux, de garder une attitude de componction, les re-
vêt d'une livrée hypocrite que les fourbes savent prendre à merveille. Puis, les dévotes forment une sorte de république, elles se
connaissent toutes ; les domestiques, qu'elles se recommandent
les unes aux autres, sont comme une race à part conservée par
elles à l'instar de ces amateurs de chevaux qui n'en admettent pas
un dans leurs écuries dont l'extrait de naissance ne soit en règle.
Plus les prétendus impies viennent à examiner une maison dévote,
plus ils reconnaissent alors que tout y est empreint de je ne sais
quelle disgrâce ; ils y trouvent tout à la fois une apparence d'avarice
ou de mystère comme chez les usuriers, et cette humidité parfumée
d'encens qui refroidit l'atmosphère des chapelles. Cette régularité
mesquine, cette pauvreté d'idées que tout trahit, ne s'exprime que
par un seul mot, et ce mot est *bigoterie*. Dans ces sinistres et implacables maisons, la bigoterie se peint dans les meubles, dans les gravures, dans les tableaux : le parler y est bigot, le silence est bigot et
les figures sont bigotes. La transformation des choses et des hommes
en bigoterie est un mystère inexplicable, mais le fait est là. Chacun
peut avoir observé que les bigots ne marchent pas, ne s'asseyent pas,
ne parlent pas comme marchent, s'asseyent et parlent les gens du
monde ; chez eux l'on est gêné, chez eux l'on ne rit pas, chez eux
la raideur, la symétrie règnent en tout, depuis le bonnet de la maîtresse de la maison jusqu'à sa pelotte aux épingles ; les regards n'y
sont pas francs, les gens y semblent des ombres, et la dame du logis
paraît assise sur un trône de glace. Un matin, le pauvre Granville
remarqua avec douleur et tristesse tous les symptômes de la bigoterie dans sa maison. Il se rencontre de par le monde certaines sociétés où les mêmes effets existent sans être produits par les mêmes

causes. L'ennui trace autour de ces maisons malheureuses un cercle d'airain qui renferme l'horreur du désert et l'infini du vide.
Un ménage n'est pas alors un tombeau, mais quelque chose de pire,
un couvent. Au sein de cette sphère glaciale, le magistrat considéra
sa femme sans passion : il remarqua, non sans une vive peine, l'é-
troitesse d'idées que trahissait la manière dont les cheveux étaient
implantés sur le front bas et légèrement creusé ; il aperçut dans
la régularité si parfaite des traits du visage je ne sais quoi d'arrêté, de rigide qui lui rendit bientôt haïssable la feinte douceur
par laquelle il fut séduit. Il devina qu'un jour ces lèvres minces
pourraient lui dire, un malheur arrivant : « C'est pour ton bien,
mon ami. » La figure de madame de Granville prit une teinte
blafarde, une expression sérieuse qui tuait la joie chez ceux qui
l'approchaient. Ce changement fut-il opéré par les habitudes ascé-
tiques d'une dévotion qui n'est pas plus la piété que l'avarice n'est
l'économie, était-il produit par la sécheresse naturelle aux âmes
bigotes ? il serait difficile de prononcer : la beauté sans expression
est peut-être une imposture. L'imperturbable sourire que la jeune
femme fit contracter à son visage en regardant Granville, paraissait
être chez elle une formule jésuitique de bonheur par laquelle elle
croyait satisfaire à toutes les exigences du mariage ; sa charité blessait, sa beauté sans passion semblait une monstruosité à ceux qui
la connaissaient, et la plus douce de ses paroles impatientait ; elle
n'obéissait pas à des sentiments, mais à des devoirs. Il est des défauts qui, chez une femme, peuvent céder aux leçons fortes données par l'expérience ou par un mari, mais rien ne peut combattre
la tyrannie des fausses idées religieuses. Une éternité bienheureuse
à conquérir, mise en balance avec un plaisir mondain, triomphe de
tout et fait tout supporter. N'est-ce pas l'égoïsme divinisé, le *moi* par-
delà le tombeau ? Aussi, le pape fut-il condamné au tribunal de l'infaillible chanoine et de la jeune dévote. Ne pas avoir tort est un des
sentiments qui remplacent tous les autres chez ces âmes despotiques. Depuis quelque temps, il s'était établi un secret combat entre les idées des deux époux, et le jeune magistrat se fatigua bientôt
d'une lutte qui ne devait jamais cesser. Quel homme, quel caractère résiste à la vue d'un visage amoureusement hypocrite, et à
une remontrance catégorique opposée aux moindres volontés ?
Quel parti prendre contre une femme qui se sert de votre passion
pour protéger son insensibilité, qui semble résolue à rester douce-

ment inexorable, se prepare à jouer le rôle de victime avec délices, et regarde un mari comme un instrument de Dieu, comme un mal dont les flagellations lui évitent celles du purgatoire ? Quelles sont les peintures par lesquelles on pourrait donner l'idée de ces femmes qui font haïr la vertu en outrant les plus doux préceptes d'une religion que saint Jean résumait par : Aimez-vous les uns les autres. Existait-il dans un magasin de modes un seul chapeau condamné à rester en étalage ou à partir pour les îles, Granville était sûr de voir sa femme s'en parer ; s'il se fabriquait une étoffe d'une couleur ou d'un dessin malheureux, elle s'en affublait. Ces pauvres dévotes sont désespérantes dans leur toilette. Le manque de goût est un des défauts qui sont inséparables de la fausse dévotion. Ainsi, dans cette intime existence qui veut le plus d'expansion, Granville fut sans compagne : il alla seul dans le monde, dans les fêtes, au spectacle. Rien chez lui ne sympathisait avec lui. Un grand crucifix placé entre le lit de sa femme et le sien était là comme le symbole de sa destinée. Ne représente-t-il pas une divinité mise à mort, un homme-dieu tué dans toute la beauté de la vie et de la jeunesse ? L'ivoire de cette croix avait moins de froideur qu'Angélique crucifiant son mari au nom de la vertu. Ce fut entre leurs deux lits que naquit le malheur : cette jeune femme ne voyait là que des devoirs dans les plaisirs de l'hyménée. Là, par un mercredi des cendres se leva l'observance des jeûnes, pâle et livide figure qui d'une voix brève ordonna un carême complet, sans que Granville jugeât convenable d'écrire cette fois au pape, afin d'avoir l'avis du consistoire sur la manière d'observer le carême, les quatre-temps et les veilles de grandes fêtes. Le malheur du jeune magistrat fut immense, il ne pouvait même pas se plaindre, qu'avait-il à dire ? il possédait une femme jeune, jolie, attachée à ses devoirs, vertueuse, le modèle de toutes les vertus ! elle accouchait chaque année d'un enfant, les nourrissait tous elle-même et les élevait dans les meilleurs principes. La charitable Angélique fut promue ange. Les vieilles femmes qui composaient la société au sein de laquelle elle vivait (car à cette époque les jeunes femmes ne s'étaient pas encore avisées de se lancer par ton dans la haute dévotion), admirèrent toutes le dévouement de madame de Granville, et la regardèrent, sinon comme une vierge, au moins comme une martyre. Elles accusaient, non pas les scrupules de la femme, mais la barbarie procréatrice du mari. Insensiblement, Granville, accablé de travail sevré de plaisirs et fatigué du monde où il errait solitaire, tomba vers trente-deux ans dans le plus affreux marasme. La vie lui fut odieuse. Ayant une trop haute idée des obligations que lui imposait sa place pour donner l'exemple d'une vie irrégulière, il essaya de s'étourdir par le travail, et entreprit alors un grand ouvrage sur le droit. Mais il ne jouit pas long-temps de cette tranquillité monastique sur laquelle il comptait.

Lorsque la divine Angélique le vit désertant les fêtes du monde et travaillant chez lui avec une sorte de régularité, elle essaya de le convertir. Un véritable chagrin pour elle était de savoir à son mari des opinions peu chrétiennes, elle pleurait quelquefois en pensant que si son époux venait à périr, il mourrait dans l'impénitence finale, sans que jamais elle pût espérer de l'arracher aux flammes éternelles de l'enfer. Granville fut donc en butte aux petites idées, aux raisonnements vides, aux étroites pensées par lesquels sa femme, qui croyait avoir remporté une première victoire, voulut essayer d'en obtenir une seconde en le ramenant dans le giron de l'Église. Ce fut là le dernier coup. Quoi de plus affligeant que ces luttes sourdes où l'entêtement des dévotes voulait l'emporter sur la dialectique d'un magistrat ? Quoi de plus effrayant à peindre que ces aigres pointilleries auxquelles les gens passionnés préfèrent des coups de poignard ? Granville déserta sa maison, où tout lui devenait insupportable : ses enfants, courbés sous le despotisme froid de leur mère, n'osaient suivre leur père au spectacle, et Granville ne pouvait leur procurer aucun plaisir sans leur attirer des punitions de leur terrible mère. Cet homme si aimant fut amené à une indifférence, à un égoïsme pire que la mort. Il sauva du moins ses fils de cet enfer en les mettant de bonne heure au collége, et se réservant le droit de les diriger. Il intervenait rarement entre la mère et les filles ; mais il résolut de les marier aussitôt qu'elles atteindraient l'âge de nubilité. S'il eût voulu prendre un parti violent, rien ne l'aurait justifié ; sa femme, appuyée par un formidable cortége de douairières, l'aurait fait condamner par la terre entière. Granville n'eut donc d'autre ressource que de vivre dans un isolement complet ; mais courbé sous la tyrannie du malheur, ses traits flétris par le chagrin et par les travaux lui déplaisaient à lui-même. Enfin, ses liaisons, son commerce avec les femmes du monde auprès desquelles il désespéra de trouver des consolations, il les redoutait.

L'histoire didactique de ce triste ménage n'offrit, pendant les treize années qui s'écoulèrent de 1807 à 1824, aucune scène digne d'être rapportée. Madame de Granville resta exactement la même du moment où elle perdit le cœur de son mari que pendant les jours où elle se disait heureuse. Elle fit des neuvaines pour prier Dieu et les saints de l'éclairer sur les défauts qui déplaisaient à son époux et de lui enseigner les moyens de ramener la brebis égarée ; mais plus ses prières avaient de ferveur, moins Granville paraissait au logis. Depuis cinq ans environ, l'Avocat-Général, à qui la Restauration donna de hautes fonctions dans la magis‑ trature, s'était logé à l'entresol de son hôtel, pour éviter de vivre avec la comtesse de Granville. Chaque matin il se passait une scène qui, s'il faut en croire les médisances du monde, se répète au sein de plus d'un ménage où elle est produite par certaines incompatibilités d'humeur, par des maladies morales ou physiques, ou par des travers qui conduisent bien des mariages aux malheurs retracés dans cette histoire. Sur les huit heures du matin, une femme de chambre, assez semblable à une religieuse, venait sonner à l'appartement du comte de Granville. Introduite dans le salon qui précédait le cabinet du magistrat, elle redisait au valet de chambre, et toujours du même ton, le message de la veille.

— Madame fait demander à monsieur le comte s'il a bien passé la nuit, et si elle aura le plaisir de déjeuner avec lui.

— Monsieur, répondait le valet de chambre après être allé parler à son maître, présente ses hommages à madame la comtesse, et la prie d'agréer ses excuses ; une affaire importante l'oblige à se rendre au Palais.

Un instant après, la femme de chambre se présentait de nouveau, et demandait de la part de madame si elle aurait le bonheur de voir monsieur le comte avant son départ. — Il est parti, répondait le valet, tandis que souvent le cabriolet était encore dans la cour.

Ce dialogue par ambassadeur devint un cérémonial quotidien. Le valet de chambre de Granville, qui, favori de son maître, causa plus d'une querelle dans le ménage par son irréligion et par le relâchement de ses mœurs, se rendait même quelquefois par forme dans le cabinet où son maître n'était pas, et revenait faire les réponses d'usage. L'épouse affligée guettait toujours le retour de son mari, se mettait sur le perron afin de se trouver sur son passage et arriver devant lui comme un remords. La taquinerie vétilleuse qui anime les caractères monastiques faisait le fond de celui de madame de Granville, qui, alors âgée de trente-cinq ans, paraissait en avoir quarante. Quand, obligé par le décorum, Granville adressait la parole à sa femme ou restait à dîner au logis, heureuse de lui imposer sa présence, ses discours aigres-doux et l'insupportable ennui de sa société bigote, elle essayait alors de le mettre en faute devant ses gens et ses charitables amies. La présidence d'une cour royale fut offerte au comte de Granville, alors très-bien en cour, il pria le ministère de le laisser à Paris. Ce refus, dont les raisons ne furent connues que du Garde-des-sceaux, suggéra les plus bizarres conjectures aux intimes amies et au confesseur de la comtesse. Granville, riche de cent mille livres de rente, appartenait à l'une des meilleures maisons de la Normandie : sa nomination à une présidence était un échelon pour arriver à la pairie ; d'où venait ce peu d'ambition ? d'où venait l'abandon de son grand ouvrage sur le droit ? d'où venait cette dissipation qui, depuis près de six années, l'avait rendu étranger à sa maison, à sa famille, à ses travaux, à tout ce qui devait lui être cher ? Le confesseur de la comtesse, qui pour parvenir à un évêché comptait autant sur l'appui des maisons où il régnait que sur les services rendus à une congrégation de laquelle il fut l'un des plus ardents propagateurs, se trouva désappointé par le refus de Granville et tâcha de le calomnier par des suppositions : si monsieur le comte avait tant de répugnance pour la province, peut-être s'effrayait-il de la nécessité où il serait d'y mener une conduite régulière ? forcé de donner l'exemple des bonnes mœurs, il vivrait avec la comtesse, de laquelle une passion illicite pouvait seule l'éloigner ? une femme aussi pure que madame de Granville reconnaîtrait-elle jamais les dérangements survenus dans la conduite de son mari ?... Les bonnes amies transformèrent en vérités ces paroles qui malheureusement n'étaient pas des hypothèses, et madame de Granville fut frappée comme d'un coup de foudre. Sans idées sur les mœurs du grand monde, ignorant l'amour et ses folies, Angélique était si loin de penser que le mariage pût comporter des incidents différents de ceux qui lui aliénèrent le cœur de Granville qu'elle le crut incapable de fautes qui pour toutes les femmes sont des crimes. Quand le comte ne réclama plus rien d'elle, elle avait imaginé que le calme dont il paraissait jouir était dans la nature ; enfin, comme elle lui avait donné tout ce que son cœur pouvait renfermer d'affection pour un homme, et que les conjectures de son confesseur ruinaient complétement les illusions dont elle s'était nourrie jusqu'en ce moment, elle prit la défense de son mari, mais sans pouvoir détruire un soupçon si habilement glissé dans son âme. Ces appréhensions causèrent de tels ravages dans sa faible tête qu'elle en tomba malade, et devint la proie d'une fièvre lente. Ces événements se passaient pendant le carême de l'année 1822, elle ne voulut pas consentir à cesser ses austérités, et arriva lentement à un état de consomption qui fit trembler pour ses jours. Les regards indifférents de Granville la tuaient. Les soins et les attentions du magistrat ressemblaient à ceux qu'un neveu s'efforce de prodiguer à un vieil oncle. Quoique la comtesse eût renoncé à son système de taquinerie et de remontrances et qu'elle essayât d'accueillir son mari par de douces paroles, l'aigreur de la dévote perçait et détruisait souvent par un mot l'ouvrage d'une semaine.

Vers la fin du mois de mai, les chaudes haleines du printemps, un régime plus nourrissant que celui du carême rendirent quelques forces à madame de Granville. Un matin, au retour de la messe, elle vint s'asseoir dans son petit jardin sur un banc de pierre où les caresses du soleil lui rappelèrent les premiers jours de son mariage, elle embrassa sa vie d'un coup d'œil afin de voir en quoi elle avait pu manquer à ses devoirs de mère et d'épouse. L'abbé Fontanon apparut alors dans une agitation difficile à décrire.

— Vous serait-il arrivé quelque malheur, mon père, lui demanda-t-elle avec une filiale sollicitude.

— Ah! je voudrais, répondit le prêtre normand, que toutes les infortunes dont vous afflige la main de Dieu me fussent départies; mais, ma respectable amie, c'est des épreuves auxquelles il faut savoir vous soumettre.

— Eh! peut-il m'arriver des châtiments plus grands que ceux par lesquels sa providence m'accable en se servant de mon mari comme d'un instrument de colère?

— Préparez-vous, ma fille, à plus de mal encore que nous n'en supposions jadis avec vos pieuses amies.

—Je dois alors remercier Dieu, répondit la comtesse, de ce qu'il daigne se servir de vous pour me transmettre ses volontés, plaçant ainsi, comme toujours, les trésors de sa miséricorde auprès des fléaux de sa colère, comme jadis en bannissant Agar il lui découvrait une source dans le désert.

— Il a mesuré vos peines à la force de votre résignation et au poids de vos fautes.

— Parlez, je suis prête à tout entendre. A ces mots, la comtesse leva les yeux au ciel, et ajouta : Parlez, monsieur Fontanon.

— Depuis sept ans, monsieur Granville commet le péché d'adultère avec une concubine de laquelle il a deux enfants, et il a dissipé pour ce ménage adultérin plus de cinq cent mille francs qui devraient appartenir à sa famille légitime.

— Il faudrait que je le visse de mes propres yeux, dit la comtesse.

— Gardez-vous-en bien, s'écria l'abbé. Vous devez pardonner, ma fille, et attendre, dans la prière, que Dieu éclaire votre époux, à moins d'employer contre lui les moyens que vous offrent les lois humaines.

La longue conversation que l'abbé Fontanon eut alors avec sa pénitente produisit un changement violent dans la comtesse ; elle le congédia, montra sa figure presque colorée à ses gens qui furent effrayés de son activité de folle : elle commanda d'atteler ses chevaux, ordre qu'elle donnait rarement ; elle les décommanda, changea d'avis vingt fois dans la même heure ; mais enfin, comme si elle prenait une grande résolution, elle partit sur les trois heures, laissant sa maison étonnée d'une si subite révolution.

— Monsieur doit-il revenir dîner, avait-elle demandé au valet de chambre à qui elle ne parlait jamais.

— Non, madame.

— L'avez-vous conduit au Palais ce matin ?

— Oui, madame.

— N'est-ce pas aujourd'hui lundi ?

— Oui, madame.

— On va donc maintenant au Palais le lundi.

— Que le diable t'emporte ! s'écria le valet en voyant partir sa maîtresse qui dit au cocher : rue Taitbout.

Mademoiselle de Bellefeuille était en deuil et pleurait. Auprès d'elle, Roger tenait une des mains de son amie entre les siennes, gardait le silence, et regardait tour à tour le petit Charles qui ne comprenant rien au deuil de sa mère restait muet en la voyant pleurer, et le berceau où dormait Eugénie, et le visage de Caroline sur lequel la tristesse ressemblait à une pluie tombant à travers les rayons d'un joyeux soleil.

— Eh bien! oui, mon ange, dit Roger après un long silence, voilà le grand secret, je suis marié. Mais un jour, je l'espère, nous ne ferons qu'une même famille. Ma femme est depuis le mois de mars dans un état désespéré : je ne souhaite pas sa mort; mais, s'il plaît à Dieu de l'appeler à lui, je crois qu'elle sera plus heureuse dans le paradis qu'au milieu d'un monde dont ni les peines ni les plaisirs ne l'affectent.

— Combien je hais cette femme! Comment a-t-elle pu te rendre malheureux? Cependant c'est à ce malheur que je dois ma félicité.

Ses larmes se séchèrent tout à coup.

— Caroline, espérons, s'écria Roger en prenant un baiser. Ne t'effraie pas de ce qu'a pu dire cet abbé. Quoique ce confesseur de ma femme soit un homme redoutable par son influence dans la Congrégation, s'il essayait de troubler notre bonheur, je saurais prendre un parti....

— Que ferais-tu?

— Nous irions en Italie, je fuirais...

Un cri, jeté dans le salon voisin, fit à la fois frissonner le comte de Granville et trembler mademoiselle de Bellefeuille qui se précipitèrent dans le salon et y trouvèrent la comtesse évanouie. Quand madame de Granville reprit ses sens, elle soupira profondément en se voyant entre le comte et sa rivale qu'elle repoussa par un geste involontaire plein de mépris.

Mademoiselle de Bellefeuille se leva pour se retirer.

— Vous êtes chez vous, madame, restez, dit Granville en arrêtant Caroline par le bras.

Le magistrat saisit sa femme mourante, la porta jusqu'à sa voiture, et y monta près d'elle.

— Qui donc a pu vous amener à désirer ma mort, à me fuir demanda la comtesse d'une voix faible en contemplant son mari avec autant d'indignation que de douleur. N'étais-je pas jeune, vous m'avez trouvée belle, qu'avez-vous à me reprocher? Vous ai-je trompé, n'ai-je pas été une épouse vertueuse et sage? Mon cœur n'a conservé que votre image, mes oreilles n'ont entendu que votre voix. A quel devoir ai-je manqué, que vous ai-je refusé?

— Le bonheur, répondit le comte d'une voix ferme. Vous le savez, madame, il est deux manières de servir Dieu. Certains chrétiens s'imaginent qu'en entrant à des heures fixes dans une église pour y dire des *Pater noster*, en y entendant régulièrement la messe et s'abstenant de tout péché, ils gagneront le ciel ; ceux-là, madame, vont en enfer, ils n'ont point aimé Dieu pour lui-même, ils ne l'ont point adoré comme il veut l'être, ils ne lui ont fait aucun sacrifice. Quoique doux en apparence, ils sont durs à leur prochain ; ils voient la règle, la lettre, et non l'esprit. Voilà comme vous en avez agi avec votre époux terrestre. Vous avez sacrifié mon bonheur à votre salut, vous étiez en prières quand j'arrivais à vous le cœur joyeux, vous pleuriez quand vous deviez égayer mes travaux, vous n'avez su satisfaire à aucune exigence de mes plaisirs.

—Et s'ils étaient criminels, s'écria la comtesse avec feu, fallait-il donc perdre mon âme pour vous plaire ?

—C'eût été un sacrifice qu'une autre plus aimante a eu le courage de me faire, dit froidement Granville.

— O mon Dieu, s'écria-t-elle en pleurant, tu l'entends ! Était-il digne des prières et des austérités au milieu desquelles je me suis consumée pour racheter ses fautes et les miennes ? A quoi sert la vertu ?

— A gagner le ciel, ma chère. On ne peut être à la fois l'épouse d'un homme et celle de Jésus-Christ, il y aurait bigamie : il faut savoir opter entre un mari et un couvent. Vous avez dépouillé votre âme au profit de l'avenir, de tout l'amour, de tout le dévouement que Dieu vous ordonnait d'avoir pour moi, et vous n'avez gardé au monde que des sentiments de haine...

— Ne vous ai-je donc point aimé, demanda-t-elle.

— Non, madame.

—Qu'est-ce donc que l'amour, demanda involontairement la comtesse.

— L'amour, ma chère, répondit Granville avec une sorte de surprise ironique, vous n'êtes pas en état de le comprendre. Le ciel froid de la Normandie ne peut pas être celui de l'Espagne. Sans doute la question des climats est le secret de notre malheur. Se plier à nos caprices, les deviner, trouver des plaisirs dans une douleur, nous sacrifier l'opinion du monde, l'amour-propre, la religion même, et ne regarder ces offrandes que comme des grains d'encens brûlés en l'honneur de l'idole, voilà l'amour...

— L'amour des filles de l'Opéra, dit la comtesse avec horreur. De tels feux doivent être peu durables, et ne vous laisser bientôt que des cendres ou des charbons, des regrets ou du désespoir. Une épouse, monsieur, doit vous offrir, à mon sens, une amitié vraie, une chaleur égale, et...

— Vous parlez de chaleur comme les nègres parlent de la glace, répondit le comte avec un sourire sardonique. Songez que la plus humble de toutes les pâquerettes est plus séduisante que la plus orgueilleuse et la plus brillante des épines-roses qui nous attirent au printemps par leurs pénétrants parfums et leurs vives couleurs. Dailleurs, ajouta-t-il, je vous rends justice. Vous vous êtes si bien tenue dans la ligne du devoir apparent prescrit par la loi, que, pour vous démontrer en quoi vous avez failli à mon égard, il faudrait entrer dans certains détails que votre dignité ne saurait supporter, et vous instruire de choses qui vous sembleraient le renversement de toute morale.

— Vous osez parler de morale en sortant de la maison où vous avez dissipé la fortune de vos enfants, dans un lieu de débauche, s'écria la comtesse que les réticences de son mari rendirent furieuse.

— Madame, je vous arrête là, dit le comte avec sang-froid en interrompant sa femme. Si mademoiselle de Bellefeuille est riche, elle ne l'est aux dépens de personne. Mon oncle était maître de sa fortune, il avait plusieurs héritiers; de son vivant et par pure amitié pour celle qu'il considérait comme une nièce, il lui a donné sa terre de Bellefeuille. Quant au reste, je le tiens de ses libéralités...

— Cette conduite est digne d'un jacobin, s'écria la pieuse Angélique.

— Madame, vous oubliez que votre père fut un de ces jacobins que vous, femme, condamnez avec si peu de charité, dit sévèrement le comte. Le citoyen Bontems a signé des arrêts de mort dans le temps où mon oncle n'a rendu que des services à la France.

Madame de Granville se tut. Mais après un moment de silence, le souvenir de ce qu'elle venait de voir réveillant dans son âme une jalousie que rien ne saurait éteindre dans le cœur d'une femme, elle dit à voix basse et comme si elle se parlait à elle-même : — Peut-on perdre ainsi son âme et celle des autres !

— Eh ! madame, reprit le comte fatigué de cette conversation, peut-être est-ce vous qui répondrez un jour de tout ceci. Cette parole fit trembler la comtesse. Vous serez sans doute excusée aux yeux du juge indulgent qui appréciera nos fautes, dit-il, par la bonne foi avec laquelle vous avez accompli mon malheur. Je ne vous hais point, je hais les gens qui ont faussé votre cœur et votre raison. Vous avez prié pour moi, comme mademoiselle de Belle-feuille m'a donné son cœur et m'a comblé d'amour. Vous deviez être tour à tour et ma maîtresse et la sainte priant au pied des autels. Rendez-moi cette justice d'avouer que je ne suis ni pervers ni débauché. Mes mœurs sont pures. Hélas ! au bout de sept années de douleur, le besoin d'être heureux m'a, par une pente insensible, conduit à aimer une autre femme que vous, à me créer une autre famille que la mienne. Ne croyez pas d'ailleurs que je sois le seul : il existe dans cette ville des milliers de maris amenés tous par des causes diverses à cette double existence.

— Grand Dieu ! s'écria la comtesse, combien ma croix est deve-nue lourde à porter. Si l'époux que tu m'as imposé dans ta colère ne peut trouver ici-bas de félicité que par ma mort, rappelle-moi dans ton sein.

— Si vous aviez eu toujours de si admirables sentiments et ce dévouement, nous serions encore heureux, dit froidement le comte.

— Eh bien ! reprit Angélique en versant un torrent de larmes, pardonnez-moi si j'ai pu commettre des fautes ! Oui, monsieur, je suis prête à vous obéir en tout, certaine que vous ne désirerez rien que de juste et de naturel : je serai désormais tout ce que vous voudrez que soit une épouse.

— Madame, si votre intention est de me faire dire que je ne vous aime plus, j'aurai l'affreux courage de vous éclairer. Puis-je commander à mon cœur, puis-je effacer en un instant les souve-nirs de quinze années de douleur ? Je n'aime plus. Ces paroles en-ferment un mystère tout aussi profond que celui contenu dans le mot j'aime. L'estime, la considération, les égards s'obtiennent, disparaissent, reviennent ; mais quant à l'amour, je me prêcherais mille ans que je ne le ferais pas renaître, surtout pour une femme qui s'est vieillie à plaisir.

— Ah ! monsieur le comte, je désire bien sincèrement que ces paroles ne vous soient pas prononcées un jour par celle que vous aimez, avec le ton et l'accent que vous y mettez...

— Voulez-vous porter ce soir une robe à la grecque et venir à l'Opéra ?

Le frisson que cette demande causa soudain à la comtesse fut une muette réponse.

Dans les premiers jours du mois de décembre 1829, un homme dont les cheveux entièrement blanchis et la physionomie semblaient annoncer qu'il était plutôt vieilli par les chagrins que par les années, car il paraissait avoir environ soixante ans, passait à minuit par la rue de Gaillon. Arrivé devant une maison de peu d'apparence et haute de deux étages, il s'arrêta pour y examiner une des fenêtres élevées en mansarde à des distances égales au milieu de la toiture. Une faible lueur colorait à peine cette humble croisée dont quelques-uns des carreaux avaient été remplacés par du papier. Le passant regardait cette clarté vacillante avec l'indéfinissable curiosité des flâneurs parisiens, lorsqu'un jeune homme sortit tout à coup de la maison. Comme les pâles rayons du réverbère frappaient la figure du curieux, il ne paraîtra pas étonnant que, malgré la nuit, le jeune homme s'avançât vers le passant avec ces précautions dont on use à Paris quand on craint de se tromper en rencontrant une personne de connaissance.

— Hé quoi ! s'écria-t-il, c'est vous, monsieur le président, seul, à pied, à cette heure, et si loin de la rue Saint-Lazare ! Permettez-moi d'avoir l'honneur de vous offrir le bras. Le pavé, ce matin, est si glissant que si nous ne nous soutenions pas l'un l'autre, dit-il afin de ménager l'amour-propre du vieillard, il nous serait bien difficile d'éviter une chute.

— Mais, mon cher monsieur, je n'ai encore que cinquante ans, malheureusement pour moi, répondit le comte de Granville. Un médecin, promis comme vous à une haute célébrité, doit savoir qu'à cet âge un homme est dans toute sa force.

— Vous êtes donc alors en bonne fortune, reprit Horace Bianchon. Vous n'avez pas, je pense, l'habitude d'aller à pied dans Paris. Quand on a d'aussi beaux chevaux que les vôtres...

— Mais la plupart du temps, répondit le président Granville, quand je ne vais pas dans le monde, je reviens du Palais-Royal ou de chez monsieur de Livry à pied.

— Et en portant sans doute sur vous de fortes sommes, s'écria le jeune docteur. N'est-ce pas appeler le poignard des assassins.

— Je ne crains pas ceux-là, répliqua le comte de Granville d'un air triste et insouciant.

— Mais du moins l'on ne s'arrête pas, reprit le médecin en entraînant le magistrat vers le boulevard. Encore un peu, je croirais que vous voulez me voler votre dernière maladie et mourir d'une autre main que de la mienne.

— Ah! vous m'avez surpris faisant de l'espionnage, répondit le comte. Soit que je passe à pied ou en voiture et à telle heure que ce puisse être de la nuit, j'aperçois depuis quelque temps à une fenêtre du troisième étage de la maison d'où vous sortez l'ombre d'une personne qui paraît travailler avec un courage héroïque. A ces mots le comte fit une pause, comme s'il eût senti quelque douleur soudaine. J'ai pris pour ce grenier, dit-il en continuant, autant d'intérêt qu'un bourgeois de Paris peut en porter à l'achèvement du Palais-Royal.

— Hé bien! s'écria vivement Horace en interrompant le comte, je puis vous...

— Ne me dites rien, répliqua Granville en coupant la parole à son médecin. Je ne donnerais pas un centime pour apprendre si l'ombre qui s'agite sur ces rideaux troués est celle d'un homme ou d'une femme, et si l'habitant de ce grenier est heureux ou malheureux! Si j'ai été surpris de ne plus voir personne travaillant ce soir, si je me suis arrêté, c'était uniquement pour avoir le plaisir de former des conjectures aussi nombreuses et aussi niaises que le sont celles que les flâneurs forment à l'aspect d'une construction subitement abandonnée. Depuis deux ans, mon jeune... Le comte parut hésiter à employer une expression; mais il fit un geste et s'écria: — Non, je ne vous appellerai pas mon ami, je déteste tout ce qui peut ressembler à un sentiment. Depuis deux ans donc, je ne m'étonne plus que les vieillards se plaisent tant à cultiver des fleurs, à planter des arbres; les événements de la vie leur ont appris à ne plus croire aux affections humaines; et, en peu de temps, je suis devenu vieillard. Je ne veux plus m'attacher qu'à des animaux qui ne raisonnent pas, à des plantes, à tout ce qui est extérieur. Je fais plus de cas des mouvements de la Taglioni que de tous les sentiments humains. J'abhorre la vie et un monde où je suis seul. Rien, rien, ajouta le comte avec une expression qui fit tressaillir le jeune homme, non, rien ne m'émeut et rien ne m'intéresse.

— Vous avez des enfants?

— Mes enfants! reprit-il avec un singulier accent d'amertume. Eh bien! l'aînée de mes deux filles n'est-elle pas comtesse de

Vandenesse? Quant à l'autre, le mariage de son aînée lui prépare une belle alliance. Quant à mes deux fils, n'ont-ils pas très-bien réussi! le vicomte est Avocat-Général à Limoges, et le cadet est substitut à Versailles. Mes enfants ont leurs soins, leurs inquiétudes, leurs affaires. Si parmi ces cœurs, un seul se fût entièrement consacré à moi, s'il eût essayé par son affection de combler le vide que je sens là, dit-il en frappant sur son sein, eh bien! celui-là aurait manqué sa vie, il me l'aurait sacrifiée. Et pourquoi, après tout? pour embellir quelques années qui me restent, y serait-il parvenu, n'aurai-je pas peut-être regardé ses soins généreux comme une dette? Mais... Ici le vieillard se prit à sourire avec une profonde ironie. Mais, docteur, ce n'est pas en vain que nous leur apprenons l'arithmétique, et ils savent calculer. En ce moment, ils attendent peut-être ma succession.

— Oh! monsieur le comte, comment cette idée peut-elle vous venir, à vous si bon, si obligeant, si humain? En vérité, si je n'étais pas moi-même une preuve vivante de cette bienfaisance que vous concevez si belle et si large...

— Pour mon plaisir, reprit vivement le comte. Je paie une sensation comme je paierais demain d'un monceau d'or la plus puérile des illusions qui me remuait le cœur. Je secours mes semblables pour moi, par la même raison que je vais au jeu; aussi ne compté-je sur la reconnaissance de personne. Vous-même, je vous verrais mourir sans sourciller, et je vous demande le même sentiment pour moi. Ah! jeune homme, les événements de la vie ont passé sur mon cœur comme les laves du Vésuve sur Herculanum : la ville existe, morte.

— Ceux qui ont amené à ce point d'insensibilité une âme aussi chaleureuse et aussi vivante que l'était la vôtre, sont bien coupables.

— N'ajoutez pas un mot, reprit le comte avec un sentiment d'horreur.

— Vous avez une maladie que vous devriez me permettre de guérir, dit Bianchon d'un son de voix plein d'émotion.

— Mais connaissez-vous donc un remède à la mort? s'écria le comte impatienté.

— Hé bien, monsieur le comte, je gage ranimer ce cœur que vous croyez si froid.

— Valez-vous Talma? demanda ironiquement le président.

— Non, monsieur le comte. Mais la nature est aussi supérieure à Talma, que Talma pouvait m'être supérieur. Écoutez, le grenier qui vous intéresse est habité par une femme d'une trentaine d'années, et, chez elle, l'amour va jusqu'au fanatisme ; l'objet de son culte est un jeune homme d'une jolie figure, mais qu'une mauvaise fée a doué de tous les vices possibles. Ce garçon est joueur, et je ne sais ce qu'il aime le mieux des femmes ou du vin ; il a fait, à ma connaissance, des bassesses dignes de la police correctionnelle. Eh ! bien, cette malheureuse femme lui a sacrifié une très-belle existence, un homme par qui elle était adorée, de qui elle avait des enfants. Mais qu'avez-vous, monsieur le comte ?

— Rien, continuez.

— Elle lui a laissé dévorer une fortune entière, elle lui donnerait, je crois, le monde, si elle le tenait ; elle travaille nuit et jour ; et souvent elle a vu, sans murmurer, ce monstre qu'elle adore lui ravir jusqu'à l'argent destiné à payer les vêtements dont manquent ses enfants, jusqu'à leur nourriture du lendemain. Il y a trois jours, elle a vendu ses cheveux, les plus beaux que j'aie jamais vus : il est venu, elle n'avait pas pu cacher assez promptement la pièce d'or, il l'a demandée ; pour un sourire, pour une caresse, elle a livré le prix de quinze jours de vie et de tranquillité. N'est-ce pas à la fois horrible et sublime ? Mais le travail commence à lui creuser les joues. Les cris de ses enfants lui ont déchiré l'âme, elle est tombée malade, elle gémit en ce moment sur un grabat. Ce soir, elle n'avait rien à manger, et ses enfants n'avaient plus la force de crier, ils se taisaient quand je suis arrivé.

Horace Bianchon s'arrêta. En ce moment le comte de Granville avait, comme malgré lui, plongé la main dans la poche de son gilet.

— Je devine, mon jeune ami, dit le vieillard, comment elle peut vivre encore, si vous la soignez.

— Ah ! la pauvre créature, s'écria le médecin, qui ne la secourrait pas ? Je voudrais être plus riche, car j'espère la guérir de son amour.

— Mais, reprit le comte en retirant de sa poche la main qu'il y avait mise sans que le médecin la vît pleine des billets que son protecteur semblait y avoir cherchés, comment voulez-vous que je m'apitoie sur une misère dont les plaisirs ne me sembleraient pas payés trop cher par toute ma fortune ! Elle sent, elle vit cette femme.

Louis XV n'aurait-il pas donné tout son royaume pour pouvoir se relever de son cercueil et avoir trois jours de jeunesse et de vie? N'est-ce pas là l'histoire d'un milliard de morts, d'un milliard de malades, d'un milliard de vieillards?

— Pauvre Caroline, s'écria le médecin.

En entendant ce nom, le comte de Granville tressaillit, et saisit le bras du médecin qui crut se sentir serré par les deux lèvres en fer d'un étau.

— Elle se nomme Caroline Crochard, demanda le président d'un son de voix visiblement altérée.

— Vous la connaissez donc? répondit le docteur avec étonnement.

— Et le misérable se nomme Solvet... Ah! vous m'avez tenu parole, s'écria l'ancien magistrat, vous avez agité mon cœur par la plus terrible sensation qu'il éprouvera jusqu'à ce qu'il devienne poussière. Cette émotion est encore un présent de l'enfer, et je sais toujours comment m'acquitter avec lui.

En ce moment, le comte et le médecin étaient arrivés au coin de la rue de la Chaussée-d'Antin. Un de ces enfants de la nuit, qui, le dos chargé d'une hotte en osier et marchant un crochet à la main, ont été plaisamment nommés, pendant la révolution, membres du comité des recherches, se trouvait auprès de la borne devant laquelle le président venait de s'arrêter. Ce chiffonnier avait une vieille figure digne de celles que Charlet a immortalisées dans ses caricatures de l'école du balayeur.

— Rencontres-tu souvent des billets de mille francs, lui demanda le comte.

— Quelquefois, notre bourgeois.

— Et les rends-tu?

— C'est selon la récompense promise...

— Voilà mon homme, s'écria le comte en présentant au chiffonnier un billet de mille francs. Prends ceci, lui dit-il, mais songe que je te le donne à la condition de le dépenser au cabaret, de t'y enivrer, de t'y disputer, de battre ta femme, de crever les yeux à tes amis. Cela fera marcher la garde, les chirurgiens, les pharmaciens; peut-être les gendarmes, les procureurs du roi, les juges et les geôliers. Ne change rien à ce programme, ou le diable saurait tôt ou tard se venger de toi.

Il faudrait qu'un même homme possédât à la fois les crayons de

Charlet et ceux de Callot, les pinceaux de Téniers et de Rembrandt, pour donner une idée vraie de cette scène nocturne.

— Voilà mon compte soldé avec l'enfer, et j'ai eu du plaisir pour mon argent, dit le comte d'un son de voix profond en montrant au médecin stupéfait la figure indescriptible du chiffonnier béant. Quant à Caroline Crochard, reprit-il, elle peut mourir dans les horreurs de la faim et de la soif, en entendant les cris déchirants de ses fils mourants, en reconnaissant la bassesse de celui qu'elle aime : je ne donnerais pas un denier pour l'empêcher de souffrir, et je ne veux plus vous voir par cela seul que vous l'avez secourue...

Le comte laissa Bianchon plus immobile qu'une statue, et disparut en se dirigeant avec la précipitation d'un jeune homme vers la rue Saint-Lazare, où il atteignit promptement le petit hôtel qu'il habitait et à la porte duquel il vit non sans surprise une voiture arrêtée.

— Monsieur le baron, dit le valet de chambre à son maître, est arrivé il y a une heure pour parler à monsieur, et l'attend dans sa chambre à coucher.

Granville fit signe à son domestique de se retirer.

— Quel motif assez important vous oblige d'enfreindre l'ordre que j'ai donné à mes enfants de ne pas venir chez moi sans y être appelés? dit le vieillard à son fils en entrant.

— Mon père, répondit le jeune homme d'un son de voix tremblant et d'un air respectueux, j'ose espérer que vous me pardonnerez quand vous m'aurez entendu.

— Votre réponse est celle d'un magistrat, dit le comte. Asseyez-vous. Il montra un siège au jeune homme. Mais, reprit-il, que je marche ou que je reste assis, ne vous occupez pas de moi.

— Mon père, reprit le baron, ce soir à quatre heures, un très-jeune homme, arrêté chez un de mes amis au préjudice duquel il a commis un vol assez considérable, s'est réclamé de vous, il se prétend votre fils.

— Il se nomme, demanda le comte en tremblant.

— Charles Crochard.

— Assez, dit le père en faisant un geste impératif. Granville se promena dans la chambre, au milieu d'un profond silence que son fils se garda bien d'interrompre. — Mon fils... Ces paroles furent prononcées d'un ton si doux et si paternel que le jeune ma-

gistrat en tressaillit. Charles Crochard vous a dit la vérité. Je suis
content que tu sois venu ce soir, mon bon Eugène, ajouta le vieillard. Voici une somme d'argent assez forte, dit-il en lui présentant
une masse de billets de banque, tu en feras l'usage que tu jugeras
convenable dans cette affaire. Je me fie à toi, et j'approuve d'a-
vance toutes tes dispositions, soit pour le présent, soit pour l'a-
venir. Eugène, mon cher enfant, viens m'embrasser, nous nous
voyons peut-être pour la dernière fois. Demain je demande un
congé, je pars pour l'Italie. Si un père ne doit pas compte de
sa vie à ses enfants, il doit leur léguer l'expérience que lui a
vendue le sort, n'est-ce pas une partie de leur héritage? Quand tu
te marieras, reprit le comte en laissant échapper un frissonnement
involontaire, n'accomplis pas légèrement cet acte, le plus important de tous ceux auxquels nous oblige la Société. Souviens-toi d'é-
tudier long-temps le caractère de la femme avec laquelle tu dois t'as-
socier; mais consulte-moi, je veux la juger moi-même. Le défaut
d'union entre deux époux, par quelque cause qu'il soit produit,
amène d'effroyables malheurs : nous sommes, tôt ou tard, punis
de n'avoir pas obéi aux lois sociales. Je t'écrirai de Florence à ce
sujet : un père, surtout quand il est magistrat, ne doit pas rougir
devant son fils. Adieu.

Paris, février—mars 1830.

LA PAIX DU MÉNAGE.

DÉDIÉ A MA CHÈRE NIÈCE, VALENTINE SURVILLE.

L'aventure retracée par cette Scène se passa vers la fin du mois de novembre 1809, moment où le fugitif empire de Napoléon atteignit à l'apogée de sa splendeur. Les fanfares de la victoire de Wagram retentissaient encore au cœur de la monarchie autrichienne. La paix se signait entre la France et la Coalition. Les rois et les princes vinrent alors, comme des astres, accomplir leurs évolutions autour de Napoléon qui se donna le plaisir d'entraîner l'Europe à sa suite, magnifique essai de la puissance qu'il déploya plus tard à Dresde.

Jamais, au dire des contemporains, Paris ne vit de plus belles fêtes que celles qui précédèrent et suivirent le mariage de ce souverain avec une archiduchesse d'Autriche; jamais aux plus grands jours de l'ancienne monarchie autant de têtes couronnées ne se pressèrent sur les rives de la Seine, et jamais l'aristocratie française ne fut aussi riche ni aussi brillante qu'alors. Les diamants répandus à profusion sur les parures, les broderies d'or et d'argent des uniformes contrastaient si bien avec l'indigence républicaine, qu'il semblait voir les richesses du globe roulant dans les salons de Paris. Une ivresse générale avait comme saisi cet empire d'un jour. Tous les militaires, sans en excepter leur chef, jouissaient en parvenus des trésors conquis par un million d'hommes à épaulettes de laine dont les exigences étaient satisfaites avec quelques aunes de ruban rouge. A cette époque, la plupart des femmes affichaient cette aisance de mœurs et ce relâchement de morale qui signalèrent le règne de Louis XV. Soit pour imiter le ton de la monarchie écroulée, soit que certains membres de la famille impériale eussent donné l'exemple, ainsi que le prétendaient les frondeurs du faubourg Saint-Germain, il est certain que, hommes et femmes, tous se précipitaient dans le plaisir avec une intrépidité qui semblait présager la fin du monde. Mais il existait alors une autre raison de cette licence. L'engouement des femmes pour les militaires devint comme une frénésie et concorda trop bien aux vues de l'empereur, pour qu'il y mît un frein. Les fréquentes prises d'armes qui firent ressembler tous les traités conclus entre l'Europe et Napoléon à des armistices, exposaient les passions à des dénoûments aussi rapides que les décisions du chef suprême de ces kolbacs, de ces dolmans et de ces aiguillettes qui plurent tant au beau sexe. Les cœurs furent donc alors nomades comme les régiments. D'un premier à un cinquième bulletin de la Grande-Armée, une femme pouvait être successivement amante, épouse, mère et veuve. Était-ce la perspective d'un prochain veuvage, celle d'une dotation, ou l'espoir de porter un nom promis à l'Histoire, qui rendirent les militaires si séduisants? Les femmes furent-elles entraînées vers eux par la certitude que le secret de leurs passions serait enterré sur les champs de bataille, ou doit-on chercher la cause de ce doux fanatisme dans le noble attrait que le courage a pour elles? peut-être ces raisons, que l'historien futur des mœurs impériales s'amusera sans doute à peser, entraient-elles toutes pour quelque chose dans leur facile promptitude à se livrer aux amours. Quoi qu'il en puisse être, avouons-le-nous ici : les lauriers couvrirent alors bien des fautes, les femmes recherchèrent avec ardeur ces hardis aventuriers qui leur paraissaient de véritables sources d'honneurs, de richesses ou de plaisirs, et aux yeux des jeunes filles une épaulette, cet hiéroglyphe futur, signifia bonheur et liberté. Un trait de cette époque unique dans nos annales et qui la caractérise, fut une passion effrénée pour tout ce qui brillait : jamais on ne donna tant de feux d'artifice, jamais le diamant n'atteignit à une si grande valeur. Les hommes aussi avides que les femmes de ces cailloux blancs s'en paraient comme elles. Peut-être l'obligation de mettre le butin sous la forme la plus facile à transporter mit-elle les joyaux en honneur dans l'armée. Un

homme n'était pas aussi ridicule qu'il le serait aujourd'hui, quand
le jabot de sa chemise ou ses doigts offraient aux regards de gros
diamants. Murat, homme tout oriental, donna l'exemple d'un luxe
absurde chez les militaires modernes.

Le comte de Gondreville, l'un des Lucullus de ce Sénat
Conservateur qui ne conserva rien, n'avait retardé sa fête en
l'honneur de la paix que pour mieux faire sa cour à Napoléon en
s'efforçant d'éclipser les flatteurs par lesquels il avait été prévenu.
Les ambassadeurs de toutes les puissances amies de la France sous
bénéfice d'inventaire, les personnages les plus importants de l'Empire, quelques princes même, étaient en ce moment réunis dans les
salons de l'opulent sénateur. La danse languissait, chacun attendait
l'empereur dont la présence était promise par le comte. Napoléon
aurait tenu parole sans la scène qui éclata le soir même entre Jo-
séphine et lui, scène qui révéla le prochain divorce de ces augustes époux. La nouvelle de cette aventure, alors tenue fort secrète,
mais que l'histoire recueillait, ne parvint pas aux oreilles des courtisans, et n'influa pas autrement que par l'absence de Napoléon
sur la gaieté de la fête du comte de Gondreville. Les plus jolies femmes de Paris, empressées de se rendre chez lui sur la foi
du ouï-dire, y faisaient en ce moment assaut de luxe, de coquetterie, de parure et de beauté. Orgueilleuse de ses richesses, la banque
y défiait ces éclatants généraux et ces grands-officiers de l'empire
nouvellement gorgés de croix, de titres et de décorations. Ces
grands bals étaient toujours des occasions saisies par de riches familles pour y produire leurs héritières aux yeux des prétoriens de
Napoléon, dans le fol espoir d'échanger leurs magnifiques dots contre une faveur incertaine. Les femmes qui se croyaient assez fortes
de leur seule beauté venaient en essayer le pouvoir. Là, comme
ailleurs, le plaisir n'était qu'un masque. Les visages sereins et riants,
les fronts calmes y couvraient d'odieux calculs; les témoignages
d'amitié mentaient, et plus d'un personnage se défiait moins de ses
ennemis que de ses amis. Ces observations étaient nécessaires pour
expliquer les événements du petit imbroglio, sujet de cette Scène,
et la peinture, quelque adoucie qu'elle soit, du ton qui régnait alors
dans les salons de Paris.

— Tournez un peu les yeux vers cette colonne brisée qui sup-
porte un candélabre, apercevez-vous une jeune femme coiffée à la
chinoise? là, dans le coin, à gauche, elle a des clochettes bleues

Dans le bouquet de cheveux châtains qui retombe en gerbes sur sa tête. Ne voyez-vous pas? elle est si pâle qu'on la croirait souffrante, elle est mignonne et toute petite ; maintenant, elle tourne la tête vers nous ; ses yeux bleus, fendus en amande et doux à ravir, semblent faits exprès pour pleurer. Mais, tenez donc ! elle se baisse pour regarder madame de Vaudremont à travers ce dédale de têtes toujours en mouvement dont les hautes coiffures lui interceptent la vue.

— Ah ! j'y suis, mon cher. Tu n'avais qu'à me la désigner comme la plus blanche de toutes les femmes qui sont ici, je l'aurais reconnue, je l'ai déjà bien remarquée ; elle a le plus beau teint que j'aie jamais admiré. D'ici, je te défie de distinguer sur son cou les perles qui séparent chacun des saphirs de son collier. Mais elle doit avoir ou des mœurs ou de la coquetterie, car à peine les ruches de son corsage permettent-elles de soupçonner la beauté des contours. Quelles épaules ! quelle blancheur de lis !

— Qui est-ce? demanda celui qui avait parlé le premier.

— Ah ! je ne sais pas.

— Aristocrate ! Vous voulez donc, Montcornet, les garder toutes pour vous.

— Cela te sied bien de me goguenarder ! reprit Montcornet en souriant. Te crois-tu le droit d'insulter un pauvre général comme moi, parce que, rival heureux de Soulanges, tu ne fais pas une seule pirouette qui n'alarme madame de Vaudremont ? Ou bien est-ce parce que je ne suis arrivé que depuis un mois dans la terre promise ? Êtes-vous insolents, vous autres administrateurs qui restez collés sur vos chaises pendant que nous sommes au milieu des obus ! Allons, monsieur le maître des requêtes, laissez-nous glaner dans le champ dont la possession précaire ne vous reste qu'au moment où nous le quittons. Hé ! diantre, il faut que tout le monde vive ! Mon ami, si tu connaissais les Allemandes, tu me servirais, je crois, auprès de la Parisienne qui t'est chère.

— Général, puisque vous avez honoré de votre attention cette femme que j'aperçois ici pour la première fois, ayez donc la charité de me dire si vous l'avez vue dansant.

— Eh ! mon cher Martial, d'où viens-tu ? Si l'on t'envoie en ambassade, j'augure mal de tes succès. Ne vois-tu pas trois rangées des plus intrépides coquettes de Paris entre elle et l'essaim de danseurs qui bourdonne sous le lustre, et ne t'a-t-il pas fallu l'aide de

ton lorgnon pour la découvrir à l'angle de cette colonne où elle sem
ble enterrée dans l'obscurité malgré les bougies qui brillent au-
dessus de sa tête ? Entre elle et nous, tant de diamants et tant de
regards scintillent, tant de plumes flottent, tant de dentelles, de
fleurs et de tresses ondoient, que ce serait un vrai miracle si quelque danseur pouvait l'apercevoir au milieu de ces astres. Comment,
Martial, tu n'as pas deviné la femme de quelque sous-préfet de la
Lippe ou de la Dyle qui vient essayer de faire un préfet de son
mari ?

— Oh ! il le sera, dit vivement le maître des requêtes.

— J'en doute, reprit le colonel de cuirassiers en riant, elle paraît aussi neuve en intrigue que tu l'es en diplomatie. Je gage,
Martial, que tu ne sais pas comment elle se trouve là.

Le maître des requêtes regarda le colonel des cuirassiers de la
garde d'un air qui décelait autant de dédain que de curiosité.

— Eh bien ! dit Montcornet en continuant, elle sera sans doute
arrivée à neuf heures précises, la première, peut-être, et probablement aura fort embarrassé la comtesse de Gondreville, qui ne
sait pas coudre deux idées. Rebutée par la dame du logis, repoussée de chaise en chaise par chaque nouvelle arrivée jusque dans les
ténèbres de ce petit coin, elle s'y sera laissé enfermer, victime de
la jalousie de ces dames, qui n'auront pas demandé mieux que d'ensevelir ainsi cette dangereuse figure. Elle n'aura pas eu d'ami pour
l'encourager à défendre la place qu'elle a dû occuper d'abord sur le
premier plan, chacune de ces perfides danseuses aura intimé l'ordre aux hommes de sa coterie de ne pas engager notre pauvre amie,
sous peine des plus terribles punitions. Voilà, mon cher, comment
ces minois si tendres, si candides en apparence, auront formé leur
coalition contre l'inconnue ; et cela, sans qu'aucune de ces femmes-
là se soit dit autre chose que : — Connaissez-vous, ma chère,
cette petite dame bleue ? Tiens, Martial, si tu veux être accablé en
un quart d'heure de plus des regards flatteurs et d'interrogations
provocantes que tu n'en recevras peut-être dans toute ta vie, essaie
de vouloir percer le triple rempart qui défend la reine de la Dyle,
de la Lippe ou de la Charente. Tu verras si la plus stupide de ces
femmes ne saura pas inventer aussitôt une ruse capable d'arrêter
l'homme le plus déterminé à mettre en lumière notre plaintive inconnue. Ne trouves-tu pas qu'elle a un peu l'air d'une
élégie ?

— Vous croyez, Montcornet? Ce serait donc une femme mariée?

— Pourquoi ne serait-elle pas veuve?

— Elle serait plus active, dit en riant le maître des requêtes.

— Peut-être est-ce une veuve dont le mari joue à la bouillotte, répliqua le beau cuirassier.

— En effet, depuis la paix, il se fait tant de ces sortes de veuves? répondit Martial. Mais, mon cher Montcornet, nous sommes deux niais. Cette tête exprime encore trop d'ingénuité, il respire encore trop de jeunesse et de verdeur sur le front et autour des tempes, pour que ce soit une femme. Quels vigoureux tons de carnation! rien n'est flétri dans les méplats du nez. Les lèvres, le menton, tout dans cette figure est frais comme un bouton de rose blanche, quoique la physionomie en soit comme voilée par les nuages de la tristesse. Qui peut faire pleurer cette jeune personne?

— Les femmes pleurent pour si peu de chose, dit le colonel.

— Je ne sais, reprit Martial, mais elle ne pleure pas d'être là sans danser, son chagrin ne date pas d'aujourd'hui; l'on voit qu'elle s'est faite belle pour ce soir par préméditation. Elle aime déjà, je le parierais.

— Bah? peut-être est-ce la fille de quelque princillon d'Allemagne, personne ne lui parle, dit Montcornet.

— Ah! combien une pauvre fille est malheureuse, reprit Martial. A-t-on plus de grâce et de finesse que notre petite inconnue? Eh! bien, pas une des mégères qui l'entourent et qui se disent sensibles ne lui adressera la parole. Si elle parlait, nous verrions si ses dents sont belles.

— Ah çà! tu t'emportes donc comme le lait à la moindre élévation de température? s'écria le colonel un peu piqué de rencontrer si promptement un rival dans son ami.

— Comment! dit le maître des requêtes sans s'apercevoir de l'interrogation du général et en dirigeant son lorgnon sur tous les personnages qui les entouraient, comment! personne ici ne pourra nous nommer cette fleur exotique?

— Eh! c'est quelque demoiselle de compagnie, lui dit Montcornet.

— Bon! une demoiselle de compagnie parée de saphirs dignes d'une reine et une robe de Malines? A d'autres, général! Vous ne serez pas non plus très-fort en diplomatie si dans vos évaluations vous passez en un moment de la princesse allemande à la demoiselle de compagnie.

Le général Montcornet arrêta par le bras un petit homme gras dont les cheveux grisonnants et les yeux spirituels se voyaient à toutes les encoignures de portes, et qui se mêlait sans cérémonie au x différents groupes où il était respectueusement accueilli.

— Gondreville, mon cher ami, lui dit Montcornet, quelle est donc cette charmante petite femme assise là-bas sous cet immense candélabre?

— Le candélabre? Ravrio, mon cher, Isabey en a donné le dessin.

— Oh! j'ai déjà reconnu ton goût et ton faste dans le meuble; mais la femme?

Ah! je ne la connais pas. C'est sans doute une amie de ma femme.

— Ou ta maîtresse, vieux sournois.

— Non, parole d'honneur! La comtesse de Gondreville est la seule femme capable d'inviter des gens que personne ne connaît.

Malgré cette observation pleine d'aigreur, le gros petit homme conserva sur ses lèvres le sourire de satisfaction intérieure que la supposition du colonel des cuirassiers y avait fait naître. Celui-ci rejoignit, dans un groupe voisin, le maître des requêtes occupé alors à y chercher, mais en vain, des renseignements sur l'inconnue. Il le saisit par le bras et lui dit à l'oreille : — Mon cher Martial, prends garde à toi! Madame de Vaudremont te regarde depuis quelques minutes avec une attention désespérante, elle est femme à deviner au mouvement seul de tes lèvres ce que tu me dirais, nos yeux n'ont été déjà que trop significatifs, elle en a très-bien aperçu et suivi la direction, et je la crois en ce moment plus occupée que nous-mêmes de la petite dame bleue.

— Vieille ruse de guerre, mon cher Montcornet! que m'importe d'ailleurs? Je suis comme l'empereur, quand je fais des conquêtes, je les garde.

— Martial, ta fatuité cherche des leçons. Comment! péquin, tu as le bonheur d'être le mari désigné de madame de Vaudremont, d'une veuve de vingt-deux ans, affligée de quatre mille napoléons de rente, d'une femme qui te passe au doigt des diamants aussi beaux que celui-ci, ajouta-t-il en prenant la main gauche du maître des requêtes qui la lui abandonna complaisamment, et tu as encore la prétention de faire le Lovelace, comme si tu étais co-

lonel, et obligé de soutenir la réputation militaire dans les garni-
sons! fi! Mais réfléchis donc à tout ce que tu peux perdre.

—Je ne perdrai pas, du moins, ma liberté, répliqua Martial en
riant forcément.

Il jeta un regard passionné à madame de Vaudremont qui n'y
répondit que par un sourire plein d'inquiétude, car elle avait vu le
colonel examinant la bague du maître des requêtes.

— Écoute, Martial, reprit le colonel, si tu voltiges autour de
ma jeune inconnue, j'entreprendrai la conquête de madame de
Vaudremont.

— Permis à vous, cher cuirassier, mais vous n'obtiendrez pas
cela, dit le jeune maître des requêtes en mettant l'ongle poli de
son pouce sous une de ses dents supérieures de laquelle il tira un
petit bruit goguenard.

— Songe que je suis garçon, reprit le colonel, que mon épée
est toute ma fortune, et que me défier ainsi, c'est asseoir Tantale
devant un festin qu'il dévorera.

— Prrr!

Cette railleuse accumulation de consonnes servit de réponse à
la provocation du général, que son ami toisa plaisamment avant de
le quitter. La mode de ce temps obligeait un homme à porter au
bal une culotte de casimir blanc et des bas de soie. Ce joli costume mettait en relief la perfection des formes de Montcornet,
alors âgé de trente-cinq ans et qui attirait le regard par cette haute
taille exigée pour les cuirassiers de la garde impériale dont le bel
uniforme rehaussait encore sa prestance, encore jeune malgré l'embonpoint qu'il devait à l'équitation. Ses moustaches noires ajoutaient à l'expression franche d'un visage vraiment militaire dont le
front était large et découvert, le nez aquilin et la bouche vermeille.
Les manières de Montcornet, empreintes d'une certaine noblesse
due à l'habitude du commandement, pouvaient plaire à une femme
qui aurait eu le bon esprit de ne pas vouloir faire un esclave de son
mari. Le colonel sourit en regardant le maître des requêtes, l'un
de ses meilleurs amis de collége, et dont la petite taille svelte
l'obligea, pour répondre à sa moquerie, de porter un peu bas son
coup d'œil amical.

Le baron Martial de la Roche-Hugon était un jeune Provençal
que Napoléon protégeait et qui semblait promis à quelque fastueuse
ambassade, il avait séduit l'empereur par une complaisance ita-

lienne, par le génie de l'intrigue, par cette éloquence de salon et cette science des manières qui remplacent si facilement les éminentes qualités d'un homme solide. Quoique vive et jeune, sa figure possédait déjà l'éclat immobile du fer-blanc, l'une des qualités indispensables aux diplomates et qui leur permet de cacher leurs émotions, de déguiser leurs sentiments, si toutefois cette impassibilité n'annonce pas en eux l'absence de toute émotion et la mort des sentiments. On peut regarder le cœur des diplomates comme un problème insoluble, car les trois plus illustres ambassadeurs de l'époque se sont signalés par la persistance de la haine, et par des attachements romanesques. Néanmoins, Martial appartenait à cette classe d'hommes capables de calculer leur avenir au milieu de leurs plus ardentes jouissances, il avait déjà jugé le monde et cachait son ambition sous la fatuité de l'homme à bonnes fortunes, en déguisant son talent sous les livrées de la médiocrité, après avoir remarqué la rapidité avec laquelle s'avançaient les gens qui donnaient peu d'ombrage au maître.

Les deux amis furent obligés de se quitter en se donnant une cordiale poignée de main. La ritournelle qui prévenait les dames de former les quadrilles d'une nouvelle contredanse chassa les hommes du vaste espace où ils causaient au milieu du salon. Cette conversation rapide, tenue dans l'intervalle qui sépare toujours les contredanses, eut lieu devant la cheminée du grand salon de l'hôtel Gondreville. Les demandes et les réponses de ce bavardage assez commun au bal avaient été comme soufflées par chacun des deux interlocuteurs à l'oreille de son voisin. Néanmoins les girandoles et les flambeaux de la cheminée répandaient une si abondante lumière sur les deux amis que leurs figures trop fortement éclairées ne purent déguiser, malgré leur discrétion diplomatique, l'imperceptible expression de leurs sentiments, ni à la fine comtesse, ni à la candide inconnue. Cet espionnage de la pensée est peut-être chez les oisifs un des plaisirs qu'ils trouvent dans le monde, tandis que tant de niais dupés s'y ennuient sans oser en convenir.

Pour comprendre tout l'intérêt de cette conversation, il est nécessaire de raconter un événement qui par d'invisibles liens allait réunir les personnages de ce petit drame, alors épars dans les salons. A onze heures du soir environ, au moment où les danseuses reprenaient leurs places, la société de l'hôtel Gondreville avait vu apparaître la plus belle femme de Paris, la reine de la mode, la seule qui manquât à cette splendide assemblée. Elle se faisait une loi de ne jamais arriver qu'à l'instant où les salons offraient ce mouvement animé qui ne permet pas aux femmes de garder long-temps la fraîcheur de leurs figures ni celle de leurs toilettes. Ce moment rapide est comme le printemps d'un bal. Une heure après, quand le plaisir a passé, quand la fatigue arrive, tout y est flétri. Madame de Vaudre‑ mont ne commettait jamais la faute de rester à une fête pour s'y montrer avec des fleurs penchées, des boucles défrisées, des garnitures froissées, avec une figure semblable à toutes celles qui, sollicitées par le sommeil, ne le trompent pas toujours. Elle se gardait bien de laisser voir, comme ses rivales, sa beauté endormie ; elle savait soutenir habilement sa réputation de coquetterie en se retirant toujours d'un bal aussi brillante qu'elle y était entrée. Les femmes se disaient à l'oreille, avec un sentiment d'envie, qu'elle préparait et mettait autant de parures qu'elle avait de bals dans une soirée. Cette fois, madame de Vaudremont ne devait pas être maîtresse de quitter à son gré le salon où elle arrivait alors en triomphe. Un moment arrêtée sur le seuil de la porte, elle jeta des regards observateurs, quoique rapides, sur les femmes dont les toilettes furent aussitôt étudiées afin de se convaincre que la sienne les éclipserait toutes. La célèbre coquette s'offrit à l'admiration de l'assemblée, conduite par un des plus braves colonels de l'artillerie de la Garde, un favori de l'empereur, le comte de Soulanges. L'union momentanée et fortuite de ces deux personnages eut sans doute quelque chose de mystérieux. En entendant annoncer monsieur de Soulanges et la comtesse de Vaudremont, quelques femmes placées en tapisserie se levèrent, et des hommes accourus des salons voisins se pressèrent aux portes du salon principal. Un de ces plaisants, qui ne manquent jamais à ces réunions nombreuses, dit en voyant entrer la comtesse et son chevalier : « Que les dames avaient tout autant de curiosité à contempler un homme fidèle à sa passion, que les hommes à examiner une jolie femme difficile à fixer. » Quoique le comte de Soulanges, jeune homme d'environ trente-deux ans, fût doué de ce tempérament nerveux qui engendre chez l'homme les grandes qualités, ses formes grêles et son teint pâle prévenaient peu en sa faveur ; ses yeux noirs annonçaient beaucoup de vivacité, mais dans le monde il était taciturne, et rien en lui ne révélait l'un des talents oratoires

qui devaient briller à la Droite dans les assemblées législatives
de la Restauration. La comtesse de Vaudremont, grande femme
légèrement grasse, d'une peau éblouissante de blancheur, qui
portait bien sa petite tête et possédait l'immense avantage d'inspirer l'amour par la gentillesse de ses manières, était de ces créatures qui tiennent toutes les promesses que fait leur beauté. Ce
couple, devenu pour quelques instants l'objet de l'attention générale, ne laissa pas long-temps la curiosité s'exercer sur son compte.
Le colonel et la comtesse semblèrent parfaitement comprendre que
le hasard venait de les placer dans une situation gênante. En les
voyant s'avancer, Martial s'élança dans le groupe d'hommes qui
occupait le poste de la cheminée, pour observer, à travers les têtes
qui lui formaient comme un rempart, madame de Vaudremont avec l'attention jalouse que donne le premier feu de la passion : une voix secrète semblait lui dire que le succès dont il
s'enorgueillissait serait peut-être précaire ; mais le sourire de politesse froide par lequel la comtesse remercia monsieur de Soulanges, et le geste qu'elle fit pour le congédier en s'asseyant auprès
de madame de Gondreville, détendirent tous les muscles que la
jalousie avait contractés sur sa figure. Cependant apercevant debout à deux pas du canapé sur lequel était madame de Vaudremont, Soulanges, qui parut ne plus comprendre le regard par
lequel la jeune coquette lui avait dit qu'ils jouaient l'un et l'autre un rôle ridicule, le Provençal à la tête volcanique fronça
de nouveau les noirs sourcils qui ombrageaient ses yeux bleus, caressa par maintien les boucles de ses cheveux bruns, et, sans trahir
l'émotion qui lui faisait palpiter le cœur, il surveilla la contenance
de la comtesse et celle de monsieur de Soulanges, tout en badinant
avec ses voisins, il saisit alors la main du colonel qui venait
renouveler connaissance avec lui, mais il l'écouta sans l'entendre, tant il était préoccupé. Soulanges jetait des regards tranquilles sur la quadruple rangée de femmes qui encadrait l'immense
salon du sénateur, en admirant cette bordure de diamants, de
rubis, de gerbes d'or et de têtes parées dont l'éclat faisait presque
pâlir le feu des bougies, le cristal des lustres et les dorures. Le
calme insouciant de son rival fit perdre contenance au maître des
requêtes. Incapable de maîtriser la secrète impatience qui le trans-
portait, Martial s'avança vers madame de Vaudremont pour la saluer. Quand le Provençal apparut, Soulanges lui lança un regard

terue et détourna la tête avec impertinence. Un silence grave
régna dans le salon où la curiosité fut à son comble. Toutes les
têtes tendues offrirent les expressions les plus bizarres, chacun
craignit et attendit un de ces éclats que les gens bien élevés se
gardent toujours de faire. Tout à coup la pâle figure du comte devint aussi rouge que l'écarlate de ses parements, et ses regards se
baissèrent aussitôt vers le parquet, pour ne pas laisser deviner le
sujet de son trouble. En voyant l'inconnue humblement placée au
pied du candélabre, il passa d'un air triste devant le maître des
requêtes, et se réfugia dans un des salons de jeu. Martial et l'assemblée crurent que Soulanges lui cédait publiquement la place,
par la crainte du ridicule qui s'attache toujours aux amants détrô-
nés. Le maître des requêtes releva fièrement la tête, regarda l'inconnue; puis quand il s'assit avec aisance auprès de madame de
Vaudremont, il l'écouta d'un air si distrait qu'il n'entendit pas ces
paroles prononcées sous l'éventail par la coquette : — Martial, vous
me ferez plaisir de ne pas porter ce soir la bague que vous m'avez
arrachée. J'ai mes raisons, et vous les expliquerai, dans un moment, quand nous nous retirerons. Vous me donnez le bras pour
aller chez la princesse de Wagram.

— Pourquoi donc avez-vous pris la main du colonel? demanda
le baron.

— Je l'ai rencontré sous le péristyle, répondit-elle; mais, laissez-moi, chacun nous observe.

Martial rejoignit le colonel de cuirassiers. La petite dame bleue
devint alors le lien commun de l'inquiétude qui agitait à la fois et si
diversement le cuirassier, Soulanges, Martial et la comtesse de Vaudremont. Quand les deux amis se séparèrent après s'être porté le
défi qui termina leur conversation, le maître des requêtes s'élança
vers madame de Vaudremont, et sut la placer au milieu du plus
brillant quadrille. A la faveur de cette espèce d'enivrement dans lequel une femme est toujours plongée par la danse et par le mouvement d'un bal où les hommes se montrent avec le charlatanisme de
la toilette qui ne leur donne pas moins d'attraits qu'elle en prête
aux femmes, Martial crut pouvoir s'abandonner impunément au
charme qui l'attirait vers l'inconnue. S'il réussit à dérober les premiers regards qu'il jeta sur la dame bleue à l'inquiète activité des
yeux de la comtesse, il fut bientôt surpris en flagrant délit; et s'il
fit excuser une première préoccupation, il ne justifia pas l'im-

pertinent silence par lequel il répondit plus tard à la plus séduisante des interrogations qu'une femme puisse adresser à un
homme : m'aimez-vous ce soir? Plus il était rêveur, plus la
comtesse se montrait pressante et taquine. Pendant que Martial
dansait, le colonel alla de groupe en groupe y quêtant des renseignements sur la jeune inconnue. Après avoir épuisé la complaisance
de toutes les personnes, et même celle des indifférents, il se déterminait à profiter d'un moment où la comtesse de Gondreville
paraissait libre pour lui demander à elle-même le nom de cette
dame mystérieuse, quand il aperçut un léger vide entre la colonne
brisée qui supportait le candélabre et les deux divans qui venaient y
aboutir. Le colonel profita du moment où la danse laissait vacante
une grande partie des chaises qui formaient plusieurs rangs de fortifications défendues par des mères ou par des femmes d'un certain
âge, et entreprit de traverser cette palissade couverte de châles et
de mouchoirs. Il se mit à complimenter les douairières; puis, de
femme en femme, de politesse en politesse, il finit par atteindre auprès de l'inconnue la place vide. Au risque d'accrocher les griffons
et les chimères de l'immense flambeau, il se maintint là sous le feu
et la cire des bougies, au grand mécontentement de Martial. Trop
adroit pour interpeller brusquement la petite dame bleue qu'il avait
à sa droite, le colonel commença par dire à une grande dame assez
laide qui se trouvait assise à sa gauche : — Voilà, madame, un bien
beau bal! Quel luxe! quel mouvement! D'honneur, les femmes y sont
toutes jolies! Si vous ne dansez pas, c'est sans doute mauvaise volonté.

Cette insipide conversation engagée par le colonel avait pour but
de faire parler sa voisine de droite, qui, silencieuse et préoccupée,
ne lui accordait pas la plus légère attention. L'officier tenait en réserve une foule de phrases qui devaient se terminer par un : Et vous,
madame? sur lequel il comptait beaucoup. Mais il fut étrangement
surpris en apercevant quelques larmes dans les yeux de l'inconnue,
que madame de Vaudremont paraissait captiver entièrement.

— Madame est sans doute mariée, demanda enfin le colonel
Montcornet d'une voix mal assurée.

— Oui, monsieur, répondit l'inconnue.

— Monsieur votre mari est sans doute ici?

— Oui, monsieur.

— Et pourquoi donc, madame, restez-vous à cette place? est-ce
par coquetterie?

L'affligée sourit tristement.

— Accordez-moi l'honneur, madame, d'être votre cavalier pour la contredanse suivante, et je ne vous ramènerai certes pas ici ! Je vois près de la cheminée une gondole vide, venez-y. Quand tant de gens s'apprêtent à trôner, et que la folie du jour est la royauté, je ne conçois pas que vous refusiez d'accepter le titre de reine du bal qui semble promis à votre beauté.

— Monsieur, je ne danserai pas.

L'intonation brève des réponses de cette femme était si désespérante, que le colonel se vit forcé d'abandonner la place. Martial, qui devina la dernière demande du colonel et le refus qu'il essuyait, se mit à sourire et se caressa le menton en faisant briller la bague qu'il avait au doigt.

— De quoi riez-vous ? lui dit la comtesse de Vaudremont.

— De l'insuccès de ce pauvre colonel, qui vient de faire un pas de clerc...

— Je vous avais prié d'ôter votre bague, reprit la comtesse en l'interrompant.

— Je ne l'ai pas entendu.

— Si vous n'entendez rien ce soir, vous savez voir tout, monsieur le baron, répondit madame de Vaudremont d'un air piqué.

— Voilà un jeune homme qui montre un bien beau brillant, dit alors l'inconnue au colonel.

— Magnifique, répondit-il. Ce jeune homme est le baron Martial de la Roche-Hugon, un de mes plus intimes amis.

— Je vous remercie de m'avoir dit son nom, reprit-elle, il paraît fort aimable.

— Oui, mais il est un peu léger.

— On pourrait croire qu'il est bien avec la comtesse de Vaudremont, demanda la jeune dame en interrogeant des yeux le colonel.

— Du dernier mieux !

L'inconnue pâlit.

— Allons, pensa le militaire, elle aime ce diable de Martial.

Je croyais madame de Vaudremont engagée depuis longtemps avec monsieur de Soulanges, reprit la jeune femme un peu remise de la souffrance intérieure qui venait d'altérer l'éclat de son visage.

— Depuis huit jours, la comtesse le trompe, répondit le colonel. Mais vous devez avoir vu ce pauvre Soulanges à son entrée ; il essaie encore de ne pas croire à son malheur.

— Je l'ai vu, dit la dame bleue. Puis elle ajouta un : — Monsieur, je vous remercie, dont l'intonation équivalait à un congé.

En ce moment, la contredanse étant près de finir, le colonel, désappointé, n'eut que le temps de se retirer en se disant par manière de consolation : — Elle est mariée.

— Eh bien! courageux cuirassier, s'écria le baron en entraînant le colonel dans l'embrasure d'une croisée pour y respirer l'air pur des jardins, où en êtes-vous?

— Elle est mariée, mon cher.

— Qu'est-ce que cela fait?

— Ah diantre! j'ai des mœurs, répondit le colonel, je ne veux plus m'adresser qu'à des femmes que je puisse épouser. D'ailleurs, Martial, elle m'a formellement manifesté la volonté de ne pas danser.

— Colonel, parions votre cheval gris pommelé contre cent napoléons qu'elle dansera ce soir avec moi.

— Je veux bien! dit le colonel en frappant dans la main du fat. En attendant, je vais voir Soulanges, il connaît peut-être cette dame qui m'a semblé s'intéresser à lui.

— Mon brave, vous avez perdu, dit Martial en riant. Mes yeux se sont rencontrés avec les siens, et je m'y connais. Cher colonel, vous ne m'en voudrez pas de danser avec elle après le refus que vous avez essuyé?

— Non, non, rira bien qui rira le dernier. Au reste, Martial, je suis beau joueur et bon ennemi, je te préviens qu'elle aime les diamants.

A ce propos, les deux amis se séparèrent. Le général Montcornet se dirigea vers le salon de jeu, où il aperçut le comte de Soulanges assis à une table de bouillotte. Quoiqu'il n'existât entre les deux colonels que cette amitié banale établie par les périls de la guerre et les devoirs du service, le colonel des cuirassiers fut douloureusement affecté de voir le colonel d'artillerie, qu'il connaissait pour un homme sage, engagé dans une partie où il pouvait se ruiner. Les monceaux d'or et de billets étalés sur le fatal tapis attestaient la fureur du jeu. Un cercle d'hommes silencieux entourait les joueurs attablés. Quelques mots retentissaient bien parfois comme : *Passe, jeu, tiens, mille louis, tenus*; mais il semblait, en regardant ces cinq personnages immobiles, qu'ils ne se parlassent que des yeux. Quand le colonel, effrayé de la pâleur de

Soulanges, s'approcha de lui, le comte gagnait. L'ambassadeur autrichien, un banquier célèbre se levaient complétement décavés de sommes considérables. Soulanges devint encore plus sombre en recueillant une masse d'or et de billets, il ne compta même pas; un amer dédain crispa ses lèvres, il semblait menacer la fortune au lieu de la remercier de ses faveurs.

— Courage, lui dit le colonel, courage, Soulanges! puis croyant lui rendre un vrai service en l'arrachant au jeu : Venez, ajouta-t-il, j'ai une bonne nouvelle à vous apprendre, mais à une condition.

— Laquelle? demanda Soulanges.

— Celle de me répondre à ce que je vous demanderai.

Le comte de Soulanges se leva brusquement, mit son gain d'un air fort insouciant dans un mouchoir qu'il avait tourmenté d'une manière convulsive, et son visage était si farouche, qu'aucun joueur ne s'avisa de trouver mauvais qu'il fît *Charlemagne*. Les figures parurent même se dilater quand cette tête maussade et chagrine ne fut plus dans le cercle lumineux que décrit au-dessus d'une table un flambeau de bouillotte.

— Ces diables de militaires s'entendent comme des larrons en foire! dit à voix basse un diplomate de la galerie en prenant la place du colonel.

Une seule figure blême et fatiguée se tourna vers le rentrant, et lui dit en lui lançant un regard qui brilla, mais s'éteignit comme le feu d'un diamant : — Qui dit militaire ne dit pas civil, monsieur le ministre.

— Mon cher, dit Montcornet à Soulanges en l'attirant dans un coin, ce matin l'empereur a parlé de vous avec éloge, et votre promotion au maréchalat n'est pas douteuse.

— Le patron n'aime pas l'artillerie.

— Oui, mais il adore la noblesse et vous êtes un ci-devant! Le patron, reprit Montcornet, a dit que ceux qui s'étaient mariés à Paris pendant la campagne ne devaient pas être considérés comme en disgrâce. Eh! bien?

Le comte de Soulanges semblait ne rien comprendre à ce discours.

— Ah çà! j'espère maintenant, reprit le colonel, que vous me direz si vous connaissez une charmante petite femme assise au pied d'un candélabre...

A ces mots, les yeux du comte s'animèrent, il saisit avec une violence inouïe la main du colonel : — Mon cher général, lui dit-il d'une voix sensiblement altérée, si un autre que vous me faisait cette question, je lui fendrais le crâne avec cette masse d'or. Laissez-moi, je vous en supplie. J'ai plus envie, ce soir, de me brûler la cervelle, que... Je hais tout ce que je vois. Aussi, vais-je partir. Cette joie, cette musique, ces visages stupides qui rient m'assassinent.

— Mon pauvre ami, reprit d'une voix douce Montcornet en frappant amicalement dans la main de Soulanges, vous êtes passionné ! Que diriez-vous donc si je vous apprenais que Martial songe si peu à madame de Vaudremont, qu'il s'est épris de cette petite dame !

— S'il lui parle, s'écria Soulanges en bégayant de fureur, je le rendrai aussi plat que son portefeuille, quand même le fat serait dans le giron de l'empereur.

Et le comte tomba comme anéanti sur la causeuse vers laquelle le colonel l'avait mené. Ce dernier se retira lentement, il s'aperçut que Soulanges était en proie à une colère trop violente pour que des plaisanteries ou les soins d'une amitié superficielle pussent le calmer. Quand le colonel Montcornet rentra dans le grand salon de danse, madame de Vaudremont fut la première personne qui s'offrit à ses regards, et il remarqua sur sa figure, ordinairement si calme, quelques traces d'une agitation mal déguisée. Une chaise était vacante auprès d'elle, le colonel vint s'y asseoir.

— Je gage que vous êtes tourmentée ? dit-il.

— Bagatelle, général. Je voudrais être partie d'ici, j'ai promis d'être au bal de la grande-duchesse de Berg, et il faut que j'aille auparavant chez la princesse de Wagram. Monsieur de la Roche-Hugon, qui le sait, s'amuse à conter fleurette à des douairières.

— Ce n'est pas là tout à fait le sujet de votre inquiétude, et je gage cent louis que vous resterez ici ce soir.

— Impertinent !

— J'ai donc dit vrai ?

— Eh bien ! que pensé-je ? reprit la comtesse en donnant un coup d'éventail sur les doigts du colonel. Je suis capable de vous récompenser si vous le devinez.

— Je n'accepterai pas le défi, j'ai trop d'avantages.

— Présomptueux !

— Vous craignez de voir Martial aux pieds. . .

— De qui ? demanda la comtesse en affectant la surprise.

— De ce candélabre, répondit le colonel en montrant la belle in connue, et regardant la comtesse avec une attention gênante.

— Vous avez deviné, répondit la coquette en se cachant la figure sous son éventail, avec lequel elle se mit à jouer. La vieille madame de Grandlieu, qui, vous le savez, est maligne comme un vieux singe, reprit-elle après un moment de silence, vient de me dire que monsieur de la Roche-Hugon courait quelques dangers à courtiser cette inconnue qui se trouve ce soir ici comme un trouble-fête. J'aimerais mieux voir la mort que cette figure si cruellement belle et pâle autant qu'une vision. C'est mon mauvais génie. Madame de Grandlieu, continua-t-elle après avoir laissé échapper un signe de dépit, qui ne va au bal que pour tout voir en faisant semblant de dormir, m'a cruellement inquiétée. Martial me paiera cher le tour qu'il me joue. Cependant, engagez-le, général, puisque c'est votre ami, à ne pas me faire de la peine.

— Je viens de voir un homme qui ne se propose rien moins que de lui brûler la cervelle s'il s'adresse à cette petite dame. Cet homme-là, madame, est de parole. Mais je connais Martial, ces périls sont autant d'encouragements. Il y a plus ; nous avons parié. Ici le colonel baissa la voix.

— Serait-ce vrai? demanda la comtesse.

— Sur mon honneur.

— Merci, général, répondit madame de Vaudremont en lui lançant un regard plein de coquetterie.

— Me ferez-vous l'honneur de danser avec moi?

— Oui, mais la seconde contredanse. Pendant celle-ci, je veux savoir ce que peut devenir cette intrigue, et savoir qui est cette petite dame bleue, elle a l'air spirituel.

Le colonel, voyant que madame de Vaudremont voulait être seule, s'éloigna satisfait d'avoir si bien commencé son attaque.

Il se rencontre dans les fêtes quelques dames qui, semblables à madame de Grandlieu, sont là comme de vieux marins occupés sur le bord de la mer à contempler les jeunes matelots aux prises avec les tempêtes. En ce moment, madame de Grandlieu, qui paraissait s'intéresser aux personnages de cette scène, put facilement deviner la lutte à laquelle la comtesse était en proie. La jeune coquette avait beau s'éventer gracieusement, sourire à des jeunes gens qui la saluaient et mettre en usage les ruses dont se sert une femme pour cacher son émotion, la douairière, l'une des plus perspicaces et malicieuses duchesses que le dix-huitième siècle avait léguées au

dix-neuvième, savait lire dans son cœur et dans sa pensée. La
vieille dame semblait reconnaître les mouvements imperceptibles
qui décèlent les affections de l'âme. Le pli le plus léger qui venait
rider ce front si blanc et si pur, le tressaillement le plus insensible
des pommettes, le jeu des sourcils, l'inflexion la moins visible des
lèvres dont le corail mouvant ne pouvait lui rien cacher, étaient
pour la duchesse comme les caractères d'un livre. Du fond de sa
bergère, que sa robe remplissait entièrement, la coquette émérite,
tout en causant avec un diplomate qui la recherchait afin de recueillir les anecdotes qu'elle contait si bien, s'admirait elle-même dans
la jeune coquette ; elle la prit en goût en lui voyant si bien déguiser son chagrin et les déchirements de son cœur. Madame de Vaudremont ressentait en effet autant de douleur qu'elle feignait de
gaieté : elle avait cru rencontrer dans Martial un homme de talent
sur l'appui duquel elle comptait pour embellir sa vie de tous les
enchantements du pouvoir ; en ce moment, elle reconnaissait une
erreur aussi cruelle pour sa réputation que pour son amour-propre. Chez elle, comme chez les autres femmes de cette époque, la
soudaineté des passions augmentait leur vivacité. Les âmes qui vivent beaucoup et vite ne souffrent pas moins que celles qui se con-
sument dans une seule affection. La prédilection de la comtesse
pour Martial était née de la veille, il est vrai ; mais le plus inepte
des chirurgiens sait que la souffrance causée par l'amputation d'un
membre vivant est plus douloureuse que ne l'est celle d'un
membre malade. Il y avait de l'avenir dans le goût de madame de
Vaudremont pour Martial, tandis que sa passion précédente était
sans espérance, et empoisonnée par les remords de Soulanges. La
vieille duchesse, qui épiait le moment opportun de parler à la
comtesse, s'empressa de congédier son ambassadeur ; car, en présence de maîtresses et d'amants brouillés, tout intérêt pâlit, même
chez une vieille femme. Pour engager la lutte, madame de Grandlieu lança sur madame de Vaudremont un regard sardonique qui
fit craindre à la jeune coquette de voir son sort entre les mains de
la douairière. Il est de ces regards de femme à femme qui sont
comme des flambeaux amenés dans les dénouements de tragédie. Il
faut avoir connu cette duchesse pour apprécier la terreur que le
jeu de sa physionomie inspirait à la comtesse. Madame de Grandlieu
était grande, ses traits faisaient dire d'elle : — Voilà une femme

qui a dû être jolie ! Elle se couvrait les joues de tant de rouge

que ses rides ne paraissaient presque plus ; mais loin de recevoir un eclat factice de ce carmin foncé, ses yeux n'en étaient que plus ternes. Elle portait une grande quantité de diamants, et s'habillait avec assez de goût pour ne pas prêter au ridicule. Son nez pointu annonçait l'épigramme. Un râtelier bien mis conservait à sa bouche une grimace d'ironie qui rappelait celle de Voltaire. Cependant l'exquise politesse de ses manières adoucissait si bien la tournure malicieuse de ses idées qu'on ne pouvait l'accuser de méchanceté. Les yeux gris de la vieille dame s'animèrent, un regard triomphal accompagné d'un sourire qui disait : — Je vous l'avais bien promis ! traversa le salon, et répandit l'incarnat de l'espérance sur les joues pâles de la jeune femme qui gémissait au pied du candélabre. Cette alliance entre madame de Grandlieu et l'inconnue ne pouvait échapper à l'œil exercé de la comtesse de Vaudremont, qui entrevit un mystère et le voulut pénétrer. En ce moment, le baron de la Roche-Hugon, après avoir achevé de questionner toutes les douairières sans pouvoir apprendre le nom de la dame bleue, s'adressait en désespoir de cause à la comtesse de Gondreville, et n'en recevait que cette réponse peu satisfaisante : — C'est une dame que l'*ancienne* duchesse de Grandlieu m'a présentée. En se retournant par hasard vers la bergère occupée par la vieille dame, le maître des requêtes en surprit le regard d'intelligence lancé sur l'inconnue, et quoiqu'il fût assez mal avec elle depuis quelque temps, il résolut de l'aborder. En voyant le sémillant baron rôdant autour de sa bergère, l'ancienne duchesse sourit avec une malignité sardonique, et regarda madame de Vaudremont d'un air qui fit rire le colonel Montcornet.

— Si la vieille bohémienne prend un air d'amitié , pensa le baron, elle va sans doute me jouer quelque méchant tour. — Madame, lui dit-il, vous vous êtes chargée, me dit-on, de veiller sur un bien précieux trésor !

— Me prenez-vous pour un dragon, demanda la vieille dame. Mais de qui parlez-vous ? ajouta-t-elle avec une douceur de voix qui rendit l'espérance à Martial.

— De cette petite dame inconnue que la jalousie de toutes ces coquettes a confinée là-bas. Vous connaissez sans doute sa famille ?

— Oui, dit la duchesse ; mais que voulez-vous faire d'une héritière de province, mariée depuis quelque temps, une fille bien née que vous ne connaissez pas, vous autres, elle ne va nulle part.

— Pourquoi ne danse-t-elle pas ? Elle est si belle ! Voulez-vous
que nous fassions un traité de paix ? Si vous daignez m'instruire de
tout ce que j'ai intérêt à savoir, je vous jure que votre demande en
restitution des bois de Marigny par le domaine extraordinaire sera
chaudement appuyée auprès de l'empereur.

— Monsieur, répondit la vieille dame avec une gravité trompeuse, amenez-moi la comtesse de Vaudremont. Je vous promets
de lui révéler le mystère qui rend notre inconnue si intéressante.
Voyez, tous les hommes du bal sont arrivés au même degré de curiosité que vous. Les yeux se portent involontairement vers ce candélabre où ma protégée s'est modestement placée, elle recueille tous
les hommages qu'on a voulu lui ravir. Bienheureux celui qu'elle
prendra pour danseur ! Là, elle s'interrompit en fixant la comtesse
de Vaudremont par un de ces regards qui disent si bien : — Nous
parlons de vous. Puis elle ajouta : — Je pense que vous aimerez
mieux apprendre le nom de l'inconnue de la bouche de votre belle
comtesse que de la mienne ?

L'attitude de la duchesse était si provoquante que madame de
Vaudremont se leva, vint auprès d'elle, s'assit sur la chaise que lui
offrit Martial ; et, sans faire attention à lui : — Je devine, madame,
lui dit-elle en riant, que vous parlez de moi ; mais j'avoue mon
infériorité, je ne sais si c'est en bien ou en mal.

Madame de Grandlieu serra de sa vieille main sèche et ridée la
jolie main de la jeune femme, et, d'un ton de compassion, elle
lui répondit à voix basse : — Pauvre petite !

Les deux femmes se regardèrent. Madame de Vaudremont comprit que Martial était de trop, et le congédia en lui disant d'un air
impérieux : — Laissez-nous !

Le maître des requêtes, peu satisfait de voir la comtesse sous
le charme de la dangereuse sibylle qui l'avait attirée près d'elle,
lui lança un de ces regards d'homme, puissants sur un cœur aveu-
gle, mais qui paraissent ridicules à une femme quand elle commence à juger celui de qui elle s'est éprise.

— Auriez-vous la prétention de singer l'empereur ? dit madame
de Vaudremont en mettant sa tête de trois quarts pour contempler
le maître des requêtes d'un air ironique.

Martial avait trop l'usage du monde, trop de finesse et de
calcul pour s'exposer à rompre avec une femme si bien en cour
et que l'empereur voulait marier ; il compta d'ailleurs sur la

jalousie qu'il se proposait d'éveiller en elle comme sur le meilleur moyen de deviner le secret de sa froideur, et s'éloigna d'autant plus volontiers qu'en cet instant une nouvelle contredanse mettait tout le monde en mouvement. Le baron eut l'air de céder la place aux quadrilles, il alla s'appuyer sur le marbre d'une console, se croisa les bras sur la poitrine, et resta tout occupé de l'entretien des deux dames. De temps en temps il suivait les regards que toutes deux jetèrent à plusieurs reprises sur l'inconnue. Comparant alors la comtesse à cette beauté nouvelle que le mystère rendait si attrayante, le baron fut en proie aux odieux calculs habituels aux hommes à bonnes fortunes : il flottait entre une fortune à prendre et son caprice à contenter. Le reflet des lumières faisait si bien ressortir sa figure soucieuse et sombre sur les draperies de moire blanche froissée par ses cheveux noirs, qu'on aurait pu le comparer à quelque mauvais génie. De loin, plus d'un observateur dut sans doute se dire : — Voilà encore un pauvre diable qui paraît s'amuser beaucoup !

L'épaule droite légèrement appuyée sur la chambranle de la porte qui se trouvait entre le salon de danse et la salle de jeu, le colonel pouvait rire incognito sous ses amples moustaches, il jouissait du plaisir de contempler le tumulte du bal; il voyait cent jolies têtes tournoyant au gré des caprices de la danse; il lisait sur quelques figures, comme sur celles de la comtesse et de son ami Martial, les secrets de leur agitation; puis, en détournant la tête, il se demandait quel rapport existait entre l'air sombre du comte de Soulanges toujours assis sur la causeuse, et la physionomie plaintive de la dame inconnue sur le visage de laquelle apparaissait tour à tour les joies de l'espérance et les angoisses d'une terreur involontaire. Montcornet était là comme le roi de la fête, il trouvait dans ce tableau mouvant une vue complète du monde, et il en riait en recueillant les sourires intéressés de cent femmes brillantes et parées : un colonel de la garde impériale, poste qui comportait le grade de général de brigade, était certes un des plus beaux partis de l'armée. Il était minuit environ. Les conversations, le jeu, la danse, la coquetterie, les intérêts, les malices et les projets, tout arrivait à ce degré de chaleur qui arrache à un jeune homme cette exclamation : — Le beau bal !

— Mon bon petit ange, disait madame de Grandlieu à la comtesse, vous êtes à un âge où j'ai fait bien des fautes. En vous voyant souffrir tout à l'heure mille morts, j'ai eu la pensée de vous donner quelques avis charitables. Commettre des fautes à vingt-deux ans, n'est-ce pas gâter son avenir, n'est-ce pas déchirer la robe qu'on doit mettre? Ma chère, nous n'apprenons que bien tard à nous en servir sans la chiffonner. Continuez, mon cœur, à vous procurer des ennemis adroits et des amis sans esprit de conduite, vous verrez quelle jolie petite vie vous mènerez un jour.

— Ah! madame, une femme a bien de la peine à être heureuse, n'est-ce pas? s'écria naïvement la comtesse.

— Ma petite, il faut savoir choisir, à votre âge, entre les plaisirs et le bonheur. Vous voulez épouser Martial, qui n'est ni assez sot pour faire un bon mari, ni assez passionné pour être un amant. Il a des dettes, ma chère, il est homme à dévorer votre fortune; mais ce ne serait rien s'il vous donnait le bonheur. Ne voyez-vous combien il est vieux? Cet homme doit avoir été souvent malade, il jouit de son reste. Dans trois ans, ce sera un homme fini. L'ambitieux commencera, peut-être réussira-t-il. Je ne le crois pas. Qu'est-il? un intrigant qui peut posséder à merveille l'esprit des affaires et babiller agréablement; mais il est trop avantageux pour avoir un vrai mérite, il n'ira pas loin. D'ailleurs, regardez-le! Ne lit-on pas sur son front que, dans ce moment-ci, ce n'est pas une jeune et jolie femme qu'il voit en vous, mais les deux millions que vous possédez? Il ne vous aime pas, ma chère, il vous calcule comme s'il s'agissait d'une affaire. Si vous voulez vous marier, prenez un homme plus âgé, qui ait de la considération, et qui soit à la moitié de son chemin. Une veuve ne doit pas faire de son mariage une affaire d'amourette. Une souris s'attrape-t-elle deux fois au même piége? Maintenant, un nouveau contrat doit être une spéculation pour vous, et il faut, en vous remariant, avoir au moins l'espoir de vous entendre nommer un jour madame la maréchale.

En ce moment, les yeux des deux femmes se fixèrent naturellement sur la belle figure du colonel Montcornet.

— Si vous voulez jouer le rôle difficile d'une coquette et ne pas vous marier, reprit la duchesse avec bonhomie, ah! ma pauvre petite, vous saurez mieux que toute autre amonceler les nuages d'une tempête et la dissiper. Mais, je vous en conjure, ne vous faites jamais un plaisir de troubler la paix des ménages, de détruire l'union des familles et le bonheur des femmes qui sont heureuses. Je l'ai joué, ma chère, ce rôle dangereux. Hé, mon Dieu, pour un triomphe d'amour-

propre, on assassine souvent de pauvres créatures vertueuses ; car il
existe vraiment, ma chère, des femmes vertueuses, et l'on se crée des
haines mortelles. Un peu trop tard, j'ai appris que, suivant l'expression du duc d'Albe, un saumon vaut mieux que mille grenouilles !
Certes, un véritable amour donne mille fois plus de jouissances que
les passions éphémères qu'on excite ! Eh bien ! je suis venue ici
pour vous prêcher. Oui, vous êtes la cause de mon apparition dans
ce salon qui pue le peuple. Ne viens-je pas d'y voir des acteurs ?
Autrefois, ma chère, on les recevait dans son boudoir ; mais au
salon, fi donc ! Pourquoi me regardez-vous d'un air si étonné ?
Écoutez-moi ! Si vous voulez vous jouer des hommes, reprit la
vieille dame, ne bouleversez le cœur que de ceux dont la vie n'est
pas arrêtée, de ceux qui n'ont pas de devoirs à remplir ; les autres
ne nous pardonnent pas les désordres qui les ont rendus heureux.
Profitez de cette maxime due à ma vieille expérience. Ce pauvre
Soulanges, par exemple, auquel vous avez fait tourner la tête, et
que, depuis quinze mois, vous avez enivré, Dieu sait comme ! eh
bien ! savez-vous sur quoi portaient vos coups ?... sur sa vie tout
entière. Il est marié depuis six mois, il est adoré d'une charmante
créature qu'il aime et qu'il trompe ; elle vit dans les larmes et dans
le silence le plus amer. Soulanges a eu des moments de remords
plus cruels que ses plaisirs n'étaient doux. Et vous, petite rusée,
vous l'avez trahi. Eh bien ! venez contempler votre ouvrage.

La vieille duchesse prit la main de madame de Vaudremont, et
elles se levèrent.

— Tenez, lui dit madame de Grandlieu en lui montrant des yeux
l'inconnue pâle et tremblante sous les feux du lustre, voilà ma petite
nièce, la comtesse de Soulanges, elle a enfin cédé aujourd'hui à
mes instances, elle a consenti à quitter la chambre de douleur où
la vue de son enfant ne lui apportait que de bien faibles consolations ; la voyez-vous ? elle vous paraît charmante : eh bien ! chère
belle, jugez de ce qu'elle devait être quand le bonheur et l'amour
répandaient leur éclat sur cette figure maintenant flétrie.

La comtesse détourna silencieusement la tête et parut en proie à
de graves réflexions. La duchesse l'amena jusqu'à la porte de la
salle de jeu ; puis, après y avoir jeté les yeux, comme si elle eût
voulu y chercher quelqu'un : — Et voilà Soulanges, dit-elle à la
jeune coquette d'un son de voix profond.

La comtesse frissonna quand elle aperçut, dans le coin le moins

éclairé du salon, la figure pâle et contractée de Soulanges appuyé
sur la causeuse : l'affaissement de ses membres et l'immobilité de
son front accusaient toute sa douleur, les joueurs allaient et venaient devant lui, sans y faire plus d'attention que s'il eût été
mort. Le tableau que présentaient la femme en larmes et le mari
morne et sombre, séparés l'un de l'autre au milieu de cette fête,
comme les deux moitiés d'un arbre frappé par la foudre, eut peut-
être quelque chose de prophétique pour la comtesse. Elle craignit
d'y voir une image des vengeances que lui gardait l'avenir. Son
cœur n'était pas encore assez flétri pour que la sensibilité et l'indulgence en fussent entièrement bannies, elle pressa la main de la
duchesse en la remerciant par un de ces sourires qui ont une certaine grâce enfantine.

— Mon cher enfant, lui dit la vieille femme à l'oreille, songez
désormais que nous savons aussi bien repousser les hommages des
hommes que nous les attirer.

— Elle est à vous, si vous n'êtes pas un niais.

Ces dernières paroles furent soufflées par madame de Grandlieu
à l'oreille du colonel Montcornet pendant que la belle comtesse se
livrait à la compassion que lui inspirait l'aspect de Soulanges, car elle
l'aimait encore assez sincèrement pour vouloir le rendre au bonheur, et se promettait intérieurement d'employer l'irrésistible pouvoir qu'exerçaient encore ses séductions sur lui pour le renvoyer à
sa femme.

— Oh! comme je vais le prêcher, dit-elle à madame de Grandlieu.

N'en faites rien, ma chère! s'écria la duchesse en regagnant
sa bergère, choisissez-vous un bon mari et fermez votre porte à
mon neveu. Ne lui offrez même pas votre amitié. Croyez-moi, mon
enfant, une femme ne reçoit pas d'une autre femme le cœur de
son mari, elle est cent fois plus heureuse de croire qu'elle l'a re-
conquis elle-même. En amenant ici ma nièce, je crois lui avoir
donné un excellent moyen de regagner l'affection de son mari. Je
ne vous demande, pour toute coopération, que d'agacer le général.

Et, quand elle lui montra l'ami du maître des requêtes, la comtesse sourit.

— Eh bien, madame, savez-vous enfin le nom de cette inconnue? demanda le baron d'un air piqué à la comtesse quand elle se
trouva seule.

— Oui, dit madame de Vaudremont en regardant le maître des requêtes.

Sa figure exprimait autant de finesse que de gaieté. Le sourire qui répandait la vie sur ses lèvres et sur ses joues, la lumière humide de ses yeux étaient semblables à ces feux follets qui abusent le voyageur. Martial, qui se crut toujours aimé, prit alors cette attitude coquette dans laquelle un homme se balance si complaisamment auprès de celle qu'il aime, et dit avec fatuité : — Et ne m'en voudrez-vous pas si je parais attacher beaucoup de prix à savoir ce nom ?

— Et ne m'en voudrez-vous pas, répliqua madame de Vaudremont, si , par un reste d'amour, je ne vous le dis pas, et si je vous défends de faire la moindre avance à cette jeune dame ? Vous risqueriez votre vie, peut-être.

— Madame, perdre vos bonnes grâces, n'est-ce pas perdre plus que la vie.

Martial, dit sévèrement la comtesse, c'est madame de Soulanges, son mari vous brûlerait la cervelle, si vous en avez toutefois.

— Ah ! ah ! répliqua le fat en riant, le colonel laissera vivre en paix celui qui lui a enlevé votre cœur et se battrait pour sa femme ? Quel renversement de principes ! Je vous en prie, permettez-moi de danser avec cette petite dame. Vous pourrez ainsi avoir la preuve du peu d'amour que renfermait pour vous ce cœur de neige, car si le colonel trouve mauvais que je fasse danser sa femme, après avoir souffert que je vous...

— Mais elle aime son mari.

— Obstacle de plus que j'aurai le plaisir de vaincre.

— Mais elle est mariée.

— Plaisante objection !

— Ah! dit la comtesse avec un sourire amer, vous nous punissez également de nos fautes et de nos repentirs.

— Ne vous fâchez pas, dit vivement Martial. Oh ! je vous en supplie, pardonnez-moi. Tenez, je ne pense plus à madame de Soulanges.

— Vous mériteriez bien que je vous envoyasse auprès d'elle.

— J'y vais, dit le baron en riant, et je reviendrai plus épris de vous que jamais. Vous verrez que la plus jolie femme du monde ne peut s'emparer d'un cœur qui vous appartient.

— C'est-à-dire que vous voulez gagner le cheval du colonel.

— Ah! le traître, répondit-il en riant et menaçant du doigt son ami qui souriait.

Le colonel arriva, le baron lui céda la place auprès de la comtesse à laquelle il dit d'un air sardonique : —Madame, voici un homme qui s'est vanté de pouvoir gagner vos bonnes grâces dans une soirée.

Il s'applaudit en s'éloignant d'avoir révolté l'amour-propre de la comtesse et desservi Montcornet; mais, malgré sa finesse habituelle, il n'avait pas deviné l'ironie dont étaient empreints les propos de madame de Vaudremont, et ne s'aperçut point qu'elle avait fait autant de pas vers son ami que son ami vers elle, quoiqu'à l'insu l'un de l'autre. Au moment où le maître des requêtes s'approchait en papillonnant du candélabre sous lequel la comtesse de Soulanges, pâle et craintive, semblait ne vivre que des yeux, son mari arriva près de la porte du salon en montrant des yeux étincelants de passion. La vieille duchesse, attentive à tout, s'élança vers son neveu, lui demanda son bras et sa voiture pour sortir, en prétextant un ennui mortel et se flattant de prévenir ainsi un éclat fâcheux. Elle fit, avant de partir, un singulier signe d'intelligence à sa nièce, en lui désignant l'entreprenant cavalier qui se préparait à lui parler, et ce signe semblait lui dire : — Le voici, venge-toi.

Madame de Vaudremont surprit le regard de la tante et de la nièce, une lueur soudaine illumina son âme, elle craignit d'être la dupe de cette vieille dame si savante et si rusée en intrigue. — Cette perfide duchesse, se dit-elle, aura peut-être trouvé plaisant de me faire de la morale en me jouant quelque méchant tour de sa façon.

A cette pensée, l'amour-propre de madame de Vaudremont fut peut-être encore plus fortement intéressé que sa curiosité à démêler le fil de cette intrigue. La préoccupation intérieure à laquelle elle fut en proie ne la laissa pas maîtresse d'elle-même. Le colonel, interprétant à son avantage la gêne répandue dans les discours et les manières de la comtesse, n'en devint que plus ardent et plus pressant. Les vieux diplomates blasés, qui s'amusaient à observer le jeu des physionomies, n'avaient jamais rencontré tant d'intrigues à suivre ou à deviner. Les passions qui agitaient le double couple se diversifiaient à chaque pas dans ces salons animés en se représentant avec d'autres nuances sur d'autres figures. Le spectacle de tant de passions vives, toutes ces querelles d'amour, ces vengeances douces,

ces faveurs cruelles, ces regards enflammés, toute cette vie brû-
lante répandue autour d'eux ne leur faisait sentir que plus vivement
leur impuissance. Enfin, le baron avait pu s'asseoir auprès de la
comtesse de Soulanges. Ses yeux erraient à la dérobée sur un cou
frais comme la rosée, parfumé comme une fleur des champs. Il
admirait de près des beautés qui de loin l'avaient étonné. Il pouvait
voir un petit pied bien chaussé, mesurer de l'œil une taille souple
et gracieuse. A cette époque, les femmes nouaient la ceinture de
leurs robes précisément au-dessous du sein, à l'imitation des statues grecques, mode impitoyable pour les femmes dont le corsage
avait quelque défaut. En jetant des regards furtifs sur ce sein,
Martial resta ravi de la perfection des formes de la comtesse.

— Vous n'avez pas dansé une seule fois ce soir, madame, dit-il
d'une voix douce et flatteuse ; ce n'est pas faute de cavalier, j'imagine ?

— Je ne vais point dans le monde, j'y suis inconnue, répondit
avec froideur madame de Soulanges qui n'avait rien compris au
regard par lequel sa tante venait de l'inviter à plaire au baron.

Martial fit alors jouer par maintien le beau diamant qui ornait
sa main gauche, les feux jetés par la pierre semblèrent jeter
une lueur subite dans l'âme de la jeune comtesse qui rougit et regarda le baron avec une expression indéfinissable.

— Aimez-vous la danse? demanda le Provençal, pour essayer de
renouer la conversation.

— Oh ! beaucoup, monsieur.

A cette étrange réponse, leurs regards se rencontrèrent. Le jeune
homme, surpris de l'accent pénétrant qui réveilla dans son cœur
une vague espérance, avait subitement interrogé les yeux de la
jeune femme.

— Eh bien, madame, n'est-ce pas une témérité de ma part que
de me proposer pour être votre partner à la première contredanse?

Une confusion naïve rougit les joues blanches de la comtesse.

— Mais, monsieur, j'ai déjà refusé un danseur, un militaire...

— Serait-ce ce grand colonel de cavalerie que vous voyez là-bas ?

— Précisément.

— Eh ! c'est mon ami, ne craignez rien. M'accordez-vous la
faveur que j'ose espérer ?

— Oui, monsieur.

Cette voix accusait une émotion si neuve et si profonde, que

l'âme blasée du maître des requêtes en fut ébranlée. Il se sentit
envahi par une timidité de lycéen, perdit son assurance, sa tête
méridionale s'enflamma, il voulut parler, ses expressions lui parurent sans grâce, comparées aux reparties spirituelles et fines de
madame de Soulanges. Il fut heureux pour lui que la contredanse
commençât. Debout près de sa belle danseuse, il se trouva plus à
l'aise. Pour beaucoup d'hommes, la danse est une manière d'être;
ils pensent, en déployant les grâces de leur corps, agir plus puissamment que par l'esprit sur le cœur des femmes. Le Provençal
voulait sans doute employer en ce moment tous ces moyens de séduction, à en juger par la prétention de tous ses mouvements et de
ses gestes. Il avait amené sa conquête au quadrille où les femmes
les plus brillantes du salon mettaient une chimérique importance à
danser préférablement à tout autre. Pendant que l'orchestre exécutait le prélude de la première figure, le baron éprouvait une incroyable satisfaction d'orgueil, quand, passant en revue les danseuses placées sur les lignes de ce carré redoutable, il s'aperçut
que la toilette de madame de Soulanges défiait même celle de madame de Vaudremont qui, par un hasard cherché peut-être, faisait
avec le colonel le vis-à-vis du baron et de la dame bleue. Les regards
se fixèrent un moment sur madame de Soulanges : un murmure
flatteur annonça qu'elle était le sujet de la conversation de chaque
partner avec sa danseuse. Les œillades d'envie et d'admiration se
croisaient si vivement sur elle, que la jeune femme, honteuse d'un
triomphe auquel elle semblait se refuser, baissa modestement les
yeux, rougit, et n'en devint que plus charmante. Si elle releva
ses blanches paupières, ce fut pour regarder son danseur enivré,
comme si elle eût voulu lui reporter la gloire de ces hommages
et lui dire qu'elle préférait le sien à tous les autres ; elle mit de
l'innocence dans sa coquetterie, ou plutôt elle parut se livrer à la
naïve admiration par laquelle commence l'amour avec cette bonne
foi qui ne se rencontre que dans de jeunes cœurs. Quand elle
dansa, les spectateurs purent facilement croire qu'elle ne déployait
ces grâces que pour Martial ; et, quoique modeste et neuve au
manége des salons, elle sut, aussi bien que la plus savante coquette,
lever à propos les yeux sur lui, les baisser avec une feinte modestie.
Quand les lois nouvelles d'une contredanse inventée par le danseur
Trénis, et à laquelle il donna son nom, amenèrent Martial devant le
colonel : — J'ai gagné ton cheval, lui dit-il en riant.

— Oui, mais tu as perdu quatre-vingt mille livres de rente, lui répliqua le colonel en lui montrant madame de Vaudremont.

— Et qu'est-ce que cela me fait! répondit Martial, madame de Soulanges vaut des millions.

A la fin de cette contredanse, plus d'un chuchotement résonnait à plus d'une oreille. Les femmes les moins jolies faisaient de la morale avec leurs danseurs, à propos de la naissante liaison de Martial et de la comtesse de Soulanges. Les plus belles s'étonnaient d'une telle facilité. Les hommes ne concevaient pas le bonheur du petit maître des requêtes auquel ils ne trouvaient rien de bien séduisant. Quelques femmes indulgentes disaient qu'il ne fallait pas se presser de juger la comtesse : les jeunes personnes seraient bien malheureuses si un regard expressif ou quelques pas gracieusement exécutés suffisaient pour compromettre une femme. Martial seul connaissait l'étendue de son bonheur. A la dernière figure, quand les dames du quadrille eurent à former le moulinet, ses doigts pressèrent alors ceux de la comtesse, et il crut sentir, à travers la peau fine et parfumée des gants, que les doigts de la jeune femme répondaient à son amoureux appel.

— Madame, lui dit-il au moment où la contredanse se termina, ne retournez pas dans cet odieux coin où vous avez enseveli jusqu'ici votre figure et votre toilette. L'admiration est-elle le seul revenu que vous puissiez tirer des diamants qui parent votre cou si blanc et vos nattes si bien tressées ? Venez faire une promenade dans les salons pour y jouir de la fête et de vous-même.

Madame de Soulanges suivit son séducteur, qui pensait qu'elle lui appartiendrait plus sûrement s'il parvenait à l'afficher. Tous deux, ils firent alors quelques tours à travers les groupes qui encombraient les salons de l'hôtel. La comtesse de Soulanges, inquiète, s'arrêtait un instant avant d'entrer dans chaque salon, et n'y pénétrait qu'après avoir tendu le cou pour jeter un regard sur tous les hommes. Cette peur, qui comblait de joie le petit maître des requêtes, ne semblait calmée que quand il avait dit à sa tremblante compagne : — Rassurez-vous, *il* n'y est pas. Ils parvinrent ainsi jusqu'à une immense galerie de tableaux, située dans une aile de l'hôtel, et où l'on jouissait par avance du magnifique aspect d'un ambigu préparé pour trois cents personnes. Comme le repas allait commencer, Martial entraîna la comtesse vers un boudoir ovale donnant sur les jardins, et où les fleurs les plus rares et quelques arbustes formaient un bocage parfumé sous de brillantes draperies bleues. Le murmure de la fête venait y mourir. La comtesse tressaillit en y entrant, et refusa obstinément d'y suivre le jeune homme ; mais, après avoir jeté les yeux sur une glace, elle y vit sans doute des témoins, car elle alla s'asseoir d'assez bonne grâce sur une ottomane.

— Cette pièce· est délicieuse, dit-elle en admirant une tenture bleu-de-ciel relevée par des perles.

— Tout y est amour et volupté, dit le jeune homme fortement ému.

A la faveur de la mystérieuse clarté qui régnait, il regarda la comtesse et surprit sur sa figure doucement agitée une expression de trouble, de pudeur, de désir qui l'enchanta. La jeune femme sourit, et ce sourire sembla mettre fin à la lutte des sentiments qui se heurtaient dans son cœur, elle prit de la manière la plus séduisante la main gauche de son adorateur, et lui ôta du doigt la bague sur laquelle ses yeux s'étaient arrêtés.

— Le beau diamant ! s'écria-t-elle avec la naïve expression d'une jeune fille qui laisse voir les chatouillements d'une première tentation.

Martial, ému de la caresse involontaire mais enivrante que la comtesse lui avait faite en dégageant le brillant, arrêta sur elle des yeux aussi étincelants que la bague.

— Portez-la, lui dit-il, en souvenir de cette heure céleste et pour l'amour de...

— Elle le contemplait avec tant d'extase qu'il n'acheva pas, il lui baisa la main.

— Vous me la donnez ? dit-elle avec un air d'étonnement.

— Je voudrais vous offrir le monde entier.

— Vous ne plaisantez pas, reprit-elle d'une voix altérée par une satisfaction trop vive.

— N'acceptez-vous que mon diamant ?

— Vous ne me le reprendrez jamais ? demanda-t-elle.

— Jamais.

Elle mit la bague à son doigt. Martial, comptant sur un prochain bonheur, fit un geste pour passer sa main sur la taille de la comtesse qui se leva tout à coup, et dit d'une voix claire, sans aucune émotion : — Monsieur, j'accepte ce diamant avec d'autant moins de scrupule qu'il m'appartient.

Le maître des requêtes resta tout interdit.

— Monsieur de Soulanges le prit dernièrement sur ma toilette et me dit l'avoir perdu.

— Vous êtes dans l'erreur, madame, dit Martial d'un air piqué, je le tiens de madame de Vaudremont.

— Précisément, répliqua-t-elle en souriant. Mon mari m'a emprunté cette bague, la lui a donnée, elle vous en a fait présent, ma bague a voyagé, voilà tout. Cette bague me dira peut-être tout ce que j'ignore, et m'apprendra le secret de toujours plaire. Monsieur, reprit-elle, si elle n'eût pas été à moi, soyez sûr que je ne me serais pas hasardée à la payer si cher, car une jeune femme est, dit-on, en péril près de vous. Mais, tenez, ajouta-t-elle en faisant jouer un ressort caché sous la pierre, les cheveux de monsieur de Soulanges y sont encore.

Elle s'élança dans les salons avec une telle prestesse qu'il paraissait inutile d'essayer de la rejoindre ; et, d'ailleurs, Martial confondu ne se trouva pas d'humeur à tenter l'aventure. Le rire de madame de Soulanges avait trouvé un écho dans le boudoir où le jeune fat aperçut entre deux arbustes le colonel et madame de Vaudremont qui riaient de tout cœur.

— Veux-tu mon cheval pour courir après ta conquête ? lui dit le colonel.

La bonne grâce avec laquelle le baron supporta les plaisanteries dont l'accablèrent madame de Vaudremont et Montcornet, lui valut leur discrétion sur cette soirée, où son ami troqua son cheval de bataille contre une jeune, riche et jolie femme.

Pendant que la comtesse de Soulanges franchissait l'intervalle qui sépare la Chaussée-d'Antin du faubourg Saint-Germain où elle demeurait, son âme fut en proie aux plus vives inquiétudes. Avant de quitter l'hôtel de Gondreville, elle en avait parcouru les salons sans y rencontrer ni sa tante ni son mari partis sans elle. D'affreux pressentiments vinrent alors tourmenter son âme ingénue. Témoin discret des souffrances éprouvées par son mari depuis le jour où madame de Vaudremont l'avait attaché à son char, elle espérait avec confiance qu'un prochain repentir lui ramènerait son époux. Aussi était-ce avec une incroyable répugnance qu'elle avait consenti au plan formé par sa tante, madame de Grandlieu, et en ce moment elle craignait d'avoir commis une faute. Cette soirée avait attristé son âme candide. Effrayée d'abord de l'air souffrant et sombre du comte de Soulanges, elle le fut encore plus par la beauté de sa rivale, et la corruption du monde lui avait serré le cœur. En passant sur le Pont-Royal, elle jeta les cheveux profanés qui se trouvaient sous le diamant, jadis offert comme le gage d'un amour pur. Elle pleura en se rappelant les vives souffrances auxquelles elle était depuis si longtemps en proie, et frémit plus d'une fois en pensant que le devoir des femmes qui veulent obtenir la paix en ménage les obligeait à ensevelir au fond du cœur, et sans se plaindre, des angoisses aussi cruelles que les siennes.

— Hélas! se dit-elle, comment peuvent faire les femmes qui n'aiment pas? Où est la source de leur indulgence? Je ne saurais croire, comme le dit ma tante, que la raison suffise pour les soutenir dans de tels dévouements.

Elle soupirait encore quand son chasseur abaissa l'élégant marchepied d'où elle s'élança sous le vestibule de son hôtel. Elle monta l'escalier avec précipitation, et quand elle arriva dans sa chambre, elle tressaillit de terreur en y voyant son mari assis auprès de la cheminée.

— Depuis quand, ma chère, allez-vous au bal sans moi, sans me prévenir? demanda-t-il d'une voix altérée. Sachez qu'une femme est toujours déplacée sans son mari. Vous étiez singulièrement compromise dans le coin obscur où vous vous étiez nichée.

— Oh! mon bon Léon, dit-elle d'une voix caressante, je n'ai pu résister au bonheur de te voir sans que tu me visses. Ma tante m'a menée à ce bal, et j'y ai été bien heureuse!

Ces accents désarmèrent les regards du comte de leur sévérité factice, car il venait de se faire de vifs reproches à lui-même, en appréhendant le retour de sa femme, sans doute instruite au bal d'une infidélité qu'il espérait lui avoir cachée, et selon la coutume des amants qui se sentent coupables, il essayait, en querellant la comtesse le premier, d'éviter sa trop juste colère. Il regarda silencieusement sa femme, qui dans sa brillante parure lui sembla plus belle que jamais. Heureuse de voir son mari souriant, et de le trouver à cette heure dans une chambre où, depuis quelque temps, il était venu moins fréquemment, la comtesse le regarda si tendrement qu'elle rougit et baissa les yeux. Cette clémence enivra d'autant plus Soulanges que cette scène succédait aux tourments qu'il avait ressentis pendant le bal; il saisit la main de sa femme et la baisa par reconnaissance : ne se rencontre-t-il pas souvent de la reconnaissance dans l'amour?

— Hortense, qu'as-tu donc au doigt qui m'a fait tant de mal aux lèvres? demanda-t-il en riant.

— C'est mon diamant, que tu disais perdu, et que j'ai retrouvé.

Le général Montcornet n'épousa point madame de Vaudremont, malgré la bonne intelligence dans laquelle tous deux vécurent pendant quelques instants, car elle fut une des victimes de l'épouvantable incendie qui rendit à jamais célèbre le bal donné par l'ambassadeur d'Autriche, à l'occasion du mariage de l'empereur Napoléon avec la fille de l'empereur François II.

Juillet 1829.

LA FAUSSE MAITRESSE.

DÉDIÉ A LA COMTESSE CLARA MAFFEÏ.

Au mois de septembre 1835, une des plus riches héritières du faubourg Saint-Germain, mademoiselle du Rouvre, fille unique du marquis du Rouvre, épousa le comte Adam Mitgislas Laginski, jeune Polonais proscrit.

Qu'il soit permis d'écrire les noms comme ils se prononcent, pour épargner aux lecteurs l'aspect des fortifications de consonnes par lesquels la langue slave protége ses voyelles, sans doute afin de ne pas les perdre, vu leur petit nombre.

Le marquis du Rouvre avait presque entièrement dissipé l'une des plus belles fortunes de la noblesse, et à laquelle il dut autrefois son alliance avec une demoiselle de Ronquerolles. Ainsi, du côté maternel, Clémentine du Rouvre avait pour oncle le marquis de Ronquerolles, et pour tante madame de Sérizy. Du côté paternel, elle jouissait d'un autre oncle dans la bizarre personne du chevalier du Rouvre, cadet de la maison, vieux garçon devenu riche en trafiquant sur les terres et sur les maisons. Le marquis de Ronquerolles eut le malheur de perdre ses deux enfants à l'invasion du choléra. Le fils unique de madame de Sérizy, jeune militaire de la plus haute espérance, périt en Afrique à l'affaire de la Macta. Aujourd'hui, les familles riches sont entre le danger de ruiner leurs enfants si elles en ont trop, ou celui de s'éteindre en s'en tenant à un ou deux, un singulier effet du Code civil auquel Napoléon n'a pas songé. Par un effet du hasard, malgré les dissipa-

tions insensées du marquis du Ronvre pour Florine, une des plus
charmantes actrices de Paris, Clémentine devint donc une héritière. Le marquis de Ronquerolles, un des plus habiles diplomates
de la nouvelle dynastie; sa sœur, madame de Sérizy, et le chevalier du Rouvre convinrent, pour sauver leurs fortunes des griffes du marquis, d'en disposer en faveur de leur nièce, à laquelle
ils promirent d'assurer, au jour de son mariage, chacun dix mille
francs de rente.

Il est parfaitement inutile de dire que le Polonais, quoique ré-
fugié, ne coûtait absolument rien au gouvernement français. Le
comte Adam appartient à l'une des plus vieilles et des plus illustres familles de la Pologne, alliée à la plupart des maisons princiè-
res de l'Allemagne, aux Sapiéha, aux Radzivill, aux Rzewuski,
aux Cartoriski, aux Leczinski, aux Iablonoski, etc. Mais les connaissances héraldiques ne sont pas ce qui distingue la France sous
Louis-Philippe, et cette noblesse ne pouvait être une recommandation auprès de la bourgeoisie qui trônait alors. D'ailleurs,
quand, en 1833, Adam se montra sur le boulevard des Italiens,
à Frascati, au Jockey-Club, il mena la vie d'un jeune homme
qui, perdant ses espérances politiques, retrouvait ses vices et
son amour pour le plaisir. On le prit pour un étudiant. La
nationalité polonaise, par l'effet d'une odieuse réaction gou-
vernementale, était alors tombée aussi bas que les républicains la
voulaient mettre haut. La lutte étrange du Mouvement contre la
Résistance, deux mots qui seront inexplicables dans trente ans, fit
un jouet de ce qui devait être si respectable : le nom d'une nation
vaincue à qui la France accordait l'hospitalité, pour qui l'on inventait des fêtes, pour qui l'on chantait et l'on dansait par sous-
cription ; enfin une nation qui, lors de la lutte entre l'Europe et la
France, lui avait offert six mille hommes en 1796, et quels hommes ! N'allez pas inférer de ceci que l'on veuille donner tort à l'empereur Nicolas contre la Pologne, ou à la Pologne contre l'empereur
Nicolas. Ce serait d'abord une assez sotte chose que de glisser des
discussions politiques dans un récit qui doit ou amuser ou intéresser. Puis, la Russie et la Pologne avaient également raison, l'une
de vouloir l'unité de son empire, l'autre de vouloir redevenir libre.
Disons en passant que la Pologne pouvait conquérir la Russie par
l'influence de ses mœurs, au lieu de la combattre par les armes, en
imitant les Chinois, qui ont fini par chinoiser les Tartares, et qui

chinoiseront les Anglais, il faut l'espérer. La Pologne devait polo-
niser la Russie : Poniatowski l'avait essayé dans la région la moins
tempérée de l'empire ; mais ce gentilhomme fut un roi d'autant
plus incompris que peut-être ne se comprenait-il pas bien lui-
même. Comment n'aurait-on pas haï de pauvres gens qui furent
la cause de l'horrible mensonge commis pendant la revue où tout
Paris demandait à secourir la Pologne ? On feignit de regarder
les Polonais comme les alliés du parti républicain, sans songer
que la Pologne était une république aristocratique. Dès lors la
bourgeoisie accabla de ses ignobles dédains le Polonais que l'on
déifiait quelques jours auparavant. Le vent d'une émeute a toujours fait varier les Parisiens du Nord au Midi, sous tous les régi-
mes. Il faut bien rappeler ces revirements de l'opinion parisienne
pour expliquer comment le mot Polonais était, en 1835, un quali-
ficatif dérisoire chez le peuple qui se croit le plus spirituel et le
plus poli du monde, au centre des lumières, dans une ville qui
tient aujourd'hui le sceptre des arts et de la littérature. Il existe,
hélas ! deux sortes de Polonais réfugiés, le Polonais républicain,
fils de Lelewel, et le noble Polonais du parti à la tête duquel se
place le prince Cartoriski. Ces deux sortes de Polonais sont l'eau et
le feu ; mais pourquoi leur en vouloir ? Ces divisions ne se sont-
elles pas toujours remarquées chez les réfugiés, à quelque nation
qu'ils appartiennent, n'importe en quelles contrées ils aillent ? On
porte son pays et ses haines avec soi. A Bruxelles, deux prêtres
français émigrés manifestaient une profonde horreur l'un contre
l'autre, et quand on demanda pourquoi à l'un d'eux, il répondit
en montrant son compagnon de misère : « C'est un janséniste. »
Dante eût volontiers poignardé dans son exil un adversaire des
Blancs. Là gît la raison des attaques dirigées contre le vénérable
prince Adam Cartoriski par les radicaux français, et celle de la dé-
faveur répandue sur une partie de l'émigration polonaise par les
César de boutique et les Alexandre de la patente. En 1834, Adam
Mitgislas Laginski eut donc contre lui les plaisanteries parisiennes.

— Il est gentil, quoique Polonais, disait de lui Rastignac.

— Tous ces Polonais se prétendent grands seigneurs, disait
Maxime de Trailles, mais celui-ci paie ses dettes de jeu ; je commence à croire qu'il a eu des terres.

Sans vouloir offenser des bannis, il est permis de faire observer
que la légèreté, l'insouciance, l'inconsistance du caractère sar-

mate autorisèrent les médisances des Parisiens qui d'ailleurs res-
sembleraient parfaitement aux Polonais en semblable occurrence.
L'aristocratie française, si admirablement secourue par l'aristocratie polonaise pendant la révolution, n'a certes pas rendu la pareille à l'émigration forcée de 1832. Ayons le triste courage de
le dire, le faubourg Saint-Germain est encore débiteur de la Pologne.

Le comte Adam était-il riche, était-il pauvre, était-ce un aven-
turier? Ce problème resta pendant long-temps indécis. Les salons
de la diplomatie, fidèles à leurs instructions, imitèrent le silence
de l'empereur Nicolas, qui considérait alors comme mort tout émigré polonais. Les Tuileries et la plupart de ceux qui y prennent
leur mot d'ordre donnèrent une horrible preuve de cette qualité
politique décorée du titre de sagesse. On y méconnut un prince
russe avec qui l'on fumait des cigares pendant l'émigration, parce
qu'il paraissait avoir encouru la disgrâce de l'empereur Nicolas.
Placés entre la prudence de la cour et celle de la diplomatie, les
Polonais de distinction vivaient dans la solitude biblique de *Super
flumina Babylonis*, ou hantaient certains salons qui servent de
terrain neutre à toutes les opinions. Dans une ville de plaisir
comme Paris, où les distractions abondent à tous les étages, l'é-
tourderie polonaise trouva deux fois plus de motifs qu'il ne lui en
fallait pour mener la vie dissipée des garçons. Enfin, disons-le,
Adam eut d'abord contre lui sa tournure et ses manières. Il y a
deux Polonais comme il y a deux Anglaises. Quand une Anglaise
n'est pas très-belle, elle est horriblement laide, et le comte Adam
appartient à la seconde catégorie. Sa petite figure, assez aigre de
ton, semble avoir été pressée dans un étau. Son nez court, ses
cheveux blonds, ses moustaches et sa barbe rousses lui donnent
d'autant plus l'air d'une chèvre qu'il est petit, maigre, et que ses
yeux d'un jaune sale vous saisissent par ce regard oblique si célèbre par le vers de Virgile. Comment, malgré tant de conditions
défavorables, possède-t-il des manières et un ton exquis? La so-
lution de ce problème s'explique et par une tenue de dandy et par
l'éducation due à sa mère, une Radziwill. Si son courage va jusqu'à
la témérité, son esprit ne dépasse point les plaisanteries courantes
et éphémères de la conversation parisienne; mais il ne rencontre
pas souvent parmi les jeunes gens à la mode un garçon qui lui
soit supérieur. Les gens du monde causent aujourd'hui beaucoup

trop chevaux, revenus, impôts, députés pour que la conversation française reste ce qu'elle fut. L'esprit veut du loisir et certaines inégalités de position. On cause peut-être mieux à Pétersbourg et à Vienne qu'à Paris. Des égaux n'ont plus besoin de finesses, ils se disent alors tout *bêtement* les choses comme elles sont. Les moqueurs de Paris retrouvèrent donc difficilement un grand seigneur dans une espèce d'étudiant léger qui, dans le discours, passait avec insouciance d'un sujet à un autre, qui courait après les amusements avec d'autant plus de fureur qu'il venait d'échapper à de grands périls, et que, sorti de son pays où sa famille était connue, il se crut libre de mener une vie décousue sans courir les risques de la déconsidération.

Un beau jour, en 1834, Adam acheta, rue de la Pépinière, un hôtel. Six mois après cette acquisition, sa tenue égala celle des plus riches maisons de Paris. Au moment où Laginski commençait à se faire prendre au sérieux, il vit Clémentine aux Italiens et devint amoureux d'elle. Un an après, le mariage eut lieu. Le salon de madame d'Espard donna le signal des louanges. Les mères de famille apprirent trop tard que, dès l'an neuf cent, les Laginski se comptaient parmi les familles illustres du Nord. Par un trait de prudence anti-polonaise, la mère du jeune comte avait, au moment de l'insurrection, hypothéqué ses biens d'une somme immense prêtée par deux maisons juives et placée dans les fonds français. Le comte Adam Laginski possédait quatre-vingt mille francs de rente. On ne s'étonna plus de l'imprudence avec laquelle, selon beaucoup de salons, madame de Sérizy, le vieux diplomate Ronquerolles et le chevalier du Rouvre cédaient à la folle passion de leur nièce. On passa, comme toujours, d'un extrême à l'autre. Pendant l'hiver de 1836 le comte Adam fut à la mode, et Clémentine Laginska devint une des reines de Paris. Madame de Laginska fait aujourd'hui partie de ce charmant groupe de jeunes femmes où brillent mesdames de l'Estorade, de Portenduère, Marie de Vandenesse, du Guénic et de Maufrigneuse, les fleurs du Paris actuel, qui vivent à une grande distance des parvenus, des bourgeois et des faiseurs de la nouvelle politique.

Ce préambule était nécessaire pour déterminer la sphère dans laquelle s'est passée une de ces actions sublimes, moins rares que les détracteurs du temps présent ne le croient, qui sont, comme les belles perles, le fruit d'une souffrance où d'une douleur, et qui, semblables aux perles, sont cachées sous de rudes écailles, perdues enfin au fond de ce gouffre, de cette mer, de cette onde incessamment remuée, nommée le monde, le siècle, Paris, Londres ou Pétersbourg, comme vous voudrez !

Si jamais cette vérité, que l'architecture est l'expression des mœurs, fut démontrée, n'est-ce pas depuis l'insurrection de 1830, sous le règne de la maison d'Orléans ? Toutes les fortunes se rétrécissant en France, les majestueux hôtels de nos pères sont incessamment démolis et remplacés par des espèces de phalanstères où le pair de France de Juillet habite un troisième étage au-dessus d'un empirique enrichi. Les styles sont confusément employés. Comme il n'existe plus de cour, ni de noblesse pour donner le ton, on ne voit aucun ensemble dans les productions de l'art. De son côté, jamais l'architecture n'a découvert plus de moyens économiques pour singer le vrai, le solide, et n'a déployé plus de ressources, plus de génie dans les distributions. Proposez à un artiste la lisière du jardin d'un vieil hôtel abattu, il vous y bâtit un petit Louvre écrasé d'ornements ; il y trouve une cour, des écuries, et si vous y tenez, un jardin ; à l'intérieur, il accumule tant de petites pièces et de dégagements, il sait si bien tromper l'œil, qu'on s'y croit à l'aise ; enfin il y foisonne tant de logements, qu'une famille ducale fait ses évolutions dans l'ancien fournil d'un président à mortier.

L'hôtel de la comtesse Laginska, rue de la Pépinière, une de ces créations modernes, est entre cour et jardin. A droite, dans la cour, s'étendent les communs, auxquels répondent à gauche les remises et les écuries. La loge du concierge s'élève entre deux charmantes portes cochères. Le grand luxe de cette maison consiste en une charmante serre agencée à la suite d'un boudoir au rez-de-chaussée, où se déploient d'admirables appartements de réception. Un philanthrope chassé d'Angleterre avait bâti cette bijouterie architecturale, construit la serre, dessiné le jardin, verni les portes, briqueté les communs, verdi les fenêtres, et réalisé l'un de ces rêves pareils, toute proportion gardée, à celui de Georges IV à Brighton. Le fécond, l'industrieux, le rapide ouvrier de Paris lui avait sculpté ses portes et ses fenêtres. On lui avait imité les plafonds du moyen âge ou ceux des palais vénitiens, et prodigué les placages de marbre en tableaux extérieurs. Elschoët et Klagmann travaillèrent les dessus de portes et les cheminées. Boulanger avait magistralement peint les plafonds. Les merveilles de l'escalier, blanc comme le bras d'une femme, défiaient celles de l'hôtel Rothschild. A cause des émeutes, le prix de cette folie ne monta pas à plus de onze cent mille francs. Pour un Anglais ce fut donné. Tout ce luxe, dit princier par des gens qui ne savent plus ce qu'est un vrai prince, tenait dans l'ancien jardin de l'hôtel d'un fournisseur, un des Crésus de la révolution, mort à Bruxelles en faillite après un sens dessus-dessous de Bourse. L'Anglais mourut à Paris de Paris, car pour bien des gens Paris est une maladie ; il est quelquefois plusieurs maladies. Sa veuve, une méthodiste, manifesta la plus grande horreur pour la petite maison du nabab. Ce philanthrope était un marchand d'opium. La pudique veuve ordonna de vendre le scandaleux immeuble au moment où les émeutes mettaient en question la paix à tout prix. Le comte Adam profita de cette occasion, vous saurez comment, car rien n'était moins dans ses habitudes de grand seigneur.

Derrière cette maison, bâtie en pierre brodée comme melon, s'étale le velours vert d'une pelouse anglaise, ombragée au fond par un élégant massif d'arbres exotiques, d'où s'élance un pavillon chinois avec ses clochettes muettes et ses œufs dorés immobiles. La serre et ses constructions fantastiques déguisent le mur de clôture au midi. L'autre mur qui fait face à la serre est caché par des plantes grimpantes, façonnées en portiques à l'aide de mâts peints en vert et réunis par des traverses. Cette prairie, ce monde de fleurs, ces allées sablées, ce simulacre de forêt, ces palissades aériennes se développent dans vingt-cinq perches carrées, qui valent aujourd'hui quatre cent mille francs, la valeur d'une vraie forêt. Au milieu de ce silence obtenu dans Paris, les oiseaux chantent : il y a des merles, des rossignols, des bouvreuils, des fauvettes, et beaucoup de moineaux. La serre est une immense jardinière où l'air est chargé de parfums, où l'on se promène en hiver comme si l'été brillait de tous ses feux. Les moyens par lesquels on compose une atmosphère à sa guise, la Torride, la Chine ou l'Italie, sont habilement dérobés aux regards. Les tubes où circulent l'eau bouillante, la vapeur, un calorique quelconque, sont enveloppés de terre et se produisent aux regards comme des guirlandes de fleurs vivantes. Vaste est le boudoir. Sur un terrain restreint, le miracle de cette fée parisienne, appelée l'Architecture, est de rendre tout grand. Le boudoir de la jeune comtesse fut la coquetterie de l'artiste, à qui le comte Adam livra l'hôtel à décorer de nouveau. Une faute y est impossible : il y a trop de jolis riens. L'amour ne saurait où se poser parmi des travailleuses sculptées en Chine, où l'œil aperçoit des milliers de figures bizarres fouillées dans l'ivoire et dont la génération a usé deux familles chinoises ; des coupes de topaze brûlée montées sur un pied de filigrane ; des mosaïques qui inspirent le vol ; des tableaux hollandais comme en refait Meissonnier ; des anges conçus comme les exécute Gérard-Séguin qui ne veut pas vendre les siens ; des statuettes sculptées par des génies poursuivis par leurs créanciers (véritable explication des mythes arabes) ; les sublimes ébauches de nos premiers artistes ; des devants de bahut pour boiseries et dont les panneaux alternent avec les fantaisies de la soierie indienne ; des portières qui s'échappent en flots dorés de dessous une traverse en chêne noir où grouille une chasse entière ; des meubles dignes de madame de Pompadour ; un tapis de Perse, etc. Enfin, dernière grâce, ces richesses éclairées par un demi-jour qui filtre à travers deux rideaux de dentelle, en paraissaient encore plus charmantes. Sur une console, parmi des antiquités, une cravache dont le bout fut sculpté par mademoiselle de Fauveau, disait que la comtesse aimait à monter à cheval.

Tel est un boudoir en 1837, un étalage de marchandises qui divertissent les regards, comme si l'ennui menaçait la société la plus remueuse et la plus remuée du monde. Pourquoi rien d'intime, rien qui porte à la rêverie, au calme ? Pourquoi ? personne n'est sûr de son lendemain, et chacun jouit de la vie en usufruitier prodigue.

Par une matinée, Clémentine se donnait l'air de réfléchir, étalée sur une de ces méridiennes merveilleuses d'où l'on ne peut pas se lever, tant le tapissier qui les inventa sut saisir les rondeurs de la paresse et les aises du *far niente*. Les portes de la serre ouvertes laissaient pénétrer les odeurs de la végétation et les parfums du tropique. La jeune femme regardait Adam fumant devant elle un élégant narguilé, la seule manière de fumer qu'elle eût permise dans cet appartement. Les portières, pincées par d'élégantes embrasses, ouvraient au regard deux magnifiques salons, l'un blanc et or, comparable à celui de l'hôtel Forbin-Janson, l'autre en style de la renaissance. La salle à manger, qui n'a de rivale à Paris que celle du marquis de Custine, se trouve au bout d'une petite galerie plafonnée et décorée dans le genre moyen âge. La galerie est précédée, du côté de la cour, par une grande antichambre d'où l'on aperçoit à travers les portes en glaces les merveilles de l'escalier.

Le comte et la comtesse venaient de déjeuner, le ciel offrait une nappe d'azur sans le moindre nuage, le mois d'avril finissait. Ce ménage comptait deux ans de bonheur, et Clémentine avait depuis deux jours seulement découvert dans sa maison quelque chose qui ressemblait à un secret, à un mystère. Le Polonais, disons-le encore à sa gloire, est généralement faible devant la femme ; il est si plein de tendresse pour elle, qu'il lui devient inférieur en Pologne ; et quoique les Polonaises soient d'admirables femmes, le Polonais est encore plus promptement mis en déroute par une Parisienne. Aussi le comte Adam, pressé de questions, n'eut-il pas l'innocente rouerie de vendre le secret à sa femme. Avec une femme, il faut toujours tirer parti d'un secret ; elle vous en sait gré, comme un fripon accorde son respect à l'honnête homme qu'il n'a pas pu jouer. Plus brave que parleur, le comte avait seulement stipulé de ne répondre qu'après avoir fini son narguilé plein de Tombaki.

— En voyage, disait-elle, à toute difficulté tu me répondais par : « Paz arrangera cela ! » tu n'écrivais qu'à Paz ! De retour ici, tout le monde me dit : « *le capitaine !* » Je veux sortir?... *le capitaine !* S'agit-il d'acquitter un mémoire, *le capitaine !* Mon cheval a-t-il le trot dur, on en parle au *capitaine* Paz. Enfin, ici, c'est pour moi comme au jeu de domino : il y a Paz partout. Je n'entends parler que de Paz, et je ne peux pas voir Paz. Qu'est-ce que c'est que Paz ? Qu'on m'apporte notre Paz.

— Tout ne va donc pas bien ? dit le comte en quittant le *bocchettino* de son narguilé.

— Tout va si bien, qu'avec deux cent mille francs de rente on se ruinerait à mener le train que nous avons avec cent dix mille francs, dit-elle.

Elle tira le riche cordon de sonnette fait au petit point, une merveille. Un valet de chambre habillé comme un ministre vint aussitôt.

— Dites à monsieur le capitaine Paz que je désire lui parler.

— Si vous croyez apprendre quelque chose ainsi !... dit en souriant le comte Adam.

Il n'est pas inutile de faire observer qu'Adam et Clémentine, mariés au mois de décembre 1835, étaient allés, après avoir passé l'hiver à Paris, en Italie, en suisse et en Allemagne pendant l'année 1836. Revenue au mois de novembre, la comtesse reçut pour la première fois pendant l'hiver qui venait de finir, et s'aperçut bien de l'existence quasi-muette, effacée, mais salutaire d'un factotum dont la personne paraissait invisible, ce capitaine **Paz** (Paç), dont le nom se prononce comme il est écrit.

— Monsieur le capitaine Paz prie madame la comtesse de l'excuser, il est aux écuries, et dans un costume qui ne lui permet pas de venir à l'instant; mais une fois habillé, le comte Paz se présentera, dit le valet de chambre.

— Que faisait-il donc?

— Il montrait comment doit se panser le cheval de madame, que Constantin ne brossait pas à sa fantaisie, répondit le valet de chambre.

La comtesse regarda son domestique: il était sérieux et se gardait bien de commenter sa phrase par le sourire que se permettent les inférieurs en parlant d'un supérieur qui leur paraît descendu jusqu'à eux.

— Ah! il brossait Cora.

— Madame la comtesse ne monte-t-elle pas à cheval ce matin?

Le valet de chambre s'en alla sans réponse.

— Est-ce un Polonais? demanda Clémentine à son mari qui inclina la tête en manière d'affirmation.

Clémentine Laginska resta muette en examinant Adam. Les pieds presque tendus sur un coussin, la tête dans la position de celle d'un oiseau qui écoute au bord de son nid les bruits du bocage, elle eût paru ravissante à un homme blasé. Blonde et mince, les cheveux à l'anglaise, elle ressemblait alors à ces figures quasi-fabuleuses des keepsakes, surtout vêtue de son peignoir en soie façon de Perse, dont les plis touffus ne déguisaient pas si bien les trésors de son corps et la finesse de la taille qu'on ne pût les admirer à travers ces voiles épais de fleurs et de broderies. En se croisant sur la poitrine, l'étoffe aux brillantes couleurs laissait voir le bas du cou, dont les tons blancs contrastaient avec ceux d'une riche guipure appliquée sur les épaules. Les yeux, bordés de cils noirs, ajoutaient à l'expression de curiosité qui fronçait une jolie bouche. Sur le front bien modelé, l'on remarquait les rondeurs caractéristiques de la Parisienne volontaire, rieuse, instruite, mais inaccessible à des séductions vulgaires. Ses mains pendaient au bout de chaque bras de son fauteuil, presque transparentes. Ses doigts en fuseaux et retroussés du bout montraient des ongles, espèces d'amandes roses, où s'arrêtait la lumière. Adam souriait de l'impatience de sa femme, et la regardait d'un œil que la satiété conjugale ne tiédissait pas encore. Déjà cette petite comtesse fluette avait su se rendre maîtresse chez elle, car elle répondit à peine aux admirations d'Adam. Dans ses regards jetés à la dérobée sur lui, peut-être y avait-il déjà la conscience de la supériorité d'une Parisienne sur ce Polonais mièvre, maigre et rouge.

— Voilà Paz, dit le comte en entendant un pas qui retentissait dans la galerie.

La comtesse vit entrer un grand bel homme, bien fait, qui portait sur sa figure les traces de cette douceur, fruit de la force et du courage. Paz avait mis à la hâte une de ces redingotes serrées, à brandebourgs attachés par des olives, qui jadis s'appelaient des polonaises. D'abondants cheveux noirs assez mal peignés entouraient sa tête carrée, et Clémentine put voir, brillant comme un bloc de marbre, un front large, car Paz tenait à la main une casquette à visière. Cette main ressemblait à celle de l'Hercule à l'Enfant. La santé la plus robuste fleurissait sur ce visage également partagé par un grand nez romain qui rappela les beaux Trasteverins à Clémentine. Une cravate en taffetas noir achevait de donner une tournure martiale à ce mystère de cinq pieds sept pouces aux yeux de jais et d'un éclat italien. L'ampleur d'un pantalon à plis qui ne laissait voir que le bout des bottes, trahissait le culte de Paz pour les modes de la Pologne. Vraiment, pour une femme romanesque, il y aurait eu du burlesque dans le contraste si heurté qui se remarquait entre le capitaine et le comte, entre ce petit Polonais à figure étroite et ce beau militaire, entre ce paladin et ce palatin.

— Bonjour, Adam, dit-il familièrement au comte.

Puis il s'inclina gracieusement en demandant à Clémentine en quoi il pouvait la servir.

— Vous êtes donc l'ami de Laginski? dit la jeune femme.

— A la vie, à la mort, répondit Paz, à qui le jeune comte jeta le plus affectueux sourire en lançant sa dernière bouffée de fumée odorante.

— Eh bien! pourquoi ne mangez-vous pas avec nous? pourquoi ne nous avez-vous pas accompagnés en Italie et en Suisse? pourquoi vous cachez-vous ici de manière à vous dérober aux remerciements que je vous dois pour les services constants que vous nous rendez? dit la jeune comtesse avec une sorte de vivacité, mais sans la moindre émotion.

En effet, elle démêlait en Paz une sorte de servitude volontaire. Cette idée n'allait pas alors sans une sorte de mésestime pour un amphibie social, un être à la fois secrétaire et intendant, ni tout à fait intendant ni tout à fait secrétaire, quelque parent pauvre; un ami gênant.

— C'est, comtesse, répondit-il assez librement, qu'il n'y a pas de remerciements à me faire : je suis l'ami d'Adam, et je mets mon plaisir à prendre soin de ses intérêts.

— Tu restes debout pour ton plaisir aussi, dit le comte Adam.

Paz s'assit sur un fauteuil auprès de la portière.

— Je me souviens de vous avoir vu lors de mon mariage, et quelquefois dans la cour, dit la jeune femme. Mais pourquoi vous placer dans une condition d'infériorité, vous, l'ami d'Adam?

— L'opinion des Parisiens m'est tout à fait indifférente, dit-il. Je vis pour moi, ou, si vous voulez, pour vous deux.

— Mais l'opinion du monde sur l'ami de mon mari ne peut pas m'être indifférente...

— Oh! madame, le monde est bientôt satisfait avec ce mot : c'est un original! Dites-le.

Un moment de silence.

— Comptez-vous sortir, demanda-t-il.

— Voulez-vous venir au bois? répondit la comtesse.

— Volontiers.

Sur ce mot, Paz sortit en saluant.

— Quel bon être! il a la simplicité d'un enfant, dit Adam.

— Racontez-moi maintenant vos relations avec lui, demanda Clémentine.

— Paz, ma chère âme, dit Laginski, est d'une noblesse aussi vieille et aussi illustre que la nôtre. Lors de leurs désastres, un des Pazzi se sauva de Florence en Pologne, où il s'établit avec quelque fortune, et y fonda la famille Paz, à laquelle on a donné le titre de comte. Cette famille, qui s'est distinguée dans les beaux jours de notre république royale, est devenue riche. La bouture de l'arbre abattu en Italie a poussé si vigoureusement, qu'il y a plusieurs branches de la maison comtale des Paz. Ce n'est donc pas t'apprendre quelque chose d'extraordinaire que de te dire qu'il existe des Paz riches et des Paz pauvres. Notre Paz est le rejeton d'une branche pauvre. Orphelin, sans autre fortune que son épée, il servait dans le régiment du grand-duc Constantin lors de notre révolution.

Entraîné dans le parti polonais, il s'est battu comme un Polonais, comme un patriote, comme un homme qui n'a rien : trois raisons pour se bien battre. A la dernière affaire, il se crut suivi par ses soldats et courut sur une batterie russe, il fut pris. J'étais là. Ce trait de courage m'anime : — Allons le chercher ! dis-je à mes cavaliers. Nous chargeons sur la batterie en fourrageurs, et je délivre Paz, moi septième. Nous étions partis vingt, nous revînmes huit, y compris Paz. Varsovie une fois vendue, il a fallu songer à échapper aux Russes. Par un singulier hasard, Paz et moi nous nous sommes trouvés ensemble, à la même heure, au même endroit, de l'autre côté de la Vistule. Je vis arrêter ce pauvre capitaine par des Prussiens qui se sont faits alors les chiens de chasse des Russes. Quand on a repêché un homme dans le Styx, on y tient. Ce nouveau danger de Paz me fit tant de peine, que je me laissai prendre avec lui dans l'intention de le servir. Deux hommes peuvent se sauver là où un seul périt. Grâce à mon nom et à quelques liaisons de parenté avec ceux de qui notre sort dépendait, car nous étions alors entre les mains des Prussiens, on ferma les yeux sur mon évasion. Je fis passer mon cher capitaine pour un soldat sans importance, pour un homme de ma maison, et nous avons pu gagner Dantzick. Nous nous y fourrâmes dans un navire hollandais partant pour Londres, où deux mois après nous abordâmes. Ma mère était tombée malade en Angleterre, et m'y attendait; Paz et moi, nous l'avons soignée jusqu'à sa mort, que les catastrophes de notre entreprise avancèrent. Nous avons quitté Londres, et j'emmenai Paz en France. En de pareilles adversités, deux hommes deviennent frères. Quand je me suis vu dans Paris, à vingt-deux ans, riche de soixante et quelques mille francs de rentes, sans compter les restes d'une somme provenant des diamants et des tableaux de famille vendus par ma mère, je voulus assurer le sort de Paz avant de me livrer aux dissipations de la vie à Paris. J'avais surpris un peu de tristesse dans les yeux du capitaine, quelquefois il y roulait des larmes contenues. J'avais eu l'occasion d'apprécier son âme, qui est foncièrement noble, grande, généreuse. Peut-être regrettait-il de se voir lié par des bienfaits à un jeune homme de six ans moins âgé que lui, sans avoir pu s'acquitter envers lui. Insouciant et léger comme l'est un garçon, je devais me ruiner au jeu, me laisser entortiller par quelque Parisienne, Paz et moi nous pouvions être un jour désunis. Tout en me promettant de pourvoir à tous ses besoins, j'apercevais

bien des chances d'oublier ou d'être hors d'état de payer la pension
de Paz. Enfin, mon ange, je voulus lui épargner la peine, la pudeur, la honte de me demander de l'argent ou de chercher vainement son compagnon dans un jour de détresse. *Dunquè*, un matin,
après déjeuner, les pieds sur les chenets, fumant chacun notre pipe,
après avoir bien rougi, pris bien des précautions, le voyant me regarder avec inquiétude, je lui tendis une inscription de rentes au
porteur de deux mille quatre cents francs.

Clémentine quitta sa place, alla s'asseoir sur les genoux d'Adam,
lui passa son bras autour du cou, le baisa au front en lui disant :
— Cher trésor, combien je te trouve beau ! — Et qu'a fait Paz ?

— Thaddée, reprit le comte, a pâli sans rien dire...

— Ah ! il se nomme Thaddée ?

— Oui, Thaddée a replié le papier, me l'a rendu en me disant :
— J'ai cru, Adam, que c'était entre nous à la vie, à la mort, et
que nous ne nous quitterions jamais, tu ne veux donc pas de moi ?
— Ah ! fis-je, tu l'entends ainsi, Thaddée, eh ! bien, n'en parlons
plus. Si je me ruine, tu seras ruiné. — Tu n'as pas, me dit-il, assez
de fortune pour vivre en Laginski, ne te faut-il pas alors un ami
qui s'occupe de tes affaires, qui soit un père et un frère, un confident sûr ? Ma chère enfant, en me disant ces paroles, Paz a eu
dans le regard et dans la voix un calme qui couvrait une émotion
maternelle, mais qui révélait une reconnaissance d'Arabe, un dévouement de caniche, une amitié de sauvage, sans faste et toujours
prête. Ma foi, je l'ai pris comme nous nous prenons, nous autres
Polonais, la main sur l'épaule, et je l'embrassai sur les lèvres : —
A la vie et à la mort, donc ! Tout ce que j'ai t'appartient, et fais
comme tu voudras ! C'est lui qui m'a trouvé cet hôtel pour presque
rien. Il a vendu mes rentes en hausse, les a rachetées en baisse, et
nous avons payé cette baraque avec les bénéfices. Connaisseur en
chevaux, il en trafique si bien que mon écurie coûte fort peu
de chose, et j'ai les plus beaux chevaux, les plus charmants équipages de Paris. Nos gens, braves soldats polonais choisis par lui,
passeraient dans le feu pour nous. J'ai eu l'air de me ruiner,
et Paz tient ma maison avec un ordre et une économie si parfaites
qu'il a réparé par là quelques pertes inconsidérées au jeu, des sottises de jeune homme. Mon Thaddée est rusé comme deux Génois,
ardent au gain comme un juif polonais, prévoyant comme une bonne
ménagère. Jamais je n'ai pu le décider à vivre comme moi quand

j'étais garçon. Parfois, il a fallu les douces violences de l'amitié pour l'emmener au spectacle quand j'y allais seul, ou dans les dîners que je donnais au cabaret à de joyeuses compagnies. Il n'aime pas la vie des salons.

— Qu'aime-t-il donc ? demanda Clémentine.

— Il aime la Pologne, il la pleure. Ses seules dissipations ont été les secours envoyés plus en mon nom qu'au sien à quelques-uns de nos pauvres exilés.

— Tiens, mais je vais l'aimer, ce brave garçon, dit la comtesse, il me paraît simple comme ce qui est vraiment grand.

— Toutes les belles choses que tu as trouvées ici, reprit Adam qui trahissait la plus noble des sécurités en vantant son ami, Paz les a dénichées, il les a eues aux ventes ou dans les occasions. Oh! il est plus marchand que les marchands. Quand tu le verras se frottant les mains dans la cour, dis-toi qu'il a troqué un bon cheval contre un meilleur. Il vit par moi, son bonheur est de me voir élégant, dans un équipage resplendissant. Les devoirs qu'il s'impose à lui-même, il les accomplit sans bruit, sans emphase. Un soir, j'ai perdu vingt mille francs au whist. Que dira Paz? me suis-je écrié en revenant. Paz me les a remis, non sans lâcher un soupir; mais il ne m'a pas seulement blâmé par un regard. Ce soupir m'a plus retenu que les remontrances des oncles, des femmes ou des mères en pareil cas. — Tu les regrettes? lui ai-je dit. — Oh! ni pour toi ni pour moi; non, j'ai seulement pensé que vingt pauvres Paz vivraient de cela pendant une année. Tu comprends que les Pazzi valent les Laginski. Aussi n'ai-je jamais voulu voir un inférieur dans mon cher Paz. J'ai tâché d'être aussi grand dans mon genre qu'il l'est dans le sien. Je ne suis jamais sorti de chez moi, ni rentré, sans aller chez Paz comme j'irais chez mon père. Ma fortune est la sienne. Enfin Thaddée est certain que je me précipiterais aujourd'hui dans un danger pour l'en tirer, comme je l'ai fait deux fois.

— Ce n'est pas peu dire, mon ami, dit la comtesse. Le dévouement est un éclair. On se dévoue à la guerre et l'on ne se dévoue plus à Paris.

— Eh bien! reprit Adam, pour Paz, je suis toujours à la guerre. Nos deux caractères ont conservé leurs aspérités et leurs défauts, mais la mutuelle connaissance de nos âmes a resserré les liens déjà si étroits de notre amitié. On peut sauver la vie à un homme et le tuer après, si nous trouvons en lui un mauvais compagnon;

mais ce qui rend les amitiés indissolubles, nous l'avons éprouvé. Chez nous, il y a cet échange constant d'impressions heureuses de part et d'autre, qui peut-être fait sous ce rapport l'amitié plus riche que l'amour.

Une jolie main ferma la bouche au comte si promptement que le geste ressemblait à un soufflet.

— Mais oui, dit-il. L'amitié, mon ange, ignore les banqueroutes du sentiment et les faillites du plaisir. Après avoir donné plus qu'il n'a, l'amour finit par donner moins qu'il ne reçoit.

— D'un côté, comme de l'autre, dit en souriant Clémentine.

— Oui, reprit Adam; tandis que l'amitié ne peut que s'augmenter. Tu n'as pas à faire la moue : nous sommes, mon ange, aussi amis qu'amants. Nous avons, du moins, je l'espère, réuni les deux sentiments dans notre heureux mariage.

— Je vais t'expliquer ce qui vous a rendus si bons amis, dit Clémentine. La différence de vos deux existences vient de vos goûts et non d'un choix obligé, de votre fantaisie et non de vos positions. Autant qu'on peut juger un homme en l'entrevoyant, et d'après ce que tu me dis, ici le subalterne peut devenir dans certains moments le supérieur.

— Oh ! Paz m'est vraiment supérieur, répliqua naïvement Adam. Je n'ai d'autre avantage sur lui que le hasard.

Sa femme l'embrassa pour la noblesse de cet aveu.

— L'excessive adresse avec laquelle il cache la grandeur de ses sentiments est une immense supériorité, reprit le comte. Je lui ai dit : — Tu es un sournois, tu as dans le cœur de vastes domaines où tu te retires. Il a droit au titre de comte Paz, il ne se fait appeler à Paris que le capitaine.

— Enfin, le Florentin du moyen âge a reparu à trois cents ans de distance, dit la comtesse. Il y a du Dante et du Michel-Ange chez lui.

— Tiens, tu as raison, il est poëte par l'âme, répondit Adam.

— Me voilà donc mariée à deux Polonais, dit la jeune comtesse avec un geste digne de Marie Dorval.

— Chère enfant! dit Adam en pressant Clémentine sur lui, tu m'aurais fait bien du chagrin si mon ami ne t'avait pas plu : nous en avions peur l'un et l'autre, quoiqu'il ait été ravi de mon mariage. Tu le rendras très-heureux en lui disant que tu l'aimes... ah ! comme un vieil ami.

— Je vais donc m'habiller, il fait beau, nous sortirons **tous trois,** dit Clémentine en sonnant sa femme de chambre.

Paz menait une vie si souterraine que tout le Paris élégant se demanda qui accompagnait Clémentine Laginska lorsqu'on la vit allant au bois de Boulogne et en revenant entre Thaddée et son mari. Clémentine avait exigé, pendant la promenade, que Thaddée dînât avec elle. Ce caprice de souveraine absolue força le capitaine à faire une toilette insolite. Au retour du bois, Clémentine se mit avec une certaine coquetterie, et de manière à produire de l'impression sur Adam lui-même en entrant dans le salon où les deux amis l'attendaient.

— Comte Paz, dit-elle, nous irons ensemble à l'Opéra.

Ce fut dit de ce ton qui, chez les femmes, signifie : Si vous me refusez, nous nous brouillons.

— Volontiers, madame, répondit le capitaine. Mais comme je n'ai pas la fortune d'un comte, appelez-moi simplement capitaine.

— Eh bien, capitaine, donnez-moi le bras, dit-elle en le lui prenant et l'emmenant dans la salle à manger par un mouvement plein de cette onctueuse familiarité qui ravit les amoureux.

La comtesse plaça près d'elle le capitaine, dont l'attitude fut celle d'un sous-lieutenant pauvre dînant chez un riche général. Paz laissa parler Clémentine, l'écouta tout en lui témoignant la déférence qu'on a pour un supérieur, ne la contredit en rien et attendit une interrogation formelle avant de répondre. Enfin il parut presque stupide à la comtesse, dont les coquetteries échouèrent devant ce sérieux glacial et ce respect diplomatique. En vain Adam lui disait : — Egaie-toi donc, Thaddée ! On penserait que tu n'es pas chez toi ! Tu as sans doute fait la gageure de déconcerter Clémentine ? Thaddée resta lourd et endormi. Quand les maîtres furent seuls à la fin du dessert, le capitaine expliqua comment sa vie était arrangée au rebours de celle des gens du monde : il se couchait à huit heures et se levait de grand matin ; il mit ainsi sa contenance sur une grande envie de dormir.

— Mon intention, en vous emmenant à l'Opéra, capitaine, était de vous amuser ; mais faites comme vous voudrez, dit Clémentine un peu piquée.

— J'irai, répondit Paz.

— Duprez chante Guillaume Tell, reprit Adam, mais peut-être aimerais-tu mieux venir aux Variétés ?

Le capitaine sourit et sonna ; le valet de chambre vint : —Constantin, lui dit-il, attellera la voiture au lieu d'atteler le coupé. Nous ne tiendrions pas sans être gênés, ajouta-t-il en regardant la comte.

— Un Français aurait oublié cela, dit Clémentine en souriant.

— Ah! mais nous sommes des Florentins transplantés dans le Nord, répondit Thaddée avec une finesse d'accent et avec un regard qui firent voir dans sa conduite à table l'effet d'un parti pris.

Par une imprudence assez concevable, il y eut trop de contraste entre la mise en scène involontaire de cette phrase et l'attitude de Paz pendant le dîner. Clémentine examina le capitaine par une de ces œillades sournoises qui annoncent à la fois de l'étonnement et de l'observation chez les femmes. Aussi, pendant le temps où tous trois ils prirent le café au salon, régna-t-il un silence assez gênant pour Adam, incapable d'en deviner le pourquoi. Clémentine n'agaçait plus Thaddée. De son côté le capitaine reprit sa raideur militaire et ne la quitta plus, ni pendant la route ni dans la loge où il feignit de dormir.

— Vous voyez, madame, que je suis un bien ennuyeux personnage, dit-il au dernier acte de *Guillaume Tell*, pendant la danse. N'avais-je pas bien raison de rester, comme on dit, dans ma spécialité?

— Ma foi, mon cher capitaine, vous n'êtes ni charlatan ni causeur, vous êtes très-peu Polonais.

— Laissez-moi donc, reprit-il, veiller à vos plaisirs, à votre fortune et à votre maison, je ne suis bon qu'à cela.

— Tartufe, va! dit en souriant le comte Adam. Ma chère, il est plein de cœur, il est instruit; il pourrait, s'il voulait, tenir sa place dans un salon. Clémentine, ne prends pas sa modestie au mot.

— Adieu, comtesse, j'ai fait preuve de complaisance, je me sers de votre voiture pour aller dormir au plus tôt, et vais vous la renvoyer.

Clémentine fit une inclination de tête et le laissa partir sans rien répondre.

— Quel ours! dit-elle au comte. Tu es bien plus gentil, toi!

Adam serra la main de sa femme sans qu'on pût le voir.

— Pauvre cher Thaddée, il s'est efforcé de se faire *repoussoir* là où bien des hommes auraient tâché de paraître plus aimables que moi.

— Oh! dit-elle, je ne sais pas s'il n'y a point de *calcul* dans sa conduite : il aurait intrigué une femme ordinaire.

Une demi-heure après, pendant que Boleslas le chasseur criait : La porte! que le cocher, sa voiture tournée pour entrer, attendait que les deux battants fussent ouverts, Clémentine dit au comte : — Où perche donc le capitaine?

— Tiens, là! répondit Adam en montant un petit étage en attique élégamment élevé de chaque côté de la porte cochère et dont une fenêtre donnait sur la rue. Son appartement s'étend au-dessus des remises.

— Et qui donc occupe l'autre côté?

— Personne encore, répondit Adam. L'autre petit appartement situé au-dessus des écuries sera pour nos enfants et pour leur précepteur.

— Il n'est pas couché, dit la comtesse en apercevant de la lumière chez Thaddée quand la voiture fut sous le portique à colonnes copiées sur celles des Tuileries et qui remplaçait la vulgaire marquise de zinc peint en coutil.

Le capitaine en robe de chambre, une pipe à la main, regardait Clémentine entrant dans le vestibule. La journée avait été rude pour lui. Voici pourquoi. Thaddée eut dans le cœur un terrible mouvement le jour où, conduit par Adam aux Italiens pour la juger, il avait vu mademoiselle du Rouvre : puis, quand il la revit à la mairie et à Saint-Thomas-d'Aquin, il reconnut en elle cette femme que tout homme doit aimer exclusivement, car don Juan lui-même en préférait une dans les *mille e tre!* Aussi Paz conseilla-t-il fortement le voyage classique après le mariage. Quasi tranquille pendant tout le temps que dura l'absence de Clémentine, ses souffrances recommençaient depuis le retour de ce joli ménage. Or, voici ce qu'il pensait en fumant du lataki dans sa pipe de merisier longue de six pieds, un présent d'Adam : — Moi seul et Dieu qui me récompensera d'avoir souffert en silence, nous devons seuls savoir à quel point je l'aime! Mais comment n'avoir ni son amour ni sa haine?

Et il réfléchissait à perte de vue sur ce théorème de stratégie amoureuse. Il ne faut pas croire que Thaddée vécût sans plaisir au milieu de sa douleur. Les sublimes tromperies de cette journée furent des sources de joie intérieure. Depuis le retour de Clémentine et d'Adam, il éprouvait de jour en jour des satisfactions ineffables en se voyant nécessaire à ce ménage qui, sans son dévouement, eût

marché certainement à sa ruine. Quelle fortune résisterait aux prodigalités de la vie parisienne? Élevée chez un père dissipateur, Clémentine ne savait rien de la tenue d'une maison, qu'aujourd'hui les
femmes les plus riches, les plus nobles sont obligées de surveiller
par elles-mêmes. Qui maintenant peut avoir un intendant? Adam,
de son côté, fils d'un de ces grands seigneurs polonais qui se laissent dévorer par les juifs, incapable d'administrer les débris d'une
des plus immenses fortunes de Pologne, où il y en a d'immenses,
n'était pas d'un caractère à brider ni ses fantaisies ni celles de sa
femme. Seul il se fût ruiné peut-être avant son mariage. Paz l'avait
empêché de jouer à la Bourse, n'est-ce pas déjà tout dire? Ainsi,
en se sentant aimer malgré lui Clémentine, Paz n'eut pas la ressource de quitter la maison et d'aller voyager pour oublier sa passion. La reconnaissance, ce mot de l'énigme que présentait sa vie,
le clouait dans cet hôtel où lui seul pouvait être l'homme d'affaires
de cette famille insouciante. Le voyage d'Adam et de Clémentine
lui fit espérer du calme; mais la comtesse, revenue plus belle,
jouissant de cette liberté d'esprit que le mariage offre aux Parisiennes, déployait toutes les grâces d'une jeune femme, et ce je ne
sais quoi d'attrayant qui vient du bonheur ou de l'indépendance
que lui donnait un jeune homme aussi confiant, aussi vraiment
chevaleresque, aussi amoureux qu'Adam. Avoir la certitude d'être
la cheville ouvrière de la splendeur de cette maison, voir Clémentine descendant de voiture au retour d'une fête ou partant le matin
pour le bois, la rencontrer sur les boulevards dans sa jolie voiture,
comme une fleur dans sa coque de feuilles, inspirait au pauvre
Thaddée des voluptés mystérieuses et pleines qui s'épanouissaient
au fond de son cœur, sans que jamais la moindre trace en parût sur
son visage. Comment, depuis cinq mois, la comtesse eût-elle aperçu
le capitaine? il se cachait d'elle en dérobant le soin qu'il mettait à
l'éviter. Rien ne ressemble plus à l'amour divin que l'amour sans
espoir. Un homme ne doit-il pas avoir une certaine profondeur dans
le cœur pour se dévouer dans le silence et dans l'obscurité? Cette profondeur, où se tapit un orgueil de père et de Dieu, contient le culte
de l'amour pour l'amour, comme le pouvoir pour le pouvoir fut le
mot de la vie des jésuites, avarice sublime en ce qu'elle est constamment généreuse et modelée enfin sur la mystérieuse existence des
principes du monde. L'*Effet*, n'est-ce pas la Nature? et la Nature
est enchanteresse, elle appartient à l'homme, au poëte, au peintre,

à l'amant; mais la *Cause* n'est-elle pas, aux yeux de quelques âmes privilégiées et pour certains penseurs gigantesques, supérieure à la Nature? La Cause, c'est Dieu. Dans cette sphère des causes vivent les Newton, les Laplace, les Kepler, les Descartes, les Malebranche, les Spinosa, les Buffon, les vrais poètes et les solitaires du second âge chrétien, les sainte Thérèse de l'Espagne et les sublimes extatiques. Chaque sentiment humain comporte des analogies avec cette situation où l'esprit abandonne l'Effet pour la Cause, et Thaddée avait atteint à cette hauteur où tout change d'aspect. En proie à des joies de créateur indicibles, Thaddée était en amour ce que nous connaissons de plus grand dans les fastes du génie.

— Non, elle n'est pas entièrement trompée, se disait-il en suivant la fumée de sa pipe. Elle pourrait me brouiller sans retour avec Adam si elle me prenait en grippe; et si elle coquettait pour me tourmenter, que deviendrais-je?

La fatuité de cette dernière supposition était si contraire au caractère modeste et à l'espèce de timidité germanique du capitaine, qu'il se gourmanda de l'avoir eue et se coucha résolu d'attendre les événements avant de prendre un parti.

Le lendemain, Clémentine déjeuna très-bien sans Thaddée, et sans s'apercevoir de son manque d'obéissance. Ce lendemain se trouva son jour de réception, qui, chez elle, comportait une splendeur royale. Elle ne fit pas attention à l'absence du capitaine sur qui roulaient les détails de ces journées d'apparat.

— Bon! se dit-il en entendant les équipages s'en aller sur les deux heures du matin, la comtesse n'a eu qu'une fantaisie ou une curiosité de Parisienne.

Le capitaine reprit donc ses allures ordinaires pour un moment dérangées par cet incident. Détournée par les préoccupations de la vie parisienne, Clémentine parut avoir oublié Paz. Pense-t-on, en effet, que ce soit peu de chose que de régner sur cet inconstant Paris? Croirait-on, par hasard, qu'à ce jeu suprême on risque seulement sa fortune? Les hivers sont pour les femmes à la mode ce que fut jadis une campagne pour les militaires de l'empire. Quelle œuvre d'art et de génie qu'une toilette ou une coiffure destinées à faire sensation! Une femme frêle et délicate garde son dur et brillant harnais de fleurs et de diamants, de soie et d'acier, de neuf heures du soir à deux et souvent trois heures du matin. Elle mange peu pour attirer le regard sur une taille fine; à la faim qui la saisit pendant la soirée, elle oppose des tasses de thé débilitantes, des gâteaux sucrés, des glaces échauffantes ou de lourdes tranches de pâtisseries. L'estomac doit se plier aux ordres de la coquetterie. Le réveil a lieu très-tard. Tout est alors en contradiction avec les lois de la nature, et la nature est impitoyable. A peine levée, une femme à la mode recommence une toilette du matin, pense à sa toilette de l'après-midi. N'a-t-elle pas à recevoir, à faire des visites, à aller au bois à cheval ou en voiture? Ne faut-il pas toujours s'exercer au manège des sourires, se tendre l'esprit à forger des compliments qui ne paraissent ni communs ni recherchés? Et toutes les femmes n'y réussissent pas. Étonnez-vous donc, en voyant une jeune femme que le monde a reçue fraîche, de la retrouver trois ans après flétrie et passée. A peine six mois passés à la campagne guérissent-ils les plaies faites par l'hiver? On n'entend aujourd'hui parler que de gastrites, de maux étranges, inconnus d'ailleurs aux femmes occupées de leurs ménages. Autrefois la femme se montrait quelquefois; aujourd'hui, elle est toujours en scène. Clémentine avait à lutter : on commençait à la citer, et dans les soins exigés par cette bataille entre elle et ses rivales, à peine y avait-il place pour l'amour de son mari. Thaddée pouvait bien être oublié.

Cependant un mois après, au mois de mai, quelques jours avant de partir pour la terre de Ronquerolles, en Bourgogne, au retour du bois, elle aperçut, dans la contre-allée des Champs-Élysées, Thaddée mis avec recherche, s'extasiant à voir sa comtesse belle dans sa calèche, les chevaux fringants, les livrées étincelantes, enfin son cher ménage admiré.

— Voilà le capitaine, dit-elle à son mari.

— Comme il est heureux! répondit Adam. Voilà ses fêtes! Il n'y a pas d'équipage mieux tenu que le nôtre, et il jouit de voir tout le monde enviant notre bonheur. Ah! tu le remarques pour la première fois, mais il est là presque tous les jours.

— A quoi peut-il penser? dit Clémentine.

— Il pense en ce moment que l'hiver a coûté bien cher et que nous allons faire des économies chez ton vieil oncle Ronquerolles, répondit Adam.

La comtesse ordonna d'arrêter devant Paz et le fit asseoir à côté d'elle dans la calèche. Thaddée devint rouge comme une cerise.

— Je vais vous empester, dit-il, je viens de fumer des cigares.

— Adam ne m'empeste-t-il pas! répondit-elle vivement.

— Oui, mais c'est Adam, répliqua le capitaine.

— Et pourquoi Thaddée n'aurait-il pas les mêmes priviléges? dit la comtesse en souriant.

Ce divin sourire eut une force qui triompha des héroïques résolutions de Paz; il regarda Clémentine avec tout le feu de son âme dans ses yeux, mais tempéré par le témoignage angélique de sa reconnaissance, à lui, homme qui ne vivait que par ce sentiment. La comtesse se croisa les bras dans son châle, s'appuya pensive sur les coussins en y froissant les plumes de son joli chapeau, et arrêta ses yeux sur les passants. Cet éclair d'une âme grande et jusque-là résignée attaqua sa sensibilité. Quel était après tout à ses yeux le mérite d'Adam? N'est-il pas naturel d'avoir du courage et de la générosité? Mais le capitaine!..... Thaddée possédait de plus qu'Adam ou paraissait posséder une immense supériorité. Quelles funestes pensées saisirent la comtesse en observant de nouveau le contraste de la belle nature si complète qui distinguait Thaddée et de cette grêle nature qui, chez Adam, indiquait la dégénérescence forcée des familles aristocratiques assez insensées pour toujours s'allier entre elles? Ces pensées, le diable seul les connut; car la jeune femme demeura les yeux penseurs mais vagues, sans rien dire jusqu'à l'hôtel.

— Vous dînez avec nous, autrement je me fâcherais de ce que vous m'avez désobéi, dit-elle en entrant. Vous êtes Thaddée pour moi comme pour Adam. Je sais les obligations que vous lui avez, mais je sais aussi toutes celles que nous vous avons. Pour deux mouvements de générosité, qui sont si naturels, vous êtes généreux à toute heure et tous les jours. Mon père vient dîner avec nous, ainsi que mon oncle Ronquerolles et ma tante de Sérizy, habillez-vous, dit-elle en prenant la main qu'il lui tendait pour l'aider à descendre de voiture.

Thaddée monta chez lui pour s'habiller, le cœur à la fois heureux et comprimé par un tremblement horrible. Il descendit au dernier moment et rejoua pendant le dîner son rôle de militaire, bon seulement à remplir les fonctions d'un intendant. Mais cette fois Clémentine ne fut pas la dupe de Paz, dont le regard l'avait éclairée. Ronquerolles, l'ambassadeur le plus habile après le prince de Talleyrand et qui servit si bien de Marsay pendant son court ministère, fut instruit par sa nièce de la haute valeur du comte Paz, qui se faisait si modestement l'intendant de son ami Mitgislas.

— Et comment est-ce la première fois que je vois le comte Paz?
dit le marquis de Ronquerolles.

— Eh! il est sournois et cachotier, répondit Clémentine en lançant un regard à Paz pour lui dire de changer sa manière d'être.

Hélas! il faut l'avouer, au risque de rendre le capitaine moins
intéressant, Paz, quoique supérieur à son ami Adam, n'était pas
un homme fort. Sa supériorité apparente, il la devait au malheur.
Dans ses jours de misère et d'isolement, à Varsovie, il lisait, il
s'instruisait, il comparait et méditait; mais le don de création qui
fait le grand homme, il ne le possédait point, et peut-il jamais
s'acquérir? Paz, uniquement grand par le cœur, allait alors au
sublime; mais dans la sphère des sentiments, plus homme d'action
que de pensées, il gardait sa pensée pour lui. Sa pensée ne servait alors qu'à lui ronger le cœur. Et qu'est-ce d'ailleurs qu'une
pensée inexprimée!

Sur le mot de Clémentine, le marquis de Ronquerolles et sa
sœur échangèrent un singulier regard en se montrant leur nièce,
le comte Adam et Paz. Ce fut une de ces scènes rapides qui n'ont
lieu qu'en Italie et à Paris. Dans ces deux endroits du monde,
toutes les cours exceptées, les yeux savent dire autant de choses.
Pour communiquer à l'œil toute la puissance de l'âme, lui donner
la valeur d'un discours, y mettre un poème ou un drame d'un seul
coup, il faut ou l'excessive servitude ou l'excessive liberté. Adam,
le marquis de Rouvre et la comtesse n'aperçurent point cette lumineuse observation d'une vieille coquette et d'un vieux diplomate: mais Paz, ce chien fidèle, en comprit les prophéties. Ce
fut, remarquez-le, l'affaire de deux secondes. Vouloir peindre l'ou-
ragan qui ravagea l'âme du capitaine, ce serait être trop diffus par
le temps qui court.

— Quoi! déjà la tante et l'oncle croient que je puis être aimé.
Maintenant mon bonheur ne dépend plus que de mon audace?
Et Adam!...

L'Amour idéal et le Désir, tous deux aussi puissants que la Reconnaissance et l'Amitié, s'entre-choquèrent, et l'Amour l'emporta
pour un moment. Ce pauvre admirable amant voulut avoir sa journée! Paz devint spirituel, il voulut plaire, et raconta l'insurrection polonaise à grands traits sur une explication demandée par le
diplomate. Paz vit alors, au dessert, Clémentine suspendue à ses
lèvres, le prenant pour un héros, et oubliant qu'Adam, après

avoir sacrifié le tiers de son immense fortune, avait encouru les chances de l'exil. A neuf heures, le café pris, madame de Sérizy baisa sa nièce au front en lui serrant la main, et emmena d'autorité le comte Adam en laissant les marquis du Rouvre et de Ronquerolles, qui, dix minutes après, s'en allèrent. Paz et Clémentine restèrent seuls.

— Je vais vous laisser, madame, dit Thaddée, car vous les rejoindrez à l'Opéra.

— Non, répondit-elle, la danse ne me plaît pas; et l'on donne ce soir un ballet détestable, la *Révolte au Sérail.*

Un moment de silence.

— Il y a deux ans, Adam n'y serait pas allé sans moi! reprit-elle sans regarder Paz.

— Il vous aime à la folie... répondit Thaddée.

— Eh! c'est parce qu'il m'aime à la folie qu'il ne m'aimera peut-être plus demain, s'écria la comtesse.

— Les Parisiennes sont inexplicables, dit Thaddée, Quand elles sont aimées *à la folie,* elles veulent être aimées *raisonnablement*; et quand on les aime *raisonnablement,* elles vous reprochent de ne pas savoir aimer.

— Et elles ont toujours raison, Thaddée, reprit-elle en souriant. Je connais bien Adam, je ne lui en veux point : il est léger et surtout grand seigneur, il sera toujours content de m'avoir pour sa femme et ne me contrariera jamais dans aucun de mes goûts; mais...

— Quel est le mariage où il n'y a pas de *mais* ? dit tout doucement Thaddée en tâchant de donner un autre cours aux pensées de la comtesse.

L'homme le moins avantageux aurait eu peut-être la pensée qui faillit rendre cet amoureux fou et que voici : — Si je ne lui dis pas que je l'aimé, je suis un imbécile! se dit le capitaine.

Il régnait entre eux un de ces terribles silences qui crèvent de pensées. La comtesse examinait Paz en dessous, de même que Paz la contemplait dans la glace. En s'enfonçant dans sa bergère en homme repu qui digère, un vrai geste de mari ou de vieillard indifférent, Paz croisa ses mains sur son ventre, fit passer rapidement et machinalement ses pouces l'un sur l'autre, et regarda le feu bêtement.

— Mais dites-moi donc du bien d'Adam!... s'écria Clémentine.

Dites-moi que ce n'est pas un homme léger, vous qui le connaissez !

Ce cri fut sublime.

— Voici donc le moment venu d'élever entre nous des barrières
insurmontables, pensa le pauvre Paz en concevant un héroïque
mensonge.

— Du bien?... reprit-il, je l'aime trop, vous ne me croiriez
point. Je suis incapable de vous en dire du mal. Ainsi... mon rôle,
madame, est bien difficile entre vous deux.

Clémentine baissa la tête et regarda le bout des souliers vernis
de Paz.

— Vous autres gens du Nord, vous n'avez que le courage physique, vous manquez de constance dans vos décisions, dit-elle en
murmurant.

— Qu'allez-vous faire seule, madame? répondit Paz en prenant
un air d'ingénuité parfait.

— Vous ne me tenez donc pas compagnie ?

— Pardonnez-moi de vous quitter...

— Comment! où allez-vous?

— Je vais au Cirque, il ouvre aux Champs-Élysées ce soir, et je
ne puis y manquer...

— Et pourquoi? dit Clémentine en l'interrogeant par un regard
à demi colère.

— Faut-il vous ouvrir mon cœur, reprit-il en rougissant, vous
confier ce que je cache à mon cher Adam, qui croit que je n'aime
que la Pologne.

— Ah! un secret chez notre noble capitaine ?

— Une infamie que vous comprendrez et de laquelle vous me
consolerez.

— Vous, infâme?...

— Oui, moi, comte Paz, je suis amoureux fou d'une fille qui
courait la France avec la famille Bouthor, des gens qui ont un cirque à l'instar de celui de Franconi, mais qui n'exploitent que les
foires ! Je l'ai fait engager par le directeur du Cirque-Olympique.

— Elle est belle? dit la comtesse.

— Pour moi, reprit-il mélancoliquement. Malaga, tel est son
nom de guerre, est forte, agile et souple. Pourquoi je la préfère
à toutes les femmes du monde?... en vérité! je ne saurais le
dire. Quand je la vois, ses cheveux noirs retenus par un bandeau

de satin bleu flottant sur ses épaules olivâtres et nues, vêtue d'une
tunique blanche à bordure dorée et d'un maillot en tricot de soie
qui en fait une statue grecque vivante, les pieds dans des chaus-
sons de satin éraillé, passant des drapeaux à la main, aux sons
d'une musique militaire, à travers un immense cerceau dont le papier se déchire en l'air, quand le cheval fuit au grand galop, et
qu'elle retombe avec grâce sur lui, applaudie, sans claqueurs, par
tout un peuple... eh bien! ça m'émeut?

— Plus qu'une belle femme au bal?... dit Clémentine avec une
surprise provoquante.

— Oui, répondit Paz d'une voix étranglée. Cette admirable
agilité, cette grâce constante dans un constant péril me paraissent
le plus beau triomphe d'une femme... Oui, madame, Rachel et la
Dorval, la Cinti et la Malibran, la Grisi et la Taglioni, la Pasta
et l'Essler, tout ce qui règne ou régna sur les planches ne me
semble pas digne de délier les cothurnes de Malaga qui sait descendre et remonter sur un cheval au grandissime galop, qui se
glisse dessous à gauche pour remonter à droite, qui voltige comme
un feu follet blanc autour de l'animal le plus fougueux, qui peut
se tenir sur la pointe d'un seul pied et tomber assise les pieds
pendants sur le dos de ce cheval toujours au galop, et qui, enfin,
debout sur le coursier sans bride, tricotte des bas, casse des œufs
ou fricasse une omelette à la profonde admiration du peuple, du
vrai peuple, les paysans et les soldats! A la parade, jadis cette
délicieuse Colombine portait des chaises sur le bout de son nez, le
plus joli nez grec que j'aie vu. Malaga, madame, est l'adresse en
personne. D'une force herculéenne, elle n'a besoin que de son
poing mignon ou de son petit pied pour se débarrasser de trois ou
quatre hommes. C'est enfin la déesse de la gymnastique.

— Elle doit être stupide...

— Oh! reprit Paz, amusante comme l'héroïne de *Péveril du
Pic* ! Insouciante comme un Bohême, elle dit tout ce qui lui passe
par la tête, elle se soucie de l'avenir comme vous pouvez vous soucier
des sous que vous jetez à un pauvre, et il lui échappe des choses
sublimes. Jamais on ne lui prouvera qu'un vieux diplomate soit un
beau jeune homme, et un million ne la ferait pas changer d'avis.
Son amour est pour un homme une flatterie perpétuelle. D'une
santé vraiment insolente, ses dents sont trente-deux perles d'un
orient délicieux et enchâssées dans un corail. Son mufle, elle ap-

pelle ainsi le bas de sa figure, a, selon l'expression de Shakspeare, la verdeur, la saveur d'un museau de génisse. Et ça donne de cruels chagrins! Elle estime de beaux hommes, des hommes forts, des Adolphe, des Auguste, des Alexandre, des bateleurs et des paillasses. Son instructeur, un affreux Cassandre, la rouait de coups, et il en a fallu des milliers pour lui donner sa souplesse, sa grâce, son intrépidité.

— Vous êtes ivre de Malaga! dit la comtesse.

— Elle ne se nomme Malaga que sur l'affiche, dit Paz d'un air piqué. Elle demeure rue Saint-Lazare, dans un petit appartement au troisième, dans le velours et la soie, et vit là comme une princesse. Elle a deux existences, sa vie foraine et sa vie de jolie femme.

— Et vous aime-t-elle?

— Elle m'aime... vous allez rire... uniquement parce que je suis Polonais! Elle voit toujours les Polonais d'après la gravure de Poniatowski sautant dans l'Elster, car pour toute la France l'Elster, où il est impossible de se noyer, est un fleuve impétueux qui a englouti Poniatowski... Au milieu de tout cela, je suis bien malheureux, madame...

Une larme de rage qui coula dans les yeux de Thaddée émut Clémentine.

— Vous aimez l'extraordinaire, vous autres hommes!

— Et vous donc? fit Thaddée.

— Je connais si bien Adam que je suis sûre qu'il m'oublierait pour quelque faiseuse de tours comme votre Malaga. Mais où l'avez-vous vue?

— A Saint-Cloud, au mois de septembre dernier, le jour de la fête. Elle était dans le coin de l'échafaud couvert de toiles où se font les parades. Ses camarades, tous en costumes polonais, donnaient un effroyable charivari. Je l'ai aperçue muette, silencieuse, et j'ai cru deviner des pensées de mélancolie chez elle. N'y avait-il pas de quoi pour une fille de vingt ans? Voilà ce qui m'a touché.

La comtesse était dans une pose délicieuse, pensive, quasi triste.

— Pauvre, pauvre Thaddée! s'écria-t-elle. Et avec la bonhomie de la véritable grande dame, elle ajouta non sans un sourire fin :
— Allez, allez au Cirque!

Thaddée lui prit la main, la lui baisa en y laissant une larme chaude, et sortit. Après avoir inventé sa passion pour une écuyère, il devait lui donner quelque réalité. Dans son récit, il n'y avait de vrai que le moment d'attention obtenu par l'illustre Malaga, l'écuyère de la famille Bouthor, à Saint-Cloud, et dont le nom venait de frapper ses yeux le matin dans l'affiche du Cirque. Le paillasse, gagné par une seule pièce de cent sous, avait dit à Paz que l'écuyère était un enfant trouvé, volé peut-être. Thaddée alla donc au Cirque et revit la belle écuyère. Moyennant dix francs, un palefrenier, qui là remplace les habilleuses du théâtre, lui apprit que Malaga se nommait Marguerite Turquet, et demeurait rue des Fossés-du-Temple, à un cinquième étage.

Le lendemain, la mort dans l'âme, Paz se rendit au faubourg du Temple et demanda mademoiselle Turquet, pendant l'été la doublure de la plus illustre écuyère du Cirque, et comparse au théâtre pendant l'hiver.

—Malaga! cria la portière en se précipitant dans la mansarde, un beau monsieur pour vous! il prend des renseignements auprès de Chapuzot qui le fait droguer pour me donner le temps de t'avertir.

—Merci, mame Chapuzot ; mais que pensera-t-il en me voyant repasser ma robe?

—Ah bah! quand on aime, on aime tout de son objet.

—Est-ce un Anglais? ils aiment les chevaux !

—Non, il me fait l'effet d'être un Espagnol.

—Tant pis! on dit les Espagnols dans la débine... Restez donc avec moi, mame Chapuzot, je n'aurai pas l'air d'une abandonnée...

—Que demandez-vous, monsieur? dit à Thaddée la portière en ouvrant la porte.

— Mademoiselle Turquet.

— Ma fille, répondit la portière en se drapant, voici quelqu'un qui vous réclame.

Une corde sur laquelle séchait du linge décoiffa le capitaine.

— Que désirez-vous, monsieur? dit Malaga en ramassant le chapeau de Paz...

—Je vous ai vue au Cirque, vous m'avez rappelé une fille que j'ai perdue, mademoiselle; et par attachement pour mon Héloïse à qui vous ressemblez d'une manière frappante, je veux vous faire du bien, si toutefois vous le permettez.

— Comment donc! mais asseyez-vous donc, général, dit madame Chapuzot. On n'est pas plus honnête... ni plus galant.

— Je ne suis pas un galant, ma chère dame, fit Paz, je suis un père au désespoir qui veut se tromper par une ressemblance.

— Ainsi je passerai pour votre fille? dit Malaga très-finement et sans soupçonner la profonde véracité de cette proposition.

— Oui, dit Paz, je viendrai vous voir quelquefois, et pour que l'illusion soit complète, je vous logerai dans un bel appartement, richement meublé...

— J'aurai des meubles? dit Malaga en regardant la Chapuzot.

— Et des domestiques, reprit Paz, et toutes vos aises.

Malaga regarda l'étranger en dessous.

— De quel pays est monsieur?

— Je suis Polonais.

— J'accepte alors, dit-elle.

Paz sortit en promettant de revenir.

— En voilà une sévère! dit Marguerite Turquet en regardant madame Chapuzot. Mais j'ai peur que cet homme ne veuille m'amadouer pour réaliser quelque fantaisie. Bah! je me risque.

Un mois après cette bizarre entrevue, la belle écuyère habitait un appartement délicieusement meublé par le tapissier du comte Adam, car Paz voulut faire causer de sa folie à l'hôtel Laginski. Malaga, pour qui cette aventure fut un rêve des Mille et une Nuits, était servie par le ménage Chapuzot, à la fois ses confidents et ses domestiques. Les Chapuzot et Marguerite Turquet attendaient un dénouement quelconque; mais après un trimestre, ni Malaga ni la Chapuzot ne surent comment expliquer le caprice du comte polonais. Paz venait passer une heure à peu près par semaine, pendant laquelle il restait dans le salon sans vouloir jamais aller ni dans le boudoir de Malaga, ni dans sa chambre, où jamais il n'entra, malgré les plus habiles manœuvres de l'écuyère et des Chapuzot. Le comte s'informait des petits événements qui nuançaient la vie de la baladine, et chaque fois il laissait deux pièces de quarante francs sur la cheminée.

— Il a l'air bien ennuyé, disait madame Chapuzot.

— Oui, répondait Malaga, cet homme est froid comme verglas...

— Mais il est bon enfant tout de même, s'écriait Chapuzot heureux de se voir habillé tout en drap bleu d'Elbeuf, et semblable à quelque garçon de bureau d'un ministère.

Par son offrande périodique, Paz constituait à Marguerite Turquet une rente de trois cent vingt francs par mois. Cette somme, jointe à ses maigres appointements du Cirque, lui fit une existence splendide en comparaison de sa misère passée. Il se répéta d'étranges récits au Cirque entre les artistes sur le bonheur de Malaga. La vanité de l'écuyère laissa porter à soixante mille francs les six mille francs que son appartement coûtait au prudent capitaine. Au dire des clowns et des comparses, Malaga mangeait dans l'argent. Elle venait d'ailleurs au Cirque avec de charmants burnous, des cachemires, de délicieuses écharpes. Enfin, le Polonais était la meilleure pâte d'homme qu'une écuyère pût rencontrer : point tracassier, point jaloux, laissant à Malaga toute sa liberté.

— Il y a des femmes qui sont bien heureuses ! disait la rivale de Malaga. Ce n'est pas à moi, qui sais faire le *grand écart,* à qui pareille chose arriverait.

Malaga portait de jolis bibis, *faisait parfois sa tête* (admirable expression populaire) en voiture, au bois de Boulogne, où la jeunesse élégante commençait à la remarquer. Enfin, on commençait à parler de Malaga dans le monde interlope des femmes équivoques, et l'on y attaquait son bonheur par des calomnies. On la disait somnambule, et le Polonais passait pour un magnétiseur qui cherchait la pierre philosophale. Quelques propos beaucoup plus envenimés que celui-là rendirent Malaga plus curieuse que Psyché ; elle les rapporta tout en pleurant à Paz.

— Quand j'en veux à une femme, dit-elle en terminant, je ne la calomnie pas, je ne prétends pas qu'on *la magnétise* pour y trouver des pierres ; je dis qu'elle est bossue, et je le prouve. Pourquoi me compromettez-vous ?

Paz garda le plus cruel silence. La Chapuzot finit par savoir le nom et le titre de Thaddée ; elle apprit à l'hôtel Laginski des choses positives : Paz était garçon, on ne lui connaissait de fille morte ni en Pologne ni en France. Malaga ne put alors se défendre d'un sentiment de terreur.

— Mon enfant, dit la Chapuzot, ce monstre-là...

Un homme qui se contentait de regarder d'une façon sournoise — en dessous, — sans oser se prononcer sur rien, — sans avoir de confiance, — une belle créature comme Malaga, dans les idées de la Chapuzot, devait être un monstre.

— Ce monstre-là vous apprivoise pour vous amener à quelque

chose d'illégal, de criminel !... Dieu de Dieu, si vous alliez à la cour
d'assises, ou, ce qui me fait frémir de la tête aux pieds, que j'en
tremble rien que d'en parler, à la correctionnelle !... qu'on vous
met dans les journaux.... Moi, savez-vous à votre place ce que je
ferais ? Eh bien ! n'à votre place, je préviendrais, pour ma sûreté, la
police.

Par un jour où les plus folles idées fermentèrent dans l'esprit de
Malaga, quand Paz mit ses pièces d'or sur le velours de la cheminée, elle prit l'or et lui jeta au nez en lui disant : — Je ne veux
pas d'argent volé.

Le capitaine donna l'or aux Chapuzot et ne revint plus. Clémentine passait alors la belle saison à la terre de son oncle, le marquis
de Ronquerolles, en Bourgogne. Quand la troupe du Cirque ne vit
plus Thaddée à sa place, il se fit une rumeur parmi les artistes. La
grandeur d'âme de Malaga fut traitée de bêtise par les uns, de
finesse par les autres. La conduite du Polonais, expliquée aux femmes les plus habiles, parut inexplicable. Thaddée reçut dans une
seule semaine trente-sept lettres de femmes légères. Heureusement
pour lui, son étonnante réserve n'alluma pas d'autres curiosités et
resta l'objet des causeries du monde interlope.

Deux mois après, la belle écuyère, criblée de dettes, écrivit au
comte Paz cette lettre que les dandies ont regardée dans le temps
comme un chef-d'œuvre :

« Vous, que j'ose encore appeler mon ami, aurez-vous pitié de
» moi après ce qui s'est passé et que vous avez si mal interprété?
» Tout ce qui a pu vous blesser, mon cœur le désavoue. Si j'ai été
» assez heureuse pour que vous trouviez du charme à rester auprès
» de moi comme vous faisiez, revenez.... autrement, je tomberai
» dans le désespoir. La misère est déjà venue, et vous ne savez pas
» tout ce qu'elle amène de *choses bêtes*. Hier, j'ai vécu avec un
» hareng de deux sous et un sou de pain. Est-ce là le déjeuner de
» votre amante? Je n'ai plus les Chapuzot, qui paraissaient m'être
» si dévoués ! Votre absence a eu pour effet de me faire voir le fond
» des attachements humains... Un chien qu'on a nourri ne nous
» quitte plus! Un huissier qui a fait le sourd, a tout saisi au nom
» du propriétaire, qui n'a pas de cœur, et du bijoutier, qui ne veut
» pas attendre seulement dix jours ; car, avec votre confiance à vous
» autres, le crédit s'en va! Quelle position pour des femmes qui

» n'ont que de la joie à se reprocher! Mon ami, j'ai porté *chez ma*
» *tante* tout ce qui avait de la valeur; je n'ai plus rien que votre
» souvenir, et voilà la mauvaise saison qui arrive. Pendant l'hiver
» je suis sans feux, puisqu'on ne joue que des mimodrames au
» boulevard, où je n'ai presque rien à faire que des bouts de rôle
» qui ne *posent* pas une femme. Comment avez-vous pu vous mé-
» prendre à la noblesse de mes sentiments envers vous, car enfin
» nous n'avons pas deux manières d'exprimer notre reconnaissance?
» Vous qui paraissiez si joyeux de mon bien-être, comment m'avez-
» vous pu laisser dans la peine? O! mon seul ami sur terre, avant
» d'aller recommencer à courir les foires avec le cirque Bouthor,
» car je gagnerai au moins ma vie ainsi, pardonnez-moi d'avoir
» voulu savoir si je vous ai perdu pour toujours. Si je venais à
» penser à vous au moment où je saute dans le cercle, je suis capa-
» ble de me casser les jambes en perdant un *temps!* Quoi qu'il en
» soit, vous avez à vous pour la vie

» MARGUERITE TURQUET. »

— Cette lettre-là, se dit Thaddée en éclatant de rire, vaut mes
dix mille francs!

Clémentine arriva le lendemain, et, le lendemain, Paz la revit
plus belle, plus gracieuse que jamais. Après le dîner, pendant lequel la comtesse eut un air de parfaite indifférence pour Thaddée, il
se passa dans le salon, après le départ du capitaine, une scène entre
le comte et sa femme. En ayant l'air de demander conseil à Adam,
Thaddée lui avait laissé, comme par mégarde, la lettre de Malaga.

— Pauvre Thaddée! dit Adam à sa femme après avoir vu Paz
s'esquivant. Quel malheur pour un homme si distingué d'être le jouet
d'une baladine du dernier ordre! Il y perdra tout, il s'avilira, il ne
sera plus reconnaissable dans quelque temps. Tenez, ma chère, lisez, dit le comte en tendant à sa femme la lettre de Malaga.

Clémentine lut la lettre, qui sentait le tabac, et la jeta par un
geste de dégoût.

— Quelque épais que soit le bandeau qu'il a sur les yeux, il se
sera sans doute aperçu de quelque chose, dit Adam. Malaga lui
aura fait des traits.

— Et il y retourne! dit Clémentine, et il pardonnera! Ce n'est
que pour ces horribles femmes-là que vous avez de l'indulgence!

— Elles en ont tant besoin! dit Adam.

— Thaddée se rendait justice... en restant chez lui, reprit-elle.

— Oh ! mon ange, vous allez bien loin, dit le comte qui d'abord enchanté de rabaisser son ami aux yeux de sa femme ne voulait pas la mort du pécheur,

Thaddée, qui connaissait bien Adam, lui avait demandé le plus profond secret : il avait parlé pour faire excuser ses dissipations et prier son ami de lui laisser prendre un millier d'écus pour Malaga.

— C'est un homme qui a un fier caractère, reprit Adam.

— Comment cela ?

— Mais ne pas avoir dépensé plus de dix mille francs pour elle, et se faire relancer par une pareille lettre avant de lui porter de quoi payer ses dettes ! Pour un Polonais, ma foi !...

— Mais il peut te ruiner, dit Clémentine avec le ton aigre de la Parisienne quand elle exprime sa défiance de chatte.

— Oh ! Je le connais, répondit Adam, il nous sacrifierait Malaga

— Nous verrons, reprit la comtesse.

— S'il le fallait pour son bonheur, je n'hésiterais pas à lui demander de la quitter. Constantin m'a dit que pendant le temps de leur liaison, Paz, jusqu'alors si sobre, est quelquefois rentré très-étourdi... s'il se laissait entraîner dans l'ivresse, je serais aussi chagrin que s'il s'agissait de mon enfant.

— Ne m'en dites pas davantage, s'écria la comtesse en faisant un autre geste de dégoût.

Deux jours après, le capitaine aperçut dans les manières, dans le son de voix, dans les yeux de la comtesse, les terribles effets de l'indiscrétion d'Adam. Le mépris avait creusé ses abîmes entre cette charmante femme et lui. Aussi tomba-t-il dès lors dans une profonde mélancolie, rongé par cette pensée : Tu t'es rendu toi-même indigne d'elle ! La vie lui devint pesante, le plus beau soleil fut grisâtre à ses yeux. Néanmoins, il trouva sous ces flots de douleurs amères des moments de joie : il put alors se livrer sans danger à son admiration pour la comtesse qui ne fit plus la moindre attention à lui quand, dans les fêtes, tapi dans un coin, muet, mais tout yeux et tout cœur, il ne perdait pas une de ses poses, pas un de ses chants quand elle chantait. Il vivait enfin de cette belle vie, il pouvait panser lui-même le cheval qu'*elle* allait monter, se dévouer à l'économie de cette splendide maison, pour les intérêts de laquelle il redoubla de dévouement. Ces plaisirs silencieux furent ensevelis dans son cœur comme ceux de la mère dont l'enfant ne sait jamais rien du cœur de sa mère ; car est-ce le savoir que d'en ignorer quelque chose ? N'était-ce pas plus beau que le chaste amour de Pétrarque pour Laure, qui se soldait en définitive par un trésor de gloire et par le triomphe de la poésie qu'elle avait inspirée ? La sensation de d'Assas mourant n'est-elle pas toute une vie ? Cette sensation, Paz l'éprouva chaque jour sans mourir, mais aussi sans le loyer de l'immortalité. Qu'y a-t-il donc dans l'amour pour que, nonobstant ces délices secrètes, Paz fût dévoré de chagrins ? La religion catholique a tellement grandi l'amour, qu'elle y a marié pour ainsi dire indissolublement l'estime et la noblesse. L'amour ne va pas sans les supériorités dont s'enorgueillit l'homme, et il est tellement rare d'être aimé quand on est méprisé, que Thaddée mourait des plaies qu'il s'était volontairement faites. S'entendre dire qu'elle l'aurait aimé et mourir ?... le pauvre amoureux eût trouvé sa vie assez payée. Les angoisses de sa situation antérieure lui semblaient préférables à vivre près d'elle, en l'accablant de ses générosités sans être apprécié, compris. Enfin, il voulait le loyer de sa vertu ! Il maigrit et jaunit, il tomba si bien malade, dévoré par une petite fièvre, que, pendant le mois de janvier il fut obligé de rester au lit sans vouloir consulter de médecin. Le comte Adam conçut de vives inquiétudes sur son pauvre Thaddée. La comtesse eut alors la cruauté de dire en petit comité : — Laissez-le donc, ne voyez-vous pas qu'il a quelque remords olympique ? Ce mot rendit à Thaddée le courage du désespoir, il se leva, sortit, essaya de quelques distractions et recouvra la santé. Vers le mois de février, Adam fit une perte assez considérable au Jockey-Club, et comme il craignait sa femme, il vint prier Thaddée de mettre cette somme sur le compte de ses dissipations avec Malaga.

— Qu'y a-t-il d'extraordinaire à ce que cette baladine t'ait coûté vingt mille francs ? Ça ne regarde que moi : tandis que si la comtesse savait que je les ai perdus au jeu, je baisserais dans son estime ; elle aurait des craintes pour l'avenir.

— Encore cela, donc ! s'écria Thaddée en laissant échapper un profond soupir.

— Ah ! Thaddée, ce service-là nous acquitterait quand je ne serais pas déjà ton redevable.

— Adam, tu auras des enfants, ne joue plus, dit le capitaine.

— Malaga *nous* coûte encore vingt mille francs ! s'écria la comtesse quelques jours après en apprenant la *générosité* d'Adam en-

vers Paz. Dix mille auparavant, en tout trente mille! quinze cents
francs de rente, le prix de ma loge aux Italiens, la fortune de bien
des bourgeois... Oh! vous autres Polonais, disait-elle en cueillant
des fleurs dans sa belle serre, vous êtes incroyables. Tu n'es pas
plus furieux que ça?

— Ce pauvre Paz...

— Ce pauvre Paz, pauvre Paz, reprit-elle en interrompant, à quoi
nous est-il bon? Je vais me mettre à la tête de la maison, moi! Tu
lui donneras les cent louis de rentes qu'il a refusés, et il s'arrangera
comme il l'entend avec le Cirque-Olympique.

— Il nous est bien utile, il nous a certes économisé plus de quarante mille francs depuis un an. Enfin, cher ange, il nous a placé
cent mille francs chez Rothschild, et un intendant nous les aurait
volés...

Clémentine se radoucit, mais elle n'en fut pas moins dure pour
Thaddée. Quelques jours après, elle pria Paz de venir dans ce boudoir où un an auparavant elle avait été surprise en le comparant
au comte; cette fois, elle le reçut en tête-à-tête sans y apercevoir
le moindre danger.

— Mon cher Paz, lui dit-elle avec la familiarité sans consé-
quence des grands envers leurs inférieurs, si vous aimez Adam
comme vous le dites, vous ferez une chose qu'il ne vous demandera jamais, mais que moi, sa femme, je n'hésite pas à exiger de
vous...

— Il s'agit de Malaga, dit Thaddée avec une profonde ironie.

— Eh bien! oui, dit-elle, si vous voulez finir vos jours avec nous,
si vous voulez que nous restions bons amis, quittez-la. Comment
un vieux soldat...

— Je n'ai que trente-cinq ans, et pas un cheveu blanc!

— Vous avez l'air d'en avoir, dit-elle, c'est la même chose.
Comment un homme aussi bon calculateur, aussi distingué...

Il y eut cela d'horrible que ce mot fut dit par elle avec une intention évidente de réveiller en lui la noblesse d'âme qu'elle croyait
éteinte.

— Aussi distingué que vous l'êtes, reprit-elle après une pause
imperceptible que lui fit faire un geste de Paz, se laisse attraper
comme un enfant! Votre aventure a rendu Malaga célèbre... Eh!
bien, mon oncle a voulu la voir, et il l'a vue. Mon oncle n'est pas le
seul, Malaga reçoit très-bien tous ces messieurs... Je vous ai cru

l'âme noble. . . Fi donc! Voyons, sera-ce une si grande perte pour vous qu'elle ne puisse se réparer?

— Madame, si je connaissais un sacrifice à faire pour regagner votre estime, il serait bientôt accompli ; mais quitter Malaga n'en est pas un. . .

— Dans votre position, voilà ce que je dirais si j'étais homme, répondit Clémentine. Eh bien! si je prends cela pour un grand sacrifice, il n'y a pas de quoi se fâcher.

Paz sortit en craignant de commettre quelque sottise, il se sentait gagner par des idées folles. Il alla se promener au grand air, légèrement vêtu malgré le froid, sans pouvoir éteindre les feux de sa face et de son front.

— Je vous ai cru l'âme noble! Ces mots, il les entendait toujours. — Et il y a bientôt un an, se disait-il, j'avais à moi seul battu les Russes! Il pensait à laisser l'hôtel Laginski, à demander du service dans les spahis et à se faire tuer en Afrique ; mais il fut arrêté par une horrible crainte. — Sans moi, que deviendront-ils? on les ruinerait bientôt. Pauvre comtesse! quelle horrible vie pour elle que d'être seulement réduite à trente mille livres de rentes! Allons, se dit-il, puisqu'elle est perdue pour moi, du courage, et achevons mon ouvrage.

Chacun sait que depuis 1830 le carnaval a pris à Paris un développement prodigieux qui le rend européen et bien autrement burlesque, bien autrement animé que le feu carnaval de Venise. Est-ce que, les fortunes diminuant outre mesure, les Parisiens auraient inventé de s'amuser collectivement, comme avec leurs clubs ils font des salons sans maîtresses de maison, sans politesse et à bon marché? Quoi qu'il en soit, le mois de mars prodiguait alors ces bals où la danse, la farce, la grosse joie, le délire, les images grotesques et les railleries aiguisées par l'esprit parisien arrivent à des effets gigantesques. Cette folie avait alors, rue Saint-Honoré, son Pandémonium, et dans Musard son Napoléon, un petit homme fait exprès pour commander une musique aussi puissante que la foule en désordre, et pour conduire le galop, cette ronde du sabbat, une des gloires d'Auber, car le galop n'a eu sa forme et sa poésie que depuis le grand galop de *Gustave*. Cet immense final ne pourrait-il pas servir de symbole à une époque où, depuis cinquante ans, tout défile avec la rapidité d'un rêve? Or, le grave Thaddée, qui portait une divine image immaculée dans son cœur, alla proposer à

Malaga, la reine des danses de carnaval, de passer une nuit au bal
Musard, quand il sut que la comtesse, déguisée jusqu'aux dents,
devait venir voir, avec deux autres jeunes femmes accompagnées
de leurs maris, le curieux spectacle d'un de ces bals monstrueux
Le mardi-gras de l'année 1838, à quatre heures du matin, la
comtesse, enveloppée d'un domino noir et assise sur les gradins
d'un des amphithéâtres de cette salle babylonienne, où depuis Va-
lentino donne ses concerts, vit défiler dans le galop Thaddée en
Robert-Macaire conduisant l'écuyère en costume de sauvagesse, la
tête harnachée de plumes comme un cheval du sacre, et bondissant
par-dessus les groupes, en vrai feu follet.

— Ah! dit Clémentine à son mari, vous autres Polonais, vous
êtes des gens sans caractère. Qui n'aurait pas eu confiance en Thaddée? Il m'a donné sa parole, sans savoir que je serais ici voyant
tout et n'étant pas vue.

Quelques jours après, elle eut Paz à dîner. Après le dîner, Adam
les laissa seuls, et Clémentine gronda Thaddée de manière à lui
faire sentir qu'elle ne le voulait plus au logis.

— Oui, madame, dit humblement Thaddée, vous avez raison,
je suis un misérable, j'avais donné ma parole. Mais que voulez-
vous? j'avais remis à quitter Malaga après le carnaval... Je serai
franc, d'ailleurs : cette femme exerce un tel empire sur moi que...

— Une femme qui se fait mettre à la porte de chez Musard par
les sergents de ville, et pour quelle danse!

— J'en conviens, je passe condamnation, je quitterai *votre*
maison; mais vous connaissez Adam. Si je vous abandonne les rênes
de votre fortune, il vous faudra déployer bien de l'énergie. Si j'ai
le vice de Malaga, je sais avoir l'œil à vos affaires, tenir vos gens
et veiller aux moindres détails. Laissez-moi donc ne vous quitter
qu'après vous avoir vue en état de continuer mon administration.
Vous avez maintenant trois ans de mariage, et vous êtes à l'abri
des premières folies que fait faire la lune de miel. Les Parisiennes,
et les plus titrées, s'entendent aujourd'hui très-bien à gouverner
une fortune et une maison... Eh bien! quand je serai certain moins
de votre capacité que de votre fermeté, je quitterai Paris.

— C'est le Thaddée de Varsovie et non le Thaddée du Cirque
qui parle, répondit-elle. Revenez-nous guéri.

— Guéri?... jamais, dit Paz les yeux baissés en regardant les
jolis pieds de Clémentine. Vous ignorez, comtesse, ce que cette

femme a de piquant et d'inattendu dans l'esprit. En sentant son courage faillir, il ajouta : — Il n'y a pas de femme du monde avec ses airs de mijaurée qui vaille cette franche nature de jeune animal...

— Le fait est que je ne voudrais rien avoir d'animal, dit la comtesse en lui lançant un regard de vipère en colère.

A compter de cette matinée, le comte Paz mit Clémentine au fait de ses affaires, se fit son précepteur, lui apprit les difficultés de la gestion de ses biens, le véritable prix des choses et la manière de ne point se laisser trop voler par les gens. Elle pouvait compter sur Constantin et faire de lui son majordome. Thaddée avait formé Constantin. Au mois de mai, la comtesse lui parut parfaitement en état de conduire sa fortune ; car Clémentine était de ces femmes au coup d'œil juste, plein d'instinct, et chez qui le génie de la maîtresse de maison est inné.

Cette situation amenée par Thaddée avec tant de naturel eut une péripétie horrible pour lui, car ses souffrances ne devaient pas être aussi douces qu'il se les faisait. Ce pauvre amant n'avait pas compté le hasard pour quelque chose. Or, Adam tomba très-sérieusement malade. Thaddée, au lieu de partir, servit de garde-malade à son ami. Le dévouement du capitaine fut infatigable. Une femme qui aurait eu de l'intérêt à déployer la longue-vue de la perspicacité, eût vu dans l'héroïsme du capitaine une sorte de punition que s'imposent les âmes nobles pour réprimer leurs mauvaises pensées involontaires ; mais les femmes voient tout ou ne voient rien, selon leurs dispositions d'âme : l'amour est leur seule lumière.

— Pendant quarante-cinq jours, Paz veilla, soigna Mitgislas sans qu'il parût penser à Malaga, par l'excellente raison qu'il n'y avait jamais pensé. En voyant Adam à la mort et ne mourant pas, Clémentine assembla les plus célèbres docteurs.

— S'il se sauve de là, dit le plus savant des médecins, ce ne peut être que par un effort de la nature. C'est à ceux qui lui donnent des soins à guetter ce moment et seconder la nature. La vie du comte est entre les mains de ses garde-malades.

Thaddée alla communiquer cet arrêt à Clémentine, alors assise sous le pavillon chinois, autant pour se reposer de ses fatigues que pour laisser le champ libre aux médecins et ne pas les gêner. En suivant les contours de l'allée sablée qui menait du boudoir au rocher sur lequel s'élevait le pavillon chinois, l'amant de Clémentine était comme au fond d'un des abîmes décrits par Alighieri. Le malheureux n'avait pas prévu la possibilité de devenir le mari de Clémentine et s'était enfermé lui-même dans une fosse de boue. Il arriva le visage décomposé, sublime de douleur. Sa tête, comme celle de Méduse, communiquait le désespoir.

— Il est mort?... dit Clémentine.

— Ils l'ont condamné; du moins, ils le remettent à la nature. N'y allez pas, ils y sont encore, et Bianchon va lever lui-même les appareils.

— Pauvre homme! je me demande si je ne l'ai pas quelquefois tourmenté, dit-elle.

— Vous l'avez rendu bien heureux, soyez tranquille à ce sujet, dit Thaddée et vous avez eu de l'indulgence pour lui...

— Ma perte serait irréparable.

— Mais, chère, en supposant que le comte succombe, ne l'aviez-vous pas jugé?

— Je l'aimais sans aveuglement, dit-elle; mais je l'aimais comme une femme doit aimer son mari.

— Vous devez donc, reprit Thaddée d'une voix que ne lui connaissait pas Clémentine, avoir moins de regrets que si vous perdiez un de ces hommes qui sont votre orgueil, votre amour et toute votre vie, à vous autres femmes! Vous pouvez être sincère avec un ami tel que moi... Je le regretterai, moi!... Bien avant votre mariage, j'avais fait de lui mon enfant, et je lui ai sacrifié ma vie. Je serai donc sans intérêt sur la terre. Mais la vie est encore belle à une veuve de vingt-quatre ans.

— Eh! vous savez bien que je n'aime personne, dit-elle avec la brusquerie de la douleur.

— Vous ne savez pas encore ce que c'est que d'aimer, dit Thaddée.

— Oh! mari pour mari, je suis assez sensée pour préférer un enfant comme mon pauvre Adam à un homme supérieur. Voici bientôt trente jours que nous nous disons : Vivra-t-il? ces alternatives m'ont bien préparée, ainsi que vous l'êtes, à cette perte. Je puis être franche avec vous. Eh bien! je donnerais de ma vie pour conserver celle d'Adam. L'indépendance d'une femme à Paris, n'est-ce pas la permission de se laisser prendre aux semblants d'amour des gens ruinés ou dissipateurs! Je priais Dieu de me laisser ce mari si complaisant, si bon enfant, si peu tracassier, et qui commençait à me craindre.

— Vous êtes vraie, et je vous en aime davantage, dit Thaddée en prenant et baisant la main de Clémentine qui le laissa faire. Dans de si solennels instants, il y a je ne sais quelle satisfaction à trouver une femme sans hypocrisie. On peut causer avec vous. Voyons l'avenir; supposons que Dieu ne vous écoute pas, et je suis un de ceux qui sont le plus disposés à lui crier : — Laissez-moi mon ami ! Oui, ces cinquante nuits n'ont pas affaibli mes yeux, et fallût-il trente jours et trente nuits de soins, vous dormirez, vous, .madame, quand je veillerai. Je saurai l'arracher à la mort si, comme *ils* le disent, on peut le sauver par des soins. Enfin, malgré vous et malgré moi, le comte est mort. Eh bien! si vous étiez aimée, oh! mais adorée par un homme de cœur et d'un caractère digne du vôtre...

— J'ai peut-être follement désiré d'être aimée, mais je n'ai pas rencontré...

— Si vous aviez été trompée...

Clémentine regarda fixement Thaddée en lui supposant moins de l'amour qu'une pensée cupide, elle le couvrit de son mépris en le toisant des pieds à la tête, et l'écrasa par ces deux mots : Pauvre Malaga! prononcés en trois tons que les grandes dames seules savent trouver dans le registre de leurs dédains. Elle se leva, laissa Thaddée évanoui, car elle ne se retourna point, marcha d'un mouvement noble vers son boudoir et remonta dans la chambre d'Adam.

Une heure après, Paz revint dans la chambre du malade; et comme s'il n'avait pas reçu le coup de la mort, il prodigua ses soins au comte. Depuis ce fatal moment il devint taciturne; il eut d'ailleurs un duel avec la maladie, il la combattait de manière à exciter l'admiration des médecins. A toute heure on trouvait ses yeux allumés comme deux lampes. Sans témoigner le moindre ressentiment à Clémentine, il écoutait ses remercîments sans les accepter, il semblait être sourd. Il s'était dit : Elle me devra la vie d'Adam! et cette parole, il l'écrivait pour ainsi dire en traits de feu dans la chambre du malade. Le quinzième jour, Clémentine fut obligée de restreindre ses soins, sous peine de succomber à tant de fatigues. Paz était infatigable. Enfin, vers la fin du mois d'août, Bianchon, le médecin de la maison, répondit de la vie du comte à Clémentine.

— Ah! madame, ne m'en ayez pas la moindre obligation, dit-il. Sans son ami nous ne l'aurions pas sauvé !

Le lendemain de la terrible scène sous le pavillon chinois, le marquis de Ronquerolles était venu voir son neveu; car il partait pour la Russie chargé d'une mission secrète, et Paz, foudroyé de la veille, avait dit quelques mots au diplomate. Or, le jour où le comte Adam et sa femme sortirent pour la première fois en calèche, au moment où la calèche allait quitter le perron, un gendarme entra dans la cour de l'hôtel et demanda le comte Paz. Thaddée, assis sur le devant de la calèche, se retourna pour prendre une lettre qui portait le timbre du ministère des affaires étrangères et la mit dans la poche de côté de son habit par un mouvement qui empêcha Clémentine et Adam de lui en parler. On ne peut nier aux gens de bonne compagnie la science du langage qui ne se parle pas. Néanmoins, en arrivant à la porte Maillot, Adam, usant des priviléges d'un convalescent dont les caprices doivent être satisfaits, dit à Thaddée : — Il n'y a point d'indiscrétion entre deux frères qui s'aiment autant que nous nous aimons, tu sais ce que contient la dépêche, dis-le moi, j'ai une fièvre de curiosité.

Clémentine regarda Thaddée en femme fâchée et dit à son mari : Il me boude tant depuis deux mois que je me garderais bien d'insister.

— Oh! mon Dieu, répondit Thaddée, comme je ne puis pas empêcher les journaux de le publier, je vous révélerai bien ce secret : l'empereur Nicolas me fait la grâce de me nommer capitaine dans un régiment destiné à l'expédition de Khiva.

— Et tu y vas? s'écria Adam.

— J'irai, mon cher. Je suis venu capitaine, capitaine je m'en retourne... Malaga pourrait me faire faire des sottises. Nous dînons demain pour la dernière fois ensemble. Si je ne partais pas en septembre pour Saint-Pétersbourg, il faudrait y aller par terre, et je ne suis pas riche, je dois laisser à Malaga sa petite indépendance. Comment ne pas veiller à l'avenir de la seule femme qui m'ait su comprendre? elle me trouve grand, Malaga! Malaga me trouve beau! Malaga m'est peut-être infidèle, mais elle passerait dans le...

— Dans le cerceau pour vous et retomberait très-bien sur son cheval, dit vivement Clémentine.

— Oh! vous ne connaissez pas Malaga, dit le capitaine avec une profonde amertume et un regard plein d'ironie qui rendirent Clémentine rêveuse et inquiète.

— Adieu les jeunes arbres de ce beau bois de Boulogne où se

promènent les Parisiennes, où se promènent les exilés qui y retrouvent une patrie. Je suis sûr que mes yeux ne reverront plus les arbres verts de l'allée de Mademoiselle, ni ceux de la route des Dames, ni les acacias, ni le cèdre des ronds-points... Sur les bords de l'Asie, obéissant aux desseins du grand empereur que j'ai voulu pour maître, arriver peut-être au commandement d'une armée à force de courage, à force de mettre ma vie au jeu, peut-être regretterai-je les Champs-Élysées où vous m'avez, une fois, fait monter à côté de vous. Enfin, je regretterai toujours les rigueurs de Malaga, la Malaga de qui je parle en ce moment.

Ce fut dit de manière à faire frissonner Clémentine.

— Vous aimez donc bien Malaga? demanda-t-elle.

— Je lui ai sacrifié cet honneur que nous ne sacrifions jamais...

— Lequel?

— Mais celui que nous voulons garder à tout prix aux yeux de notre idole.

Après cette réponse, Thaddée garda le plus impénétrable silence; et il ne le rompit qu'en passant aux Champs-Élysées, où il dit en montrant un bâtiment en planches : — Voilà le Cirque!

Il alla quelques moments avant le dîner à l'ambassade de Russie, de là aux affaires étrangères, et il partit pour le Havre le matin, avant le lever de la comtesse et d'Adam.

— Je perds un ami, dit Adam les larmes aux yeux en apprenant le départ du comte Paz, un ami dans la véritable acception du mot, et je ne sais pas ce qui peut lui faire fuir ma maison comme la peste. Nous ne sommes pas amis à nous brouiller pour une femme, dit-il en regardant fixement Clémentine, et cependant tout ce qu'il disait hier de Malaga... Mais il n'a jamais touché le bout du doigt à cette fille...

— Comment le savez-vous? dit Clémentine.

— Mais j'ai naturellement eu la curiosité de voir mademoiselle Turquet, et la pauvre fille ne peut pas encore s'expliquer la réserve absolue de Thad...

— Assez, monsieur, dit la comtesse, qui se retira chez elle en se disant : — Ne serais-je pas victime d'une mystification sublime?

A peine achevait-elle cette phrase en elle-même, que Constantin remit à Clémentine la lettre suivante, que Thaddée avait griffonnée pendant la nuit.

« Comtesse, aller se faire tuer au Caucase et emporter votre mé-

« pris, c'est trop : on doit mourir tout entier. Je vous ai chérie en
« vous voyant pour la première fois, comme on chérit une femme que
« l'on aime toujours, même après son infidélité, moi l'obligé d'Adam
« qui vous avait choisie et que vous épousiez, moi pauvre, moi le
« régisseur volontaire, dévoué de votre maison. Dans cet horrible
« malheur, j'ai trouvé la plus délicieuse vie. Être chez vous un
« rouage indispensable, me savoir utile à votre luxe, à votre bien-
« être, fut une source de jouissances; et si ces jouissances étaient
« vives dans mon âme quand il s'agissait d'Adam, jugez de ce
« qu'elles furent alors qu'une femme adorée en était le principe
« et l'effet ! J'ai connu les plaisirs de la maternité dans l'amour :
« j'acceptais la vie ainsi. Je m'étais, comme les pauvres des grands
« chemins, bâti une cabane de cailloux sur la litière de votre beau
« domaine, sans vous tendre la main. Pauvre et malheureux, aveu-
« glé par le bonheur d'Adam, j'étais le donnant. Ah! vous étiez en-
« tourée d'un amour pur comme celui d'un ange gardien, il veillait
« quand vous dormiez, il vous caressait du regard quand vous pas-
« siez, il était heureux d'être, enfin vous étiez le soleil de la patrie
« à ce pauvre exilé, qui vous écrit les larmes aux yeux en pensant
« à ce bonheur des premiers jours. A dix-huit ans, n'étant aimé
« de personne, j'avais pris pour maîtresse idéale une charmante
« femme de Varsovie à qui je rapportais mes pensées, mes désirs,
« la reine de mes jours et de mes nuits! Cette femme n'en savait
« rien; mais pourquoi l'en instruire?... Moi! j'aimais mon amour.
« Jugez, d'après cette aventure de ma jeunesse, combien j'étais heu-
« reux de vivre dans la sphère de votre existence, de panser votre che-
« val, de chercher des pièces d'or toutes neuves pour votre bourse,
« de veiller aux splendeurs de votre table et de vos soirées, de vous
« voir éclipsant des fortunes supérieures à la vôtre par mon sa-
« voir-faire. Avec quelle ardeur ne me précipitais-je pas dans Paris
« quand Adam me disait : — Thaddée, *elle* veut telle chose ! C'est
« une de ces félicités impossibles à exprimer. Vous avez souhaité
« des riens, dans un temps donné, qui m'ont obligé à des tours de
« force, à courir pendant des sept heures en cabriolet; et quelles
« délices de marcher pour vous! A vous voir souriante au milieu
« de vos fleurs, sans être vu de vous, j'oubliais que personne ne
« m'aimait... Enfin je n'avais alors que mes dix-huit ans. Par cer-
« tains jours où mon bonheur me tournait le tête, j'allais, la nuit,
« baiser l'endroit où, pour moi, vos pieds laissaient des traces lu

« mineuses, comme jadis je fis des miracles de voleur pour aller
« baiser la clef que la comtesse Ladislas avait touchée de ses mains
« en ouvrant une porte. L'air que vous respiriez était balsamique;
« il y avait pour moi plus de vie à l'aspirer, et j'y étais comme on
« est, dit-on, sous les tropiques, accablé par une vapeur chargée
« de principes créateurs. Il faut bien vous dire ces choses pour vous
« expliquer l'étrange fatuité de mes pensées involontaires. Je serais
« mort avant de vous avouer mon secret! Vous devez vous rappeler
« les quelques jours de curiosité pendant lesquels vous avez voulu
« voir l'auteur des miracles qui vous avaient enfin frappée. J'ai
« cru, pardonnez-moi, madame, j'ai cru que vous m'aimeriez.
« Votre bienveillance, vos regards interprétés par un amant, m'ont
« paru si dangereux pour moi, que je me suis donné Malaga, sa-
« chant qu'il est de ces liaisons que les femmes ne pardonnent
« point; je me la suis donnée au moment où j'ai vu mon amour se
« communiquer fatalement. Accablez-moi maintenant du mépris
« que vous m'avez versé à pleines mains sans que je le méritasse;
« mais je crois être certain que dans la soirée où votre tante a em-
« mené le comte, si je vous avais dit ce que je viens de vous écrire
« l'ayant dit une fois, j'aurais été comme le tigre apprivoisé qui a
« remis ses dents à de la chair vivante, qui sent la chaleur du sang,
« et...

                                            « Minuit,

« Je n'ai pu continuer, le souvenir de cette heure est encore
« trop vivant! Oui, j'eus alors le délire. L'Espérance était dans vos
« yeux, la Victoire et ses pavillons rouges eussent brillé dans les
« miens et fasciné les vôtres. Mon crime a été de penser tout cela,
« peut-être à tort. Vous seule êtes le juge de cette terrible scène où
« j'ai pu refouler amour, désir, les forces les plus invincibles de
« l'homme, sous la main glaciale d'une reconnaissance qui doit
« être éternelle. Votre terrible mépris m'a puni. Vous m'avez prouvé
« qu'on ne revient ni du dégoût ni du mépris. Je vous aime comme
« un insensé. Je serais parti, Adam mort : je dois à plus forte
« raison partir, Adam sauvé. L'on n'arrache pas son ami des bras
« de la mort pour le tromper. D'ailleurs, mon départ est la puni-
« tion de la pensée que j'ai eue de le laisser périr quand les mé-
« decins m'ont dit que sa vie dépendait de ses garde-malades.

« Adieu, madame; je perds tout en quittant Paris, et vous ne per-
« dez rien en n'ayant plus auprès de vous

« Votre dévoué

« *Thaddée Paç.* »

— Si mon pauvre Adam dit avoir perdu un ami, qu'ai-je donc
perdu, moi? se dit Clémentine en restant abattue et les yeux attachés sur une fleur de son tapis.

Voici la lettre que Constantin remit en secret au comte.

« Mon cher Mitgislas, Malaga m'a tout dit. Au nom de ton bon-
« heur, qu'il ne t'échappe jamais avec Clémentine un mot sur tes
« visites chez l'écuyère, et laisse-lui toujours croire que Malaga me
« coûte cent mille francs. Du caractère dont est la comtesse, elle
« ne te pardonnerait ni tes pertes au jeu ni tes visites à Malaga. Je
« ne vais pas à Khiva, mais au Caucase. J'ai le spleen, et du train
« dont j'irai, je serai prince Paz en trois ans ou mort. Adieu ; quoi-
« que j'aie repris soixante mille francs chez Rothschild, nous som-
« mes quittes.   « *Thaddée.* »

— Imbécile que je suis! j'ai failli me couper tout à l'heure, se
dit Adam.

Voici trois ans que Thaddée est parti, les journaux ne parlent
encore d'aucun prince Paz. La comtesse Laginska s'intéresse énormément aux expéditions de l'empereur Nicolas, elle est Russe de
cœur, elle lit avec une espèce d'avidité toutes les nouvelles qui
viennent de ce pays. Une ou deux fois par hiver, elle dit d'un air
indifférent à l'ambassadeur : « Savez-vous ce qu'est devenu notre
pauvre comte Paz? »

Hélas ! la plupart des Parisiennes, ces créatures prétendues si
perspicaces et si spirituelles, passent et passeront toujours à côté
d'un Paz sans l'apercevoir. Oui, plus d'un Paz est méconnu; mais,
chose effrayante à penser! il en est de méconnus même lorsqu'ils
sont aimés. La femme la plus simple du monde exige encore chez
l'homme le plus grand un peu de charlatanisme; et le plus bel
amour ne signifie rien quand il est brut : il lui faut la mise en
scène de la taille et de l'orfévrerie.

Au mois de janvier 1842, la comtesse Laginska, parée de sa
douce mélancolie, inspira la plus furieuse passion au comte de

La Palférine, un des lions les plus entreprenants du Paris actuel. La Palférine comprit combien la conquête d'une femme gardée par une Chimère était difficile, il compta sur une surprise et sur le dévouement d'une femme un peu jalouse de Clémentine pour entraîner cette charmante femme.

Incapable, malgré tout son esprit, de soupçonner une trahison pareille, la comtesse Laginska commit l'imprudence d'aller avec cette femme au bal masqué de l'Opéra. Vers trois heures du matin, entraînée par l'ivresse du bal, Clémentine, pour qui La Palférine avait déployé toutes ses séductions, consentit à souper et allait monter dans la voiture de cette fausse amie. En ce moment critique, elle fut prise par un bras vigoureux, et, malgré ses cris, portée dans sa propre voiture, dont la portière était ouverte, et qu'elle ne savait pas là.

— Il n'a pas quitté Paris, s'écria-t-elle en reconnaissant Thaddée, qui se sauva quand il vit la voiture emportant la comtesse.

Jamais femme eut-elle un pareil roman dans sa vie. A toute heure, Clémentine espère revoir Paz.

Paris, janvier 1842.

ÉTUDE DE FEMME

DÉDIÉ AU MARQUIS JEAN-CHARLES DI NEGRO.

La marquise de Listomère est une de ces jeunes femmes élevées dans l'esprit de la Restauration. Elle a des principes, elle fait maigre, elle communie, et va très-parée au bal, aux Bouffons, à l'Opéra ; son directeur lui permet d'allier le profane et le sacré. Toujours en règle avec l'Église et avec le monde, elle offre une image du temps présent, qui semble avoir pris le mot de *Légalité* pour épigraphe. La conduite de la marquise comporte précisément assez de dévotion pour pouvoir arriver sous une nouvelle Maintenon à la sombre piété des derniers jours de Louis XIV, et assez de mondanité pour adopter également les mœurs galantes des premiers jours de ce règne, s'il revenait. En ce moment, elle est vertueuse par calcul, ou par goût peut-être. Mariée depuis sept ans au marquis de Listomère, un de ces députés qui attendent la pairie, elle croit peut-être aussi servir par sa conduite l'ambition de sa famille. Quelques femmes attendent pour la juger le moment où monsieur de Listomère sera pair de France, et où elle aura trente-six ans, époque de la vie où la plupart des femmes s'aperçoivent qu'elles sont dupes des lois sociales. Le marquis est un homme assez insignifiant : il est bien en cour, ses qualités sont négatives comme ses défauts ; les unes ne peuvent pas plus lui faire une réputation de vertu que les autres ne lui donnent l'espèce d'éclat jeté par les vices. Député, il ne parle jamais, mais il vote *bien* ; il se comporte dans son ménage comme à la Chambre. Aussi passe t-il pour être le meilleur mari de France. S'il n'est pas susceptible de s'exalter, il ne gronde jamais, à moins qu'on ne le fasse attendre. Ses amis l'ont nommé *le temps couvert*. Il ne se rencontre en effet chez lui ni lumière trop vive, ni obscurité complète. Il ressemble à tous les ministères qui se sont succédé en France depuis la Charte. Pour une femme à principes, il était difficile de tomber en de meilleures mains. N'est-ce pas beaucoup pour une femme vertueuse que d'avoir épousé un homme incapable de faire des sottises? Il s'est rencontré des dandies qui ont eu l'impertinence de presser légèrement la main de la marquise en dansant avec elle, ils n'ont recueilli que des regards de mépris, et tous ont éprouvé cette indifférence insultante qui, semblable aux gelées du printemps, détruit le germe des plus belles espérances. Les beaux, les spirituels, les fats, les hommes à sentiments qui se nourrissent en tenant leurs cannes, ceux à grand nom ou à grosse renommée, les gens de haute et petite volée, auprès d'elle tout a blanchi. Elle a conquis le droit de causer aussi longtemps et aussi souvent qu'elle le veut avec les hommes qui lui semblent spirituels, sans qu'elle soit couchée sur l'album de la médisance. Certaines femmes coquettes sont capables de suivre ce plan-là pendant sept ans pour satisfaire plus tard leurs fantaisies; mais supposer cette arrière-pensée à la marquise de Listomère serait la calomnier. J'ai eu le bonheur de voir ce phénix des marquises : elle cause bien, je sais écouter, je lui ai plu, je vais à ses soirées. Tel était le but de mon ambition. Ni laide ni jolie, madame de Listomère a des dents blanches, le teint éclatant et les lèvres très-rouges ; elle est grande et bien faite ; elle a le pied petit, fluet, et ne l'avance pas ; ses yeux, loin d'être éteints, comme le sont presque tous les yeux parisiens, ont un éclat doux qui devient magique si par hasard elle s'anime. On devine une âme à travers cette forme indécise. Si elle s'intéresse à la conversation, elle y déploie une grâce ensevelie sous les précautions d'un maintien froid, et alors elle est charmante. Elle ne veut pas de succès et en obtient. On trouve toujours ce qu'on ne cherche pas. Cette phrase est trop souvent vraie pour ne pas se changer un jour en proverbe. Ce sera la moralité de cette aventure, que je ne me permettrais pas de raconter, si elle ne retentissait en ce moment dans tous les salons de Paris.

La marquise de Listomère a dansé, il y a un mois environ, avec un jeune homme aussi modeste qu'il est étourdi, plein de bonnes

qualités, et ne laissant voir que ses défauts ; il est passionné et se
moque des passions ; il a du talent et il le cache ; il fait le savant
avec les aristocrates et fait de l'aristocratie avec les savants. Eugène
de Rastignac est un de ces jeunes gens très-sensés qui essaient de
tout et semblent tâter les hommes pour savoir ce que porte l'avenir.
En attendant l'âge de l'ambition, il se moque de tout ; il a de la grâce
et de l'originalité, deux qualités rares parce qu'elles s'excluent
l'une l'autre. Il a causé sans préméditation de succès avec la marquise de Listomère, pendant une demi-heure environ. En se
jouant des caprices d'une conversation qui, après avoir commencé
à l'opéra de *Guillaume Tell*, en était venue aux devoirs des femmes, il avait plus d'une fois regardé la marquise de manière à
l'embarrasser ; puis il la quitta et ne lui parla plus de toute la soirée ; il dansa, se mit à l'écarté, perdit quelque argent, et s'en alla
se coucher. J'ai l'honneur de vous affirmer que tout se passa ainsi.
Je n'ajoute, je ne retranche rien.

Le lendemain matin Rastignac se réveilla tard, resta dans son
lit, où il se livra sans doute à quelques-unes de ces rêveries matinales pendant lesquelles un jeune homme se glisse comme un syl-
phe sous plus d'une courtine de soie, de cachemire ou de coton. En
ces moments, plus le corps est lourd de sommeil, plus l'esprit
est agile. Enfin Rastignac se leva sans trop bâiller, comme font
tant de gens mal appris, sonna son valet de chambre, se fit ap-
prêter du thé, en but immodérément, ce qui ne paraîtra pas extraordinaire aux personnes qui aiment le thé ; mais pour expliquer
cette circonstance aux gens qui ne l'acceptent que comme la pa-
nacée des indigestions, j'ajouterai qu'Eugène écrivait : il était
commodément assis, et avait les pieds plus souvent sur ses chenets
que dans sa chancelière. Oh ! avoir les pieds sur la barre polie qui
réunit les deux griffons d'un garde-cendre, et penser à ses amours
quand on se lève et qu'on est en robe de chambre, est chose si
délicieuse, que je regrette infiniment de n'avoir ni maîtresse, ni
chenets, ni robe de chambre. Quand j'aurai tout cela, je ne racon-
terai pas mes observations, j'en profiterai.

La première lettre qu'Eugène écrivit fut achevée en un quart
d'heure ; il la plia, la cacheta et la laissa devant lui sans y mettre
l'adresse. La seconde lettre, commencée à onze heures, ne fut finie
qu'à midi. Les quatre pages étaient pleines.

— Cette femme me trotte dans la tête, dit-il en pliant cette seconde épître, qu'il laissa devant lui, comptant y mettre l'adresse après avoir achevé sa rêverie involontaire. Il croisa les deux pans de sa robe de chambre à ramages, posa ses pieds sur un tabouret, coula ses mains dans les goussets de son pantalon de cachemire rouge, et se renversa dans une délicieuse bergère à oreilles dont le siége et le dossier décrivaient l'angle confortable de cent vingt degrés. Il ne prit plus de thé et resta immobile, les yeux attachés sur la main dorée qui couronnait sa pelle, sans voir ni main, ni pelle, ni dorure. Il ne tisonna même pas. Faute immense! N'est-ce pas un plaisir bien vif que de tracasser le feu quand on pense aux femmes? Notre esprit prête des phrases aux petites langues bleues qui se dégagent soudain et babillent dans le foyer. On interprète le langage puissant et brusque d'un *bourguignon*.

A ce mot arrêtons-nous, et plaçons ici pour les ignorants une explication due à un étymologiste très-distingué qui a désiré garder l'anonyme. *Bourguignon* est le nom populaire et symbolique donné, depuis le règne de Charles VI, à ces détonations bruyantes dont l'effet est d'envoyer sur un tapis ou sur une robe un petit charbon, léger principe d'incendie. Le feu dégage, dit-on, une bulle d'air qu'un ver rongeur a laissée dans le cœur du bois. *Inde amor, inde burgundus.* L'on tremble en voyant rouler comme une avalanche le charbon qu'on avait si industrieusement essayé de poser entre deux bûches flamboyantes. Oh! tisonner quand on aime, n'est-ce pas développer matériellement sa pensée!

Ce fut en ce moment que j'entrai chez Eugène, il fit un soubresaut et me dit : — Ah! te voilà, mon cher Horace. Depuis quand es-tu là?

— J'arrive.

— Ah!

Il prit les deux lettres, y mit les adresses et sonna son domestique.

— Porte cela en ville.

Et Joseph y alla sans faire d'observations ; excellent domestique!

Nous nous mîmes à causer de l'expédition de Morée, dans laquelle je désirais être employé en qualité de médecin. Eugène me fit observer que je perdrais beaucoup à quitter Paris, et nous parlâmes de choses indifférentes. Je ne crois pas que l'on me sache mauvais gré de supprimer notre conversation. . . . . . .

. . . .

Au moment où la marquise de Listomère se leva, sur les deux heures après midi, sa femme de chambre, Caroline, lui remit une lettre, elle la lut pendant que Caroline la coiffait. (Imprudence que commettent beaucoup de jeunes femmes.)

O cher ange d'amour, trésor de vie et de bonheur! A ces mots, la marquise allait jeter la lettre au feu ; mais il lui passa par la tête une fantaisie que toute femme vertueuse comprendra merveilleusement, et qui était de voir comment un homme qui débutait ainsi pouvait finir. Elle lut. Quand elle eut tourné la quatrième page, elle laissa tomber ses bras comme une personne fatiguée.

—Caroline, allez savoir qui a remis cette lettre chez moi.

—Madame, je l'ai reçue du valet de chambre de monsieur le baron de Rastignac.

Il se fit un long silence.

— Madame veut-elle s'habiller? demanda Caroline.

— Non.

— Il faut qu'il soit bien impertinent! pensa la marquise.

. . . .

Je prie toutes les femmes d'imaginer elles-mêmes le commentaire.

Madame de Listomère termina le sien par la résolution formelle de consigner monsieur Eugène à sa porte, et si elle le rencontrait dans le monde de lui témoigner plus que du dédain ; car son insolence ne pouvait se comparer à aucune de celles que la marquise avait fini par excuser. Elle voulut d'abord garder la lettre ; mais, toute réflexion faite, elle la brûla.

—Madame vient de recevoir une fameuse déclaration d'amour, et elle l'a lue! dit Caroline à la femme de charge.

—Je n'aurais jamais cru cela de madame, répondit la vieille tout étonnée.

Le soir, la comtesse alla chez le marquis de Beauséant, où Rastignac devait probablement se trouver. C'était un samedi. Le marquis de Beauséant étant un peu parent à monsieur de Rastignac, ce jeune homme ne pouvait manquer de venir pendant la soirée. A deux heures du matin, madame de Listomère, qui n'était restée que pour accabler Eugène de sa froideur, l'avait attendu vainement. Un homme d'esprit, Stendalh, a eu la bizarre idée de nommer *cristallisation* le travail que la pensée de la marquise fit avant, pendant et après cette soirée.

Quatre jours après, Eugène grondait son valet de chambre.

— Ah ça! Joseph, je vais être forcé de te renvoyer, mon garçon!

— Plaît-il, monsieur?

— Tu ne fais que des sottises. Où as-tu porté les deux lettres que je t'ai remises vendredi?

Joseph devint stupide. Semblable à quelque statue du porche d'une cathédrale, il resta immobile, entièrement absorbé par le travail de son imaginative. Tout à coup il sourit bêtement et dit :

— Monsieur, l'une était pour madame la marquise de Listomère, rue Saint Dominique, et l'autre pour l'avoué de monsieur...

— Es-tu certain de ce que tu dis là?

Joseph demeura tout interdit. Je vis bien qu'il fallait que je m'en mêlasse, moi qui, par hasard, me trouvais encore là.

— Joseph a raison, dis-je. Eugène se tourna de mon côté. — J'ai lu les adresses fort involontairement, et...

— Et, dit Eugène en m'interrompant, l'une des lettres n'était pas pour madame de Nucingen?

— Non, de par tous les diables! Aussi, ai-je cru, mon cher, que ton cœur avait pirouetté de la rue Saint-Lazare à la rue Saint-Dominique.

Eugène se frappa le front du plat de la main et se mit à sourire. Joseph vit bien que la faute ne venait pas de lui.

Maintenant, voilà où sont les moralités que tous les jeunes gens devraient méditer. *Première faute* : Eugène trouva plaisant de faire rire madame de Listomère de la méprise qui l'avait rendue maîtresse d'une lettre d'amour qui n'était pas pour elle. *Deuxième faute* : il n'alla chez madame de Listomère que quatre jours après l'aventure, laissant ainsi les pensées d'une vertueuse jeune femme se cristalliser. Il se trouvait encore une dizaine de fautes qu'il faut passer sous silence, afin de donner aux dames le plaisir de les déduire *ex professo* à ceux qui ne les devineront pas. Eugène arrive à la porte de la marquise ; mais quand il veut passer, le concierge l'arrête et lui dit que madame la marquise est sortie. Comme il remontait en voiture, le marquis entra.

— Venez donc Eugène? ma femme est chez elle.

Oh! excusez le marquis. Un mari, quelque bon qu'il soit, atteint difficilement à la perfection. En montant l'escalier, Rastignac s'aperçut alors des dix fautes de logique mondaine qui se trouvaient dans ce passage du beau livre de sa vie. Quand madame de Listomère vit son mari entrant avec Eugène, elle ne put s'empêcher de rougir. Le jeune baron observa cette rougeur subite. Si l'homme le plus modeste conserve encore un petit fonds de fatuité dont il ne se dépouille pas plus que la femme ne se sépare de sa fatale coquetterie, qui pourrait blâmer Eugène de s'être alors dit en lui-même : — Quoi! cette forteresse aussi? Et il se posa dans sa cravate. Quoique les jeunes gens ne soient pas très-avares, ils aiment tous à mettre une tête de plus dans leur médaillier.

Monsieur de Listomère se saisit de la *Gazette de France*, qu'il aperçut dans un coin de la cheminée, et alla vers l'embrasure d'une fenêtre pour acquérir, le journaliste aidant, une opinion à lui sur l'état de la France. Une femme, voire même une prude, ne reste pas long-temps embarrassée, même dans la situation la plus difficile où elle puisse se trouver : il semble qu'elle ait toujours à la main la feuille de figuier que lui a donnée notre mère Ève. Aussi, quand Eugène, interprétant en faveur de sa vanité la consigne donnée à la porte, salua madame de Listomère d'un air passablement délibéré, sut-elle voiler toutes ses pensées par un de ces sourires féminins plus impénétrables que ne l'est la parole d'un roi.

— Seriez-vous indisposée, madame? vous aviez fait défendre votre porte.

— Non, monsieur.

— Vous allez sortir, peut-être?

— Pas davantage.

— Vous attendiez quelqu'un?

— Personne.

— Si ma visite est indiscrète, ne vous en prenez qu'à monsieur le marquis. J'obéissais à votre mystérieuse consigne quand il m'a lui-même introduit dans le sanctuaire.

— Monsieur de Listomère n'était pas dans ma confidence. Il n'est pas toujours prudent de mettre un mari au fait de certains secrets...

L'accent ferme et doux avec lequel la marquise prononça ces paroles et le regard imposant qu'elle lança firent bien juger à Rastignac qu'il s'était trop pressé de se poser dans sa cravate.

— Madame, je vous comprends, dit-il en riant; je dois alors

me féliciter doublement d'avoir rencontré monsieur le marquis, il me procure l'occasion de vous présenter une justification qui serait pleine de dangers si vous n'étiez pas la bonté même.

La marquise regarda le jeune baron d'un air assez étonné ; mais elle répondit avec dignité : — Monsieur, le silence sera de votre part la meilleure des excuses. Quant à moi, je vous promets le plus entier oubli, pardon que vous méritez à peine.

— Madame, dit vivement Eugène, le pardon est inutile là où il n'y a pas eu d'offense. La lettre, ajouta-t-il à voix basse, que vous avez reçue et qui a dû vous paraître si inconvenante, ne vous était pas destinée.

La marquise ne put s'empêcher de sourire, elle voulait avoir été offensée.

— Pourquoi mentir ? reprit-elle d'un air dédaigneusement enjoué, mais d'un son de voix assez doux. Maintenant que je vous ai grondé, je rirai volontiers d'un stratagème qui n'est pas sans malice. Je connais de pauvres femmes qui s'y prendraient. — Dieu ! comme il aime ! diraient-elles. La marquise se mit à rire forcément, et ajouta d'un air d'indulgence : — Si nous voulons rester amis, qu'il ne soit plus question de méprises dont je ne puis être la dupe.

— Sur mon honneur, madame, vous l'êtes beaucoup plus que vous ne pensez, répliqua vivement Eugène.

— Mais de quoi parlez-vous donc là ? demanda monsieur de Listomère qui depuis un instant écoutait la conversation sans en pouvoir percer l'obscurité.

— Oh ! cela n'est pas intéressant pour vous, répondit la marquise.

Monsieur de Listomère reprit tranquillement la lecture de son journal et dit : — Ah ! madame de Mortsauf est morte : votre pauvre frère est sans doute à Clochegourde.

— Savez-vous, monsieur, reprit la marquise en se tournant vers Eugène, que vous venez de dire une impertinence ?

— Si je ne connaissais pas la rigueur de vos principes, répondit-il naïvement, je croirais que vous voulez ou me donner des idées desquelles je me défends, ou m'arracher mon secret. Peut-être encore voulez-vous vous amuser de moi.

La marquise sourit. Ce sourire impatienta Eugène.

— Puissiez-vous, madame, dit-il, toujours croire à une offense que je n'ai point commise! et je souhaite bien ardemment que le hasard ne vous fasse pas découvrir dans le monde la personne qui devait lire cette lettre...

— Hé quoi! ce serait toujours madame de Nucingen? s'écria madame de Listomère plus curieuse de pénétrer un secret que de se venger des épigrammes du jeune homme.

Eugène rougit. Il faut avoir plus de vingt-cinq ans pour ne pas rougir en se voyant reprocher la bêtise d'une fidélité que les femmes raillent pour ne pas montrer combien elles en sont envieuses. Néanmoins il dit avec assez de sang-froid : — Pourquoi pas, madame?

Voilà les fautes que l'on commet à vingt-cinq ans. Cette confidence causa une commotion violente à madame de Listomère; mais Eugène ne savait pas encore analyser un visage de femme en le regardant à la hâte ou de côté. Les lèvres seules de la marquise avaient pâli. Madame de Listomère sonna pour demander du bois, et contraignit ainsi Rastignac à se lever pour sortir.

— Si cela est, dit alors la marquise en arrêtant Eugène par un air froid et composé, il vous serait difficile de m'expliquer, monsieur, par quel hasard mon nom a pu se trouver sous votre plume. Il n'en est pas d'une adresse écrite sur une lettre comme du claque d'un voisin qu'on peut par étourderie prendre pour le sien en quittant le bal.

Eugène décontenancé regarda la marquise d'un air à la fois fat et bête, il sentit qu'il devenait ridicule, balbutia une phrase d'écolier et sortit. Quelques jours après la marquise acquit des preuves irrécusables de la véracité d'Eugène. Depuis seize jours elle ne va plus dans le monde.

Le marquis dit à tous ceux qui lui demandent raison de ce changement : — Ma femme a une gastrite.

Moi qui la soigne et qui connais son secret, je sais qu'elle a seulement une petite crise nerveuse de laquelle elle profite pour rester chez elle.

Paris, février 1830.

ALBERT SAVARUS

DÉDIÉ A MADAME ÉMILE DE GIRARDIN,

Comme un témoignage d'affectueuse admiration,

DE BALZAC.

Un des quelques salons où se produisait l'archevêque de Besançon sous la Restauration, et celui qu'il affectionnait était celui de
madame la baronne de Watteville. Un mot sur cette dame, le personnage féminin le plus considérable peut-être de Besançon.

Monsieur de Watteville, petit-neveu du fameux Watteville, le
plus heureux et le plus illustre des meurtriers et des renégats dont
les aventures extraordinaires sont beaucoup trop historiques pour
être racontées, était aussi tranquille que son grand-oncle fut tur-
bulent. Après avoir vécu dans la Comté comme un cloporte
dans la fente d'une boiserie, il avait épousé l'héritière de la célèbre
famille de Rupt. Mademoiselle de Rupt réunit vingt mille francs de
rentes en terre aux dix mille francs de rentes en biens-fonds du
baron de Watteville. L'écusson du gentilhomme suisse, les Watteville sont de Suisse, fut mis en abîme sur le vieil écusson des de
Rupt. Ce mariage, décidé depuis 1802, se fit en 1815, après la
seconde restauration. Trois ans après la naissance d'une fille qui
fut nommée Philomène, tous les grands parents de madame de

Watteville étaient morts et leurs successions liquidées. On vendit alors la maison de monsieur de Watteville pour s'établir rue de la Préfecture, dans le bel hôtel de Rupt dont le vaste jardin s'étend vers la rue du Perron. Madame de Watteville, jeune fille dévote, fut encore plus dévote après son mariage. Elle est une des reines de la sainte confrérie qui donne à la haute société de Besançon un air sombre et des façons prudes en harmonie avec le caractère de cette ville. De là le nom de Philomène imposé à sa fille, née en 1817, au moment où le culte de cette sainte ou de ce saint, car dans les commencements on ne savait à quel sexe appartenait ce squelette, devenait une sorte de folie religieuse en Italie, et un étendard pour l'Ordre des Jésuites.

Monsieur le baron de Watteville, homme sec, maigre et sans esprit, paraissait usé, sans qu'on pût savoir à quoi, car il jouissait d'une ignorance crasse; mais comme sa femme était d'un blond ardent et d'une nature sèche devenue proverbiale (on dit encore pointue comme madame de Watteville), quelques plaisants de la magistrature prétendaient que le baron s'était usé contre cette roche. Rupt vient évidemment de *rupes*. Les savants observateurs de la nature sociale ne manqueront pas de remarquer que Philomène fut l'unique fruit du mariage des Watteville et des Rupt.

Monsieur de Watteville passait sa vie dans un riche atelier de tourneur, il tournait! Comme complément à cette existence, il s'était donné la fantaisie des collections. Pour les médecins philosophes adonnés à l'étude de la folie, cette tendance à collectionner est un premier degré d'aliénation mentale, quand elle se porte sur les petites choses. Le baron de Watteville amassait les coquillages, les insectes et les fragments géologiques du territoire de Besançon. Quelques contradicteurs, des femmes surtout, disaient de monsieur de Watteville : — Il a une belle âme! il a vu, dès le début de son mariage, qu'il ne l'emporterait pas sur sa femme, il s'est alors jeté dans une occupation mécanique et dans la bonne chère.

L'hôtel de Rupt ne manquait pas d'une certaine splendeur digne de celle de Louis XIV, et se ressentait de la noblesse des deux familles, confondues en 1815. Il y brillait un vieux luxe qui ne se savait pas de mode. Les lustres de vieux cristaux taillés en forme de feuilles, les lampasses, les damas, les tapis, les meubles dorés, tout était en harmonie avec les vieilles livrées et les vieux domestiques. Quoique servie dans une noire argenterie de famille, autour d'un surtout en glace orné de porcelaines de Saxe, la chère y était exquise. Les vins choisis par monsieur de Watteville, qui, pour occuper sa vie et y mettre de la diversité, s'était fait son propre sommelier, jouissaient d'une sorte de célébrité départementale. La fortune de madame de Watteville était considérable, car celle de son mari, qui consistait dans la terre de Rouxey valant environ dix mille livres de rente, ne s'augmenta d'aucun héritage. Il est inutile de faire observer que la liaison très-intime de madame de Watteville avec l'archevêque avait impatronisé chez elle les trois ou quatre abbés remarquables et spirituels de l'archevêché qui ne haïssaient point la table.

Dans un dîner d'apparat, rendu pour je ne sais quelle noce au commencement du mois de septembre 1834, au moment où les femmes étaient rangées en cercle devant la cheminée du salon et les hommes en groupes aux croisées, il se fit une acclamation à la vue de monsieur l'abbé de Grancey, qu'on annonça.

— Eh bien ! le procès ? lui cria-t-on.

— Gagné ! répondit le vicaire-général. L'arrêt de la Cour, de laquelle nous désespérions, vous saviez pourquoi...

Ceci était une allusion à la composition de la Cour royale depuis 1830. Les légitimistes avaient presque tous donné leur démission.

— ... L'arrêt vient de nous donner gain de cause sur tous les points, et réforme le jugement de première instance.

— Tout le monde vous croyait perdus.

— Et nous l'étions sans moi. J'ai dit à notre avocat de s'en aller à Paris, et j'ai pu prendre, au moment de la bataille, un nouvel avocat à qui nous devons le gain du procès, un homme extraordinaire...

— A Besançon ? dit naïvement monsieur de Watteville.

— A Besançon, répondit l'abbé de Grancey.

— Ah ! oui, Savaron, dit un beau jeune homme assis près de la baronne et nommé de Soulas.

— Il a passé cinq ou six nuits, il a dévoré les liasses ; les dossiers, il a eu sept à huit conférences de plusieurs heures avec moi, reprit monsieur de Grancey qui reparaissait à l'hôtel de Rupt pour la première fois depuis vingt jours. Enfin, monsieur Savaron vient de battre complétement le célèbre avocat que nos adversaires étaient allés chercher à Paris. Ce jeune homme a été merveilleux, au dire des Conseillers. Ainsi, le Chapitre est deux fois vainqueur : il a vaincu en Droit, puis en Politique il a vaincu le libéralisme dans la personne du défenseur de notre hôtel de ville. « Nos adversaires, a dit notre avocat, ne doivent pas s'attendre à trouver partout de la complaisance pour ruiner les archevêchés... » Le président a été forcé de faire faire silence. Tous les Bisontins ont applaudi. Ainsi la propriété des bâtiments de l'ancien couvent reste au Chapitre de la cathédrale de Besançon. Monsieur Savaron a d'ailleurs invité son confrère de Paris à dîner au sortir du palais. En acceptant, celui-ci lui a dit : « A tout vainqueur tout honneur! » et l'a félicité sans rancune sur son triomphe.

— Où donc avez-vous déniché cet avocat? dit madame de Watteville. Je n'ai jamais entendu prononcer ce nom-là.

— Mais vous pouvez voir ses fenêtres d'ici, répondit le vicaire-général. Monsieur Savaron demeure rue du Perron, le jardin de sa maison est mur mitoyen avec le vôtre.

— Il n'est pas de la Comté, dit monsieur de Watteville.

— Il est si peu de quelque part, qu'on ne sait pas d'où il est, dit madame de Chavoncourt.

— Mais qu'est-il? demanda madame de Watteville en prenant le bras de monsieur de Soulas pour se rendre à la salle à manger. S'il est étranger, par quel hasard est-il venu s'établir à Besançon? C'est une idée bien singulière pour un avocat.

— Bien singulière! répéta le jeune Amédée de Soulas dont la biographie devient nécessaire à l'intelligence de cette histoire.

De tout temps, la France et l'Angleterre ont fait un échange de futilités d'autant plus suivi, qu'il échappe à la tyrannie des douanes. La mode que nous appelons anglaise à Paris se nomme française à Londres, et réciproquement. L'inimitié des deux peuples cesse en deux points, sur la question des mots et sur celle du vêtement. *God save the King*, l'air national de l'Angleterre, est une musique faite par Lulli pour les chœurs d'Esther ou d'Athalie. Les paniers apportés par une Anglaise à Paris furent inventés à Londres, on sait pourquoi, par une Française, la fameuse duchesse de Portsmouth; on commença par s'en moquer si bien que la première Anglaise qui parut aux Tuileries faillit être écrasée par la foule; mais ils furent adoptés. Cette mode a tyrannisé les femmes de l'Europe pendant un demi-siècle. A la paix de 1815, on plaisanta durant une année les tailles longues des Anglaises, tout Paris alla voir Pothier et Brunet dans les *Anglaises pour rire:* mais, en

1816 et 17, les ceintures des Françaises, qui leur coupaient le sein en 1814, descendirent par degrés jusqu'à leur dessiner les hanches. Depuis dix ans, l'Angleterre nous a fait deux petits cadeaux linguistiques. A l'*incroyable*, au *merveilleux*, à l'*élégant,* ces trois héritiers des *petits-maîtres* dont l'étymologie est assez indécente, ont succédé le *dandy,* puis le *lion.* Le *lion* n'a pas engendré la *lionne.* La lionne est due à la fameuse chanson d'Alfred de Musset : *Avez-vous vu dans Barcelone... C'est ma maîtresse et ma lionne :* il y a eu fusion, ou si vous voulez, confusion entre les deux termes et les deux idées dominantes. Quand une bêtise amuse Paris, qui dévore autant de chefs-d'œuvre que de bêtises, il est difficile que la province s'en prive. Aussi, dès que le *lion* promena dans Paris sa crinière, sa barbe et ses moustaches, ses gilets et son lorgnon tenu sans le secours des mains, par la contraction de la joue et de l'arcade sourcilière, les capitales de quelques départements ont-elles vu des sous-lions qui protestèrent, par l'élégance de leurs sous-pieds, contre l'incurie de leurs compatriotes. Donc Besançon jouissait, en 1834, d'un lion dans la personne de ce monsieur Amédée - Sylvain - Jacques de Soulas, écrit Souleyas au temps de l'occupation espagnole. Amédée de Soulas est peut-être le seul qui, dans Besançon, descende d'une famille espagnole. L'Espagne envoyait des gens faire ses affaires dans la *Comté,* mais il s'y établissait fort peu d'Espagnols. Les Soulas y restèrent à cause de leur alliance avec le cardinal Granvelle. Le jeune monsieur de Soulas parlait toujours de quitter Besançon, ville triste, dévote, peu littéraire, ville de guerre et de garnison, dont les mœurs et l'allure, dont la physionomie valent la peine d'être dépeintes. Cette opinion lui permettait de se loger, en homme incertain de son avenir, dans trois chambres très-peu meublées au bout de la rue Neuve à l'endroit où elle se rencontre avec la rue de la Préfecture.

Le jeune monsieur de Soulas ne pouvait se dispenser d'avoir un tigre. Ce tigre était le fils d'un de ses fermiers, un petit domestique âgé de quatorze ans, trapu, nommé Babylas. Le lion avait très-bien habillé son tigre : redingote courte en drap gris de fer, serrée par une ceinture de cuir verni, culotte de panne gros-bleu, gilet rouge, bottes vernies et à revers, chapeau rond à bourdaloue noir, des boutons jaunes aux armes des Soulas. Amédée donnait à ce garçon des gants de coton blanc, le blanchissage et trente-six

francs par mois, à la charge de se nourrir, ce qui paraissait monstrueux aux grisettes de Besançon : quatre cent vingt francs à un
enfant de quinze ans, sans compter les cadeaux! Les cadeaux con-
sistaient dans la vente des habits réformés, dans un pourboire
quand Soulas troquait l'un de ses deux chevaux, et la vente des
fumiers. Les deux chevaux, administrés avec une sordide économie, coûtaient l'un dans l'autre huit cents francs par an.
Le compte des fournitures à Paris en parfumeries, cravates,
bijouterie, pots de vernis, habits, allait à douze cents francs. Si
vous additionnez groom ou tigre, chevaux, tenue superlative, et
loyer de six cents francs, vous trouverez un total de trois mille
francs. Or, le père du jeune monsieur de Soulas ne lui avait pas
laissé plus de quatre mille francs de rentes produits par quelques métairies assez chétives qui exigeaient de l'entretien, et dont
l'entretien imprimait une certaine incertitude aux revenus. A peine
restait-il trois francs par jour au lion pour sa vie, sa poche et son
jeu. Aussi dinait-il souvent en ville, et déjeunait-il avec une fru-
galité remarquable. Quand il fallait absolument dîner à ses frais, il
allait à la pension des officiers. Le jeune monsieur de Soulas passait pour un dissipateur, pour un homme qui faisait des folies; tandis que le malheureux nouait les deux bouts de l'année avec une
astuce, avec un talent qui eussent fait la gloire d'une bonne ménagère. On ignorait encore, à Besançon surtout, combien six francs
de vernis étalé sur des bottes ou sur des souliers, des gants jaunes
de cinquante sous nettoyés dans le plus profond secret pour les
faire servir trois fois, des cravates de dix francs qui durent trois
mois, quatre gilets de vingt-cinq francs et des pantalons qui em-
boîtent la botte imposent à une capitale! Comment en serait-il autrement, puisque nous voyons à Paris des femmes accordant une
attention particulière à des sots qui viennent chez elles et l'emportent sur les hommes les plus remarquables, à cause de ces frivoles
avantages qu'on peut se procurer pour quinze louis, y compris la
frisure et une chemise de toile de Hollande?

Si cet infortuné jeune homme vous paraît être devenu lion à bien
bon marché, apprenez qu'Amédée de Soulas était allé trois fois en
Suisse, en char et à petites journées ; deux fois à Paris, et une fois
de Paris en Angleterre. Il passait pour un voyageur instruit et pouvait dire : *En Angleterre, où je suis allé*, etc. Les douairières
lui disaient : *Vous qui êtes allé en Angleterre*, etc. Il avait

poussé jusqu'en Lombardie, il avait côtoyé les lacs d'Italie. Il lisait les ouvrages nouveaux. Enfin, pendant qu'il nettoyait ses gants, le tigre Babylas répondait aux visiteurs : — Monsieur travaille. Aussi avait-on essayé de démonétiser le jeune monsieur Amédée de Soulas à l'aide de ce mot : — C'est un *homme très-avancé*. Amédée possédait le talent de débiter avec la gravité bisontine les lieux communs à la mode, ce qui lui donnait le mérite d'être un des hommes les plus éclairés de la noblesse. Il portait sur lui la bijouterie à la mode, et dans sa tête les pensées contrôlées par la Presse.

En 1834, Amédée était un jeune homme de vingt-cinq ans, de taille moyenne, brun, le thorax violemment prononcé, les épaules à l'avenant, les cuisses un peu rondes, le pied déjà gras, la main blanche et potelée, un collier de barbe, des moustaches qui rivalisaient celles de la garnison, une bonne grosse figure rougeaude, le nez écrasé, les yeux bruns et sans expression ; d'ailleurs rien d'espagnol. Il marchait à grands pas vers une obésité fatale à ses prétentions. Ses ongles étaient soignés, sa barbe était faite, les moindres détails de son vêtement étaient tenus avec une exactitude anglaise. Aussi regardait-on Amédée de Soulas comme le plus bel homme de Besançon. Un coiffeur, qui venait le coiffer à heure fixe (autre luxe de soixante francs par an!), le préconisait comme l'arbitre souverain en fait de modes et d'élégance. Amédée dormait tard, faisait sa toilette, et sortait à cheval vers midi pour aller dans une de ses métairies tirer le pistolet. Il mettait à cette occupation la même importance qu'y mit lord Byron dans ses derniers jours. Puis, il revenait à trois heures, admiré sur son cheval par les grisettes et par les personnes qui se trouvaient à leurs croisées. Après de prétendus travaux qui paraissaient l'occuper jusqu'à quatre heures, il s'habillait pour aller dîner en ville, et passait la soirée dans les salons de l'aristocratie bisontine à jouer au whist, et revenait se coucher à onze heures. Aucune existence ne pouvait être plus à jour, plus sage, ni plus irréprochable, car il allait exactement aux offices le dimanche et les fêtes.

Pour vous faire comprendre combien cette vie est exorbitante, il est nécessaire d'expliquer Besançon en quelques mots. Nulle ville n'offre une résistance plus sourde et muette au Progrès. A Besançon, les administrateurs, les employés, les militaires, enfin tous ceux que le gouvernement, que Paris y envoie occuper un poste quelconque, sont désignés en bloc sous le nom expressif de *la co-*

lonie. La Colonie est le terrain neutre, le seul où, comme à l'é-
glise, peuvent se rencontrer la société noble et la société bourgeoise
de la ville. Sur ce terrain commencent, à propos d'un mot, d'un
regard ou d'un geste, des haines de maison à maison, entre femmes bourgeoises et nobles, qui durent jusqu'à la mort, et agran-
dissent encore les fossés infranchissables par lesquels les deux sociétés sont séparées. A l'exception des Clermont-Mont-Saint-Jean, des
Beauffremont, des de Scey, des Gramont et de quelques autres qui
n'habitent la Comté que dans leurs terres, la noblesse bisontine ne
remonte pas à plus de deux siècles, à l'époque de la conquête par
Louis XIV. Ce monde est essentiellement parlementaire et d'un ro-
gue, d'un raide, d'un grave, d'un positif, d'une hauteur qui ne
peut pas se comparer à la cour de Vienne, car les Bisontins feraient
en ceci les salons viennois quinaulds. De Victor Hugo, de Nodier,
de Fourier, les gloires de la ville, il n'en est pas question, on ne
s'en occupe pas. Les mariages entre nobles s'arrangent dès le berceau des enfants, tant les moindres choses comme les plus graves y
sont définies. Jamais un étranger, un intrus ne s'est glissé dans ces
maisons, et il a fallu, pour y faire recevoir des colonels ou des officiers titrés appartenant aux meilleures familles de France, quand
il s'en trouvait dans la garnison, des efforts de diplomatie que le
prince de Talleyrand eût été fort heureux de connaître pour s'en
servir dans un congrès. En 1834, Amédée était le seul qui portât
des sous-pieds à Besançon. Ceci vous explique déjà la *lionnerie*
du jeune monsieur de Soulas. Enfin une petite anecdote vous fera
bien comprendre Besançon.

Quelque temps avant le jour où cette histoire commence, la Préfecture éprouva le besoin de faire venir de Paris un rédacteur pour
son journal, afin de se défendre contre la petite *Gazette* que la
grande Gazette avait pondue à Besançon, et contre *le Patriote*
que la République y faisait frétiller. Paris envoya un jeune homme,
ignorant sa Comté, qui débuta par un *premier-Besançon* de
l'école du Charivari. Le chef du parti juste-milieu, un homme de
l'Hôtel-de-Ville, fit venir le journaliste, et lui dit : — Apprenez,
monsieur, que nous sommes graves, plus que graves, ennuyeux,
nous ne voulons point qu'on nous amuse, et nous sommes furieux
d'avoir ri. Soyez aussi dur à digérer que les plus épaisses amplifi-
cations de la Revue des deux Mondes, et vous serez à peine au ton
des Bisontins.

Le rédacteur se le tint pour dit, et parla le patois philosophique le plus difficile à comprendre. Il eut un succès complet.

Si le jeune monsieur de Soulas ne perdit pas dans l'estime des salons de Besançon, ce fut pure vanité de leur part : l'aristocratie était bien aise d'avoir l'air de se moderniser et de pouvoir offrir aux nobles Parisiens en voyage dans la Comté un jeune homme qui leur ressemblait à peu près. Tout ce travail caché, toute cette poudre jetée aux yeux, cette folie apparente, cette sagesse latente avaient un but, sans quoi le lion bisontin n'eût pas été du pays. Amédée voulait arriver à un mariage avantageux en prouvant un jour que ses fermes n'étaient pas hypothéquées, et qu'il avait fait des économies. Il voulait occuper la ville, il voulait en être le plus bel homme, le plus élégant, pour obtenir d'abord l'attention, puis la main de mademoiselle Philomène de Watteville : ah !

En 1830, au moment où le jeune monsieur de Soulas commença son métier de dandy, Philomène avait treize ans. En 1834, mademoiselle de Watteville atteignait donc à cet âge où les jeunes personnes sont facilement frappées par toutes les singularités qui recommandaient Amédée à l'attention de la ville. Il y a beaucoup de lions qui se font lions par calcul et par spéculation. Les Watteville, riches depuis douze ans de cinquante mille francs de rentes, ne dépensaient pas plus de vingt-quatre mille francs par an, tout en recevant la haute société de Besançon, les lundis et les vendredis. On y dînait le lundi, l'on y passait la soirée le vendredi. Ainsi, depuis douze ans, quelle somme ne faisaient pas vingt-six mille francs annuellement économisés et placés avec la discrétion qui distingue ces vieilles familles ? On croyait assez généralement que se trouvant assez riche en terres, madame de Watteville avait mis dans le trois pour cent ses économies en 1830. La dot de Philomène devait alors se composer d'environ quarante mille francs de rentes. Depuis cinq ans, le lion avait donc travaillé comme une taupe pour se loger dans le haut bout de l'estime de la sévère baronne, tout en se posant de manière à flatter l'amour-propre de mademoiselle de Watteville. La baronne était dans le secret des inventions par lesquelles Amédée parvenait à soutenir son rang dans Besançon, et l'en estimait fort. Soulas s'était mis sous l'aile de la baronne quand elle avait trente ans, il eut alors l'audace de l'admirer et d'en faire une idole ; il en était arrivé à pouvoir lui raconter, lui seul au monde, les gaudrioles que presque toutes les dévotes aiment à entendre dire, autorisées qu'elles sont par leurs grandes vertus à contempler des abîmes sans y choir et les embûches du démon sans s'y prendre. Comprenez-vous pourquoi ce lion ne se permettait pas la plus légère intrigue ? il clarifiait sa vie, il vivait en quelque sorte dans la rue afin de pouvoir jouer le rôle d'amant sacrifié près de la baronne, et lui régaler l'Esprit des péchés qu'elle interdisait à sa Chair. Un homme qui possède le privilége de couler des choses lestes dans l'oreille d'une dévote, est à ses yeux un homme charmant. Si ce lion exemplaire eût mieux connu le cœur humain, il aurait pu sans danger se permettre quelques amourettes parmi les grisettes de Besançon qui le regardaient comme un roi : ses affaires se seraient avancées auprès de la sévère et prude baronne. Avec Philomène, ce caton paraissait dépensier : il professait la vie élégante, il lui montrait en perspective le rôle brillant d'une femme à la mode à Paris, où il irait comme député. Ces savantes manœuvres furent couronnées par un plein succès. En 1834, les mères des quarante familles nobles qui composent la haute société bisontine, citaient le jeune monsieur Amédée de Soulas, comme le plus charmant jeune homme de Besançon, personne n'osait disputer la place au coq de l'hôtel de Rupt, et tout Besançon le regardait comme le futur époux de Philomène de Watteville. Il y avait eu déjà même à ce sujet quelques paroles échangées entre la baronne et Amédée, auxquelles la prétendue nullité du baron donnait une certitude.

Mademoiselle Philomène de Watteville à qui sa fortune, énorme un jour, prêtait alors des proportions considérables, élevée dans l'enceinte de l'hôtel de Rupt que sa mère quitta rarement, tant elle aimait le cher archevêque, avait été fortement comprimée par une éducation exclusivement religieuse, et par le despotisme de sa mère qui la *tenait* sévèrement par principes. Philomène ne savait absolument rien. Est-ce savoir quelque chose que d'avoir étudié la géographie dans Guthrie, l'histoire sainte, l'histoire ancienne, l'histoire de France, et les quatre règles, le tout passé au tamis d'un vieux jésuite ? Dessin, musique et danse furent interdits, comme plus propres à corrompre qu'à embellir la vie. La baronne apprit à sa fille tous les points possibles de la tapisserie et les petits ouvrages de femme : la couture, la broderie, le filet. A dix-sept ans Philomène n'avait lu que les Lettres Édifiantes, et des ouvrages sur la science héraldique. Jamais un journal n'avait souillé ses regards. Elle entendait tous les matins la messe à la cathédrale où la menait sa mère, revenait déjeuner, travaillait après une petite promenade dans le jardin, et recevait les visites assise près de la baronne jusqu'à l'heure du dîner ; puis après, excepté les lundis et les vendredis, elle accompagnait madame de Watteville dans les soirées, sans pouvoir y parler plus que ne le voulait l'ordonnance maternelle.

A dix-sept ans, mademoiselle de Vatteville était une jeune fille frêle, mince, plate, blonde, blanche, et de la dernière insignifiance. Ses yeux, d'un bleu pâle, s'embellissaient par le jeu des paupières qui, baissées, produisaient une ombre sur ses joues. Quelques taches de rousseur nuisaient à l'éclat de son front, d'ailleurs bien coupé. Son visage ressemblait parfaitement à ceux des saintes d'Albert Dürer et des peintres antérieurs au Pérugin : même forme grasse, quoique mince, même délicatesse attristée par l'extase, même naïveté sévère. Tout en elle, jusqu'à sa pose rappelait ces vierges dont la beauté ne reparaît dans son lustre mystique qu'aux yeux d'un connaisseur attentif. Elle avait de belles mains, mais rouges, et le plus joli pied, un pied de châtelaine. Habituellement, elle portait des robes de simple cotonnade ; mais le dimanche et les jours de fête sa mère lui permettait la soie. Ses modes faites à Besançon, la rendaient presque laide ; tandis que sa mère essayait d'emprunter de la grâce, de la beauté, de l'élégance aux modes de Paris d'où elle tirait les plus petites choses de sa toilette, par les soins du jeune monsieur de Soulas. Philomène n'avait jamais porté de bas de soie, ni de brodequins, mais des bas de coton et des souliers de peau. Les jours de gala, elle était vêtue d'une robe de mousseline, coiffée en cheveux, et avait des souliers en peau bronzée.

Cette éducation et l'attitude modeste de Philomène cachaient un caractère de fer. Les physiologistes et les profonds observateurs de la nature humaine vous diront, à votre grand étonnement peut-être, que, dans les familles, les humeurs, les caractères, l'esprit, le génie reparaissent à de grands intervalles absolument comme ce qu'on appelle les maladies héréditaires. Ainsi le talent, de même que la goutte, saute quelquefois de deux générations. Nous avons, de ce phénomène, un illustre exemple dans George Sand en qui revivent la force, la puissance et le concept du maréchal de Saxe,

de qui elle est petite-fille naturelle. Le caractère décisif, la romanesque audace du fameux Watteville étaient revenus dans l'âme de
sa petite-nièce, encore aggravés par la ténacité, par la fierté du
sang des de Rupt. Mais ces qualités ou ces défauts, si vous voulez,
étaient aussi profondément cachés dans cette âme de jeune fille,
en apparence molle et débile, que les laves brouillantes le sont
sous une colline avant qu'elle ne devienne un volcan. Madame de
Watteville seule soupçonnait peut-être ce legs des deux sangs. Elle
se faisait si sévère pour sa Philomène, qu'elle répondit un jour
à l'archevêque qui lui reprochait de la traiter trop durement : —
Laissez-moi la conduire, monseigneur, je la connais ! elle a plus
d'un Belzébuth dans sa peau !

La baronne observait d'autant mieux sa fille, qu'elle y croyait son
honneur de mère engagé. Enfin elle n'avait pas autre chose à faire.
Clotilde de Rupt, alors âgée de trente-cinq ans et presque veuve
d'un époux qui tournait des coquetiers en toute espèce de bois,
qui s'acharnait à faire des cercles à six raies en bois de fer, qui
fabriquait des tabatières pour sa société, coquetait en tout bien
tout honneur avec Amédée de Soulas. Quand ce jeune homme
était au logis, elle renvoyait et rappelait tour à tour sa fille, et tâ-
chait de surprendre dans cette jeune âme des mouvements de jalousie, afin d'avoir l'occasion de les dompter. Elle imitait la police
dans ses rapports avec les républicains ; mais elle avait beau faire,
Philomène ne se livrait à aucune espèce d'émeute. La sèche dévote reprochait alors à sa fille sa parfaite insensibilité. Philomène
connaissait assez sa mère pour savoir que si elle eût trouvé *bien* le
jeune monsieur de Soulas, elle se serait attiré quelque verte remontrance. Aussi à toutes les agaceries de sa mère, répondait-elle
par ces phrases si improprement appelées jésuitiques, car les jésuites
étaient forts, et ces réticences sont les chevaux de frise derrière
lesquels s'abrite la faiblesse. La mère traitait alors sa fille de dissi-
mulée. Si, par malheur, un éclat du vrai caractère des Watteville et
des de Rupt se faisait jour, la mère rebattait Philomène avec le fer
du respect sur l'enclume de l'obéissance passive. Ce combat secret
avait lieu dans l'enceinte la plus secrète de la vie domestique, à
huis clos. Le vicaire-général, ce cher abbé de Grancey, l'ami du
défunt archevêque, quelque fort qu'il fût en sa qualité de grand-
pénitencier du diocèse, ne pouvait pas deviner si cette lutte avait
ému quelque haine entre la mère et la fille, si la mère était par

avance jalouse, ou si la cour que faisait Amédée à la fille dans la
personne de la mère n'avait pas outrepassé les bornes. En sa qualité d'ami de la maison, il ne confessait ni la mère ni la fille. Philomène, un peu trop battue, moralement parlant, à propos du
jeune monsieur de Soulas, ne pouvait pas le souffrir, pour employer un terme du langage familier. Aussi quand il lui adressait
la parole en tâchant de surprendre son cœur, le recevait-elle assez
froidement. Cette répugnance, visible seulement aux yeux de sa
mère, était un continuel sujet d'admonestation.

— Philomène, je ne vois pas pourquoi vous affectez tant de froideur pour Amédée, est-ce parce qu'il est l'ami de la maison, et
qu'il nous plaît, *à votre père* et à moi...

— Eh! maman, répondit un jour la pauvre enfant, si je l'ac-
cueillais bien, n'aurais-je pas plus de torts?

— Qu'est-ce que cela signifie? s'écria madame de Watteville.
Qu'entendez-vous par ces paroles? votre mère est injuste, peut-
être, et selon vous, elle le serait dans tous les cas? Que jamais il ne
sorte plus de pareille réponse de votre bouche, à votre mère!... etc.

Cette querelle dura trois heures trois quarts, et Philomène en fit
l'observation. La mère devint pâle de colère, et renvoya sa fille dans
sa chambre où Philomène étudia le sens de cette scène, sans y
rien trouver, tant elle était innocente! Ainsi, le jeune monsieur de
Soulas, que toute la ville de Besançon croyait bien près du but vers
lequel il tendait, cravates déployées, à coups de pots de vernis, et
qui lui faisait user tant de noir à cirer les moustaches, tant de jolis
gilets, de fers de chevaux et de corsets, car il portait un gilet de
peau, le corset des lions; Amédée en était plus loin que le premier venu, quoiqu'il eût pour lui le digne et noble abbé de Grancey. Philomène ne savait pas d'ailleurs encore, au moment où
cette histoire commence, que le jeune comte Amédée de Souleyaz
lui fût destiné.

— Madame, dit monsieur de Soulas en s'adressant à la baronne
en attendant que le potage un peu trop chaud se fût refroidi et en
affectant de rendre son récit quasi romanesque, un beau matin la
malle-poste a jeté dans l'Hôtel National un Parisien qui, après avoir
cherché des appartements, s'est décidé pour le premier étage de la
maison de mademoiselle Galard, rue du Perron. Puis, l'*étranger*
est allé droit à la mairie y déposer une déclaration de domicile réel
et politique. Enfin il s'est fait inscrire au tableau des avocats près

la cour en présentant des titres en règle, et il a mis des cartes chez tous ses nouveaux confrères, chez les officiers ministériels, chez les Conseillers de la cour et chez tous les membres du tribunal, une carte où se lisait : ALBERT SAVARON.

— Le nom de Savaron est célèbre, dit mademoiselle Philomène, qui était très-forte en science héraldique. Les Savaron de Savarus sont une des plus vieilles, des plus nobles et des plus riches familles de Belgique.

— Il est Français et troubadour, reprit Amédée de Soulas. S'il veut prendre les armes des Savaron de Savarus, il y mettra une barre. Il n'y a plus en Brabant qu'une demoiselle Savarus, une riche héritière à marier.

— La barre est signe de bâtardise ; mais le bâtard d'un comte de Savarus est noble, reprit Philomène.

— Assez, Philomène ! dit la baronne.

— Vous avez voulu qu'elle sût le blason, fit monsieur de Watteville, elle le sait bien !

— Continuez, Amédée.

— Vous comprenez que dans une ville où tout est classé, défini, connu, casé, chiffré, numéroté comme à Besançon, Albert Savaron a été reçu par nos avocats sans aucune difficulté. Chacun s'est contenté de dire : Voilà un pauvre diable qui ne sait pas son Besançon. Qui diable a pu lui conseiller de venir ici ? qu'y prétend-il faire ? Envoyer sa carte chez les magistrats au lieu d'y aller en personne ?... quelle faute ! Aussi, trois jours après, plus de Savaron. Il a pris pour domestique l'ancien valet de chambre de feu monsieur Galard, Jérôme qui sait faire un peu de cuisine. On a d'autant mieux oublié Albert Savaron que personne ne l'a ni vu ni rencontré.

— Il ne va donc pas à la messe ? dit madame de Chavoncourt.

— Il y va le dimanche, à Saint-Jean, mais à la première messe, à huit heures. Il se lève toutes les nuits entre une heure et deux du matin, il travaille jusqu'à huit heures, il déjeune, et après il travaille encore. Il se promène dans le jardin, il en fait cinquante fois, soixante fois le tour ; il rentre, dîne, et se couche entre six et sept heures.

— Comment savez-vous tout cela ? dit madame de Chavoncourt à monsieur de Soulas.

— D'abord, madame, je demeure rue Neuve au coin de la rue du Perron, j'ai vue sur la maison où loge ce mystérieux person-

nage; puis il y a mutuellement des protocoles entre mon tigre et
Jérôme.

— Vous causez donc avec Babylas?

— Que voulez-vous que je fasse dans mes promenades?

— Eh! bien, comment avez-vous pris un étranger pour avocat?
dit la baronne en rendant ainsi la parole au vicaire-général.

— Le premier président a joué le tour à cet avocat de le nommer
d'office pour défendre aux assises un paysan à peu près imbécile,
accusé de faux. Monsieur Savaron a fait acquitter ce pauvre homme
en prouvant son innocence et démontrant qu'il avait été l'instrument
des vrais coupables. Non-seulement son système a triomphé, mais
il a nécessité l'arrestation de deux des témoins qui, reconnus coupables, ont été condamnés. Ses plaidoiries ont frappé la Cour et les
jurés. L'un d'eux, un négociant, a confié le lendemain à monsieur
Savaron un procès délicat, qu'il a gagné. Dans la situation où nous
étions par l'impossibilité où se trouvait monsieur Berryer de venir
à Besançon, monsieur de Garcenault nous a donné le conseil de
prendre ce monsieur Albert Savaron en nous prédisant le succès.
Dès que je l'ai vu, que je l'ai entendu, j'ai eu foi en lui, et je n'ai
pas eu tort.

— A-t-il donc quelque chose d'extraordinaire, demanda madame
de Chavoncourt.

— Oui, répondit le vicaire-général.

— Eh! bien, expliquez-nous cela, dit madame de Watteville.

— La première fois que je le vis, dit l'abbé de Grancey, il me reçut dans la première pièce après l'antichambre (l'ancien salon du
bonhomme Galard), qu'il a fait peindre en vieux chêne, et que
j'ai trouvée entièrement tapissée de livres de droit contenus dans
des bibliothèques également peintes en vieux bois. Cette peinture
et les livres sont tout le luxe, car le mobilier consiste en un bureau de vieux bois sculpté, six vieux fauteuils en tapisserie, aux
fenêtres des rideaux couleur carmélite bordés de vert, et un tapis
vert sur le plancher. Le poêle de l'antichambre chauffe aussi cette
bibliothèque. En l'attendant là, je ne me figurais point mon avocat
sous des traits jeunes. Ce singulier cadre est vraiment en harmonie
avec la figure, car monsieur Savaron est venu en robe de chambre
de mérinos noir, serrée par une ceinture en corde rouge, des pantoufles rouges, un gilet de flanelle rouge, une calotte rouge.

— La livrée du diable! s'écria madame de Watteville.

— Oui, dit l'abbé; mais une tête superbe : cheveux noirs, mélangés déjà de quelques cheveux blancs, des cheveux comme en ont les saint Pierre et les saint Paul de nos tableaux, à boucles touffues et luisantes, des cheveux durs comme des crins, un cou blanc et rond comme celui d'une femme, un front magnifique séparé par ce sillon puissant que les grands projets, les grandes pensées, les fortes méditations inscrivent au front des grands hommes; un teint olivâtre marbré de taches rouges, un nez carré, des yeux de feu, puis les joues creusées, marquées de deux rides longues pleines de souffrances, une bouche à sourire sarde et un petit menton mince et trop court ; la patte d'oie aux tempes, les yeux caves, roulant sous des arcades sourcilières comme deux globes ardents ; mais, malgré tous ces indices de passions violentes, un air calme, profondément résigné, la voix d'une douceur pénétrante, et qui m'a surpris au Palais par sa facilité, la vraie voix de l'orateur tantôt pure et rusée, tantôt insinuante, et tonnant quand il le faut, puis se pliant au sarcasme et devenant alors incisive. Monsieur Albert Savaron est de moyenne taille, ni gras ni maigre. Enfin il a des mains de prélat. La seconde fois que je suis allé chez lui, il m'a reçu dans sa chambre qui est contiguë à cette bibliothèque, et a souri de mon étonnement quand j'y ai vu une méchante commode, un mauvais tapis, un lit de collégien et aux fenêtres des rideaux de calicot. Il sortait de son cabinet où personne ne pénètre, m'a dit Jérome qui n'y entre pas et qui s'est contenté de frapper à la porte. Monsieur Savaron a fermé lui-même cette porte à clef devant moi. La troisième fois, il déjeunait dans sa bibliothèque de la manière la plus frugale ; mais cette fois, comme il avait passé la nuit à examiner nos pièces, que j'étais avec notre avoué, que nous devions rester longtemps ensemble et que le cher monsieur Girardet est verbeux, j'ai pu me permettre d'étudier cet étranger. Certes, ce n'est pas un homme ordinaire. Il y a plus d'un secret derrière ce masque à la fois terrible et doux, patient et impatient, plein et creusé. Je l'ai trouvé voûté légèrement, comme tous les hommes qui ont quelque chose de lourd à porter.

— Pourquoi cet homme si éloquent a-t-il quitté Paris? Dans quel dessein est-il venu à Besançon? On ne lui a donc pas dit combien les étrangers y avaient peu de chance de réussite? On s'y servira de lui, mais les Bisontins ne l'y laisseront pas se servir d'eux. Pourquoi, s'il est venu, a-t-il fait si peu de frais qu'il a fallu la fantaisie du premier président pour la mettre en évidence? dit la belle madame de Chavoncourt.

— Après avoir bien étudié cette belle tête, reprit l'abbé de Grancey qui regarda finement son interruptrice en donnant à penser qu'il taisait quelque chose, et surtout après l'avoir entendu répliquant ce matin à l'un des aigles du barreau de Paris, je pense que cet homme, qui doit avoir trente-cinq ans, produira plus tard une grande sensation...

— Pourquoi nous en occuper? Votre procès est gagné, vous l'avez payé, dit madame de Watteville en observant sa fille qui depuis que le vicaire-général parlait était comme suspendue à ses lèvres.

La conversation prit un autre cours, et il ne fut plus question d'Albert Savaron.

Le portrait esquissé par le plus capable des vicaires-généraux du diocèse eut d'autant plus l'attrait d'un roman pour Philomène qu'il s'y trouvait un roman. Pour la première fois de sa vie, elle rencontrait cet extraordinaire, ce merveilleux que caressent toutes les jeunes imaginations, et au-devant duquel se jette la curiosité, si vive à l'âge de Philomène. Quel être idéal que cet Albert, sombre, souffrant, éloquent, travailleur, comparé par mademoiselle de Watteville à ce gros comte joufflu, crevant de santé, diseur de fleurettes, parlant d'élégance en face de la splendeur des anciens comtes de Rupt! Amédée ne lui valait que des querelles et des remontrances, elle ne le connaissait d'ailleurs que trop, et cet Albert Savaron offrait bien des énigmes à déchiffrer.

— Albert Savaron de Savarus, répétait-elle en elle-même.

Puis le voir, l'apercevoir!... Ce fut le désir d'une jeune fille jusque-là sans désir. Elle repassait dans son cœur, dans son imagination, dans sa tête les moindres phrases dites par l'abbé de Grancey, car tous les mots avaient porté coup.

— Un beau front, se disait-elle en regardant le front de chaque homme assis à la table, je n'en vois pas un seul de beau... Celui de monsieur de Soulas est trop bombé, celui de monsieur de Grancey est beau, mais il a soixante-dix ans et n'a plus de cheveux, on ne sait plus où finit le front.

— Qu'avez-vous, Philomène? vous ne mangez pas...

— Je n'ai pas faim, maman, dit-elle. — Des mains de prélat...

reprit-elle en elle-même, je ne me souviens plus de celles de notre bel archevêque, qui m'a cependant confirmée.

Enfin, au milieu des allées et venues qu'elle faisait dans le labyrinthe de sa rêverie, elle se rappela, brillant à travers les arbres des deux jardins contigus, une fenêtre illuminée qu'elle avait aperçue de son lit quand par hasard elle s'était éveillée pendant la nuit : — C'était donc sa lumière, se dit-elle, je le pourrai voir ! Je le verrai.

— Monsieur de Grancey, tout est-il fini pour le procès du chapitre ? dit à brûle-pourpoint Philomène au vicaire-général pendant un moment de silence.

Madame de Watteville échangea rapidement un regard avec le vicaire-général.

— Et qu'est-ce que cela vous fait, ma chère enfant ? dit-elle à Philomène en y mettant une feinte douceur qui rendit sa fille circonspecte pour le reste de ses jours.

— On peut nous mener en cassation, mais nos adversaires y regarderont à deux fois, répondit l'abbé.

— Je n'aurais jamais cru que Philomène pût penser pendant tout un dîner à un procès, reprit madame de Watteville.

— Ni moi non plus, dit Philomène avec un petit air rêveur qui fit rire. Mais monsieur de Grancey s'en occupait tant que je m'y suis intéressée. C'est bien innocent !

On se leva de table, et la compagnie revint au salon. Pendant toute la soirée, Philomène écouta pour savoir si l'on parlerait encore d'Albert Savaron ; mais hormis les félicitations que chaque arrivant adressait à l'abbé sur le gain du procès, et où personne ne mêla l'éloge de l'avocat, il n'en fut plus question. Mademoiselle de Watteville attendit la nuit avec impatience. Elle s'était promis de se lever entre deux et trois heures du matin pour voir les fenêtres du cabinet d'Albert. Quand cette heure fut venue, elle éprouva presque du plaisir à contempler la lueur que projetaient à travers les arbres, presque dépouillés de feuilles, les bougies de l'avocat. A l'aide de cette excellente vue que possède une jeune fille et que la curiosité semble étendre, elle vit Albert écrivant, elle crut distinguer la couleur de l'ameublement qui lui parut être rouge. La cheminée élevait au-dessus du toit une épaisse colonne de fumée.

— Quand tout le monde dort, il veille... comme Dieu ! se dit-elle.

L'éducation des filles comporte des problèmes si graves, car l'avenir d'une nation est dans la mère, que depuis long-temps l'Université de France s'est donné la tâche de n'y point songer. Voici l'un de ces problèmes.

Doit-on éclairer les jeunes filles, doit-on comprimer leur esprit? il va sans dire que le système religieux est compresseur : si vous les éclairez, vous en faites des démons avant l'âge ; si vous les empêchez de penser, vous arrivez à la subite explosion si bien peinte dans le personnage d'Agnès par Molière, et vous mettez cet esprit comprimé, si neuf, si perspicace, rapide et conséquent comme le sauvage, à la merci d'un événement, crise fatale amenée chez mademoiselle de Watteville par l'imprudente esquisse que se permit à table un des plus prudents abbés du prudent Chapitre de Besançon.

Le lendemain matin, Philomène de Watteville, en s'habillant, regarda nécessairement Albert Savaron se promenant dans le jardin contigu à celui de l'hôtel de Rupt.

— Que serais-je devenue, pensa-t-elle, s'il avait demeuré ailleurs? Je puis le voir. A quoi pense-t-il ?

Après avoir vu, mais à distance, cet homme extraordinaire, le seul dont la physionomie tranchait vigoureusement sur la masse des figures bisontines aperçues jusqu'alors, Philomène sauta rapidement à l'idée de pénétrer dans son intérieur, de savoir les raisons de tant de mystère, d'entendre cette voix éloquente, de recevoir un regard de ces beaux yeux. Elle voulut tout cela, mais comment l'obtenir ?

Pendant toute la journée, elle tira l'aiguille sur sa broderie avec cette attention obtuse de la jeune fille qui paraît comme Agnès ne penser à rien et qui réfléchit si bien sur toute chose que ses ruses sont infaillibles. De cette profonde méditation, il résulta chez Philomène une envie de se confesser. Le lendemain matin, après la messe, elle eut une petite conférence à Saint-Jean avec l'abbé Giroud, et l'entortilla si bien que la confession fut indiquée pour le dimanche matin, à sept heures et demie, avant la messe de huit heures. Elle commit une douzaine de mensonges pour pouvoir se trouver dans l'église, une seule fois, à l'heure où l'avocat venait entendre la messe. Enfin il lui prit un mouvement de tendresse excessif pour son père, elle l'alla voir dans son atelier, et lui demanda mille renseignements sur l'art du tourneur, pour arriver à conseiller à son père de tourner de grandes pièces, des colonnes. Après avoir lancé son père dans les colonnes torses, une des difficultés de l'art du tourneur, elle lui conseilla de profiter d'un gros tas de pierre qui se trouvait au milieu du jardin pour en faire faire une grotte, sur laquelle il mettrait un petit temple en façon de belvéder, où ses colonnes torses seraient employées et brilleraient aux yeux de toute la société.

Au milieu de la joie que cette entreprise causait à ce pauvre homme inoccupé, Philomène lui dit en l'embrassant : — Surtout ne dis pas à ma mère de qui te vient cette idée, elle me gronderait.

— Sois tranquille, répondit monsieur de Watteville qui gémissait tout autant que sa fille sous l'oppression de la terrible fille des de Rupt.

Ainsi Philomène avait la certitude de voir promptement bâtir un charmant observatoire d'où la vue plongerait sur le cabinet de l'avocat. Et il y a des hommes pour lesquels les jeunes filles font de pareils chefs-d'œuvre de diplomatie, qui, la plupart du temps, comme Albert Savaron, n'en savent rien.

Ce dimanche, si peu patiemment attendu, vint, et la toilette de Philomène fut faite avec un soin qui fit sourire Mariette, la femme de chambre de madame et de mademoiselle de Watteville.

— Voici la première fois que je vois mademoiselle si vétilleuse ? dit Mariette.

— Vous me faites penser, dit Philomène en lançant à Mariette un regard qui mit des coquelicots sur les joues de la femme de chambre, qu'il y a des jours où vous l'êtes aussi plus particulièrement qu'à d'autres.

En quittant le perron, en traversant la cour, en franchissant la porte, en allant dans la rue, le cœur de Philomène battit comme lorsque nous pressentons un grand événement. Elle ne savait pas jusqu'alors ce que c'était que d'aller par les rues : elle avait cru que sa mère lirait ses projets sur son front et qu'elle lui défendrait d'aller à confesse, elle se sentit un sang nouveau dans les pieds, elle les leva comme si elle marchait sur du feu ! Naturellement, elle avait pris rendez-vous avec son confesseur à huit heures un quart, en disant huit heures à sa mère, afin d'attendre un quart-d'heure environ auprès d'Albert. Elle arriva dans l'église avant la messe, et, après avoir fait une courte prière, elle alla voir si l'abbé Giroud était à son confessionnal, uniquement pour pouvoir flâner dans l'église. Aussi se trouva-t-elle placée de manière à regarder Albert au moment où il entra dans la cathédrale.

Il faudrait qu'un homme fût atrocement laid pour n'être pas trouvé beau dans les dispositions où la curiosité mettait mademoiselle de Watteville. Or, Albert Savaron déjà très-remarquable fit d'autant plus d'impression sur Philomène que sa manière d'être, sa démarche, son attitude, tout, jusqu'à son vêtement, avait ce je ne sais quoi qui ne s'explique que par le mot *mystère !* Il entra. L'église, jusque-là sombre, parut à Philomène comme éclairée. La jeune fille fut charmée par cette démarche lente et presque solennelle des gens qui portent un monde sur leurs épaules, et dont le regard profond, dont le geste s'accordent à exprimer une pensée ou dévastatrice ou dominatrice. Philomène.comprit alors les paroles du vicaire-général dans toute leur étendue. Oui, ces yeux d'un jaune brun diaprés de filets d'or, voilaient une ardeur qui se trahissait par des jets soudains. Philomène, avec une imprudence que remarqua Mariette, se mit sur le passage de l'avocat de manière à échanger un regard avec lui ; et ce regard cherché lui changea le sang, car son sang frémit et bouillonna comme si sa chaleur eût doublé. Dès qu'Albert se fut assis, mademoiselle de Watteville eut bientôt choisi sa place de manière à le parfaitement voir pendant tout le temps que lui laisserait l'abbé Giroud. Quand Mariette dit : — Voilà monsieur Giroud, il parut à Philomène que ce temps n'avait pas duré plus de quelques minutes. Lorsqu'elle sortit du confessionnal, la messe était dite, Albert avait quitté la cathédrale.

— Le vicaire-général a raison, pensait-elle, *il* souffre ! Pourquoi cet aigle, car il a des yeux d'aigle, est-il venu s'abattre sur Besançon ? Oh ! je veux tout savoir, et comment ?

Sous le feu de ce nouveau désir, Philomène tira les points de sa tapisserie avec une admirable exactitude, et voilà ses méditations sous un petit air candide qui jouait la niaiserie à tromper madame de Watteville. Depuis le dimanche où mademoiselle de Watteville avait reçu ce regard, ou, si vous voulez, ce baptême de feu, magnifique expression de Napoléon qui peut servir à l'amour, elle mena chaudement l'affaire du belvéder.

— Maman, dit-elle une fois qu'il y eut deux colonnes de tournées, mon père s'est mis en tête une singulière idée, il tourne des colonnes pour un belvéder qu'il a le projet de faire élever en se servant de ce tas de pierres qui se trouve au milieu du jardin, approuvez-vous cela ? Moi, il me semble que...

— J'approuve tout ce que fait votre père, répliqua sèchement

madame de Watteville, et c'est le devoir des femmes de se soumettre à leurs maris, quand même elles n'en approuveraient point les
idées... Pourquoi m'opposerais-je à une chose indifférente en elle-
même du moment où elle amuse monsieur de Watteville ?

— Mais c'est que de là nous verrons chez monsieur de Soulas, et
monsieur de Soulas nous y verra quand nous y serons. Peut-être
parlerait-on...

— Avez-vous, Philomène, la prétention de conduire vos parents,
et d'en savoir plus qu'eux sur la vie et sur les convenances?

— Je me tais, maman. Au surplus, mon père dit que la grotte
fera une salle où l'on aura frais et où l'on ira prendre le café.

— Votre père a eu là d'excellentes idées, répondit madame de
Watteville qui voulut aller voir les colonnes.

Elle donna son approbation au projet du baron de Watteville en
indiquant pour l'érection du monument une place au fond du jardin
d'où l'on n'était pas vu de chez monsieur de Soulas, mais d'où l'on
voyait admirablement chez monsieur Albert Savaron. Un entrepreneur fut mandé qui se chargea de faire une grotte au sommet de
laquelle on parviendrait par un petit chemin de trois pieds de large,
dans les rocailles duquel viendraient des pervenches, des iris, des
viornes, des lierres, des chèvrefeuilles, de la vigne vierge. La baronne inventa de faire tapisser l'intérieur de la grotte en bois rustique alors à la mode pour les jardinières, de mettre au fond une
glace, un divan à couvercle et une table en marqueterie de bois
grume. Monsieur de Soulas proposa de faire le sol en asphalte. Philomène imagina de suspendre à la voûte un lustre en bois rustiqué.

— Les Watteville font faire quelque chose de charmant dans leur
jardin, disait-on dans Besançon.

— Ils sont riches, ils peuvent bien mettre mille écus pour une
fantaisie.

— Mille écus?... dit madame de Chavoncourt.

— Oui, mille écus, s'écria le jeune monsieur de Soulas. On
fait venir un homme de Paris pour rustiquer l'intérieur, mais ce
sera bien joli. Monsieur de Watteville fait lui-même le lustre, il se
met à sculpter le bois...

— On dit que Berquet va creuser une cave, dit un abbé.

— Non, reprit le jeune monsieur de Soulas, il fonde le kiosque
sur un massif en béton pour qu'il n'y ait pas d'humidité.

— Vous savez les moindres choses qui se font dans la maison, dit aigrement madame de Chavoncourt en regardant une de ses grandes filles bonnes à marier depuis un an.

Mademoiselle de Watteville qui éprouvait un petit mouvement d'orgueil en pensant au succès de son belvéder, se reconnut une éminente supériorité sur tout ce qui l'entourait. Personne ne devinait qu'une petite fille, jugée sans esprit, niaise, avait tout bonnement voulu voir de plus près le cabinet de l'avocat Savaron.

L'éclatante plaidoirie d'Albert Savaron pour le Chapitre de la cathédrale fut d'autant plus promptement oubliée que l'envie des avocats se réveilla. D'ailleurs, fidèle à sa retraite, Savaron ne se montra nulle part. Sans prôneurs et ne voyant personne, il augmenta les chances d'oubli qui, dans une ville comme Besançon, abondent pour un étranger. Néanmoins, il plaida trois fois au tribunal de commerce, dans trois affaires épineuses qui durent aller à la Cour. Il eut ainsi pour clients quatre des plus gros négociants de la ville, qui reconnurent en lui tant de sens et de ce que la province appelle *une bonne judiciaire*, qu'ils lui confièrent leur contentieux. Le jour où la maison Watteville inaugura son belvéder, Savaron élevait aussi son monument. Grâces aux relations sourdes qu'il s'était acquises dans le haut commerce de Besançon, il y fondait une revue de quinzaine, appelée la Revue de l'Est, au moyen de quarante actions de chacune cinq cents francs placées entre les mains de ses dix premiers clients auxquels il fit sentir la nécessité d'aider aux destinées de Besançon, la ville où devait se fixer le transit entre Mulhouse et Lyon, le point capital entre le Rhin et le Rhône.

Pour rivaliser avec Strasbourg, Besançon ne devait-il pas être aussi bien un centre de lumières qu'un point commercial ? On ne pouvait traiter que dans une Revue les hautes questions relatives aux intérêts de l'Est. Quelle gloire de ravir à Strasbourg et à Dijon leur influence littéraire, d'éclairer l'Est de la France, et de lutter avec la centralisation parisienne. Ces considérations trouvées par Albert furent redites par les dix négociants qui se les attribuèrent.

L'avocat Savaron ne commit pas la faute de se mettre en nom, il laissa la direction financière à son premier client, monsieur Boucher, allié par sa femme à l'un des plus forts éditeurs de grands ouvrages ecclésiastiques ; mais il se réserva la rédaction avec une part comme fondateur dans les bénéfices. Le commerce fit un appel à Dôle à Dijon, à Salins à Neufchâtel, dans le Jura, Bourg,

Nantua, Lons-le-Saulnier. On y réclama le concours des lumières
et des efforts de tous les hommes studieux des trois provinces du
Bugey, de la Bresse et de la Comté. Grâces aux relations de commerce et de confraternité, cent cinquante abonnements furent pris,
eu égard au bon marché : la Revue coûtait huit francs par trimestre. Pour éviter de froisser les amours-propres de province par
les refus d'articles, l'avocat eut le bon esprit de faire désirer la
direction littéraire de cette Revue au fils aîné de monsieur Boucher, jeune homme de vingt-deux ans, très-avide de gloire, à
qui les piéges et les chagrins de la manutention littéraire étaient
entièrement inconnus. Albert conserva secrètement la haute main,
et se fit d'Alfred Boucher un séide. Alfred fut la seule personne de
Besançon avec laquelle se familiarisa le roi du barreau. Alfred venait
conférer le matin dans le jardin avec Albert sur les matières de la
livraison. Il est inutile de dire que le numéro d'essai contint une
Méditation d'Alfred qui eut l'approbation de Savaron. Dans sa conversation avec Alfred, Albert laissait échapper de grandes idées, des
sujets d'articles dont profitait le jeune Boucher. Aussi le fils du
négociant croyait-il exploiter ce grand homme! Albert était un
homme de génie, un profond politique pour Alfred. Les négociants,
enchantés du succès de la Revue, n'eurent à verser que trois
dixièmes de leurs actions. Encore deux cents abonnements, la Revue allait donner cinq pour cent de dividende à ses actionnaires, la
rédaction n'étant pas payée. Cette rédaction était impayable.

Au troisième numéro, la Revue avait obtenu l'échange avec tous
les journaux de France qu'Albert lut alors chez lui. Ce troisième
numéro contenait une Nouvelle, signée A. S., et attribuée au fameux avocat. Malgré le peu d'attention que la haute société de
Besançon accordait à cette Revue accusée de libéralisme, il fut
question chez madame de Chavoncourt, au milieu de l'hiver, de
cette première Nouvelle éclose dans la Comté.

— Mon père, dit Philomène, il se fait une Revue à Besançon, tu
devrais bien t'y abonner et la garder chez toi, car maman ne me
la laisserait pas lire, mais tu me la prêteras.

Empressé d'obéir à sa chère Philomène, qui depuis cinq mois
lui donnait des preuves de tendresse, monsieur de Watteville alla
prendre lui-même un abonnement d'un an à la Revue de l'Est, et
prêta les quatre numéros parus à sa fille. Pendant la nuit Philomène
put dévorer cette Nouvelle, la première qu'elle lut de sa vie; mais

elle ne se sentait vivre que depuis deux mois! Aussi ne faut-il pas
juger de l'effet que cette œuvre dut produire sur elle d'après les
données ordinaires. Sans rien préjuger du plus ou du moins de
mérite de cette composition due à un Parisien qui apportait en
province la manière, l'éclat, si vous voulez, de la nouvelle école
littéraire, elle ne pouvait point ne pas être un chef-d'œuvre pour
une jeune personne livrant sa vierge intelligence, son cœur pur
à un premier ouvrage de ce genre. D'ailleurs, sur ce qu'elle en
avait entendu dire, Philomène s'était fait, par intuition, une idée
qui rehaussait singulièrement la valeur de cette Nouvelle. Elle espérait y trouver les sentiments et peut-être quelque chose de la vie
d'Albert. Dès les premières pages, cette opinion prit chez elle une
si grande consistance, qu'après avoir achevé ce fragment, elle eut
la certitude de ne pas se tromper. Voici donc cette confidence où,
selon les critiques du salon Chavoncourt, Albert aurait imité quelques-uns des écrivains modernes qui, faute d'invention, racontent
leurs propres joies, leurs propres douleurs ou les événements mystérieux de leur existence.

L'AMBITIEUX PAR AMOUR.

En 1823, deux jeunes gens qui s'étaient donné pour thème de
voyage de parcourir la Suisse, partirent de Lucerne par une belle
matinée du mois de juillet, sur un bateau que conduisaient trois
rameurs, et allaient à Fluelen en se promettant de s'arrêter sur le
lac des Quatre-Cantons à tous les lieux célèbres. Les paysages
qui de Lucerne à Fluelen environnent les eaux, présentent toutes
les combinaisons que l'imagination la plus exigeante peut demander
aux montagnes et aux rivières, aux lacs et aux rochers, aux ruis-
seaux et à la verdure, aux arbres et aux torrents. C'est tantôt d'aus-
tères solitudes et de gracieux promontoires, des vallées coquettes et
fraîches, des forêts placées comme un panache sur le granit taillé
droit, des baies solitaires et fraîches qui s'ouvrent, des vallées dont
les trésors apparaissent embellies par le lointain des rêves.

En passant devant le charmant bourg de Gersau, l'un des deux
amis regarda longtemps une maison en bois qui paraissait construite
depuis peu de temps, entourée d'un palis, assise sur un promon-

toire et presque baignée par les eaux. Quand le bateau passa devant, une tête de femme s'éleva du fond de la chambre qui se trouvait au dernier étage de cette maison, pour jouir de l'effet du bateau sur le lac. L'un des jeunes gens reçut le coup d'œil jeté très-indifféremment par l'inconnue.

— Arrêtons-nous ici, dit-il à son ami, nous voulions faire de Lucerne notre quartier-général pour visiter la Suisse, tu ne trouveras pas mauvais, Léopold, que je change d'avis, et que je reste ici à garder les manteaux. Tu feras donc tout ce que tu voudras, moi mon voyage est fini. Mariniers, virez de bord, et descendez-nous à ce village, nous allons y déjeuner. J'irai chercher à Lucerne tous nos bagages et tu sauras avant de partir d'ici, dans quelle maison je me logerai, pour m'y retrouver à ton retour.

— Ici ou à Lucerne, dit Léopold, il n'y a pas assez de différence pour que je ne t'empêche d'obéir à un caprice.

Ces deux jeunes gens étaient deux amis dans la véritable acception du mot. Ils avaient le même âge, leurs études s'étaient faites dans le même collége ; et après avoir fini leur Droit, ils employaient les vacances au classique voyage de la Suisse. Par un effet de la volonté paternelle, Léopold était déjà promis à l'Étude d'un notaire à Paris. Son esprit de rectitude, sa douceur, le calme de ses sens et de son intelligence garantissaient sa docilité. Léopold se voyait notaire à Paris : sa vie était devant lui comme un de ces grands chemins qui traversent une plaine de France, il l'embrassait dans toute son étendue avec une résignation pleine de philosophie.

Le caractère de son compagnon, que nous appellerons Rodolphe, offrait avec le sien un contraste dont l'antagonisme avait sans doute eu pour résultat de resserrer les liens qui les unissaient. Rodolphe était le fils naturel d'un grand seigneur qui fut surpris par une mort prématurée sans avoir pu faire de dispositions pour assurer des moyens d'existence à une femme tendrement aimée et à Rodolphe. Ainsi trompée par un coup du sort, la mère de Rodolphe avait eu recours à un moyen héroïque. Elle vendit tout ce qu'elle tenait de la munificence du père de son enfant, fit une somme de cent et quelques mille francs, la plaça sur sa propre tête en viager, à un taux considérable, et se composa de cette manière un revenu d'environ quinze mille francs, en prenant la résolution de tout consacrer à l'éducation de son fils afin de le douer des avantages personnels les plus propres à faire fortune, et de lui réserver à force d'économies un capital à l'époque de sa majorité. C'était hardi, c'était compter sur sa propre vie; mais sans cette hardiesse, il eût été sans doute impossible à cette bonne mère de vivre, d'élever convenablement cet enfant, son seul espoir, son avenir, et l'unique source de ses jouissances. Né d'une des plus charmantes Parisiennes et d'un homme remarquable de l'aristocratie brabançonne, fruit d'une passion égale et partagée, Rodolphe fut affligé d'une excessive sensibilité. Dès son enfance, il avait manifesté la plus grande ardeur en toute chose. Chez lui, le Désir devint une force supérieure et le mobile de tout l'être, le stimulant de l'imagination, la raison de ses actions. Malgré les efforts d'une mère spirituelle, qui s'effraya dès qu'elle s'aperçut d'une pareille prédisposition, Rodolphe désirait comme un poëte imagine, comme un savant calcule, comme un peintre crayonne, comme un musicien formule des mélodies. Tendre comme sa mère, il s'élançait avec une violence inouïe et par la pensée vers la chose souhaitée, il dévorait le temps. En rêvant l'accomplissement de ses projets, il supprimait toujours les moyens d'exécution.

— Quand mon fils aura des enfants, disait la mère, il les voudra grands tout de suite.

Cette belle ardeur, convenablement dirigée, servit à Rodolphe à faire de brillantes études, à devenir ce que les Anglais appellent un parfait gentilhomme. Sa mère était alors fière de lui, tout en craignant toujours quelque catastrophe, si jamais une passion s'emparait de ce cœur, à la fois si tendre et si sensible, si violent et si bon. Aussi cette prudente femme avait-elle encouragé l'amitié qui liait Léopold à Rodolphe et Rodolphe à Léopold, en voyant, dans le froid et dévoué notaire, un tuteur, un confident qui pourrait jusqu'à un certain point la remplacer auprès de Rodophe, si par malheur elle venait à lui manquer. Encore belle à quarante-trois ans, la mère de Rodolphe avait inspiré la plus vive passion à Léopold. Cette circonstance rendait les deux jeunes gens encore plus intimes.

Léopold, qui connaissait bien Rodolphe, ne fut donc pas surpris de le voir, à propos d'un regard jeté sur le haut d'une maison, s'arrêtant à un village et renonçant à l'excursion projetée au Saint-Go-thard. Pendant qu'on leur préparait à déjeuner à l'auberge du Cygne, les deux amis firent le tour du village et arrivèrent dans la partie qui avoisinait la charmante maison neuve où, tout en flânant et causant avec les habitants, Rodolphe découvrit une maison de petits bourgeois disposés à le prendre en pension, selon l'usage assez général de la Suisse. On lui offrit une chambre ayant vue sur le lac, sur les montagnes, et d'où se découvrait la magnifique vue d'un de ces prodigieux détours qui recommandent le lac des Quatre-Cantons à l'admiration des touristes. Cette maison se trouvait séparée par un carrefour et par un petit port, de la maison neuve où Rodolphe avait entrevu le visage de sa belle inconnue.

Pour cent francs par mois, Rodolphe n'eut à penser à aucune des choses nécessaires à la vie. Mais en considération des frais que les époux Stopfer se proposaient de faire, ils demandèrent le paiement du troisième mois d'avance. Pour peu que vous frottiez un Suisse, il reparaît un usurier. Après le déjeuner, Rodolphe s'installa sur-le-champ en déposant dans sa chambre ce qu'il avait emporté d'effets pour son excursion au Saint-Gothard, et il regarda passer Léopold qui, par esprit d'ordre, allait s'acquitter de l'excursion pour le comte de Rodolphe et pour le sien. Quand Rodolphe assis sur une roche tombée en avant du bord ne vit plus le bateau de Léopold, il examina, mais en dessous, la maison neuve en espérant apercevoir l'inconnue. Hélas ! il rentra sans que la maison eût donné signe de vie. Au dîner que lui offrirent monsieur et madame Stopfer, anciens tonneliers à Neufchâtel, il les questionna sur les environs, et finit par apprendre tout ce qu'il voulait savoir sur l'inconnue, grâce au bavardage de ses hôtes qui vidèrent, sans se faire prier, le sac aux commérages.

L'inconnue s'appelait Fanny Lovelace. Ce nom, qui se prononce *Loveless*, appartient à de vieilles familles anglaises ; mais Richardson en a fait une création dont la célébrité nuit à toute autre. Miss Lovelace était venue s'établir sur le lac pour la santé de son père, à qui les médecins avaient ordonné l'air du canton de Lucerne. Ces deux Anglais, arrivés sans autre domestique qu'une petite fille de quatorze ans, très-attachée à miss Fanny, une petite muette qui la servait avec intelligence, s'étaient arrangés, avant l'hiver dernier, avec monsieur et madame Bergmann, anciens jardiniers en chef de Son Excellence le comte Borroméo à l'*isola Bella* et à l'*isola Madre*, sur le lac Majeur. Ces Suisses, riches d'environ mille écus de rentes, louaient l'étage supérieur de leur maison aux Lovelace à raison de deux cents francs par an pour trois ans. Le vieux Lovelace, vieillard nonagénaire très-cassé, trop pauvre pour se permettre certaines dépenses, sortait rarement ; sa fille travaillait pour le faire vivre en traduisant, disait-on, des livres anglais et faisant elle-même des livres. Aussi les Lovelace n'osaient-ils ni louer de bateaux pour se promener sur le lac, ni chevaux, ni guides pour visiter les environs. Un dénûment qui exige de pareilles privations excite d'autant plus la compassion des Suisses, qu'ils y perdent une occasion de gain. La cuisinière de la maison nourrissait ces trois Anglais à raison de cent francs par mois tout compris. Mais on croyait dans tout Gersau que les anciens jardiniers, malgré leurs prétentions à la bourgeoisie, se cachaient sous le nom de leur cuisinière pour réaliser les bénéfices de ce marché. Les Bergmann s'étaient créé d'admirables jardins et une serre magnifique autour de leur habitation. Les fleurs, les fruits, les raretés botaniques de cette habitation avaient déterminé la jeune miss à la choisir à son passage à Gersau. On donnait dix-neuf ans à miss Fanny qui, le dernier enfant de ce vieillard, devait être adulée par lui. Il n'y avait pas plus de deux mois, elle s'était procuré un piano à loyer, venu de Lucerne, car elle paraissait folle de musique.

— Elle aime les fleurs et la musique, pensa Rodolphe, et elle est à marier ? quel bonheur !

Le lendemain, Rodolphe fit demander la permission de visiter les serres et les jardins qui commençaient à jouir d'une certaine célébrité. Cette permission ne fut pas immédiatement accordée. Ces anciens jardiniers demandèrent, chose étrange ! à voir le passeport de Rodolphe qui l'envoya sur-le-champ. Le passeport ne lui fut renvoyé que le lendemain par la cuisinière, qui lui fit part du plaisir que ses maîtres auraient à lui montrer leur établissement. Rodolphe n'alla pas chez les Bergmann sans un certain tressaillement que connaissent seuls les gens à émotions vives, et qui déploient dans un moment autant de passion que certains hommes en dépensent pendant toute leur vie. Mis avec recherche pour plaire aux anciens jardiniers des îles Borromées, car il vit en eux les gardiens de son trésor, il parcourut les jardins en regardant de temps en temps la maison, mais avec prudence : les deux vieux propriétaires lui témoignaient une assez visible défiance. Mais son attention fut bientôt excitée par la petite Anglaise muette en qui sa sagacité, quoique jeune encore, lui fit reconnaître une fille de l'Afrique, ou tout au moins une Sicilienne. Cette petite fille

avait le ton doré d'un cigare de la Havane, des yeux de feu, des
paupières arméniennes à cils d'une longueur anti-britannique, des
cheveux plus que noirs, et sous cette peau presque olivâtre des
nerfs d'une force singulière, d'une vivacité fébrile. Elle jetait sur
Rodolphe des regards inquisiteurs d'une effronterie incroyable, et
suivait ses moindres mouvements.

— A qui cette petite Moresque appartient-elle ? dit-il à la respectable madame Bergmann.

— Aux Anglais, répondit monsieur Bergmann.

— Elle n'est toujours pas née en Angleterre !

— Ils l'auront peut-être amenée des Indes, répondit madame
Bergmann.

— On m'a dit que la jeune miss Lovelace aimait la musique, je
serais enchanté si, pendant mon séjour sur ce lac auquel me condamne une ordonnance de médecin, elle voulait me permettre de
faire de la musique avec elle...

— Ils ne reçoivent et ne veulent voir personne, dit le vieux
jardinier.

Rodolphe se mordit les lèvres, et sortit sans avoir été invité à
entrer dans la maison, ni avoir été conduit dans la partie du jardin
qui se trouvait entre la façade et le bord du promontoire. De ce
côté, la maison avait au-dessus du premier étage une galerie en
bois couverte par le toit dont la saillie était excessive, comme celle
des couvertures de chalet, et qui tournait sur les quatre côtés du
bâtiment, à la mode suisse. Rodolphe avait beaucoup loué cette élégante disposition et vanté la vue de cette galerie, mais ce fut en vain.
Quand il eut salué les Bergmann, il se trouva sot vis-à-vis de lui-
même, comme tout homme d'esprit et d'imagination trompé par
l'insuccès d'un plan à la réussite duquel il a cru.

Le soir, il se promena naturellement en bateau sur le lac, autour
de ce promontoire, il alla jusqu'à Brünnen, à Schwitz, et revint à
la nuit tombante. De loin il aperçut la fenêtre ouverte et fortement
éclairée, il put entendre les sons du piano et les accents d'une voix
délicieuse. Aussi fit-il arrêter afin de s'abandonner au charme d'é-
couter un air italien divinement chanté. Quand le chant eut cessé,
Rodolphe aborda, renvoya la barque et les deux bateliers. Au risque de se mouiller les pieds, il vint s'asseoir sous le banc de granit
rongé par les eaux que couronnait une forte haie d'acacias épineux,
et le long de laquelle s'étendait, dans le jardin Bergmann, une

allée de jeunes tilleuls. Au bout d'une heure, il entendit parler et marcher au-dessous de sa tête, mais les mots qui parvinrent à son oreille étaient tous italiens et prononcés par deux voix de femmes, deux jeunes femmes. Il profita du moment où les deux interlocutrices se trouvaient à une extrémité pour se glisser à l'autre sans bruit. Après une demi-heure d'efforts, il atteignit au bout de l'allée et put, sans être aperçu ni entendu, prendre une position d'où il verrait les deux femmes sans être vu par elles quand elles viendraient à lui. Quel ne fut pas l'étonnement de Rodolphe en reconnaissant la petite muette pour une des deux femmes, elle parlait en italien avec miss Lovelace. Il était alors onze heures du soir. Le calme était si grand sur le lac et autour de l'habitation, que ces deux femmes devaient se croire en sûreté: dans tout Gersau il n'y avait que leurs yeux qui pussent être ouverts. Rodolphe pensa que le mutisme de la petite était une ruse nécessaire. A la manière dont se parlait l'italien, Rodolphe devina que c'était la langue maternelle de ces deux femmes, il en conclut que la qualité d'Anglais cachait une ruse.

— C'est des Italiens réfugiés, se dit-il, des proscrits qui sans doute ont à craindre la police de l'Autriche ou de la Sardaigne. La jeune fille attend la nuit pour pouvoir se promener et causer en toute sûreté.

Aussitôt il se coucha le long de la haie et rampa comme un serpent pour trouver un passage entre deux racines d'acacia. Au risque d'y laisser son habit ou de se faire de profondes blessures au dos, il traversa la haie quand la prétendue mis Fanny et sa prétendue muette furent à l'autre extrémité de l'allée ; puis quand elles arrivèrent à vingt pas de lui sans le voir, car il se trouvait dans l'ombre de la haie alors fortement éclairée par la lueur de la lune, il se leva brusquement.

— Ne craignez rien, dit-il en français à l'Italienne, je ne suis pas un espion. Vous êtes des réfugiés, je l'ai deviné. Moi, je suis un Français qu'un seul de vos regards a cloué à Gersau.

Rodolphe, atteint par la douleur que lui causa un instrument d'acier en lui déchirant le flanc, tomba terrassé.

— *Nel lago con pietra*, dit la terrible muette.

— Ah ! *Gina*, s'écria l'Italienne.

— Elle m'a manqué, dit Rodolphe en retirant de la plaie un stylet qui s'était heurté contre une fausse côte ; mais, un peu plus haut, il allait au fond de mon cœur. J'ai eu tort, Francesca, dit-il en se souvenant du nom que la petite Gina avait plusieurs fois prononcé, je ne lui en veux pas, ne la grondez point : le bonheur de vous parler vaut bien un coup de stylet ! seulement, montrez-moi le chemin, il faut que je regagne la maison Stopfer. Soyez tranquilles, je ne dirai rien.

Francesca, revenue de son étonnement, aida Rodolphe à se relever, et dit quelques mots à Gina dont les yeux s'emplirent de larmes. Les deux femmes forcèrent Rodolphe à s'asseoir sur un banc, à quitter son habit, son gilet, sa cravate. Gina ouvrit la chemise et suça fortement la plaie. Francesca qui les avait quittés, revint avec un large morceau de taffetas d'Angleterre, et l'appliqua sur la blessure..

— Vous pourrez aller ainsi jusqu'à votre maison, reprit-elle.

Chacune d'elles s'empara d'un bras, et Rodolphe fut conduit à une petite porte dont la clef se trouvait dans la poche du tablier de Francesca.

— Gina parle-t-elle français ? dit Rodolphe à Francesca.

— Non. Mais ne vous agitez pas, dit Francesca d'un petit ton d'impatience.

— Laissez-moi vous voir, répondit Rodolphe avec attendrissement, car peut-être serai-je longtemps sans pouvoir venir...

Il s'appuya sur un des poteaux de la petite porte et contempla la belle Italienne, qui se laissa regarder pendant un instant par le plus beau silence et par la plus belle nuit qui jamais ait éclairé ce lac, le roi des lacs suisses. Francesca était bien l'Italienne classique, et telle que l'imagination veut, fait ou rêve, si vous voulez, les Italiennes. Ce qui saisit tout d'abord Rodolphe, ce fut l'élégance et la grâce de la taille dont la vigueur se trahissait malgré son apparence frêle, tant elle était souple. Une pâleur d'ambre répandue sur la figure accusait un intérêt subit, mais qui n'effaçait pas la volupté de deux yeux humides et d'un noir velouté. Deux mains, les plus belles que jamais sculpteur grec ait attachées au bras poli d'une statue, tenaient le bras de Rodolphe : et leur blancheur tranchait sur le noir de l'habit. L'imprudent Français ne put qu'entrevoir la forme ovale un peu longue du visage dont la bouche attristée, entr'ouverte, laissait voir des dents éclatantes entre deux larges lèvres fraîches et colorées. La beauté des lignes de ce visage garantissait à Francesca la durée de cette splendeur; mais ce qui frappa le plus Rodolphe fut l'adorable laisser-aller, la franchise italienne de cette femme qui s'abandonnait entièrement à sa compassion,

Francesca dit un mot à Gina, qui donna son bras à Rodolphe jusqu'à la maison Stopfer et se sauva comme une hirondelle quand elle eut sonné.

— Ces patriotes n'y vont pas de main morte ! se disait Rodolphe en sentant ses souffrances quand il se trouva seul dans son lit. *Nel lago !* Gina m'aurait jeté dans le lac avec une pierre au cou !

Au jour, il envoya chercher à Lucerne le meilleur chirurgien ; et quand il fut venu, il lui recommanda le plus profond secret en lui faisant entendre que l'honneur l'exigeait. Léopold revint de son excursion le jour où son ami quittait le lit. Rodolphe lui fit un conte et le chargea d'aller à Lucerne chercher les bagages et leurs lettres. Léopold apporta la plus funeste, la plus horrible nouvelle : la mère de Rodolphe était morte. Pendant que les deux amis allaient de Bâle à Lucerne, la fatale lettre, écrite par le père de Léopold, y était arrivée le jour de leur départ pour Fuelen. Malgré les précautions que prit Léopold, Rodolphe fut saisi par une fièvre nerveuse. Dès que le futur notaire vit son ami hors de danger, il partit pour la France muni d'une procuration. Rodolphe put ainsi rester à Gersau, le seul lieu du monde où sa douleur pouvait se calmer. La situation du jeune Français, son désespoir et les circonstances qui rendaient cette perte plus affreuse pour lui que pour tout autre, furent connues et attirèrent sur lui la compassion et l'intérêt de tout Gersau. Chaque matin la fausse muette vint voir le Français afin de donner des nouvelles à sa maîtresse.

Quand Rodolphe put sortir, il alla chez les Bergmann remercier miss Fanny Lovelace et son père de l'intérêt qu'ils lui avaient témoigné. Pour la première fois depuis son établissement chez les Bergmann, le vieil Italien laissa pénétrer un étranger dans son appartement où Rodolphe fut reçu avec une cordialité due et à ses malheurs et à sa qualité de Français qui excluait toute défiance. Francesca se montra si belle aux lumières pendant la première soirée, qu'elle fit entrer un rayon dans ce cœur abattu. Ses sourires jetèrent les roses de l'espérance sur ce deuil. Elle chanta, non point des airs gais, mais de graves et sublimes mélodies appropriées à l'état du cœur de Rodolphe qui remarqua ce soin touchant. Vers huit heures, le vieillard laissa ces deux jeunes gens seuls sans aucune apparence de crainte, et se retira chez lui. Quand Francesca fut fatiguée de chanter, elle amena Rodolphe sous la galerie extérieure, d'où se découvrait le sublime spectacle du lac, et lui fit signe de s'asseoir près d'elle sur un banc de bois rustique.

— Y a-t-il de l'indiscrétion à vous demander votre âge, *cara* Francesca? fit Rodolphe.

— Dix-neuf ans, répondit-elle, mais passés.

— Si quelque chose au monde pouvait atténuer ma douleur, ce serait, reprit-il, l'espoir de vous obtenir de votre père, en quelque situation de fortune que vous soyez, belle comme vous êtes, vous me paraissez plus riche que ne le serait la fille d'un prince. Aussi tremblé-je en vous faisant l'aveu des sentiments que vous m'avez inspirés; mais ils sont profonds, ils sont éternels.

— *Zitto!* fit Francesca en mettant un des doigts de sa main droite, sur ses lèvres. N'allez pas plus loin : je ne suis pas libre, je suis mariée, depuis trois ans...

Un profond silence régna pendant quelques instants entre eux. Quand l'Italienne, effrayée de la pose de Rodolphe, s'approcha de lui, elle le trouva tout à fait évanoui.

— *Povero!* se dit-elle, moi qui le trouvais froid.

Elle alla chercher des sels, et ranima Rodolphe en les lui faisant respirer.

— Mariée! dit Rodolphe en regardant Francesca. Ses larmes coulèrent alors en abondance.

— Enfant, dit-elle, il y a de l'espoir. Mon mari a...

— Quatre-vingts ans?... dit Rodolphe.

— Non, répondit-elle en souriant, soixante-cinq. Il s'est fait un masque de vieillard pour déjouer la police.

— Chère, dit Rodolphe, encore quelques émotions de ce genre et je mourrais... Après vingt années de connaissance seulement, vous saurez quelle est la force et la puissance de mon cœur, de quelle nature sont ses aspirations vers le bonheur. Cette plante ne monte pas avec plus de vivacité pour s'épanouir aux rayons du soleil, dit-il en montrant un jasmin de Virginie qui enveloppait la balustrade, que je ne me suis attaché depuis un mois à vous. Je vous aime d'un amour unique. Cet amour sera le principe secret de ma vie, et j'en mourrai peut-être!

— Oh! Français, Français! fit-elle en commentant son exclamation par une petite moue d'incrédulité.

— Ne faudra-t-il pas vous attendre, vous recevoir des mains du

Temps? reprit-il avec gravité. Mais, sachez-le : si vous êtes sincère dans la parole qui vient de vous échapper, je vous attendrai fidèlement sans laisser aucun autre sentiment croître dans mon cœur.

Elle le regarda sournoisement.

— Rien, dit-il, pas même une fantaisie. J'ai ma fortune à faire, il vous en faut une splendide, la nature vous a créée princesse....

À ce mot, Francesca ne put retenir un faible sourire qui donna l'expression la plus ravissante à son visage, quelque chose de fin comme ce que le grand Léonard a si bien peint dans la *Joconde*. Ce sourire fit faire une pause à Rodolphe.

— .... Oui, reprit-il, vous devez souffrir du dénûment auquel vous réduit l'exil. Ah! si vous voulez me rendre heureux entre tous les hommes, et sanctifier mon amour, vous me traiterez en ami. Ne dois-je pas être votre ami aussi? Ma pauvre mère m'a laissé soixante mille francs d'économie, prenez-en la moitié?

Francesca le regarda fixement. Ce regard perçant alla jusqu'au fond de l'âme de Rodolphe.

— Nous n'avons besoin de rien, mes travaux suffisent à notre luxe, répondit-elle d'une voix grave.

— Puis-je souffrir qu'une Francesca travaille? s'écria-t-il. Un jour vous reviendrez dans votre pays, et vous y retrouverez ce que vous y avez laissé... De nouveau la jeune Italienne regarda Rodolphe... Et vous me rendrez ce que vous aurez daigné m'emprunter, ajouta-t-il avec un regard plein de délicatesse.

Laissons ce sujet de conversation, dit-elle avec une incomparable noblesse de geste, de regard et d'attitude. Faites une brillante fortune, soyez un des hommes remarquables de votre pays, je le veux. L'illustration est un pont-volant qui peut servir à franchir un abîme. Soyez ambitieux, il le faut. Je vous crois de hautes et de puissantes facultés; mais servez-vous-en plus pour le bonheur de l'humanité que pour me mériter : vous en serez plus grand à mes yeux.

Dans cette conversation qui dura deux heures, Rodolphe découvrit en Francesca l'enthousiasme des idées libérales et ce culte de la liberté qui avait fait la triple révolution de Naples, du Piémont et d'Espagne. En sortant, il fut conduit jusqu'à la porte par Gina, la fausse muette. À onze heures, personne ne rôdait dans ce village, aucune indiscrétion n'était à craindre, Rodolphe attira Gina dans un coin, et lui demanda tout bas en mauvais italien — Qui sont tes maîtres, mon enfant? dis-le moi, je te donnerai cette pièce d'or toute neuve.

— Monsieur, répondit l'enfant en prenant la pièce, monsieur est le fameux libraire Lamporani de Milan, l'un des chefs de la révolution, et le conspirateur que l'Autriche désire le plus tenir au Spielberg.

— La femme d'un libraire!... Eh! tant mieux, pensa-t-il, nous sommes de plain-pied.

— De quelle famille est-elle? reprit-il, car elle a l'air d'une reine.

— Toutes les Italiennes sont ainsi, répondit fièrement Gina. Le nom de son père est Colonna.

Enhardi par l'humble condition de Francesca, Rodolphe fit mettre un tendelet à sa barque et des coussins à l'arrière. Quand ce changement fut opéré, l'amoureux vint proposer à Francesca de se promener sur le lac. L'Italienne accepta, sans doute pour jouer son rôle de jeune miss aux yeux du village ; mais elle emmena Gina. Les moindres actions de Francesca Colonna trahissaient une éducation supérieure et le plus haut rang social. A la manière dont s'assit l'Italienne au bout de la barque, Rodolphe se sentit en quelque sorte séparé d'elle ; et devant l'expression d'une vraie fierté de noble, sa familiarité préméditée tomba. Par un regard, Francesca se fit princesse avec tous les priviléges dont elle eût joui au Moyen-Age. Elle semblait avoir deviné les secrètes pensées de ce vassal qui avait l'audace de se constituer son protecteur. Déjà, dans l'ameublement du salon où Francesca l'avait reçu, dans sa toilette et dans les petites choses qui lui servaient, Rodolphe avait reconnu les indices d'une nature élevée et d'une haute fortune. Toutes ces observations lui revinrent à la fois dans la mémoire, et il devint rêveur après avoir été pour ainsi dire refoulé par la dignité de Francesca. Gina, cette confidente à peine adolescente, semblait elle-même avoir un masque railleur en regardant Rodolphe en dessous ou de côté. Ce visible désaccord entre la condition de l'Italienne et ses manières fut une nouvelle énigme pour Rodolphe, qui soupçonna quelqu'autre ruse semblable au faux mutisme de Gina.

— Où voulez-vous aller? *signora Lamporani*, dit-il.

— Vers Lucerne, répondit en français Francesca.

— Bon! pensa Rodophe, elle n'est pas étonnée de m'entendre lui dire son nom, elle avait sans doute prévu ma demande à Gina, la rusée! — Qu'avez-vous contre moi? dit-il en venant enfin s'asseoir près d'elle et lui demandant par un geste une main que Francesca retira. Vous êtes froide et cérémonieuse ; en style de conversation, nous dirions *cassante*.

—- C'est vrai, répliqua-t-elle en souriant. J'ai tort. Ce n'est pas bien. C'est bourgeois. Vous diriez en français ce n'est pas artiste. Il vaut mieux s'expliquer que de garder contre un ami des pensées hostiles ou froides, et vous m'avez prouvé déjà votre amitié. Peut-être suis-je allé trop loin avec vous. Vous avez dû me prendre pour une femme très-ordinaire... Rodolphe multiplia des signes de dénégation. — ... Oui, dit cette femme de libraire en continuant sans tenir compte de la pantomime qu'elle voyait bien d'ailleurs. Je m'en suis aperçue, et naturellement je reviens sur moi-même. Eh ! bien je terminerai tout par quelques paroles d'une profonde vérité. Sachez-le bien, Rodolphe : je sens en moi la force d'étouffer un sentiment qui ne serait pas en harmonie avec les idées ou la prescience que j'ai du véritable amour. Je puis aimer comme nous savons aimer en Italie ; mais je connais mes devoirs : aucune ivresse ne peut me les faire oublier. Mariée sans mon consentement à ce pauvre vieillard, je pourrais user de la liberté qu'il me laisse avec tant de générosité ; mais trois ans de mariage équivalent à une acceptation de la loi conjugale. Aussi la plus violente passion ne me ferait-elle pas émettre, même involontairement, le désir de me trouver libre. Émilio connaît mon caractère. Il sait que, hors mon cœur qui m'appartient et que je puis livrer, je ne me permettrais pas de laisser prendre ma main. Voilà pourquoi je viens de vous la refuser. Je veux être aimée, attendue avec fidélité, noblesse, ardeur, en ne pouvant accorder qu'une tendresse infinie dont l'expression ne dépassera point l'enceinte du cœur, le terrain permis. Tout s ces choses bien comprises.... oh ! reprit-elle avec un geste de jeune fille, je vais redevenir coquette, rieuse, folle, comme un enfant qui ne connaît pas le danger de la familiarité.

Cette déclaration si nette, si franche fut faite d'un ton, d'un accent et accompagnée de regards qui lui donnèrent la plus grande profondeur de vérité.

— Une princesse Colonna n'aurait pas mieux parlé, dit Rodolphe en souriant.

— Est ce, répliqua-t-elle avec un air de hauteur, un reproche sur l'humilité de ma naissance ? Faut-il un blason à votre amour ? A Milan, les plus beaux noms : Sforza, Canova, Visconti, Trivulzio,

Ursini sont écrits au-dessus des boutiques, il y a des Archinto apothi-
caires; mais croyez que, malgré ma condition de boutiquière, j'ai
les sentiments d'une duchesse.

— Un reproche? non, madame, j'ai voulu vous faire un éloge..

— Par une comparaison?... dit elle avec finesse.

— Ah! sachez-le, reprit-il, afin de ne plus me tourmenter si mes
paroles peignaient mal mes sentiments, mon amour est absolu, il
comporte une obéissance et un respect infinis.

Elle inclina la tête en femme satisfaite et dit : — Monsieur accepte alors le traité?

— Oui, dit-il. Je comprends que, dans une puissante et riche
organisation de femme, la faculté d'aimer ne saurait se perdre, et
que, par délicatesse, vous vouliez la restreindre. Ah! Francesca,
une tendresse partagée, à mon âge et avec une femme aussi sublime, aussi royalement belle que vous l'êtes, mais c'est voir tous
mes désirs comblés. Vous aimer comme vous voulez être aimée,
n'est-ce pas pour un jeune homme se préserver de toutes les folies
mauvaises? n'est-ce pas employer ses forces dans une noble passion
de laquelle on peut être fier plus tard, et qui ne donne que de beaux
souvenirs?..... Si vous saviez de quelles couleurs, de quelle poésie
vous venez de revêtir la chaîne du Pilate, le Rhigi, et ce magnifique bassin.....

— Je veux le savoir, dit-elle.

— Hé! bien, cette heure rayonnera sur toute ma vie, comme un
diamant au front d'une reine.

Pour toute réponse, Francesca posa sa main sur celle de Rodolphe.

— Oh! chère, à jamais chère, dites, vous n'avez jamais aimé?

— Jamais!

— Et vous me permettez de vous aimer noblement, en attendant tout du ciel?

Elle inclina doucement la tête. Deux grosses larmes roulèrent sur
les joues de Rodolphe.

— Hé! bien, qu'avez-vous? dit-elle en quittant son rôle d'im-
pératrice.

— Je n'ai plus ma mère pour lui dire combien je suis heureux,
elle a quitté cette terre sans voir ce qui eût adouci son agonie....

— Quoi? fit-elle.

— Sa tendresse remplacée par une tendresse égale.

— *Povero mio*, s'écria l'Italienne attendrie. C'est, croyez-

moi, reprit-elle après une pause, une bien douce chose et un bien
grand élément de fidélité pour une femme que de se savoir tout sur
la terre pour celui qu'elle aime, de le voir seul, sans famille, sans
rien dans le cœur que son amour, enfin de l'avoir bien tout entier

Quand deux amants se sont entendus ainsi, le cœur éprouve une
délicieuse quiétude, une sublime tranquillité. La certitude est la
base que veulent les sentiments humains, car elle ne manque jamais
au sentiment religieux : l'homme est toujours certain d'être payé de
retour par Dieu. L'amour ne se croit en sûreté que par cette simi-
litude avec l'amour divin. Aussi faut-il les avoir pleinement éprouvées pour comprendre les voluptés de ce moment, toujours unique
dans la vie : il ne revient pas plus que ne reviennent les émotions
de la jeunesse. Croire à une femme, faire d'elle sa religion humaine,
le principe de sa vie, la lumière secrète de ses moindres pensées !...
n'est-ce pas une seconde naissance ? Un jeune homme mêle alors
à son amour un peu de celui qu'il a pour sa mère. Rodolphe et
Francesca gardèrent pendant quelque temps le plus profond silence,
se répondant par des regards amis et pleins de pensées. Ils se com-
prenaient au milieu d'un des plus beaux spectacles de la nature, dont
les magnificences expliquées par celles de leurs cœurs, les aidaient à
se graver dans leurs mémoires les plus fugitives impressions de cette
heure unique. Il n'y avait pas eu l'ombre de coquetterie dans la conduite de Francesca. Tout en était large, plein, sans arrière-pensée.
Cette grandeur frappa vivement Rodolphe, qui reconnaissait en
ceci la différence qui distingue l'Italienne de la Française. Les eaux,
la terre, le ciel, la femme, tout fut donc grandiose et suave, même
eur amour, au milieu de ce tableau vaste dans son ensemble, riche
dans ses détails, et où l'âpreté des cimes neigeuses, leurs plis raides
nettement détachés sur l'azur rappelaient à Rodolphe les conditions
dans lesquelles devait se renfermer son bonheur : un riche pays
cerclé de neige.

Cette douce ivresse de l'âme devait être troublée. Une barque
venait de Lucerne ; Gina, qui depuis quelque temps la regardait
avec attention, fit un geste de joie en restant fidèle à son rôle de
muette. La barque approchait, et quand enfin Francesca put y distinguer les figures : — Tito ! s'écria-t-elle en apercevant un jeune
homme. Elle se leva debout au risque de se noyer, et cria : — Tito !
Tito ! en agitant son mouchoir. Tito donna l'ordre à ses bateliers
de nager, et les deux barques se mirent sur la même ligne. L'Ita-

lienne et l'Italien parlèrent avec une si grande vivacité, dans un dialecte si peu connu d'un homme qui savait à peine l'italien des livres, et n'était pas allé en Italie, que Rodolphe ne put rien entendre ni deviner de cette conversation. La beauté de Tito, la familiarité de Francesca, l'air de joie de Gina, tout le chagrinait. D'ailleurs il n'est pas d'amoureux qui ne soit mécontent de se voir quitter pour quoi que ce soit. Tito jeta vivement un petit sac de peau, sans doute plein d'or, à Gina, puis un paquet de lettres à Francesca qui se mit à les lire en faisant un geste d'adieu à Tito.

— Retournez promptement à Gersau, dit-elle aux bateliers. Je ne veux pas laisser languir mon pauvre Émilio dix minutes de trop.

— Que vous arrive-t-il ? demanda Rodolphe quand il vit l'Italienne achevant sa dernière lettre.

— *La liberta !* fit-elle avec un enthousiasme d'artiste.

— *E denaro !* répondit comme un écho Gina qui pouvait enfin parler.

— Oui, reprit Francesca, plus de misère ! voici plus de onze mois que je travaille, et je commençais à m'ennuyer. Je ne suis décidément pas une femme littéraire.

— Quel est ce Tito ? fit Rodolphe.

— Le secrétaire d'état au département des finances de la pauvre boutique de Colonna, autrement dit le fils de notre *ragyionato.* Pauvre garçon ! il n'a pu venir par le Gothard, ni par le Mont-Cenis, ni par le Simplon : il est venu par mer, par Marseille, il a dû traverser la France. Enfin, dans trois semaines, nous serons à Genève, et nous y vivrons à l'aise. Allons, Rodolphe, dit-elle en voyant la tristesse se peindre sur le visage du Parisien, le lac de Genève ne vaudra-t-il pas bien le lac des Quatre-Cantons ?...

— Permettez-moi d'accorder un regret à cette délicieuse maison Bergmann, dit Rodolphe en montrant le promontoire.

— Vous viendrez dîner avec nous, pour y multiplier vos souvenirs, *povero mio,* dit-elle. C'est fête aujourd'hui, nous ne sommes plus en danger. Ma mère me dit que dans un an, peut-être, nous serons amnistiés. Oh ! *la cara patria...*

Ces trois mots firent pleurer Gina qui dit : — Encore un hiver, je serais morte ici !

— Pauvre petite chèvre de Sicile ! fit Francesca en passant sa main sur la tête de Gina par un geste et avec une affection qui firent désirer à Rodolphe d'être ainsi caressé, quoique ce fût sans amour.

La barque abordait, Rodolphe sauta sur le sable, tendit la main à l'Italienne, la reconduisit jusqu'à la porte de la maison Bergmann, et alla s'habiller pour revenir au plus tôt.

En trouvant le libraire et sa femme assis sur la galerie extérieure, Rodolphe réprima difficilement un geste de surprise à l'aspect du prodigieux changement que la bonne nouvelle avait apporté chez le nonagénaire. Il apercevait un homme d'environ soixante ans, parfaitement conservé, un Italien sec, droit comme un i, les cheveux encore noirs, quoique rares, et laissant voir un crâne blanc, des yeux vifs, des dents au complet et blanches, un visage de César, et sur une bouche diplomatique un sourire quasi sardonique, le sourire presque faux sous lequel l'homme de bonne compagnie cache ses vrais sentiments.

— Voici mon mari sous sa forme naturelle, dit gravement Francesca.

— C'est tout-à-fait une nouvelle connaissance, répondit Rodolphe interloqué.

— Tout-à-fait, dit le libraire. J'ai joué la comédie, et sais parfaitement me grimer. Ah ! je jouais à Paris du temps de l'empire, avec Bourrienne, madame Murat, madame d'Abrantès, *e tutti quanti...* Tout ce qu'on s'est donné la peine d'apprendre dans sa jeunesse, et même les choses futiles nous servent. Si ma femme n'avait pas reçu cette éducation virile, un contre-sens en Italie, il m'eût fallu, pour vivre ici, devenir bûcheron. *Povera* Francesca ! qui m'eût dit qu'elle me nourrirait un jour ?

En écoutant ce digne libraire, si aisé, si affable et si vert, Rodolphe crut à quelque mystification et resta dans le silence observateur de l'homme dupé.

— *Che avete, signor ?* lui demanda naïvement Francesca. Notre bonheur vous attristerait-il ?

— Votre mari est un jeune homme, lui dit-il à l'oreille.

Elle partit d'un éclat de rire si franc, si communicatif, que Rolphe en fut encore plus interdit.

— Il n'a que soixante-cinq ans à vous offrir, dit-elle ; mais je vous assure que c'est encore quelque chose.... de rassurant.

— Je n'aime pas à vous voir plaisanter avec un amour aussi saint que celui dont les conditions ont été posées par vous.

— *Zitto !* fit-elle en frappant du pied et en regardant si son mari les écoutait. Ne troublez jamais la tranquillité de ce cher

homme, candide comme un enfant, et de qui je fais ce que je
veux. Il est, ajouta-t-elle, sous ma protection. Si vous saviez avec
quelle noblesse il a risqué sa vie et sa fortune parce que j'étais li-
bérale ! car il ne partage pas mes opinions politiques. Est-ce aimer
cela, monsieur le Français ? — Mais ils sont ainsi dans leur famille.
Le frère cadet d'Émilio fut trahi par celle qu'il aimait pour un
charmant jeune homme. Il s'est passé son épée au travers du cœur,
et dix minutes auparavant il a dit à son valet de chambre : —
Je tuerais bien mon rival ; mais cela ferait trop de chagrin à *la
diva.*

Ce mélange de noblesse et de raillerie, de grandeur et d'enfan-
tillage, faisait en ce moment de Francesca la créature la plus attrayante du monde. Le dîner fut, ainsi que la soirée, empreint
d'une gaieté que la délivrance des deux réfugiés justifiait, mais qui
contrista Rodolphe.

— Serait-elle légère ? se disait-il en regagnant la maison Stopfer.
Elle a pris part à mon deuil, et moi je n'épouse pas sa joie !

Il se gronda, justifia cette femme-jeune-fille.

— Elle est sans aucune hypocrisie et s'abandonne à ses impressions..., se dit-il. Et je la voudrais comme une Parisienne.

Le lendemain et les jours suivants, pendant vingt jours enfin,
Rodolphe passa tout son temps à la maison Bergmann, observant
Francesca sans s'être promis de l'observer. L'admiration chez certaines âmes ne va pas sans une sorte de pénétration. Le jeune Français reconnut en Francesca la jeune fille imprudente, la nature
vraie de la femme encore insoumise, se débattant par instants avec
son amour, et s'y laissant aller complaisamment en d'autres moments. Le vieillard se comportait bien avec elle comme un père avec
sa fille, et Francesca lui témoignait une reconnaissance profondément sentie qui réveillait en elle d'instinctives noblesses. Cette situation et cette femme présentaient à Rodolphe une énigme impénétrable, mais dont la recherche l'attachait de plus en plus.

Ces derniers jours furent remplis de fêtes secrètes, entremêlées
de mélancolies, de révoltes, de querelles plus charmantes que les
heures où Rodolphe et Francesca s'entendaient. Enfin, il était de
plus en plus séduit par la naïveté de cette tendresse sans esprit,
semblable à elle-même en toute chose, de cette tendresse jalouse
d'un rien... déjà !

— Vous aimez bien le luxe ! dit-il un soir à Francesca qui manifestait le désir de quitter Gersau où beaucoup de choses lui manquaient.

— Moi! dit-elle, j'aime le luxe comme j'aime les arts, comme j'aime un tableau de Raphaël, un beau cheval, une belle journée, ou la baie de Naples. Émilio, dit-elle, me suis-je plainte ici pendant nos jours de misère?

— Vous n'eussiez pas été vous-même, dit gravement le vieux libraire.

— Après tout, n'est-il pas naturel à des bourgeois d'ambitionner la grandeur? reprit-elle en lançant un malicieux coup d'œil et à Rodolphe et à son mari. Mes pieds, dit-elle en avançant deux petits pieds charmants, sont-ils faits pour la fatigue. Mes mains... Elle tendit une main à Rodolphe. Ces mains sont-elles faites pour travailler? Laissez-nous, dit-elle à son mari : je veux lui parler.

Le vieillard rentra dans le salon avec une sublime bonhomie : il était sûr de sa femme.

— Je ne veux pas, dit-elle à Rodolphe, que vous nous accompagniez à Genève. Genève est une ville à caquetages. Quoique je sois bien au-dessus des niaiseries du monde, je ne veux pas être calomniée, non pour moi, mais pour *lui*. Je mets mon orgueil à être la gloire de ce vieillard, mon seul protecteur après tout. Nous partons, restez ici pendant quelques jours. Quand vous viendrez à Genève, voyez d'abord mon mari, laissez-vous présenter à moi par lui. Cachons notre inaltérable et profonde affection aux regards du monde. Je vous aime, vous le savez; mais voici de quelle manière je vous le prouverai : vous ne surprendrez pas dans ma conduite quoi que ce soit qui puisse réveiller votre jalousie.

Elle l'attira dans le coin de la galerie, le prit par la tête, le baisa sur le front et se sauva, le laissant stupéfait.

Le lendemain, Rodolphe apprit qu'au petit jour les hôtes de la maison Bergmann étaient partis. L'habitation de Gersau lui parut dès lors insupportable, et il alla chercher Vevay par le chemin le plus long, en voyageant plus promptement qu'il ne le devait; mais attiré par les eaux du lac où l'attendait la belle Italienne, il arriva vers la fin du mois d'octobre à Genève. Pour éviter les inconvénients de la ville, il se logea dans une maison située aux Eaux-Vives en dehors des remparts. Une fois installé, son premier soin fut de demander à son hôte, un ancien bijoutier, s'il n'était pas venu depuis peu s'établir des réfugiés italiens, des Milanais à Genève.

— Non, que je sache, lui répondit son hôte. Le prince et la princesse Colonna de Rome ont loué pour trois ans la campagne de monsieur Jeanrenaud, une des plus belles du lac. Elle est située entre la Villa-Diodati et la campagne de monsieur Lafin-de-Dieu qu'a louée la vicomtesse de Beauséant. Le prince Colonne est venu là pour sa fille et pour son gendre le prince Gandolphini, un Napolitain, ou, si vous voulez, Sicilien, ancien partisan du roi Murat et victime de la dernière révolution. Voilà les derniers venus à Genève, et ils ne sont point Milanais. Il a fallu de grandes démarches et la protection que le pape accorde à la famille Colonna pour qu'on ait obtenu, des puissances étrangères et du roi de Naples, la permission pour le prince et la princesse Gandolphini de résider ici. Genève ne veut rien faire qui déplaise à la Sainte-Alliance, à qui elle doit son indépendance. *Notre* rôle n'est pas de fronder les Cours étrangères. Il y a beaucoup d'étrangers ici : des Russes, des Anglais.

— Il y a même des Genevois.

— Oui, monsieur. Notre lac est si beau ! Lord Byron y a demeuré il y a sept ans environ, à la Villa-Diodati, que maintenant tout le monde va voir comme Coppet, comme Ferney.

— Vous ne pourriez pas savoir s'il est venu, depuis une semaine un libraire de Milan et sa femme, un nommé Lamporani, l'un des chefs de la dernière révolution ?

— Je puis le savoir en allant au Cercle des Étrangers, dit l'ancien bijoutier.

La première promenade de Rodolphe eut naturellement pour objet la Villa-Diodati, cette résidence de lord Byron à laquelle la mort récente de ce grand poëte donnait encore plus d'attrait : la mort est le sacre du génie. Le chemin qui des Eaux-Vives côtoie le lac de Genève est comme toutes les routes de Suisse, assez étroit; mais en certains endroits, par la disposition du terrain montagneux, à peine reste-t-il assez d'espace pour que deux voitures s'y croisent. A quelques pas de la maison Jeanrenaud, près de laquelle il arrivait sans le savoir, Rodolphe entendit derrière lui le bruit d'une voiture; et, se trouvant dans une espèce de gorge, il grimpa sur la pointe d'une roche pour laisser le passage libre. Naturellement il regarda venir la voiture, une élégante calèche attelée de deux magnifiques chevaux anglais. Il lui prit un éblouissement en voyant au fond de cette calèche Francesca divinement mise, à côté

d'une vieille dame, raide comme un camée. Un chasseur étincelant
de dorures se tenait debout derrière. Francesca reconnut Rodolphe,
et sourit de le retrouver comme une statue sur un piédestal. La
voiture, que l'amoureux suivit de ses regards en gravissant la hauteur, tourna pour entrer par la porte d'une maison de campagne
vers laquelle il courut.

— Qui demeure ici? demanda-t-il au jardinier.

— Le prince et la princesse Colonne, ainsi que le prince et la
princesse Gandolphini.

— N'est-ce pas elles qui rentrent?

— Oui, monsieur.

En un moment un voile tomba des yeux de Rodolphe : il vit
clair dans le passé.

— Pourvu, se dit enfin l'amoureux foudroyé, que ce soit sa dernière mystification !

Il tremblait d'avoir été le jouet d'un caprice, car il avait entendu
parler de ce qu'est un *capriccio* pour une Italienne. Mais quel
crime aux yeux d'une femme, d'avoir accepté pour une bourgeoise,
une princesse née princesse? d'avoir pris la fille d'une des plus illustres familles du moyen âge, pour la femme d'un libraire ! Le sentiment de ses fautes redoubla chez Rodophe son désir de savoir s'il
serait méconnu, repoussé. Il demanda le prince Gandolphini en lui
faisant porter une carte, et fut aussitôt reçu par le faux Lamporani,
qui vint au-devant de lui, l'accueillit avec une grâce parfaite, avec
une affabilité napolitaine, et le promena le long d'une terrasse d'où
l'on découvrait Genève, le Jura et ses collines chargées de villas,
puis les rives du lac sur une grande étendue.

— Ma femme, vous le voyez, est fidèle aux lacs, dit-il après
avoir détaillé le paysage à son hôte. Nous avons une espèce de con-
cert ce soir, ajouta-t-il en revenant vers la magnifique maison Jeanrenaud, j'espère que vous nous ferez le plaisir, à la princesse et à
moi, d'y venir. Deux mois de misères supportées de compagnie équivalent à des années d'amitié.

Quoique dévoré de curiosité, Rodolphe n'osa demander à voir la
princesse, il retourna lentement aux Eaux-Vives, préoccupé de la
soirée. En quelques heures, son amour, quelque immense qu'il fût
déjà, se trouvait agrandi par ses anxiétés et par l'attente des événements. Il comprenait maintenant la nécessité de se faire illustre
pour se trouver, socialement parlant, à la hauteur de son idole.

Francesca devenait bien grande à ses yeux, par le laisser-aller et la simplicité de sa conduite à Gersau. L'air naturellement altier de la princesse Colonna faisait trembler Rodolphe, qui allait avoir pour ennemis le père et la mère de Francesca, du moins il le pouvait croire ; et le mystère que la princesse Gandolphini lui avait tant recommandé lui parut alors une admirable preuve de tendresse. En ne voulant pas compromettre l'avenir, Francesca ne disait-elle pas bien qu'elle aimait Rodolphe ?

Enfin, neuf heures sonnèrent, Rodolphe put monter en voiture et dire avec une émotion facile à comprendre : — A la maison Jeanrenaud, chez le prince Gandolphini !

Enfin, il entra dans le salon plein d'étrangers de la plus haute distinction, et où il resta forcément dans un groupe près de la porte, car en ce moment on chantait un duo de Rossini.

Enfin, il put voir Francesca, mais sans être vu par elle. La princesse était debout à deux pas du piano. Ses admirables cheveux, si abondants et si longs, étaient retenus par un cercle d'or. Sa figure, illuminée par les bougies, éclatait de la blancheur particulière aux Italiennes et qui n'a tout son effet qu'aux lumières. Elle était en costume de bal, laissant admirer des épaules magnifiques et fascinantes, sa taille de jeune fille, et des bras de statue antique. Sa beauté sublime était là sans rivalité possible, quoiqu'il y eût des Anglaises et des Russes charmantes, les plus jolies femmes de Genève et d'autres Italiennes, parmi lesquelles brillaient l'illustre princesse de Varèse et la fameuse cantatrice Tinti qui chantait en ce moment. Rodolphe, appuyé contre le chambranle de la porte, regarda la princesse en dardant sur elle ce regard fixe, persistant, attractif et chargé de toute la volonté humaine concentrée dans ce sentiment appelé *désir*, mais qui prend alors le caractère d'un violent commandement. La flamme de ce regard atteignit-elle Francesca ? Francesca s'attendait-elle de moment en moment à voir Rodolphe ? Au bout de quelques minutes, elle coula un regard vers la porte, comme attirée par ce courant d'amour, et ses yeux, sans hésiter, se plongèrent dans les yeux de Rodolphe. Un léger frémissement agita ce magnifique visage et ce beau corps : la secousse de l'âme réagissait ! Francesca rougit. Rodolphe eut comme toute une vie dans cet échange, si rapide qu'il n'est comparable qu'à un éclair. Mais à quoi comparer son bonheur : il était aimé ! La sublime princesse tenait, au milieu du monde, dans la belle maison Jeanrenaud, la pa-

rôle donnée par la pauvre exilée, par la capricieuse de la maison
Bergmann. L'ivresse d'un pareil moment rend esclave pour toute
une vie! Un fin sourire, élégant et rusé, candide et triomphateur,
agita les lèvres de la princesse Gandolphini, qui, dans un moment
où elle ne se crut pas observée, regarda Rodolphe en ayant l'air
de lui demander pardon de l'avoir trompé sur sa condition. Le
morceau terminé, Rodolphe put arriver jusqu'au prince, qui l'a-
mena gracieusement à sa femme. Rodolphe échangea les cérémo-
nies d'une présentation officielle avec la princesse, le prince Colonne
et Francesca. Quand ce fut fini, la princesse dut faire sa partie
dans le fameux quatuor de *Mi manca la voce*, qui fut exécuté
par elle, par la Tinti, par Génovèse le fameux ténor, et par un célèbre prince italien alors en exil, et dont la voix, s'il n'eût pas été
prince, l'aurait fait un des princes de l'art.

— Asseyez-vous là, dit à Rodolphe Francesca qui lui montra sa
propre chaise à elle. *Oimè!* je crois qu'il y a erreur de nom : je
suis, depuis un moment, princesse Rodolphini.

Ce fut dit avec une grâce, un charme, une naïveté, qui rappelèrent dans cet aveu caché sous une plaisanterie les jours heureux de Gersau. Rodolphe éprouva la délicieuse sensation d'écouter
la voix d'une femme adorée en se trouvant si près d'elle, qu'il avait
une de ses joues presque effleurée par l'étoffe de la robe et par la
gaze de l'écharpe. Mais quand, en un pareil moment, c'est *Mi
manca la voce* qui se chante et que ce quatuor est exécuté par les
plus belles voix de l'Italie, il est facile de comprendre comment
des larmes vinrent mouiller les yeux de Rodolphe.

En amour, comme en toute chose peut-être, il est certains faits,
minimes en eux-mêmes, mais le résultat de mille petites circonstances antérieures, et dont la portée devient immense en résumant
le passé, en se rattachant à l'avenir. On a senti mille fois la valeur de
la personne aimée; mais un rien, le contact parfait des âmes unies
dans une promenade par une parole, par une *preuve* d'amour
inattendue, porte le sentiment à son plus haut degré. Enfin, pour
rendre ce fait moral par une image qui, depuis le premier âge du
monde, a eu le plus incontestable succès : il y a, dans une longue
chaîne, des points d'attache nécessaires où la cohésion est plus profonde que dans ses guirlandes d'anneaux. Cette reconnaissance entre
Rodolphe et Francesca, pendant cette soirée, à la face du monde,
fut un de ces points suprêmes qui relient l'avenir au passé, qui

clouent plus avant au cœur les attachements réels. Peut-être est-ce
de ces clous épars que Bossuet a parlé en leur comparant la rareté
des moments heureux de notre existence, lui qui ressentit si vivement et si secrètement l'amour.

Après le plaisir d'admirer soi-même une femme aimée, vient celui de la voir admirée par tous : Rodolphe eut alors les deux à la
fois. L'amour est un trésor de souvenirs, et quoique celui de Rodolphe fût déjà plein, il y ajouta les perles les plus précieuses : des
sourires jetés en côté pour lui seul, des regards furtifs, des inflexions
de chant que Francesca trouva pour lui, mais qui firent pâlir de
jalousie la Tinti, tant elles furent applaudies. Aussi, toute sa puissance de désir, cette forme spéciale de son âme, se jeta-t-elle sur la
belle Romaine qui devint inaltérablement le principe et la fin de
toutes ses pensées et de ses actions. Rodolphe aima comme toutes
les femmes peuvent rêver d'être aimées, avec une force, une constance, une cohésion qui faisait de Francesca la substance même
de son cœur : il la sentit mêlée à son sang comme un sang plus pur,
à son âme comme une âme plus parfaite ; elle allait être sous les
moindres efforts de sa vie comme le sable doré de la Méditerranée
sous l'onde. Enfin, la moindre aspiration de Rodolphe fut une active espérance.

Au bout de quelques jours, Francesca reconnut cet immense
amour ; mais il était si naturel, si bien partagé, qu'elle n'en fut pas
étonnée : elle en était digne.

— Qu'y a-t-il de surprenant, disait-elle à Rodolphe en se promenant avec lui sur la terrasse de son jardin après avoir surpris
un de ces mouvements de fatuité si naturels aux Français dans l'expression de leurs sentiments, quoi de merveilleux à ce que vous
aimiez une femme jeune et belle, assez artiste pour pouvoir gagner
sa vie comme la Tinti, et qui peut donner quelques jouissances de
vanité ? Quel est le butor qui ne deviendrait alors un Amadis ? Ceci
n'est pas la question entre nous : il faut aimer avec constance, avec
persistance et à distance pendant des années, sans autre plaisir que
celui de se voir aimé.

— Hélas ! lui dit Rodolphe, ne trouvez-vous pas ma fidélité dénuée de tout mérite en me voyant occupé par les travaux d'une
ambition dévorante ? Croyez-vous que je veuille vous voir échanger un jour le beau nom de princesse Gandolpdini pour celui d'un
homme qui ne serait rien ? Je veux devenir un des hommes les plus

remarquables de mon pays, être riche, être grand, et que vous puissiez être aussi fière de mon nom que de votre nom de Colonna.

— Je serais bien fâchée de ne pas vous voir de tels sentiments au cœur, répondit-elle avec un charmant sourire. Mais ne vous consumez pas trop dans les travaux de l'ambition, restez jeune... On dit que la politique rend un homme promptement vieux.

Ce qu'il y a de plus rare chez les femmes est une certaine gaieté qui n'altère point la tendresse. Ce mélange d'un sentiment profond et de la folie du jeune âge ajouta dans ce moment d'adorables attraits à ceux de Francesca. Là est la clef de son caractère : elle rit et s'attendrit, elle s'exalte et revient à la fine raillerie avec un laisser-aller, une aisance, qui font d'elle la charmante et délicieuse personne dont la réputation s'est d'ailleurs étendue au delà de l'Italie. Elle cache sous les grâces de la femme une instruction profonde, due à la vie excessivement monotone et quasi monacale qu'elle a menée dans le vieux château des Colonna. Cette riche héritière fut d'abord destinée au cloître, étant le quatrième enfant du prince et de la princesse Colonna; mais la mort de ses deux frères et de sa sœur aînée la tira subitement de sa retraite pour en faire l'un des plus beaux partis des États-Romains. Sa sœur aînée ayant été promise au prince Gandolphini, l'un des plus riches propriétaires de la Sicile, Francesca lui fut donnée afin de ne rien changer aux affaires de famille. Les Colonna et les Gandolphini s'étaient toujours alliés entre eux. De neuf à seize ans, Francesca, dirigée par un monsignore de la famille, avait lu toute la bibliothèque des Colonna pour donner le change à son ardente imagination en étudiant les sciences, les arts et les lettres. Mais elle prit dans l'étude ce goût d'indépendance et d'idées libérales qui la fit se jeter, ainsi que son mari, dans la révolution. Rodolphe ignorait encore que, sans compter cinq langues vivantes, Francesca sût le grec, le latin et l'hébreu. Cette charmante créature avait admirablement compris qu'une des premières conditions de l'instruction chez une femme, est d'être profondément cachée.

Rodolphe resta tout l'hiver à Genève. Cet hiver passa comme un jour. Quand vint le printemps, malgré les exquises jouissances que donne la société d'une femme d'esprit, prodigieusement instruite, jeune et folle, cet amoureux éprouva de cruelles souffrances, supportées d'ailleurs avec courage, mais qui parfois se firent jour sur sa physionomie, qui percèrent dans ses manières, dans le discours, peut-être parce qu'il ne les crut pas partagées. Parfois il s'irritait en admirant le calme de Francesca, qui, semblable aux Anglaises, paraissait mettre son amour-propre à ne rien exprimer sur son visage, dont la sérénité défiait l'amour ; il l'eût voulue agitée, il l'accusait de ne rien sentir, en croyant au préjugé qui veut, chez les femmes italiennes, une mobilité fébrile.

—Je suis Romaine ! lui répondit gravement un jour Francesca, qui prit au sérieux quelques plaisanteries faites à ce sujet par Rodolphe.

Il y eut dans l'accent de cette réponse une profondeur qui lui donna l'apparence d'une sauvage ironie, et qui fit palpiter Rodolphe. Le mois de mai déployait les trésors de sa jeune verdure, le soleil avait des moments de force comme au milieu de l'été. Les deux amants se trouvaient alors appuyés sur la balustrade en pierre qui, dans une partie de la terrasse où le terrain se trouve à pic sur le lac, surmonte la muraille d'un escalier par lequel on descend pour monter en bateau. De la villa voisine, où se voit un embarcadère à peu près pareil, s'élança comme un cygne une yole avec son pavillon à flammes, sa tente à baldaquin cramoisi, sous lequel une charmante femme était mollement assise sur des coussins rouges, coiffée en fleurs naturelles, conduite par un jeune homme vêtu comme un matelot, et ramant avec d'autant plus de grâce qu'il était sous les regards de cette femme.

—Ils sont heureux ! dit Rodolphe avec un âpre accent. Claire de Bourgogne, la dernière de la seule maison qui ait pu rivaliser la maison de France...

—Oh !... elle vient d'une branche bâtarde, et encore par les femmes...

—Enfin, elle est vicomtesse de Beauséant, et n'a pas...

—Hésité... n'est-ce pas ? à s'enterrer avec monsieur Gaston de Nueil, dit la fille des Colonna. Elle n'est que Française, et je suis Italienne...

Francesca quitta la balustrade, y laissa Rodolphe, et alla jusqu'au bout de la terrasse, d'où l'on embrasse une immense étendue du lac. En la voyant marcher lentement, Rodolphe eut un soupçon d'avoir blessé cette âme à la fois candide et si savante, si fière et si humble : il eut froid ; il suivit Francesca, qui lui fit signe de la laisser seule ; mais il ne tint pas compte de l'avis, et la surprit essuyant des larmes. Des pleurs chez une nature si forte !

—Francesca, dit-il en lui prenant la main, y a-t-il un seul regret dans ton cœur?...

Elle garda le silence, dégagea sa main qui tenait le mouchoir brodé, pour s'essuyer de nouveau les yeux.

— Pardon, reprit-il. Et, par un élan, il atteignit aux yeux pour essuyer les larmes par des baisers.

Francesca ne s'aperçut pas de ce mouvement passionné, tant elle était violemment émue. Rodolphe, croyant à un consentement, s'enhardit ; il saisit Francesca par la taille, la serra sur son cœur et prit un baiser ; mais elle se dégagea par un magnifique mouvement de pudeur offensée, et à deux pas, en le regardant sans colère, mais avec résolution : — Partez ce soir, dit-elle, nous ne nous reverrons plus qu'à Naples.

Malgré la sévérité de cet ordre, il fut exécuté religieusement, car Francesca le voulut.

De retour à Paris, Rodolphe trouva chez lui le portrait de la princesse Gandolphini, fait par Schinner, comme Schinner sait faire les portraits. Ce peintre avait passé par Genève en allant en Italie. Comme il s'était refusé positivement à faire les portraits de plusieurs femmes, Rodolphe ne croyait pas que le prince, excessivement désireux du portrait de sa femme, eût pu vaincre la répugnance du peintre célèbre ; mais Francesca l'avait séduit sans doute, et obtenu de lui, ce qui tenait du prodige, un portrait original pour Rodolphe, une copie pour Émilio. C'est ce que lui disait une charmante et délicieuse lettre où la pensée se dédommageait de la retenue imposée par la religion des convenances. L'amoureux répondit. Ainsi commença, pour ne plus finir, une correspondance entre Rodolphe et Francesca, seul plaisir qu'ils se permirent.

Rodolphe, en proie à une ambition que légitimait son amour, se mit aussitôt à l'œuvre. Il voulut d'abord la fortune, et se risqua dans une entreprise où il jeta toutes ses forces aussi bien que tous ses capitaux ; mais il eut à lutter, avec l'inexpérience de la jeunesse, contre une duplicité qui triompha de lui. Trois ans se perdirent dans une vaste entreprise, trois ans d'efforts et de courage.

Le ministère Villèle succombait aussi quand succomba Rodolphe. Aussitôt l'intrépide amoureux voulut demander à la Politique ce que l'Industrie lui avait refusé ; mais avant de se lancer dans les orages de cette carrière, il alla tout blessé, tout souffrant, faire panser ses plaies et puiser du courage à Naples, où le prince et la princesse

Gandolphini furent rappelés et réintégrés dans leurs biens à l'avénement du roi. Au milieu de sa lutte, ce fut un repos plein de douceur, il passa trois mois à la villa Gandolphini, bercé d'espérances.

Rodolphe recommença l'édifice de sa fortune. Déjà ses talents avaient été distingués, il allait enfin réaliser les vœux de son ambition, une place éminente était promise à son zèle, en récompense de son dévouement et de services rendus, quand éclata l'orage de juillet 1830, et sa barque sombra de nouveau.

Elle et Dieu, tels sont les deux témoins des efforts les plus courageux, des plus audacieuses tentatives d'un jeune homme doué de qualités, mais à qui, jusqu'alors, a manqué le secours du dieu des sots, le Bonheur ! Et cet infatigable athlète, soutenu par l'amour, recommence de nouveaux combats, éclairé par un regard toujours ami, par un cœur fidèle ! Amoureux ! priez pour lui !

En achevant ce récit, qu'elle dévora, mademoiselle de Watteville avait les joues en feu, la fièvre était dans ses veines ; elle pleurait, mais de rage. Cette Nouvelle, inspirée par la littérature alors à la mode, était la première lecture de ce genre qu'il fût permis à Philomène de faire. L'amour y était peint, sinon par une main de maître, du moins par un homme qui semblait raconter ses propres impressions ; or, la vérité, fut-elle inhabile, devait toucher une âme encore vierge. Là, se trouvait le secret des agitations terribles, de la fièvre et des larmes de Philomène : elle était jalouse de Francesca Colonne. Elle ne doutait pas de la sincérité de cette poésie : Albert avait pris plaisir à raconter le début de sa passion en cachant sans doute les noms, peut-être aussi les lieux. Philomène était saisie d'une infernale curiosité. Quelle femme n'eût pas, comme elle, voulu savoir le vrai nom de sa rivale, car elle aimait ! En lisant ces pages contagieuses pour elle, elle s'était dit ce mot solennel : J'aime ! Elle aimait Albert, et se sentait au cœur une mordante envie de le disputer, de l'arracher à cette rivale inconnue. Elle pensa qu'elle ne savait pas la musique et qu'elle n'était pas belle.

— Il ne m'aimera jamais, se dit-elle.

Cette parole redoubla son désir de savoir si elle ne se trompait pas, si réellement Albert aimait une princesse italienne, et s'il était aimé d'elle. Durant cette fatale nuit, l'esprit de décision rapide qui distinguait le fameux Watteville se déploya tout entier chez son héritière. Elle enfanta de ces plans bizarres autour desquels flottent d'ailleurs presque toutes les imaginations de jeunes filles, quand, au milieu de la solitude où quelques mères imprudentes les retiennent, elles sont excitées par un événement capital que le système de compression auquel elles sont soumises n'a pu ni prévoir ni empêcher. Elle pensait à descendre avec une échelle, par le kiosque, dans le jardin de la maison où demeurait Albert, à profiter du sommeil de l'avocat, pour voir par sa fenêtre l'intérieur de son cabinet. Elle pensait à lui écrire, elle pensait à briser les liens de la société bisontine, en introduisant Albert dans le salon de l'hôtel de Rupt. Cette entreprise, qui eût paru le chef-d'œuvre de l'impossible à l'abbé de Grancey lui-même, fut l'affaire d'une pensée.

— Ah ! se dit-elle, mon père a des contestations à sa terre des Rouxey, j'irai ! S'il n'y a pas de procès, j'en ferai naître, et *il* viendra dans notre salon ! s'écria-t-elle en s'élançant de son lit à sa fenêtre pour aller voir la lumière prestigieuse qui éclairait les nuits d'Albert. Une heure du matin sonnait, il dormait encore.

— Je vais le voir à son lever, il viendra peut-être à sa fenêtre !

En ce moment, mademoiselle de Watteville fut témoin d'un événement qui devait remettre entre ses mains le moyen d'arriver à connaître les secrets d'Albert. A la lueur de la lune, elle aperçut deux bras tendus hors du kiosque, et qui aidèrent Jérôme, le domestique d'Albert, à franchir la crête du mur et à entrer sous le kiosque. Dans la complice de Jérôme, Philomène reconnut aussitôt Mariette, la femme de chambre.

— Mariette et Jérôme, se dit-elle. Mariette, une fille si laide ! Certes, ils doivent avoir honte l'un et l'autre.

Si Mariette était horriblement laide et âgée de trente-six ans, elle avait eu par héritage plusieurs quartiers de terre. Depuis dix-sept ans au service de madame de Watteville, qui l'estimait fort à cause de sa dévotion, de sa probité, de son ancienneté dans la maison, elle avait sans doute économisé, placé ses gages et ses profits. Or, à raison d'environ dix louis par année, elle devait posséder, en comptant les intérêts des intérêts et ses héritages, environ quinze mille francs. Aux yeux de Jérôme, quinze mille francs changeaient les lois de l'optique : il trouvait à Mariette une jolie taille, il ne voyait plus les trous et les coutures qu'une affreuse petite vérole avait laissés sur ce visage plat et sec ; pour lui, la bouche contournée était droite ; et, depuis qu'en le prenant à son service, l'avocat Savaron

l'avait rapproché de l'hôtel de Rupt, il fit le siége en règle de la
dévote femme de chambre, aussi raide, aussi prude que sa maîtresse, et qui, semblable à toutes les vieilles filles laides, se montrait plus exigeante que les plus belles personnes. Si maintenant la
scène nocturne du kiosque est expliquée pour les personnes clairvoyantes, elle l'était très-peu pour Philomène, qui néanmoins y gagna la plus dangereuse de toutes les instructions, celle que donne
le mauvais exemple. Une mère élève sévèrement sa fille, la couve
de ses ailes pendant dix-sept ans, et dans une heure, une servante
détruit ce long et pénible ouvrage, quelquefois par un mot, souvent
par un geste ! Philomène se recoucha, non sans penser à tout le
parti qu'elle pouvait tirer de sa découverte. Le lendemain matin, en allant à la messe en compagnie de Mariette (la baronne était
indisposée), Philomène prit le bras de sa femme de chambre, ce
qui surprit étrangement la Comtoise.

— Mariette, lui dit-elle, Jérôme a-t-il la confiance de son maître ?

— Je ne sais pas, mademoiselle.

— Ne faites pas l'innocente avec moi, répondit sèchement Philomène. Vous vous êtes laissé embrasser par lui cette nuit, sous le
kiosque. Je ne m'étonne plus si vous approuviez tant ma mère à
propos des embellissements qu'elle y projetait.

Philomène sentit le tremblement qui saisit Mariette par celui de
son bras.

— Je ne vous veux pas de mal, dit Philomène en continuant,
rassurez-vous, je ne dirai pas un mot à ma mère, et vous pourrez
voir Jérôme tant que vous voudrez.

— Mais, mademoiselle, répondit Mariette, c'est en tout bien,
tout honneur, Jérôme n'a pas d'autre intention que celle de m'é-
pouser...

— Mais alors, pourquoi vous donner des rendez-vous la nuit ?
Mariette atterrée ne sut rien répondre.

— Écoutez, Mariette, j'aime aussi, moi ! J'aime en secret et
toute seule. Je suis, après tout, unique enfant de mon père et de
ma mère; ainsi vous avez plus à espérer de moi que de qui que ce
soit au monde...

— Certainement, mademoiselle, vous pouvez compter sur nous
à la vie et à la mort, s'écria Mariette, heureuse de ce dénoûment
imprévu.

— D'abord, silence pour silence, dit Philomène. Je ne veux pas épouser monsieur de Soulas ; mais je veux, et absolument, une certaine chose : ma protection ne vous appartient qu'à ce prix.

— Quoi ? demanda Mariette.

— Je veux voir les lettres que monsieur Savaron fera mettre à la poste par Jérôme.

— Mais pourquoi faire ? dit Mariette effrayée.

— Oh ! rien que pour lire, et vous les jetterez vous-même à la poste après. Cela ne fera qu'un peu de retard, voilà tout.

En ce moment, Philomène et Mariette entrèrent à l'église, et chacune d'elles fit ses réflexions, au lieu de lire l'Ordinaire de la messe.

— Mon Dieu ! combien y a-t-il donc de péchés dans tout cela ? se dit Mariette.

Philomène, dont l'âme, la tête et le cœur étaient bouleversés par la lecture de la Nouvelle, y vit enfin une sorte d'histoire écrite pour sa rivale. A force de réfléchir, comme les enfants, à la même chose, elle finit par penser que la Revue de l'Est devait être envoyée à la bien-aimée d'Albert.

— Oh ! se disait-elle à genoux, la tête plongée dans ses mains, et dans l'attitude d'une personne abîmée dans la prière, oh ! comment amener mon père à consulter la liste des gens à qui l'on envoie cette Revue ?

Après le déjeuner, elle fit un tour de jardin avec son père, en le cajolant, et l'amena sous le kiosque.

— Crois-tu, mon cher petit père, que notre Revue aille à l'étranger ?

— Elle ne fait que commencer...

— Eh ! bien, je parie qu'elle y va.

— Ce n'est guère possible.

— Va le savoir, et prends les noms des abonnés à l'étranger.

Deux heures après, monsieur de Watteville dit à sa fille : — J'ai raison, il n'y a pas encore un abonné dans les pays étrangers. L'on espère en avoir à Neufchâtel, à Berne, à Genève. On en envoie bien un exemplaire en Italie, mais gratuitement, à une dame milanaise, à sa campagne sur le lac Majeur, à Belgirate.

— Son nom, dit vivement Philomène.

— La duchesse d'Argaiolo.

— La connaissez-vous, mon père ?

— J'en ai naturellement entendu parler. Elle est née princesse Soderini, c'est une Florentine, une très-grande dame, et tout aussi riche que son mari, qui possède une des plus belles fortunes de la Lombardie. Leur villa sur le lac Majeur est une des curiosités de l'Italie.

Deux jours après, Mariette remit la lettre suivante à Philomène.

ALBERT SAVARON A LÉOPOLD HANNEQUIN.

« Eh ! bien, oui, mon cher ami, je suis à Besançon pendant que
« tu me croyais en voyage. Je n'ai rien voulu te dire qu'au moment
« où le succès commencerait, et voici son aurore. Oui, cher Léo-
« pold, après tant d'entreprises avortées où j'ai dépensé le plus pur
« de mon sang, où j'ai jeté tant d'efforts, usé tant de courage,
« j'ai voulu faire comme toi : prendre une voie battue, le grand
« chemin, le plus long, le plus sûr. Quel bond je te vois faire sur
« ton fauteuil de notaire ! Mais ne crois pas qu'il y ait quoi que ce
« soit de changé à ma vie intérieure, dans le secret de laquelle il
« n'y a que toi au monde, et encore sous les réserves qu'*elle* a
« exigées. Je ne te le disais pas, mon ami ; mais je me lassais
« horriblement à Paris. Le dénoûment de la première entreprise où
« j'ai mis toutes mes espérances et qui s'est trouvée sans résultats
« par la profonde scélératesse de mes deux associés, d'accord pour
« me tromper, pour me dépouiller, moi, à l'activité de qui tout
« était dû, m'a fait renoncer à chercher la fortune pécuniaire après
« avoir ainsi perdu trois ans de ma vie, dont une année à plaider.
« Peut-être m'en serais-je plus mal tiré, si je n'avais pas été con-
« traint, à vingt ans, d'étudier le Droit. J'ai voulu devenir un homme
« politique, uniquement pour être un jour compris dans une ordon-
« nance sur la pairie sous le titre de comte Albert Savaron de Sa-
« varus, et faire revivre en France un beau nom qui s'éteint en
« Belgique, encore que je ne sois ni légitime, ni légitimé ! »

—Ah ! j'en étais sûre, il est noble ! s'écria Philomène en laissant tomber la lettre.

« Tu sais quelles études consciencieuses j'ai faites, quel journa-
« liste obscur, mais dévoué, mais utile, et quel admirable secrétaire
« je fus pour l'homme d'État qui, d'ailleurs, me fut fidèle en 1829.
« Replongé dans le néant par la révolution de juillet, alors que
« mon nom commençait à briller, au moment où, maître des re-

« quêtes, j'allais enfin entrer, comme un rouage nécessaire, dans
« la machine politique, j'ai commis la faute de rester fidèle aux
« vaincus, de lutter pour eux, sans eux. Ah ! pourquoi n'avais-je
« que trente-trois ans, et comment ne t'ai-je pas prié de me ren-
« dre éligible ? Je t'ai caché tous mes dévouements et mes périls.
« Que veux-tu ? j'avais la foi ! nous n'eussions pas été d'accord. Il
« y a dix mois, pendant que tu me voyais si gai, si content, écri-
« vant mes articles politiques, j'étais au désespoir : je me voyais à
« trente-sept ans, avec deux mille francs pour toute fortune, sans
« la moindre célébrité, venant d'échouer dans une noble entre-
« prise, celle d'un journal quotidien qui ne répondait qu'à un be-
« soin de l'avenir, au lieu de s'adresser aux passions du moment.
« Je ne savais plus quel parti prendre. Et, je me sentais ! J'allais,
« sombre et blessé, dans les endroits solitaires de ce Paris qui m'a-
« vait échappé, pensant à mes ambitions trompées, mais sans les
« abandonner. Oh ! quelles lettres empreintes de rage ne lui ai-je
« pas écrites alors, à *elle*, cette seconde conscience, cet autre moi !
« Par moments, je me disais : — Pourquoi m'être tracé un si vaste
« programme pour mon existence ? pourquoi tout vouloir ? pour-
« quoi ne pas attendre le bonheur en me vouant à quelque occu-
« pation quasi mécanique ?

« J'ai jeté les yeux alors sur une modeste place où je pusse vi-
« vre. J'allais avoir la direction d'un journal sous un gérant qui ne
« savait pas grand'chose, un homme d'argent ambitieux, quand la
« terreur m'a pris.

— « Voudra-t-*elle* pour mari d'un amant qui sera descendu si
« bas ? me suis-je dit. »

« Cette réflexion m'a rendu mes vingt-deux ans ! Oh ! mon
« cher Léopold, combien l'âme s'use dans ces perplexités ! Que
« doivent donc souffrir les aigles en cage, les lions emprisonnés ?...
« Ils souffrent tout ce que souffrait Napoléon, non pas à Sainte-
« Hélène, mais sur le quai des Tuileries, au 10 août, quand il
« voyait Louis XVI se défendant si mal, lui qui pouvait dompter
« la sédition comme il le fit plus tard sur les mêmes lieux, en
« vendémiaire ! Eh ! bien, ma vie a été cette souffrance d'un jour,
« étendue sur quatre ans. Combien de discours à la Chambre n'ai-
« je pas prononcés dans les allées désertes du bois de Boulogne ?
« Ces improvisations inutiles ont du moins aiguisé ma langue et
« accoutumé mon esprit à formuler ses pensées en paroles. Durant

« ces tourments secrets, toi, tu te mariais, tu achevais de payer ta
« charge, et tu devenais adjoint au maire de ton arrondissement,
« après avoir gagné la croix en te faisant blesser à Saint-Merry.

« Écoute! Quand j'étais tout petit, et que je tourmentais des
« hannetons, il y avait chez ces pauvres insectes un mouvement qui
« me donnait presque la fièvre. C'est quand je les voyais faisant ces
« efforts réitérés pour prendre leur vol, sans néanmoins s'envoler,
« quoiqu'ils eussent réussi à soulever leurs ailes. Nous disions d'eux :
« *Ils comptent !* Était-ce une sympathie? était-ce une vision de mon
« avenir? Oh! déployer ses ailes et ne pouvoir voler! Voilà ce qui
« m'est arrivé depuis cette belle entreprise de laquelle on m'a dé-
« goûté, mais qui maintenant a enrichi quatre familles.

« Enfin, il y a sept mois, je résolus de me faire un nom au bar-
« reau de Paris, en voyant quels vides y laissaient les promotions
« de tant d'avocats à des places éminentes. Mais en me rappelant les
« rivalités que j'avais observées au sein de la Presse, et combien il
« est difficile de parvenir à quoi que ce soit à Paris, cette arène où
« tant de champions se donnent rendez-vous, je pris une résolu-
« tion cruelle pour moi, d'un effet certain et peut-être plus rapide
« que tout autre. Tu m'avais bien expliqué, dans nos causeries, la
« constitution sociale de Besançon, l'impossibilité pour un étranger
« d'y parvenir, d'y faire la moindre sensation, de s'y marier, de pé-
« nétrer dans la société, d'y réussir en quoi que ce soit. Ce fut là
« que je voulus aller planter mon drapeau, pensant avec raison y
« éviter la concurrence, et m'y trouver seul à briguer la députa-
« tion. Les Comtois ne veulent pas voir l'étranger, l'étranger ne les
« verra pas! ils se refusent à l'admettre dans leurs salons, il n'ira
« jamais! il ne se montrera nulle part, pas même dans les rues!
« Mais il est une classe qui fait les députés, la classe commerçante.
« Je vais spécialement étudier les questions commerciales que je
« connais déjà, je gagnerai des procès; j'accorderai les différends,
« je deviendrai le plus fort avocat de Besançon. Plus tard, j'y fonderai
« une Revue où je défendrai les intérêts du pays, où je les ferai naître,
« vivre ou renaître. Quand j'aurai conquis un à un assez de suffrages,
« mon nom sortira de l'urne. On dédaignera pendant longtemps l'a-
« vocat inconnu, mais il y aura une circonstance qui le mettra en
« lumière, une plaidoirie gratuite, une affaire de laquelle les autres
« avocats ne voudront pas se charger. Si je parle une fois, je suis
« sûr du succès. Eh! bien, mon cher Léopold, j'ai fait emballer ma

« bibliothèque dans onze caisses, j'ai acheté les livres de droit qui
« pouvaient m'être utiles, et j'ai mis tout, ainsi que mon mobilier,
« au roulage pour Besançon. J'ai pris mes diplômes, j'ai réuni mille
« écus et suis venu te dire adieu. La malle-poste m'a jeté dans Be-
« sançon, où j'ai, dans trois jours de temps, choisi un petit appar-
« tement qui a vue sur des jardins; j'y ai somptueusement arrangé
« le cabinet mystérieux où je passe mes nuits et mes jours, et où
« brille le portrait de mon idole, de celle à laquelle ma vie est
« vouée, qui la remplit, qui est le principe de mes efforts, le secret
« de mon courage, la cause de mon talent. Puis, quand les meu-
« bles et les livres sont arrivés, j'ai pris un domestique intelligent,
« et suis resté pendant cinq mois comme une marmotte en hiver.
« On m'avait d'ailleurs inscrit au tableau des avocats. Enfin, on m'a
« nommé d'office pour défendre un malheureux aux Assises, sans
« doute pour m'entendre parler au moins une fois! Un des plus
« influents négociants de Besançon était du jury, il avait une affaire
« épineuse : j'ai tout fait dans cette cause pour cet homme, et j'ai eu
« le succès le plus complet du monde. Mon client était innocent, j'ai
« fait dramatiquement arrêter les vrais coupables qui étaient témoins.
« Enfin la Cour a partagé l'admiration de son public. J'ai su sauver
« l'amour-propre du juge d'instruction en montrant la presque im-
« possibilité de découvrir une trame si bien ourdie. J'ai eu la clientèle
« de mon gros négociant, et je lui ai gagné son procès. Le Chapitre
« de la cathédrale m'a choisi pour avocat dans un immense procès avec
« la Ville qui dure depuis quatre ans : j'ai gagné. En trois affaires,
« je suis devenu le plus grand avocat de la Franche-Comté. Mais
« j'ensevelis ma vie dans le plus profond mystère, et cache ainsi
« mes prétentions. J'ai contracté des habitudes qui me dispensent
« d'accepter toute invitation. On ne peut me consulter que de six
« heures à huit heures du matin, je me couche après mon dîner,
« et je travaille pendant la nuit. Le vicaire-général, homme d'esprit
« et très-influent, qui m'a chargé de l'affaire du Chapitre, déjà per-
« due en première instance, m'a naturellement parlé de reconnais-
« sance. — « Monsieur, lui ai-je dit, je gagnerai votre affaire, mais
« je ne veux pas d'honoraires, je veux plus... (haut le corps de
« l'abbé) sachez que je perds énormément à me poser comme
« l'adversaire de la Ville; je suis venu ici pour en sortir député, je
« ne veux m'occuper que d'affaires commerciales, parce que les com-
« merçants font les députés, et ils se défieront de moi si je plaide

« pour *les prêtres*, car vous êtes *les prêtres* pour eux. Si je me charge
« de votre affaire, c'est que j'étais, en 1828, secrétaire particulier
« à tel Ministère (nouveau mouvement d'étonnement chez mon
« abbé), maître des requêtes sous le nom d'Albert de Savarus (au
« tre mouvement). Je suis resté fidèle aux principes monarchiques ;
« mais comme vous n'avez pas la majorité dans Besançon, il faut
« que j'acquière des voix dans la bourgeoisie. Donc, les honoraires
« que je vous demande, c'est les voix que vous pourrez faire porter
« sur moi dans un moment opportun, secrètement. Gardons-nous
« le secret l'un à l'autre, et je plaiderai gratis toutes les affaires
« de tous les prêtres du diocèse. Pas un mot de mes antécédents,
« et soyons-nous fidèles. » Quand il est venu me remercier, il m'a
« remis un billet de cinq cents francs, et m'a dit à l'oreille : —
« Les voix tiennent toujours. En cinq conférences que nous avons
« eues, je me suis fait, je crois, un ami de ce vicaire général.
« Maintenant, accablé d'affaires, je ne me charge que de celles
« qui regardent les négociants, en disant que les questions de
» commerce sont ma spécialité. Cette tactique m'attache les gens
« de commerce et me permet de rechercher les personnes influen-
« tes. Ainsi tout va bien. D'ici à quelques mois, j'aurai trouvé dans
« Besançon une maison à acheter qui puisse me donner le cens. Je
« compte sur toi pour me prêter les capitaux nécessaires à cette
« acquisition. Si je mourais, si j'échouais, il n'y aurait pas assez
« de perte pour que ce soit une considération entre nous. Les inté-
« rêts te seront servis par les loyers, et j'aurai d'ailleurs soin d'at-
« tendre une bonne occasion, afin que tu ne perdes rien à cette
« hypothèque nécessaire.

« Ah ! mon cher Léopold, jamais joueur, ayant dans sa poche les
« restes de sa fortune, et la jouant au Cercle des Étrangers, dans
« une dernière nuit d'où il doit sortir riche ou ruiné, n'a eu dans
« les oreilles les tintements perpétuels, dans les mains la petite
« sueur nerveuse, dans la tête l'agitation fébrile, dans le corps
« les tremblements intérieurs que j'éprouve tous les jours en
« jouant ma dernière partie au jeu de l'ambition. Hélas ! cher
« et seul ami, voici bientôt dix ans que je lutte. Ce combat avec
« les hommes et les choses, où j'ai sans cesse versé ma force
« et mon énergie, où j'ai tant usé les ressorts du désir, m'a
« miné, pour ainsi dire, intérieurement. Avec les apparences de
« la force, de la santé, je me sens ruiné. Chaque jour emporte

« un lambeau de ma vie intime. A chaque nouvel effort, je sens
« que je ne pourrai plus le recommencer. Je n'ai plus de force et
« de puissance que pour le bonheur, et s'il n'arrivait pas poser sa
« couronne de roses sur ma tête, le *moi* que je suis n'existerait
« plus, je deviendrais une chose détruite, je ne désirerais plus rien
« dans le monde, je ne voudrais plus rien être. Tu le sais, le pou-
« voir et la gloire, cette immense fortune morale que je cherche,
« n'est que secondaire : c'est pour moi le moyen de la félicité, le
« piédestal de mon idole.

    « Atteindre au but en expirant, comme le coureur antique ! voir
« la fortune et la mort arrivant ensemble sur le seuil de sa porte !
« obtenir celle qu'on aime au moment où l'amour s'éteint ! n'avoir
« plus la faculté de jouir quand on a gagné le droit de vivre heu-
« reux !... oh ! de combien d'hommes ceci fut la destinée !

    « Il y a certes un moment où Tantale s'arrête, se croise les bras,
« et défie l'enfer en renonçant à son métier d'éternel attrapé. J'en
« serais là, si quelque chose faisait manquer mon plan, si, après
« m'être courbé dans la poussière de la province, avoir rampé
« comme un tigre affamé autour de ces négociants, de ces électeurs,
« pour avoir leurs votes ; si, après avoir plaidaillé d'arides affaires,
« avoir donné mon temps, un temps que je pourrais passer sur le
« lac Majeur, à voir les eaux qu'elle voit, à me coucher sous ses
« regards, à l'entendre, je ne m'élançais pas à la tribune pour y
« conquérir l'auréole que doit avoir un nom pour succéder à celui
« d'Argaiolo. Bien plus, Léopold, je sens par certains jours des lan-
« gueurs vaporeuses ; il s'élève du fond de mon âme des dégoûts
« mortels, surtout quand, en de longues rêveries, je me suis plongé
« par avance au milieu des joies de l'amour heureux ! Le désir
« n'aurait-il en nous qu'une certaine dose de force, et peut-il pé-
« rir sous une trop grande effusion de sa substance ? Après tout,
« en ce moment ma vie est belle, éclairée par la foi, par le travail
« et par l'amour. Adieu, mon ami. J'embrasse tes enfants, et tu
« rappelleras au souvenir de ton excellente femme,

                                        « *Votre* ALBERT. »

Philomène lut deux fois cette lettre, dont le sens général se
grava dans son cœur. Elle pénétra soudain dans la vie antérieure
d'Albert, car sa vive intelligence lui en expliqua les détails et lui en
fit parcourir l'étendue. En rapprochant cette confidence de la Nou-

velle publiée dans la Revue, elle comprit alors Albert tout entier.
Naturellement elle s'exagéra les proportions déjà fortes de cette belle
âme, de cette volonté puissante ; et son amour pour Albert devint
alors une passion dont la violence s'accrut de toute la force de sa
jeunesse, des ennuis de sa solitude et de l'énergie secrète de son
caractère. Aimer est déjà chez une jeune personne un effet de la
loi naturelle ; mais quand son besoin d'affection se porte sur un
homme extraordinaire, il s'y mêle l'enthousiasme qui déborde dans
les jeunes cœurs. Aussi mademoiselle de Watteville arriva-t-elle en
quelques jours à une phase quasi morbide et très-dangereuse de
l'exaltation amoureuse.

La baronne était très-contente de sa fille, qui, sous l'empire de
ses profondes préoccupations, ne lui résistait plus, paraissait appliquée à ses divers ouvrages de femme, et réalisait son beau idéal de
la fille soumise.

L'avocat plaidait alors deux ou trois fois par semaine. Quoique
accablé d'affaires, il suffisait au Palais, au contentieux du commerce, à la Revue, et restait dans un profond mystère en comprenant que plus son influence serait sourde et cachée, plus réelle elle
serait. Mais il ne négligeait aucun moyen de succès, en étudiant la
liste des électeurs bisontins et recherchant leurs intérêts, leurs caractères, leurs diverses amitiés, leurs antipathies. Un cardinal voulant être pape s'est-il jamais donné tant de soin ?

Un soir, Mariette, en venant habiller Philomène pour une soirée,
lui apporta, non sans gémir sur cet abus de confiance, une lettre
dont la suscription fit frémir, et pâlir, et rougir mademoiselle de
Watteville.

A MADAME LA DUCHESSE D'ARGAIOLO,

(*née princesse Soderini*),

A BELGIRATE,

Lac Majeur. ITALIE.

A ses yeux, cette adresse brilla comme dut briller *Mané, The-
cel, Pharès*, aux yeux de Balthasar. Après avoir caché la lettre,
elle descendit pour aller avec sa mère chez madame de Chavoncourt. Pendant cette soirée, Philomène fut assaillie de remords

et de scrupules. Elle avait éprouvé déjà de la honte d'avoir violé le secret de la lettre d'Albert à Léopold. Elle s'était demandé plusieurs fois si, sachant ce crime, infâme en ce qu'il est nécessairement impuni, le noble Albert l'estimerait? Sa conscience lui répondait : Non ! avec énergie. Elle avait expié sa faute en s'imposant des pénitences : elle jeûnait, elle se mortifiait en restant à genoux les bras en croix, et disant des prières pendant quelques heures. Elle avait obligé Mariette à ces actes de repentir. L'ascétisme le plus vrai se mêlait à sa passion, et la rendait d'autant plus dangereuse.

— Lirai-je? ne lirai-je pas cette lettre? se disait-elle en écoutant les petites de Chavoncourt. L'une avait seize et l'autre dix-sept ans et demi. Philomène regardait ses deux amies comme des petites filles, parce qu'elles n'aimaient pas en secret.

— Si je la lis, se disait-elle après avoir flotté pendant une heure entre non et oui, ce sera bien certainement la dernière. Puisque j'ai tant fait que de savoir ce qu'il écrivait à son ami, pourquoi ne saurais-je pas ce qu'il lui dit *à elle*? Si c'est un horrible crime, n'est-ce pas une preuve d'amour? O ! Albert, ne suis-je pas ta femme ?

Quand Philomène fut au lit, elle ouvrit cette lettre, datée de jour en jour, de manière à offrir à la duchesse une fidèle image de la vie et des sentiments d'Albert.

25

« Ma chère âme, tout va bien. Aux conquêtes que j'ai faites, je
« viens d'en ajouter une précieuse : j'ai rendu service à l'un des
« personnages les plus influents aux élections. Comme les critiques,
« qui font les réputations sans jamais pouvoir s'en faire une, il fait
« les députés sans pouvoir jamais le devenir. Le brave homme a
« voulu me témoigner sa reconnaissance à bon marché, presque
« sans bourse délier, en me disant : — Voulez-vous aller à la Cham-
« bre? Je puis vous faire nommer député. — Si je me résolvais à
« entrer dans la carrière politique, lui ai-je répondu très-hypo-
« critement, ce serait pour me vouer à la Comté que j'aime et où
« je suis apprécié. — Eh ! bien, nous vous déciderons, et nous au-
« rons par vous une influence à la Chambre, car vous y brillerez.
« Ainsi, mon ange aimé, quoi que tu dises, ma persistance aura
« sa couronne. Dans peu, je parlerai du haut de la tribune fran-

« çaise à mon pays, à l'Europe. Mon nom te sera jeté par les cent
« voix de la Presse française !

  « Oui, comme tu me le dis, je suis venu vieux à Besançon, et
« Besançon m'a vieilli encore ; mais, comme Sixte-Quint, je serai
« jeune le lendemain de mon élection. J'entrerai dans ma vraie
« vie, dans ma sphère. Ne serons-nous pas alors sur la même ligne ?
« Le comte Savaron de Savarus, ambassadeur je ne sais où,
« pourra certes épouser une princesse Soderini, la veuve du duc
« d'Argaiolo ! Le triomphe rajeunit les hommes conservés par d'in-
« cessantes luttes. O ma vie ! avec quelle joie ai-je sauté de ma bi-
« bliothèque à mon cabinet, devant ton cher portrait, à qui j'ai dit
« ces progrès avant de t'écrire ! Oui, mes voix à moi, celles du vi-
« caire général, celles des gens que j'obligerai et celles de ce client,
« assurent déjà mon élection.

26

  « Nous sommes entrés dans la douzième année, depuis l'heu-
« reuse soirée où, par un regard, la belle duchesse a ratifié les pro-
« messes de la proscrite Francesca. Ah ! chère, tu as trente-deux
« ans, et moi j'en ai trente-cinq ; le cher duc en a soixante dix-
« sept, c'est-à-dire à lui seul dix ans de plus que nous deux, et
« il continue à se bien porter ! Fais-lui mes compliments, et dis-
« lui que je lui donne encore trois ans. J'ai besoin de ce temps
« pour élever ma fortune à la hauteur de ton nom. Tu le vois, je
« suis gai, je ris aujourd'hui : voilà l'effet d'une espérance. Tristesse
« ou gaieté, tout me vient de toi. L'espoir de parvenir me remet
« toujours au lendemain du jour où je t'ai vue pour la première fois,
« où ma vie s'est unie avec la tienne comme la terre à la lumière !
« *Qual pianto* que ces onze années, car nous voici au vingt-six dé-
« cembre, anniversaire de mon arrivée dans ta *villa* du lac de
« Constance. Voici onze ans que je crie et que tu rayonnes !

27

  « Non, chère, ne va pas à Milan, reste à Belgirate. Milan m'é-
« pouvante. Je n'aime ni ces affreuses habitudes milanaises de cau-
« ser tous les soirs à la Scala avec une douzaine de personnes, parmi
« lesquelles il est difficile qu'on ne te dise pas quelque douceur.
« Pour moi, la solitude est comme ce morceau d'ambre au sein du-

« quel un insecte vit éternellement dans son immuable beauté.
» L'âme et le corps d'une femme restent ainsi purs et dans la forme
« de leur jeunesse. Est-ce ces *Tedeschi* que tu regrettes?

28

« Ta statue ne se finira donc point ? Je voudrais t'avoir en mar-
« bre, en peinture, en miniature, de toutes les façons, pour
« tromper mon impatience. J'attends toujours la Vue de Belgirate
« au midi et celle de la galerie, voilà les seules qui me manquent.
« Je suis tellement occupé, que je ne puis aujourd'hui te rien dire
« qu'un rien, mais ce rien est tout. N'est-ce pas d'un rien que
« Dieu a fait le monde ? Ce rien, c'est un mot, le mot de Dieu : *Je*
« *t'aime !*

30

« Ah ! je reçois ton journal ! Merci de ton exactitude ! tu as donc
« éprouvé bien du plaisir à voir les détails de notre première con-
« naissance ainsi traduits ?... Hélas ! tout en les voilant, j'avais
« grand'peur de t'offenser. Nous n'avions point de Nouvelles, et
« une Revue sans Nouvelles, c'est une belle sans cheveux. Peu
« *trouveur* de ma nature et au désespoir, j'ai pris la seule poésie
« qui fût dans mon âme, la seule aventure qui fût dans mes sou-
« venirs, je l'ai mise au ton où elle pouvait être dite, et je n'ai pas
« cessé de penser à toi tout en écrivant le seul morceau littéraire
« qui sortira de mon cœur, je ne puis pas dire de ma plume. La
« transformation du farouche Sormano en Gina ne t'a-t-elle pas
« fait rire ?

« Tu me demandes comme va la santé ? mais bien mieux qu'à
» Paris. Quoique je travaille énormément, la tranquillité des mi-
« lieux a de l'influence sur l'âme. Ce qui fatigue et vieillit,
« chère ange, c'est ces angoisses de vanité trompée, ces irrita-
« tions perpétuelles de la vie parisienne, ces luttes d'ambitions
« rivales. Le calme est balsamique. Si tu savais quel plaisir me fait
« ta lettre, cette bonne longue lettre où tu me dis si bien les
« moindres accidents de ta vie. Non ! vous ne saurez jamais, vous
« autres femmes, à quel point un véritable amant est intéressé par
« ces riens. L'échantillon de ta nouvelle robe m'a fait un énorme
» plaisir à voir ! Est-ce donc une chose indifférente que de savoir

« ta mise? Si ton front sublime se raye? Si nos auteurs te dis-
« trayent? Si les chants de Victor Hugo t'exaltent? Je lis les livres
« que tu lis. Il n'y a pas jusqu'à ta promenade sur le lac qui ne
« m'ait attendri. Ta lettre est belle, suave comme ton âme ! O fleur
« céleste et constamment adorée ! aurais-je pu vivre sans ces chè-
« res lettres qui, depuis onze ans, m'ont soutenu dans ma voie dif-
« ficile, comme une clarté, comme un parfum, comme un chant ré-
« gulier, comme une nourriture divine, comme tout ce qui con-
« sole et charme la vie ! Ne manque pas ! Si tu savais quelle est
« mon angoisse la veille du jour où je les reçois, et ce qu'un re-
« tard d'un jour me cause de douleur ! Est-elle malade ? est-ce *lui?*
« Je suis entre l'enfer et le paradis, je deviens fou ! *Cara diva*, cul-
« tive toujours la musique, exerce ta voix, étudie. Je suis ravi de
« cette conformité de travaux et d'heures qui fait que, séparés par
« les Alpes, nous vivons exactement de la même manière. Cette
« pensée me charme et me donne bien du courage. Quand j'ai plaidé
« pour la première fois, je ne t'ai pas encore dit cela, je me suis
« figuré que tu m'écoutais, et j'ai senti tout à coup en moi ce mou-
« vement d'inspiration qui met le poëte au-dessus de l'humanité.
« Si je vais à la Chambre, oh ! tu viendras à Paris pour assister à
« mon début.

30 au soir.

« Mon Dieu ! combien je t'aime. Hélas ! j'ai mis trop de choses
« dans mon amour et dans mes espérances. Un hasard qui ferait
« chavirer cette barque trop chargée emporterait ma vie ! Voici
« trois ans que je ne t'ai vue, et à l'idée d'aller à Belgirate, mon
« cœur bat si fort, que je suis obligé de m'arrêter... Te voir, en-
« tendre cette voix enfantine et caressante ! embrasser par les yeux
« ce teint d'ivoire, si éclatant aux lumières, et sous lequel on devine
« ta noble pensée ! admirer tes doigts jouant avec les touches,
« recevoir toute ton âme dans un regard, et ton cœur dans l'accent
« d'un : *Oimé !* ou d'un : *Alberto !* nous promener devant tes
« orangers en fleur, vivre quelques mois au sein de ce sublime
« paysage... Voilà la vie. Oh ! quelle niaiserie que de courir après
« le pouvoir, un nom, la fortune ! Mais tout est à Belgirate : là est la
« poésie, là est la gloire ! J'aurais dû me faire ton intendant, ou,
« comme ce cher tyran que nous ne pouvons haïr me le propo-
« sait, y vivre en cavalier servant, ce que notre ardente passion ne

« nous a pas permis d'accepter. Est-ce un Italien que le duc ? m'est
« avis que c'est le père Eternel ! Adieu, mon ange, tu me pardon-
« neras mes prochaines tristesses en faveur de cette gaieté tombée
« comme un rayon du flambeau de l'Espérance, qui jusqu'alors me
« paraissait un feu follet. »

— Comme il aime ! s'écria Philomène en laissant tomber cette
lettre, qui lui sembla lourde à tenir. Après onze ans, écrire ainsi ?

— Mariette, dit Philomène à la femme de chambre, le lendemain
matin, allez jeter cette lettre à la poste ; dites à Jérôme que je sais
tout ce que je voulais savoir, et qu'il serve fidèlement monsieur
Albert. Nous nous confesserons de ces péchés sans dire à qui les
lettres appartenaient, ni où elles allaient. J'ai eu tort, c'est moi
qui suis la seule coupable.

— Mademoiselle a pleuré, dit Mariette.

— Oui, je ne voudrais pas que ma mère s'en aperçût ; donnez-
moi de l'eau bien froide.

Philomène, au milieu des orages de sa passion, écoutait souvent
la voix de sa conscience. Touchée par cette admirable fidélité de
deux cœurs, elle venait de faire ses prières, et s'était dit qu'elle
n'avait plus qu'à se résigner, à respecter le bonheur de deux êtres
dignes l'un de l'autre, soumis à leur sort, attendant tout de Dieu,
sans se permettre d'actions ni de souhaits criminels. Elle se sentit
meilleure, elle éprouva quelque satisfaction intérieure après avoir
pris cette résolution, inspirée par la droiture naturelle au jeune
âge. Elle y fut encouragée par une réflexion de jeune fille : elle
s'immolait pour *lui !*

— Elle ne sait pas aimer, pensa-t-elle. Ah ! si c'était moi, je sa-
crifierais tout à un homme qui m'aimerait ainsi. Être aimée !...
quand et par qui le serai-je, moi? Ce petit monsieur de Soulas
n'aime que ma fortune; si j'étais pauvre, il ne ferait seulement pas
attention à moi.

— Philomène, ma petite, à quoi penses-tu donc ? tu vas au delà
de la raie, dit la baronne à sa fille, qui faisait des pantoufles en
tapisserie pour le baron?

Philomène passa tout l'hiver de 1834 à 1835 en mouvements secrets tumultueux ; mais au printemps, au mois d'avril, époque à laquelle elle atteignit à ses dix-huit ans, elle se disait parfois qu'il serait bien de l'emporter sur une duchesse d'Argaiolo. Dans le silence

et la solitude, la perspective de cette lutte avait rallumé sa passion
et ses mauvaises pensées. Elle développait par avance sa témérité
romanesque en faisant plans sur plans. Quoique de tels caractères
soient exceptionnels, il existe malheureusement beaucoup trop de
Philomènes, et cette histoire contient une leçon qui doit leur servir d'exemple. Pendant cet hiver, Albert de Savarus avait sourdement fait un progrès immense dans Besançon. Sur de son succès, il
attendait avec impatience la dissolution de la Chambre. Il avait conquis, parmi les hommes du juste-milieu, l'un des faiseurs de Besançon, un riche entrepreneur qui disposait d'une grande influence.

Les Romains se sont partout donné des peines énormes, ils ont
dépensé des sommes immenses pour avoir d'excellentes eaux à discrétion dans toutes les villes de leur empire. A Besançon, ils buvaient les eaux d'Arcier, montagne située à une assez grande distance de Besançon. Besançon est une ville assise dans l'intérieur
d'un fer à cheval décrit par le Doubs. Ainsi, rétablir l'aqueduc des
Romains pour boire l'eau que buvaient les Romains dans une ville
arrosée par le Doubs, est une de ces niaiseries qui ne prennent que
dans une province où règne la gravité la plus exemplaire. Si cette
fantaisie se logeait au cœur des Bisontins, elle devait obliger à faire
de grandes dépenses, et ces dépenses allaient profiter à l'homme influent. Albert Savaron de Savarus décida que le Doubs n'était bon
qu'à couler sous des ponts suspendus, et qu'il n'y avait de potable
que l'eau d'Arcier. Des articles parurent dans la Revue de l'Est, qui
ne furent que l'expression des idées du commerce bisontin. Les
Nobles comme les Bourgeois, le Juste-milieu comme les Légitimistes,
le Gouvernement comme l'Opposition, enfin tout le monde se trouva
d'accord pour vouloir boire l'eau des Romains et jouir d'un pont
suspendu. La question des eaux d'Arcier fut à l'ordre du jour dans
Besançon. A Besançon, comme pour les deux chemins de fer de
Versailles, comme pour des abus subsistants, il y eut des intérêts
cachés qui donnèrent une vitalité puissante à cette idée. Les gens
raisonnables, en petit nombre d'ailleurs, qui s'opposaient à ce
projet, furent traités de *ganaches*. On ne s'occupait que des deux
plans de l'avocat Savaron. Après dix-huit mois de travaux souterrains, cet ambitieux était donc arrivé, dans la ville la plus
immobile de France et la plus réfractaire à l'étranger, à la remuer profondément, à y faire, selon une expression vulgaire, la
pluie et le beau temps, à y exercer une influence positive sans être

sorti de chez lui. Il avait résolu le singulier problème d'être puis ·
sant quelque part sans popularité. Pendant cet hiver, il gagna sept
procès pour des ecclésiastiques de Besançon. Aussi par moments
respirait-il par avance l'air de la Chambre. Son cœur se gonflait à
la pensée de son futur triomphe. Cet immense désir, qui lui faisait mettre en scène tant d'intérêts, inventer tant de ressorts, ab-
sorbait les dernières forces de son âme démesurément tendue. On
vantait son désintéressement, il acceptait sans observations les honoraires de ses clients. Mais ce désintéressement était de l'usure
morale, il attendait un prix pour lui plus considérable que tout
l'or du monde. Il avait acheté, soi-disant pour rendre service à un
négociant embarrassé dans ses affaires, au mois d'octobre 1834,
et avec les fonds de Léopold Hannequin, une maison qui lui donnait le cens d'éligibilité. Ce placement avantageux n'eut pas l'air
d'avoir été cherché ni désiré.

— Vous êtes un homme bien réellement remarquable, dit à Savarus l'abbé de Grancey, qui naturellement observait et devinait
l'avocat. Le vicaire général était venu lui présenter un chanoine qui
réclamait les conseils de l'avocat. — Vous êtes, lui dit-il, un prêtre
qui n'est pas dans son chemin. Un mot qui frappa Savarus.

De son côté, Philomène avait décidé dans sa forte tête de frêle
jeune fille d'amener monsieur de Savarus dans le salon, et de l'introduire dans la société de l'hôtel de Rupt. Elle bornait encore ses
désirs à voir Albert et à l'entendre. Elle avait transigé, pour ainsi
dire, et les transactions ne sont souvent que des trêves.

Les Rouxey, terre patrimoniale des Watteville, valait dix mille
francs de rente, net ; mais en d'autres mains elle eût rapporté bien
davantage. L'insouciance du baron, dont la femme devait avoir et
eut quarante mille francs de revenu, laissait les Rouxey sous le
gouvernement d'une espèce de maître Jacques, un vieux domestique
de la maison Watteville, appelé Modinier. Néanmoins, quand le
baron et la baronne éprouvaient le désir d'aller à la campagne, ils
allaient aux Rouxey, dont la situation est très-pittoresque. Le château, le parc, tout a d'ailleurs été créé par le fameux Watteville,
dont la vieillesse active se passionna pour ce lieu magnifique.

Entre deux petites Alpes, deux pitons dont le sommet est nu, et
qui s'appellent le grand et le petit Rouxey, au milieu d'une gorge
par où les eaux de ces montagnes, terminées par la Dent de Vilard,
tombent et vont se joindre aux délicieuses sources du Doubs, Wat-

teville imagina de construire un barrage énorme, en y laissant deux
déversoirs pour le trop-plein des eaux. En amont de son barrage, il
obtint un charmant lac, et en aval deux cascades, deux ravissantes
rivières avec lesquelles il arrosa la sèche et inculte vallée que dé-
vastait jadis le torrent des Rouxey. Ce lac, cette vallée, ses deux
montagnes, il les enferma par une enceinte, et se bâtit une chartreuse sur le barrage auquel il donna trois arpents de largeur, en
y faisant apporter toutes les terres qu'il fallut enlever pour creuser le double lit de ses rivières factices et les canaux d'irrigation.
Quand le baron de Watteville se procura le lac au-dessus de son
barrage, il était propriétaire des deux Rouxey, mais non de la vallée supérieure qu'il inondait ainsi, par laquelle on passait en tout
temps, et qui se termine en fer à cheval au pied de la Dent de Vilard.
Mais ce sauvage vieillard imprimait une si grande terreur que, pendant toute sa vie, il n'y eut aucune réclamation de la part des habitants des Riceys, petit village situé sur le revers de la Dent de Vilard.
Quand le baron mourut, il avait réuni les pentes des deux Rouxey,
au pied de la Dent de Vilard par une forte muraille, afin de ne pas
inonder les deux vallées qui débouchaient dans la gorge des Rouxey
à droite et à gauche du pic de Vilard. Il mourut ayant conquis ainsi
la Dent de Vilard. Ses héritiers se firent les protecteurs du village
des Riceys et maintinrent ainsi l'usurpation. Le vieux meurtrier, le
vieux renégat, le vieil abbé Watteville avait fini sa carrière en plan-
tant des arbres, en construisant une superbe route, prise sur le flanc
d'un des deux Rouxey, et qui rejoignait le grand chemin. De ce
parc, de cette habitation dépendaient des domaines fort mal culti-
vés, des chalets dans les deux montagnes et des bois inexploités.
C'était sauvage et solitaire, sous la garde de la nature, abandonné
au hasard de la végétation, mais plein d'accidents sublimes. Vous
pouvez vous figurer maintenant les Rouxey.

Il est fort inutile d'embarrasser cette histoire en racontant les
prodigieux efforts et les ruses empreintes de génie par lesquels Philomène arriva, sans le laisser soupçonner, à son but. Qu'il suffise
de dire qu'elle obéissait à sa mère en quittant Besançon au mois de
mai 1835, dans une vieille berline attelée de deux bons gros chevaux loués, et allant avec son père aux Rouxey.

L'amour explique tout aux jeunes filles. Quand en se levant, le
lendemain de son arrivée aux Rouxey, Philomène aperçut de la fenêtre de sa chambre la belle nappe d'eau sur laquelle s'élevaient de

ces vapeurs exhalées comme des fumées et qui s'engageaient dans les sapins et dans les mélèzes, en rampant le long des deux pics pour en gagner les sommets, elle laissa échapper un cri d'admiration.

— *Ils* se sont aimés devant des lacs ! *Elle* est sur un lac ! Décidément un lac est plein d'amour.

Un lac alimenté par des neiges a des couleurs d'opale et une transparence qui en fait un vaste diamant ; mais quand il est serré comme celui des Rouxey entre deux blocs de granit vêtus de sapins, qu'il y règne un silence de savane ou de steppe, il arrache à tout le monde le cri que venait de jeter Philomène.

— On doit cela, lui dit son père, au fameux Watteville !

— Ma foi, dit la jeune fille, il a voulu se faire pardonner ses fautes. Montons dans la barque et allons jusqu'au bout, dit-elle ; nous gagnerons de l'appétit pour le déjeuner.

Le baron manda deux jeunes jardiniers qui savaient ramer, et prit avec lui son premier ministre Modinier. Le lac avait six arpents de largeur, quelquefois dix ou douze, et quatre cents arpents de long. Philomène eut bientôt atteint le fond qui se termine par la Dent de Vilard, la Jung-Fraü de cette petite Suisse.

— Nous y voilà, monsieur le baron, dit Modinier en faisant signe aux deux jardiniers d'attacher la barque ; voulez-vous venir voir...

— Voir quoi ? demanda Philomène.

— Oh ! rien, dit le baron. Mais tu es une fille discrète, nous avons des secrets ensemble, je puis te dire ce qui me chiffonne l'esprit : il s'est ému depuis 1830 des difficultés entre la commune des Riceys et moi, précisément à cause de la Dent du Vilard, et je voudrais les accommoder sans que ta mère le sache, car elle est entière, elle est capable de jeter feu et flammes, surtout en apprenant que le maire des Riceys, un républicain, a inventé cette contestation pour courtiser son peuple.

Philomène eut le courage de déguiser sa joie, afin de mieux agir sur son père.

— Quelle contestation ? fit-elle.

— Mademoiselle, les gens des Riceys, dit Modinier, ont depuis longtemps droit de pâture et d'affouage dans leur côté de la Dent de Vilard. Or, monsieur Chantonnit, leur maire depuis 1820, prétend que la Dent tout entière appartient à sa commune, et soutient qu'il y a cent et quelques années on passait sur nos terres... Vous comprenez qu'alors nous ne serions plus chez nous. Puis ce sauvage en viendrait à dire, ce que disent les anciens des Riceys, que le terrain du lac a été pris par l'abbé de Watteville. C'est la mort des Rouxey, quoi !

— Hélas ! mon enfant, entre nous c'est vrai, dit naïvement monsieur de Watteville. Cette terre est une usurpation consacrée par le temps. Aussi, pour n'être jamais tourmenté, je voudrais proposer de définir à l'amiable mes limites de ce côté de la Dent de Vilard, et j'y bâtirais un mur.

— Si vous cédez devant la république, elle vous dévorera. C'était à vous de menacer les Riceys.

— C'est ce que je disais hier au soir à monsieur, répondit Modinier. Mais, pour abonder dans ce sens, je lui proposais de venir voir s'il n'y avait pas, de ce côté de la Dent ou de l'autre, à une hauteur quelconque, des traces de clôture.

Depuis cent ans, de part et d'autre on exploitait la Dent de Vilard, cette espèce de mur mitoyen entre la commune des Riceys et les Rouxey, qui ne rapportait pas grand'chose, sans en venir à des moyens extrêmes. L'objet en litige, étant couvert de neige six mois de l'année, était de nature à refroidir la question. Aussi fallut-il l'ardeur soufflée par la révolution de 1830 aux défenseurs du peuple, pour réveiller cette affaire par laquelle monsieur Chantonnit, maire des Riceys, voulait dramatiser son existence sur la tranquille frontière de Suisse et immortaliser son administration. Chantonnit, comme son nom l'indique, était originaire de Neufchâtel.

— Mon cher père, dit Philomène en rentrant dans la barque, j'approuve Modinier. Si vous voulez obtenir la mitoyenneté de la Dent de Vilard, il est nécessaire d'agir avec vigueur, et d'obtenir un jugement qui vous mette à l'abri des entreprises de ce Chantonnit. Pourquoi donc auriez-vous peur ? Prenez pour avocat le fameux Savaron, prenez-le promptement pour que Chantonnit ne le charge pas des intérêts de sa commune. Celui qui a gagné la cause du Chapitre contre la Ville, gagnera bien celle des Watteville contre les Riceys ! D'ailleurs, dit-elle, les Rouxey seront un jour à moi (le plus tard possible, je l'espère), eh ! bien, ne me laissez pas de procès. J'aime cette terre, et je l'habiterai souvent, je l'augmenterai tant que je pourrai. Sur ces rives, dit-elle en montrant les bases des deux Rouxey, je découperai des corbeilles, j'en ferai des jardins anglais ravissants... Allons à Besançon, et ne revenons ici qu'avec l'abbé de Grancey, monsieur Savaron et ma mère, si elle le veut. C'est alors que vous pourrez prendre un parti ; mais à votre place je l'aurais déjà pris. Vous vous nommez Watteville, et vous avez peur d'une lutte ! Si vous perdez le procès.... tenez, je ne vous dirai pas un mot de reproche.

— Oh ! si tu le prends ainsi, dit le baron, je le veux bien, je verrai l'avocat.

— D'ailleurs un procès, mais c'est très-amusant. Il jette un intérêt dans la vie, l'on va, l'on vient, l'on se démène. N'aurez-vous pas mille démarches à faire pour arriver aux juges... Nous n'avons pas vu l'abbé de Grancey pendant plus de vingt jours, tant il était occupé !

— Mais il s'agissait de toute l'existence du Chapitre, dit monsieur de Watteville. Puis, l'amour-propre, la conscience de l'archevêque, tout ce qui fait vivre les prêtres y était engagé ! Ce Savaron ne sait pas ce qu'il a fait pour le Chapitre ! il l'a sauvé.

— Ecoutez-moi, lui dit-elle à l'oreille, si vous avez monsieur Savaron pour vous, vous aurez gagné, n'est-ce pas ? Eh ! bien, laissez-moi vous donner un conseil : vous ne pouvez avoir monsieur Savaron pour vous que par monsieur de Grancey. Si vous m'en croyez, parlons ensemble à ce cher abbé, sans que ma mère soit de la conférence, car je sais un moyen de le décider à nous amener l'avocat Savaron.

— Il sera bien difficile de n'en pas parler à ta mère !

— L'abbé de Grancey s'en chargera plus tard ; mais décidez-vous à promettre votre voix à l'avocat Savaron aux prochaines élections, et vous verrez !

— Aller aux élections ! prêter serment ! s'écria le baron de Watteville.

— Bah ! dit-elle.

— Et que dira ta mère ?

— Elle vous ordonnera peut-être d'y aller, répondit Philomène qui savait par la lettre d'Albert à Léopold les engagements du vicaire général.

Quatre jours après, l'abbé de Grancey se glissait un matin de très-bonne heure chez Albert de Savarus, après l'avoir prévenu la veille de sa visite. Le vieux prêtre venait conquérir le grand avocat à la maison Watteville, démarche qui révèle le tact et la finesse que Philomène avait souterrainement déployés.

— Que puis-je pour vous, monsieur le vicaire-général ? dit Savarus.

L'abbé, qui dégoisa l'affaire avec une admirable bonhomie, fut écouté froidement par Albert.

— Monsieur l'abbé, répondit-il, il m'est impossible de me charger des intérêts de la maison Watteville, et vous allez comprendre pourquoi. Mon rôle ici consiste à garder la plus exacte neutralité. Je ne veux pas prendre couleur, et dois rester une énigme jusqu'à la veille de mon élection. Or, plaider pour les Watteville, ce ne serait rien à Paris ; mais ici !... Ici où tout se commente, je serais pour tout le monde l'homme de votre faubourg Saint-Germain.

— Eh ! croyez-vous, dit l'abbé, que vous pourrez être inconnu, quand, au jour des élections, les candidats s'attaqueront ? Mais alors on saura que vous vous nommez Savaron de Savarus, que vous avez été maître des requêtes, que vous êtes un homme de la Restauration !

— Au jour des élections, dit Savarus, je serai tout ce qu'il faudra que je sois. Je compte parler dans les réunions préparatoires...

— Si monsieur de Watteville et son parti vous appuyait, vous auriez cent voix compactes et un peu plus sûres que celles sur lesquelles vous comptez. On peut toujours semer la division entre les intérêts, on ne sépare point les Convictions.

— Eh ! diable, reprit Savarus, je vous aime et puis faire beaucoup pour vous, mon père ! Peut-être y a-t-il des accommodements avec le diable. Quel que soit le procès de monsieur de Watteville, on peut, en prenant Girardet et le guidant, traîner la procédure jusqu'après les élections. Je ne me chargerai de plaider que le lendemain de mon élection.

— Faites une chose, dit l'abbé, venez à l'hôtel de Rupt ; il s'y trouve une petite personne de dix-huit ans qui doit avoir un jour cent mille livres de rentes, et vous paraîtrez lui faire la cour...

— Ah ! cette jeune fille que je vois souvent sur ce kiosque...

— Oui, mademoiselle Philomène, reprit l'abbé de Grancey. Vous êtes ambitieux. Si vous lui plaisiez, vous seriez tout ce qu'un ambitieux veut être : ministre. On est toujours ministre, quand à une fortune de cent mille livres de rentes on joint vos étonnantes capacités.

— Monsieur l'abbé, dit vivement Albert, mademoiselle de Watteville aurait encore trois fois plus de fortune et m'adorerait, qu'il me serait impossible de l'épouser...

— Vous seriez marié? fit l'abbé de Grancey.

— Non pas à l'église, non pas à la mairie, dit Savarus, mais moralement.

— C'est pire quand on y tient autant que vous paraissez y tenir, répondit l'abbé. Tout ce qui n'est pas fait, peut se défaire. N'asseyez pas plus votre fortune et vos plans sur un vouloir de femme, qu'un homme sage ne compte sur les souliers d'un mort pour se mettre en route.

— Laissons mademoiselle de Watteville, dit gravement Albert, et convenons de nos faits. A cause de vous, que j'aime et respecte, je plaiderai, mais après les élections, pour monsieur de Watteville. Jusque-là, son affaire sera conduite par Girardet d'après mes avis. Voilà tout ce que je puis faire.

— Mais il y a des questions qui ne peuvent se décider que d'après une inspection des localités, dit le vicaire général.

— Girardet ira, répondit Savarus. Je ne veux pas me permettre, au milieu d'une ville que je connais très-bien, une démarche de nature à compromettre les immenses intérêts que cache mon élection.

L'abbé de Grancey quitta Savarus en lui lançant un regard fin par lequel il semblait se rire de la politique compacte du jeune athlète, tout en admirant sa résolution.

— Ah! j'aurai jeté mon père dans un procès! ah! j'aurai tant fait pour l'introduire ici! se disait Philomène du haut du kiosque en regardant l'avocat dans son cabinet, le lendemain de la conférence entre Albert et l'abbé de Grancey, dont le résultat lui fut dit par son père. J'aurai commis des péchés mortels, et tu ne viendrais pas dans le salon de l'hôtel de Rupt, et je n'entendrais pas ta voix si riche? Tu mets des conditions à ton concours quand les Watteville et les Rupt le demandent!... Eh! bien, Dieu le sait, je me contentais de ces petits bonheurs : te voir, t'entendre, aller aux Rouxey avec toi pour me les faire consacrer par ta présence. Je ne voulais pas davantage... Mais maintenant je serai ta femme!... Oui, oui, regarde *ses* portraits, examine *ses* salons, *sa* chambre, les quatre faces de *sa* villa, les points de vue de *ses* jardins. Tu attends *sa* statue! je *la* rendrai de marbre elle-même pour toi!... Cette femme n'aime pas d'ailleurs. Les arts, les sciences,

les lettres, le chant, la musique, lui ont pris la moitié de ses sens
et de son intelligence. Elle est vieille d'ailleurs, elle a plus de trente
ans, et mon Albert serait malheureux!

— Qu'avez-vous donc à rester là, Philomène? lui dit sa mère en
venant troubler les réflexions de sa fille. Monsieur de Soulas est au
salon, et il remarquait votre attitude qui, certes, annonçait plus de
pensées qu'on ne doit en avoir à votre âge.

— Monsieur de Soulas est ennemi de la pensée? demanda-t-elle.

— Vous pensiez donc? dit madame de Watteville.

— Mais oui, maman.

— Eh! bien, non, vous ne pensiez pas. Vous regardiez les
fenêtres de cet avocat; occupation qui n'est ni convenable ni décente, et que monsieur de Soulas moins qu'un autre devait remarquer.

— Eh! pourquoi? dit Philomène,

— Mais dit la baronne, il est temps que vous sachiez nos intentions : Amédée vous trouve bien, et vous ne serez pas malheureuse
d'être comtesse de Soulas.

Pâle comme un lis, Philomène ne répondit rien à sa mère, tant
la violence de ses sentiments contrariés la rendit stupide. Mais en
présence de cet homme qu'elle haïssait profondément depuis un
instant, elle trouva je ne sais quel sourire que trouvent les danseuses pour le public. Enfin elle put rire, elle eut la force de cacher
sa fureur qui se calma, car elle résolut d'employer à ses desseins
ce gros et niais jeune homme.

— Monsieur Amédée, lui dit-elle pendant un moment où la baronne était en avant d'eux dans le jardin en affectant de laisser les
jeunes gens seuls, vous ignoriez donc que monsieur Albert Savaron
de Savarus est légitimiste?

— Légitimiste?

— Avant 1830, il était maître des requêtes au conseil d'état, attaché à la présidence du conseil des ministres, bien vu du Dauphin
et de la Dauphine. Il eût été bien à vous de ne pas dire du mal de
lui; mais il serait encore mieux d'aller aux Élections cette année, de
le porter et d'empêcher ce pauvre monsieur de Chavoncourt de représenter la ville de Besançon.

— Quel intérêt subit prenez-vous donc à ce Savaron?

— Monsieur Albert de Savarus, fils naturel du comte de Savarus (oh! gardez-moi bien le secret sur cette indiscrétion), s'il est

nommé député, sera notre avocat dans l'affaire des Rouxey. Les Rouxey, m'a dit mon père, seront ma propriété, j'y veux demeurer, c'est ravissant! Je serais au désespoir de voir cette magnifique création du grand Watteville détruite...

— Diantre! se dit Amédée en sortant de l'hôtel de Rupt, cette fille n'est pas sotte.

Monsieur de Chavoncourt est un royaliste qui appartient aux fameux Deux-Cent-Vingt-et-Un. Aussi, dès le lendemain de la révolution de juillet, prêcha-t-il la salutaire doctrine de la prestation du serment et de la lutte avec l'Ordre de choses à l'instar des *torys* contre les *whigs* en Angleterre. Cette doctrine ne fut pas accueillie par les Légitimistes qui, dans la défaite, eurent l'esprit de se diviser d'opinions et de s'en tenir à la force d'inertie et à la Providence. En butte à la défiance de son parti, monsieur de Chavoncourt parut aux gens du Juste-Milieu le plus excellent choix à faire; ils préférèrent le triomphe de ses opinions modérées à l'ovation d'un républicain qui réunissait les voix des exaltés et des patriotes. Monsieur de Chavoncourt, homme très-estimé dans Besançon, représentait une vieille famille parlementaire : sa fortune, d'environ quinze mille francs de rente, ne choquait personne, d'autant plus qu'il avait un fils et trois filles. Quinze mille francs de rente ne sont rien avec de pareilles charges. Or, lorsqu'en de semblables circonstances, un père de famille reste incorruptible, il est difficile que des électeurs ne l'estiment pas. Les électeurs se passionnent pour le beau idéal de la vertu parlementaire, tout autant qu'un parterre pour la peinture de sentiments généreux qu'il pratique très-peu. Madame de Chavoncourt, alors âgée de quarante ans, était une des belles femmes de Besançon. Pendant les sessions, elle vivait petitement dans un de ses domaines afin de retrouver par ses économies les dépenses que faisait à Paris monsieur de Chavoncourt. En hiver, elle recevait honorablement un jour par semaine, le mardi; mais en entendant très-bien son métier de maîtresse de maison. Le jeune Chavoncourt, âgé de vingt-deux ans, et un autre jeune gentilhomme, nommé monsieur de Vauchelles, pas plus riche qu'Amédée, et de plus son camarade de collége, étaient excessivement liés. Ils se promenaient ensemble à Granvelle, ils faisaient quelques parties de chasse ensemble; ils étaient si connus pour être inséparables qu'on les invitait à la campagne ensemble. Philomène, également liée avec les petites Chavoncourt, savait que ces trois jeunes gens n'avaient point de secrets les uns pour les autres. Elle se dit que si monsieur de Soulas commettait une indiscrétion, ce serait avec ses deux amis intimes. Or, monsieur de Vauchelles avait son plan fait pour son mariage comme Amédée pour le sien : il voulait épouser Victoire, l'aînée des petites Chavoncourt, à laquelle une vieille tante devait assurer un domaine de sept mille francs de rente et cent mille francs d'argent au contrat. Victoire était la filleule et la prédilection de cette tante. Évidemment alors le jeune Chavoncourt et Vauchelles avertiraient monsieur de Chavoncourt du péril que les prétentions d'Albert allaient lui faire courir. Mais ce ne fut pas assez pour Philomène, elle écrivit de la main gauche au préfet du département une lettre anonyme signée *un ami de Louis-Philippe,* où elle le prévenait de la candidature tenue secrète de monsieur Albert de Savarus, en lui faisant apercevoir le dangereux concours qu'un orateur royaliste prêterait à Berryer, et lui dévoilant la profondeur de la conduite tenue par l'avocat depuis deux ans à Besançon. Le préfet était un homme habile, ennemi personnel du parti royaliste, et dévoué par conviction au gouvernement de juillet, enfin un de ces hommes qui font dire, rue de Grenelle, au Ministère de l'Intérieur : — Nous avons un bon préfet à Besançon. Ce préfet lut la lettre, et, selon la recommandation, il la brûla.

Philomène voulait faire manquer l'élection d'Albert pour le conserver pendant cinq autres années à Besançon.

Les Élections furent alors une lutte entre les partis, et pour en triompher, le Ministère choisit son terrain en choisissant le moment de la lutte. Ainsi les Élections ne devaient avoir lieu qu'à trois mois de là. Quand un homme attend toute sa vie d'une élection, le temps qui s'écoule entre l'ordonnance de convocation des colléges électoraux et le jour fixé pour leurs opérations, est un temps pendant lequel la vie ordinaire est suspendue. Aussi Philomène comprit-elle combien de latitude lui laissaient pendant ces trois mois les préoccupations d'Albert. Elle obtint de Mariette, à qui, comme elle l'avoua plus tard, elle promit de la prendre ainsi que Jérôme à son service, de lui remettre les lettres qu'Albert enverrait en Italie et les lettres qui viendraient pour lui de ce pays. Et tout en machinant ces plans, cette étonnante fille faisait des pantoufles à son père de l'air le plus naïf du monde. Elle redoubla même de candeur et d'innocence en comprenant à quoi pouvait servir son air d'innocence et de candeur.

— Philomène devient charmante, disait la baronne de Watteville.

Deux mois avant les élections, une réunion eut lieu chez monsieur Boucher le père, composée de l'entrepreneur qui comptait sur les travaux du pont et des eaux d'Arcier, du beau-père de monsieur Boucher, de monsieur Granet, cet homme influent à qui Savarus avait rendu service et qui devait le proposer comme candidat, de l'avoué Girardet, de l'imprimeur de la Revue de l'Est et du président du tribunal de commerce. Enfin cette réunion compta vingt-sept de ces personnes appelées dans les provinces *les gros bonnets*. Chacune d'elles représentait en moyenne six voix ; mais en les recensant, elles furent portées à dix, car on commence toujours par s'exagérer à soi-même son influence. Parmi ces vingt-sept personnes, le préfet en avait une à lui, quelque faux-frère qui secrètement attendait une faveur du Ministère pour les siens ou pour lui-même. Dans cette première réunion, on convint de choisir l'avocat Savaron pour candidat, avec un enthousiasme que personne n'aurait pu espérer à Besançon. En attendant chez lui qu'Alfred Boucher vînt le chercher, Albert causait avec l'abbé de Grancey qui s'intéressait à cette immense ambition. Albert avait reconnu l'énorme capacité politique du prêtre, et le prêtre ému par les prières de ce jeune homme, avait bien voulu lui servir de guide et de conseil dans cette lutte suprême. Le Chapitre n'aimait pas monsieur de Chavoncourt : car le beau-frère de sa femme, président du tribunal, avait fait perdre le fameux procès en première instance.

— Vous êtes trahi, mon cher enfant, lui disait le fin et respectable abbé de cette voix douce et calme que se font les vieux prêtres.

— Trahi !... s'écria l'amoureux atteint au cœur.

— Et par qui, je n'en sais rien, répliqua le prêtre. La Préfecture est au fait de vos plans et lit dans votre jeu. Je ne puis vous donner en ce moment aucun conseil. De semblables affaires veulent être étudiées. Quant à ce soir, dans cette réunion, allez au-devant des coups qu'on va vous porter. Dites toute votre vie antérieure, vous atténuerez ainsi l'effet que cette découverte produirait sur les Bisontins.

— Oh ! je m'y suis attendu, dit Savarus d'une voix altérée.

— Vous n'avez pas voulu profiter de mon conseil, vous avez eu l'occasion de vous produire à l'hôtel de Rupt, vous ne savez pas ce que vous y auriez gagné...

— Quoi ?

— L'unanimité des royalistes, un accord momentané pour aller aux Élections... Enfin, plus de cent voix ! En y joignant ce que nous appelons entre nous les *voix ecclésiastiques* vous n'étiez pas encore nommé ; mais vous étiez maître de l'élection par le balottage. Dans ce cas, on parlemente, on arrive...

En entrant, Alfred Boucher, qui plein d'enthousiasme annonça le vœu de la réunion préparatoire, trouva le vicaire-général et l'avocat froids, calmes et graves.

— Adieu, monsieur l'abbé, dit Albert, nous causerons plus à fond de votre affaire après les Élections.

Et l'avocat prit le bras d'Alfred, après avoir serré significativement la main de monsieur de Grancey. Le prêtre regarda cet ambitieux, dont alors le visage eut cet air sublime que doivent avoir les généraux en entendant le premier coup de canon de la bataille. Il leva les yeux au ciel et sortit en se disant : — Quel beau prêtre il ferait !

L'éloquence n'est pas au barreau. Rarement l'avocat y déploie les forces réelles de l'âme, autrement il y périrait en quelques années. L'éloquence est rarement dans la Chaire aujourd'hui ; mais elle est dans certaines séances de la Chambre des Députés où l'ambitieux joue le tout pour le tout, où piqué de milles flèches il éclate à un moment donné. Mais elle est encore bien certainement chez certains êtres privilégiés dans le quart d'heure fatal où leurs prétentions vont échouer ou réussir, et où ils sont forcés de parler. Aussi dans cette réunion, Albert Savarus, en sentant la nécessité de se faire des séides, développa-t-il toutes les facultés de son âme et les ressources de son esprit. Il entra bien dans le salon, sans gaucherie ni arrogance, sans faiblesse, sans lâcheté, gravement, et se vit sans surprise au milieu de trente et quelques personnes. Déjà le bruit de la réunion et sa décision avaient amené quelques moutons dociles à la clochette. Avant d'écouter monsieur Boucher qui voulait lui lâcher un *speech* à propos de la résolution du Comité-Boucher, Albert réclama le silence en faisant un signe et serrant la main à monsieur Boucher, comme pour le prévenir d'un danger subitement advenu.

— Mon jeune ami, Alfred Boucher vient de m'annoncer l'honneur qui m'est fait. Mais avant que cette décision devienne définitive, dit l'avocat, je crois devoir vous expliquer quel est votre candidat, afin de vous laisser libres encore de reprendre vos paroles si mes déclarations troublaient vos consciences.

Cet exorde eut pour effet de faire régner un profond silence. Quelques hommes trouvèrent ce mouvement fort noble.

Albert expliqua sa vie antérieure en disant son vrai nom, ses œuvres sous la Restauration, en se faisant un homme nouveau depuis son arrivée à Besançon, en prenant des engagements pour l'avenir. Cette improvisation tint, dit-on, tous les auditeurs haletants. Ces hommes à intérêts si divers furent subjugués par l'admirable éloquence sortie bouillante du cœur et de l'âme de cet ambitieux. L'admiration empêcha toute réflexion. On ne comprit qu'une seule chose, la chose qu'Albert voulait jeter dans ces têtes.

Ne valait-il pas mieux pour une ville avoir un de ces hommes destinés à gouverner la société toute entière, qu'une machine à voter? Un homme d'état apporte tout un pouvoir, le député médiocre mais incorruptible n'est qu'une conscience. Quelle gloire pour la Provence d'avoir deviné Mirabeau, d'avoir envoyé depuis 1830 le seul homme d'État qu'ait produit la révolution de Juillet !

Soumis à la pression de cette éloquence, tous les auditeurs la crurent de force à devenir un magnifique instrument politique dans leur représentant. Ils virent tous Savarus le ministre dans Albert Savaron. En devinant les secrets calculs de ses auditeurs, l'habile candidat leur fit entendre qu'ils acquéraient, eux les premiers, le droit de se servir de son influence.

Cette profession de foi, cette déclaration d'ambitieux, ce récit de sa vie et de son caractère fut, au dire du seul homme capable de juger Savarus et qui depuis est devenu l'une des capacités de Besançon, un chef-d'œuvre d'adresse, de sentiment, de chaleur, d'intérêt et de séduction. Ce tourbillon enveloppa les électeurs. Jamais homme n'eut un pareil triomphe. Mais malheureusement la Parole, espèce d'arme à bout portant, n'a qu'un effet immédiat. La Réflexion tue la Parole quand la Parole n'a pas triomphé de la Réflexion. Si l'on eût voté, certes le nom d'Albert sortait de l'urne ! A l'instant même il était vainqueur. Mais il lui fallait vaincre ainsi tous les jours pendant deux mois. Albert sortit palpitant. Applaudi par des Bisontins, il avait obtenu le grand résultat de tuer par avance les méchants propos auxquels donneraient lieu ses antécédents. Le commerce de Besançon fit de l'avocat Savaron de Savarus son candidat. L'enthousiasme d'Alfred Boucher, contagieux d'abord, devait à la longue devenir maladroit.

Le préfet, épouvanté de ce succès, se mit à compter le nombre

des voix ministérielles, et sut se ménager une entrevue secrète avec
monsieur de Chavoncourt, afin de se coaliser dans l'intérêt commun.
Chaque jour, et sans qu'Albert pût savoir comment, les voix du
Comité-Boucher diminuèrent. Un mois avant les Élections, Albert se
voyait à peine soixante voix. Rien ne résistait au lent travail de la
Préfecture. Trois ou quatre hommes habiles disaient aux clients de
Savarus : « Le député plaidera-t-il et gagnera-t-il vos affaires ? vous
donnera-t-il ses conseils, fera-t-il vos traités, vos transactions ? Vous
l'aurez pour esclave encore pour cinq ans, si au lieu de l'envoyer à
la Chambre, vous lui donnez seulement l'espérance d'y aller dans
cinq ans. » Ce calcul fut d'autant plus nuisible à Savarus, que déjà
quelques femmes de négociants l'avaient fait. Les intéressés à l'affaire
du pont et ceux des eaux d'Arcier ne résistèrent pas à une conférence
avec un adroit ministériel, qui leur prouva que la protection pour eux
était à la Préfecture et non pas chez un ambitieux. Chaque jour fut
une défaite pour Albert, quoique chaque jour fût une bataille dirigée par lui, mais jouée par ses lieutenants, une bataille de mots, de
discours, de démarches. Il n'osait aller chez le vicaire-général, et
le vicaire-général ne se montrait pas. Albert se levait et se couchait
avec la fièvre et le cerveau tout en feu.

Enfin arriva le jour de la première lutte, ce qu'on appelle une
réunion préparatoire, où les voix se comptent, où les candidats
jugent leurs chances, et où les gens habiles peuvent prévoir la
chute ou le succès. C'est une scène de *hustings* honnête, sans
populace, mais terrible : les émotions, pour ne pas avoir d'expression physique comme en Angleterre, n'en sont pas moins
profondes. Les Anglais font les choses à coups de poings, en France
elles se font à coups de phrases. Nos voisins ont une bataille, les
Français jouent leur sort par de froides combinaisons élaborées
avec calme. Cet acte politique se passe à l'inverse du caractère des
deux nations. Le parti radical eut son candidat, monsieur de Chavoncourt se présenta, puis vint Albert qui fut accusé par les radicaux et par le Comité-Chavoncourt d'être un homme de la Droite
sans transaction, un double de Berryer. Le Ministère avait son
candidat, un homme sacrifié qui servait à masser les votes ministériels purs. Les voix ainsi divisées n'arrivèrent à aucun résultat. Le
candidat républicain eut vingt voix, le Ministère en réunit cinquante,
Albert en compta soixante-dix, monsieur de Chavoncourt en obtint soixante-sept. Mais la perfide Préfecture avait fait voter pour

Albert trente de ses voix les plus dévouées, afin d'abuser son antagoniste. Les voix de monsieur de Chavoncourt, réunies aux quatre-vingts voix réelles de la préfecture, devenaient maîtresses de l'élection pour peu que le préfet sût détacher quelques voix du parti radical. Cent soixante voix manquaient, les voix de monsieur de Grancey, et les voix légitimistes. Une réunion préparatoire est aux Élections ce qu'est au Théâtre une répétition générale, ce qu'il y a de plus trompeur au monde. Albert Savarus revint chez lui, faisant bonne contenance, mais mourant. Il avait eu l'esprit, le génie, ou le bonheur de conquérir dans ces quinze derniers jours deux hommes dévoués, le beau-père de Girardet et un vieux négociant très-fin chez qui l'envoya monsieur de Grancey. Ces deux braves gens, devenus ses espions, semblaient être les plus ardents ennemis de Savarus dans les camps opposés. Sur la fin de la séance préparatoire, ils apprirent à Savarus par l'intermédiaire de monsieur Boucher que trente voix inconnues faisaient contre lui, dans son parti, le métier qu'ils faisaient pour son compte chez les autres? Un criminel qui marche au supplice ne souffre pas ce qu'Albert souffrit en revenant chez lui de la salle où son sort s'était joué. L'amoureux au désespoir ne voulut être accompagné de personne. Il marcha seul par les rues, entre onze heures et minuit.

A une heure du matin, Albert, que depuis trois jours le sommeil ne visitait plus, était assis dans sa bibliothèque, sur un fauteuil à la Voltaire, la tête pâle comme s'il allait expirer, les mains pendantes, dans une pose d'abandon digne de la Magdeleine. Des larmes roulaient entre ses longs cils, de ces larmes qui mouillent les yeux et qui ne roulent pas sur les joues : la pensée les boit, le feu de l'âme les dévore! Seul, il pouvait pleurer. Il aperçut alors sous le kiosque une forme blanche qui lui rappela Francesca.

— Et voici trois mois que je n'ai reçu de lettre d'*elle!* Que devient-elle? je suis resté deux mois sans lui rien écrire, mais je l'ai prévenue. Est-elle malade? O mon amour! ô ma vie! sauras-tu jamais ce que j'ai souffert? Quelle fatale organisation est la mienne! Ai-je un anévrisme? se demanda-t-il en sentant son cœur qui battait si violemment que les pulsations retentissaient dans le silence comme si de légers grains de sable eussent frappé sur une grosse caisse.

En ce moment trois coups discrets retentirent à la porte d'Albert, il alla promptement ouvrir, et faillit se trouver mal de joie en voyant au vicaire-général un air gai, l'air du triomphe. Il saisit l'abbé de

Grancey, sans lui dire un mot, le tint dans ses bras, le serra, laissant aller sa tête sur l'épaule de ce vieillard. Et il redevint enfant, il pleura comme il avait pleuré quand il sut que Francesca Soderini était mariée. Il ne laissa voir sa faiblesse qu'à ce prêtre sur le visage de qui brillaient les lueurs d'une espérance. Le prêtre avait été sublime, et aussi fin que sublime.

— Pardon, cher abbé, mais vous êtes venu dans un de ces moments suprêmes où l'homme disparaît, car ne me croyez pas un ambitieux vulgaire.

— Oui, je le sais, reprit l'abbé, vous avez écrit l'AMBITIEUX PAR AMOUR! Hé! mon enfant, c'est un désespoir d'amour qui m'a fait prêtre en 1786, à vingt-deux ans. En 1788, j'étais curé. Je sais la vie. J'ai déjà refusé trois évêchés, je veux mourir à Besançon.

— Venez *la* voir? s'écria Savarus en prenant la bougie et menant l'abbé dans le cabinet magnifique où se trouvait le portrait de la duchesse d'Argaiolo qu'il éclaira.

— C'est une de ces femmes qui sont faites pour régner! dit le vicaire en comprenant ce qu'Albert lui témoignait d'affection par cette muette confidence. Mais il y a bien de la fierté sur ce front, il est implacable, elle ne pardonnerait pas une injure! C'est un archange Michel, l'ange des exécutions, l'ange inflexible... Tout ou rien! est la devise de ces caractères angéliques. Il y a je ne sais quoi de divinement sauvage dans cette tête!...

— Vous l'avez bien devinée, s'écria Savarus. Mais, mon cher abbé, voici plus de douze ans qu'elle règne sur ma vie, et je n'ai pas une pensée à me reprocher.....

— Ah! si vous en aviez autant fait pour Dieu?... dit naïvement l'abbé. Parlons de vos affaires. Voici dix jours que je travaille pour vous. Si vous êtes un vrai politique, vous suivrez mes conseils cette fois-ci. Vous n'en seriez pas où vous en êtes, si vous étiez allé quand je vous le disais à l'hôtel de Rupt; mais vous irez demain, je vous y présente le soir. La terre des Rouxey est menacée, il faut plaider dans deux jours. L'Élection ne se fera pas avant trois jours. On aura soin de ne pas avoir fini de constituer le bureau le premier jour; nous aurons plusieurs scrutins, et vous arriverez par un ballottage...

— Et comment?...

— En gagnant le procès des Rouxey, vous aurez quatre-vingts voix légitimistes, ajoutez-les aux trente voix dont je dispose, nous

arrivons à cent dix. Or, comme il vous en restera vingt du Comité-
Boucher, vous en posséderez en tout cent trente.

— Hé! bien, dit Albert, il en faut soixante-quinze de plus.....

— Oui, dit le prêtre, car tout le reste est au Ministère. Mais,
mon enfant, vous avez à vous deux cents voix, et la Préfecture n'en
a que cent quatre-vingts.

— J'ai deux cents voix?... dit Albert qui demeura stupide d'étonnement après s'être dressé sur ses pieds comme poussé par un ressort.

— Vous avez les voix de monsieur de Chavoncourt, reprit l'abbé.

— Et comment? dit Albert.

— Vous épousez mademoiselle Sidonie de Chavoncourt.

— Jamais !

— Vous épousez mademoiselle Sidonie de Chavoncourt, répéta
froidement le prêtre.

— Mais voyez? elle est implacable, dit Albert en montrant Francesca.

— Vous épousez mademoiselle Chavoncourt, répéta froidement
le prêtre pour la troisième fois.

Cette fois Albert comprit. Le vicaire-général ne voulait pas
tremper dans le plan qui souriait enfin à ce politique au désespoir.
Une parole de plus eût compromis la dignité, l'honnêteté du prêtre.

— Vous trouverez demain à l'hôtel de Rupt madame de Chavoncourt
et sa seconde fille, vous la remercierez de ce qu'elle doit faire pour
vous, vous lui direz que votre reconnaissance est sans bornes ; enfin
vous lui appartenez corps et âme, votre avenir est désormais celui
de sa famille, vous êtes désintéressé, vous avez une si grande confiance en vous que vous regardez une nomination de député comme
une dot suffisante. Vous aurez un combat avec madame de Chavoncourt, elle voudra votre parole. Cette soirée, mon fils, est tout votre
avenir. Mais, sachez-le, je ne suis pour rien là-dedans. Moi, je ne suis
coupable que des voies légitimistes, je vous ai conquis madame de
Watteville, et c'est toute l'aristocratie de Besançon. Amédée de
Soulas et Vauchelles, qui voteront pour vous, ont entraîné la jeunesse, madame de Watteville vous aura les vieillards. Quant à mes
voix, elles sont infaillibles.

— Qui donc a tourné madame de Chavoncourt? demanda Savarus.

— Ne me questionnez pas, répondit l'abbé. Monsieur de Chavoncourt, qui a trois filles à marier, est incapable d'augmenter sa
fortune. Si Vauchelles épouse la première sans dot, à cause de la

vieille tante qui finance au contrat, que faire des deux autres ? Sidonie a seize ans, et vous avez des trésors dans votre ambition.
Quelqu'un a dit à madame de Chavoncourt qu'il valait mieux marier sa fille que d'envoyer son mari manger de l'argent à Paris. Ce
quelqu'un mène madame de Chavoncourt, et madame de Chavoncourt mène son mari.

— Assez, cher abbé ! Je comprends. Une fois nommé député,
j'ai la fortune de quelqu'un à faire, et en la faisant splendide je serai
dégagé de ma parole. Vous avez en moi un fils, un homme qui
vous devra son bonheur. Mon Dieu ! qu'ai-je fait pour mériter une
si véritable amitié ?

— Vous avez fait triompher le Chapitre, dit en souriant le vicaire
général. Maintenant gardez le secret du tombeau sur tout ceci ?
Nous ne sommes rien, nous ne faisons rien. Si l'on nous savait
nous mêlant d'élections, nous serions mangés tout crus par les pu-
ritains de la Gauche qui font pis, et blâmés par quelques-uns des
nôtres. Madame de Chavoncourt ne se doute pas de ma participation
dans tout ceci. Je ne me suis fié qu'à madame de Watteville sur
qui nous pouvons compter comme sur nous-mêmes.

— Je vous amènerai la duchesse pour que vous nous bénissiez !
s'écria l'ambitieux.

Après avoir reconduit le vieux prêtre, Albert se coucha dans les
langes du pouvoir.

A neuf heures du soir, le lendemain, comme chacun peut se
l'imaginer, les salons de madame la baronne de Watteville étaient
remplis par l'aristocratie bisontine convoquée extraordinairement.
On y discutait l'*exception* d'aller aux Élections pour faire plaisir
à la fille des de Rupt. On savait que l'ancien maître des requêtes, le
secrétaire d'un des plus fidèles ministres de la branche aînée, allait
être introduit. Madame de Chavoncourt était venue avec sa seconde
fille Sidonie mise divinement bien, tandis que l'aînée, sûre de son prétendu, n'avait recours à aucun artifice de toilette. Ces petites choses
s'observent en province. L'abbé de Grancey montrait sa belle tête
fine, de groupe en groupe, écoutant, n'ayant l'air de se mêler de
rien, mais disant de ces mots incisifs qui résument les questions et
les commandent.

— Si la branche aînée revenait, disait-il à un ancien homme d'État
septuagénaire, quels politiques trouverait-elle ? — Seul sur son banc,
Berryer ne sait que devenir ; s'il avait soixante voix, il entraverait

le gouvernement dans bien des occasions et renverserait des ministères! — On va nommer le duc de Fitz-James à Toulouse. — Vous ferez gagner à monsieur de Watteville son procès! — Si vous votez pour monsieur de Savarus, les républicains voteront avec vous plutôt que de voter avec les juste-milieu! Etc., etc.

A neuf heures, Albert n'était pas encore venu. Madame de Watteville voulut voir une impertinence dans un pareil retard.

— Chère baronne, dit madame de Chavoncourt, ne faisons pas dépendre d'une vétille de si sérieuses affaires. Quelque botte vernie qui tarde à sécher... une consultation retiennent peut-être monsieur de Savarus.

Philomène regarda madame de Chavoncourt de travers.

— Elle est bien bonne pour monsieur de Savarus, dit Philomène tout bas à sa mère.

— Mais, reprit la baronne en souriant, il s'agit d'un mariage entre Sidonie et monsieur de Savarus.

Philomène alla brusquement vers une croisée qui donnait sur le jardin. A dix heures monsieur de Savarus n'avait pas encore paru. L'orage qui grondait éclata. Quelques nobles se mirent à jouer, trouvant la chose intolérable. L'abbé de Grancey, qui ne savait que penser, alla vers la fenêtre où Philomène s'était cachée et dit tout haut, tant il était stupéfait : — Il doit être mort! Le vicaire-général sortit dans le jardin suivi de monsieur de Watteville, de Philomène, et tous trois ils montèrent sur le kiosque. Tout était fermé chez Albert, aucune lumière ne s'apercevait.

— Jérôme! cria Philomène en voyant le domestique dans la cour. L'abbé de Grancey regarda Philomène. — Où donc est votre maître? dit Philomène au domestique venu au pied du mur.

— Parti, en poste! mademoiselle.

— Il est perdu, s'écria l'abbé de Grancey, ou heureux !

La joie du triomphe ne fut pas si bien étouffé sur la figure de Philomène qu'elle ne fût devinée par le vicaire-général qui feignit de ne s'apercevoir de rien.

— Qu'est-ce que Philomène a pu faire en ceci? se demandait le prêtre.

Tous trois, ils rentrèrent dans les salons où monsieur de Watteville annonça l'étrange, la singulière, l'ébouriffante nouvelle du départ de l'avocat Albert Savaron de Savarus en poste, sans qu'on sût les motifs de cette disparition. A onze heures et demie, il ne restait plus que quinze personnes, parmi lesquelles se trouvait madame de Chavoncourt et l'abbé de Godenars, autre vicaire-général, homme d'environ quarante ans qui voulait être évêque, les deux demoiselles de Chavoncourt et monsieur de Vauchelles, l'abbé de Grancey, Philomène, Amédée de Soulas et un ancien magistrat démissionnaire, l'un des plus influents personnages de la haute société de Besançon qui tenait beaucoup à l'élection d'Albert Savarus. L'abbé de Grancey se mit à côté de la baronne de manière à regarder Philomène dont la figure, ordinairement pâle, offrait alors une coloration fiévreuse.

— Que peut-il être arrivé à monsieur de Savarus? dit madame de Chavoncourt.

En ce moment un domestique en livrée apporta sur un plat d'argent une lettre à l'abbé de Grancey.

— Lisez, dit la baronne.

Le vicaire-général lut la lettre, et vit Philomène devenir soudain blanche comme son fichu.

— Elle reconnaît l'écriture, se dit-il après avoir jeté sur la jeune fille un regard par-dessus ses lunettes. Il plia la lettre et la mit froidement dans sa poche sans dire un mot. En trois minutes il reçut de Philomène trois regards qui lui suffirent à tout deviner. — Elle aime Albert Savarus! pensa le vicaire-général. Il se leva, Philomène reçut une commotion ; il salua, fit quelques pas vers la porte, et, dans le second salon, il fut rejoint par Philomène qui lui dit : — Monsieur de Grancey, c'est de *lui! d'Albert!*

— Comment pouvez-vous assez connaître son écriture pour la distinguer de si loin !

Cette fille, prise dans les lacs de son impatience et de sa colère, dit un mot que l'abbé trouva sublime.

— Parce que je l'aime! Qu'y a-t-il! dit-elle après une pause.

— Il renonce à son élection, répondit l'abbé.

Philomène se mit un doigt sur les lèvres.

— Je demande le secret comme pour une confession, dit-elle avant de rentrer au salon. S'il n'y a plus d'élection, il n'y aura plus de mariage avec Sidonie !

Le lendemain matin, Philomène, en allant à la messe, apprit par Mariette une partie des circonstances qui motivaient la disparition d'Albert au moment le plus critique de sa vie.

— Mademoiselle, il est arrivé de Paris dans la matinée à l'Hôtel

National un vieux monsieur qui avait sa voiture, une belle voiture
à quatre chevaux, un courrier en avant et un domestique. Enfin,
Jérôme, qui a vu la voiture au départ, prétend que ce ne peut être
qu'un prince ou qu'un milord.

— Y avait-il sur la voiture une couronne fermée! dit Philomène.

— Je ne sais pas, dit Mariette. Sur le coup de deux heures, il
est venu chez monsieur Savarus en lui faisant remettre sa carte. En
la voyant, monsieur, dit Jérôme, est devenu blanc comme un linge
et il a dit de faire entrer. Comme il a fermé lui-même sa porte à
clef, il est impossible de savoir ce que ce vieux monsieur et l'avocat
se sont dit; mais ils sont restés environ une heure ensemble ; après
quoi le vieux monsieur, accompagné de l'avocat, a fait monter son
domestique. Jérôme a vu sortir ce domestique avec un immense
paquet long de quatre pieds qui avait l'air d'une grosse toile à
canevas. Le vieux monsieur tenait à la main un gros paquet de
papiers. L'avocat, plus pâle que s'il allait mourir, lui qui est si
fier, si digne, était dans un état à faire pitié... Mais il agissait si
respectueusement avec le vieux monsieur qu'il n'aurait pas eu plus
d'égards pour le roi. Jérôme et monsieur Albert Savaron ont accompagné ce vieillard jusqu'à sa voiture, qui se trouvait tout attelée de
quatre chevaux. Le courrier est parti sur le coup de trois heures.
Monsieur est allé droit à la préfecture, et de là chez monsieur Gen-
tillet qui lui a vendu la vieille calèche de voyage de feu madame Saint-
Vier, puis il a commandé des chevaux à la poste pour six heures. Il
est rentré chez lui pour faire ses paquets; sans doute il a écrit plusieurs billets; enfin il a mis ordre à ses affaires avec monsieur Girardet qui est venu et qui est resté jusqu'à sept heures. Jérôme
a porté un mot chez monsieur Boucher où monsieur était attendu
à dîner. Pour lors, à sept heures et demie, l'avocat est parti, laissant trois mois de gages à Jérôme et lui disant de chercher une
place. Il a laissé ses clefs à monsieur Girardet qu'il a reconduit
chez lui, et chez qui, dit Jérôme, il a pris une soupe, car monsieur
Girardet n'avait pas encore dîné à sept heures et demie. Quand
monsieur Savaron est remonté dans sa voiture, il était comme un
mort. Jérôme, qui naturellement a salué son maître, l'a entendu
disant au postillon : Route de Genève.

— Jérôme a-t-il demandé le nom de l'étranger à l'Hôtel National ?

— Comme le vieux monsieur ne faisait que passer, on ne le lui a pas demandé. Le domestique, par ordre sans doute, avait l'air de ne pas parler français.

— Et la lettre qu'a reçue si tard l'abbé de Grancey ? dit Philo-mène.

—C'est sans doute monsieur Girardet qui devait la lui remettre; mais Jérôme dit que ce pauvre monsieur Girardet, qui aime l'a-vocat Savaron, était tout aussi saisi que lui. Celui qui est venu avec mystère s'en va, dit mademoiselle Galard, avec mystère.

Philomène eut à partir de ce récit un air penseur et absorbé qui fut visible pour tout le monde. Il est inutile de parler du bruit que fit dans Besançon la disparition de l'avocat Savaron. On sut que le préfet s'était prêté de la meilleure grâce du monde à lui expédier à l'instant un passeport pour l'étranger, car il se trouvait ainsi débarrassé de son seul adversaire. Le lendemain, monsieur de Chavoncourt fut nommé d'emblée à une majorité de cent quarante voix.

— Jean s'en alla comme il était venu, dit un électeur en appre-nant la fuite d'Albert Savaron.

Cet événement vint à l'appui des préjugés qui existent à Besançon contre les étrangers et qui, deux ans auparavant, s'étaient corro-borés à propos de l'affaire du journal républicain. Puis dix jours après, il n'était plus question d'Albert de Savarus. Trois personnes seulement, l'avoué Girardet, le vicaire-général et Philomène étaient gravement affectés par cette disparition. Girardet savait que l'é-tranger aux cheveux blancs était le prince Soderini, car il avait vu la carte, il le dit au vicaire-général; mais Philomène, beaucoup plus instruite qu'eux, connaissait depuis environ trois mois la nouvelle de la mort du duc d'Argaiolo.

Au mois d'avril 1836, personne n'avait eu de nouvelles ni en-tendu parler de monsieur Albert de Savarus. Jérôme et Mariette allaient se marier ; mais la baronne avait dit confidentiellement à sa femme de chambre d'attendre le mariage de Philomène, et que les deux noces se feraient ensemble.

— Il est temps de marier Philomène, dit un jour la baronne à monsieur de Watteville, elle a dix-neuf ans, et depuis quelques mois elle change à faire peur...

— Je ne sais pas ce qu'elle a, dit le baron.

— Quand les pères ne savent pas ce qu'ont leurs filles, les mères le devinent, dit la baronne, il faut la marier.

— Je le veux bien, dit le baron, et pour mon compte je lui donne les Rouxey, maintenant que le tribunal nous a mis d'accord avec la commune des Riceys en fixant mes limites à trois cents mètres à partir de la base de la Dent de Vilard. On y creuse un fossé pour recevoir toutes les eaux et les diriger dans le lac. La Commune n'a pas appelé, le jugement est définitif.

— Vous n'avez pas encore deviné, dit la baronne, que ce jugement me coûte trente mille francs donnés à Chantonnit. Ce paysan ne voulait pas autre chose, il a l'air d'avoir gain de cause pour sa commune, et il nous a vendu la paix. Si vous donnez les Rouxey, vous n'aurez plus rien, dit la baronne.

— Je n'ai pas besoin de grand'chose, dit le baron, je m'en vais...

— Vous mangez comme un ogre.

— Précisément : j'ai beau manger, je me sens les jambes de plus en plus faibles....

— C'est de tourner, dit la baronne.

— Je ne sais pas, dit le baron.

— Nous marierons Philomène à monsieur de Soulas; si vous lui donnez les Rouxey, réservez-vous-en la jouissance ; moi je leur donnerai vingt-quatre mille francs de rente sur le grand-livre. Nos enfants demeureront ici, je ne les vois pas bien malheureux...

— Non, je leur donne les Rouxey tout à fait. Philomène aime les Rouxey.

— Vous êtes singulier avec votre fille ! vous ne me demandez pas à moi si j'aime les Rouxey ?

Philomène, appelée incontinent, apprit qu'elle épouserait monsieur Amédée de Soulas dans les premiers jours du mois de mai.

— Je vous remercie, ma mère, et vous mon père, d'avoir pensé à mon établissement, mais je ne veux pas me marier, je suis très-heureuse d'être avec vous...

— Des phrases ! dit la baronne. Vous n'aimez pas monsieur le comte de Soulas, voilà tout.

— Si vous voulez savoir la vérité, je n'épouserai jamais monsieur de Soulas...

— Oh ! le jamais d'une fille de dix-neuf ans ! reprit la baronne en souriant avec amertume.

— Le jamais de mademoiselle de Watteville, reprit Philomène avec un accent prononcé. Mon père n'a pas, je pense, l'intention de me marier sans mon consentement ?

— Oh! ma foi, non, dit le pauvre baron en regardant sa fille avec tendresse.

— Eh! bien, répliqua sèchement la baronne en contenant une fureur de dévote surprise de se voir bravée à l'improviste, chargez-vous, monsieur de Watteville, d'établir vous-même votre fille! Songez-y bien, Philomène : si vous ne vous mariez pas à mon gré, vous n'aurez rien de moi pour votre établissement.

La querelle ainsi commencée entre madame de Watteville et le baron qui appuyait sa fille, alla si loin que Philomène et son père furent obligés de passer la belle saison aux Rouxey ; l'habitation de l'hôtel de Rupt leur était devenue insupportable. On apprit alors dans Besançon que mademoiselle de Watteville avait positivement refusé monsieur le comte de Soulas. Après leur mariage, Jérôme et Mariette étaient venus aux Rouxey pour succéder un jour à Modinier. Le baron répara, restaura la Chartreuse au goût de sa fille. En apprenant que cette réparation coûtait environ soixante mille francs, que Philomène et son père faisaient construire une serre, la baronne reconnut quelque levain de malice dans sa fille. Le baron acheta plusieurs enclaves et un petit domaine d'une valeur de trente mille francs. On dit à madame de Watteville que loin d'elle Philomène se montrait une maîtresse-fille, elle étudiait les moyens de faire valoir les Rouxey, s'était donné une amazone et montait à cheval ; son père, qu'elle rendait heureux, qui ne se plaignait plus de sa santé, qui devenait gras, l'accompagnait dans ses excursions. Aux approches de la fête de la baronne, qui se nommait Louise, le vicaire-général vint alors aux Rouxey, sans doute envoyé par madame de Watteville et par monsieur de Soulas pour négocier la paix entre la mère et la fille.

— Cette petite Philomène a de la tête, disait-on dans Besançon.
· Après avoir noblement payé les quatre-vingt-dix mille francs dépensés aux Rouxey, la baronne faisait passer à son mari mille francs par mois environ pour y vivre : elle ne voulait pas se donner des torts. Le père et la fille ne demandèrent pas mieux que de retourner, le quinze août, à Besançon, pour y rester jusqu'à la fin du mois. Quand le vicaire-général, après le dîner, prit Philomène à part pour entamer la question du mariage en lui faisant comprendre qu'il ne fallait plus compter sur Albert de qui, depuis un an, on n'avait aucune nouvelle, il fut arrêté net par un geste de Philomène. Cette bizarre fille saisit monsieur de Grancey par le bras et l'amena

sur un banc, sous un massif de rhododendron, d'où se découvrait le lac.

— Écoutez, cher abbé, vous que j'aime autant que mon père, car vous avez de l'affection pour mon Albert, il faut enfin vous l'avouer, j'ai commis des crimes pour être sa femme, et il doit être mon mari... Tenez, lisez !

Elle lui tendit un numéro de gazette qu'elle avait dans la poche de son tablier, en lui indiquant l'article suivant sous la rubrique de Florence, au 25 mai.

« Le mariage de monsieur le duc de R¹ ctoré, fils aîné de mon« sieur le duc de Chaulieu, ancien ambassadeur, avec madame la
« duchesse d'Argaiolo, née princesse Soderini, s'est célébré avec
« beaucoup d'éclat. Des fêtes nombreuses, données à l'occasion
« de ce mariage, animent en ce moment la ville de Florence. La
« fortune de madame la duchesse d'Argaiolo est une des plus consi-
« dérables de l'Italie, car le feu duc l'avait instituée sa légataire
« universelle. »

— Celle qu'il aimait est mariée, dit-elle, je les ai séparés !

— Vous, et comment ? dit l'abbé.

Philomène allait répondre, lorsqu'un grand cri jeté par deux jardiniers, et précédé du bruit d'un corps tombant à l'eau, l'interrompit, elle se leva, courut en criant : — Oh! mon père... Elle ne voyait plus le baron.

En voulant prendre un fragment de granit où il crut apercevoir l'empreinte d'un coquillage, fait qui eût souffleté quelque système de géologie, monsieur de Watteville s'était avancé sur le talus, avait perdu l'équilibre et roulé dans le lac dont la plus grande profondeur se trouve naturellement au pied de la chaussée. Les jardiniers eurent une peine infinie à faire prendre au baron une perche en fouillant à l'endroit où bouillonnait l'eau ; mais enfin ils le ramenèrent couvert de vase où il était entré très-avant et où il enfonçait davantage en se débattant. Monsieur de Watteville avait beaucoup dîné, sa digestion était commencée, elle fut interrompue. Quand il eut été déshabillé, nettoyé, mis au lit, il fut dans un état si visiblement dangereux, que deux domestiques montèrent à cheval, l'un pour Besançon, l'autre pour aller chercher au plus près un médecin et un chirurgien.

Quand madame de Watteville arriva huit heures après l'événement avec les premiers chirurgien et médecin de Besançon, ils trou-

vèrent monsieur de Watteville dans un état désespéré, malgré les
soins intelligents du médecin des Riceys. La peur déterminait une
infiltration séreuse au cerveau, la digestion arrêtée achevait de tuer
le pauvre baron.

Cette mort, qui n'aurait pas eu lieu si, disait madame de Watteville, son mari était resté à Besançon, fut attribuée par elle à la ré
sistance de sa fille qu'elle prit en aversion en se livrant à une douleur
et à des regrets évidemment exagérés. Elle appela le baron *son cher*
agneau ! Le dernier Watteville fut enterré dans un îlot du lac des
Rouxey, où la baronne fit élever un petit monument gothique en
marbre blanc, pareil à celui dit d'Héloïse au Père-Lachaise.

Un mois après cet événement, la baronne et sa fille vivaient à
l'hôtel de Rupt dans un sauvage silence. Philomène était en proie à
une douleur sérieuse, qui ne s'épanchait point au dehors : elle s'accusait de la mort de son père et soupçonnait un autre malheur, encore
plus grand à ses yeux, et bien certainement son ouvrage ; car, ni l'avoué
Girardet, ni l'abbé de Grancey n'obtenaient de lumières sur le sort
d'Albert. Ce silence était effrayant. Dans un paroxisme de repentir,
elle éprouva le besoin de révéler au vicaire-général les affreuses combinaisons par lesquelles elle avait séparé Francesca d'Albert. Ce fut
quelque chose de simple et de formidable. Mademoiselle de Watteville avait supprimé les lettres d'Albert à la duchesse, et celle par
laquelle Francesca annonçait à son amant la maladie de son mari en le
prévenant qu'elle ne pourrait plus lui répondre pendant le temps qu'elle
se consacrerait, comme elle le devait, au moribond. Ainsi pendant les
préoccupations d'Albert relativement aux élections, la duchesse ne
lui avait écrit que deux lettres, celle où elle lui apprenait le danger
du duc d'Argaiolo, celle où elle lui disait qu'elle était veuve, deux
nobles et sublimes lettres que Philomène garda. Après avoir travaillé pendant plusieurs nuits, Philomène était parvenue à imiter
parfaitement l'écriture d'Albert. Aux véritables lettres de cet amant
fidèle, elle avait substitué trois lettres dont les brouillons commu-
niqués au vieux prêtre le firent frémir, tant le génie du mal y apparaissait dans toute sa perfection. Philomène, tenant la plume pour
Albert, y préparait la duchesse au changement du Français faussement infidèle. Philomène avait répondu à la nouvelle de la mort du
duc d'Argaiolo par la nouvelle du prochain mariage d'Albert avec
elle-même, Philomène. Les deux lettres avaient dû se croiser et
s'étaient croisées. L'esprit infernal avec lequel les lettres furent

écrites, surprit tellement le vicaire-général qu'il les reiut. A la dernière, Francesca, blessée au cœur par une fille qui voulait tuer l'amour chez sa rivale, avait répondu par ces simples mots : « *Vous êtes libre, adieu.* »

— Les crimes purement moraux et qui ne laissent aucune prise à la justice humaine, sont les plus infâmes, les plus odieux, dit sévèrement l'abbé de Grancey. Dieu les punit souvent ici-bas : là gît la raison des épouvantables malheurs qui nous paraissent inexplicables. De tous les crimes secrets ensevelis dans les mystères de la vie privée, un des plus déshonorants est celui de briser le cachet d'une lettre ou de la lire subrepticement. Toute personne, quelle qu'elle soit, poussée par quelque raison que ce soit, qui se permet cet acte, a fait une tache ineffaçable à sa probité. Sentez-vous tout ce qu'il y a de touchant, de divin dans l'histoire de ce jeune page, faussement accusé, qui porte une lettre où se trouve l'ordre de le tuer, qui se met en route sans une mauvaise pensée, que la Providence prend alors sous sa protection et qu'elle sauve, miraculeusement, disonsnous !... Savez-vous en quoi consiste le miracle ? les vertus ont une auréole aussi puissante que celle de l'Enfance innocente. Je vous dis ces choses sans vouloir vous admonester, dit le vieux prêtre à Philomène avec une profonde tristesse. Hélas ! je ne suis pas ici le grand-pénitencier, vous n'êtes pas agenouillée aux pieds de Dieu, je suis un ami terrifié par l'appréhension de vos châtiments. Qu'est-il devenu, ce pauvre Albert ? ne s'est-il pas donné la mort ? Il cachait une violence inouïe sous son calme affecté. Je comprends que le vieux prince Soderini, père de madame la duchesse d'Argaiolo, est venu redemander les lettres et les portraits de sa fille. Voilà le coup de foudre tombé sur la tête d'Albert qui aura sans doute essayé d'aller se justifier... Mais comment, en quatorze mois, n'a-t-il pas donné de ses nouvelles ?

— Oh ! si je l'épouse, il sera si heureux...

— Heureux ?... il ne vous aime pas. Vous n'aurez d'ailleurs pas une si grande fortune à lui apporter. Votre mère a la plus profonde aversion pour vous, vous lui avez fait une sauvage réponse qui l'a blessée et qui vous ruinera.

— Quoi ! dit Philomène.

— Quand elle vous a dit hier que l'obéissance était le seul moyen de réparer vos fautes, et qu'elle vous a rappelé la nécessité de vous marier en vous parlant d'Amédée. — Si vous l'aimez tant, épousezle, ma mère ! Lui avez-vous, oui ou non, jeté cette phrase à la tête ?

— Oui, dit Philomène.

— Eh ! bien, je la connais, reprit monsieur de Grancey, dans quelques mois elle sera comtesse de Soulas ! Elle aura, certes, des enfants, elle donnera quarante mille francs de rentes à monsieur de Soulas ; en outre, elle lui fera des avantages, et réduira votre part dans ses biens-fonds autant qu'elle pourra. Vous serez pauvre pendant toute sa vie, et elle n'a que trente-huit ans ! Vous aurez pour tout bien la terre des Rouxey et le peu de droits que vous laissera la liquidation de la succession de votre père, si toutefois votre mère consent à se départir de ses droits sur les Rouxey ! Sous le rapport des intérêts matériels, vous avez déjà bien mal arrangé votre vie ; sous le rapport des sentiments, je la crois bouleversée... Au lieu d'être venue à votre mère...

Philomène fit un sauvage mouvement de tête.

— A votre mère, reprit le vicaire-général, et à la Religion qui vous auraient, au premier mouvement de votre cœur, éclairée, conseillée, guidée ; vous avez voulu vous conduire seule, ignorant la vie et n'écoutant que la passion !

Ces paroles si sages épouvantèrent Philomène.

— Et que dois-je faire ? dit-elle après une pause.

— Pour réparer vos fautes, il faudrait en connaître l'étendue, demanda l'abbé.

— Eh ! bien, je vais écrire au seul homme qui puisse avoir des renseignements sur le sort d'Albert, à monsieur Léopold Hannequin, notaire à Paris, son ami d'enfance.

— N'écrivez plus que pour rendre hommage à la vérité, répondit le vicaire-général. Confiez-moi les véritables lettres et les fausses, faites-moi vos aveux bien en détail, comme au directeur de votre conscience, en me demandant les moyens d'expier vos fautes et vous en rapportant à moi. Je verrai... Car, avant tout, rendez à ce malheureux son innocence devant l'être dont il a fait son dieu sur cette terre. Même après avoir perdu le bonheur, Albert doit tenir à sa justification.

Philomène promit à l'abbé de Grancey de lui obéir en esperant que ses démarches auraient peut-être pour résultat de lui ramener Albert.

Peu de temps après la confidence de Philomène, un clerc de monsieur Léopold Hannequin vint à Besançon muni d'une procuration générale d'Albert, et se présenta tout d'abord chez monsieur Girardet pour le prier de vendre la maison appartenant à monsieur Savaron. L'avoué se chargea de cette affaire par amitié pour l'avocat. Ce clerc vendit le mobilier, et avec le produit put payer ce que devait Albert à Girardet qui lors de l'inexplicable départ lui avait remis cinq mille francs, en se chargeant d'ailleurs de ses recouvrements. Quand Girardet demanda ce qu'était devenu ce noble et beau lutteur auquel il s'était intéressé, le clerc répondit que son patron seul le savait, et que le notaire avait paru très-affligé des choses contenues dans la dernière lettre écrite par monsieur Albert de Savarus.

En apprenant cette nouvelle, le vicaire-général écrivit à Léopold. Voici la réponse du digne notaire.

« A MONSIEUR L'ABBÉ DE GRANCEY,

« *vicaire-général du diocèse de Besançon.*

Paris.

« Hélas ! monsieur, il n'est au pouvoir de personne de rendre
« Albert à la vie du monde : il y a renoncé. Il est novice à la
« Grande-Chartreuse, près Grenoble. Vous savez encore mieux
« que moi, qui viens de l'apprendre, que tout meurt sur le seuil
« de ce cloître. En prévoyant ma visite, Albert a mis le Général
« des Chartreux entre tous mes efforts et lui. Je connais assez ce
« noble cœur pour savoir qu'il est victime d'une trame odieuse et
« pour nous invisible; mais tout est consommé. Madame la du-
« chesse d'Argaiolo, maintenant duchesse de Rhétoré, me semble
« avoir poussé la cruauté bien loin. A Belgirate, où elle n'était
« plus quand Albert y courut, elle avait laissé des ordres pour lui
« faire croire qu'elle habitait Londres. De Londres, Albert alla cher-
« cher sa maîtresse à Naples et de Naples à Rome, où elle s'enga-
« geait avec le duc de Rhétoré. Quand Albert put rencontrer ma-
« dame d'Argaiolo, ce fut à Florence, au moment où elle célébrait
« son mariage. Notre pauvre ami s'est évanoui dans l'église, et n'a
« jamais pu, même en se trouvant en danger de mort, obtenir une
« explication de cette femme, qui devait avoir je ne sais quoi dans
« le cœur. Albert a voyagé pendant sept mois à la recherche d'une

« sauvage créature qui se faisait un jeu de lui échapper : il ne sa-
« vait où ni comment la saisir. J'ai vu notre pauvre ami à son pas-
« sage à Paris ; et si vous l'aviez vu comme moi, vous vous seriez
« aperçu qu'il ne lui fallait pas dire un mot au sujet de la duchesse,
« à moins de vouloir provoquer une crise où sa raison eût couru des
« risques. S'il avait connu son crime, il aurait pu trouver des moyens
« de justification ; mais, faussement accusé de s'être marié ! que
« faire ! Albert est mort, et bien mort pour le monde. Il a voulu
« le repos, espérons que le profond silence et la prière dans lesquels
« il s'est jeté, feront son bonheur sous une autre forme. Si vous
« l'avez connu, monsieur, vous devez bien le plaindre et plaindre
« aussi ses amis ! Agréez, etc. »

Aussitôt cette lettre reçue, le bon vicaire-général écrivit au
Général des Chartreux, et voici quelle fut la réponse d'Albert
Savarus.

LE FRÈRE ALBERT A MONSIEUR L'ABBÉ DE GRANCEY,

vicaire-général du diocèse de Besançon.

De la Garnde-Chartreuse.

« J'ai reconnu, cher et bien-aimé vicaire-général, votre âme tendre
« et votre cœur encore jeune dans tout ce que vient de me commu-
« niquer le Révérend Père Général de notre Ordre. Vous avez deviné
« le seul vœu qui restât dans le dernier repli de mon cœur relative-
« ment aux choses du monde : faire rendre justice à mes sentiments
« par celle qui m'a si maltraité ! Mais, en me laissant la liberté
« d'user de votre offre, le Général a voulu savoir si ma vocation était
« sûre : il a eu l'insigne bonté de me dire sa pensée en me voyant
« décidé à demeurer dans un absolu silence à cet égard. Si j'avais cédé
« à la tentation de réhabiliter l'homme du monde, le religieux était
« rejeté de ce Monastère. La grâce a certainement agi : car pour avoir
« été court, le combat n'en a pas été moins vif ni moins cruel. N'est-ce
« pas vous dire assez que je ne saurais rentrer dans le monde ? Aussi
« le pardon que vous me demandez pour l'auteur de tant de maux
« est-il bien entier et sans une pensée de dépit : je prierai Dieu
« qu'il veuille lui pardonner comme je lui pardonne, de même que
« je le prierai d'accorder une vie heureuse à madame de Rhétoré.

« Eh! que ce soit la Mort ou la main opiniâtre d'une jeune fille
« acharnée à se faire aimer, que ce soit un de ces coups attribués
« au hasard, ne faut-il pas toujours obéir à Dieu? Le malheur fait
« dans certaines âmes un vaste désert où retentit la voix de Dieu.
« J'ai trop tard connu les rapports entre cette vie et celle qui nous
« attend, car tout est usé chez moi. Je n'aurais pu servir dans les
« rangs de l'Église militante, je me jette pour le reste d'une vie
« presque éteinte au pied du sanctuaire. Voici la dernière fois que
« j'écris. Il a fallu que ce fût vous, qui m'aimiez et que j'aimais tant,
« pour me faire rompre la loi d'oubli que je me suis imposée en
« entrant dans la métropole de Saint-Bruno. Vous serez aussi
« particulièrement dans les prières de

                                    « *Frère* ALBERT. »

        Novembre 1836.

— Peut-être tout est-il pour le mieux, se dit l'abbé de Grancey.

Quand il eut communiqué cette lettre à Philomène, qui baisa par
un mouvement pieux le passage qui contenait sa grâce, il lui dit :
— Eh! bien, maintenant qu'il est perdu pour vous, ne voulez-
vous pas vous réconcilier avec votre mère en épousant le comte de
Soulas?

— Il faudrait qu'Albert me l'ordonnât, dit-elle.

— Vous voyez qu'il est impossible de le consulter. Le Général
ne le permettrait pas.

— Si j'allais le voir?

— On ne voit point les Chartreux. Et d'ailleurs aucune femme,
excepté la reine de France, ne peut entrer à la Chartreuse, dit
l'abbé. Ainsi rien ne vous dispense plus d'épouser le jeune monsieur de Soulas.

— Je ne veux pas faire le malheur de ma mère, répondit Philomène.

— Satan! s'écria le vicaire-général.

Vers la fin de cet hiver, l'excellent abbé de Grancey mourut. Il
n'y eut plus entre madame de Watteville et sa fille cet ami qui s'in-
terposait entre ces deux caractères de fer. L'événement prévu par
le vicaire-général eut lieu. Au mois d'août 1837, madame de Watteville épousa monsieur de Soulas à Paris, où elle alla par le conseil
de Philomène, qui se montra charmante et bonne pour sa mère.

Du moins, madame de Watteville crut à l'amitié de sa fille; mais Philomène voulait tout bonnement voir Paris pour se donner le plaisir d'une atroce vengeance : elle ne pensait qu'à venger Savarus en martyrisant sa rivale.

On avait émancipé mademoiselle de Watteville, qui d'ailleurs atteignait bientôt à l'âge de vingt-un ans. Sa mère, pour terminer ses comptes avec elle, lui avait abandonné ses droits sur les Rouxey, et la fille avait donné décharge à sa mère à raison de la succession du baron de Watteville. Philomène avait encouragé sa mère à épouser le comte de Soulas et à l'avantager.

— Ayons chacune notre liberté, lui dit-elle.

Madame de Soulas, inquiète des intentions de sa fille, fut surprise de cette noblesse de procédés, elle fit présent à Philomène de six mille francs de rente sur le grand-livre par acquit de conscience. Comme madame la comtesse de Soulas avait quarante-huit mille francs de revenus en terres, et qu'elle était incapable de les aliéner dans le but de diminuer la part de Philomène, mademoiselle de Watteville était encore un parti de dix-huit cent mille francs : les Rouxey pouvaient produire, avec quelques améliorations, vingt mille francs de rente, outre les avantages de l'habitation, ses rédevances et ses réserves. Aussi Philomène et sa mère, qui prirent bientôt le ton et les modes de Paris, furent-elles facilement introduites dans le grand monde. La clef d'or, ces mots : dix-huit cent mille francs!... brodés sur le corsage de Philomène, servirent beaucoup plus la comtesse de Soulas que ses prétentions à la de Rupt, ses fiertés mal placées, et même que ses parentés tirées d'un peu loin.

Vers le mois de février 1838, Philomène, à qui bien des jeunes gens faisaient une cour assidue, réalisa le projet qui l'amenait à Paris. Elle voulait rencontrer la duchesse de Rhétoré, voir cette merveilleuse femme et la plonger dans d'éternels remords. Aussi Philomène était-elle d'une recherche et d'une coquetterie étourdissantes afin de se trouver avec la duchesse sur un pied d'égalité. La première rencontre eut lieu dans le bal annuellement donné pour les pensionnaires de l'ancienne Liste civile, depuis 1830.

Un jeune homme, poussé par Philomène, dit à la duchesse en la lui montrant : — Voilà l'une des jeunes personnes les plus remarquables, une forte tête! Elle a fait jeter dans un cloître, à la Grande Chartreuse, un homme d'une grande portée, Albert de Savarus dont l'existence a été brisée par elle. C'est mademoiselle de Watteville, la fameuse héritière de Besançon....

La duchesse pâlit, Philomène échangea vivement avec elle un de ces regards qui, de femme à femme, sont plus mortels que les coups de pistolet d'un duel. Francesca Soderini, qui soupçonna l'innocence d'Albert, sortit aussitôt du bal, en quittant brusquement son interlocuteur incapable de deviner la terrible blessure qu'il venait de faire à la belle duchesse de Rhétoré.

« Si vous voulez en savoir davantage sur Albert, venez au bal de « l'Opéra mardi prochain, en tenant à la main un souci. »

Ce billet anonyme, envoyé par Philomène à la duchesse, amena la malheureuse Italienne au bal où Philomène lui remit en main toutes les lettres d'Albert, celle écrite par le vicaire-général à Léopold Hannequin ainsi que la réponse du notaire, et même celle où elle avait fait ses aveux à monsieur de Grancey.

— Je ne veux pas être seule à souffrir, car nous avons été tout aussi cruelles l'une que l'autre ! dit-elle à sa rivale.

Après avoir savouré la stupéfaction qui se peignit sur le beau visage de la duchesse, Philomène se sauva, ne reparut plus dans le monde, et revint avec sa mère à Besançon.

Mademoiselle de Watteville, qui vécut seule dans sa terre des Rouxey, montant à cheval, chassant, refusant ses deux ou trois partis par an, venant quatre ou cinq fois par hiver à Besançon, occupée à faire valoir sa terre, passa pour une personne extrêmement originale. Elle est une des célébrités de l'Est.

Madame de Soulas a deux enfants, un garçon et une fille, elle a rajeuni ; mais le jeune monsieur de Soulas a considérablement vieilli.

— Ma fortune me coûte cher, disait-il au jeune Chavoncourt. Pour bien connaître une dévote, il faut malheureusement l'épouser !

Mademoiselle de Watteville se conduit en fille vraiment extraordinaire. On disait d'elle : — Elle a des lubies ! Elle va tous les ans voir les murailles de la Grande-Chartreuse. Peut-être voulait-elle imiter son grand-oncle en franchissant l'enceinte de ce couvent pour y chercher son mari, comme Watteville franchit les murs de son monastère pour recouvrer la liberté.

En 1841, elle quitta Besançon dans l'intention, disait-on, de se marier ; mais, on ne sait pas encore la véritable cause de ce voyage d'où elle est revenue dans un état qui lui interdit de jamais reparaître dans le monde. Par un de ces hasards auxquels le vieil abbé de Grancey avait fait allusion, elle se trouva sur la Loire dans le bateau à vapeur dont la chaudière fit explosion. Mademoiselle de Watteville fut si cruellement maltraitée qu'elle a perdu le bras et la jambe gauche ; son visage porte d'affreuses cicatrices qui la privent de sa beauté ; sa santé soumise à des troubles horribles lui laisse peu de jours sans souffrance. Enfin, elle ne sort plus aujourd'hui de la Chartreuse des Rouxey où elle mène une vie entièrement vouée à des pratiques religieuses.

Paris, mai 1842.

FIN DU PREMIER VOLUME.

NOTE.

Nous n'ignorons pas que le culte de sainte Philomène n'a commencé qu'après la Révolution de 1830 en Italie. Cet anachronisme, à propos du nom de mademoiselle de Watteville, nous a paru sans importance ; mais il a été si remarqué par des personnes qui voudraient une entière exactitude dans cette histoire de mœurs, que l'auteur changera ce détail aussitôt que faire se pourra.

TABLE DES MATIÈRES

DU PREMIER VOLUME

DES

SCÈNES DE LA VIE PRIVÉE.

––––––––––